多 Agent 制造业供应链管理

蒋国瑞 等 编著

科学出版社

北京

图书在版编目(CIP)数据

多 Agent 制造业供应链管理/蒋国瑞等编著 . —北京：科学出版社，2013.1
ISBN 978-7-03-036060-1

Ⅰ.①多… Ⅱ.①蒋… Ⅲ.①制造工业－供应链管理－研究 Ⅳ.①F407.469

中国版本图书馆 CIP 数据核字（2012）第 276429 号

责任编辑：侯俊琳　韩昌福　黄承佳/责任校对：钟洋
责任印制：赵德静/封面设计：无极书装

科 学 出 版 社 出版

北京东黄城根北街 16 号
邮政编码：100717
http://www.sciencep.com

新科印刷有限公司 印刷

科学出版社发行　各地新华书店经销

*

2013 年 1 月第 一 版　开本：B5（720×1000）
2013 年 1 月第一次印刷　印张：36
字数：706 000

定价：**120.00 元**
（如有印装质量问题，我社负责调换）

序一

供应链管理跨越业务单元或企业界限，从合作制造和伙伴关系的角度出发，在全局和整体上审视价值增值路径，包括产品的质量和市场竞争力。供应链管理的范围也涵盖运作与战略层面，关注点既涉及局部节点间的供需和契约，也会聚网络和链条上的协调和博弈。

信息技术的迅猛发展推动了全球化和网络经济的进程。现代企业（尤其是制造业企业）面临着越来越复杂的竞争环境和客户需求日趋多元化、个性化的挑战。在此背景下，如何加强供应链管理，通过信息分析和优化手段提升供应链效率和企业竞争优势，已成为亟待解决的理论与实践课题。

从市场需求预测、物料需求管理、库存控制策略、生产计划制订，乃至企业资源规划、客户关系管理、商务智能决策等管理方法，到 MRP、MRPⅡ、ERP、CRM、BI 等企业解决方案，信息技术的应用形式一直伴随着供应链管理模式的演化而脉动着。这种管理与技术的融合，一方面提高了管理的科学性和精益化品质，改变了许多传统的业务和流程，催生了新的经营理念和商机；另一方面提高了技术的可靠性和业务支撑能力，促进了许多现有技术升级和应用扩展，产生了新的方法创新和应用形态。

随着企业信息化和业务数字化应用的日益深入，特别是在线业务和网络经营范围的不断扩大，信息处理规模、关系网络的复杂性以及供需的动态特征等因素成为供应链管理的难点问题。这进一步引发了人们在供应链管理中运用智能化方法的研究和应用兴趣。基于多智能体（Multi-Agent）的供应链管理方法就是一个很有意义的尝试。一般来说，多智能体技术具有分布性、自治性、移动性、智能性和自学习性等特点，被认为适用于跨越企业边界的、处于复杂环境的供应链管理，进而满足企业间可整合、可扩展的需求，集成供应链上各节点企业的核心能力和价值创造能力，强化供应链的整体管理水平和竞争力。基于多智能体技术构建的供应链管理信息系统，旨在发挥其在链网式组织模式中的经营管理、辅助决策和协同优化功效。

该书作者长期从事信息系统、制造业供应链管理、协同优化，以及电子商务谈判等领域的研究工作，成果颇丰。在吸收国内外相关学科领域最新研究成果的基础上，作者对多智能体制造业供应链管理的理论和应用现状、发展前景，以及企业实例进行了深入全面的探讨，取得了一批富有见地的成果，总结整理成该书。该书取材丰富，较好地结合前沿性、全面性和系统性等特点，同时叙述重点突出、实例分析针对性强。

相信通过阅读该书，读者可以理解如何有效地将多智能体技术和方法引入制造业供应链管理、商务谈判等领域中，以提升供应链管理的可整合、可扩展能力。该书不仅可以作为相关学科领域学者的学术读物和研究参考，也可以作为高等学校相关专业高年级本科生和研究生的教材，并为行业和企业管理者提供有益的启发。

清华大学经济管理学院教授、副院长

2012 年 2 月于清华园

序二

　　管理信息系统是一个以人为主导的，利用计算机硬件、软件、网络通信设备以及其他办公设备，进行信息处理，以企业战略竞优、提高效益和效率为目的，支持企业高层决策、中层控制、基层运作的集成化的人—机系统。其主要任务是最大限度地利用现代计算机及网络通信技术加强企业的信息管理，以便进行正确的决策，不断提高企业的管理水平和经济效益。

　　随着计算机技术的快速发展，管理信息系统为了适应大环境的不断进步也逐步向网络化、对象化、智能化的方向发展。依托国际互联网的"大信息环境"背景，使企业由内部走向外部，对管理、组织产生了深刻的影响，引发了管理制度与管理模式的重大变革，出现了供应链信息系统（SCMS）、虚拟企业（VE）、电子商务（EB）以及各种有关电子商务的交易平台，促进了人工智能技术的进一步发展。这些新技术、新发展能够更为直接地反映客观世界中事物及其相互关系的本来面貌，提高决策支持水平，减轻人的体力劳动，实现智力放大，具有高效益和高竞争力。

　　近年来，在信息全球化和激烈市场竞争的压力下，商务智能成为了又一热点问题。实际上不仅是商务，而是所有的组织如企业、政府和教育部门等，都可以而且应该利用智能技术，提高智能化的水平。商务智能（BI）的出现是一个渐进的复杂演变过程，目前还处于发展之中。它可以看做在决策支持系统（DSS）、智能决策支持系统（IDSS）的基础上引入了材料需求计划（MRP）、制造资源计划（MRPⅡ）、企业资源规划（ERP）、客户关系管理（CRM）、供应链管理（SCM）、电子商务（E-Business）等先进的企业管理理论和方法后综合而成。

　　商业智能通常被理解为将企业中现有的数据转化为知识，帮助企业做出明智的业务经营决策的工具。为了将数据转化为知识，需要利用数据仓库（DW）、联机分析处理（OLAP）工具和数据挖掘（DM）等技术。因此，从技术层面上讲，它是数据仓库、在线分析处理和数据挖掘等技术的综合运用。它先后经历了决策支持系统（DSS）、经理信息系统（EIS）、智能决策支持系统（IDSS）等阶段，最终演变成今天正在发展中的商务智能系统（BIS）。

　　多 Agent 技术是人工智能领域里一种新兴技术，近年来得到了迅速发展。

多 Agent 系统是由分布在网络上的多个 Agent 松散耦合而成的大型复杂系统，这些 Agent 相互作用以解决由单一 Agent 的能力和知识所不能处理的复杂问题。其中的每个 Agent 是具有一定感知能力、能模拟人类行为，在其所在环境下自主运行来完成一定目标的服务程序。

在制造业供应链管理系统中，引入多 Agent 系统（MAS），生成多 Agent 制造业供应链管理系统。利用 Agent 的交互性和智能性，将供应链管理系统和商务智能融合起来，既能解决商务智能中交互上的不足，又能克服供应链管理上智能的缺陷，从而提高供应链管理的智能化程度。

该书作者多年利用多 Agent 技术进行预测预警、商务谈判、供应链协同优化研究，得到多项课题支持（其中包含两项国家自然科学基金），取得了系列成果。该书是在我们商务智能研究室取得的成果基础上，结合国内外同行相关的前沿成果，在基础理论、协同优化、协同谈判三个层面，围绕理论知识、常用方法、实现技术、构建模型、模拟仿真、实证分析进行撰写。对多 Agent 制造业供应链管理系统中的三个层面的产生、发展、现状和未来进行了较为全面、系统的归纳总结，旨在为国内外相关领域的研究人员提供支持，推动多 Agent 制造业供应链管理系统迅速形成、快速发展并广泛应用。

哈尔滨工业大学教授
北京工业大学双聘教授
2012 年 2 月于北京

前言

　　制造业供应链管理是针对制造业企业的有效性管理。它包括了对整个供应链系统进行计划、协调、操作、控制和优化的各种活动和过程的管理。通过改善上、下游供应链关系，整合和优化供应链中的信息流、物流、资金流，以获得企业的竞争优势，同时达到客户的满意度最大、总成本最低、效率最高等最优目标。将传统的供应链管理思想与先进的信息技术相结合，使智能化的技术与方法更好地融入管理的实践当中，增强管理的高效性、创新性、智能性及对复杂环境的适应性，无疑是信息时代制造业企业供应链管理行之有效的发展途径。

　　本书的创作目的就是通过对多 Agent 在制造业供应链管理中的应用研究的现状、发展前景、基础理论、应用实例和系统实现相结合的综合性阐述，使多 Agent 技术、供应链协同，以及电子商务自动谈判等相关领域的学者和研究人员，更充分地了解和掌握学科领域的前沿，为进一步深入的研究提供帮助。

　　本书的创作主要来源于作者负责的两项国家自然科学基金（71071005、70940005）阶段性成果、两项北京市自然科学基金（9042001、9072001）部分成果、北京市哲学社会科学规划办公室重点项目（08ABJa236）以及北京市教委科技创新平台项目（54K3001）的研究成果。课题研究组成员主要依托北京现代制造业发展研究基地和北京工业大学商务智能研究室的平台，经过几年的时间，不断地进行相关领域资料的系统整理和分析，并在此基础上进行了大量的拓展与创新研究，最终将成果整理完成了本书。本书从基础知识、供应链协同优化和协同谈判角度将主要内容分为三大部分。

　　第一章至第四章为基础知识篇。第一章介绍 Agent 和 Agent 系统的基本概念，以及多 Agent 供应链系统在供应链管理中的具体应用。第二章提出了现代制造业供应链管理系统的设计思想、原则及其信息技术支撑体系架构，并对 SCM 中各种信息系统的应用进行系统阐述。第三章介绍关系质量的基本维度信任的概念、典型的信任模型、信任体系的构建方法，目的在于明确完善多 Agent 的信誉保障体系和运行机制。第四章介绍计算机仿真在制造业供应链中的具体应用与最新的虚拟现实和敏捷制造的相关知识。

　　第五章至第七章为供应链协同优化篇。第五章主要从供应链整个流程上的协同优化方面阐述协同优化的基本理论方法及其在供应链领域的基本应用模式，并列举了几个经典模型实例。第六章主要对供应链的上游的供应商与生产商的协同生产进行理论阐述，并举例介绍了典型的协同生产计划方法与模型。第七章主要对供应链下游的生产-分销环节进行理论阐述，说明其发展现状，并举例介绍生产-分销协同计划应用的主要方法、模型与流程。

第八章至第十一章为协同谈判篇。第八章主要介绍供应链协同谈判协议的基本概念、描述方法等相关知识，列举了几种常见的谈判协议并进行详细阐述。第九章主要介绍协同谈判学习机制的研究意义、研究现状，以及发展展望，并详细介绍了几种常用的学习方法的基本原理和应用，举例说明了谈判学习系统的设计思想。第十章主要针对供应链协同谈判策略的相关理论及研究成果进行详细阐述，并举例说明谈判策略在供应链谈判系统中的应用。第十一章主要介绍供应链协同谈判模型的相关理论和设计思想，并举例加以详细阐述。

本书系统、全面地对多 Agent 理论技术在制造业供应链领域的应用进行了深入的研究和总结，从制造业供应链管理的先进思想深入到供应链的协同计划、协同谈判领域，涵盖了管理科学与工程专业领域的多个研究热点，为相关领域人员进行深入研究提供重要的参考。同时引入大量典型案例分析与系统设计，使理论更具实践性和指导性。

由于时间紧迫，水平有限，书中错误、不妥之处在所难免，恳请读者批评指导！

教授，副院长

北京工业大学经济管理学院

2012 年 3 月

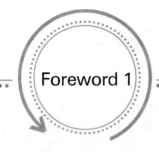

Foreword 1

Supply Chain Management crosses over the boundaries of business unit or enterprise, starts from the perspective of co-manufacturing and partnership, then examines the value added path globally and overall, which includes quality and market competitiveness of the product. Supply Chain Management covers operation and strategic levels as well which does not only concern about supply/demand and contract between partial nodes, but also assemble the coordination and game playing of networks and chains.

The rapid development of information technology has pushed forward the process of globalization and network economic. Modern enterprises (especially manufacturing enterprises) are facing with the challenge that competition environment is becoming increasingly complex and customer demands are more diversified and personalized. In this context, how to enhance Supply Chain Management of enterprise and improve supply chain efficiency and competition advantage through information and optimization tools has become a theoretical and practical subject, and needs to be solved immediately.

The application form of IT has been changing with the evolution of Supply Chain Management, from management methods such as Market Demand Forecast, Material Demand Management, Inventory Control Strategies, Production Planning as well as Enterprise Resource Planning, Customer Relationship Management, Business Intelligence Decision-making to enterprise solution programs such as MRP, MRPII, ERP, CRM, BI and so on. On one hand, the combination of management and technology improves the scientific nature and lean quality of management. It changes many traditional businesses and processes, and also creates new business ideas and opportunities. On the other hand, the combination improves reliability and business support capacity of technology, upgrades many existing technologies and expands their applications. Moreover, it generates new method innovation and application form as well.

With the in-depth development of the application of enterprise informatization and business digitization, especially the expanding range of on-line service and Internet business, some factors, such as information processing scale, relation network complexity, the dynamic features of supply/demand and so on have become difficult problems in Supply Chain Management. This will further attract people to use intelligent methods in Supply Chain Management while doing research. The Supply Chain Management method based on Multi-agent is a worthy attempt. In general, Multi-agent technology has such characters like distribution, autonomy, mobility, intelligence and self-learning. It is regarded as appropriate tool for Supply Chain Management to cross boundaries of enterprises and locate in complex environment. And thus it can satisfy the need of integration and scalability between enterprises, integrate the core ability and value added ability of each node enterprises on the supply chain and strengthen the overall management level and competitiveness of supply chain. The Multi-agent technology based Supply Chain Management information system is designed to play the function of management, decision-making assistance and collaborative optimization in chain network organization.

The author has been doing research in the field of information system, manufacturing Supply Chain Management, collaborative optimization, E-commerce and so on for years, and he has obtained many achievements. He absorbs essence from latest research of both domestic and international scholars and on this basis, he has made an in-depth and comprehensive discussion on theory, application status, prospects and enterprise cases of Multi-agent Manufacturing Supply Chain Management. He has achieved plenty of insightful results, and summarized them into this book. This book seeks to combine such characters like frontier, comprehensiveness and systemic together through abundant materials, meanwhile this book is narrative focused and case analysis targeted.

I believe that after reading this book, readers can understand how to introduce Multi-agent technology and method into Manufacturing Supply Chain Management and business negotiation effectively, in order to improve the ability of integration and expansion of Supply Chain Management. The book can be regarded not only as academic book and research reference for scholars in related fields, but also as teaching material for senior undergraduates and graduates in related majors. It can also enlighten managers in related industries and businesses.

Chen Guoqing
Professor and Vice Dean of the Economics and
Management School，Tsinghua University
February 2012 in Tsinghua University

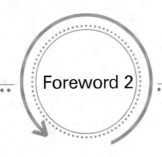

Foreword 2

MIS (Management Information System) is a people-oriented system, which combines computer hardware, software, network communication equipments and some other office equipments to process information. It aims at choosing the best business strategy, and improving effectiveness and efficiency. It can support high-level decisions, mid controls and integrate man-machine system of primary operation of the enterprise. Its main task is to maximize the use of modern computer and network communication technologies to enhance the enterprise's information management, so that the enterprise can make right decisions, constantly improve management level and obtain more economic benefits.

With the rapid development of computer technology, MIS has gradually become more diverse and intelligent in order to adapt to the continuously changing environment. Relying on the "Great information environment" background of Internet, MIS makes enterprises change from internal form to external form, which has a profound impact on management and organization, and causes a major change in management system and management itself. Moreover, MIS develops Supply Chain Information System (SCMS), Virtual Enterprise (VE), E-Business (EB) and various kinds of E-Business transaction platforms, and these new platforms have promoted the further development of artificial intelligence technology. New technologies and development can reflect the original appearance of things and their relations in the objective world more directly. They can improve the supportive decision-making level, reduce the physical work, and achieve intelligence amplification, in order to have high efficiency and high competitiveness.

In recent years, under the pressure of information globalization and fierce market competition, Business Intelligence (BI) has become another hot issue. In fact, not only business, but all organizations such as enterprise, government and education department should use intelligence technology to improve intelligence level. The appearance of BI is a gradual process of complex evolution, and BI is still in progress. BI can be seen as that, on the basis of Decision Support System (DSS) and Intelligent Decision Support System (IDSS), integrate Material Requirements Planning (MRP), Manufacturing Resource Planning (MRP II), Enterprise Resource Planning (ERP), Customer Relationship Management (CRM), Supply Chain Management (SCM), E-Business and other advanced business management theories and methods together.

BI is usually understood as a tool that helps enterprises to make wise business decisions by translating their existing data into knowledge. For the purpose of turning data into knowledge, these technologies such as Data Warehouse, Online Analytical Processing (OLAP) tools, Data Mining and so on are needed. Therefore, from a technical perspective, BI is the integrated use the technologies mentioned above. It has gone through such phases as Decision Support System (DSS), Executive Information System (EIS), Intelligent Decision Support System (IDSS), and at last it has evolved into Business Intelligence System (BIS), which is still in progress.

Multi-agent technology is a new technology in artificial intelligence field. It has been developing rapidly in recent years. Multi-agent system is a large and complex system, which is loosely coupled by many agents that are distributed on the network. These agents can interact with each other to solve complex issues which couldn't be handled with the ability and knowledge of a single agent. Each agent is a service program, which has certain perception, simulates human behavior, and automatically runs operations to accomplish certain goals in certain environment.

In Manufacturing Supply Chain Management System, the introduction of Multi-agent System (MAS), generates Multi-agent Manufacturing Supply Chain Management System. This system uses interactivity and intelligence character of agent to combine Supply Chain Management System and Business Intelligence together. Also, it can solve the problem of lack of interaction in BI. It can also overcome the default of intelligence in Supply Chain Management. The system aims at improving the intelligent level of Supply Chain Management.

The author has been doing research on forecast and early warning, business negotiation and supply chain collaborative optimization using Multi-agent technology for many years. He has got support from many subjects (including two national natural science funds), and gained a series of achievements. This book is based on the research results of our Business Intelligence Research Center, and written with the forefront of research achievements of domestic and international researchers. The book focuses on three levels, which are basic theories, collaborative optimization and collaborative negotiation, and it includes theories, common methods, implementation techniques, construction models, simulation and empirical analysis and so on. This book has a comprehensive and systematic summary on generation, development, present and future of three levels in Multi-agent Manufacturing Supply Chain Management System. It aims at providing support to domestic and international related researchers, and promoting the rapid formation, development and wide application of Multi-agent Manufacturing Supply Chain Management System.

Huang Tiyun
Professor of Harbin University of Technology
Dual Professor of Beijing University of Technology
February 2011 in Beijing

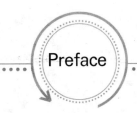

Preface

Manufacturing Supply Chain Management is effective for manufacturing enterprises, which include the management of every activity and process of the whole supply chain system, such as planning, coordination, operation, control and optimization. By improving the relationship between upstream and downstream of supply chain, integrating and optimizing the information flow, logistics, capital flow of supply chain, the enterprise can gain competitive advantage. Meanwhile the enterprise can achieve maximum customer satisfaction, lowest total cost, highest efficiency and other optimal goals. The combination of traditional Supply Chain Management ideas and advanced information technology can integrate intelligent technologies and methods into management practice. In this way we can enhance management efficiency, innovation, intelligence and the adaptability to complex environment. Undoubtedly, it is an effective development path for Supply Chain Management of manufacturing enterprises in information era.

This book gives a comprehensive illustration of the combination of the research status, prospects, basic theories, application cases and system implementation of Multi-agent in manufacturing Supply Chain Management. This can help scholars and researchers in related fields of Multi-agent technology, supply chain collaboration and E-commerce automatic negotiation to catch up with the forefront of research, and it can also help them to do further in-depth research.

The sources of the book mainly come from initial results of two National Natural Science Funds (71071005、70940005), partial results of two Beijing Natural Science Funds (9042001、9072001), the research results of the key project of Beijing Philosophy and Social Sciences planning office (08ABJa236) and Beijing Education Committee Science and Technology Innovation Platform Project (54K3001), which are the author responsible for. The team members have done their research relying on the platform of Beijing modern manufacturing development research base and Business Intelligence Research Center of Beijing University of Technology. The members have collected and analyzed related information systematically for several years, and have done a large amount of expansion and innovation research on the basis of the above work, and eventually we organize these results into this book. The book can be divided into three parts: basic knowledge, supply chain collaborative planning and collaborative negotiation.

Part One: Basic knowledge. This part includes four chapters (from Chapter One to Chapter Four). Chapter One introduces the basic concept and prospects of Agent and Agent system, and explains the specific application of Multi-agent Supply Chain System in Supply Chain Management. Chapter Two proposes the design thoughts, principles and the framework of information technology supportive system of modern Manufacturing Supply Chain Management System and describes the application of each information system in SCM systematically. Chapter Three introduces the concept of basic dimension trust of relationship quality, typical trust model and the construction method of trust system whose purpose is to improve the credit security system and operation mechanism of Multi-agent specifically. Chapter Four introduces the knowledge about the specific application of computer simulation in manufacturing supply chain, latest virtual reality and flexible manufacturing.

Part Two: Supply Chain collaborative optimization. This part includes three chapters (from Chapter Five to Chapter Seven). Chapter Five mainly illustrates the basic theories and methods and its basic application form in supply chain field of collaborative optimization from the aspect of collaborative optimization in the entire supply chain process and lists some classic model cases. Chapter Six focuses on illustrating theories of collaborative production of suppliers and manufacturers in the upstream of supply chain and gives examples to introduce the typical collaborative production planning method and model as well. Chapter Seven mainly illustrates the theories of production-distribution process in downstream of supply chain, explains the development status, and gives examples to introduce the main methods, models and processes of the application of production-distribution collaborative planning.

Part Three: Collaborative Negotiation. This part includes four chapters (from Chapter Eight to Chapter Eleven). Chapter Eight focuses on introducing the basic concept of supply chain collaborative negotiation agreement, description methods and so on. It also illustrates some common negotiation agreements in details. Chapter Nine focuses on the research meaning, research status and prospects of collaborative negotiation learning mechanism and introduces the basic principles and applications of some common learning methods. Also it gives examples to illustrate the design thoughts of negotiation learning system. Chapter Ten focuses on illustrating related theories and research results of supply chain collaborative negotiation strategy and gives examples to explain the application negotiation strategy in supply chain negotiation system as well. Chapter Eleven focuses on introducing related theories and design thoughts of supply chain collaborative negotiation model and gives examples to illustrate them.

This book does a thorough research and summary of the application of Multi-agent technology in manufacturing supply chain field systematically and comprehensively, concerning from the advanced ideas of manufacturing Supply Chain Management to the field of collaborative planning and collaborative negotiation of supply chain. This book covers many research achievements of management science and engineering field and provides an important reference for those people in related fields who need to do thorough research. Meanwhile, this book introduces a large number of classic cases and system design, which makes the theory more practical and guidable.

Due to the lack of time and knowledge, some errors and inadequacies are inevitable. It's welcome for every reader to criticize and correct them!

Jiang GuoRui
Professor, Vice Dean
School of Economics & Management
Beijing University of Technology
March 2012 in Beijing

目录

多 Agent 技术及其供应链管理系统概述

当今市场竞争环境瞬息万变，客户需求变化更快、更具个性化，使得供应链的复杂业务过程很难按计划进行。多 Agent 技术的分布性、自治性、移动性、智能性和自学习性等特点正适合于跨越企业边界的、处于复杂环境的供应链管理，满足企业间可整合、可扩展的需求，集成供应链上各加盟节点企业的核心能力，提高各企业的价值创造能力，强化供应链的整体管理水平和竞争力。

第一节　Agent 概念

随着人工智能技术的快速发展和多 Agent 应用技术的不断成熟，多 Agent 系统在很多领域得到了越来越广泛的应用。目前，多 Agent 技术应用到供应链管理的研究已经成为一个热点方向。在介绍多 Agent 供应链管理系统之前，本节首先介绍 Agent 概念。

一、Agent 定义

Agent 是一个具有反应性、自治性、社会性和自发性等特征的智能体，具有对环境的感知能力，能感知它所处的环境，并通过行为来改变环境。

什么是 Agent？我们将从它的特征着手进行阐述：自治性，即 Agent 运行时不直接由人或者其他东西控制，它对其自身的行为和内部状态有一定的控制权；社会性，即人们对人类智能的研究发现，人类智能的本质是一种社会性的智能，Agent 也具有这种特性，它能够通过通信语言和其他 Agent 进行信息协同、交换和合作；自发性，Agent 的行为应该是主动的、自发的，它能独立于其他 Agent 而执行。Agent 除了具备以上的特性外，还应具有某些通常人类的特性，如知识、信念、意图、承诺等心智状态[1][2]。

　　Agent 有多种描述式定义，如果从特征描述，可以定义为：在某一环境下，能持续自主地发挥作用，具备自治性、反应性、社会性、主动性等特征的智能体。

　　也可以描述为：在特定环境下的、能感知环境的计算机系统，能够实现设计人员和用户的一系列目标，并能在那种环境下灵活自主地运行计算实体或程序[1]。Agent 的基本结构[3]如图 1-1 所示。

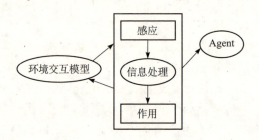

图 1-1　Agent 基本结构

二、Agent 类型

　　按照 Agent 的结构来划分，Agent 可以分为思考型、反应型和混合型。按照特性来划分，则可以将 Agent 分为反应式 Agent、社会 Agent、BDI 型 Agent、演化 Agent 和人格化 Agent 五种类型。

（一）Agent 结构类型

　　Agent 的结构由环境感知模块、执行模块、信息处理模块、决策与智能控制模块以及知识库和任务表组成。环境感知模块、执行模块和通信模块负责与系统环境和其他 Agent 进行交互，任务表为该 Agent 所要完成的功能和任务。信息处理模块负责对感知和接收到的信息进行初步地加工、处理和存储。决策与智能控制模块是赋予 Agent 智能的关键部件。它运用知识库中的知识对信息处理模块处理所得到的外部环境信息和其他 Agent 的通信信息进行进一步的分析、推理，为进一步的通信或从任务表中选择适当的任务供执行模块执行做出合理的决策。我们通常可以将单个 Agent 的结构分为反应型 Agent、思考型 Agent 和混合型 Agent[3]。

1. 反应型 Agent

反应型 Agent 既不使用复杂符号推理，也不包含任何符号世界模型，反应 Agent 认为 Agent 的智能取决于感知和行动，并直接以刺激—响应的方式进行运作和反馈，进而提出了 Agent 智能行为的感知—动作模型。Agent 可以像人类一样逐步进化，不需要表示和推理，其行为是通过与周围环境的交互来表现，而其行为的复杂性反映的是 Agent 运行环境的复杂性，而不能反映 Agent 复杂内部结构设计。其中典型的反应型结构有 Suchman 等人提出的态势规则（即 if-then 规则）和 Brooks 的包容结构（subsumption architecture）。但是，到目前为止，这种结构尚只能实现简单的智能表现[3]。

反应型 Agent 的结构如图 1-2 所示，Agent 通过传感器接收外界环境的信息获得知识，然后对照结合条件—动作规划库的内容选择动作，该动作又作用于环境[3]。

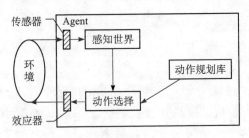

图 1-2 反应型 Agent 的结构图

2. 思考型 Agent

思考型 Agent 也可称为认知型 Agent（cognitive agent）或慎思型 Agent（deliberative agent），它能通过模式匹配和符号操作来对环境和智能行为进行逻辑推理。它最大特点就是保持了经典人工智能的传统，将 Agent 看做一种意识系统[2]（intentional system）。

思考结构基于物理符号系统，包括一个被清楚表示环境的符号模型，可通过符号推理进行决策。若用其建造 Agent，至少有两个问题需解决：第一是转换问题，即把现实世界及时转换成正确的、有用的符号描述；第二是表示和推理问题，即如何用符号表示复杂真实世界实体的信息和进程，以及如何及时地利用这些信息得到有用的结果[2]。

基于这种结构的系统有：早期著名的规划系统 STRIPS，系统输入有关世界和目标状态的描述，以及一组动作的描述，系统利用手段目的分析方法，寻找一个动作序列以实现目标；Bratman 建立的智能资源有限机器结构 IRMA，该结构包含规划库，以及信念、愿望、意图的显示表示这四个关键的符号数据结构；Jennings 的 GRATE 系统是一个分层结构，利用信念、愿望、意图和联合意图指导 Agent 的行为[2]。

思考型 Agent 则能将被代理者所具有的所谓意识态度（intentional stance），如信念、意图（包括联合意图）、愿望、承诺、目标、责任等模拟或表现出来[2]。

思考型 Agent 的体系结构如图 1-3 所示。

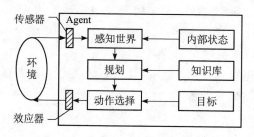

图 1-3　思考型 Agent 的结构图

3. 混合型 Agent

混合型的 Agent 正好结合了思考型 Agent 和反应型 Agent 两者的优点，既有较好灵活性，也有较快的反应速度。混合型 Agent 通常由反应型和思考型两个子系统构成，这两个子系统分层次，后者建立在前者的基础之上，低层能快速响应和处理环境的变化，而高层包含符号表示的世界模型，用智能技术进行决策，具有较强的实用性。其结构如图 1-4 所示。

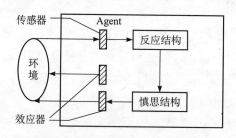

图 1-4　混合型 Agent 的结构图

Georgeff 和 Lansky 开发的过程推理系统（procedural reasoning system，PRS）是最典型的混合结构。PRS 是一个"信念—愿望—意图"结构。信念是有关内部状态和外部世界的一些情况，通常用一阶逻辑表示；而愿望则用"系统行为"来表示。在每个规划库中都包含一些被称为知识块（knowledge area，KA）的部分，每个知识块和一个相应的激活条件联系在一起。意图正好对应当前系统中激活的知识块[1]。

Touring Machine 系统中的 Agent 通过感知和行动两个模块与外界进行信息交互，此外还有三个并行执行的控制层次：规划层（P）、反应层（R）和建模层（M）。每个层次都包含相应的、对世界的不同层次的抽象模型，用来实现不同的任务[1]。

（二）Agent 特性类型

从 Agent 特性方面考虑，可以将 Agent 分为如下几类：

（1）反应式 Agent。这种 Agent 能够主动监视环境，并能根据环境变化做出必要的反应。典型应用包括机器人，特别是 Brookes 类型的机器昆虫[4]。

（2）社会 Agent。它是多个 Agent 构成的一个 Agent 社会中的一员，各 Agent 之间有时存在共同利益（共同完成一项任务），有时也有利益冲突（争夺一项任务）。因此，这类 Agent 在协作的同时也有竞争。协作的典型例子有办公自动化 Agent，竞争的典型例子是多个运输（或电信）公司 Agent 争夺任务承包权[4]。

（3）BDI 型 Agent。BDI 型 Agent，即有信念（belief）、愿望（desire）和意图（intention）的 Agent，也称为理性 Agent。在目前 Agent 的研究中，这是最典型的智能 Agent 或自治 Agent。为主人在 Internet 网上收集信息的软件 Agent 及比较高级的智能机器人都是 BDI 型 Agent 的典型应用[4]。

（4）演化 Agent。这类 Agent 具有学习能力，可以提高自身能力。单个 Agent 自身能力的提高借助于从与环境交互中总结经验教训，但更多的学习是在社会 Agent 之间进行。模拟生物社会（如蜜蜂和蚁群）的多 Agent 系统就是一个典型的例子[4]。

（5）人格化 Agent。人格化 Agent，即不仅有思想，还有情感的 Agent。虽然目前对这类 Agent 的研究正处于起步阶段，但是较有发展前景。在故事理解研究中的故事人物 Agent 就是典型的人格化 Agent[4]。

（三）移动 Agent

移动 Agent 除了具有智能 Agent 的最基本的自主性、反应性、主动性和交互性外，还具有移动性。移动 Agent 技术结合了两个不同的学科：一是定义 Agent 概念的人工智能；二是处理流动性代码的分布式系统。移动 Agent 是有一系列目标和任务的自主软件实体，它们具有对环境的变化做出反应、改变它们的环境，并与其他 Agent 进行信息交互等能力，它们还可以自主地从网络中的一台主机移动到另一台主机上连续运行。这种灵活的网络环境，为 Internet 环境下的应用程序（如电子商务）提供了许多潜在的优点[1]。

移动 Agent 的概念是 20 世纪 90 年代初由 General Magic 公司在推出商业系统 TeleScript 时提出的，TeleScrip 是第一个比较著名的商业移动 Agent 系统，TeleScrip 主要用于网络平台管理及电子商务等领域[5]，移动 Agent 的系统结构模型如图 1-5 所示。由于其自身优异的条件，移动 Agent 技术已成为继 COR-BA、EJB 后新一代分布处理的关键技术，并在很多新兴领域得到广泛的应用[1]。

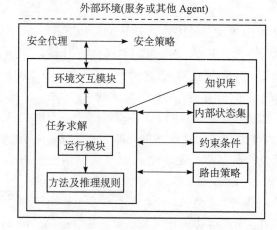

图 1-5 移动 Agent 的系统结构模型

三、Agent 通信语言

Agent 通信的基本思想来自言语行为理论。Agent 之间的通信是以简明的语法和清晰的定义来准确清楚地表达每条消息的内容和意图，从而保证传递消息的高效性和明确性，这就出现了 Agent 的通信语言。

1. 知识查询和处理语言 KQML

知识查询和处理语言（knowledge query and manipulation language，KQML）既是一种消息格式又是一种支持 Agent 之间交互行为的知识共享的消息处理协议。因此，KQML 定义了常用的消息格式。一个 KQML 消息可能被当成是一个实体：每条消息有一个自己的原语，还有一些参数。该语言由三个层组成：通信层、消息层和内容层。通信层主要是通信的行为，定义消息的主要含义。随后是一系列的消息参数，由一个以冒号开头的参数关键字引入，其中的一个参数包含消息内容，以某种格式生成了一条表达式；其他的参数辅助实现消息传递，或辅助接受者理解消息的含义，或辅助接收者响应协作[6]。

2. Agent 通信语言 FIPA-ACL

Agent 通信语言（agent communication language，ACL）描述了两个或多个 Agent 之间交互的消息格式和语义，正确解析一个 ACL 包括解析消息和抽取数据，而消息还有一个隐含的语义，用于详细说明什么样的行为是接收者所需的。FIPA-ACL（FIPA 为 Foundation for Intelligent Physical Agent 的缩写，智能物理 Agent基金会）是 ACL 中的一种类型，它和 KQML 一样是基于言语行为理论的，包括一系列的消息类型和它们的使用描述，它将 KQML 中最好的部分同 Agent 通信的其他部分集成起来，如标准的协议定义、内容语言和拓扑结构。对 FIPA-ACL 语义感兴趣的读者可以阅读它的规范，其中语义采用模态逻辑来表示[6]。

3. 知识交换格式 KIF

知识交换格式（knowledge interchange format，KIF）是由斯坦福大学建立的一种基于一阶逻辑的形式语言，用于各种不同计算机程序之间进行知识交换。这种语言的开发始于表达某个特定域的属性的意图，用于表达消息的内容。通过使用 KIF，Agent 可以表达事物在某个域中的属性，以及在某个域中事物之间的关系。

为了表达以上这些内容，KIF 假定一个基本的、固定的逻辑语义，其中包含了通常的连接词，有一阶逻辑、二进制和布尔连接词、与、或、非等。除此之外，KIF 提供了一个包括专有名词、数字、字符和字符串的基本词汇表[6]。

4. Agent 的通信本体

构造 Agent 时使用的最一般类型的本体，包括一个结构部分、基本的分类和子集关系，以及联系这些事物之间关系的定义。如果两个 Agent 就某个领域的问题通信，那么它们必须就描述这一领域使用的术语取得一致。例如，一个Agent正在从另一个 Agent 购买特殊的工程物品，购买者必须能够完全肯定地向卖方说明所需物品的特征，如尺寸等。因此，Agent 必须能对"尺寸"的含义，如"英寸"或"厘米"等术语的含义取得一致。本体就是对这些术语集合的说明。事实上，定义本体的语言的例子，如 KIF，通过使用 KIF，可以陈述性地表达领域的特性和这个领域中事物之间的关系。由于 KIF 最初不是作为人类使用的语言，而是由计算机进行处理的语言，因此开发了软件工具，使用户可以开发 KIF 本体，其中最著名的是 Ontolingua 服务器[6]。

Ontolingua 服务器的体系结构如图 1-6 所示。中心组件是本体的库，其中的内容是用本体定义语言来表示的。一个服务器项目可以提供访问资料库的接口。通过服务器访问资料库往往通过基于 Web 的界面直接编辑访问或通过 NGFP 界面远程连接服务器进行访问。Ontolingua 服务器能够自动转化本体，使它们从一种格式表达转化到其他格式表达。

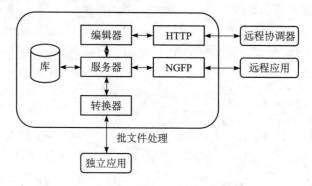

图 1-6   Ontolingua 服务器的结构

四、Agent 常用方法

虽然 Agent 智能体主要属于人工智能领域，但是它的发展涉及多个学科交叉，它的研究内容包括众多领域，它的常用研究方法也很广泛，下面介绍主要常用方法。

1. 逻辑学方法

逻辑就是思维的规律，逻辑学就是关于思维规律的学说，是研究思维形式的学问。基于逻辑学的 Agent 研究方法考虑 Agent 的类似人类的思维属性和思维规律，如信念、愿望、意图、承诺等。

对 Agent 思维状态的直观描述有如下六个方面[7]：

（1）信念。描述了 Agent 为达到某种效果可能采取的行为路线，以及对当前世界状况的估计，它是对思维状态的认知。或者说，Agent 具有的关于环境信息、其他 Agent 信息和自身信息的集合。

（2）愿望。描述了 Agent 对可能采取的行为路线，以及未来世界状况的喜好，包括希望保持的状态或希望达到的状态，属于思维状态的感情方面。愿望的一个重要特性表现为 Agent 不仅可以拥有互不相容的愿望，而且 Agent 也不必相信它的愿望具有可实现性[7]。

（3）意图。描述了 Agent 承诺的愿望，最明显的性质是它将导致行为，意图属于思维状态的意向方面。Agent 选择追求某个目标（或目标集）而作出承诺的过程就形成了意图[7]。意图引导并监督 Agent 的动作，意图的主要作用是：驱动手段、目的和推理；约束慎思过程；控制主体行为；影响信念的实际推理。

（4）承诺。描述的是 Agent 从目标转换到意图，它决定了 Agent 对所追求的意图的坚持程度，并对意图的重新考虑进行控制[7]。

（5）目标。描述的是 Agent 当前的选择，也是 Agent 未来将采取具体行动的承诺[7]。

（6）规划。描述了当 Agent 作出对某个目标进行追求的承诺后，意图被当做行动方案。它在意图系统的实现中会起到重要作用[7]。

2. 经济学方法

经济学方法（economic method），一般指研究或者应用经济学时采用的各类方法。主要包括数学方法、计量方法、历史方法等。经济学方法在 Agent 研究中的应用是决策论方法，该方法从经济学角度，考虑 Agent 行为的效用，使 Agent 能够在约束条件下实现自身或集体利益最大化，达到 Agent 理性决策和交互的目的。

对于 Agent 主体在目标有冲突情况下的交互，可以运用决策论方法建立"理性 Agent"交互的静态模型，从而解决多 Agent 系统协调与协作问题。决策论还可以用于研究 MAS 协商、规划等问题[7]。

3. 组织学方法

组织学覆盖很多领域，有管理行为上的组织学、医学上的组织学等。在 Agent 研究中应用的组织学是研究组织中个体、群体和组织结构对组织行为的影响规律，以提高组织管理有效性的学科。

在 MAS 系统的环境下，组织结构可以被看成 Agent 社会中的单个 Agent 之间的信息和控制关系的一种模式。控制关系可以是分层的、递阶的或平级的，且它负责指定 Agent 的相对权利及可能发生的社会交互的塑型。组织结构也可以被用做分配社会 Agent 成员的问题解决能力的高层规范[8]。

4. 行为学方法

行为学是研究人类行为规律的科学，而组织行为学是综合运用与人有关的各种知识，采用系统分析的方法研究一定组织中人的行为规律，从而提高各级主管人员对人的行为的预测和引导能力，以便更有效地实现组织目标的一门科学。

在 MAS 系统的环境下，基于行为的方法注重行为与环境之间的关系与交互作用。MAS 中一个动作的执行会引起环境的变化，从而影响甚至阻碍其他动作的执行。此时不同的动作是不相容的，即不相容性约束；对单个 Agent 存在局部信息约束，即它一般只了解实际环境状况的局部信息。

五、Agent 程序设计与实现

面向方面编程（aspect-oriented programming，AOP）是一种基于计算的社会观点的新兴程序设计风格和计算框架，其主要思想是利用 Agent 理论研究提出的、能表示 Agent 性质的意识态度来直接设计 Agent 和对 Agent 编程[9]。Agent的实现方法及相关技术模型的开发都可以通过 Agent 程序设计实现。

1. Agent 程序设计

研究 AOP 的目的是为了在实践中更好地应用 Agent 技术。AOP 具有便于描述、能嵌套表示，以及超陈述性编程等优点。在使用 AOP 开发 MAS 时要做的工作包括 Agent 系统的规范、实现和验证。Agent 系统的规范包括 Agent 所应包括的意识态度、Agent 所采用的结构、Agent 动作的描述、Agent 从信念到动作的转化方法（如采用规划）等，通常采用带量词的多模态逻辑来描述。Agent系统的实现是指如何构造一个满足指定规范要求的系统，通常有两种方式：一种是直接执行逻辑语言，如 Concurrent MetateM 中所采用的方法；另一种是通过编译手段将逻辑语言转化为可执行的形式，典型的，如情景自动机（situated automata）的方法。Agent 系统的验证是指验证所实现的系统是否满足规范要求，主要途径有两种：语义方法（模型验证）和公理化方法（定理证明）[4]。

目前，有关 AOP 的研究含义更加广泛，泛指能设计和建造 Agent 系统的各种软件技术和开发方法，包括各种开发工具和实验床。即使是 AOP 语言也不以 Agent 的意识态度为核心，这类 AOP 语言称为反应型语言。典型的，如 General Magic 公司开发的用于构造 Agent 社会的脚本语言 Telescript。同时，以某种 Agent 逻辑为基础的 AOP 语言称为思考型语言。思考型 AOP 语言的代表是 Shoham 的 AGENT-0，它包含一个直接与时间相关的多模态逻辑和与该逻辑相对应的 Agent 语言。AGENT-0 阐明了 AOP 思想的精髓，但过于简单[9]。因此将 AGENT-0 进行改进后，就出现了规划通信 Agent（PLACA）的 AOP 语言，PLACA 增加了对高层目标和动作进行规划的意图状态修改规则及操作符，但在此功能上仍然存在一定的局限性。目前，较为成功的 AOP 语言有 April 和 AgentSpeak（L）。前者支持 Agent 间通信、符号处理和模式匹配等能力，是一种基于对象的并发语言，适合建造 MAS 和 DAI 的应用平台；后者是一个基于 BDI 逻辑的受限一阶 Agent 规范描述语言，它允许设计者用该语言对 Agent 的行为（如期望、信念和意图等）及相互作用进行直接描述[4]。

另一类代表性的 AOP 语言是结合面向对象编程（object oriented programming，OOP）技术与 AOP 思想的混合型 Agent 开发语言。AOP 还是一个较新的领域，它借鉴了 OOP 的某些成熟特性（如封装、多态、继承等），对 MAS 的研究和发展能起到积极的推动作用[9]。

2. Agent 实现方法

目前，Agent 的实现方法主要有以下四种：

（1）分布式对象技术。把 Agent 看做"对象＋行为引擎"。通过纵向或横向扩展实现主动服务机制，从而在分布式对象环境中能方便地实现 Agent 的主动性、交互性、反应性和自主性。

（2）Java 语言。Java 是一种面向对象的、健壮的、分布的、安全的、可移植的、多线程的及动态的解释型程序语言。Agent 技术结合 Java 语言的可移动性，可以构造移动 Agent 系统，Java 可以作为 Agent 开发环境，但是它的执行速度较慢。

（3）Script 语言。Script 语言是一种解释性程序开发语言，其本身是一个分布式计算平台，它能集成分布在不同宿主、不同操作系统、由不同语言实现的构件，这是其他语言无法比拟的，但运行速度也较慢。

（4）面向 Agent 的程序设计语言（AOPL）。AOPL 是一种新型程序设计语言，以计算的社会观为基础，它提供了一些用于 Agent 通信的高层原语，主要面向人工智能领域开发。目前 AOPL 尚处于探索阶段[10]。

第二节　多 Agent 系统概念

目前，多 Agent 供应链管理是管理领域利用多 Agent 系统研究管理问题的一个新兴方向，而多 Agent 系统是分布式人工智能研究的一个前沿领域，它的研究涉及理论和应用两个方面，重点在于如何协调系统中多个 Agent 协同工作。本节介绍多 Agent 系统的概念、多 Agent 系统的 FIPA 标准及其运行机制等知识。

一、多 Agent 系统的概念

与社会总体智能优于任何个人智慧相似，多 Agent 系统协作求解能力大大超过单个 Agent。一个 Agent 解决不了的繁杂问题，可以分解为多个子问题，由多个分布式 Agent 协同解决已经成为现实。

（一）多 Agent 系统概念

多 Agent 系统是指由多个相互联系、相互作用的自治 Agent 组成的一个较为松散的多 Agent 联盟，是一种分布式自主系统，这些 Agent 能够相互协同、相互服务，共同完成一个任务，其协作求解能力超过了单个 Agent[3]。

（二）多 Agent 系统特征

多 Agent 系统由在网络环境下松散耦合的多个 Agent 构成，这些 Agent 通过协议可以交互、协作进行问题求解，所解决问题一般是单个 Agent 能力或知识所不能完成的。系统中的每一个 Agent 都是自主的，它们可以具有不同的设计风格并使用不同的语言开发而成，可以是完全异质的[11]。多 Agent 系统具有的特征如下：

（1）每个 Agent 都拥有解决问题的不完全的信息或能力；

（2）每个 Agent 之间相互通信、相互学习、协同工作，构成一个多层次、多群体的协作结构，使整个系统的能力大大超过单个 Agent；

（3）MAS 中各 Agent 成员自身目标和行为不受其他 Agent 成员的限制；

（4）MAS 中的计算是分布并行、异步处理的；

（5）MAS 把复杂系统划分成相对独立的 Agent 子系统，通过 Agent 之间的合作与协作来完成对复杂问题的求解。

（三）多 Agent 系统体系结构

多 Agent 系统结构主要指的是系统中的各 Agent 之间的信息交流和控制关系，即各 Agent 以怎样的结构及什么样的组织形式来共同完成系统中各任务的求解，Agent 之间的权威关系的定义，可以为 Agent 提供一种交互框架。合理的结构可提高信息处理效率及系统的实时性。对多 Agent 系统体系结构进行研究的目的在于设计一个合理的软件或硬件系统结构，以保证要求的 Agent 性能得到实现。多 Agent 系统有如下几类体系结构。

1. 可扩展的多 Agent 体系结构

系统环境具有不确定性和多变性，这使得控制系统对环境的变化缺乏顽健性。为增强控制系统的顽健性，在 Petri 网理论和合同网协议的基础上提出了一种可扩展的多 Agent 系统结构模型[12]。可扩展的多 Agent 系统结构模型中

Agent是基于进化算法和合同网协议来相互协作。在模型中先定义一种合作网络；当协作计算产生一个或多个合作网络时，进化协作结束计算。同时可以将进化算法嵌入到单个 Agent 模型中，以改善系统的性能。这种系统既可以随环境变化来调整系统的内部结构，也能根据实时环境进行实时操作并自动改变结构。该设计方法为多 Agent 系统的设计提供了一种新的思路，也显著体现了多Agent系统的社会性和智能性[13]。

2. 基于知识的多 Agent 体系结构

知道系统需要的 Agent 的数目、每个 Agent 有什么任务，以及各 Agent 之间如何相互作用以使系统达到最优性能是多 Agent 系统设计的难点之一。多Agent系统的组织结构一般是基于各 Agent 的任务和子任务分配而进行设计的，这也可以避免冗余在 Agent 之间平均分配任务。Goldman 提出在 Agent 拥有的知识基础上来设计系统的组织结构，并将进化计算应用于设计过程中。Agent 的组织过程是基于 Agent 的知识而不是它们的任务，这是通过定义一个信息定位领域实现的。将具有相同知识的 Agent 用来解决不同问题，可以避免对每一个不同任务都重新组织系统的结构。这种结构采用相似性标准和进化算法来划分信息定位领域，从而产生一组 Agent。可以指派拥有某一相关领域的专家知识的Agent 来处理一些可用信息。由于进化计算的独特性，使得多 Agent 系统中每个 Agent 的任务及 Agent 的数目是来自于环境内容而不是根据经验来指定。因此，可以将这种可扩展知识空间的 Agent 组织结构应用于信息获取领域和问题求解中，这种信息的划分可提高运行的效率[13]。

3. 联邦式体系结构

联邦式体系结构（图 1-7）是指各 Agent 只与通信体（facilitator）通信，通信

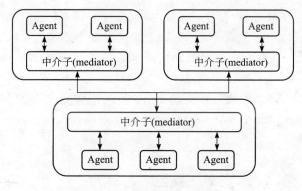

图 1-7　联邦式体系结构

体之间相互通信。通信体拥有自主权，并负责满足 Agent 的需要。通信体自身应用自动推理技术和人工智能技术。采用该结构的系统可提供以下功能：

（1）分布式对象管理。消息发送者不需要知道对象的具体地理位置。

（2）目录服务。帮助程序发现合作者和需求者。

（3）经纪人。结合上述两类服务，找出合适的消息接收者，并发送消息，处理可能出现的问题，再将结果返回给发送者[14]。

4. 协商型体系结构

协商型体系结构即各 Agent 互相帮助、相互协调，以找到整个系统的目标。在合作前或合作中 Agent 之间的通信过程称为协商。协商过程包括通过通信，或对系统中其他 Agent 的当前精神状态或意图的推理找出潜在的交互，并借助修改其他 Agent 的意图来避免有害的交互或进行合作。协商的目的是解决Agent之间的各种冲突，促进 Agent 之间的合作，提高多 Agent 系统的一致性。Malone 提出评价协商方法的两个通用标准：灵活性和效率。在 MAS 中灵活性和高效并不是两者都能达到，一般是折中考虑。高度耦合的系统效率较高，而松散耦合系统能够适应多变的复杂环境[13]。

总之，用多 Agent 技术来进行控制，其体系结构不仅需要具备一般分布式系统所具有的资源共享、可靠性强、实时性好、宜于扩展的特点，更是要建立一种能使各 Agent 通过相互协调协作来解决大规模复杂问题的体系结构，同时也要能克服 Agent 之间的行为冲突。更应该建立能克服知识管理和扩展的困难的庞大知识库，从而使系统具有很强的可靠性、顽健性和自组织能力、自适应以抵抗外部环境干扰。这也是多 Agent 技术中体系结构所要研究的主要方向[13]。

（四）多 **Agent** 系统环境特征

多 Agent 系统环境是一系列 Agent 共同享用的媒介，具有如下特征：

（1）可接近性。一个 Agent 可以以它自己的能力感知所处环境的状态。

（2）决定性。环境的未来状态由它的当前状态和其中 Agent 行为共同作用决定。

（3）静态性。环境的状态在没有 Agent 活动的情况下是稳定的。

（4）离散性。活动的数量可以根据环境作出调整，且这种调整的状态是有限的[15]。

（五）一个多 **Agent** 的系统模型

建筑供应链（construction supply chain，CSC）是一个典型的多 Agent 系

统，它涉及多个 Agent 委托组织通过信息交换自主执行任务。随着越来越多的
建设项目规模的扩大，CSC 必须增加参与者。因此，CSC 也是一个复杂的系统，
同时合作性决策的制定成了一个极具挑战性和重要性的工作，这对改善 CSC 的
表现和增加客户的价值来说也是至关重要的。这些都要求基于 Agent 的谈判平
台有高效的沟通能力、完美的构架、有效的协作机制、稳定性和灵活性。考虑
到以上这些因素，我们可以设计一个基于多 Agent 的谈判系统模型 ANeP 的大
体构架，如图 1-8 所示。

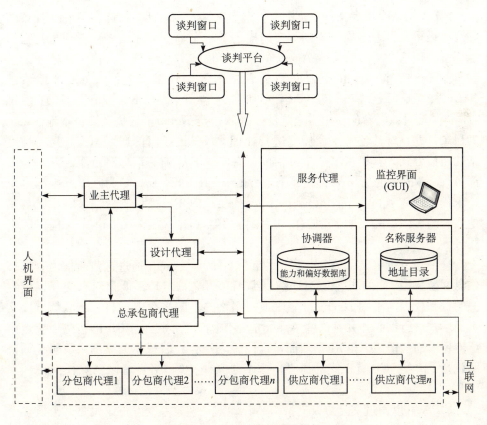

图 1-8　ANeP 的主要结构

在 ANeP 中，域代理商包括了“服务”Agent 和“专业”Agent。其中，
“服务”Agent 有：协调 Agent、监控 Agent 及名称服务器 Agent；“专业”
Agent 有：业主 Agent、设计 Agent、总承包商（GC）Agent、分包商 Agent 及
供应商 Agent。CSC 的协作性决策过程是通过专业 Agent 支持的。我们假设所
有的物料和人力资源都由总承包商或分包商管理，且在这一结构中不考虑业主
供应商；所有 Agent 通信和合作都是通过互联网；决策者可以通过人机界面
（谈判窗口）控制谈判过程[16]。

二、多 Agent 系统 FIPA 标准

FIPA 是一个由很多公司和机构通过共同努力来制定通用 Agent 技术规范的国际非营利性协会。FIPA 不仅推广适应某一个应用领域的技术，而且针对不同应用领域也推广了一系列的通用技术，不同应用领域的开发者可以联合起来研究对策，使复杂的系统有高度的互操作性。

FIPA 第一个出台文件是 FIPA97 规范，其内容包括：允许多 Agent 社会的存在、运行及管理等规范规则。它们描述了一个 Agent 平台的参考模型：它们能识别管理这个平台的关键 Agent 的角色，描述 Agent 管理的内容，描述语言和本体论。一个 Agent 平台必须具有三个强制性的角色：Agent 管理系统（AMS）、Agent 通信信道（ACC）和目录协调器（DF）。Agent 管理系统（AMS）是对该平台的使用实施监督控制的一个 Agent，它负责维护本地 Agent 的目录，并且对其整个生命周期进行处理。Agent 通信信道（ACC）是一种默认的通信方式，它提供了一个可信的、有序的、精确的信息路由服务，也为内部 Agent 和外部联系平台提供了有利途径；FIPA97 中 ACC 为互联网内部对象请求代理协议（internet Inter-ORB protocol，IIOP）提供支持，目的在于与其他兼容的Agent平台进行互操作。目录协调器（DF）能为 Agent 平台提供黄页服务。

这个规范也定义了 Agent 通信语言（ACL），Agent 通过这些通信语言进行信息交换。FIPA-ACL 能够描述信息编码和语义，但是不能为信息交互提供专门的机制。因为不同 Agent 可能在不同网络的不同平台上运行，所以信息以文本的形式进行编码，并且这些 Agent 能够传输 7 位数据。ACL 的语法最接近广泛使用的通信语言 KQML。然而，这两者之间存在着根本的区别，最明显的证明就是 FIPA-ACL 有正式的语义，这个语义使 ACL 语言可以消除任何模糊和混乱。

FIPA 可以通过交互协议支持跨 Agent 对话，这些交互协议也是两个或多个 Agent 的通信模式。它的范围从简单查询和请求的协议，到更复杂的协议，如众所周知的合同网协议和拍卖协议。FIPA 规范的剩余部分是关于其他方面的，尤其是 Agent 软件集成、Agent 移动性、Agent 安全性、本体服务及人-Agent 通信[17]。

三、多 Agent 系统的运行机制

多 Agent 系统在运用到某一应用程序时，其运行过程中涉及了 MAS 求解机

制、联合意图、协商和协调协作等。

1. 多 Agent 求解机制

MAS 的求解机制是为了完成单个 Agent 不能解决的问题或提高其解决问题的效率而提出的，主要研究包括：MAS 理论、多 Agent 协商和多 Agent 规划等。其中的经典工作是合同网。涉及范围从结盟方式、协商策略、协调机制到通信语言[18]。Rao 给出了基于单个 Agent 系统 BDI 模式 Agent 的概念的同时引入了社会规划。Jennings 和 Wooldridge 在公约和承诺概念的基础上，用分枝时序逻辑建立了一个协作问题求解系统的形式化框架。Haddadi 通过 BDI 逻辑给出了一个协作系统的形式化模型，并且还对该模型在 COSY 系统中的应用进行了说明[19]。

2. 多 Agent 联合意图

多 Agent 间的联合意图是指多个 Agent 联合参与行动以完成其共同承诺行为。Agent 进行协调协作，首先要有联合意图。多 Agent 系统为完成系统的共同目标，必须建立相互信任并作出共同承诺。目前，对联合意图的研究有如下两种观点：一种是微观观点，即每个成员的个体动作由其意识态度导致，且一起协作达到目标；另一种是宏观观点，即在每个 Agent 之外都存在一种联合意图并以此来控制整个 MAS 的协作行为。Haddadi 提出的关于联合意图的个体观点和社会/组织观点分别属于上述两种观点[19]。Jennings 提出的关于联合意图的公约（convention）和承诺也分别对应于上述两种观点[9]。

3. 多 Agent 的协商

协商（negotiation）是 MAS 实现协同、协作、冲突消解和矛盾处理的关键环节，是建立在通信语言之上的一种 Agent 交互机制。有关多 Agent 协商的主要技术可以概括为协商策略、协商协议和协商处理三个方面的内容。

协商协议主要研究的是关于 Agent 通信语言（ACL）的定义、语义解释、表示和处理。协商协议最简单的形式可以表示如下：（〈协商原语〉，〈消息内容〉）[20]。其中，协商原语即消息类型，它的定义通常是基于言语行为理论。消息内容除了包含消息的接收者、发送者、发送时间、消息号等固定信息之外，还包括了与协商应用的具体领域相关的信息描述。协商协议有三种形式化表示方法：有限自动机表示、巴科斯范式表示和语义表示。协商策略是选择通信消息、协商协议和 Agent 决策的策略。其包括策略的选择机制或函数和一组与协商协议相对应的元级协商策略两部分内容[9]。

协商处理包括系统分析和协商算法两部分内容。系统分析的任务包括分析和评价 Agent 协商的性能和行为，回答协商过程中的算法效率、系统的公平性和死锁以及问题求解质量等问题。协商算法可用来描述 Agent 在协商过程中的行为，包括决策、通信、知识库操作和规划等[19]。

4. 多 Agent 的规划

多 Agent 规划分为集中式和分布式两类。

1）分布式多 Agent 规划

分布式多 Agent 规划为每个 Agent 提供一个关于其他 Agent 规划的模型。典型的例子是 FA/C 方法和 PGP 方法。FA/C 与 PGP 要求参与协作的 Agent 没有认识和兴趣上的冲突，否则很难达成一致的全局解或规划。Decker 和 Lesser 的通用部分全局规划（GPGP）是 PGP 的发展，包含一簇可扩展的模块化协作机制，这些协作机制的相互组合能用于不同的任务环境。GPGP 试图构造一个独立于领域（domain-independent）的协作框架，并研究如何根据环境动态选择协作策略。

2）集中式多 Agent 规划

在集中式多 Agent 规划中，有一个中心 Agent，将其他 Agent 的部分规划集中加以分析，去除其中的不一致和冲突，合并成新的规划[19]。

5. 多 Agent 学习机制

在多 Agent 系统中某个单独的 Agent 的能力是有限且不完善的，它需要不断地通过向其他 Agent 或系统以外的环境学习，来获取各领域知识、积累相应的经验、适应变化的环境。这种学习在动态的环境下尤为重要。多 Agent 技术中 Agent 的学习一般包括主动学习和被动学习两类。在主动学习中，Agent 并不直接论证领域知识的正确性，而是更关心任务执行的效果。在这个过程中，Agent 基于它们当前的知识来选择一种计划，导致某种奖赏，然后形成下一个训练实例。在被动学习中，由领域专家或教师预先选定一组训练实例，这组训练实例与 Agent 在训练期间的状态无关。Agent 对关于 Agent 领域知识的正确性的考虑是通过对训练实例的学习得来的[13]。

目前来看，多 Agent 技术中 Agent 的学习方法是以强化学习（reinforcement learning）为主。在强化学习过程中，自治 Agent 通过与环境的不断接触在获取控制经验的同时改善控制行为[21]。

6. 多 Agent 协调机制

多 Agent 协调（multi-agent coordination）是指具有不同目标的多个 Agent 通过合理安排其目标、资源等，以调整各自的行为，从而最大限度地实现各自目标。因为多 Agent 系统中每个 Agent 的自主性，当它们在求解过程中按照自己的知识、能力与目的进行活动时常会出现矛盾与冲突，因而必须对它们加以协调。从广义上来说，多 Agent 系统的协调方法分为两类：显式协调和隐式协调。显式协调是指将 Agent 设计成能够对可能的交互进行推理，并且在必要时可以与其他 Agent 进行协商。该方法具有直接、明确的协调机制，可以调用它来解决 Agent 的动作间的不一致问题。但是这种协调方法需要有充足的时间来支持，因此不适用于某些实时、动态环境。隐式协调是指将 Agent 设计成遵循某局部的行为准则，以明显的协调方式采取行动。多 Agent 系统前期大都采用显式协调方法，作为多 Agent 协调方法的一个分支，已经产生了许多有意义的结果。隐式协调是最近才提出来的一种协调方法，这在协调方法的研究中开辟了一个新领域。隐式协调方法需要研究的问题还很多，如对违反社会规则情况的处理；社会规划的自动生成问题；隐式协调与显式协调利用社会规则产生协作行为，以及在不同系统中应用的权衡，使 Agent 可以理性选择有利于整体的行动，从而提高多 Agent 系统的整体性能[22]。

多 Agent 协作（multi-agent cooperation）是指多个 Agent 对各自行为进行协调，合作完成共同目标。协作是协调的一种特殊类型，它的关键特点在于能保证多个 Agent 在一起共同工作，它也是多 Agent 系统与其他相关研究领域（如分布式计算、专家系统、面向对象的系统等）区别开来的关键性概念之一。具有不同目标的多个 Agent 在动态、开放的环境下，必须协调好其目标、资源的使用。在多 Agent 系统中，协作不仅能增强 Agent 及 Agent 系统解决问题的能力，提高单个 Agent 以及多个 Agent 所形成的系统的整体行为的性能，还能增强系统的灵活性。随着多 Agent 技术研究的深入，各 Agent 都处于资源有限的、动态、开发的环境中，这就要求 Agent 在发生目标冲突时，通过逐步协调与环境的关系及各自之间的相互行为，不断地交互，以达到共同的目标[13]。

多 Agent 合作（multi-agent collaboration）指的是多个 Agent 借助通信，将各自目标交换，直到多 Agent 的目标达成一致或协议终止。在合作与冲突处理问题方面的研究，Victor Lesser 提出了一种处理冲突的方法是基于知识的合作方法，Agent 之间需要共享有关领域问题的背景知识以便每个 Agent 根据自己及其他 Agent 的观点进行推理[23]。一些学者先后用对策论的方法对合作类与非合作类的 Agent 的冲突处理与合作问题进行了研究，并形成了一般的理论[24]。

7. 多 Agent 协同机制

Agent 协同是根据目标及协作需要而设定恰当的岗位并配备相应的角色，希望参与协作的竞争者通过竞争获得能胜任的岗位并充当相应角色。协同机制主要用来规定如何将协作目标逐步细化，以便把每个子任务分配给参与协作的 Agent。协同协议直接反映了 Agent 交互的目的和交互的规则，控制双方交互，同时也与 Agent 内部的推理机制紧密相连。协同机制通常应考虑以下因素：

（1）行为自治性。Agent 有可能根据自己当前状态和自有知识库决定采取合作或拒绝的态度。

（2）快速性。过程应尽快完成，否则将可能失去协作优势。

（3）简便性。整个协同过程复杂度尽可能低，易于实现。

（4）有效性。达成的合作局面稳定，协作完成任务的效果应优于独立完成。

（5）历史性。Agent 协同时应考虑历史的合作记录。

协同过程中最关键的因素就是采用什么协同协议，合同网作为一种常用协同协议，运用在多 Agent 系统协同中[25]。

8. 多 Agent 交互机制

Agent 之间的交互行为是 Agent 社会性的重要表现，是 Agent 与外界环境相互作用的一种方式，也是 Agent 区别于传统 AI 系统的重要属性[26]。完善、理性的交互机制不仅是多 Agent 之间进行协作、协调和合作的基础，更是 MAS 组织中各 Agent 角色间组织关系的前提反映。Agent 的交互机制是对 Agent 交互行为的内在因素的刻画。它主要解决三个问题：第一，为什么交互？第二，和谁交互？第三，怎样交互？Agent 运行处于某个环境中，Agent 能够高效地运行并且它们之间可以相互作用，这个环境为这样的相互作用提供基础框架[14]。由于 Agent 在信息传递过程中表现出来的固有的层次性，同时结合计算机网络的层次性协议结构，决定了该基础框架是分层次的，整个交互行为分为三个层次：即交互层、通信层和传输层。下层的交互行为为上层交互行为提供服务，上层交互行为的实现以下层交互行为实现为基础，从而构成一种层次式的服务关系[15]。图 1-9 以假想的两个交互中的 Agent 为例（Agent A 和 Agent B），给出了 Agent 通信和交互层次模型的结构。

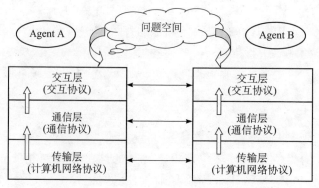

图 1-9　MAS 通信与交互层次模型结构图

四、多 Agent 系统开发环境

多 Agent 系统开发环境，为多 Agent 系统的开发过程，包括 MAS 需求分析、系统分析、系统设计、系统开发与实现、系统调试与测试等，提供各种形式的自动或半自动的辅助支持，它是对一系列面向 Agent 的可重用库、Agent 框架、Agent 开发工具集、Agent 基础设施及集成开发平台等的统称。

1. 多 Agent 系统开发的主要环境

多 Agent 系统的开发离不开计算机辅助软件工程（computer-aided software engineering，CASE）工具和环境的支持。许多开发 Agent 系统的公司通过抽取 Agent 系统中的底层服务，并将其抽象成可重用的应用编程接口，以简化类似 Agent 系统的开发工作，在此基础上，形成了大量的 MAS 开发工具，这些工具被冠以不同的名称，如平台、环境、语言、框架、底层结构等。它们构成了我们目前见到的绝大部分的面向 Agent 的 CASE 工具和环境[27]。

面向 Agent 的 CASE 工具和环境大致可分为五类：面向 Agent 的程序设计语言，如 AGENT-0、JAL 等；Agent 开发包和可重用库；Agent 框架和 Agent 体系结构；Agent 开发工具集；Agent 基础设施和 Agent 平台。

我们选用 JADE（Java Agent DEvelopment Framework）作为我们的 MAS 开发和实验平台。JADE 平台面向 Java，提供符合 FIPA 规范的中间件和一套支持开发和调试的工具，方便了 MAS 的实现。JADE 平台可分布于多台配置不同操作系统的机器上，能通过远程 GUI 控制系统的配置。

JADE 中设置了 DF（directory facilitator）、AMS（agent management system）、RMA（remote management agent）三个系统 Agent。规定所有 Agent 必须存活于容器（container）中，而系统 Agent 只能存活于主容器（main-container）中。

DF 提供 JADE 平台内默认的黄页（查询）服务。其他 Agent 可以向 DF 注册其提供的产品或服务以供需求方查询或使用，DF 是服务方 Agent 和需方 Agent 的中介。

在 JADE 平台中，有且仅有一个 AMS。AMS 提供白页服务和 Agent 生命周期控制，管理 Agent 名称列表。每个 Agent 必须在 AMS 中登录以获取一个有效的 AID（Agent IDentifier）。在 AMS 中注册后，该 Agent 正式存在于系统中。

RMA 是 JADE 平台的控制台 Agent，负责管理平台的图形用户界面。该 Agent 由命令行中"-gui"产生。通过该图形用户界面，可以产生平台的其他图形界面和调用 JADE 工具。

面向多 Agent 的 CASE 工具和环境很多，常见几种主要的平台技术特点归纳如表 1-1 所示。

表 1-1　多 Agent 系统开发的主要 CASE 工具[14]

名称	开发者	语言	特点	说明
Aglets	IBM Japan	Java	移动 Agent 开发环境	为具有 Agent 特征的 Java applet，可在 Internet 上自由迁移
FIPA OS	Emorphia 公司	Java	Agent 工具集	面向组件的、支持快速开发与 FIPA 标准兼容的 Agent
JACK	澳大利亚 Agent Oriented Software 公司	JACK Agent Language	可重用库和开发工具集	使用组件的方法构建、运行、集成商业级 Multi-agent system 的开发环境
JADE	Italia TELECOM LAB	Java	Multi-agent 框架	使用 Java 语言实现的软件框架，通过遵循 FIPA 规范的中间件和工具集来简化 Multi-agent system 的实现
JAFMAS	University of Cincinnati	Java	Agent 框架	提供了一个框架和一组类帮助用户开发 Multi-agent system
JATLite	Stanford University	Java	Java packages for Multi-agent	用于构建 Multi-agent system 的 Java 软件开发包
Microsoft Agent	Microsoft Corporation	Active X	可编程接口	用于 Microsoft 窗口界面中交互式动画角色的开发
Zeus	British Telecommunication Labs	Java	开发工具集	支持 Multi-agent system 快速设计、开发和部署的软件组件库和工具

2. 多 Agent 系统开发的其他工具

大量的研究和商业机构参与多 Agent 的开发平台的研究工作，除了前面介绍的主要工具外，还有更多的 Agent 构建工具也已经被开发出来。其中一些相关的其他多 Agent 系统开发工具有：AgentBuilder、AgentTool、ASL、Bee-gent、FIPA-OS、Grasshopper-2、MOLE、the Open Agent Architecture、RETSINA 等。

AgentBuilder 是用来构建 Java 代理系统的工具，该系统基于两个组件：工具包和运行系统。工具包包括了管理 Agent 软件开发过程的工具，运行系统提供一个 Agent 引擎，也就是一个解释器，它被用来当做 Agent 软件的执行环境。AgentBuilder 代理基于一个模型，该模型是由 AGENT-0 和 PLACA agent 模型导出的。

AgentTool 是一个可以建立异构多 Agent 系统的图形环境。它也是 CASE 工具的一种，专门面向 Agent 的软件工程，它的主要优势在于完全支持 MaSE

方法学，以及独立于 Agent 内部构架。

ASL 是一个支持 C/C++、Java、JESS、CLIPS 和 Prolog 语言开发的平台。ASL 是基于 OMG's CORBA 2.0 规则构建的。CORBA 技术的使用能够促进无缝 Agent 分配，并允许将所使用的 CORBA 实现支持的绑定语言添加到平台。起初，ASL 代理通过 KQML 消息来进行通信，如今 FIPA 平台也可以兼容 FIPA-ACL。

Bee-gent 是一个用来开发兼容 FIPA 规范 Agent 系统的软件框架，且已经被东芝实现了。这个框架提供了两种类型的 Agent：外部 Agent 用来代理现有的应用，协调 Agent 通过处理所有的通信来支持外部 Agent 协作通信。Bee-gent 提供一种图形 RAD 工具可以通过状态描述图来对 Agent 进行描述，并且可以提供一个目录来定位 Agent、数据库和应用程序。

FIPA-OS 是另外一个用来开发兼容 FIPA 规范 Agent 系统的软件框架，且已经被 NORTEL 实现了。这个框架提供了一些强制的组件来实现 FIPA 参考模型的 Agent 平台（如 AMS、ACC、DF 代理，以及一个内部信息传输系统平台），一个代理外壳和一个模板利用 FIPA-OS 代理平台能产生代理。

Grasshopper-2 是一个基于 Java 的移动 Agent 平台，遵从现有的代理标准，正如 OMG-MASIF（移动 Agent 系统互操作设施），以及 FIPA 规范所定义的。因此，Grasshopper-2 是一个开发的平台，既能允许最大的互操作性，也易于与其他的移动及智能 Agent 系统集成。Grasshopper-2 环境的组成包括：几个机构和一个注册区域，以及通过一个可选的通信协议进行远程连接。分布式组件之间的远程交互有专门的接口。另外，Grasshopper-2 提供了一个图形用户，以便用户能够对 Agent 系统的所有功能进行友好访问。

MOLE 是一个 Java 开发的 Agent 系统，其中的代理没有足够的特征可以被认为是真正的 Agent 系统。然而，MOLE 的重要性在于它能够为 Agent 的移动性提供最好的支持。MOLE 代理是多线程实体，这是被全球性唯一代理识别机构所认可的。Agent 交互是通过两种类型的通信：利用 RMI 进行客户/服务器交互，以及利用信息交换进行一对一交互。

RETSINA 可以提供可重复使用的代理来实现应用程序。每个 Agent 有四个模块对与其他 Agent 之间任务和请求的执行进行通信、计划、组织和监测。RETSINA 代理通信时使用 KQML 消息[27]。

第三节　多 Agent 供应链管理系统概述

供应链是由供应商、制造商、销售商、配送中心和渠道商等构成的物流网络，这个网络的节点是由相同企业和不同企业组成的。供应链管理是应用集成的管理思想和方法，对整个供应链系统各个环节的综合管理。目前，这种管理智能化的工作开始成为供应链管理和人工智能交叉领域的研究热点，本节介绍相关概念、机制和决策过程。

一、多 Agent 供应链管理系统概念

对企业来说，供应链管理属于企业的有效性管理，表现在战略和战术上对企业整个作业流程的优化；通过改善上、下游供应链关系，提高业务效率，获得竞争优势，达到使商品按恰当的数量、合适的品质、正确的地点、准确的时间、最佳的成本进行生产和销售。在多 Agent 供应链管理系统中，Agent 代表企业实现这种有效性管理。

1. 多 Agent 供应链管理系统概念

多 Agent 供应链管理系统是基于多 Agent 供应链管理系统。它是在传统的供应链管理系统里，嵌入多 Agent 技术、赋予智能功能，使企业主体的业务建模、量化分析、知识管理和决策支持等任务由 Agent 承担，实现动态的企业联盟与信息共享。其核心策略是根据优势互补的原则建立多个企业的可重构、可重用的动态组织集成方式以支持供应链管理的智能化，并满足顾客需求的多样化与个性化，实现反应快速一体化的供应链管理智能集成体系。

2. 多 Agent 供应链管理系统构成

供应链管理系统中的供应商、制造单位、客户、销售和产品管理等均具备独立的 Agent 的特征，因此制造企业的供应链网络中的人、组织、设备间的合作交互、共同完成任务的各种活动可以描述为 Agent 之间的自主作业活动。整个供应链可以视作由相互协作的 Agent 组成的网络，其中每个 Agent 具有一定的功能，并可与其他 Agent 进行沟通[28]。

基于 MAS 的供应链管理系统结构中的 Agent 有两种类型：一种是业务 Agent，另一种是中介 Agent，而且中介 Agent 可以将各个业务 Agent 相互联系起来。中介 Agent 作为系统协调器，不仅能规划 Agent 之间的协同工作，而且还具有一定的学习能力，即它可以通过 Agent 的协同工作来获取经验和知识[29]。

根据多 Agent 供应链各节点的功能，可以将多 Agent 供应链节点划分为供应商 Agent、采购 Agent、原料库存 Agent、生产计划 Agent、制造 Agent、产品库存 Agent、订单处理 Agent、运输 Agent，以及分销商 Agent 等。供应链除

各个构成实体 Agent 之外，还需要黄页服务器、Ontology 服务器和界面 Agent 等[30]。

3. 多 Agent 供应链管理系统框架

一般 MAS 供应链管理系统框架包括以客户为中心的 Agent、以产品为中心的 Agent、以供应商为中心的 Agent、以物流为中心的 Agent 四类。其中以客户为中心的 Agent 主要负责处理客户信息管理；以产品为中心的 Agent 负责利用客户信息分析客户在什么时候需要何种产品；以供应商为中心的 Agent 负责为原材料和组件选择更好的供应商；以物流为中心的 Agent 负责为制造商调度材料和产品。每个 Agent 在整个供应链中都独立地承担一个或多个职能，同时每个 Agent 都要协调自己与其他 Agent 的活动[31]（图1-10）。

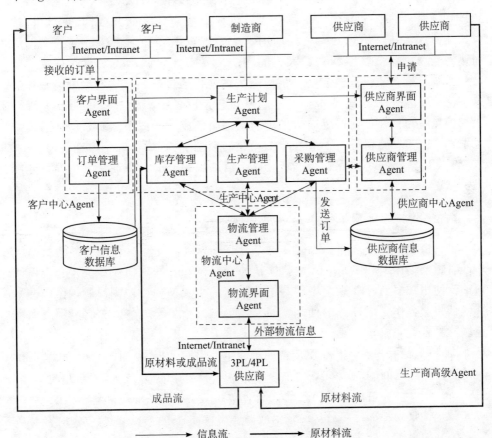

图 1-10 MAS 供应链管理系统框架

二、多 Agent 供应链管理系统运行机制

多 Agent 供应链系统为供应链管理带来了极大的便利。它在运行过程中用到协调和契约、协同机制、谈判机制及多 Agent 之间的信息交互等。

1. 多 Agent 供应链管理系统中协调契约

供应链协调是指供应链各节点成员之间在一定时期内共担风险、共享信息、共同获利的一种协议关系。这种战略合作关系是以集成化供应链管理环境为背景，具有共同利益和一致目标的企业之间的关系，目的是在于降低供应链的总成本及库存水平，如保持战略伙伴之间操作和加强相互的交流的一贯性，改善和提高供应链的质量与用户的满意度。供应链协调，诸如开放沟通渠道、签订长期协议、共享信息等，它强调用系统的观点提高整个供应链的效率，从而达到实现供应链整体利润最大化的目的。要实现协调，必须建立有效的监督和激励机制——供应链契约。供应链契约是指通过提供合适的激励措施和信息，优化各企业间的交易和协调的条款。它是以各节点企业间的物流、资金流和信息流为基础，在一定的信息结构下平衡各成员的决策激励，即通过契约关系来协调各方的利益，从而达到供应链整体优化与各成员的个体理性相一致。供应链契约的作用是确保物流、资金流、信息流的流动只有在正常情况下才能发生[32]。

2. 多 Agent 供应链管理系统中协同机制

供应链合作伙伴之间的协同在一个具有动态性、交互性和分布性的供应链中起着重要的作用。多 Agent 的供应链协同机制和合同网协议相关，合同网协议广泛使用在多 Agent 系统中。基于合同网的协议是一种协同机制，供应链合作伙伴将会合作完成任务的计划、谈判、生产、分配等。整个申请过程可以在互联网平台上完成。

图 1-11 表示了多 Agent 供应链的协同申请机制。以下 (1)～(8) 代表了供应链合作伙伴之间的通信顺序：

(1) 生产商通过供应商 Agent 向所有潜在供应商提供外部订单。

(2) 接收到外部订单后，潜在供应商做出投标决策。

(3) 如果供应商决定投标，实施投标申请。

(4) 供应商投标是在供应商接口代理平台上进行。

(5) 接收到投标申请之后，制造商将会通过供应商管理 Agent 对参与的供应商给出一个综合的评估。评估的指标包括质量、价格、到期日、服务等。然

后根据评估结果选择一个最合适的供应商。

（6）生产商通过供应商接口的 Agent 宣布中标者，同时对那些没有中标的供应商进行必要回复。

（7）中标供应商对收到的订单实施生产。

（8）供应商将它生产的最终原料发送给生产商。

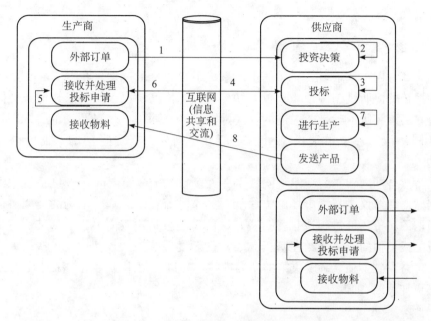

图 1-11　多代理供应链协同机制

因此，为了实施生产，供应商也会将它的外部物料订单告知给供应商的供应商。这个周期将会一直持续到供应链的最终端。这样合作过程的整个流程就完成了[33]。

3. 多 Agent 供应链管理系统中信息交互

在多 Agent 供应链管理系统中，每一个 Agent 根据信息内容自主地完成相关任务，其中 Agent 间信息的交流与传递通过事先制定的通信与协商机制实现。这里以制造商 Agent 与客户 Agent 之间的一次订货任务来说明 Agent 之间的交互。

实际上本次任务是完成客户与制造商之间关于订货的一次交易，参与者包括制造商 Agent 和客户 Agent。客户 Agent 向制造商 Agent 请求订购货物，请求中包含的信息有：产品标识、数量、送达地点及交付日期等；制造商 Agent 先核实客户 Agent 所订购产品的库存情况再决定是否接受客户订货请求，如果接受订货请求则发出确认信息给客户 Agent；如果库存缺货则向客户 Agent 发送拒绝信息。在整个订货任务过程中，两个 Agent 之间的信息交流应遵循相应的逻辑约束：先是客户发出订购请求，然后才是制造商确认接受客户订购请求或告知客户产品缺货。该任务中的约束条件 always 表明制造商 Agent 无论何时收到客户 Agent 发来的订货请求，稍后都要对客户订货请求作出确定或是告知客户缺货的回答。当制造商 Agent 回答了客户订购请求后，就认为本次任务的目标实现[34]。

4. 多 Agent 供应链管理系统中协商机制

协商常用于基于多 Agent 的生产系统中资源分配过程。在多 Agent 供应链管理系统的协商机制中最重要的是协商协议，协商协议包括投票机制、合同网或者它的修订版本，诸如增进的合同网协议（ECNP）、市场驱动的合同网、分层合同协议。一个申请机制可以是部分定向的、资源定向的，也可以是双向的[27]。

虽然合同网和它的其他不同版本在大多数基于多 Agent 的调度系统中经常被当做协商协议，基于市场的方法变得越来越流行了。基于市场的类似协议使用所谓的讨价还价过程或拍卖过程，这些过程总是比较简单且容易使用。基于市场的或类似的方法已经在基于 Agent 的调度系统中大量使用。一些研究人员也已经意识到了独立调度决策的博弈性质，并试图使用博弈论方法武装 Agent，使其更加精明[27]。

5. 通信机制

在多 Agent 系统中，比较常用的通信机制有广播通信、直接通信、公共黑板系统（blackboard system）和联邦系统（federation system）。

（1）广播通信主要是用于控制 Agent 给同组的所有成员广播消息。但是该方式不仅会造成 Agent 间数据传输量的增加，而且控制 Agent 也不知道消息是否被接受[35]。

（2）直接通信用于通信的 Agent 双方已相互知晓，二者之间进行直接交流。这种通信的方式既简单又高效，但它的不足在于需要明确知道通信的双方且只能实现一对一的通信[36]。

（3）联邦系统通信：各 Agent 之间通过联邦体来实现交互，每个 Agent 都可以动态地加入联邦体，而联邦体则为其提供服务。这些服务包括：接受并登记加入联邦体的 Agent；对这些 Agent 能力和任务进行记录的同时，也为它们提供通信服务；响应 Agent 提出的请求；提供联邦体之间的消息路由与知识转换，等等[37]。

（4）公共黑板系统是一种集中控制的方式，每个 Agent 都把信息放在一个可以共同存取的黑板上，与其他成员共同分享[37]。

三、多 Agent 供应链管理系统的决策过程

供应链管理决策支持系统是由生产决策模块、采购决策模块、库存决策模块、运输决策模块和销售决策模块等多种管理模块构成。因此，对一个典型厂商的供应链的研究可以按照功能将其抽象为多 Agent 系统，包括原料库存 Agent、供应商 Agent、采购 Agent 等。多 Agent 供应链管理决策支持系统中的 Agent 按照决策过程可以分为问题识别 Agent、目标建立 Agent、任务分解 Agent、知识获取 Agent、信息获取 Agent、集成推理 Agent 及方案分析 Agent 等[29]。多 Agent 的决策过程如图 1-12 所示。

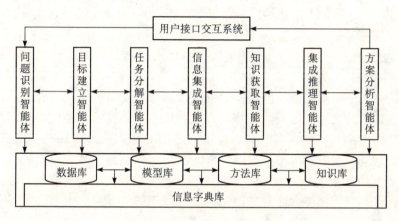

图 1-12　多 Agent 的决策过程

（1）问题识别。问题识别 Agent 根据用户与系统的交互式会话识别用户所提出的问题，并构造出问题求解的模型和方案[29]。

（2）目标建立。目标建立 Agent 根据识别的问题确立目标，并调出系统中的模型匹配算法、变量进行动态建模等[29]。

（3）任务分解。任务分解 Agent 先将任务分解成若干子任务，再根据 BDI 模型进行分配任务协调[29]。

（4）信息集成。信息集成 Agent 提取供应链分布式环境中的多数据源中的数据，并以可扩展标记语言（extensible markup language，XML）的方式来获取数据[29]。

（5）知识获取。知识获取 Agent 从与知识库的交互中，提取基本的决策问题领域的相关知识（事实和规则）。如果知识需要更新，知识获取 Agent 需要对数据仓库进行数据挖掘、联机分析处理以发现知识[29]。

（6）集成推理。集成推理 Agent 先将数据、模型与知识进行整合，再对决策问题进行确定性推理或不确定性推理[29]。

（7）方案分析。方案分析 Agent 通过综合比较和判断模型、方案及运行结果，推出用户最满意的方案[29]。

四、多 Agent 技术在供应链中的其他应用

多 Agent 系统强调分布式自主决策，强调各 Agent 间协作解决问题的能力，这些特点正好与企业供应链在实际运行中所表现出来的分布性、自治性、弱耦合性和并行性的特征相契合。多 Agent 系统作为一种新的仿真工具、一种有效的分布式求解工具，以及一种新的信息系统的基础框架，相比传统的软件方法，其构建供应链具有较大的优越性。因此 MAS 被引入到供应链研究领域中来有着广泛的应用。

1. 多 Agent 技术在供应链中的其他应用

供应链是一个动态的、高度变化的复杂系统，要做好供应链管理，仿真是必不可少的工具之一。随着人工智能以及智能自主体技术的发展，利用具有一定自主决策能力和自主推理的多 Agent，以及由其组成的多 Agent 系统，来进行仿真、优化、实施、控制企业供应链的运行，已经成为研究和实施供应链管理的重要方法之一[38]。目前，关于多 Agent 技术在供应链中的应用，许多学者在供应链的仿真、建模方面开展理论研究和应用研究，根据引入多 Agent 的不同目的，包括如下应用[39]：

1）建模与仿真方面的应用

首先可以建立供应链的多 Agent 仿真模型，再对实际供应链的运行进行仿真，可以为供应链的运行管理和过程重组提供决策支持，这是多 Agent 在供应链运行中的一个重要应用。多 Agent 模型是一种强有力的、新型的决策支持工具，它能够对供应链运行效率进行评价并提供给决策者，还可以进行 what-if 分析，为决策者提供易用且高效的决策支持[39]。

2）计划调度与优化求解方面的应用

一般来说，企业供应链的各个环节都具有独立的计划调度能力，但是只有当这些独立而分散的计划调度能力协调、整合在一起时，整条供应链的运行才能得到优化。利用多 Agent 系统协调供应链各个环节的计划调度，是应用性最强且研究历史较长的一个领域。在基于多 Agent 的计划调度系统中，每个 Agent 不仅代表不同的资源，如运输车辆、机器设备、工人等，并且负责该资源的计划与调度[39]，利用模拟和仿真的手段，实现调度和优化的目

的和效果。

3）运行与实施方面的应用

利用 Agent 构建企业的基础信息平台，利用多 Agent 作为供应链通信和协调的主体，管理和控制企业供应链的运行，以提高供应链管理的自动化和智能化程度，这是多 Agent 应用于供应链管理的又一个重要研究方向[39]。

2. 多 Agent 技术在供应链中应用的发展趋势

从国内外对多 Agent 在供应链管理中的应用研究来看，大部分的研究还处于问题分析、理论探讨和方法创新阶段，实用性的研究和系统开发尚处于初期阶段，且存在诸多挑战性问题有待解决。例如，Agent 功能单一；系统通信效率低；系统的智能程度不够；不能适应动态变化市场；供方和需方缺乏灵活的协商机制，等等。这些问题严重地阻碍了 MAS 在供应链管理中的发展，而且供应链管理对跨学科、多领域的各种技术都有着不同的需求[40]。因此，多 Agent 技术在供应链中的应用有着广泛的发展前景。

（1）利用多 Agent 技术，推动供应链管理智能化。多 Agent 可以与数据挖掘技术（包括基本任务与任务扩展）相结合，在构建供应链网络图的基础上实现供应链自动匹配管理。从而，可达到"消费者需求能得到积极满足，而供应链上不同环节上的众多经营商也能实现互利共赢"的双向目标[41]。多 Agent 和商务智能结合起来，应用到供应链管理系统中，将实现供应链智能化管理，这将成为一个重要的研究方向。

（2）利用多 Agent 技术，促进敏捷供应链管理。面对竞争日益激烈的市场环境，动态联盟将会是未来企业的形式，敏捷供应链（agile supply chain）中供应链的环境处于不可预测并持续变化的状态，各实体间具有竞争、合作、动态等多种性质的供需关系，它们对环境变化具有快速的响应能力。而 MAS 的分布性、开放性、自适应性等特点在解决供应链系统的动态性、分布性、柔性和复杂性等问题方面展现出巨大的潜力。可以预见，基于多 Agent 的敏捷供应链管理会成为多 Agent 技术在供应链管理中的发展趋势之一。

第四节　本章小结

多 Agent 技术是当前分布式人工智能以及计算机科学领域研究的热点。随着多 Agent 技术的逐渐成熟，其应用也越来越广泛。目前，多 Agent 技术开始在供应链管理中进行应用，但仍处于起步研究阶段。而在信息进行整合的基础上实现供应链上各企业的智能集成与决策支持是重要的研究领域。本书从这里出发，总结前沿成果，汇集先进技术，形成知识体系，明确发展方向，旨在为深入研究和广泛应用供应链智能化管理提供知识资源支持。

作为本书的第一章，属于基础理论的开始，主要介绍多 Agent 技术及其在供应链管理系统中的应用。第一节介绍了 Agent 的基本概念。Agent 是一个具有反应性、自治性、社会性和自发性等特征的智能体，具有对环境的感知能力，能感知它所处的环境，并通过行为来改变环境。随后介绍了其类型、研究方法、通信语言及实现的关键技术。第二节介绍了多 Agent 系统的基本概念、FIPA 标准、系统的运行机制及开发的主要环境。第三节介绍多 Agent 供应链管理概念，分析了多 Agent 供应链管理运行机制，给出了它的决策过程；最后介绍了多 Agent 技术在供应链中的其他应用，包括模拟和仿真、计划调度与优化求解、运行与实施方面的实践，以及多 Agent 技术在供应链中的应用展望，主要指出多 Agent 技术将在敏捷供应链管理和供应链智能化管理方面发挥重要作用。本章内容为后续章节的研究及应用奠定理论基础。

◇ 参 考 文 献 ◇

［1］ Woolridge M, Wooldridge M J. Introduction to Multi-Agent Systems. New York: John Wiley & Sons, Inc., 2001: 168~175

［2］ 范辉, 李晋江, 张晖. Agent 技术的研究现状与发展趋势. 微型机与应用, 2001, (10): 4~7

［3］ Ricci A, Viroli M, SimpA. An agent-oriented approach for prototyping concurrent applications on top of Java. Proceedings of the 5th International Conference. Principles and practice of programming in Java, 2007: 185~194

［4］ 曲晓棠. 基于多 Agent 的网络教学系统的研究与应用. 苏州大学硕士学位论文, 2007: 15~16

［5］ Cucurull J, Marti R, Robles S, et al. Agent mobility architecture based on IEEE-FIPA standards. Computer Communications, 2009, 32 (4): 712~729

［6］ 董红斌, 孙羽. 多 Agent 系统的现状与进展. 计算机应用研究, 2001, (1): 54~56

［7］ Jennings N R. Commitments and conventions: the foundation of coordination in multi-agent systems. Department of Electronic Engineering, Queen Mary and Westfield College, University of London, 2006: 38, 39

［8］ Lees M, Logan B. Agents, games and HLA. Simulation Modeling Practice and Theory, 2006: 7521-767

［9］ 吴海燕. Agent 协商策略与联盟机制研究. 福州大学硕士学位论文, 2005: 17, 18

［10］ Xue X L, Lu J F. Towards an agent-based negotiation platform for cooperative decision-making in construction supply chain. Springer-Verlag Berlin Heidelberg, 2007: 416~425

［11］ Hsieh F S. Design of evolvable manufacturing processes. Proc of the 2002 Congress on Evolutionary Computation, 2002: 1~6

[12] 郭红霞，吴捷，王春茹. 多 Agent 技术的研究发展. 河南科学，2004，22 (2)：242～246

[13] 蒋云良，徐从富. 智能 Agent 与多 Agent 系统的研究. 计算机应用研究，2003，(4)：31～34

[14] 赵书良. 多智能体合作理论与方法及其在商务智能中的应用. 北京工业大学博士学位论文，2006：5～8

[15] Burg B. Foundation for intelligent physical agents. Specifications. http：//www. fipa. org. 2002 - 07 - 02.

[16] Xue X L，Li X L，Shen Q P，et al. An agent-based framework for supply chain coordination in construction. International Conference for Construction Information Technology，2004,14：413～430

[17] 李建强，范玉顺. Agent 技术研究现状及其在企业集成中的应用. 计算机科学，2003，30 (3)：71～74

[18] Haddadi A. Reasoning About Cooperation in Agent Systems：a Pragmatic Theory. Manchester，UK：University of Manchester Institute of Science and Technology (UMIST)，1995：8, 9

[19] Guo Q L, Zhang M. A novel approach for multi-agent-based intelligent manufacturing system. Information Sciences，2009, 179 (18)：3079～3090

[20] Müller H J, Jennings N R. Foundation of Distributed Artificial Intelligence. 6th Generation Computer Technology Series. New York：John Wiley & Sons Inc. ，1996：211～229

[21] 张汝波，顾国昌. 强化学习理论、算法及应用. 控制理论与应用，2000，17 (5)：637～642

[22] 陈建伟. 基于多 Agent 协作机制的酒店客户关系管理系统的研究. 广东工业大学硕士学位论文，2004：28, 29

[23] Zhang X Q, Lesser V. Meta-level coordination for solving negotiation chains in semi-cooperative multi-agent systems. The 6th Intl. Joint Conf. on Autonomous Agents and Multi-Agent Systems (AAMAS 07)，2007：1～8

[24] Zlotkin G, Rosenschein J S. Cooperative and conflict resolution via negotiation among autonomous agents in non-cooperative domains. IEEE Trans on SMC, 1991, 21 (6)：1317～1324

[25] 吴菊花，吴丽花. 基于规范的多 Agent 协同机制研究. 计算机应用研究，2009，26 (5)：1778～1781

[26] 张洁，高亮，李培根. 多 Agent 技术在先进制造中的应用. 北京：科学出版社，2004：168, 169

[27] Bellifemine F, Poggi A. Developing multi-agent systems with JADE. University of Parma Parco Area delle Scienze，2001：1, 15

[28] Lee J H. Multi-agent systems applications in manufacturing systems and supply chain management. International Journal of Production Research，2008，46 (1)：233～265

[29] 陈廷斌，吴伟. 基于多 Agent 的供应链智能集成与决策研究. 计算机应用研究，2004. (8)：27～29

[30] 周水银，陈荣秋. 基于多 agent 的供应链研究. 工业工程管理，2001，(6)：28～31

［31］ Lu L，Wang G. A study on multi-agent supply chain framework based on network economy. Computers & Industrial Engineering，2008，54（2）：288～300

［32］唐建生，郑江波.制造型企业供应链的冲突机理及多 Agent 系统的研究.计算机工程与应用，2004，(8)：39～41

［33］ Shen W M，Hao Q，Yoon H J. Applications of agent-based systems in intelligent manufacturing：an updated review. Advanced Engineering Informatics，2006，20：415～431

［34］赵晓敏.基于多智能代理的供应链协同管理.商业研究，2006，(21)：38～41

［35］缪治，邓辉宇.多 Agent 系统的合作与通信的实现.电脑知识和技术，2009，5（11）：2859～2861

［36］ Wooldridge M，Jennings N R. Intelligent Agents：Theory and practice. London：Cambridge University Press，1995：1～62

［37］张林，徐勇.多 Agent 系统的技术研究.计算机技术与发展，2008，18（8）：80～83

［38］彭俊松，孙鸿广，胡钢铸，等.基于多 Agent 协同求解的企业供应链过程建模研究. 复旦学报（自然科学版），1999，(4)：466～474

［39］余旸.基于 Multi-agent 的供应链建模及仿真研究.北京工业大学硕士学位论文，2006：45，46

［40］刘忠伟.多 Agent 供应链管理系统建模与仿真研究.河北工程大学硕士学位论文，2009：75，76

［41］李朔枫，周启海，张元新.一个基于多 Agent 技术的供应链自动匹配管理系统模型.计算机科学，2007，34（9）：122～124

第二章

制造业供应链管理系统

进入 21 世纪以后，作为增强现代制造企业竞争力最重要的方法而提出的供应链管理思想已经成为管理学领域的一个热点研究课题。如何加强供应链管理，提高企业在市场竞争中的优势已成为亟待解决的重要问题。而随着信息技术的快速发展及应用，其所带来的信息革命已经改变了企业传统的供应链管理模式。企业内外部供应链的优化实施离不开信息技术。只有将现代供应链管理思想与信息技术相结合，才能优化供应链并提高供应链的整体效率。因而，企业为了适应信息化的需求，就有必要引入供应链管理信息系统，并以此作为企业供应链管理的神经系统，发挥其经营管理、辅助决策的功效，围绕核心企业建立链网式组织结构，实现供应链管理战略，提高企业核心竞争力，进一步强化和改进现代制造企业物流、资金流和信息流集成管理，提高整体管理水平和竞争力。

第一节　制造业供应链管理概念

IT 技术的发展推动了经济的全球化进程。及时生产、敏捷制造等制造模式的出现，需要更加先进的管理模式与之相适应。传统企业组织中的采购、生产、分销、零售等看似是一个整体，却是缺乏系统性和开放性的企业运作模式，很难适应新的制造模式发展的需要。"供应链"的形成跨越了企业边界，从建立合作制造伙伴关系的思维出发，从全局角度考虑产品的市场竞争力，使供应链从一种单纯的管理工具上升为一种综合性的方法体系，这就是供应链管理思想提出的背景。

一、制造业供应链

制造业是指对原材料（采掘业的产品及农产品）进行加工或再加工，以及对零部件装配的工业部门的总称。制造业的划分主要有消费品制造业和资本品制造业、轻工业和重型制造业、民品制造业和军品制造业、传统制造业和现代制造业等[1][2]。随着经济全球化和信息技术的发展，企业经营环境翻天覆地的变化，单个制造企业感到很难应对复杂和动态变化的竞争市场环境，任何制造企业都不可能在价值链中的所有环节取得绝对的竞争优势。制造企业开始注重与它们的上、下游企业建立和改善长期的合作伙伴关系，以降低交易成本，供应链就这样产生了。

（一）制造业供应链的内涵

供应链目前尚未形成统一的定义，其概念是由美国哈佛商学院教授迈克尔·波特在 20 世纪 80 年代初期提出的价值链理论基础上进一步发展而来的。多年来，许多研究者从不同的角度出发给出了不同的定义。早期的观点认为供应链是制造企业中的一个内部过程，重视企业的自身利益；随着企业经营的进一步发展，供应链的概念范围扩大到了企业的外部环境；现代供应链的概念更加注重围绕核心企业的网链关系。时至今日，世界上对供应链概念有各种各样的描述，美国供应链协会给出供应链的定义是："供应链，它包括涉及生产与交付最终产品和服务的一切努力，从供应商的供应商到客户的客户。"[3]我国 2001 年发布的《物流术语》国家标准（GB/T 18354—2001）中将供应链定义为：生产及流通过程中，涉及将产品或服务提供给最终用户活动的上游与下游企业所形成的网链结构[4][5]。在制造业领域，我国学者将供应链定义为：围绕核心企业，通过对物流、信息流、资金流的控制，从采购原材料开始，制造成中间产品以及最终产品，最后由销售网络把产品送到消费者手中的将供应商、制造商、分销商、零售商直到最终顾客连成一个整体的网链结构模式[6]。通过分析供应链的定义，我们认为供应链的概念主要包括以下几个方面：

(1) 供应链参与者　供应商、制造商、分销商、零售商、最终顾客等；

(2) 供应链活动　原材料采购、运输、加工制造、送达最终用户；

(3) 供应链的三种流　物料流、资金流和信息流。

（二）制造业供应链的结构

供应链不仅是一条资金链、信息链、物料链，而且还是一条增值链。物料在供应链上因加工、运输等活动增加其价值，给链上成员企业都带来了收益。而且在 20 世纪 90 年代全球制造、全球竞争加剧的环境下，这样的一条链应该是一个围绕核心企业的网链，而不仅仅是一个简单的从供应商到最终用户的链结构[6][7]。

制造业供应链的网链结构如图 2-1 所示，其中，矩形表示加盟的节点企业，带方向的箭线表示物流、资金流和信息流。

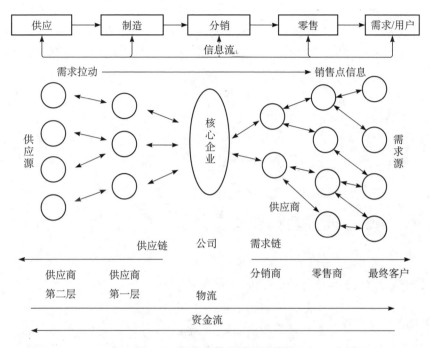

图 2-1　制造业供应链网链结构

从供应链的结构模型可以看出，供应链由所有加盟的节点企业组成，各节点企业在市场需求拉动下，通过供应链的职能分工与合作，以物流、资金流为媒介实现整个制造业供应链的持续增值。值得说明的是，在供应链结构模型图中的任何一家加盟企业都可以被看成是一个供应链结构体，都具有供、产、销体系。例如，某一个供应商可能既是以某个核心企业形成的供应链的供应商，同时也有自己的供应链结构。

（三）制造业供应链的特征

供应链的结构决定了它具有以下主要特征：

（1）动态性。供应链管理因企业战略和快速适应市场需求变化的需要，供应链网链结构中的加盟节点企业需要动态的更新，并通过信息流和物流而联结起来，这就使得供应链具有明显的动态性。

（2）复杂性。因为供应链节点企业组成的层次不同，供应链往往由多个不同类型的企业构成，所以供应链结构模式比单个企业的结构模式更为复杂。

（3）面向用户性。供应链的形成、运作都是围绕一定的市场需求而发生，并且在供应链的运作过程中，用户的需求拉动是供应链中物流、资金流以及信息流流动的动力源。

（4）跨地域性。供应链网链结构中的节点成员企业超越了空间的限制，在业务上紧密合作，在信息流和物流的推动下，创造了更多的供应链整体效益。最终，世界各地的供应商、制造商和分销商联结为一体，形成全球供应链体系。

（5）交叉性。某一节点企业可以分属为两个不同供应链的成员，多个供应链形成交叉结构，增加了协调管理的复杂度。

（6）领先科技的综合体。制造业供应链所涉及的技术十分广泛，供应链必将发展成为一个集管理及人工智能等技术于一身的多学科、多领域的领先科技综合体[8][9]。

（四）制造业供应链的分类

供应链的类型，依照性质和功能的不同，可以分为以下几种：

（1）平衡的供应链和倾斜的供应链。根据供应链容量与用户需求的关系划分。一般来说，一个供应链具有相对稳定的设备容量和产能，而顾客需求处于不断变化中。当供应链的容量能满足顾客需求时，供应链就处于平衡状态；当市场变化加剧，造成库存成本等增加以致整个供应链成本增加时，供应链就不是在最优状态下运作，而是处于倾斜状态。

（2）动态的供应链和稳定的供应链。根据供应链存在的稳定性划分，基于相对稳定的市场需求而组成的供应链稳定性较强；基于相对频繁变化的市场需求而组成的供应链动态性较高。

（3）产品供应链和企业供应链。产品供应链是与某一特定产品或服务相关的供应链，如一个汽车生产商的供应商网络就可能包括上千家企业，为其供应从钢材等原材料到变速器等复杂装配件的产品。企业供应链管理是由单个公司提出的含有多个产品的供应链管理。该企业在整个供应链中处于核心地位，不仅考虑与链上其他成员的合作，也较多地关注企业多种产品在原料采购、生产、分销、零售等环节的优化配置，并拥有主导权。

（4）反应性供应链和有效性供应链。根据供应链的功能模式划分。反应性供应链主要体现供应链的市场中介功能，即把产品分配到满足用户需求的市场，能够对未预知的需求做出快速响应等。有效性供应链主要体现供应链的物理功能，即以最低的成本将原材料转化成零部件、中间件、半成品、产品等[10][11]。

二、制造业供应链管理

制造业是国民经济的基础，也是一个国家综合国力的体现。"未来的竞争将不是企业间的竞争，而是供应链之间的竞争。"这一新理念已成为当今业界讨论的热门话题。制造企业要想在全球化背景下的竞争中脱颖而出，就必须在供应链管理的先进理念指导下，与供应链上、下游企业之间建立战略伙伴关系。而供应链管理又是在今后对供应链能力的不断认知与开拓中形成的。因此，研究现代制造业供应链管理具有重要意义，它是提高制造企业市场争夺力和竞争力的必然选择。

（一）制造业供应链管理内涵

"供应链管理"的概念始于 20 世纪 80 年代，当时这一概念的提出是针对如食品业、零售业等库存较多的产业，着眼点在于如何削减在库产品以及调整需求者与供给者之间的供需关系等，通过整合上下游企业，集中管理整个流通渠道的物流与资金流，以获得强大的企业竞争优势。"supply chain management"（SCM）更早是源于迈克·波特 1980 年发表的《竞争优势》一书中提出的"价值链"（value chain）的概念。其后，SCM 的概念、基本思想和相关理论在美国开始迅速发展。许多学者从不同的角度发表了不同的看法，其中受到公众广泛认可的定义来自美国供应链协会（Supply Chain Council）："供应链管理包括管理供应与需求，原材料、备品备件的采购、制造与装配，无间的存放及库存查询，订单的录入与管理，渠道分销及最终交付用户。"[3] 该定义进一步描述了 SCM 的四个基本流程：计划、采购、制造和配送（图 2-2），并强调了 SCM 的范围，表明 SCM 是一种跨企业、跨企业多种职能、多个部门的管理活动。

经过深入研究分析，可以认为供应链管理是指以实现战略合作伙伴间的一体化管理，使其在最短的时间内以最低的成本为客户提供最大价值的服务为目标，通过以一个企业为核心企业而形成的"链"上各个企业之间的合作与分工，对从供应商的供应商直到顾客的顾客整个网链结构上发生的物流、信息流和资金流等进行合理的计划、组织、协调和控制的一种现代管理模式。这种管理模式以客户需求为中心，运用信息技术、人工智能技术以及管理技术等多种现代科学技术进行管理，从而提高整个供应链运行的效率、效益及附加价值，为整个供应链上的所有加盟企业节点带来巨大的经济效益[12][13]。根据上面的概念，给出供应链管理的原理如图 2-3 所示。

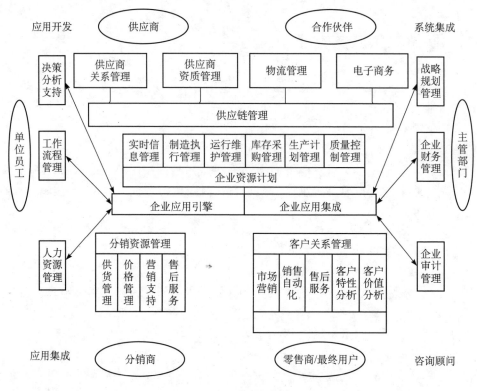

图 2-2　供应链管理职能关系

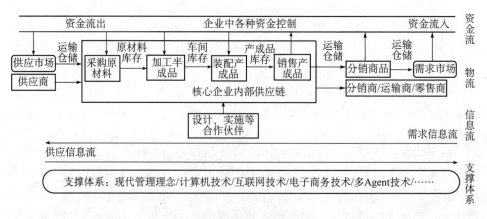

图 2-3　供应链管理原理

（二）传统制造业供应链管理特点

传统的供应链管理是仅局限于点到点集成的一种行业内部互联，即通过通信介质将预先指定的供应商、分销商、零售商和客户依次联系起来。于是造成供应链管理成本高，效率低，灵活性差，并且总线型的管理会由于某个环节的问题而导致整个链路的瘫痪[14]，具体来说有以下缺点：

（1）在理论方法上的局限性。传统供应链管理不是基于运筹学中的数学规划理论和约束理论，因此，它所采用的理论模型过于简单，无法适应当今复杂多变的市场环境，模拟整个供应链的运作流程。

（2）在业务处理上的局限性。在业务处理上，计划的不完善和不准确是传统管理信息化的主要缺陷之一。由于传统供应链管理的计划管理模型是 MRP、MRPⅡ、ERP，是按照物料、产品和工艺加工流程逐级推演方法来计算物料的需求、补充订单等，因此，无法应对定制化生产的订单和具有复杂工序的生产环境。此外，传统供应链管理缺少业务伙伴关系管理、决策支持、业务协同管理等功能，无法实现供应链上企业与企业间的协同运作和企业间的资源优化配置。

（3）在管理范围上的局限性。首先，传统的供应链管理仅面向单一企业内部，只能对企业内部的资源与业务进行管理，不具备协调企业间资源的能力，无法承担企业间的协同运作。其次，面对复杂和多变的市场需求，就要求系统具有快速响应和决策的能力，而传统供应链管理由于缺少对用户需求的可预见性以致其难以对实际需求与自己的资源供给的匹配情况做出快速响应。最后，传统供应链管理缺少优化和决策支持能力，无法实现业务优化和科学决策[15]。

（三）基于信息技术的制造业供应链管理特点

从 20 世纪 80 年代末开始，供应链管理的内容和方法发生了很大的变化，围绕理念和关注点的变化，供应链管理突破了传统狭窄的视野，力求使链中企业以一个整体的态势应对外在的竞争，强化了竞争优势。同 ERP 一样，供应链管理也必须通过管理信息化来实现[16][17]。基于信息技术的制造业供应链管理具有以下特点：

（1）生产的敏捷性。1991 年，面对在世界市场中份额的逐年下滑，美国在总结日本、德国和本国经验的基础上，根据产品成本构成的变化情况，由美国国防部、产业界和学术界联合研究未来制造技术，并完成了《21 世纪制造企业发展战略报告》，该报告明确地提出了敏捷制造的概念："敏捷制造是先进制造技术和组织结构的具体结合形式，其基本思想是通过动态联盟（即虚拟企业）、先进的制造技术和高素质的人员进行全面集成，从而形成一个对环境变化能做出有效敏捷反应、竞争力强的制造系统，以使资源得到最充分利用，取得良好的企业效益和社会效益。"该概念一经提出，由于它独特的战略性观点和它与各种现代技术的互相促进关系，很快受到了国际社会的关注，可以说，敏捷制造目前已成为国际上有关先进制造技术研究和实施的重点。不过，多年来对敏捷制造的定义和解释均是从不同的侧面来描述，将它们结合起来才是敏捷制造的完整含义，即不断采用最新的标准化和专业化的网络及专业手段，在信息集成和共享的基础上，以分布式结构动态联合各类组织，构成优化的敏捷制造环境，快速高效地实现企业内部资源合理集成及符合用户要求的产品的生产[18]。

（2）信息的统一标准与共享。为了减少供应链上的冗余环节，在"链"上传递的信息就必须要有统一的标准，以提高信息的及时性与准确性，最终提高供应链运转的效率。而信息共享则在供应链正常运转中担负着重要的责任，无论是操作层面还是战略层面，都离不开信息的高效共享。此外，由于供应链的协同也要基于信息共享，因此改进整个供应链的及时性、流动速度和信息精度，被认为是提高供应链绩效的必要措施。没有全面集成信息的能力，缺乏实用性，是传统供应链取得实效的主要障碍[19]。

（3）管理网络化。网络技术推进了供应链"横向一体化"的模式的发展。"横向一体化"形成了一条从供应商到制造商再到分销商、零售商的贯穿所有企业的"链"。这条链上的节点企业必须达到同步、协调运行，才有可能使链上的所有企业都能受益。供应链管理利用现代信息技术，改造和集成业务流程，与供应商，以及客户建立协同的业务伙伴联盟等，大大提高了企业的竞争力，使企业在复杂的市场环境下立于不败之地[20][21]。

（四）制造业供应链管理模型分类

近年来，关于供应链管理的研究是一个热门课题，所发展的供应链管理模型也有很多，不过由于从供应链全局的角度来看，没有模型能够描述供应链管理流程的所有方面，所以供应链管理模型就可以按照不同的角度划分成不同的类型。

（1）按供应链涉及的区域不同划分，供应链模型可以分为国际模型和国家模型。国际供应链模型则是指供应商、制造商或销售商分布在多个国家；国家供应链模型是指供应链涉及的供应商、制造商和销售商都集中在一个国家内。与国际模型相比，国家模型简单得多，需要考虑的因素较少[22]。

（2）按建模方式不同分类，可将供应链管理模型分为描述性模型（预测模型、成本类型、资源利用及仿真模型）和标准模型（优化与数学规划模型）。这种分类方法清晰地阐述了描述性模型和标准模型各自的作用及其相互关系，即开发准确的描述性模型是必需的，但对于有效决策是不够的，应与优化模型结合起来确定企业的规划与决策。与其类似，供应链优化模型还可以被分为对策论模型、排队论模型、网络流模型和策略评价模型等。

对策论模型主要用于研究供应商与制造商之间、制造商与分销商之间的相互协调，如研究制造商和分销商之间的协调，确定制造商和分销商各自的对策，确定订货时间、订货批量、产品价格等，使它们都能获得比原来更好的收益。

排队论模型主要用于研究生产企业在平稳生产状态下的情况，如各个车间或设备的输出率等，并对资源进行优化配置，如合理安排人员的加工任务、合理安排各个设备的加工任务等，以达到提高生产效率的目标[23]。

网络流模型主要用于研究供应链中成员的选择、布局以及供应链的协调问题。网络提供了一种描述供应链结构的方法，用网络流模型来表示一个供应链有其独特的优点，它能很方便地表示供应链中各种活动的先后次序。

策略评价模型主要用于研究供应链在不确定状态下的协调与管理问题。对跨国企业而言，经常会受到不确定因素的影响，如政府政策改变、技术进步或汇率波动等。企业会采取各种策略对此做出反应，如调整供应链中成员的数量、采用不同的生产技术等。策略评价模型提供了一种对采取的措施和策略进行评价的方法。策略评价模型一般是随机动态规划模型，目标是使各个时期的期望费用总和最小或总收益最大。例如，一个典型的两国生产转换模型的目标函数为

$$\min V(\theta_t, l) = \min_{m \in S}[K_{l,m} + \varphi^m(\theta_t) + \alpha EV(\theta_{t+1}, m)], (l, m \in S)$$

式中，S 为决策空间，也就是各种可能的策略组成的集合，可以包括技术选择、生产安排等，在此模型中是指两个国家之间的选择；l 和 m 为策略（这里就是指在哪个国家生产）；θ_t 为可能出现的不确定情况（这里是指汇率）；$K_{l,m}$ 为从以 l 策略生产转换到以 m 策略生产的成本；φ^m 为在 m 策略下的生产成本函数；$V(\theta_t, l)$ 为在 t 时期在 θ_t 情况下以 l 策略生产的最小期望成本；α 为折扣率，即考虑时间价值[24]。

三、制造业供应链管理理念

制造业供应链管理模型设计的基本思想就是要建立高效、协调的供应链。供应链管理的设计方法一般有几种形式：快速响应（quick response，QR）、有效顾客反应（efficient consumer response，ECR）、成本控制（activity based costing，ABC）、价值链分析（value chain analysis，VCA）、准时制生产（just in time）等。

1. 快速响应

快速响应（QR）是美国纺织与服装行业发展起来的一种供应链管理策略，

是指物流企业面对小批量、多品种的买方市场，不是储备了"产品"，而是准备了各种"要素"，在用户发出订单时，能以最快速度选择"要素"，及时"组装"，提供所需产品或服务。而提出这一策略的初衷就是为了实现共同的目标，零售商、制造商和供应商之间相互配合，以最快的方式、在适当的时间与地点为消费者提供适当的产品和服务，即以最快的速度最好地满足消费者需要[25][26]。

现在我们应用订单管理系统的例子来比较，当制造企业在供应链管理中实现了快速响应策略后，内部网络化程度、相互配合的程度，以及对市场信息反馈速度的变化[27-29]。如图 2-4 所示。

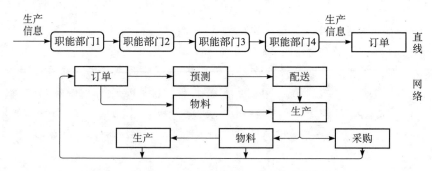

图 2-4　制造企业实现快速响应供应链管理策略前后比较

2. 有效顾客反应

ECR（efficient consumer response），即"有效客户反应"，它是在食品杂货分销系统中，分销商和供应商为消除系统中不必要的成本和费用，给客户带来更大效益而进行密切合作的一种供应链管理策略。ECR 的目标是通过提高整个供应链的效率，而不是单个环节的效率，从而降低整个系统中不必要的费用，给客户带来更大的收益。有效顾客反应的管理思想是：以消费者需求为导向，以零售商、分销商和厂商的紧密合作为前提，降低和消除供应链中不必要的浪费，加强商品品牌管理，提高顾客价值，提高经营业绩[29]。

要实施"有效客户反应"这一战略思想，首先，应联合整个供应链所涉及的供应商、分销商以及零售商，改善供应链中的业务流程，使其最合理有效。然后，以较低的成本，使这些业务流程自动化，以进一步降低供应链的成本和时间。具体地说，实施需要将条码、扫描技术、电子收货系统、POS 系统、持续补充、计算机辅助订货、EDI 和数据库营销集成起来，在供应链（从生产线直至付款柜台）之间建立一个无纸系统（图 2-5），以确保产品能不间断地由供应商流向最终客户。

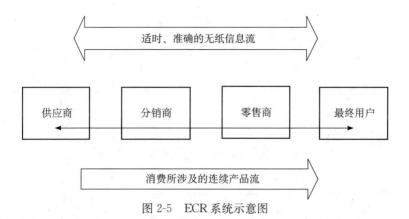

图 2-5　ECR 系统示意图

有效顾客反应以引入有效新产品、有效补货、有效促销和有效商品管理四大管理方法为显著特征。有效新产品引入让顾客和零售商参与新产品的设计、试销和试用，尽早改进新产品的设计或营销方式，以提高新产品的上市成功率，缩短新产品的上市时间；有效补货通过 POS 数据共享、电子数据交换、持续补充和计算机辅助订货 CAO 将正确的商品在正确的时间，以正确的价格、正确的数量和最有效的配送方式送给消费者，努力降低交货时间和系统成本，从而降低商品售价。有效促销通过简化贸易关系，减少预先购买和转移购买、供应商库存及仓储费用；通过顾客数据库营销，确定促销活动的目标顾客，从而提高促销效率；有效商品管理通过了解顾客购买行为和偏好，将商品范围限制在高销售率的产品上，定期适当调整商品的分配空间，有效地利用店铺空间和店内布局来最大限度地提高商品获利能力。

有效顾客反应策略的方法体系结构如图 2-6 所示。

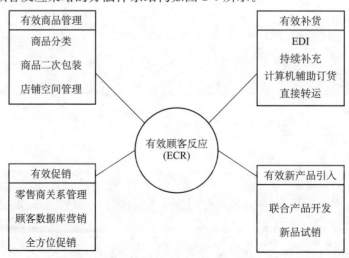

图 2-6　有效顾客反应的方法体系结构

从图 2-6 中可看出，有效顾客反应通过正确有效的商品采购、消费者促销等降低了营运费用和商品成本；通过计算机辅助订货和持续补充系统快速响应市场需求与变化；通过电子订货和收货系统减少了纸质重复输入，降低了采购及销售费用；通过直接转运降低了运输和仓储费用；通过有效的店铺管理，提高了单位面积的销售额；通过联合产品开发和顾客数据库营销降低了新品上市的失败率[30][31]。

下面给出快速响应与有效顾客反应的比较，如表 2-1 所示。

表 2-1 快速响应和有效顾客反应之比较[32]

	比较项目	快速响应（QR）	有效顾客反应（ECR）
不同点	测量点不同	测量于缩短交货提前期，快速响应客户需求	测量于减少和消除供应链的浪费，提高供应链运行的有效性
	管理方法的差别	主要借助信息技术实现快速补货，通过联合产品开发缩短产品上市时间	除快速有效补货和有效新产品引入外，还实行有效商品管理、有效促销
	适用的行业不同	适用于商品单位价值高、季节性强、可替代性差、购买频率低的行业	适用于产品单位价值低、库存周转率高、毛利少、可替代性强、购买频率高的行业
	典型应用不同	服装业	食品业
相同点	背景相同	市场变化莫测、竞争加剧；制造商和零售商一体化经营管理；零售商的实力和地位发生变化	
	目标相同	快速补货，降低供应链运行成本，提高销售额和经营收益，提高客户满意度和忠诚度	
	战略相同	以客户需求为导向通过信息共享和先进技术提高供应链整体运行速度	
	前提相同	以制造商和销售商建立合作伙伴关系、相互信任、信息共享为前提；建立条形码、EDI 的行业标准	
	方法相似	条形码、POS 扫描、EDI、电子收货发货系统、连续补充库存、联合产品开发等	
	实施难点相似	标准化程度低、技术难度大、软硬件投资金额高	

3. 成本控制

随着供应链管理的发展，现代制造企业的财务管理必须与其供应链的发展相适应。对其供应链进行决策和评估时，成本控制的指标无疑起着显著的作用。成本控制对企业供应链管理的建立与完善所起的作用表示如图 2-7 所示。

由美国会计学家科勒（E. Kohler）于 20 世纪 30 年代提出的作业成本法（activity based costing，ABC）又称为成本控制法，其在理论和实践上对供应链管理中的成本控制技术发展产生了重要的影响。它以作业为核心，计量耗用企业资源的所有作业，将耗用的资源成本准确地计入作业，然后选择成本动因，将所有作业成本分配给供应链上所有成本计算对象产品和服务的一种成本计算方法[33][34]。

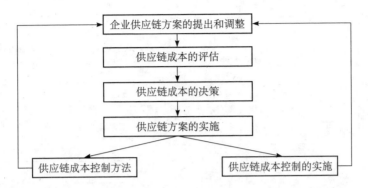

图 2-7　成本控制循环图

ABC 法基本理念是"作业消耗资源，产品或服务耗费作业"，目标是将成本动因引起的资源耗费以更加合理的方法分配到产品或服务的总成本中，如图 2-8 所示。ABC 法不仅仅是会计工具，也是确定企业竞争优势和战略地位的战略工具。具体来讲，ABC 法是从整个供应链的角度来分析业务活动的一般管理成本，从而有针对性地重点控制供应链成本。和传统的成本管理工具相比，供应链成本控制法为供应链提供了更丰富、更准确的成本信息，而这些信息能够控制和支持供应链战略[35][36]。

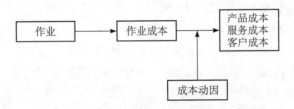

图 2-8　作业成本的概念

制造业供应链成本控制总体上需要解决以下核心问题：打开成本费用黑箱、构造物流成本控制指标库、建立以物流成本指标为核心的考核体系并对以上内容实时监控、分析、激励。具体模型框架如图 2-9 所示。其中，成本费用核算与分解是模型前期的指标重构工作，成本费用预算与标准成本指标库构成了事前控制，绩效考核体系构成了事后控制，成本信息监控与分析构成了事中控制，整个系统实现了对物流成本的全过程无缝控制[37]。

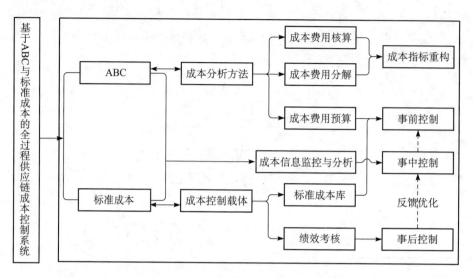

图 2-9 全过程成本控制模型框架示意

4. 价值链分析

迈克尔·波特（Michael Porter）1985 年为了更好地分析企业竞争优势，在其所著的《竞争优势》一书中，首次提出了价值链的概念。波特认为，每个企业都是进行设计、生产、营销、配送以及对产品起辅助作用的各种活动的集合，所有这些活动都可以在价值链中体现出来[38]。1995 年，杰弗里·雷波特和约翰·斯威尔克莱特在《开发虚拟价值链》一文中，又提出了虚拟价值链的观点。他们认为通过信息的收集、组织、选择、合成和分配，企业不但可以理解或者改变实体世界，还可超越实体世界，提供生产新产品、新服务和开拓新市场的机会[39]。将虚拟价值链理论"可视化"，以便更清晰地表达传统价值链到虚拟价值链的转换过程，从传统价值链到虚拟价值链的关系模型图如 2-10 所示。此后，随着信息化技术的迅猛发展和数字化时代的到来，理论界又将虚拟价值链的重要性上升到新的高度，使其成为与实物价值链并行的为企业创造价值的又一链条。与供应链比较而言，价值链和供应链具有不同的定义和发展历史，它们都客观存在于任何一个企业和一个行业中，而供应链是价值链的一种表现形式，两者是内容和形式的哲学关系[40]。由于价值链和供应链都有物流、资金流和信息流，都依托于价值增值的过程，只是各自的角度和侧重有所不同，所以价值链分析方法和供应链管理过程就可以在价值系统中得到有效的协同和整合。供应链管理与价值链分析的协同是现代制造企业管理的灵魂，完整的价值链系统由内部价值链和供应链两部分组成，而企业与多个联盟合作伙伴（即供应链网中的加盟节点）的多个价值链系统则构成了价值系统中的价值网，如图 2-11 所示[41]。

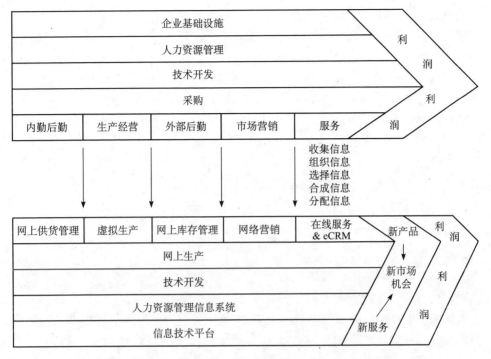

图 2-10　传统价值链到虚拟价值链的关系模型图

图 2-11　供应链与价值链协同的价值系统

5. 准时制生产

JIT 即准时生产制生产方式。它最初是由日本汽车制造企业为消除生产过程中各种不必要的浪费而推行的一种综合管理技术。JIT 的基本思想就是按必要的时间、必要的数量生产必要的制品，不过早或过多地生产暂不需要的制品。其重点在于持续改进、减少浪费并保证物料在公司内部的流动与供应商和客户的协作保持同步。近年来，准时制不仅作为一种生产方式，也作为一种物流模式在西方物流界得到推行。另外在供应链管理方面，由于其目标就是要在质量、成本、客户服务处于最佳状况时，达到物料和客户需求的平衡，这些在许多方面都与 JIT 的因素结合在一起并产生作用，因此准时制的管理理念就被移植其中[42][43]。

所谓基于 JIT 的供应链管理，是一种跨越企业的新的管理模式，它利用现代信息技术，运用 JIT 原理优化业务流程，通过构建内外部供应链各节点企业紧密的协作关系，提高企业对需求的响应能力，使企业在复杂多变的市场环境中立于不败之地。基于 JIT 的供应链管理的核心在于创造价值，消除不必要的浪费，通过一体化的运作使供应链上的每一项合理活动均能实现增值，在为最终客户创造价值的同时，也为企业自身及其供应商创造价值。

准时制生产思想在供应链管理中运用，主要是考虑怎样降低物流成本，缩短物流周期从供应商到最终客户的时间，并编制相应的计划，对整个供应链进行控制，使物流最合理，并保证供应链的准时生产，提高供应链中物流的运作效率[44]。一个典型的 JIT 网络结构如图 2-12 所示。

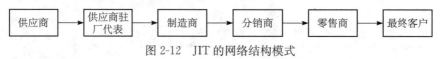

图 2-12　JIT 的网络结构模式

在 JIT 结构模型中，供应商与制造商之间增加了一个环节，即供应商驻厂代表。供应商驻厂代表在 JIT 中扮演了"信息传递者"的角色，他在制造商企业里被赋予原材料采购员的权力，可以准确、完全、及时地掌握企业的生产用料情况，并根据制造商的生产进度及时地把原材料的使用情况汇报给供应商，供应商根据驻厂代表提供的信息准时为制造商供给原料。通过这种"信息传递者"，制造商可以把原材料真正降低到零库存，消除了库存成本，而供应商则可以根据驻厂代表提供的制造商的需求信息，进行有计划的生产，切实做到按需生产，从而提高了自身企业的营运效率，新型供应链关系 JIT 把供应商与制造商从传统的企业关系中解放出来，使它们能够携手合作，"亲如一家"。

而进入 21 世纪以来，越来越多的企业开始认识到与供应商发展紧密伙伴关系的价值，这就意味着来自不同企业的不同角色必须极其频繁地进行协作，使得这些企业需要的人手越来越多，内外部交易成本也越来越高。而若从供应方派一名员工全时长驻在采购公司采购部，并授权其用采购公司的订单向供应方订货，这就代替了原来的计划员与采购员。这样，供应商驻厂代表通过使用采购公司的系统，取代了计划、采购和推销人员（图 2-13），JIT Ⅱ 概念宣告诞生。这种

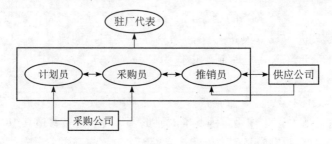

图 2-13　JIT Ⅱ 的网络结构模式

"我中有你，你中有我"的伙伴关系运作模式，受到了制造商和供应商的竞相追捧，最终实现了双方的互赢互利[45]。

6. TOC 制约法

TOC 制约法，即 theory of constraints，是由以色列籍物理学家和企业管理大师高德拉特博士所发明的一套企业管理方法。其管理方法的关键词是 constraints，即制约。其理论核心在于：整个系统的绩效通常总由少数因素决定，这些因素就是系统的制约因素。其最大优势体现在使工厂企业人员如何找出运作上的制约，以及如何尽量利用自己手上有限的资源（资金、设备、人员等），使企业在极端时间内，且无须大量额外投资下，达到运作及盈利上的显著改善。

经过不断地思考与实践，创始者高德拉特博士创造出著名的"TOC 制约法"，并且总结出著名的"TOC 五步骤"：

第一步，识别企业发展瓶颈；

第二步，挖尽瓶颈的产能；

第三步，使其他一切因素迁就瓶颈，根据瓶颈的节奏来运作；

第四步，为瓶颈松绑，扩大瓶颈产能；

第五步，如果依照上述步骤，瓶颈得到解决，则再次从第一步开始，寻找新的瓶颈，进行新一轮改善。

TOC 的思维有"5 棵树"之称，下面将其分别列举：

（1）现状图。列出 5~10 项不良效应清单；替至少两项找到因果关系；连接所有的不良效应清单；找出核心问题。

（2）冲突图。如图 2-14 所示。

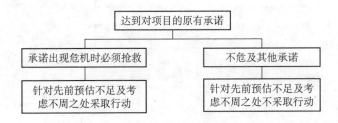

图 2-14　TOC 冲突图

（3）条件图。确定目标；列出所有可能的障碍；对每个障碍找出一个对应的中程目标；对每个中程目标制订行动计划；根据行动计划，对每个中程目标进行排序。

（4）未来图。确定几个要达到的目标；找出一个大致的激发方案；从激发方案开始，利用"如果……那么……"的箭头，再加入一些目前尚未成立的叙述，试着连接到最初确定的目标；如果需要，还可以加进去更多的激发方案，直至达到目标；对每个激发方案列出所有的负面分支；为每一个负面分支找出消除的办法，并推出一个对应的激发方案加到未来图中；必要时重新组织未来图。

（5）转变图。高德拉特博士的《目标》一书中，描述了一位厂长应用 TOC 在短时间内将工厂扭亏为盈的故事。作者就工程管理中的瓶颈问题进行了论述，倡导简单而有效的常识管理，并第一次提出了运用现状图、冲突图的概念，去对复杂问题进行分析，形成简单分支，找出关键所在，最后突破瓶颈。并提出了著名的三个问题：①要改进什么？（What to change?）②要改进成什么？（To what to change?）③怎样使改进得以实现？（How to cause the change?）

要把 TOC 应用在车间生产中，必须加以改进才能充分发挥 TOC 的优势。根据 TOC 在车间调度系统中的优缺点，图 2-15 提出了一个基于 TOC 的车间调

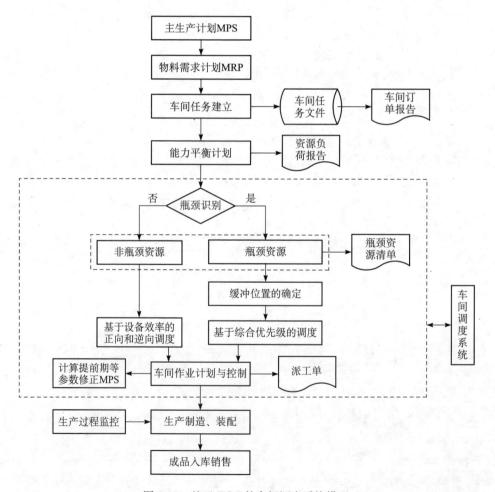

图 2-15　基于 TOC 的车间调度系统模型

度系统模型。与传统的系统模型相比，该模型增加了瓶颈识别、基于设备效率的正向和逆向调度、基于综合优先级的调度三大模块。通过瓶颈识别的管理，可以很好地解决排产与派工方面的问题。同时，基于设备效率的正向和逆向调度考虑了生产中常见的设备故障、维修保养等对车间调度的影响，考虑了非瓶颈资源利用率问题，实现了系统的全局性优化。因此，该模型具有通用性，可以解决目前车间调度所面临的大部分问题，对于单件小批量生产车间具有一定的可行性与实用性。

总体而言，TOC制约法绝不是单一的学术理论或应用工具，它是一种逻辑工具，改变我们这个世界传统的思维程序。"没有什么不可以违背的"就是TOC的核心理念，其对推动制造业供应链管理水平的提高也同样具有重要的借鉴作用[46]。

第二节 制造业供应链管理系统分析

伴随着供应链管理理念和支持技术的发展，现代制造企业为了在激烈的市场竞争中占据一席之地，开始逐渐增强供应链管理的信息化程度，以适应制造业供应链管理对信息化的需求。而供应链信息化过程中的关键问题就是供应链管理信息系统的构建问题，只有建立一套集采购管理、制造管理和销售管理等在内的集成供应链管理系统，才能切实降低供应链运营成本，完善信息共享机制，为供应链上的各节点企业带来更大的收益。

一、制造业供应链管理系统需求分析

在我们讨论如何利用信息技术来支持供应链管理之前，首先应注重信息技术的框架而非信息技术的具体内容。信息系统是实现管理理念的工具，理应为管理服务。因此只有了解供应链管理对信息系统的需求，我们才能有的放矢地建立和完善相应的信息系统，从而控制和支持整体供应链战略[47][48]。

（一）业务需求分析

在供应链环境下，信息系统可以说是企业组织的神经系统，它改进了对资金流、信息流和物流的集成管理，因此信息系统对供应链管理具有十分重要的应用价值。供应链管理的对象是人、财、物，供应链管理的过程是产、供、销，都涉及企业内外各个部门，如企业内部包括原料仓库、生产车间、成品仓库、运输部、销售部、财务部等，企业外部包括原材料供应商、分销商、协作伙伴、客户等。可想而知企业供应链如果没有信息系统的支持，那么供应链管理就没有办法进行。信息系统既对企业内部进行管理同时又对企业间进行管理，它通过对企业内外的"信息流"的管理，来实现对供应链的管理。

通过供应链管理系统可以有效地组织生产、流通和服务，推动企业业务流程重组与组织结构优化，有效降低物流成本，提高物流服务水平与服务效率，从而提高企业的市场竞争力。

（二）市场需求分析

在市场经济条件下，伴随着市场竞争的加剧，企业竞争更加激烈。然而制造业的竞争已经不再是企业和企业间的竞争，而是供应链与供应链之间的竞争。制造业供应链涉及采购、制造、分销、零售等诸多环节，都会受到市场的影响。面向大型制造企业内部的管理信息系统已远远不能满足制造业供应链管理的要求，管理信息集成必须向大型制造企业的上、下游两个方向延伸。而管理信息系统的总体规划，更不能仅仅局限于大型制造企业内部，而必须站在制造业供应链管理的高度来考虑，构建制造业供应链管理信息系统。对制造业供应链来说，为了快速响应市场环境的变化，随时捕捉复杂多变的情况，在制造业供应链成员之间高效共享信息，掌握市场变化的趋势，就必须借助于制造业供应链管理信息系统这一强有力的工具[49]。

（三）信息系统演变

信息系统早在供应链的概念被提出之前就已经存在，随着信息技术和供应链管理思想的发展，信息系统也不断地演变（图 2-16)[50]。

1. 传统信息系统

传统信息系统是各个传统供应链系统应用的兴起和发展阶段。功能从无到有、从弱到强，从最开始仅用于数据的记录、保存和简单处理的电子数据处理（EDP）、简单业务处理（TP）的系统到有独立功能的狭义的管理信息系统（MIS）、业务信息系统，如人事系统、财务系统、仓库系统等功能性的信息系统，都是在这个阶段产生的，目前这些系统中有些成为了支持供应链信息管理的系统。

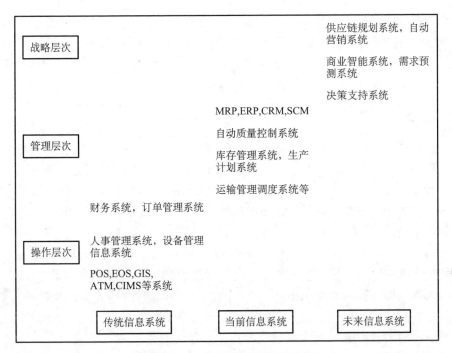

图 2-16   供应链中信息系统的演变

1）EOS（电子订货系统）

电子订货系统（electronic ordering system，EOS）是指将批发、零售商场所发生的订货数据输入计算机，即刻通过计算机通信网络连接的方式将资料传送至总公司、批发商、商品供货商或制造商处。因此，EOS 能处理从新商品资料的说明直到会计结算等所有商品交易过程中的作业，可以说 EOS 涵盖了整个商流。在寸土寸金的情况下，零售业已没有许多空间用于存放货物，在要求供货商及时补足售出商品的数量且不能有缺货的前提下，更必须采用 EOS 系统。EDI/EOS 涵盖了许多先进的管理手段，因此在国际上广泛使用，并且越来越受到商业界的青睐。

2）POS（销售时点信息系统）

销售时点信息系统（point of sale，POS）是指通过自动读取设备在销售商品时直接读取商品销售信息，之后通过计算机系统和通信网络传送到有关部门进行分析加工以提高营运效率的系统。POS 系统最早被应用于零售业，之后逐渐扩展至其他如旅馆、金融等服务性行业，使用 POS 信息系统的范围也从企业内部扩展到整个供应链。

3）GIS（地理信息系统）

GIS 是 20 世纪 60 年代开始迅速发展起来的地理学研究成果，是多种学科领域交叉的产物。它以地理空间数据为基础，采用地理模型分析方法，适时地提供多种空间的和动态的地理信息,是一种为地理研究和地理决策服务的计算机系统。GIS的基本功能是将表格型数据转换成地理图形来显示,然后对显示结果进行浏览、操纵及分析。其显示范围可以从洲际地图到非常详细的街区地图,显示对象包括销售情况、运输路线等内容。

2. 当前信息系统

本阶段中的信息系统是由上一阶段的各个拥有独立功能的信息系统整合起来后而突出发展起来的。性能大大加强,处理能力和管理水平也大为提高,在综合管理层面上,整合后的信息系统极大地推动了现代供应链管理水平的发展。这一阶段中最典型的信息系统是集成各种功能的制造资源计划(MRP)、客户关系管理系统(CRM)和企业资源规划系统(ERP)。

(1) MRP(制造资源计划)。MRP(manufacturing resource planning)一般称为 MRP II,它是一种先进的企业管理思想和方法。从整体优化的角度出发,对企业的各种制造资源和产、供、销、存、财等各个环节实行合理的计划、组织、控制和调整,使之在生产经营的过程中协调有序,从而在实现连续均衡生产的同时,最大限度地降低物料库存,消除无效劳动和资源浪费。目前已有多种此类软件投入使用。

(2) CRM(客户关系管理)。CRM(customer relationship management)是以客户管理为目标的一种管理方式。随着企业从产品为核心竞争方式转化为服务竞争的方式,客户对企业越来越重要,因此有必要把客户管理作为一种单独的管理模式提出来。客户关系管理并不只是针对销售端的最终客户,也包括供应商的关系管理。

(3) ERP(企业资源规划)。ERP(enterprise resource planning)的概念是20世纪90年代初由美国著名的IT分析公司 Garter Group 公司提出来的,认为ERP系统是"一套将财务、分销、制造和其他业务功能合理集成的应用软件系统"。这一概念包含了三个层次的内容:

①ERP 是一整套的管理思想。

②ERP 是整合了企业管理理念、业务流程、基础数据、人力、物力、计算机软硬件于一体的资源信息管理系统。

③ERP 是综合应用了 C/S 体系、关系数据库管理系统(RDBMS)、面向对象技术(OOT)、图形用户界面(GUI)、SQL 结构化查询语言、第四代语言/计算机辅助软件工程、网络通信等信息产业成果的软件产品。ERP 信息系统的引入,极大地提高了企业管理的有序性,基于数字信息的企业决策也比以前更加科学。

另外值得说明的是,如果从信息系统方面考虑,SCM、MRP、ERP、CRM

这几者的基础信息是一致的。例如，ERP 和 SCM 的核心企业库存，CRM 和 SCM 的客户、供应商信息，MRP、SCM、ERP 的产品目录等。

3. 未来信息系统

未来的供应链管理信息系统的发展方向有两大特点：一是智能性，自动地完成业务处理和分析，为企业提供决策支持；二是集成性，多种功能集成管理，实现一体化运行。从现在看来，这个阶段较突出的有商业智能系统（BI）、需求预测系统（DPS）、供应链规划系统（SCP）、决策支持系统（DSS）等战略规划层面上的信息系统[51]。

（四）应用层次分析

信息系统在供应链中的应用具有层次结构（图 2-17）。整个供应链在横向上可以分为供应商、制造商、分销商、零售商和最终客户五个组成部分，每个部分对信息处理的要求不同，有各自的特点。例如，对零售商来说，做好客户关系管理和客户需求预测则更为重要；而对制造商来说，生产计划和生产执行情况是它们所关心的。在纵向上，整个供应链又可以分为战略、管理和操作三个层次。其中，操作层次要求各种具体独立的业务信息的收集与处理；管理层次则要求对操作层次所收集到的信息进行统一的整合与协调；战略层次需要对下层的信息进行筛选、统计或添加，提炼出能支持管理人员作出战略决策的信息。

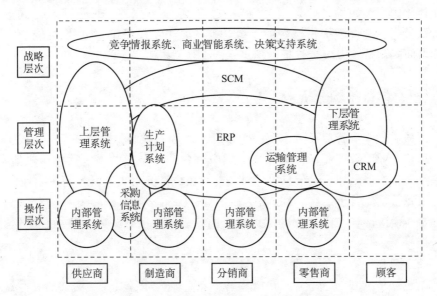

图 2-17　供应链中各种信息系统的应用层次

在操作层次上，供应链的各个组成部分的信息系统主要着眼于其内部管理和业务操作信息系统的建设，其中包括财务系统、人事管理系统、设施设备管理系统、仓库管理信息系统、订单处理系统等。

在管理层面上，最主要、最核心的信息系统是企业资源规划系统和供应链管理系统。在一定意义上，供应链管理系统之中包含了企业资源规划系统。供应商、制造商、分销商和零售商都应用到这两个大系统，只是不同的角色应用ERP 和 SCM 的重点和程度不同。

供应链纵向的最高层次是战略层次，这个层次的信息系统以计划和战略决策为重点，有较高的分析能力。它们能与原有的信息系统，以及 ERP 和 SCM 相集成，利用从这些系统中得到的信息加以分析为供应链管理人员的决策提供支持。但是现阶段，由于信息技术等一些限制，这类系统还不完善，多数还停留在低级和中级的计划决策阶段。这个层次的信息系统有供应链规划系统、竞争情报系统、商业智能系统、决策支持系统等。它们在垂直方向上一般来说要高于前两者[48]。

二、制造业供应链管理系统功能分析

供应链管理要求制造业供应链上各节点成员企业的信息系统能够协同工作，实现制造业供应链上信息的无缝连接。然而，早期的面向制造业的供应链设计主要是对单个企业中的制造环节进行优化[52]，没有考虑到多个企业之间的供应和物流，因此，如果各节点成员企业的信息系统不能够实现集成与协同运转，就无法对供应链管理提供有效的支持，也就无法实现对供应链的整体优化，因此构筑面向制造业供应链管理的信息系统平台就很有必要。

（一）体系结构分析

制造业供应链管理系统体系结构如图 2-18 所示，具体由以下部分构成：

（1）企业级数据库。存储制造业供应链各节点企业的本地数据，包括原材料信息、生产信息和产品信息等，是制造业供应链分布式数据库的一部分。

（2）数据库管理系统（DBMS）。DBMS（database management system）负责制造业供应链各节点企业的本地数据的管理，包括数据库的建立、原始数据输入等。

（3）企业级管理信息系统（EMIS）。EMIS（enterprise management information system）负责制造业供应链中各节点企业内部各项业务活动的具体处理。主要包括业务数据查询、输入、存储、维护等，它是分布式制造业供应链管理

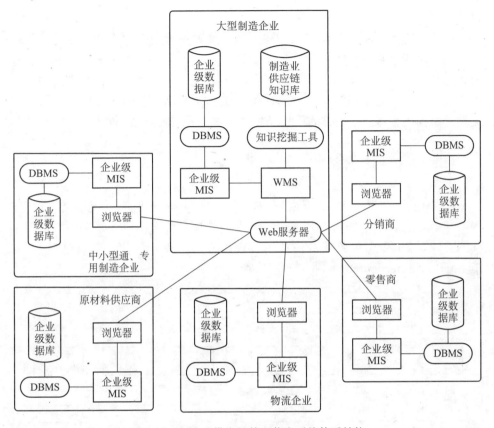

图 2-18　制造业供应链管理信息系统体系结构

信息系统的一部分。

（4）制造业供应链知识库。存储制造业供应链的公共知识和供应链中成员企业之间的合作协议，支持制造业供应链的工作流执行。

（5）知识挖掘工具。以制造业供应链知识库中的大量知识为基础，自动发现潜在的商业知识，并以这些知识为基础作出预测。知识挖掘工具发现的新知识可以用于指导制造业供应链各节点企业的业务处理，也可以立即被补充到制造业供应链知识库中。

（6）浏览器。浏览器是众多的原材料供应商、中小型专用件制造企业、中小型通用件制造企业、分销商、零售商、物流企业的企业级 MIS 相互之间，以及与大型制造企业管理信息系统交互的界面。

（7）工作流管理系统（workflow management system，WMS）。WMS 是制造业供应链管理信息系统的关键部分，负责商业过程的建模、实施与监控。基于制造业供应链中各节点企业的命令，工作流管理程序按存储在知识库中的规则形成工作流，并利用工作流来协调完成制造业供应链中各节点企业级管理信息系统之间的通信。

(8) Web 服务器。当众多的原材料供应商、中小型专用件制造企业、中小型通用件制造企业、分销商、零售商及物流商的 Web 浏览器连到大型制造企业的 Web 服务器上并请求文件时，Web 服务器将处理该请求，当需要用到制造业供应链知识库中的知识时，通过知识挖掘工具访问制造业供应链知识库，并将文件发送到浏览器上，附带的信息会告诉浏览器如何查看该文件[53][54]。

（二）功能结构分析

通过上第一节中对现代制造业供应链管理的结构分析表明，供应链管理结构的基本功能（图 2-19）应主要包括：供应管理、生产作业、物流控制、需求预测与计划管理、战略性供应商和用户合作伙伴管理、企业间资金流管理和基于 Intranet/Internet 的供应链交互信息管理等[55]。

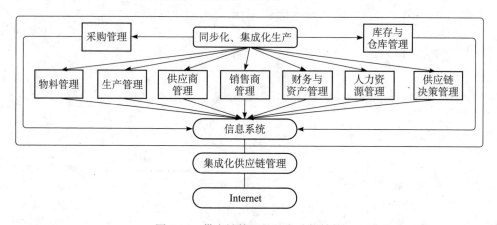

图 2-19　供应链管理的基本功能结构

在图 2-19 中的供应链管理信息系统作为制造业供应链管理信息化进程中的支持平台，承担着信息获取、供应链的发起与组织、采购管理、库存与仓库管理、生产管理、供应商管理、销售商管理、财务与资产管理、人力资源管理、供应链决策管理等责任，其目的在于降低总体交易成本、提高企业用户服务水平，并寻求两个目标之间的平衡[26][56]。

1. 采购管理功能分析

采购管理子系统支持从采购计划、采购订单、到货接受和供货质量跟踪的采购处理的全过程。该子系统的功能特点如下：

（1）支持直接采购和合同采购两种模式；

（2）提供建立供应商档案、供货商货源和报价管理功能，便于对各供应商

进行比较,严格挑选合作供方,建立稳定关系;

(3) 支持除物料需求计划外的采购需求管理;

(4) 自动生成不同采购频度的采购作业计划;

(5) 自动生成年度、季度、月度物质供应计划和采购计划;

(6) 提供采购资金预算功能;

(7) 支持采购单确认和评审过程;

(8) 提供将采购单分派给不同的采购员的功能,同时核定采购员的购买能力;

(9) 提供代料处理功能;

(10) 与应付账管理结合,直接生成采购凭证,核算采购成本;

(11) 提供采购合同管理,支持对采购合同的多种条件组合查询;

(12) 提供合同执行和订单执行情况跟踪,提供超过预计或日期未完成订单的报告,便于采购员催查订单;

(13) 支持到货检验入库和直接入库两种方式;

(14) 与库存管理紧密结合,根据折算系统计算转化为库存单位,生成入库单,更新库存数量;

(15) 提供到货通知;

(16) 提供到货质量跟踪;

(17) 提供采购到货不合格品处理。

2. 物料管理功能分析

物料管理子系统是一个无时段的综合物料计划编制工具,帮助用户编制最经济的详细生产计划、车间计划、采购计划和配套计划。该子系统的功能特点如下:

(1) 详细计划分阶段生成,减少编制计划过程的手工调整量;

(2) 是无时段物料需求计划系统,可精确安排作业计划;

(3) 灵活设置计划层次,适用于扁平式和层次式两种结构的企业;

(4) 灵活设置计划固定点;

(5) 高效率地生成物料需求计划,包括自制件需求计划、采购件需求计划、外协件需求计划;

(6) 充分考虑批量方针、物料废品率、安全库存量对计划制订的影响;

(7) 充分考虑已分配量、计划接收量,实现滚动生成物料需求计划;

(8) 支持对工作指令单的手工维护,以适应企业的各种特殊性情况的需要;

(9) 自动生成工厂自制件的工作指令单;

(10) 在层次式结构企业中按部门生成自制件车间指令单;

（11）提供外协件计划和外协合同管理；

（12）自动生成配料单，为自动或手工配套生成已分配量建立数据基础；

（13）支持对物料需求计划、工作指令单的明显查询；

（14）提供实时需求溯源报告，支持从工作指令单到所属需求来源的溯源。

3. 库存与仓库管理功能分析

本子系统为企业更有效地计划和管理库存提供一个强有力的工具，帮助企业控制库存水平，加速资金周转，保证生产物料配套供应，提高库存管理的精确性。库存与仓库管理的功能特点如下：

（1）支持多库房、多库位管理，可供多工厂、多地区的集团式企业使用；

（2）支持对每一个库位的权限分配，实现严格的权限管理，保证权责分明；

（3）可以自定义出入库原因、出入库过程和财务核算办法；

（4）提供订货点预警、缺货预警、积压预警等功能，达到控制库存水平的目的；

（5）提供有效期、复检期、油封期三期预警功能；

（6）提供库存资金的控制和每次出入库金额计算；

（7）提供库存资金计算和分析；

（8）支持期末盘点和循环盘点两种盘点方式；

（9）提供盘点盈亏调整、盘点统计、盘点盈亏报告功能；

（10）支持多种类型的出入库处理，包括销售出入库、车间出入库、物质出入库、工具模具出入库；

（11）支持对物料出入库存汇总；

（12）支持库存的局部调整、成批转移；

（13）可以处理正常的配套出库和非正常的出库；

（14）提供配套配件、缺件报告功能；

（15）支持自动配套和人工配套两种配套方式，自动配套依据先入先出原则进行；

（16）提供对某个具体物料的制造过程历史或来源进行溯源查询；

（17）提供对出库物料的去向追寻查询，实现动态单件管理；

（18）实现与制造数据、计划和现场管理子系统完全集成。

4. 供应商管理

制造业供应链管理信息系统对供应链中众多的原材料供应商、中小型专用件制造企业、中小型通用件制造企业的供应能力及其提供的原材料、专用件和通用件的价格、质量、及时交货率等进行评价，对原材料供应商、专用件制造企业、通用件制造企业进行动态管理。供应商管理子系统将数据挖掘、电子商务等信息技术紧密集成在一起，为企业产品的策略性设计、资源的策略性获取、物品内容的统一管理、合同的有效洽谈等过程提供了一个优化的解决方案。供应商管理子系统的功能特点如下：

(1) 支持设计创建过程，确保设计方案在送到制造部门之前，已针对货源组织和供应链的约束条件进行了优化；

(2) 致力于为设计和生产优质的产品而制定出最佳的货源组织策略，寻找最好的供应商和最好的货源，以降低供应风险和成本；

(3) 帮助企业与供应商进行业务洽谈、协商最佳条款和签订合同，执行和完成最佳的货源组织策略；

(4) 致力于简化所有直接和间接物料的购买过程，为企业的生产和经营提供物质资源保障；

(5) 为企业的设计和制造业务过程提供一个安全的协作平台、使多个企业共享产品的内容、计划和约束条件，并在扩展的供应链中完成共享的工作流运作；

(6) 通过企业和供应商之间的"供"、"需"协同，使供方快速了解买方的"需求"，快速安排"供给"来匹配和满足这些需求；

(7) 提供物料和供应商的标准化信息，可供设计和采购业务参考。

5. 生产管理功能分析

生产管理子系统是用于产品级生产计划的编制工具。该子系统的功能特点如下：

(1) 灵活设置计划展望期和计划期段；

(2) 滚动地编制主生产计划；

(3) 自动汇总多种需求来源，可以汇总销售系统的合同、预测需求和额外独立需求；

(4) 支持按订单制造、为订单设计、按订单装配和为库存生产的多种模式的生产；

(5) 通过设置计划对象的参数，支持混合模式的生产；

(6) 支持在订单装配模式下的二级计划，按照计划物料清单自动计算计划对象的需求量，根据订单编制总装配计划；

(7) 可追溯所有主生产计划、制造订单的需求来源；

(8) 自生成可供订货量清单；

(9) 提供对主生产计划的模拟实现功能，帮助企业制订更为切实可行的生产计划；

(10) 支持主生产计划转变为生产指令的整个过程；

(11) 提供按产品大类汇总生产计划的功能；

(12) 提供与销售管理、物料需求计划系统紧密集成。

6. 销售商管理功能分析

制造业供应链管理信息系统对制造业供应链众多的分销商、零售商的营销能力、资信、财务状况等进行评价，对分销商、零售商进行筛选与评估。销售商管理子系统具有以下特点：

(1) 对分销商与零售商的营销能力进行评价；

(2) 根据分销商与零售商的营销能力对其进行筛选；

(3) 对分销商与零售商的资信水平进行评价；

(4) 根据分销商与零售商的资信水平对其进行筛选；

(5) 对分销商与零售商的财务状况进行评价；

(6) 根据分销商与零售商的财务状况对其进行筛选。

7. 财务与资产管理

制造业供应链管理信息系统对现金流进行跟踪，及时进行制造业供应链成员企业之间的资金结算，管理固定资产的新置、折旧与更新换代。财务与资产管理子系统一般包括总账处理模块、应收账款模块、应付账款模块、银行对账模块、财务报表管理模块、工资核算模块、往来核算模块、固定资产核算模块、项目管理模块等，其功能特点如下：

(1) 支持企业、事业、商业、股份制公司等行业的财务管理；

(2) 控制供应商发票、付款处理和资金运用；

(3) 信用控制，提供信用额度及应收账款的分析；

(4) 提供多公司、多币种、多付款方式和税务处理等业务功能；

(5) 提供银行存款余额对账单数据的接收、维护；

(6) 可为企业固定资产管理提供，如机械设备类、房屋建筑类等类别的管理。

8. 人力资源管理功能分析

人力资源管理子系统用于建立、维护雇员基本信息、工作情况联机跟踪并进行统计查询和分析，以合理利用人力资源。人力资源管理子系统的功能特点如下：

(1) 支持国家政策、企业内部规章制度的维护和查询；

(2) 用户化定义人力资源有关代码；

(3) 灵活设置和用户自定义档案项目与内容；

(4) 支持雇员档案维护、查询；

（5）支持雇员出勤情况采集、统计、查询；

（6）支持雇员工作业绩信息采集、统计、查询；

（7）支持联机采集车间现场数据，统计和查询工作定额完成情况；

（8）支持企业和部门经营、成本、财务指标等业绩信息采集、统计、查询。

9. 决策管理功能分析

供应链决策管理子系统按照决策者的需求建立数据仓库模型，采用联机分析处理等技术进行决策信息的查询、分类、报告，为企业高层管理者决策并监督企业执行提供数据和报表，实现从企业基础数据到决策信息的自然转变。供应链决策管理子系统包括：数据仓库建模和管理工具模块、数据抽取工具模块、多维数据访问中间件、Web 联机分析工具模块、报告制作工具模块、权限管理模块、商业智能应用模块。各模块功能特点如下：

（1）数据仓库建模和管理工具模块用于建立数据仓库中的分析数据的数据模型，并且维护存储在数据仓库中的用户数据和无数据，使分析数据能以某种模型进行存储、决策和访问。

（2）数据抽取工具模块从业务系统和外部数据源中抽取数据，并且在数据的获取过程中对数据进行转换、综合、净化，把数据添加到数据仓库中。

（3）多维数据访问中间件在安装之后不需要用户的参与，它位于应用服务器上。其主要功能是支持多维数据引擎和多维计算，是一个虚拟的多维服务器。

（4）Web 联机分析工具模块用于分析数据仓库中的数据，能够提示企业已有数据之间的关系和隐藏着的规律。

（5）报告制作工具模块能够根据分析的结果数据和图形，制作出各种需要的报告。这些报告可以包括说明性的文字、图形、多维查询图表等。

（6）权限管理模块提供功能强大的图形化用户和资源管理环境，允许信息系统管理人员有选择地为用户分配安全级别、资源和功能等使用权限。

（7）商业智能应用模块建立在企业应用上的决策支持应用系统，包括各种打包的模型和分析应用[57][58]。

三、供应链管理系统技术分析

信息技术是一门综合性很强的学科。广义上讲，凡是涉及信息的产生、获取、检测、识别、变换、传递、处理、存储、显示、控制、利用和反馈等与信息活动有关的，以增强人类信息功能为目的的技术都属于信息技术范围。概括地讲，信息技术是指扩展人类信息器官功能的一类技术[15][59]。在 21 世纪，企业管理的核心是供应链的管理，而供应链的管理则必然是围绕信息管理来进行的。

最近几年，技术创新成为企业供应链管理改革的最主要形式，而信息技术的发展直接影响供应链管理改革的成败。不管是电子数据交换（EDI）、Internet/Intranet 技术、通信技术、数据库技术，还是自动识别技术、信息技术的革新都已经成为企业供应链管理结构模式变化的主要途径[60]。可见，在现代制造企业中，有效的供应链管理离不开信息技术提供支持。在信息社会中，为了在市场竞争中获得更有利的竞争地位，企业要树立"人才是企业的支柱，信息是企业的生命"的经营理念。下面将主要介绍供应链管理系统中的信息支撑技术。

1. 新兴技术提供数字化支持

供应链管理为了降低运行成本、优化业务流程，主要使用的支持技术有全球定位系统、射频技术、电子数据交换技术及条形码技术[61][62]。

（1）全球定位系统（GPS）。GPS 具有海、陆、空全方位实时三维导航与定位能力，它以全天候、高精度、自动化、高效率等特点，用于汽车自定位、跟踪调度；也可用于铁路运输管理，可实现列车、货车追踪管理；另外还可用于军事物流等。

（2）射频技术（RF）。RF（radio frequency）的基本原理是电磁理论。射频识别卡具有读写能力，可携带大量数据，且有智能，难以伪造。RF 适用于物料跟踪和货架识别等要求非接触数据采集和交换的场所，由于 RF 卡具有读写能力，对于需要频繁改变数据信息的场所尤为适用。

（3）电子数据交换（EDI）。国际标准化组织（ISO）将 EDI 定义为"将商业或行政事务处理按照一个公认的标准，形成结构化的事务处理或信息数据格式，从计算机到计算机的数据传输"。在供应链管理的应用中，EDI 是供应链中节点企业信息集成的一种重要工具，它是在合作伙伴企业之间交互信息的有效技术手段。通过 EDI，可以快速获得信息，减少纸面作业，更好地沟通和通信，降低成本、提高生产率，并且能改善企业与客户的关系、提高对客户的响应、减少订货周期，减少订货周期中的不确定性，增强企业的市场竞争力等。

（4）条形码技术。条形码是按规定的编码技术、符号及印刷标准将文字、数字、图形等信息在标签、品牌等平面载体上印刷成光学反射差异的条、点、块状图形；这种图形可用于扫描、阅读、识别、解码并输入计算机。常见的条形码有两种：一种是国际通用的 EAN 商品条形码体系，适用于制造商、供应商和零售商共同使用，包括商品条形码，如 EAN-13、EAN-8 码等；储运条形码，如 DUN-14、DUN-16 码等。另一种是企业内部管理使用的条形码，包括 ITF、交叉二五专用码、Code39 码、Code128 码等。为降低成本并提高生产力，目前几乎所有行业都采用了条形码技术[6][58]。

2. Internet 提供网络化环境

企业通过优化其流通网络与分销渠道、加快库存周转来改进其供应链，关键是进行更好的集成，提高每个企业对整体供应链中即时信息的可见度。在动态的市场环境中，需要企业快速作出决策，对供应链网络中的信息流、物流和资金流进行有效调度，管理由控制转向协调，决策由集中转向分散。这就要求以全球化的信息和知识共享为基础。高效、集成的信息流可以使供应链中的每一个实体及时响应实际的客户需求，相应地调整实际的物流[60]。

目前，Internet 提供网络环境，也成为电子交易的全面处理工具，整个市场的供应链被重组。基于 Intranet/Internet 的供应链管理信息系统将实现企业全球化的信息资源网络，可以更好地在信息时代实现企业内部与企业之间的信息集成。另外，企业资源计划与客户关系管理的集成把成本和盈利活动直接联系到一起。供应链管理与 ERP 的集成把生产制造和供销活动直接联系到一起。同时，供应链的优化目标也从利润最大化或成本最低变为使客户最满意，并实现服务创新[57]。

3. 电子商务提供市场化平台

供应链管理与客户关系管理（CRM）共同形成了电子商务的核心业务。电子商务的应用对供应链管理的影响可表现为：电子商务帮助企业拓展市场，拉近企业与客户之间的距离；电子商务促进企业合作，建立企业与客户之间的业务流程的无缝集成；电子商务为供应链管理提供了市场化平台，全面采用计算机和网络支持企业及其客户之间的交易活动，包括产品销售、支付等。

企业在供应链管理中，可以运用电子会议、电子营销、EDI、某些财务技术手段（如电子资金转账 EFT）等多种电子商务应用技术来改善对供应、生产、库存、销售的控制，与供应商、分销商、零售商和最终客户建立更便捷、更精确的电子化联络方式，实现信息共享和管理决策支持[6][60]。图 2-20 给出了基于电子商务的供应链管理的组织模型。

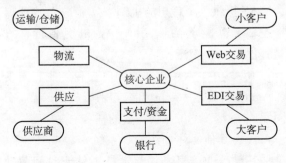

图 2-20　基于电子商务的供应链组织模型

4. 多 Agent 技术提供智能化手段

多 Agent 系统（MAS）是指由多个 Agent 组成的，为了实现某一全局性目标，一组 Agent 通过计算机网络和通信网络相互连接起来的系统。其中每一个 Agent 的基本结构如图 2-21 所示，由执行模块、环境感知模块、信息处理模块、通信模块、决策与智能控制模块以及知识库和任务承诺表组成。执行模块、环境感知模块和通信模块负责与系统环境以及其他 Agent 进行交互，任务承诺表为该 Agent 所要完成的任务和功能。信息处理模块负责对接收到的信息进行初步处理和存储，决策与智能控制模块是赋予 Agent 智能的关键模块。它运用知识库中的知识对信息模块处理所得到的外部环境信息，以及其他 Agent 的通信信息进行深入分析、推理，为进一步从任务表中选择适当的任务供执行模块执行作出合理的决策[63][64]。

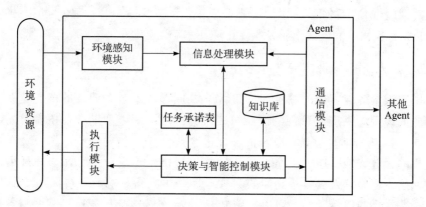

图 2-21　Agent 的基本结构

通过对图 2-21 的分析表明，MAS 中的各 Agent 必须相互协同才能完成共同的任务以实现系统的全局目标，代理的自治性和系统的协调机制使得 MAS 在描述复杂系统方面有下列特点：

（1）分布性。MAS 提供一个理想的机制来实施分布式计算系统，不仅在结构上是分布的，在逻辑上也是分布的，其中 Agent 具备特有的能力独立存在并处理其任务，能与其他 Agent 交流。

（2）合作性。在 MAS 中，Agent 知道如何去和其他实体或 Agent 交流，合作解决复杂问题。Agent 与其他 Agent 组织起来形成 Agent，分工合作达成统一并执行规划，共同完成单个 Agent 无法完成的任务。

（3）同步性。可代表其他实体如用户、系统资源或其他程序自主独立地运行，自己决策并维护其自己的信息，并常常是事件或时间驱动的，用多 Agent 实施同步过程十分容易。

MAS 系统理论及实现方法在工程技术领域得到了广泛的应用。分布式控制系统、工厂作业环境、特征参数动态变化的系统、柔性制造系统等特别适于应用 MAS 理论建模并进行分析和开发。供应链中各个环节的不确定性以及市场竞争环境的瞬息万变，使得供应链的业务过程很难按照计划执行。近年来，多 Agent 技术在供应链管理中的应用研究开始受到各方的关注，并已经取得了一些局部的研究成果。具体来说，多 Agent 技术为分布式的供应链管理系统提供了一种智能途径，它把供应链网络中的各加盟企业间的协作与协商以及共同完成工作任务的各种活动描述为 Agent 间的自主作业活动。

供应链管理系统是动态复杂的系统，要解决供应链上的非线性的问题，人们正在依靠人工智能、知识系统、信息技术与生物科学给企业管理注入全新的活力，使人们运用智能化手段解决复杂的商业问题成为可能[65]。

第三节　多 Agent 供应链管理系统设计

尽管供应链管理理念和技术的创新提高了制造业供应链系统的灵活性，但是供应链网链结构中的供应商、最终用户，以及产品中间件的经常变化，致使供应链系统很难适应环境的变化。考虑到多 Agent 系统分布性、合作性和同步性的特点，若将其引入到供应链网链结构中，可以使整个供应链系统中的各节点企业或是最终用户能够根据市场需求或机会，从而通过 Agent 之间的通信和协调机制动态的形成满足市场需求，适应环境变化的企业联盟，获得单个企业无法获得的竞争优势，增加各个企业的价值，最终发展成"1＋1＞2"的理想情景。

一、多 Agent 供应链管理系统设计原则

供应链管理系统是企业或商业实体在供、产、销过程中相关实体和活动所构成的动态系统，具有复杂性、动态性、柔性和分布性等特点。基于多 Agent 技术的供应链管理系统设计方法同诸多设计方法相同，都应遵循一些基本的原则，以保证供应链管理系统的设计能使供应链管理思想得以顺利贯彻与执行[17]。

（1）简洁性原则。简洁性是供应链设计的一个重要原则，简洁的供应链能减少不确定性对供应链的负面影响，而且可使生产和经营过程更加透明，非创造价值的活动减少到最低限度，订单处理周期和生产周期缩短。

（2）自顶向下和自底向上相结合的设计原则。在系统建模设计方法中，存

在自顶向下和自底向上两种设计方法。自顶向下的方法是从全局走向局部的方法，自底向上的方法是从局部走向全局的方法；自上而下是系统分解的过程，而自下而上则是一种集成的过程。在设计多 Agent 供应链管理系统时，往往是自顶向下和自底向上两种方法结合使用。

（3）敏捷性原则。任何信息系统所处业务环境的不断变化要求信息系统能够快速响应这些变化。在供应链中，每一个企业为适应外界变化或为达到更高的效率时，会不断变化企业的管理模式与运作模式，相应的 SCM 系统就必须与之保持"协调"。"协调"实际上就是对旧的系统的更新或创建一个新的信息系统，以支持"新的业务过程和规则"，并要求这种更新或重构快速而有效。

（4）动态性原则。许多学者在研究供应链运作效率时都提到不确定性问题。不确定性的存在，导致需求信息的多变。因此在 SCM 系统设计过程中应该考虑到各种不确定因素对供应链运作的影响，减少信息传递过程中的信息失真与延迟。

（5）战略性原则。SCM 系统的设计应有战略性观念。从供应链战略管理的角度考虑，SCM 系统设计的战略性原则体现在供应链发展的预见性和长远规划，SCM 系统的设计及应用要和企业的战略规划保持一致[58]。

二、多 Agent 供应链管理系统体系结构

目前，大多数供应链系统的管理模式是一种称之为串行管理的模式（如 MRP Ⅱ 或 ERP），它根据实际环境中参与供应链的有限实体及其相互间特定的供需关系，来确定相应的供需链结构、管理与运作方式。这种系统结构及其相关的计划控制过程对于静态的企业结构和相对平稳的外部环境是适用的。但是，在竞争、合作、动态的环境中，串行的计划与控制过程往往滞后于环境的变化，因此这种串行管理模式已不再适用[66][67]。

通过分析供应链中每对实体之间的关系及行为发现，任意两个实体之间的关系可视为供应商与客户的关系，其行为表现为供应与需求、交易与协调、后期与服务、认证与支付等形式。只要确定了任意两个实体之间的关系及行为，就可根据参与供需链的有限实体及特定的管理与运作方式构建或重构特定环境下的供需链系统[68][69]。因此就可以通过建立一个基于 Multi-Agent 的供应链管理系统结构，完成任意两个实体之间的信息通信，从而实现整个系统的物流、信息流、资金流的有效计划、协调、调度与控制。

基于 Multi-Agent 的供应链管理系统体系结构如图 2-22 所示。整个系统可分为两层：协调决策层和业务功能层[70][71]。

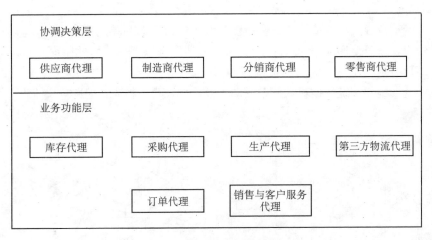

图 2-22　供应链管理系统体系结构

1. 协调决策层

在供应链系统中，任意两个实体之间的关系可以概括为供应商、制造商、分销商或零售商的关系，因此协调决策层通过四个代理实现供应链系统所需的功能，即供应商代理、制造商代理、分销商代理和零售商代理。协调决策层提供整个供应链系统共享信息的存取和交互。当企业实体提出信息需求时，协调决策层依据需求搜索和定位具体功能代理，功能代理通过标准接口与对应的企业实体实现通信，以及信息的处理，并将结果反馈给协调决策层这个中介，实现各个企业实体之间的信息通信。

2. 业务功能层

业务功能层提供封装各企业实体原有管理系统业务功能模块的标准接口。供应链中各企业实体之间的行为表现为供应与需求、交易与协调、后勤与服务等形式，对应于企业的业务模块，即库存模块、采购模块、生产模块、第三方物流代理模块、订单模块以及销售与客户服务模块。因此，业务功能层就可以通过六个代理接口实现，即库存代理接口、采购代理接口、生产代理接口、第三方物流代理接口、订单代理接口、销售与客户服务代理接口。各代理接口的具体功能是提供统一的接口标准，实现系统集成并通过协调决策层中介实现任意两个实体之间的协调与通信。

3. 多 Agent 供应链管理系统模型

通过对供应链管理系统的体系结构进行分析，本节将展示一种典型的基于

Multi-Agent 的供应链管理系统模型，如图 2-23 所示，它是一个以订单信息流为中心，带动资金流和物流运转的供应链，其中物流方向为单向（实线），即不考虑退货情况，信息传递为双向（虚线），资金流暂不予以考虑。另外协商决策层的代理用矩形表示，业务功能层的代理用菱形表示。对该供应链模型来说，实行统一采购、统一销售、统一运输，订单驱动了设计、采购、制造、配送整个流程[72][73]。

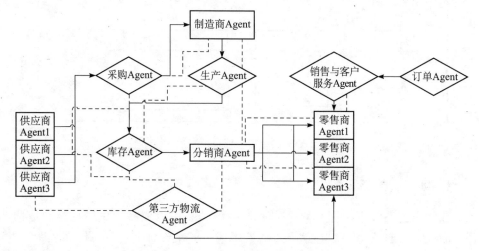

图 2-23　基于 Multi-agent 的供应链模型

将图 2-18（体系结构）和图 2-19（功能结构）结合起来进行分析，在基于 Multi-Agent 的供应链管理系统模型中，可将整个订单供应链系统抽象为两层，它们之间的通信与协调机制已在上一节中加以说明，在此就不再赘述。其中，协调决策层中包括供应商 Agent 类、制造商 Agent 类、分销商 Agent 类和零售商 Agent 类；业务功能层包括采购 Agent 类、库存 Agent 类、生产 Agent 类、第三方物流 Agent 类、销售与服务 Agent 类以及订单 Agent 类。它们都是自治的实体，具有各自不同的功能。

（1）供应商 Agent：根据制造商的数量和价格等要求进行相关原材料的供应。供应 Agent 通过供应信息的管理，根据供应流程的要求甄选合适的供应商，同时就原料价格、数量、交货期以及支付方式等与制造 Agent 进行协商谈判。同时负责同上游供应商交换信息，生成采购计划，订购原材料及库存信息等。

（2）制造商 Agent：实现制造商基本信息管理、制造商外协加工件管理、外协协议管理、相关业务信息跟踪以及制造商选择评价、事中评价和事后评价等功能。

（3）分销商代理：负责统一销售，整理订单并整合。同时和制造商 Agent 进行通信，查看其产品库存是否能满足当前订单的生产要求，若能满足，就要向制造商 Agent 发出订单并给零售商 Agent 回复信息。若不能满足，则驳回订单，告知零售商 Agent 重新订购。具体来说，将实现分销商订单管理、费用管理、活动管理、相关业务跟踪统计，以及分销商评价与选择等功能。

（4）零售商 Agent：对市场需求情况进行分析与预测，然后根据预测结果向分销商 Agent 发出订单。

（5）库存 Agent：负责处理与库存有关的任务。响应其他 Agent 对库存相关信息的询问，包括确定再订货点、库存可用量等信息。

（6）采购 Agent：负责从供应商 Agent 处采购物料，同时和制造商 Agent 进行联系，查看是否能够满足生产要求。

（7）生产 Agent：和库存 Agent 进行联系，根据库存情况安排生产计划，并通过制造商 Agent 所发出的生产服务请求执行生产运作。

（8）第三方物流 Agent：预测顾客需求，确定库存补货策略；生成配送计划，设计最佳的配送线路并配送产品，提高企业对市场需求的快速响应能力。

（9）销售与服务 Agent：根据订单 Agent 请求，以及零售商 Agent 营销能力，安排产品销售后勤与服务。

（10）订单 Agent：处理来自生产企业的订单相关信息，包括查询库存可用性、订单到期日等。

第四节　多 Agent 供应链管理系统实施

从开发供应链集成信息系统的需要来看，把制造业的全部采购、生产、经营等各项工作，通过计算机连成一体，成为一个高度自治化、智能化和最优化的综合制造系统，是现代制造业供应链管理系统的发展方向。其实施定位是：通过引进先进的供应链管理理念和模式，以当今世界最先进的信息技术和软件工程技术为手段，使制造企业的采购、生产与分销在符合现代制造业标准的基础上提高其整合度，实现企业的业务流程再造（BPR）[1]，以适应不断变化的市场竞争环境，确立企业在同行业中的竞争优势。

一、多 Agent 供应链管理系统开发

由于多 Agent 系统本身具有复杂性、分布性和智能性的特点，若想成功地

---

[1]　BPR，即 business process reengineering，企业流程再造。企业流程再造是指从市场竞争全局出发，在供需链系统概念的基础上，为提高竞争优势，实现工作流的快速响应和敏捷通畅，调整企业内外业务流程和组织机构。

开发这样的软件系统需要新的软件工程方法支持。尽管有许多基于 Multi-Agent 的开发环境和平台，但由于 Java 程序的跨平台性和安全性等特点，其中很大一部分都是采用 Java 语言来实现的。支持 Java 语言的 Multi-Agent 系统开发环境最具代表性的就是 JADE[74]。

1. JADE 开发环境

TILAB（Telecom Italia LAB）发布的开放源代码软件 JADE（Java Agent development framework）是完全由 Java 编程语言实现的 Multi-Agent 软件框架。它通过提供遵循 FIPA① 标准的中间件和图形化的调试部署工具简化了 MAS 的实施与管理[75]。

JADE 提供了一套较完整的 Agent 开发包，其中主要的类库包括：

jade. core：实现系统的核心，包括 Agent 类，这是所有应用程序的父类。

jade. core. behaviours：实现了任务，意图等行为。

jade. content：包含了支持用户定义本体和内容语言的类集。

jade. lang. acl：用于处理符合 FIPA 标准规范的 Agent 通信语言，这一类库将在下一节中进行详细说明。

jade. domain：包含了所有描述 FIPA 标准定义的 Agent 管理实体的类，特别是 AMS 和 DF Agent。

jade. domain. FIPAAgentManagement：包含了 FIPA-Agent-Management 本体以及描述它们概念的类。

jade. gui：包含了一组通用的类，便于创建用于显示和编辑 Agent 标识、Agent描述、ACL 消息等 GUI。

jade. mtp：包含了每个消息传递协议应该实现的接口。通过这些开发包，可以让开发人员根据领域问题的实际需要，在更高的抽象层次上实现 Multi-Agent 系统。降低了系统实现的难度，加快了系统开发的速度，并增强了多 Agent 系统的质量。具体地说，JADE 为 Agent 开发人员提供的特性主要包括以下几个方面[76]：

（1）分布式 Agent 平台。一个 Agent 平台可分布在几台主机上，它们之间通过 RMI 连接在一起。每台主机只执行一个 Java 应用和一个 Java 虚拟机。Agent以 Java 线程的方式运行在 Agent 容器（Agent container）中。

（2）图形化的用户界面，由一个远程主机管理多个 Agent 以及 Agent 容器。

（3）开发 Multi-Agent 应用时可以使用基于 JADE 的调试工具。

---

① FIPA 是 1996 年成立的一个非营利组织，其目的在于为不同类型、相互作用的软件 Agent 之间的协同工作建立标准。FIPA 由一系列获得国际承认、可以公开利用的规范组成，是一个针对不同应用领域的通用技术，它使得开发者可以开发出具有高度协同工作能力的复杂系统。

（4）内部平台 Agent 具有机动性，必要时可以转移 Agent 状态以及代码。

（5）通过行为模型执行多重、并行以及并发的 Agent 行为。JADE 以非抢先的方式安排 Agent 的行为。

（6）FIPA 兼容的 Agent 管理平台，包括 AMS（Agent management system）、DF（directory facilitator）、ACC（Agent communication channel）等管理服务，这些在平台启动时将自动激活。

（7）多种 FIPA 兼容的 DF 可以提供多重域的应用，每个域都是 Agent 的逻辑集合，通过一个公共的 Facilitator 公告所能提供的服务。每一个 DF 继承一个图形化的用户界面以及 FIPA 定义的标准能力（这些能力包括注册、注销、修改和查询 Agent 的描述信息、在一个 DF 内结成同盟）。

（8）在相似平台内有效地传输 ACL 消息。消息被编码成 Java 的对象（并非 String），目的在于避免列集和散列操作。当消息离开平台时，会被自动转化成 FIPA 兼容的语法、编码以及传输协议。该转化对 Agent 实例是透明的，它们只需要像 Java 对象那样处理 Agent 消息。

（9）JADE 还提供了 FIPA 交互协议库。

（10）通过 AMS 自动注册和注销 Agent。

（11）FIPA 兼容的命名服务：Agent 启动时获得其 GUID（globally unique identifier）。

（12）支持定义内容语言和本体。

（13）InProcess 接口允许外部应用启动自治的 Agent。

JADE 产生并管理一列到来的 ACL 消息，这些消息属于 Agent 的私有信息，彼此之间是保密的；Agent 基于表决、超时和模式匹配等若干种状态控制，来访问队列。整个 FIPA 的交互模型中组件包括如：信封、交互协议、ACL、编码解码、内容语言、本体和传输协议都已被集成进来。尤其值得注意的是传输机制，它就像一个智能生物，必须要适应各种环境条件，选择可选择的最佳的协议。时间触发、JavaRMI 和 IIOP 已经可以在这里使用，而且其他协议可以很方便地被加入进来。SL 和 Agent 管理本体论已经实现，同时还支持用户自定义本体和内容语言，它们可以在 Agent 上自由注册、执行，之后就可以在整个平台上使用。

JADE 已经被很多研究组织和公司所使用，它们有些是 FIPA 成员，有些则不是，如 BT、CNET、Imperial College、NHK、IRST、University of Helsinki、ATOS、INRIA 等。现在它已经可以开源使用，获得方式可以去 http://jade.cselt.it，当前官方最新版本为 JADE4.0.1，于 2010 年 7 月 7 日发布。

2. Agent 之间的通信

在 JADE 平台中，Agent 之间的相互通信是通过三个组件来完成的，即本体论、内容语言，以及 Agent 通信语言（agent communication language，ACL）。Agent之间的通信均采用 FIPA-ACL，消息可以经由 IIOP、RMI 或 HTTP 等底层协议来传递。本体论是针对特定知识领域，有关对象属性、类别以及对象间的知识理论。Agent 间交互的信息都有一个统一的格式，这个格式由 FIPA 国际标准所定义，主要包括消息的几个属性，具体有：

receiver（消息的接收者）；

sender（消息的发送者）；

performative（通信意图）；

content（消息的实际内容）；

language（消息内容所使用的语义）为了使 Agent 间的交互能够有效进行，sender 和 receiver 都必须能够解析符合这一语义的表达式；

ontology（消息内容所使用的本体）包括消息内容中用到的常用词汇及其含义。通过本体的使用，sender 和 receiver 对于消息中同一符号的理解就达到了一致，也就是能够相互理解对方消息的含义了；

protocol（通信所采用的交互协议）；

conversation-id、reply-with、in-reply-to、reply-by（会话 id，以……回答，对……回答，回答不迟于……）这几个属性用来控制并发的几个会话。

JADE 平台中，任何一条消息都是 jade. lang. acl. ACLMessage 类的实例，该类中提供了很多方法，可对消息对象进行控制，如 setLanguage（）（设置通信语言）和 addReceiver（）（添加接收者）等。消息的发送与接收则是通过 jade. core. Agent 类的 send（）和 receive（）方法完成的[77]。

3. 利用 JADE 创建多 Agent 供应链管理系统

由 FIPA 定义的标准的 Agent 平台结构如图 2-24 所示。

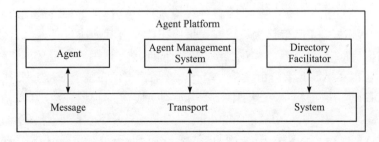

图 2-24　FIPA 定义的标准的 Agent 平台结构

AMS（Agent management system）是负责对 Agent 平台的访问和使用的主体进行监督与管理。在一个单独的平台上，只允许有一个 AMS。AMS 提供黄页服务，以及生命周期服务，它保留了主体状态信息和一个主体标识符目录

（AID）。每个 Agent 必须在 AMS 注册，以获得一个有效的 AID，通过 AMS 发送请求可以消除或产生远端容器内的 Agent。

DF（directory facilitator）是在平台上提供默认的黄页服务的主体。消息传输系统，又叫做 Agent 通信通道（ACC），是控制平台内所有的信息交换，包括与远端平台进行信息交换的软件。

在利用 JADE 开发 Multi-agent 供应链管理系统时，就应完全参照这个标准体系结构。因此，当一个 JADE 平台启动的时候，AMS 和 DF 就已被自动建立，同时 ACC 模块将允许消息进行传输。Agent 平台允许建立在几个主机上。在每个主机上只有一个 Java 应用程序，当然也只有一个 Java 虚拟机被执行。每个 Java 虚拟机是一个主体容器，它为主体的运行提供一个环境，同时它允许几个主体在同一个主机上并行的执行。主容器（main-container）包括 AMS 和 DF，在其中注册 RMI，它由 JADE 在内部使用。其他与主容器相关的容器，则为任何一组 JADE 主体的执行提供一个完整的运行环境[78][79]。

二、多 Agent 供应链管理信息系统实施

现代制造业供应链管理信息化过程在本质上就是供应链管理信息系统的实施过程，而这一实施过程不仅仅是信息技术支持和管理理念更新的问题，还需要建立一支项目实施团队，并制定项目衡量标准和实施计划，进行系统开发、调试以及维护工作，只有这样才能建立一套切实可行且行之有效的供应链管理信息系统。

1. 建立项目实施团队

建立一个高质量的项目实施团队是项目成功的关键因素之一。该团队不仅仅是有 IT 部门的人员参与，更需要企业所有相关的业务部门都参与进去。按照角色分配项目团队可以分为技术支持小组、项目领导小组和项目实施小组等。其中项目领导小组的领导一定要由企业最高层的管理人员担当，成员则由各相关业务部门的领导组成；项目实施小组的领导成员应由关键业务部门的管理者组成，如销售、市场、财务、人事和 IT 等部门，而工作人员应由以上部门的业务骨干组成。

项目团队一经建立，其主要人员应尽可能从始至终地投入在该项目中。因为人员的流动会对项目实施带来负面影响，因此保持团队的稳定性对于一个项目的成功完成至关重要。

由于各部门的工作着眼点不同，会在衡量标准和目标值方面产生分歧，造成目标不一致。因此，在实施过程中，团队中各部门的人员要及时沟通和协调，

统一观念，统一标准及目标，以企业制定的总体目标为基准，共同实现项目实施的既定目标。

在项目实施前和实施过程中，实施团队、终端用户，甚至企业的全部员工，都需要接受不同程度的教育培训，特别是要对实施人员和终端用户进行观念上的以及系统操作方面的培训。这方面的花费是必不可少的，所以在软件系统项目实施前，也要充分考虑其是否易于掌握和使用，是否具有自助培训功能，以便在达到培训目标的前提下，尽量节约成本开支[80]。

2. 制订项目实施计划以及里程碑衡量标准

企业要想获得供应链管理信息化的实施成功，必须在项目实施之前统一实施目标、制订实施计划与里程碑衡量标准。如果没有统一明确的实施目标、计划和衡量标准，就无法对项目实施过程进行评估，因此也无法知道实施是否取得了成功。制订实施计划首先要明确项目的目标、范围和方法，对项目的预算、成本进行估算，确定 TCO（total cost of ownership，项目的总体成本）和 ROI（return on investment，一种财务分析工具和指标）的指标，并尽可能地制订具体的量化值。在编制项目实施计划书时，也要制订阶段性的子目标、实施步骤、关键性的里程碑衡量标准，在每一阶段中具体的实施计划，并对该阶段的费用进行核算。结合业务目标和系统功能，对业务流程进行优化，确定新流程中的各项业务处理程序以及完成的任务。

此外，还要对系统实施过程中可能发生的各种风险作出预测，并对风险性高低作出评价，制订风险防范措施和应急方案，尽可能将风险出现时造成的影响降低到最低。对系统功能不能满足的需求，要制订其他的解决方案，如引入第三方的产品等。另外还要制订文档标准，明确系统实施过程各阶段的文档编制格式，制订用户培训计划等。在项目实施过程中，不可避免地会引起部分组织结构的调整、业务流程的改变，同时也会影响到人员岗位和职责的更替，在制订项目实施计划时也应考虑如何将这些变化带来的负面影响控制到最小[80]。

3. 系统环境变量配置与系统调试

系统环境变量配置是实施过程中的关键步骤，企业根据自身的具体情况，利用供应链管理信息系统中预留的各种参数以及配置功能进行配置，使系统能更适用于企业的业务处理流程。环境变量配置是否正确，会直接影响系统功能的实现以及系统运行的稳定性，良好的配置可使系统功能得到更大限度的发挥，并与业务流程更好地匹配。

在完成参数设置及系统实现以后，需要对系统进行相关的测试，检验环境变量设置等客户化过程正确无误，最终文档内容的准确性是否符合标准，改进后的业务处理流程是否合理，与其他系统是否实现了无缝集成，用户操作流程是否符合规则等。另外在系统投入运行之前，还需要为正式运行准备一个真实可靠的运行环境和完整无误的运行数据，确认能够顺利地进行数据转换，为系统投入运行提供安全和可靠的保障，确保系统运行环境的完整性。只有在保证所有环节的测试结果都准确无误之后，才能确保供应链管理信息系统能够安全、稳定地投入运行[80]。

4. 系统投入运行与维护

系统投入运行，并不意味着企业就能立即将供应链管理信息系统用来管理业务和运营，还必须对系统经过若干次测试之后，才能真正上线使用。在投如试运行之前，必须制订应急计划以防系统在投试运行过程中出现意外事故。同时要进行数据最后更新，保证数据和各种文档的准确性与规范性，并对试运行阶段的系统状况进行监控。

在确保系统所有环节都已完全符合规范并正式投入运行后，需要进行系统运行的初次评价，考察和分析系统是否能匹配企业新的业务处理流程，用户操作流程是否规范，系统的优缺点等。在系统确信运行无误的情况下，实现实际业务的人工操作向供应链管理信息系统切换或新老系统更替。

成功切换后，并不意味着实施工作完全结束，接下来，企业还必须根据试运行阶段收集的信息对系统进行分析与维护，改进系统存在的缺陷，而对于系统无法解决的问题寻找更好的解决方案，发现和解决那些可能在实施过程中由于疏忽而遗漏的功能需求和业务需求，并在使用中不断地完善系统的业务处理能力，对系统不断进行优化。此外，随着市场需求的变化，企业规模的发展，还可能需要对系统进行相应的升级或更新。在系统日常运行中，还需要对其进行周期性系统运行审查和评价，如系统性能评估、业务性能评价、ROI 评估等，使之不断完善，更加匹配并满足业务处理需求，为企业获得更多的效益[80]。

第五节　多 Agent 供应链管理发展趋势

通过上面几节的阐述，可见基于 Multi-Agent 的供应链管理系统为供应链网链结构中的节点之间提供了可靠的通信和协调机制，并凭借其良好的适应能力成为当今业界所关注的热点。当然要使 Multi-Agent 理论能够发挥其更深层次的作用，还需要在深刻理解现代制造行业所面临的市场环境和信息技术发展的前提下对其供应链管理理论及应用上作出进一步的努力和探讨，以求提高基于

Multi-Agent 的供应链管理信息系统的自适应性和运行效率。

一、现代制造业供应链管理变革

"未来的竞争将不是企业之间的竞争，而是供应链之间的竞争"，这一理念已逐渐成为 21 世纪制造企业所关注的焦点。但是，对于任何新兴事物的兴起，在其发展阶段都会存在这样或那样的问题，供应链管理的发展同样不能逃脱这种宿命。经济全球化导致了现代制造业在采购、制造、经销和零售领域都面临着前所未有的竞争趋势，这样企业就需要不断创造出新的方法以增强市场争夺力，从而也造成了其利润的萎缩。这一趋势已无法逆转，那么，现代制造企业就应该在如何加强供应链管理与上下游的联系上多下工夫，并在管理理念和技术上作出相应调整，以满足现代制造业供应链管理的需求，降低供应链系统的执行成本，尽可能实现企业利润最大化，减少其萎缩的程度。

1. 市场环境的变化

随着中国生产的产品国际竞争力的不断提高，越来越多的跨国公司开始在中国增加采购并构建现代供应链体系，这些必将带动国内产品出口，同时也使中国进口的原材料和产品成本更低。另外，国内企业可以学到世界先进的供应链管理理念，有助于博采众家之长以建立自己的供应链管理体系。再次，对跨国企业来说，为了使自己的供应链管理更有效率，它们也会要求中国企业为其供应链管理服务，并教会其供应链管理的先进理念。例如，沃尔玛在国内的产品供应商以及 P&G 在国内建立的分销渠道，都被要求按照沃尔玛或者 P&G 的模式进行相应的服务，这对中国供应链管理体系的构建起到了示范作用。随着经济全球化的推进，国内外竞争不断加剧，大大加快了国内企业实践供应链管理的进程，并最终促成国内企业在全球经济一体化中竞争力的不断增强[81]。

2. 传统供应链管理分析

传统的供应链管理是一种仅局限于点到点的行业内部互联，即通过通信媒介将预先指定的供应商、制造商、分销商、零售商以及最终客户依次联结起来。于是造成供应链管理成本高昂，效率低下，灵活性较差，并且总线型的管理模式常会会由于某个环节的问题而导致整个链路的瘫痪。

随着市场竞争环境的变化，传统的供应链管理严重制约了企业的发展。在分析传统的企业管理模式几个基本环节的基础上发现了制约供应链管理实施的几个瓶颈因素。

(1) 缺乏统一的管理技术和各实体间的有效互联。由于没有统一标准的文件以及商品标识等，造成物料管理的混乱和低效率。

(2) 忽略与上游的联系。由于观念上的差异，使得传统企业只重视下游的客户，而忽视了上游的供应商。夸大了自己相对于供应商的买方力量，致使双方缺乏合作与信任。

(3) 强调自身利益，忽略外部合作。单个企业过多着眼于自身内部的操作，过于注重本企业资源的利用，而忽视了与供应商、分销商以及零售商等的互利合作。

(4) 供求信息不对称，牛鞭效应①明显。由于客户掌握信息不及时，导致企业估计预测出现较大偏离，于是造成供应链信息传递扭曲[11][82]。

以上这些因素的存在形成了供应链管理顺利实施的瓶颈，研究供应链管理就必须考虑如何克服这些瓶颈因素，才能真正达到供应链管理的目的。

3. 信息技术对单个企业供应链管理模式的改变

随着信息技术的发展，其对现代供应链管理的影响也日趋增大。它不仅改变了企业应用供应链管理获得竞争优势的方式，也改变了传统形式的物流、信息流和资金流。信息技术对供应链上的企业管理模式的改变如下：

(1) 改变了企业的业务流程。传统企业存在三大流：信息流、物流和资金流。在互联网广泛应用的今天，许多产品如电影、音乐、游戏等通过互联网直接向顾客进行销售，无须进行包装、运输等物流作业。现代企业为了适应信息时代的要求，应使三流合一，即都用信息流替代资金流和物流。信息技术的发展，促使企业重构原有的运作和组织模式，对传统的以组织功能为中心的企业进行以流程为中心的业务流程再造。

(2) 改变了企业组织结构。由于信息技术的应用使得企业中大量的业务处理已实现自动化，任何人员在任何时间、任何地点都有可以获得所需的信息，大大降低了信息的获取的成本，使得高层管理人员可以通过远程通信技术直接与低层部门联系，大大减少了中层管理人员的介入。

(3) 改变了企业营销模式。因特网等信息技术促进了从供应商直到最终客户的整条供应链双向的、及时的信息交流，成为企业获得市场需求情况和客户资源的有效途径。同时，现代信息技术的应用可以使企业的业务延伸到世界的各个角落；因特网的应用使得企业可以与它的分销商协作建立零售商的库存和订

---

① 牛鞭效应，即当供应链的各节点企业只根据来自其相邻的下级需求信息进行生产或供应决策时，需求信息的不真实性会沿着供应链逆流而上，产生逐级放大的现象，达到源头供应商时，其获得的需求信息和实际消费市场中的顾客需求信息发生了很大的偏差。由于这种需求放大效应的影响，上游供应商往往维持比下游供应商更高的库存水平。

货系统，进行连续库存补充和销售指导，从而协助零售商改进营销渠道的效率，提高客户满意度。

（4）改变了企业文化。供应链的管理是一场对企业价值观的革命，供应链管理作为一种企业文化，它要求企业的员工不断学习、不断创新、不断适应企业自身的业务流程和市场大环境，形成团体协作的精神，实现企业的最终目标，提高企业的市场竞争力[83]。

信息技术对供应链上企业与企业之间管理模式的改变如下：

（1）利用信息技术，供应链上采购商、制造商、分销商、零售商和最终客户之间达到信息的共享。从原料的采购、制造生产、网上销售直到客户手中，供应链上的企业与企业都可以利用网络进行信息查询。

（2）利用信息技术能够使产品在整个供应链中的库存下降。互联网的应用使得企业可以与它的分销商协作建立零售商的库存和订货系统，这样便可获知有关零售商产品销售的信息，在这些信息的基础上，进行库存补充和销售指导，从而协助零售商改进营销渠道的效率，提高顾客满意度。

（3）利用信息技术重新构建企业间的价值链，实施管理与物流等业务外包，将有限的资源集中在自己的核心业务上，这样生产厂家、分销商、零售商以及第三方服务供应商便形成了一条新的价值链。

（4）建立新型的客户关系网。信息技术使供应链上的企业/客户通过构筑知识流和信息流建立起新型的客户关系，形成双向的、及时的信息交流，信息技术也是企业获得市场需求信息和客户的有效途径[83]。

信息技术与供应链管理的相互作用有如下表现：

（1）信息技术的发展离不开先进的管理理念。早期的信息系统没有融入管理思想，它们只能完成对原有业务流程的计算机化、自动化，因此会造成大量的数据冗余，只有把信息技术和先进的管理理念相结合，才能充分发挥信息技术的优势，更好地服务于企业的改革和发展。采用信息技术，使供应链上的供应商、制造商、分销商、零售商和最终客户的各种活动得以计划、控制、协调和优化，并要将用户所需要的准确的产品（right product）能够在准确的时间（right time）、按照准确的数量（right quantity）、正确的质量（right quality）和正确的状态（right status）送到准确的地点（right place），即 6R，并保证总成本最小。

（2）信息技术为供应链管理提供技术支持。要使供应链的运作效率得到提高，使供应链上每个企业的物流成本及费用水平得到降低，这在没有信息技术条件的情况下基本是不可能完成的任务。在信息时代，信息技术已经成为供应链管理不可缺少的重要组成部分，它为决策支持系统、人工智能、管理科学、运筹学等方法及技术提供了集成化的应用平台[83]。

二、供应链管理理论的变革

"未来的竞争将不是企业间的竞争，而是供应链间的竞争。"这句话既反映了企业将面临的机遇和挑战，也反映了供应链管理理念和思想的变革与创新，结合供应链所处的现代环境可知，现代的供应链管理系统正朝着绿色化、信息化、敏捷化和智能化的方向发展。下面，我们仅对供应量管理理念变革进程中最具代表性的信息化问题进行详细说明。

供应链管理信息化对传统的供应链管理理论有很大的影响，在管理界，主要有三种典型的管理理论学派，即行为学派、认知学派及技术学派[84][85]，这些学派的主要思想特点如表 2-2 所示。

表 2-2　管理理论学派思想特点

学派名称	主要思想特点
行为学派	强调组织如何更好地适应组织外部和内部各种环境的影响，包括行为理论、战略信息系统、网络化组织、虚拟企业等思想和理论
认知学派	强调组织如何更好地学习和总结，如何更好地应用所掌握的支持，包括学习型组织、数据挖掘技术、知识型企业等思想和理论
技术学派	强调准确地完成各项工作，如何组织各项工作，如何组织整个生产系统，包括传统的科学管理、全面质量管理、企业流程再造等思想和理论

1. 行为学派

从行为学派的角度来看，管理信息系统对管理的影响如表 2-3 所示，这里主要描述在计划、组织、领导、控制等方面的影响[57]。

表 2-3　供应链管理信息化对行为学派的影响

研究对象	传统思想	现代思想	供应链管理信息化的作用
计划	由高层管理人员制订的集中式计划，从顶向下执行	分布式的计划，涉及多个组织单元	使用 Internet 等技术协调多个地方、多个企业之间的计划
组织	非常稳定的工作部门	允许雇员自己定义工作小组	在工作小组之间使用网络协同系统
领导	管理者促使雇员执行各项工作	允许雇员自己进行工作，创建网络式的领导、每个雇员都可能是领导	使用网络系统
控制	研究和使用微观领域的控制方式和手段	把控制智能下降到工作小组，使用计算机作为辅助根据	使用各种信息技术开发实时的监视和控制系统

2. 认知学派

从认知学派的角度来看，管理信息系统对管理的影响如表 2-4 所示，这里主要介绍在认知、学习、创建知识库等方面的影响[57]。

表 2-4　供应链管理信息化对认知学派的影响

研究对象	传统思想	现代思想	供应链管理信息化的作用
认知和理解	单个管理人员依靠自己的认知和理解管理企业	使用正式的信息系统，影响到一群人的认知和理解活动	使用各种信息系统，发现那些单个或多个人很难发现的知识
组织的学习	组织的知识可以按照公司的日常管理流程来获取	组织的知识可以通过信息系统来获取	使用数据仓库技术、多媒体技术、Internet 技术等创建、发现、存储分散组织的知识
知识库	资金和物质财产是公司的基础	核心竞争力、知识和知识工人是企业的关键资产	使用信息技术增强核心竞争力，使用信息技术协调和增强知识工人的工作

3. 技术理论学派

从技术理论学派的角度看，供应链管理信息化对管理的影响如表 2-5 所示。这里，主要介绍供应链管理信息化在工作分析和行政管理等方面的影响[57]。

表 2-5　供应链管理信息化对技术理论学派的影响

研究对象	传统思想	现代思想	供应链管理信息化的作用
工作分析	时间研究、动作研究、目的是提供每一个人的工作效率	分析一群人的工作和整个业务流程	使用信息技术再造传统业务流程，极大地提高生产效率
行政管理	研究递阶式的组织结构	分析组织中的信息流	使用工作流软件，自动化公文流转等工作，提高服务效率

三、多 Agent 供应链管理系统的应用发展

在现代制造业供应链管理过程中虽然人们力图拆除企业间的围墙，建立跨企业的协作，但是由于供应链加盟成员是独立的决策主体，从而使得供应链的运行往往具有自治性、分布性、并行性等特点[86]，这些特点都向供应链管理提出了挑战。而目前随着人工智能以及 Agent 技术的发展，利用具有一定自主推理、自主决策能力的 Agent 以及由其组成的 Multi-agent 系统（MAS）来模拟、

优化、实施、控制企业供应链的运行，即将供应链映射为 Multi-agent 系统，已经成为研究和实施供应链的重要方法之一[87]。一般有以下两种研究倾向：一种是以较复杂的 Agent 构造为基础，建立基于 Multi-agent 技术的协同供应链管理系统；另一种研究则侧重于应用 Agent 系统的智能性、自治性等功能特点，在供应链管理系统中引入适当的 Agent 谈判机制[88]，从而快速有效地达成协议，改进系统的整体性能。

1. MAS 的在供应链中的协同机制

基于 Multi-agent 的系统机制，从供应链成员的合作角度出发，可以把供应链的协同机制分为以下三种：

（1）黑板（black board，BB）机制。黑板机制允许参与协调的各方在黑板上进行信息共享，这是一种信息透明度极高协调机制。在该机制下，所有 Agent 具有平等的地位，并通过分布式的黑板共同承担任务。图 2-25 为黑板机制的 Multi-agent 结构模型。

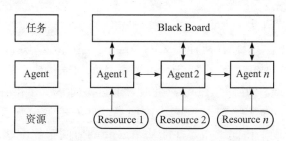

图 2-25　黑板机制下的 Multi-agent 结构模型

黑板机制下，Agent 根据自己的资源拥有量，决定所承担的任务量。但是资源是可以共享的，如一个仓库的资源不足以满足需求时，可以向其他 Agent 的库存资源请求调配资源。已经建立起稳固的战略合作伙伴关系并通过 Internet 实现的远程业务合作就是这种模式。

（2）主—从（leader-follower）协同机制。各方 Agent 通过合同的方式，进行任务的分配，是一种集中控制的合作模式。在这种机制下，有一个主要的任务发布方，其他为任务接受方。其中主 Agent 的权力最大，拥有对任务的发布权，而其他的 Agent 处于次等地位。每个 Agent 可以成为一个下级合同的主 Agent，这样就形成了一个供应链分形体系结构。通过集中控制企业 Intranet 实现的业务合作，就属于这种模式。

（3）第三方 TTP（trusted third partner）协同机制。在这种机制下，通过引入一个第三方"拍卖"机构来将任务在不同的 Agent 之间进行分配。拍卖机制与主—从机制类似，都需要建立合同来约束合作过程，但是主—从机制可以直接授权给下级 Agent，因此具有相对稳定的合作关系，而拍卖机制下合作双方是临时合作关系，在供应链管理系统中，一般属于松散性合作关系的业务都会采用这种模式。图 2-26 为 TTP 机制下的 Multi-agent 结构模型。

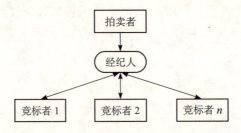

图 2-26　TTP 机制下的 Multi-agent 结构模型

在一个供应链管理系统中允许同时存在上述三种机制，这是由企业的业务性质决定的[89]。

2. MAS 在供应链协同中的应用

通过在第三节中对供应链管理系统体系结构的分析表明，在基于多代理供应链管理的体系结构中，有两种类型的 Agent：系统决策层 Agent 和业务功能层 Agent。当我们要建立基于 Multi-agent 技术的协同供应链管理系统时，还应引入另一类 Agent，即协同 Agent。此时，通过协同 Agent 和信息中介就可以将业务功能层的 Agent 相互连接起来。协同 Agent 具有系统局部协调器的作用，能够规划 Agent 间的协同工作，并能从 Agent 的协同工作中学到新知识。协同 Agent 在接受 Agent 发出的请求后，即对任务进行分解，搜索可完成相关任务的功能 Agent，搜索到的相关功能 Agent 就可以直接连接并实现相互通信。

在 MAS 中，任务分配流程以及多个 Agent 之间的协同如图 2-27 所示。

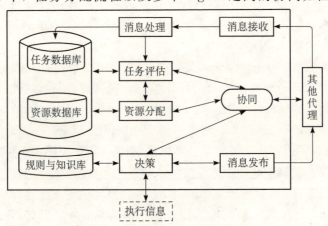

图 2-27　Agent 的结构与协同流程

Agent从其他 Agent 处接收到消息，通过任务处理模块把任务发送到任务数据库中，并进行任务评估。Agent 就此任务在参考资源分配情况下与其他 Agent 进行协同，之后则把协同结果传送到决策模块进行处理，在处理的同时把消息发布给其他相关的 Agent。

3. MAS 在供应链中谈判理论

在供应链中，由于每个加盟企业都是独立自治的实体，它们之间有不同的利益和目标，因此必须在该系统中引入适当的 Agent 谈判机制[83]，才能快速有效地达成协议，从而自适应地改进系统的整体性能。而基于 Agent 供应链管理系统中的谈判，人们往往将其定义为"多个 Agent 为了就某些问题达成一个可共同接受的协议而进行的交流过程"。对于这个概念可以分别从技术层面和应用层面进行诠释。技术层面的谈判是指，在 Multi-agent 系统中，为了共同协作完成任务，进行任务和资源的分配等而在 Agent 之间进行的谈判。这是 Agent 之间进行协调的一种方法。而应用层面的谈判是指利用 Agent 替代人们进行现实中的谈判。这种基于 Agent 的谈判也称为自动化谈判。

一个自动谈判系统一般由三个要素组成，即谈判目的（negotiation object）、谈判协议（negotiation protocol）和谈判策略（negotiation strategy），而后两者共同构成了一个自动谈判系统的谈判机制（negotiation mechanism）。下面就对这三个要素进行分别阐述[90]：

（1）谈判目的。指要达成的协议（agreement）所覆盖的问题范围，即谈判的议题数量。也可称之为协议结构（agreement structure）。在大部分情况下，谈判主要包括价格、数量、质量、运输方式以及交货时间等各种议题。具体到供应链管理环境下，各方 Agent 在谈判中所形成的多个协议必须是互不冲突的。

（2）谈判协议。多个 Agent 之间的合作是通过谈判协议来完成的，谈判协议是 Multi-agent 系统实现协作与协同的关键。谈判协议规定了谈判 Agent 之间的通信语言、语义以及规范，规定了一方 Agent 在何时采取何种行为。它是谈判行为的基础，用于处理谈判过程中双方的交互与协调，是谈判实体间必须遵守的行为规则。

（3）谈判策略。指谈判所用的推理模型，是 Agent 进行决策和选择行为的策略。它包含一组与谈判协议相对应的原始谈判策略和策略选择算法，谈判策略一般可分为一方让步策略、竞争策略、延迟协议策略、变更协议策略。谈判策略由两部分组成：①提议评价策略，用来对接收到的提议进行评估，判断是否接受对方给出的提议；②提议生成策略，生成反提议[91]。

4. MAS 在供应链协同中谈判

在基于 Multi-agent 技术的供应链研究中，Agent 之间的谈判是常见的。例如，系统决策层（见上文第三节）中的 Agent 在进行资源分配、任务分配时与业务功能层 Agent 之间的谈判；采购 Agent 在购买货物时与供应商 Agent 之间就数量、价格等议题进行的谈判。由此可见，Multi-agent 谈判作为供应链流程中的组成部分之一，在供应链管理中起着相当重要的作用。而如果想要在供应链中顺利地进行 Multi-agent 之间的协同谈判，那么在协同 Agent 基础上，就还需引入谈判 Agent。谈判 Agent 可代替卖方和买方对购货条件在网上进行谈判，而无须在规定的时间内到特定的地点进行面对面的谈判。一个一般性的基于 Multi-agent 供应链协同谈判模型如图 2-28 所示。

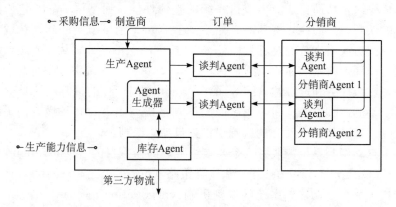

图 2-28　供应链环境下的 Multi-agent 协同谈判模型

系统决策层中的制造商 Agent（见上文第三节）通过业务功能层中的生产 Agent 来评估资源情况，当探知到用户已发出了订单需求时，便可产生一个谈判 Agent，触发双边谈判。库存 Agent 主要是管理成品库存，并向生产 Agent 提供库存信息，同时接收发货信息。对制造商而言，谈判 Agent 参数由生产 Agent 初始化后，即可采用一定的原始谈判策略，对相应的分销商 Agent 发出提议，并接收反提议，当谈判完成后谈判 Agent 将自动消亡[86]。

第六节　本 章 小 结

进入 21 世纪以来，随着信息技术以及经济全球化的发展，制造行业中单个企业所面临的市场竞争环境也发生了翻天覆地的变化，任何制造企业都不可能在价值链中的各个环节取得绝对的竞争优势。为了使单个企业能够与它们的上、下游企业建立长期合作伙伴关系，制造业供应链便应运而生，进而成为增强企业竞争力最重要的方法之一。

　　本章基于现代制造业供应链的相关理论以及供应链管理的设计方法，提出了现代制造业供应链管理系统的设计思想、原则及其信息技术支撑体系架构，并以时间为横轴、应用层次为纵轴对 SCM 中各种信息系统的应用进行了系统地阐述。另外，本章重点介绍了基于 Multi-agent 的 SCM 系统设计方法；研究了 Multi-agent 技术在 SCM 设计中的应用；给出了一个基于 Multi-agent 的 SCM 系统通用模型；分析了模型中各个 Agent 的具体功能以及各 Agent 之间的联系；阐述了在 Multi-agent 的 SCM 系统实施过程中，为了确保消除各种风险因素，需要注意的包括团队建设等在内的若干过程和步骤。最后，本章从供应链管理理念的变革出发，对 Multi-agent 在 SCM 中的应用发展即两种研究倾向（协同与谈判）进行了分析，这些都为后续章节的研究及应用打下了基础。

◇ 参 考 文 献 ◇

[1] 朱高峰. 全球化时代的中国制造. 北京：社会科学文献出版社，2003：78～85

[2] 何明珂，董理，任豪详，等. 我国制造业供应链管理调查报告. 中国物流与采购，2005，(3)：50～56

[3] Gibson B J, Mentzer J T, Cook R L. Supply chain management: the pursuit of a consensus definition. Journal of Business Logistics，2005，26 (2)：17～25

[4] 国家质量技术监督局. 中华人民共和国国家标准物流术语. 中国储运，2001，(3)：41～43

[5] 国家质量技术监督局. 国家标准物流术语（续）. 中国物资流通，2001，(17)：38～40

[6] 胡家齐. 制造业现代管理技术. 北京：机械工业出版社，2004：61～279

[7] Dimitriadis N I, Koh S C L. Information flow and supply chain management in local production networks: the role of people and information systems. Production Planning and Control，2005，16 (6)：545～554

[8] 周倩. 多期供应链网络均衡模型的研究. 哈尔滨理工大学优秀硕士学位论文，2008：12～14

[9] Hammer A. Enabling Successful Supply Chain Management Coordination, Collaboration, and Integration for Competitive Advantage. Mannheim：University of Mannheim，2006：7～19

[10] 马士华，林勇，陈志祥. 供应链管理. 北京：机械工业出版社，2000：37～67

[11] Stadtler H, Kilger C. Supply chain integration: definition and challenges. Proceedings International MultiConference of Engineering and Computer Scientists，2010：65～80

[12] Tan K C, Steven B L, Joel D W. Supply chain management: a strategic perspective. International Journal of Operations & Production Management，2002，22 (6)：614～630

[13] Lummus R R, Vokurka R J. Defining supply chain management: a historical perspective and practical guidelines. Industrial Management and Data Systems，1999，99 (1)：11～17

[14] 陈艳珺. 信息技术推动下的企业供应链管理. 现代商业，2009，(17)：269，270

[15] 陈兵兵. SCM 供应链管理——策略、技术与实务. 北京：电子工业出版社，2004：6～16

[16] 万伦来，达庆利. 企业柔性的本质极其构建策略. 管理科学学报，2003，6（2）：89～94

[17] Tavassoli S. Supply chain management and information technology support. 2009 2nd IEEE International Conference on Computer Science and Information Technology (ICCSIT 2009)，2009：289～293

[18] Goldman S，Preiss K. 21ST Century Manufacturing Enterprise Strategy. Bethlehem：Iacocco Institute. Lehigh University，1992：7～17

[19] 毕新华. 企业信息系统建设与管理变革，吉林：吉林大学出版社，2002：6～12

[20] 陈鹏. 供应链管理信息化与传统管理信息化比较分析. 中国管理信息化（综合版），2006，9（10）：7～9

[21] Xu H E，Long H P. The modern supply-chain system management based on information technology. Shandong Electronics，2002，（4）：17～19

[22] 陈剑，蔡连桥. 供应链建模与优化. 系统工程理论与实践，2001，（6）：26～33

[23] 高峻峻，王迎军，郭亚军等. 供应链管理模型的分类和研究进展. 中国管理科学，2005，（5）：116～125

[24] Shapiro J. Modeling the supply chain. Brooks：cole，2006：1～123

[25] Gunasekaran A，Ngai E W T. Information systems in supply chain integration and management. European Journal of Operational Research，2004，159（2）：269～295

[26] Singhal J，Singhal K. Supply chains and compatibility among components in product design. Journal of Operations Management，2002，（20）：289～302

[27] 潘旭伟，顾新建，韩永生等. 面向协同的服装供应链快速反应机制研究. 纺织学报，2006，（1）：54～57

[28] 王焰. 反应快速的供应链体系与动作. 信息与电脑，2000，（4）：17～19

[29] 刘刚，辜勇，胡晓燕. 供应链管理. 北京：化学工业出版社，2005：30～38

[30] 贾维. 零售业 ECR 战略及分类管理的分析研究. 北方经贸，2005，（2）：76，77

[31] 赵艳. 基于供应链环境下的 ECR 策略研究. 经营之道，2006，（5）：75，76

[32] 王伟. 论信息管理在企业建立供应链上核心企业的重要作用. 对外经贸大学优秀硕士学位论文．2004：21，22

[33] 约翰·加托纳. 供应链管理手册. 北京：电子工业出版社，2004：53～63

[34] 傅桂林. 物流成本管理. 北京：中国物资出版社，2004：28～30

[35] 王有远，罗丽萍. 企业物流成本管理与控制. 商业时代，2004，（11）：57

[36] 曾毅，王皓. 试论供应链的成本控制方法. 物流科技，2005，29（127）：103～105

[37] 罗彪，王琼. 基于 ABC 与标准成本的全过程物流成本控制系统. 情报杂志，2010，29（5）：152～155

[38] 迈克尔·波特. 竞争优势. 陈小悦译. 北京：华夏出版社，1997：31～39

[39] Rayport J F，Sviokla J J. Expoiting the Virtual Value Chain. Haryana：The McKinsey Quarterly，NO. 1. McKinsey & Company，Inc，1995：75～85

[40] 郑霖，马士华. 供应链是价值链的一种表现形式. 价值工程，2002，9（1）：9～12

[41] 张继焦. 价值链管理. 北京：中国物价出版社：2001：8～19

[42] Joel D W，梁源强，陈加存. 供应链管理. 北京：机械工业出版社，2006：23～36

[43] Jamshed J M. Origins of profitability through JIT processes in the supply chain. Industrial Management and Data Systems，2005，105（6）：752～768

[44] 陈绪根. 新型供应链关系 JITⅡ. 价值工程，2007，（3）：57～59

[45] 王琰. JITⅡ革新传统供应链. 物流科技，2008，（3）：99～101

[46] 郭珣. 浅析 TOC 制约法在三大领域中的应用原理. 经营管理者，2008，（17）：232

[47] Ovalle O R，Marquez A C. The effectiveness of using e-collaboration tools in the supply chain：an assessment study with system dynamics. Journal of Purchasing and Supply Management，2003，9（4）：151～163

[48] 汪云峰，马士华. 支持供应链管理的信息系统. 计算机系统应用，1998，（7）：5～7

[49] 李玲鞠. 供应链管理信息系统中的信息协同效应分析. 情报科学，2006，（1）：100～103，118

[50] Reyes P，Raisinghani M S，Singh M. Global supply chain management in the telecommunications industry：the role of information technology in integration of supply chain entities. Journal of Global Information Technology Management（JGITM），2002，（2）：48～67

[51] 哈玉涛. 供应链信息管理问题研究. 大连海事大学硕士学位论文，2007：23～27

[52] Taylor D A. Supply Chains：A Manager's Guide. Boston，MA：Addison Wesley Professional，2003：25～31

[53] 罗明，刘元洪，马卫. 面向制造业供应链的管理信息系统. 中国市场，2007，（41）：96～99

[54] Humphreys P K，Lai M K，Sculli D. An inter-organizational information system for scm. International Journal of Production Economics，2001，70（3）：245～255

[55] 王虎，李永江. 基于管理信息系统的企业供应链管理. 武汉理工大学学报（信息与管理工程版），2001，23（3）：47～50

[56] Tavassoli S. Supply chain management and information technology support. 2009 2nd IEEE International Conference on Computer Science and Information Technology（ICCSIT 2009），2009：289～293

[57] 陈鹏. 供应链管理信息化问题研究. 中国海洋大学硕士学位论文，2006：18～30

[58] 李雷. 华源公司供应链管理信息化模式研究. 华北电力大学硕士论文，2008：54～65

[59] 魏巧云. 现代物流中的信息技术. 现代物流，2002，（11）：26

[60] 顾穗珊. 信息技术在企业供应链中的应用. 情报科学，2001，19（12）：1292～1294

[61] Straube F，Vogeler S，Bensel P. RFID-based supply chain event management. 1st Annual RFID Eurasia，2007：1～5

[62] 彭兴，杜跃平，曹铿等. 企业信息化与供应链管理. 情报方法，2004，（12）：64～66

[63] Nwana H S，Wooldridge M. Software agent technologies. Software agents and soft computing towards enhancing machine intelligence，1997，1198：59～78

[64] 段广洪，钱立，王君英等. 多智能体系统：一种新型的生产运行模式. 中国机械工程，1998，9（2）：23～27

[65] 张晓东，柴跃延. 敏捷供需链管理系统实现方案的探讨. 计算机集成制造系统，2000，6（2）：19～23

[66] Gu Q. Research on the Architecture of the Integration Manufacturing Enterprise-Oriented Supply Chain Management Platform with Development. Hang zhou：Zhejiang University，2002：10～13

[67] Chai Y T，Li F Y，Ren S J，et al. Agile supply chain management system architecture. Journal of Tsinghua University：Science and Technology，2000，20（3）：79～82

[68] 董进，柴跃进，任守桀等. 基于多代理协调的企业敏捷供需链管理模型. 计算机集成制造系统，2000，6（1）：40～44

[69] Thomas d J，Griffin P M. Coordinated supply chian management. European Journal of Operational Research，1996，（94）：1～15

[70] Li T，Feng Z Y. A system architecture for agent based supply chain management platform. Electrical and Computer Engineering，2003，5（2）：713～716

[71] 唐任仲，贾东浇，任午令等. 基于 Agent 的可重构供应链管理体系结构研究. 浙江大学学报（工学版），2004，38（10）：1265～1269

[72] Du M L，Wang Y Q. Agent based supply chain research//The 1st International Conference on Information Science and Engineering（ICISE2009），2009：2837～2841

[73] Shapiro B P V，Kasturi R，Sviokla J J. Staple Yourself to an Order. Harvard Business Review，1992，40（4）：113～122

[74] 范玉顺，曹军威. 多代理系统理论、方法与应用. 北京：清华大学出版社，2002，4～16

[75] JADE, Java Agent Development Framework. http：//jade. tilab. com/. 2011 - 06 - 18

[76] Bellifemine F，Caire G，Trucco T. Jade Programmer's Guide. JADE 3. 4. http：//jade. tilab. com/doc/Progra-mmersguide. pdf，2006 - 06 - 18

[77] 赫惠清. 基于多 Agent 供应链协调机制的研究. 华中科技大学硕士学位论文，2005：48～51

[78] 胡睿. 基于多 Agent 的供应链系统建模与实现. 武汉理工大学硕士学位论文，2007：58，59

[79] Fox M S，Barbuceanu M. Agent-oriented supply-chain management. The Iniemational Jounal of Flexible Manufacturing Systems，2000，（12）：165～188

[80] 罗鸿. ERP 原理设计实施. 北京：电子工业出版社，2005：311～325

[81] 记国涛. 论 21 世纪的物流发展趋势. 物流技术，2001，（6）：33，34

[82] Guneshan R，Harrison T P. An introduction to supply chain management. Working Paper，1997：1～7

[83] 董超，张话. 信息技术与集成化供应链管理. 物流技术与应用，2000，（3）：10～12

[84] 杨建华，桑莉. 供应链管理的研究现状与发展趋势. 工业工程，2003，（6）：14～18

[85] Sharifi H. Agile manufacturing a structured perspective//Proceedings of the 1998 IEE Colloquium on Responsiveness in Manufacturing. London：UK，1998：124，125

[86] Swaminathan J M，Smith S F，Sadeh N M. Modeling supply chain dynamics：a multi-

agent approach. Decision Sciences，1998，29（3）：607～632

［87］陈勋，毛波. 智能自主体在供应链管理中的应用：研究综述. 系统工程理论方法应用，2001，10（2）：93～98

［88］Kraus S. Strategic Negotiation in Multi-Agent Environments. Cambridge，Massachusetts：The MIT Press，2001：1～20

［89］秦荪涛，李承娟. 基于多智能体的供应链协同机制研究. 科学管理研究，2004，22（3）：60～63

［90］蒋国瑞，王敬芝，黄梯云等. 供应链环境下基于库存约束的多 Agent 协同谈判研究. 计算机应用研究，2008，25（6）：1886～1889

［91］高璐，毛波，王方. 基于 MAS 的企业供应链模型中谈判过程的研究. 系统工程理论方法应用，2002，11（4）：304～310

第三章

多 Agent 供应链中的伙伴关系质量

随着人工智能、信息技术的发展和全球经济一体化的形成，多 Agent 供应链管理已成为现代信息化管理的一种最新模式。在供应链中，伙伴之间的关系质量直接影响着企业绩效，影响着整个供应链上的竞争优劣。关系质量是企业根据一定标准，在双方关系互动中，对满足自身需求程度的整体认知。重视交易双方的信任与承诺，提高供应链中伙伴之间的关系质量，维持其长久关系，有利于发挥供应链的整体优势，提高整个供应链的竞争力。本章围绕信任体系、欺骗识别和满意承诺等主要问题，总结供应链中的伙伴关系质量的最新相关研究成果。

第一节 多 Agent 供应链中合作伙伴的信任

利用具有一定自主推理、自主决策能力的 Agent 代表供应链中合作企业，组成具有智能特性的 Multi-agent System（MAS），逐渐被广大学者和企业实践者认为是一种有效的供应链管理办法。目前，针对不同的应用，学者们提出了多种合作机制，如合同网、黑板系统、市场机制、Agent 信念维护等[1]。实验表明，基于信任的多 Agent 供应链协商网能促进合作伙伴之间的协商效率，良好的信任关系是提高供应链中企业间合作效率的有效方式。基于信任的 Multi-agent System（MAS）协商系统，在实际的应用系统中取得了比较好的效果[2-4]。

一、多 Agent 供应链中信任关系

多 Agent 供应链中的信任关系建模，是通过供应链上实体（Agent）之

间的主观信任关系，对供应链信息网络中的信任关系进行评估和预测的
方法。

（一）信任的定义

信任是一种难以度量的、抽象的心理认知，是异常复杂的一种社会关系。
如果不能明确定义供应链上企业间的信任关系，则其是不稳定的，信任管理和
评估更难以实现。供应链上企业间的信任是与上下文相关的一个动态过程。供
应链上企业之间的行为会随着时间的变化，动态地变化。新的信任关系的评估
依赖于时间和行为上下文内容。

参考现有文献研究，下面给出信任的一些描述性定义[5]：

定义 1　信任就是相信对方，是一种建立在自身知识和经验基础上的判断，
是一种实体与实体之间的主观行为。信任不同于人们对客观事物的"相信（be-
lieve）"，而是一种主观判断，所有的信任本质上都是主观的，信任本身并不是
事实或者证据，而是关于所观察到的事实的知识。

定义 2　信任度（trust degree）就是信任的定量表示，也可以称为信任程
度、信任值、信任级别、可信度等。

定义 3　直接信任度（direct trust degree）表示在给定的上下文中，一个实
体根据直接接触行为的历史记录而得出的对另外一个实体的信任程度。

定义 4　间接信任度（indirect trust degree），表示实体间通过第三者的间接
推荐形成的信任度，也叫声誉（reputation）、推荐信任度、反馈信任度等。

图 3-1 为文献［6］中所列的 P2P 文件共享系统中的信任和信誉机制的关系
图，图中 FP（file pro-rider）为文件提供者。该图清晰地表达了信任和信誉机制
二者之间的关系及其实现过程。在一个 peer 选择可信任的 FP 时，若该 peer 曾
与 FP 有过交互经验，则它在自身可信 FP 数据库中搜索一个信任度最高的 FP
与之交互；如果以前没有与 FP 交互的经验或缺乏对 FP 的了解，则从其他 peer
的推荐中，利用综合计算选择信誉值最高的 FP 进行交互。之后，通过交互的满
意度对该 FP 进行评估，更新该 FP 的可信度，并更新提供推荐的 peer 的可信
度。该实现机制的前提假设是信誉值高的 FP 的可信度也高。

定义 5　总体信任度（overall trust degree）是直接信任度和间接信任度的
加权平均。

综上，信任的内涵是对特定个体可信行为的评价。多 Agent 供应链中的信
任主要是指在供应链合作伙伴协商中，代表供应链中某一企业的 Agent 根据供
应链中其他企业 Agent 以前的合作行为、取得的效用而对其能力、可靠性、诚
实度等方面的信念。

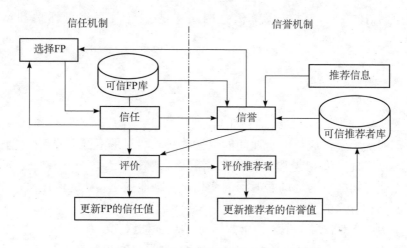

图 3-1　P2P 文件共享系统的信任和信誉机制

（二）信任表示

信任表示指用数学的方法描述信任度的大小。当前文献中信任的主要表示方法有：离散值、概率值、信念值、模糊值、灰色值以及信任云。除离散值表示方法外，其他方法均能在一定程度上反映信任的不确定性。

1. 离散信任

通常，人们习惯用离散变量表示信任的程度，因此很多文献采用离散信任模型[7][8]。在文献中，$\{G, L, N, B\}$ 4 个离散值表示请求服务的质量，并利用每个值相应的服务质量（表 3-1）进行信任的评价。在文献[9][10]中，则仅用 $\{$成功，不成功$\}$ 两个离散值量化服务的质量。

表 3-1　PET 模型的四种不同服务质量

服务质量	描述
好（G）	服务正确且服务质量好
一般（L）	服务正确但服务质量欠佳，如服务不及时
未响应（N）	拒绝服务
拜占庭行为（B）	提供的服务是错误的甚至恶意的

离散信任值的缺点是需要借助函数把离散值映射成具体信任数值，可计算性较差。优点是比较符合人的表达习惯。

2. 概率信任

主体之间的信任度在概率信任模型中用概率值来表示[11-14]。主体 i 对主体 j 的信任度定义为 $T \in [0, 1]$，T 的值越大表示主体 i 对主体越信任，0 表示完全不信任，而 1 则表示完全信任。概率信任既可表示主体间的信任，也可表示主体之间的不信任。如 0.9 表示主体 i 对主体 j 的信任度为 0.9，不信任的程度为 0.1。信任概率可以用主体之间的交易概率表示，但信任概率低并不表示双方没有交易。

概率信任的优点是可借助大量的与概率相关的推理方法计算主体之间的信任度。缺点是许多概率推理方法对用户难于理解。此外，该方法将信任的主观性和不确定性等同于随机性。

3. 信念信任

信念理论保留了概率论中隐含的不确定性，其与概率论的差别是所有可能出现结果的概率和不一定等于 1[15]。

文献[16-18]采用了信念来表示主体的可信任度，利用一个四元组 $\{b, d, u, a\}$ 构成的 opinion 表示信任度。b 表示信任，d 表示怀疑，u 表示不确定。$b, d, u \in [0, 1]$ 且 $b+d+u=1$。$b+au$ 为主体的可信任度，系数 a 表示可信度中不确定性所占的比例。

4. 模糊信任

鉴于信任具有的模糊性，有些文献试图用模糊理论研究主体的可信度[15,19,20]。隶属度被看做主体隶属于可信任集合的程度。评价数据模糊化后，信任系统利用模糊推理规则计算主体的可信任程度。

例如，文献[21]用多个模糊子集合 $T_i \in \mathcal{L}(X)$（$i=1, 2, \cdots$）定义具有不同信任程度的信任集合。当 $n=6$ 时，每个 T 代表的信任集合的含义如表 3-2 所示。

表 3-2　6 种不同的信任模糊集合

模糊集	描述
T_6	完全信任
T_5	特别信任
T_4	很信任
T_3	信任
T_2	不太信任
T_1	不信任

由于模糊信任集合不是严格排他关系，因此某个主体不会精确属于确定集合，用主体对各个模糊集合的隶属度构成的向量描述主体的信任度也就更具合理性。例如，主体的信任可以用向量 $v=\{v_0, v_1, v_2, \cdots, v_n\}$ 表示，其中 v_i 表示主体对 T 的隶属度。

5. 灰色信任

灰色模型和模糊模型都用来描述不确定信息，但灰色系统更适用于统计数据少、信息不完全系统的建模与分析。文献[22]用灰色系统理论进行了分布系统中的信任推理研究。

在灰色模型中，主体之间的信任关系用灰类描述。在文献[22]中，聚类实体集，灰类集 $G=\{g_1, g_2, g_3\}$，g_1、g_2、g_3 分别表示信任度高、一般、低。主体之间的信任评价用一个灰数表示，这些评价经过灰色推理以后，得到一个关于灰类集的聚类向量。

6. 信任云

云模型是在模糊集理论中的隶属函数基础上提出来的[23][24]，是泛化的模糊模型。云由众多云滴组成。主体之间的信任关系用信任云（trust cloud）描述。信任云由三元组 (Ex, En, Hx)，其中，Ex 描述主体之间的信任度；En 为信任度的熵，描述信任度的不确定性；Hx 为信任度的超熵，描述 En 的不确定性。信任云可以描述信任的不确定性和模糊性。文献[25]用一维正态云模型描述信任关系，设主体 A 对主体 B 的信任关系记为

$$tc_{AB}=nc\ (Ex, En, He),\ 0{\leqslant}Ex{\leqslant}1,\ 0{\leqslant}En{\leqslant}1,\ 0{\leqslant}He{\leqslant}1$$

（三）信任计算

信任计算（推理）方法是指以收集到的评价数据为基础，计算（推测）主体信任度的方法。信任计算（推测）方法一般不依赖于信任值表示方法。常见到的计算方法有：加权平均法、贝叶斯方法、模糊推理方法以及灰色推理方法。

1. 加权平均法

当前大多数信任机制采用加权平均法，如 eBay、Credence 和 Eigen-Trust 等经典的信任系统。该方法社会网络中人之间的信任评价方法为借鉴，计算方法如下：

$$T_{i,j}=\alpha \cdot [\beta \cdot R_d + (1-\beta)\ R_r]-\gamma R_i \qquad\qquad (3\text{-}1)$$

式中，$T_{i,j}$ 为主体 i 对主体 j 的信任值；R_d 为主体 i 与主体 j 之间的交易记录为基础计算出的直接信任值；R_r 为主体 i 根据其他主体的推荐信息计算出的间接信任；R_i 为交易风险值；α、β、γ 分别为不同的系数。

2. 极大似然估计

极大似然估计方法（maximum likelihood estimation，MLE）主要适用于概率模型和信念模型，是一种基于概率的信任推理方法。如果信任的概率分布已知，概率分布的参数未知，MLE 根据交易行为结果推测出的参数使出现这些结果的可能性最大。假设信任概率分布为 $p(x)$，主体 i 的信任度为 t_i，主体 i 诚实推荐的概率等于其信任度，与主体 j 的交易结果为 $x_{i,j}$，主体 i 的邻居节点记为 $n(i)$，则 MLE 推测方法就可以归结为求解析式（3-2）的最大值。

$$\max t_i \arg\log \prod_{k \in n(i)} p(x_{i,k}, t_{i,lk}) \tag{3-2}$$

3. 贝叶斯方法

贝叶斯（Bayesian）方法适用于概率模型和信念模型，是基于结果的后验概率（posterior probability）估计。相较于 MLE，贝叶斯方法首先为待推测的参数指定先验概率分布（prior probability），然后利用交易结果，根据贝叶斯规则（Bayes' rule）推测参数的后验概率。根据不同交易评价出现结果个数的可能性，先验概率分布一般分为 Beta 分布和 Dirichlet 分布两种，其中 Beta 分布是 Dirichlet 分布的一种特殊形式，仅适合于二元评价结果。

Dirichlet 分布适合于多元评价结果的情况。假设有 k 种评价结果，每种结果出现的先验概率为均匀分布（uniform distribution），也就是说，每种结果出现的概率为 $1/k$。若共有 n 次交易，且每次交易都要有评价结果，其中 i（$i=1$，2，$\cdots$，k）种评价出现的次数为 m_i（$\sum m_i = n$），则待估测参数 P 的后验概率分布为

$$f(p,m,k) = \frac{1}{\int_0^1 \prod_{i=1}^{k} x^{(m_i+C/k-1)} dx} \prod_{i=1}^{k} p_i^{(m_i+C/k-1)} \tag{3-3}$$

式中，C 为预先设定的常数，C 越大，评价结果对参数 P 的期望值越小，C 一般选为 k。则第 i 种评价结果出现概率的 Bayes 估计期望值为

$$E(p_i) = \frac{m_i + C/k}{C + \sum_{i=1}^{k} m_i} \tag{3-4}$$

4. 模糊推理方法

模糊推理方法适用于模糊信任模型。图 3-2 是文献[17]中所述的模糊推理通用框架，分为三个过程：模糊化、模糊推理以及反模糊化。模糊化过程把评价数据利用隶属函数进行综合评判，归类到模糊集合中。模糊推理根据模糊规则推理主体之间的信任关系或者主体的可信度隶属的模糊集合。推理规则示例如下所示：

$$\text{IF } the\ Weighted\ Trustworthiness\ Value \text{ is high}$$
$$\text{AND } the\ Opinion\ Weight \text{ is high}$$
$$\text{AND } the\ Opinion\ Credibility \text{ is high}$$
$$\text{THEN } Trustworthiness\ level \text{ is high}$$

形式化的推理规则可参见文献[18]，反模糊化推理结果就可以得到主体的可信度。

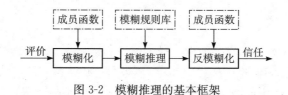

图 3-2　模糊推理的基本框架

5. 灰色系统方法

为了研究参数不完备系统的控制与决策问题，我国学者提出了灰色系统理论，并广泛应用于许多行业[26]。

灰色推理，首先利用灰色关联分析（grey relational analysis）分析评价结果，得到灰色关联度（grey relational degree）；如果评价涉及多个关键属性（比如文件共享系统中，对主体的评价可能涉及文件下载的质量、下载速度等），确定属性的权重关系；利用白化函数和评价向量计算白化矩阵；由白化矩阵和权重矩阵计算聚类向量，聚类向量反映了主体与灰类集（grey level set）中每个灰类（grey level1）的关系；对聚类向量进行聚类分析，就可以得到主体所属的灰类。

以主体的网上交易额为参考序列，由客体对主体的关键属性评分构成计算序列，得出主体的信任水平序列，根据灰关联分析计算灰关联信任空间，求出序化点列，作序化点列图，得出白度序列，最后按照灰序白化分析得出主体的关键属性对主体的信任水平的影响次序[19]。

6. 推理方法评述

加权平均法是采用最多的信任计算（推理）方法，易于理解，简单易行，对原始评价数据没有太多要求。

极大似然法和贝叶斯法都是基于概率论的推理方法。概率论研究随机不确定现象的统计规律，考察每种随机不确定现象出现结果的可能性大小是其目标，因此要求原始评价（样本）数据服从典型分布。推理方法通常较复杂，系统实现复杂度较高。

模糊推理法可解决推理过程的不精确输入问题，简化了推理过程的复杂性，使推理过程容易理解。但是其需要一定的先验知识来选择隶属函数。灰色推理方法可以解决含有不确定因素的推理，且不需要先验知识，主要用于原始评价数据较少的信任计算问题，对原始评价数据也没有太多的要求。

二、多 Agent 供应链中信任管理

1996 年，Blaze 等人首次提出了"信任管理"的概念，随后出现了与其相关的很多研究。

最初的信任管理为一种静态的信任管理。Blaze 将信任管理定义为采用一种统一的方法描述和解释安全策略（security policy）、安全凭证（security credential）以及用于直接授权关键性安全操作的信任关系[27]。其核心用于描述安全策略和安全凭证的安全策略描述语言以及用于对请求、安全凭证集和安全策略进行一致性证明验证的信任管理引擎。这种信任管理最具代表性的有 PoliceMaker、KeyNote、REFEREE、SPKI 和 DL。它们是一种以密钥为中心的授权机制，把公钥作为主体，可直接对公钥进行授权。这类信任管理采用对等的授权模型。每个实体可以是授权者、第三方凭证发布者或访问请求者。与公钥体系（隐含通信双方有相同的信任根）相比，信任管理没有任何隐含的信任假定，信任模型完全由本地控制。信任管理是通用的、独立于应用的，其采用的一致性证明算法与特定应用语义无关。通用信任管理引擎所作出的授权决策应只依赖于调用该引擎的应用提供的输入，而不是引擎的设计或实现中隐含的策略决策，从而确保授权决策的可靠性。

但随着大规模的分布式系统，特别是网格计算、普适计算、P2P 计算、Ad Hoc 网络等的深入研究，应用系统已经成为多个软件服务构成的动态协作系统。面向封闭的、熟识用户群体和相对静态的系统形式逐渐转变为面向开放的、公共可访问的和动态协作的服务模式。在这种开放的分布式环境中，系统不能依赖原有的中心化的管理权威。系统个体间存在着大量的信息不对称，请求者可

能对授权者做出破坏性行为，动态信任管理问题随即产生。多 Agent 供应链正是这样一种动态协作系统。

信任的动态性是信任管理的巨大挑战[28]。信任关系中实体的自然属性决定了信任的动态性。实体的动态性（变化）一般由内因（心理、性格、知识、能力、意愿等）和外因（实体的行为、策略、协议等）构成。一个主体一般难于判断和量化其他主体内因，但可以通过其他主体一些模糊和不确定行为，预测、量化和推理其动态性外因，并进一步管理它们。由于信任关系的外因是内因的外部表现形式，因此我们可以间接地根据外因去评估内因。通过不定期的某一时刻采样到的外因特征值，我们可以进行内因推理，采样的时间粒度决定了推理的准确程度。

多 Agent 供应链动态信任管理的主要任务包括以下几个方面[29]。

1. 信任关系的初始化

经过主体 Agent 的服务发现和客体 Agent 信任度赋值和评估，供应链企业间 Agent 信任关系得以建立。如果客体 Agent 需要某种服务，而能够提供该服务的服务者有多个，则客体需要根据服务者的声誉等因素来选择一个合适的服务提供者[30]。

2. 观测

动态信任管理的一个关键任务是监控主体 Agent 间所有交互行为产生的影响，并形成信任的证据。观察者 Agent 对于信任的评估和决策依据具有决定性作用。信任值的更新需要根据观测系统的观测结果进行动态更新。这需要观测与存储 Agent 之间交互上下文并根据信任触发条件进行信任动态更新。当观测系统检测到某个 Agent 的行为是一个攻击性行为或超出了许可时，信任度的重新评估必须被触发。

3. 信任评估

信任管理的核心工作是根据已有信任模型，通过对收集到的信息动态地进行信任计算。Agent A 在和 Agent B 交互后，需要更新信任信息结构表中 Agent B 的信任值。如果交互存在推荐者，Agent A 不仅要更新对 Agent B 的信任值，还要评估对它提供推荐的 Agent 的信任值。这样一来，信任评估可以部分解决信任模型中存在的恶意推荐问题。

供应链合作管理（supply chain cooperation，SCC）信任维系协调框架模型如图 3-3 所示[31]。

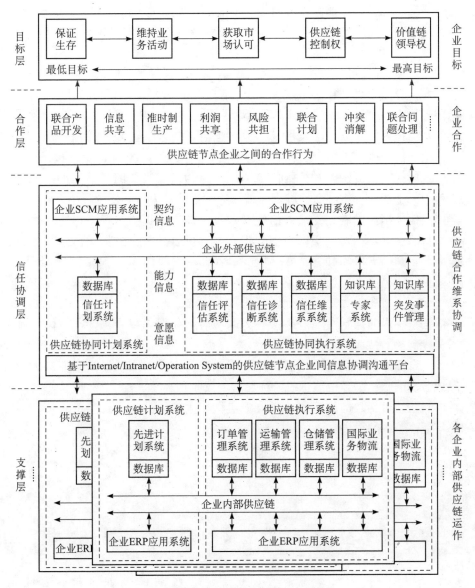

图 3-3　信任维系协调整体框架模型

三、多 Agent 供应链中信任保障机制

信任既能降低风险，也能增加风险，但需要有一套健全的信任保障机制才可以最大限度地降低风险。缺乏有效的信任保障机制，就难以发挥信任的正面

作用。一般情况下，信任保障机制包括事前信任保障机制和事后信任保障机制。

1. 事前信任保障机制

为了审慎地进行信任授予，较为完善的事前信任保障机制包括：

（1）信息搜索机制。信任授予者应尽可能多地搜集与信任被授予者的信息，尽可能降低由于信息不对称造成的信任风险。

（2）信任审核机制。根据所搜索到的信息，对被信任者的履信经历、履信能力和信任授予风险进行全面客观的综合评价，从而做出恰当的信任授予决策。

（3）信任限制机制。对被信任者的相关行为进行必要的且适当的限制。如供应链中的生产商对供应商的进货渠道、运输措施等进行必要的限制。

（4）信任担保机制。要求被信任者对自己的承诺提供担保。担保可以为被信任者自己担保，如财产担保、信誉担保，也可以是第三方担保。第三方担保一般需要：契约支持和可信的第三方。

2. 事后信任保障机制

信任系统内的强制性规范是强有力的事后信任保障机制保障。其内容主要包括：

（1）自发性和解机制。在被信任者不能履行诺言时，信任关系的双方可以自发地通过的"私了"机制达成一种和解协议。

（2）赔偿机制。信任系统内的权威机构对失信方的失信行为进行惩罚，以弥补信任授予方的损失。

（3）失信曝光机制。系统对失信方行为进行广泛传播，使失信者在系统内难以立足，增大其失信成本。

第二节　多 Agent 供应链中合作伙伴信任建模

信任模型是一个用于建立和管理信任关系的框架，其主要功能是对 Agent 之间的信任关系进行评估，提供信任的量化方法或是根据服务请求提供合适的引用链。

一、多 Agent 供应链中信任建模主要方法

在信任关系和信任关系的传统建模研究方面，主要有以下四个方向：①基

于策略和凭证的信任关系；②通用模型研究；③基于声誉的信任关系；④Web 和信息资源中的信任关系。

随着信任研究的深入，信任的动态性决定了信任会依赖时间的变化而变化，过去 A 对 B 信任并不代表现在和将来对 B 继续信任，B 的行为或者相关信息变化必然引起 A 对 B 信任的重新评估。信任关系的动态模型必须反映出这种动态性，因此具有随时间和上下文变化而进行信任评估是其必备功能。

动态信任关系的数学模型通常包括以下三个部分[2]：

1. 信任度空间

信任度空间即信任度取值范围，该空间一般为一个模糊逻辑定义的集合。比如，信任值可以定义为［0，1］上的值，或者是［-1，1］；可以是离散的整数值，也可以是连续的量。

2. 信任值获取

直接方式和间接方式是信任值获取的常用方式。通过主体对客体自然属性的判断，直接方式的信任关系可以直接建立。当完全不了解另一个实体时，信任度可设置成默认值（例如 0.5 或者 0）。通过第三方的推荐，获取推荐的信任值，间接方式的信任关系可以建立，但推荐信任值的获取必须根据已建立的推荐信任度计算模型进行计算。

3. 信任度的评估

主体 A 在每次交互后，根据时间和上下文的动态变化更新信任数据库中对主体 B 的信任值，如满意本次交互，稍微调高直接信任值；如果不满意交互结果，则稍微降低直接信任值。在一些模型中，信任度会随着时间的流逝而"贬值"。

国内外众多学者较为经典的建模方法如表 3-3 所示。

表 3-3　有代表性的信任模型及其方法

信任模型分类	信任模型	建模方法	信誉评分评定模式	信任模型参量
基于社会学理论	Marsh 信任模型	社会学	［-1，1］	(1) 情境因素 (2) 历史信任度 (3) 时间 (4) 情境效用函数
	关系网信任模型	社会学	［0，1］	(1) 评分 (2) 时间 (3) 黑名单
基于概率	Beth 信任模型	普通概率	［0，1］	(1) 肯定经验数 (2) 否定经验数

续表

信任模型分类	信任模型	建模方法	信誉评分评定模式	信任模型参量
	Josang 信任模型	基于 Beta 分布的概率密度函数	三元组 $\omega = \{b, d, u\}$	(1) 肯定经验数 (2) 否定经验数
	Mui 信任模型	贝叶斯概率	[0, 1]	(1) 情境 (2) 交易历史
基于语义	Abdul-Rahman 信任模型	社会学谓词逻辑	离散的语义变量	(1) 情境 (2) 评分
基于不确定性理论	Yu 信任模型	证据理论	[−1, 1]	评分
基于统计	Sporas 信任模型	统计	[0.1, 1]	(1) 近期信任度 (2) 评分用户信任度 (3) 时间 (4) 评分
	Malaga 信任模型	统计	[0, 1]	(1) 评分用户信任度 (2) 时间 (3) 评分

此外，随着信任研究的进一步深入，特别是动态信任模型研究的深入，大量新颖的建模方法被应用到动态信任评估中。下面我们重点介绍最新的一些研究成果。

二、多 Agent 供应链中信任模型发展

根据信任模型建立时所采用数学方法的不同，我们将在下面篇幅中对动态信任建模的一些新的理论方法进行详细介绍[2]。

1. 基于证据理论的动态信任模型（PTM）

PTM（pervasive trust management model based on D-S theory）是欧洲 IST FP6 支持的 UBISEC（安全的普适计算）研究子项目。它采用改进的证据理论（D-S theory）的方法进行建模，定义了基于普适环境的域间的动态信任模型，信任度的评估采用概率加权平均的方法[32][33]。

PTM 中两个实体间的信任关系表示为

$$R(A, B) = \alpha, \alpha \in [0, 1]$$

$$\exists R(A, B) = \alpha \mid G(\alpha + \to R(A, B) \geqslant \alpha) \wedge G(\alpha - \to R(A, B) < \alpha)$$

信任度随着时间和行为上下文的变化而增减（$\alpha+$ 表示 positive actions，$\alpha-$ 表示 negative actions）。

信任关系通过直接和间接两种方式进行初始化赋值。

在直接信任中，信任是通过直接判断客体的信息建立，不需要 TTP，如果

对另一个实体完全不了解，信任度为默认值 0.5。

间接信任通过推荐建立信任关系：

(1) A 通过 B 的推荐建立对 C 的信任：$R(A, C) = RB \cdot R(A, B)$；

(2) 因为传统 PKI（pubic key infrastructure）机制就是基于布尔逻辑，所以通过数字证书建立的信任 $R(A, C) = 1$。当有 n 个推荐者时，需要计算平均信任值，即

$$R(A, C) = \frac{1}{n} \sum_{i=1}^{n} R_{B_i} \cdot R(A, B_i)$$

信任度随着时间和行为变化而增减，信任度更新模型如下：

$$T_i = \begin{cases} T_{i-1} + \omega \cdot V_{\alpha_i} (1 - T_{i-1}), & V_{\alpha_i} > 0 \\ T_{i-1} (1 - \omega + \omega \cdot V_{\alpha_i}), & Else \end{cases}$$

式中，$V_{\alpha_i} = W_{\alpha_i}^{(m)} \cdot \dfrac{(\alpha^+ - \alpha^-)((\alpha^+ - \alpha^-) \cdot \delta)^{2m}}{(\alpha^+ + \alpha^-)((\alpha^+ - \alpha^-) \cdot \delta)^{2m} + 1}$，$W_i$ 为某一次 action 的权重，δ 为时间增量，常数 $m \geqslant 1$ 为安全的级别；严格因子 $\omega \in [0.25, 0.75]$ 是一个手动参数。

PTM 是较早的适用于普适环境下的动态信任关系模型，其主要优点是：

(1) 信任模型符合实体间信任建立自然属性。从计算公式可知，T_i 随着 α^+ 的增加缓慢增长，但随着 α^- 的增加会迅速降低，因此建立信任困难、失去信任容易。

(2) PTM 的信任模型体现了信任度随着时间和行为变化而增减的动态性。

(3) 计算复杂度低，有较好的计算收敛性和可扩展性，对普适环境下资源需求较低。

PTM 模型不足之处表现为：

(1) 信任模型中使用固定信任域，对不同应用环境适应性不足。

(2) 缺乏详细风险分析，由信息不完全或信息完全缺失所造成的不确定性问题处理能力不足。

(3) 由于采用算术平均计算间接信任度，对信任的模糊性、主观性和不确定性处理不足。

在证据理论模型基础上，李小勇等结合人类社会的认知行为，提出了一种符合人类心理认知习惯的动态信任预测模型，构建了自适应的基于历史证据窗口的总体可信性决策方法（图 3-4），克服了已有模型常用的确定权重的主观判断方法，解决了直接证据不足时的可信性预测问题[34]。

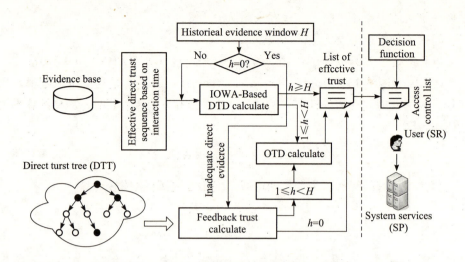

图 3-4　基于历史证据窗口的总体信任度计算

2. 基于向量的动态信任模型

基于向量机制，Hassan 等提出了一种普适环境下的信任模型[35]。P 对 Q 的信任度值属于 0～1 区间。假设系统中共有 n 个实体 Q_1，Q_2，…，Q_n，Q_i 的信任度向量为 $\vec{Q_i} = (t_{QQ_1}, t_{QQ_2}, …, t_{QQ_{i-1}}, t_{QQ_{i+1}}, …, t_{QQ_n})$。

当两个实体 Q_i、Q_k 之间初次交互时，$t_{QQ_k} = null$。推荐的信任度定义为

$$PR_{QQ_j} = \begin{cases} \vec{C}_{Q_i,Q} \cdot \vec{C}_{Q_j,Q}/m, & S_{Q_i} \cap S_{Q_j} \neq \varnothing \\ 0, & S_{Q_i} \cap S_{Q_j} = \varnothing \end{cases}, \quad \begin{array}{l} \vec{C}_{Q_i,Q} = (t_{Q_i,Q_{k1}}, t_{Q_i,Q_{k2}}, …, t_{Q_i,Q_{km}}) \\ \vec{C}_{Q_j,Q} = (t_{Q_{k1},Q_j}, t_{Q_{k2},Q_j}, …, t_{Q_{km},Q_j}) \end{array}$$

S_{Q_i} 为所有满足 $t_{Q_i,Q} \neq null$ 的实体集合，S_{Q_j} 为所有满足 $t_{Q_j,Q} \neq null$ 的实体集合，$m = S_{Q_i} \cap S_{Q_j}$。

随着时间和行为的动态变化，结合历史记录等因素，信任度的更新模型如下：

$$t_{Q_i,Q_j} = \frac{\omega_1 (PR_{QQ_j})(\frac{CF_{QQ_j} + TF_{QQ_j}}{2}) + \omega_2 (PI_{QQ_j})}{\sum_1^2 \omega_i}$$

式中，CF 为信任因子；PI 为历史因子；TF 为时间因子；ω_1、ω_2 为平均算子。

由于引入了向量运算机制，Hassan 信任模型的主要优点是：

（1）通过历史信息、时间因子、自信任等反映信任关系动态性；

（2）模型通过信任因子、历史因子、时间因子等，建立了不确定性因素的数学模型；

（3）具有较好的适应能力，具有较强的抵御恶意行为能力；

（4）模型运算简单，没有复杂的迭代，收敛速度较快，可扩展性较好。

其不足主要是：

（1）缺乏解决因自利行为而产生的实体间的推荐欺骗能力，它假设具有高信任度的推荐者的推荐信任具有高度可靠性；

（2）缺乏风险分析机制；

（3）缺乏考虑服务者的声誉，计算推荐信任值时只相信邻居节点，信任度不能代表全局性。

3. 基于半环理论的动态信任模型

以半环（semiring）代数理论为基础[36]，George 等人试图用一个有向图 G（V，E）的路径问题进行信任问题研究。该模型用有向边代表信任关系，节点代表实体，使用半环代数理论计算两节点间的信任[37][38]。权重函数定义为 1（i, j）：$V{\times}V{\rightarrow}S$，S 是观念空间，表示为笛卡儿乘积 $S=$ [0，1] × [0，1]（图3-5），trust（信任值）是一个估算值，confidence 是两个实体间经过多次交互后确立的准确和可靠的值，代表了信任的质量，在作请求实体是否可信判断时更为有用。

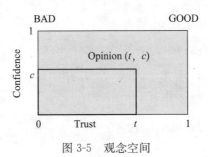

图 3-5　观念空间

该信任模型主要解决以下两个问题：

（1）一实体对另一实体观念空间的动态计算；

（2）两实体之间通信时信任路径的计算。

求解有向图中的有向边和顶点值的聚合问题可以用半环代数理论来解决。（S，$\oplus$，$\otimes$）为半环的代数结构，S 是一个集合，（$\oplus$，$\otimes$）是满足一系列操作属性的二元运算。在该有向图中，$\otimes$ 操作用来求解一条路径上各节点的推荐 opinion value 的聚合，操作用来求两实体间多条路径上的 opinion 值的聚合。

利用半环求 opinion value 公式如下：

$$(t_{ik}, c_{ik}) \otimes (t_{kj}, c_{kj}) \rightarrow \left[\frac{1}{\frac{1}{t_{ik}} + \frac{1}{t_{kj}}}, c_{ik}c_{kj} \right], \quad (t_{ij}^{p1}, c_{ij}^{p1}) \oplus (t_{ij}^{p2}, c_{ij}^{p2})$$

$$\rightarrow \left[\frac{c_{ij}^{p1} + c_{ij}^{p2}}{\frac{c_{ij}^{p1}}{t_{ij}^{p1}} + \frac{c_{ij}^{p2}}{t_{ij}^{p2}}}, c_{ij}^{p1} + c_{ij}^{p2} \right]$$

其中，数对 (t, c) 为 opinion 的值。

该模型的主要优点是：

（1）提出了基于有向图的一种新的信任关系建模方法。通过半环理论，计算被授予信任实体的信任度。此外，利用半环理论还可以计算一条实体之间最信任的路径，有助于两点之间的可靠通信。

（2）使用多级信任链方式计算推荐信任度，能够较准确地反映全局信任度。

（3）较好的恶意行为检测能力和较好的动态适应能力。

不足之处是：

（1）不明确的信任值初始化问题，仅定义信任初始值由请求实体自行设定，而一般情况下，请求实体会设定一个很高的 opinion (t, c)，造成较高风险；

（2）没有风险评估机制；

（3）没有定义基于时间的动态变化问题，信任更新计算的时间间隔也没有说明；

（4）通过信任链的方法建立聚合推荐信任度，造成由信任链的跳数多导致计算收敛速度慢的问题，从而可扩展性不足，只适合于小世界网络。

4. 基于熵理论的动态信任模型

基于熵（entropy）理论，Sun 等人用 T {subject：agent，action} 表示信任关系，$T \in [-1, 1]$，用 P {subject：agent，action} 表示 agent 从 subject 的观点来看可能对 subject 采取 action 的概率[39]。其信任值定义如下：

$$T \{subject：agent，action\} = \begin{cases} 1 - H(p), & 0.5 \leqslant p \leqslant 1 \\ H(p) - 1, & 0 \leqslant p \leqslant 0.5 \end{cases}$$

式中，$H(p) = -p\log_2(p) - (1-p)\log_2(1-p)$ 是熵函数，$p = P$ {subject：agent，action}。推荐信任值的计算如下：

$$T_{ABC} = R_{AB}T_{BC} \tag{3-5}$$

$$\text{或 } T(A：C, action) = \omega_1 (R_{AB}T_{BC}) + \omega_2 (R_{AD}T_{AD}) \tag{3-6}$$

式中，R_{AB} 为推荐信任，$\omega_1 = \dfrac{R_{AB}}{R_{AB} + R_{AD}}$，$\omega_2 = \dfrac{R_{AD}}{R_{AB} + R_{AD}}$，式（3-5）表示单路径推荐，式（3-6）表示多路径推荐（图 3-6）。

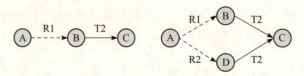

图 3-6　推荐信任度的融合

信任度会随时间和行为变化而变化，使用如下评估模型计算 suject：A 观察到（agent）X 执行 action 的概率为

$$P\{A\!:\!X,action\} = \frac{1 + \sum \beta^{t_c - t_j} k_j}{2 + \sum \beta^{t_c - t_j} N_j}$$

式中，t_j 为统计时间量，$j = 1$，2，$\cdots$，I，在时刻 t_j，A 统计到 X 执行 k_j 次 action；N_j 为要求执行 action 的次数；t_c 为当前时间；$0 \leqslant \beta \leqslant 1$ 为遗忘因子（forgetting factor）。

该模型的优点主要是：

（1）信息论中的熵具有表示信任关系不确定性的自然属性；

（2）使用多级多路径的信任链的方式计算推荐信任度，能较准确地反映全局信任度；

（3）具有较好的动态适应能力；

（4）可进行信任路由选择，也可有效地检测并抵御恶意节点的攻击行为。

模型的不足之处是：

（1）没有给出一个通用的信任度动态更新数学模型；

（2）行为变化较单一，也比较模糊，没有定义多 action 的情况；

（3）参数设置太单一，信任度评估模型缺少灵活机制；

（4）多级多层的信任链计算全局信任度，计算收敛性较慢，可扩展性不足。

2009 年，李小勇等将粗糙集理论和信息熵理论结合起来，从分析监测到的动态数据入手，针对影响信任的多个度测指标进行自适应的数据挖掘与知识发现，构建了开放环境下动态的基于行为数据监控与分析的信任关系度测（度量与预测）模型（图 3-7），从而改变了传统的信任关系建模思路，跳出了传统信任关系建模过程中各种主观假设的束缚，并克服了传统模型对多维数据处理能力不足的问题[40]。

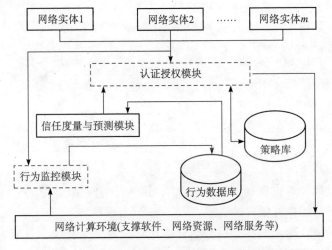

图 3-7　基于行为监控的开放系统信任管理系统结构

5. 基于云模型的动态信任模型

基于云模型，He 等人提出了一种普适环境下的信任模型 CBTM[41][42]。云模型最大的优势在于信任程度确定性描述和不确定性描述的统一，该模型以云的形式，将实体之间信任关系结合起来，并给出了信任云的传播和合并算法。

信任云用一维正态云的形式表示的实体之间的信任关系，形式化表述为

$$tc_{AB} = nc(Ex, En, He), (0 \leqslant Ex \leqslant 1, 0 \leqslant En \leqslant 1, 0 \leqslant He \leqslant 1)$$

式中，Ex 为信任期望，表明实体 A 对 B 的基本信任度；En 为信任熵，反映信任关系的不确定性；He 为信任超熵，反映信任熵的不确定性。

$Ex = 0$ 表示实体间不信任；$En = 1$，$He = 1$ 表示实体间信任值不知道。假设 m 个实体 $E1$，$E2$，…，Em，Ei 对 $Ei+1$ 的信任度为 tc_i（Ex_i，En_i，He_i），那么，$E1$ 对于 Em 的信任云 tc（Ex，En，He）计算公式如下：

$$tc(Ex, En, He) = tc_1 \otimes tc_2 \otimes \cdots \otimes tc_m = \sum_{i=1}^{m} tc_i(Ex_i, En_i, He_i)$$

$$Ex = \prod_{i=1}^{m} Ex_i, En = \min(\sqrt{\sum_{i=1}^{m} En_i^2}, 1), He = \min(\sum_{i=1}^{m} He_i, 1)$$

在多 Agent 供应链环境中，众多实体 Agent 间信任关系构成了信任网络，两个实体 Agent 之间常存在多条信任路径。根据不同的信任路径有多个信任云，信任云合并公式如下：

$$tc(Ex, En, He) = tc_1 \otimes tc_2 \otimes \cdots \otimes tc_m = \prod_{i=1}^{m} nc_i(Ex_i, En_i, He_i)$$

$$Ex = \frac{1}{m} \prod_{i=1}^{m} Ex_i, En = \min\left[\frac{1}{m} \sqrt{\sum_{i=1}^{m} En_i}, 1\right], He = \min\left(\frac{1}{m} \sum_{i=1}^{m} He_i, 1\right)$$

CBTM 的主要优点是：

（1）信任程度和不确定程度以云的方式结合，理论上更合理；

（2）推荐信任度聚合计算采用多条信任链的方式进行，能够较为准确地得到全局信任度；

（3）由计算得到的信任链是一可信的路径，便于两点间的可靠通信。

主要缺点是：

（1）普适环境下行为的动态变化性考虑不足；

（2）缺乏风险评估机制，缺乏考虑协同欺骗和恶意节点的问题；

（3）缺乏初始信任值计算方法；

（4）全局信任度由多条多级的信任链计算，资源消耗大，计算收敛速度慢，模型的可扩展性不强。

6. 基于贝叶斯的动态信任模型

使用概率表示所有形式的不确定性是 Bayesian 方法的最大特点，Bayesian 方法的学习和推理均用概率规则实现，用随机变量的概率分布表示学习的结果，从而 Bayesian 方法可解释不同可能性的信任程度。

根据上述原理，Melaye 等提出了一种使用 Kalman 信息过滤方法的动态随机估计模型（图 3-8）[43]。该模型支持系统的动态发展过程，无论有无新的行为变化，模型都会自动进化。孙玉星等提出了基于贝叶斯决策理论的推荐偏差度修正的信任度方法，使用贝塔分布描述推荐偏差度，依据最小损失原则修正推荐信任度[44]。

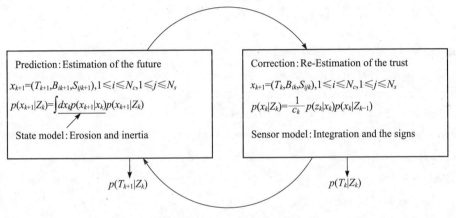

图 3-8　Kalman 信任过滤过程

模型的主要优点是：

（1）将样本均值与先验分布中的期望值按各自精度进行加权平均是 Bayesian 推理的计算学习机制，精度越高，权值越大。若先验分布为共扼分布，可将后验信息作为下一轮计算的先验。经过 Bayesian 定理与进一步得到的样本信息进行多次重复综合，行为变化信息产生的影响越来越显著。因此，利用 Bayesian 方法进行信任动态性建模具有天然优点。

（2）具有良好的动态适应能力，无论有无行为变化，模型都会自动进化。

模型的不足主要有：

（1）缺乏影响信任动态性上下文信息的具体定义，仅给出了一个简化模型；

（2）缺乏信任值的初始化说明，例如两个实体初次交互时信任如何建立；

（3）缺乏具体适用环境的说明；

（4）需要额外的时空开销实现过滤器，运算比较复杂，可扩展性较差。

7. 基于模糊逻辑的动态信任模型

基于模糊逻辑，Song 等人提出的动态信任模型包括三个组成部分：信任的描述、信任关系的评估、推理和信任的更新[45]。

信任描述部分定义信任值是一个 [0，1] 集合，通过引入三个模糊量进行系统中对某一实体（或称网格域）信任关系的刻画：Γ 为示信任度（trustin-dex），Φ 为任务成功率（job success rate），Δ 为入侵自我防御能力（intrusion defense capability）。根据一定的模糊推理规则，由 Φ 和 Δ 确定 Γ：Γ＝fuzzy-inference (Φ, Δ)。

根据系统中信任关系的需求，模糊推理规则被提前定义。

信任的更新值 Γ（即 t_{ij}）由下面表达式动态表示：

$$t_{ij}^{new} = \alpha t_{ij}^{old} + (1-\alpha) s_{ij}$$

权重 $\alpha \in$ [0，1]。较小的 α 值适用于安全级别要求较高的系统；较大的 α 值用于安全级别要求较低的系统。s_{ij}＝fuzzy-inference (Φ, Δ) 是根据动态变化的 Φ 和 Δ，由推理规则计算得到的信任值的增量。

基于上述原理，从信任的主观性和模糊性角度出发，提出了一种基于模糊逻辑的群体信任模型，抽象出顺序模式、选择模式、循环模式和并行模式四种群体构成的基本约束模式及其嵌套复合来刻画群体中个体之间的约束关系，并分别给出了信任度的度量方法。

基于模糊逻辑的信任模型主要优点是：

（1）使用模糊逻辑建立了信任的模糊推理规则。

（2）信任决策过程引入 Φ（任务成功率）和 Δ（入侵自我防御能力）的输入因子，符合系统计算中自我保护和任务指派的本质需求。

（3）信任更新既考虑历史因素，也考虑了动态信任值新的证据的产生。

（4）模型有较好的恶意实体检测能力与抵御能力。

不足之处是：

（1）考虑实体行为的时间变化性较少，缺乏讨论随着时间的变化模型如何更新。模型的动态适应能力令人怀疑。

（2）模糊推理规则建立较复杂，推理过程需要较大的系统开销，计算收敛性和系统的可扩展性较差。

（3）缺乏间接信任值计算的考虑。

8. 基于强学习的动态信任模型

基于机器学习中强化学习方法[46]，Claudiu 等人提出了一种 P2P 环境下的动态信任模型[47]。信任度的取值范围为 [0，1] 集合。模型通过近期信任、长期信任、惩罚因子和推荐信任等四个参数反映节点信任度，节点 a 对 b 基于连续时间戳的近期信任 st_{n+1}（a，b）定义为强化学习的模型：

$$st_{n+1}(a+b)=\begin{cases} st_n(a+b)+\alpha\times rt(a,x)(e_{n+1}(x,b)-st_n(a,b)),if \\ \qquad e_{n+1}(x,b)-st_n(a,b)\geqslant-\varepsilon \\ st_n(a+b)+\beta\times rt(a,x)(e_{n+1}(x,b)-st_n(a,b)),otherwise \end{cases}$$

式中，α，$\beta\in[0,1]$，st_1（a，b），st_2（a，b），…，st_{n-1}（a，b），st_n（a，b），st_{n+1}（a，b）是基于连续时间帧 a 对 b 的信任评价，rt（a，x）$\times e$（x，b）表示推荐信任，α 和 β 分别为信任增加或者减少的学习因子。参数 $\varepsilon>0$ 规定了交互满意度评价时误差容忍范围。如果交互的评价潜在地受噪音的影响，那么较高的学习因子会使信任评价产生较大的偏差。

长期信任定义为

$$Lt_{m+1}(a,b)=\frac{w_s(n+1)}{n+1}\left[\frac{n}{w_s}lt_n(a+b)+rt(a,x_i)e_{n+1}(x_i,b)\right]$$

式中，w_s（n）$=n/\max$（n，$n_{\min}$）反映了计算长期信任时，时间戳 n 的个数太小不能反映出长期的历史累积信任。

惩罚因子定义为

$$pt_n(a,b)=\frac{\mathrm{mac}\,c_n(a,b)}{c+\mathrm{mac}\,c_n(a,b)}$$

式中，$\mathrm{mac}\,c_n$（a，b）表示累积的交互失败的次数，正常数 c 控制着惩罚因子趋向于 1 的速度。

信任度聚合函数定义为

$$t_n（a，b）=\min（st_n（a，b），lt_n（a，b））。$$

惩罚因子集成于近期信任、长期信任之中，即 $lt_n(a,b)=lt_n(a,b)(1-pt(a,b))$ 和学习因子 $\alpha=\alpha(1-pt(a,b))$。

该模型的优点是：

（1）利用反馈控制机制，动态调节计算近期信任、长期信任、惩罚因子和推荐信任，并最终由上述参数反映节点信任度。

（2）信任度计算方法采用机器学习中强化学习方法，用惩罚因子明确定义学习因子，因此对新发生的交互行为敏感性较强，模型的自适应能力较强。

（3）采用惩罚机制，有效降低合伙欺骗行为。

模型的不足是：

（1）推荐信任只由邻居节点的推荐计算，因而只能得到一种局部信任度。

（2）信任度取短期信任和长期信任中的最小值，在安全性提高的同时，许多节点由于近期的一些误操作会被拒绝服务请求，限制了模型的服务范围。

三、多 Agent 供应链中信任体系构建

在多 Agent 供应链中，由于 Agent 的自利性，将信任建立在 Agent 的善行基础上是不可取的。Agent 之间的信任应该是在一定规则限定下自然产生的并且能够动态调整以适应环境变化。

（一）多 Agent 供应链信任基础

多 Agent 供应链中的 Agent 之间的互惠性和重复交往性是其信任的基础。合作对于合作双方都有好处即互惠性。以互惠性为信任基础来构建多 Agent 供应链的信任体系，要求合作双方熟悉对方 Agent 的内部情况，了解对方 Agent 的能力构成等详细信息。在供应链环境下，这是难以做到的。但是，Agent 之间的重复交往则可以看做以互惠性为基础的信任的外在表现，从而以重复交往的角度构建多 Agent 供应链中 Agent 之间的信任是可行的。

（二）多 Agent 供应链信任体系模型

通常多 Agent 供应链的信任体系模型如图 3-9 所示[48]。

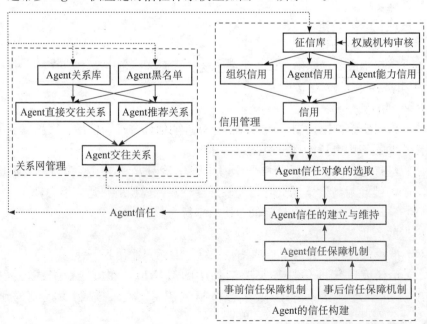

图 3-9　多 Agent 供应链的信任体系模型

信用管理，关系网管理和 Agent 间的信任构建是该体系主要构成。信用管理维护征信库是信用体系的基础，可以进一步生成组织信用、Agent 信用、Agent能力信用；关系网管理负责维护 Agent 的关系网络，该网络由 Agent 关系库记录并产生，包括 Agent 的直接交往关系和 Agent 的间接交往关系（推荐关系），对于交往中在信任方面表现恶劣的 Agent 则记入黑名单，很长时间内不与其交往；Agent 的信任构建负责在 Agent 需要寻找合作对象时，选取信任的合作伙伴，并负责 Agent 信任的维持与建立，同时提供 Agent 的信任保障机制，促进系统中信任的建立。系统最终输出为 Agent 信任，Agent 信任反过来又将影响信用库、Agent 关系库、Agent 黑名单的内容。

（三）多 Agent 供应链信任体系构建

信任的建立需要具备以下三个条件：

（1）Agent 发展信任有无必要性，即信任伙伴的选择问题。

（2）重复交往。按照信任对象的选取算法选择合作 Agent，能够确保系统中 Agent 之间的重复交往。

（3）信任保障机制。通过信息搜寻与信任审查，选取足够信任的伙伴构成事前信任保障机制。将合作结果记入征信库，公开查询，并通过关系网内的信息交流，使诚信者获得更多的合作机会，欺骗者获得较少或得不到合作机会构成事后信任保障机制。

多 Agent 供应链系统为系统内的每个 Agent、每个组织设一终身账号，其不良记录将保持很长时间。Agent 征信数据库提供 Agent 或组织查询。系统通过奖励守信者机制、惩罚失信者机制进行信用体系的保障。

征信数据库的建立是供应链信任体系构建的一个重要内容。征信记录表（Agent 或团体账号、能力名称、交往时间、用户账号、付出代价、用户评价）是征信数据库的基础，为信用系统提供基础的征信数据。其中，用户账号为使用该能力的 Agent 或团体账号；付出代价是能力使用方为得到该能力的使用而付出的代价，一般为对能力提供者的许诺或承诺。

为防止 Agent 的恶意诽谤、协同作弊，征信记录表中的记录修改需经权威部门审核。权威部门核实记录修改提供方的信息，若在误差范围内，且没有串通作弊嫌疑，则接受；否则，检查两个合作 Agent 的涉及本次合作的详细通信记录，取证重新计算评价值，并根据性质的恶劣程度决定是否将记录提供者记入恶意诽谤及串通作弊记录表。

信任的评价是供应链信任体系构建的另一个重要内容。不同的信任构建模型，将有不同的信任评价方法，这里我们不再进行说明。

当前，对于如何促进多 Agent 合作的研究大致可分为对 Agent 之间信任关系的探讨、对信任与控制的关系的探讨、对合作中欺骗行为的探讨。其中，欺骗是多 Agent 供应链的合作形成和发展的主要制约因素。

一、多 Agent 供应链中合作的欺骗分析

Agent 作为一种类人实体，在很多地方确实与人有很大相似之处。当然，人类的一些特征，在 Agent 中也会有所体现。例如，理性 Agent 是自私的，很大一部分的 Agent 本身并不具有全局性，这就给欺骗的产生提供了可能性。在基于多 Agent 的供应链中，Agent 之间的合作是建立在信任的基础上的，而欺骗是信任的对立面，带来的大多是负面作用，因而现有关于多 Agent 供应链系统中的合作问题的研究工作主要就是以抑制欺骗为主。不过随着研究工作的深入，欺骗作为正面手段也越来越受到人们的关注。

（一）欺骗产生的原因

综合各种因素，当前欺骗产生的主要原因如下：

（1）利益驱动。只顾及自身的眼前利益，忽略自身的长远利益及团体利益，从而导致的欺骗。

（2）监管缺失。不能及时有效地监察欺骗者，对欺骗者处理过于宽松，使欺骗者存在侥幸心理，为了增加自身利益而进行欺骗。在此情况下，即使发现了欺骗行为，由于没有有效的处罚措施，对欺骗者形成不了有效威慑。

（3）信息不对称。在多 Agent 供应链商务活动中，服务消费方事前不能充分了解服务提供方所提供服务的质量、性能，只有在使用或使用完服务提供方提供的服务后，才能真正了解服务的质量。信息不对称的存在，造成优质服务提供者受到劣质服务提供者的排挤，这是服务提供者进行欺骗的客观基础。

（4）信息中介机制建设滞后。在不完全信任或不完全信息情况下，合作双方要对对方提供的合作服务的可信度进行评估，建立畅通的信息渠道，完善信息中介是实现诚信的重要前提之一。信息中介能改善或克服信息不对称，但要保证信息中介提供可靠的信息。若中介机构普遍存在信任危机，市场主体对其

所提供的信息根本不予信任，则信息不对称也无从得到克服。所以如何确保市场主体对中介机构的信任是至关重要的。建立有效的信息中介机制，使合作双方能以最小的代价得到自己需要的信息，能确保合作的质量与效率。

（二）欺骗的层次性

欺骗不仅发生在人类的直接交互或者间接交互（通过计算机和网络进行的交互）中，而且可以发生在人类和 Agent 的交互以及 Agent 之间的交互中。欺骗的层次性如图 3-10 所示，D 表示 deceive[49]。

在多 Agent 供应链的异质、开放和复杂的环境中，Agent 和 Agent 之间的欺骗表现在 Agent 为了完成它们自己的目标和任务（即完成用户的任务，使个人利益最大化），从而在进行交互、协商和协调时，彼此之间不能忠诚合作，故意去欺骗别的 Agent。如 Agent a 曾经帮助过 Agent b，但是当 Agent a 需要 Agent b 的帮助时，Agent b 却谎称自己没有可用的资源，而拒绝为 Agent a 提供帮助。

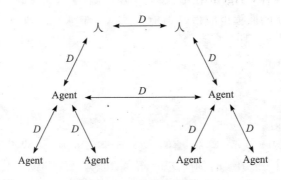

图 3-10　欺骗的层次

（三）欺骗类别

欺骗是指用虚伪的言行隐瞒真相。从言行的角度，可把欺骗分为以下三类：

（1）Agent 申报能力欺骗。Agent 对某 Agent 在申报中的能力，与其提供服务时的实际能力不符。这一般是 Agent 为了自己的利益故意抬高申报自己的能力。例如，在虚拟企业中，盟主寻找合作伙伴时，Agent 在申报中抬高自己的能力，可能增加被选中的机会。

（2）Agent 虚假消息欺骗。Agent 提供虚假的不真实的消息迷惑其他 Agent。这多数表现为诋毁、浮夸、MAS 内的谣言。诋毁是 Agent 向系统或向其他 Agent 提供其对 Agent 某能力使用的不真实的负面评价。浮夸是 Agent 提供对某

Agent 某能力使用的不真实的正面评价。MAS 内的谣言为在 MAS 内传播不真实的评价信息。

(3) 冒名。冒名是指 Agent 冒充某 Agent 对其他 Agent 进行评价，或冒充某 Agent 和其他 Agent 进行交易，或冒充某 Agent 在 MAS 内散播消息。

二、多 Agent 供应链中合作的欺骗识别与抑制方法

由于不同类型的欺骗生成与运作机制不同，导致对它们的识别与抑制方法也不尽相同[50]，下面就将给出一个较为典型的识别和抑制欺骗的方法，并对其进行形式化定义。

（一）Agent 申报能力欺骗的识别与抑制

由于信息不对称，提供服务的 Agent 的能力只有在使用一段时间后，才能被了解和辨别。这样，Agent 在申报其能力时就有作假的可能。和日常生活中的欺骗类似，Agent 的欺骗也应该是与能力及对象相关的，即同一 Agent 的不同能力所表现出的欺骗程度可能是不同的；另外，同一 Agent 的同一能力对不同交往对象所表现出的欺骗度也可能不同。

1. 模型的定义和表示

定义 1 欺骗度：Agent 的欺骗程度，其值域为 [0，1]，值越大代表欺骗程度越大。若欺骗度为 0，代表没有欺骗；若欺骗度为 1，代表 100％欺骗。

定义 2 设 $agent_i$ 在 t 时刻使用 $agent_j$ 的能力为 $ability_k$，定义 E_d（$agent_{it}$，$agent_j$，$ability_k$）为 $agent_i$ 对该能力申报欺骗度的评价值，其计算方法如下：

$$E_d(agent_{it}, agent_j, ability_k) = \alpha_d \times C_d + \beta_d \times E_{dt} + \gamma_d \times E_{dn} + \delta_d \times E_{dr} \quad (3\text{-}7)$$

式中，C_d 为 $agent_i$ 在 t 时刻使用 $agent_j$ 的 $ability_k$ 时，对 $ability_k$ 提供服务与其申报能力相比的不正确性程度；E_{dt} 为时间欠缺程度，用于衡量 $ability_k$ 的执行时间不满足 $agent_j$ 申报能力的执行时间的程度；E_{dn} 为产出欠缺程度，用于衡量 $ability_k$ 执行完后提供的产出不满足申报能力的产出的程度；E_{dr} 为资源消耗欠缺程度，用于衡量 $ability_k$ 执行消耗的资源不满足申报能力的资源消耗程度；α_d、β_d、γ_d、δ_d 为权重（其值均大于等于零，且 $\alpha_d + \beta_d + \gamma_d + \delta_d = 1$）。这里，$0 \leqslant C_d$、$E_{dt}$，$E_{dn}$，$E_{dr} \leqslant 1$。$E_d$ 的计算指标可根据实际应用环境进行调整。

欺骗记录表 CT 为五元组（$agent_s$，$ability_k$，t，$agent_u$，$evaluation$）。用于记录 agent 间合作的欺骗度的评价结果，为系统提供基础的 agent 欺骗数据。其中，$agent_s$ 为提供能力的 agent 名称；$ability_k$ 为 $agent_s$ 所提供的能力名称；

agent_u 为使用 agent_s 的 ability_k 的 agent 名称；t 为 agent_u 对 ability_k 的使用时间；evaluation 为 agent_u 对 ability_k 的本次使用的欺骗度评价，由式（3-7）计算。

定义 3 Agent 关系网 G：定义为有向图 (V, E)。V 为非空的有限结点集，$v \in V$ 代表一个 agent；E 为有向边的集合，$f: E \rightarrow V \times V$。若 $e \in E$，v_1，$v_2 \in V$，且 $f(e) = <v_1, v_2>$，则有向边 e 表示结点 v_1 对结点 v_2 存在交往关系，即 v_1 和 v_2 间存在过合作。Agent 关系网将随着 agent 间合作的达成而逐步构建。

Agent 关系网成员的信息交流包括：Agent 关系网成员的定期交流和 Agent 主动交流。定期交流是关系网成员定期交流它们拥有的新信息。Agent 主动交流为，当 Agent 认为有必要时（若 Agent 发现某提供能力的 agent 相当出色或相当恶劣），它将评价信息向其关系网内所有成员广播。规定每个 agent 的一条信息只在关系网中广播一次，以避免信息泛滥。每个 agent 有自己的信息交流记录，用于记录该 agent 从其关系网成员的信息交流中得到的交流信息。定义如下：

$$\text{Cheat}_c(\text{agent}_c, \text{agent}_2, \text{ability}_i) = \frac{\sum_{k=1}^{n} E_d(\text{agent}_{kt}, \text{agent}_2, \text{ability}_i) \times \Psi_{dc}(t)}{n}$$

(3-8)

式中，$\text{Cheat}_c(\text{agent}_c, \text{agent}_2, \text{ability}_i)$ 为 agent_c 对 agent_2 的能力 ability_i 的信息交流欺骗度；n 为在 agent_c 的交流记录中，有关使用 agent_2 的 ability_i 的记录数；agent_{kt} 表示在 agent_c 的交流记录中，有关使用 agent_2 的 ability_i 的第 k 条记录为交流信息的制造者 agent_{kt} 使用的，设使用时间为 t；$\Psi_{dc}(t)$ 为能力评价的时间衰减因数，为 t 的非增函数，$0 \leqslant \Psi_{dc}(t) \leqslant 1$。

Agent 欺骗名单 S，初始化为空，记录当前 agent 与其他 agent 交往时，被判为申报能力欺骗的 agent 能力。即当前 agent 在使用某 agent 能力时，当欺骗度超过某域值时，将其记入 S。S 的记录在 τ_d 时间内有效，这里，τ_d 为某个时间段。每个 agent 一个欺骗名单。

Agent 能力申报管理节点 M，负责 MAS 中 agent 能力申报的管理工作，agent 的能力申报在该节点中记录；为 MAS 中 agent 检索 agent 能力申报的信息源，计算 $E(\text{agent}_{it}, \text{agent}_j, \text{ability}_k)$ 时，agent 的实际能力与 M 中的申报记录比较。规定：agent 只能修改自己的能力申报。可采用分布式实现。

定义 4 Agent 的申报能力欺骗识别模型 Deception：定义为四元组 (CT, G, S, M)。其中，CT 欺骗记录表；G 为 agent 关系网；S 为 agent 欺骗名单；M 为 agent 能力申报管理节点。

2. 欺骗度计算

1) Agent 能力对某 agent 的直接欺骗度计算

$$\text{Cheat}_d(\text{agent}_c,\text{agent}_2,\text{ability}_k) = \frac{\sum_{\lambda=1}^{m} E_d(\text{agent}_{c\lambda},\text{agent}_2,\text{ability}_k) \times \Psi_{di}(t)}{n} \quad (3\text{-}9)$$

式中，Cheat_d（agent_c，agent_2，ability_k）为 agent_2 的能力 ability_k 对 agent_c 的直接欺骗度；m 为 agent_c 使用 agent_2 的 ability_k 的次数；$\text{agent}_{c\lambda}$ 为 agent_c 第 1 次使用 ability_k，设使用时间为 t；E_d 为 agent_c 对该次能力使用的评价值；Ψ_{dd}（t）为能力评价的时间衰减因数，为 t 的非增函数，$0 \leqslant \Psi_{dd}$（t）$\leqslant 1$。

2) Agent 对某 agent 的直接欺骗度计算

$$\text{Cheat}_d(\text{agent}_1,\text{agent}_2) = \sum_{k=1}^{m} \alpha_{dk} \text{Cheat}_d(\text{agent}_1,\text{agent}_2,\text{ability}_k) \quad (3\text{-}10)$$

Cheat_d（agent_1，agent_2）为 agent_2 的能力对 agent_1 的直接欺骗度；m 为 agent_1 使用 agent_2 的能力个数；α_{dk} 为权重，$\sum_{k=1}^{m} \alpha_{dk} = 1$，$0 \leqslant \alpha_{dk} \leqslant 1$。

3) Agent 某能力的欺骗度计算

$$C(\text{agent},\text{ability}) = \frac{\sum_{k=1}^{n} E_d(\text{agent}_{k'},\text{agent},\text{ability}) \times \Psi_{da}(t)}{n} \quad (3\text{-}11)$$

式中，C（agent，ability）为 agent 的 ability 能力的欺骗度；n 为 MAS 中对 agent 的 ability 的使用总数；$\text{agent}_{k'}$ 表示 MAS 中对 agent 的 ability 的第 k 次使用为 $\text{agent}_{k'}$，设使用时间为 t；Ψ_{da}（t）为能力评价的时间衰减因数，为 t 的非增函数，$0 \leqslant \Psi_{da}$（t）$\leqslant 1$。

4) Agent 的欺骗度计算

$$C(\text{agent}) = \sum_{k=1}^{n} \alpha_{dk} C(\text{agent},\text{ability}_k)$$

式中，C（agent）为 agent 的欺骗度；n 为 agent 有欺骗度的能力数；α_{dk} 为能力 ability_k 在 agent 诸能力中所占的权重，$\sum_{k=1}^{n} \alpha_{dk} = 1$，$0 \leqslant \alpha_{dk} \leqslant 1$。

3. Agent 申报能力欺骗的识别及预测算法

设 A、B 为两个 agent，Bai 为 B 的某能力；则 A 关于 Bai 对 A 的申报能力欺骗的识别算法为：顺序执行 Step1 和 Step2；A 关于 Bai 对 A 的申报能力欺骗的预测算法为：顺序执行 Step3 至 Step5。

[Step1]：If Bai 在 A 的欺骗名单中 Then
Bai 为对 A 的申报能力欺骗；Exit；

End if

[Step2]：If A 使用过 Bai Then

If Cheat$_d$（A，B，Bai）大于设定的欺骗值 Then

Bai 为对 A 的申报能力欺骗；将 Bai 记入 A 的欺骗名单中；Exit

Else

Bai 没有对 A 申报能力欺骗；Exit

End if

Else

Bai 没有对 A 申报能力欺骗；

由用户决定终止算法，或执行 Step3 转入欺骗预测算法；

End if

[Step3]：If 在 A 的关系网中，A 的关系网成员的交流信息中存在使用 Bai 的记录 Then

If Cheat$_c$（A，B，Bai）大于设定的欺骗值 Then

预测 Bai 为对 A 的申报能力欺骗；Exit

Else

预测 Bai 没有对 A 申报能力欺骗；Exit

End if

End if

[Step4]：If 在欺骗记录表 CT 中，存在使用 Bai 的记录 Then

If C（B，Bai）大于设定的欺骗值 Then

预测 Bai 为对 A 的申报能力欺骗；Exit

Else

预测 Bai 为没有对 A 申报能力欺骗；Exit

End if

End if

[Step5]：If C（B）大于设定的欺骗值 Then

预测 Bai 为对 A 的申报能力欺骗；Exit

Else

If C（B）不大于设定的欺骗值 and C（B）$\neq$0 Then

预测 Bai 没有对 A 申报能力欺骗；Exit

Else If C（B）$=$0 Then

B 为新加入系统的 agent，预测 Bai 没有对 A 申报能力欺骗；Exit

End if

End if

Step1、Step2 判断出的为真实的对 A 的申报能力欺骗；Step3 至 Step5 为推测出的对 A 的申报能力欺骗，A 与它们的相关能力交往时存在很大的被欺骗可能。

4. Agent 申报能力欺骗的抑制

模型及算法对 agent 申报能力欺骗的抑制主要表现在以下两方面。

1）Agent 申报能力欺骗的识别算法本身

从算法可以看出，它鼓励 agent 诚实申报能力，agent 的一次申报能力欺骗在系统中会存在较长时间，影响欺骗 agent 的将来合作机会，时间的长短取决于式（3-8）中 $\Psi_{dc}(t)$、式（3-9）中 $\Psi_{dd}(t)$ 以及式（3-11）中 $\Psi_{da}(t)$ 的设定。Step3 表明，Bai 对 A 的关系网内其他 agent 成员的欺骗，会影响 A 对 B 的看法。Step4 表明，Bai 对系统内其他 agent 的欺骗，会影响 A 对 B 的看法。Step5 表明，B 的其他能力对系统内其他 agent 的欺骗，同样会影响 A 对 B 的看法。

2）关系网内的信息交流

关系网内的信息交流机制可以进一步抑制 agent 的申报能力欺骗，当发现 agent 谎报能力时，发现者会向关系网内的所有 agent 广播这一欺骗，从而影响关系网内 agent 对谎报能力者的看法。由于 agent 多在其关系网内活动，这对 agent 将形成较大影响。

（二）虚假消息的识别与抑制

对于欺骗记录表中新添加的记录，假如对 agent 的评价非常差或非常好，系统将评价结果向能力提供方核实，假如双方评价结果在误差允许范围内，则接受；否则，核查涉及该评价的 agent 双方交往的详细记录，判断评价的真伪。一旦发现某评价为诋毁或浮夸，则惩罚虚假消息制造者，在欺骗记录表中记录其欺骗情况。

规定：关系网中传播的消息，只能是已记录于欺骗记录表中的消息。由于欺骗记录表中添加记录时对虚假消息的过滤，它能在一定程度上阻止关系网中虚假消息的传播。

（三）Agent 冒名的识别与抑制

每个 agent 有自己的公钥与私钥，它们可由 agent 通过算法自己产生。Agent 维护自己的公钥及 IP 地址的设置和修改。

为了实现 agent 冒名的识别与抑制方案，论文作者设计的系统功能及有关代码如下。

1. 公钥及 IP 地址管理

提供系统内 agent 的公钥、IP 地址写入、修改，及系统内所有 agent 对它们的查询。设立公钥及 IP 地址管理表，用于存储系统中 agent 的公钥、IP 地址及其写入密码，该表可分布式实现。

所提供的功能用函数的形式加以描述：公钥写入 PutPublicKey（）；公钥查询 GetPublicKey（）；写入 IP 地址 PutIPAddress（）；查询 IP 地址 GetIPAddress（）；修改 agent 公钥及 IP 地址写入密码 PutPassword（）。Agent 用 PutPassword（）维护 AgentId 自己的公钥及 IP 地址写入密码。

```
PutPublicKey（AgentId，PublicKey）{
在公钥及 IP 地址管理表中查 AgentId；
If AgentId 存在 Then
要求输入公钥写入密码，以验证 agent 身份；
If agent 身份验证通过 Then
将 PublicKey 置为 AgentId 的新公钥
Else
Return Error
End if
Else
AgentId 为新进入系统的。为 AgentId 创建公钥写入密码；
将 PublicKey 置为 AgentId 的公钥；
End if
}
GetPublicKey（AgentId）{
在公钥及 IP 地址管理表中查 AgentId；
If AgentId 存在 Then
返回 AgentId 的公钥 PublicKey 给调用者
Else
返回 Error
End if
}
PutPassword（AgentId）{
调用者输入 AgentId 的旧公钥及 IP 地址写入密码，验证 AgentId 身份；
```

If AgentId 的身份验证通过 Then
输入 AgentId 新的公钥写入密码，并将其置为 AgentId 的公钥写入密码；
Else
返回 Error
End if
}

Agent 用 PutIPAddress（AgentId，IP）维护自己的 IP 地址；用 GetIPAddress（AgentId）查询 AgentId 的 IP 地址，当一个 agent 向另一个 agent 发送消息时，通过该函数获得对方 IP 地址。这两个函数的实现和 PutPublicKey（AgentId，PublicKey）、GetPublicKey（AgentId）类似。

2. 欺骗记录表记录的写入身份确认

Agent _ u 将其对 Agent _ v 的某能力使用评价写入欺骗记录表 CT 时，系统要验证 Agent _ u 的身份，它要求 Agent _ u 除提供对 Agent _ v 的评价信息外，还要提供评价的时间戳 TimeStamp _ u。系统提供写入 Agent _ u 对 Agent _ v 评价值 Value 的函数 WriteEvaluation（）。

WriteEvaluation（Agent _ u，TimeStamp _ u，Agent _ v，Value）{
调用 GetPublicKey（Agent _ u）得到 Agent _ u 的公钥 PK _ u；
产生随机数 r；用 PK _ u 对 r 加密为 Cryp _ r；
将 Cryp _ r 和 TimeStamp _ u 发给 Agent _ u；挂起进程；
…
/ * Agent _ u 收到发给它的身份确认信息 Cryp _ r 和 TimeStamp _ u 后，Agent _ u 确认 TimeStamp _ u 的有效性；
If TimeStamp _ u 有效（是自己发的评价记录）Then
用自己的私钥解密 Cryp _ r 为 r'；
解挂 WriteEvaluation 进程；
Agent _ u 将 r' 和 TimeStamp _ u 发给 WriteEvaluation（）；
End if * /
…
将接到的 Agent _ u 发来的 r' 和 TimeStamp _ u 和函数自己的 r 及 TimeStamp _ u 比较；If 匹配成功 Then
Agent _ u 为真实的，将评价记录写入 CT；
Else
Agent _ u 为假冒的，不允许写入评价记录；返回 Error；
End if

}

3. Agent 合作的身份确认

对于两个发生合作的 agent：Agent _ u 和 Agent _ v，在合作时需相互验证对方身份，系统提供验证 agent 身份的函数。Agent _ u 用函数 VerifyIdentity（）对 Agent _ v 进行身份认证。

VerifyIdentity（Agent _ v）{

调用 GetPublicKey（Agent _ v）得到 Agent _ v 的公钥 PK _ v；

产生随机数 r；用 PK _ v 对 r 加密为 Cryp _ r；Agent _ u 产生自己的时间戳 TimeStamp _ u；

将 Cryp _ r 和时间戳 TimeStamp _ u 发给 Agent _ v；挂起进程；

...

/ ＊ Agent _ v 收到 Agent _ u 节点发给它的身份确认信息 Cryp _ r 和 Time-Stamp _ u；

If Agent _ v 自己确实想和 Agent _ u 进行身份确认（非无关认证）Then

Agent _ v 用自己的私钥解密 Cryp _ r 为 r′；

解挂 VerifyIdentity 进程

Agent _ v 将 r′和 TimeStamp _ u 发给函数 VerifyIdentity（）；

Else

Agent _ u 为假冒的；Return Error；

End if ＊ /

...

将接到的 Agent _ v 发来的 r′和 TimeStamp _ u 和函数自己的 r 及 TimeStamp _ u 比较；If 匹配成功 Then

Agent _ v 为真实的

Else

Agent _ v 为假冒的；

End if

}

4. Agent 冒名的识别与抑制方案

（1）在 Agent _ u 将其对 Agent _ v 的某能力使用评价写入欺骗记录表时，调用函数 WriteEvaluation（Agent _ u，TimeStamp _ u，Agent _ v，Value）将评价信息写入；

（2）在进行关系网内信息交流时，信息接收者 agent 调用函数 VerifyIdentity

（Agent_u）对信息传播源 Agent_u 进行身份认证，并将传播信息向欺骗记录表 CT 核实；

（3）Agent_u 和 Agent_v 发生合作时，Agent_u 调用函数 VerifyIdentity（Agent_v）对 Agent_v 进行身份验证；Agent_v 调用函数 VerifyIdentity（Agent_u）对 Agent_u 进行身份验证。

三、多 Agent 供应链中合作的欺骗抑制机制

通过上节多 Agent 供应链中合作的欺骗抑制方法分析，尽管这些方法是有用和必需的，但做到完全的控制和技术上的防护，仍存在很大困难。因此，除探索欺骗识别方法外，建立对欺骗惩罚机制是欺骗抑制的重要手段。

1. 修改信任度的惩罚机制

在 Agent a 与 Agent b 交易中，若 Agent b 欺骗 Agent a，则 Agent a 降低对 Agent b 的信任度，从而降低 Agent a 向 Agent b 提供帮助或合作的概率；相反，Agent b 帮助了 Agent a，或者同 Agent a 成功地合作，那么 Agent a 增加对 Agent b 的信任度，从而使双方合作的概率变大。

2. 基于广播的惩罚机制

在 Agent a 与 Agent b 交易中，若 Agent b 欺骗 Agent a，Agent a 在多 Agent 供应链系统中通报 Agent b 的欺骗行为，从而可能导致其他 Agent 对 Agent b 的信任度下降。

3. 基于第三方控制的惩罚机制

基于第三方控制的惩罚机制主要有以下两种：

（1）基于欺骗阈值的控制机制。若 Agent b 欺骗行为超过欺骗阈值，则 Agent c（假设 Agent c 有总体控制权利）停止 Agent b 在 Agent 社会中的交易活动。只有当 Agent b 主动做一些公益活动并超过一定数量时，Agent c 才恢复 Agent b 的交易权利。

（2）基于交易值的中间控制机制。在 Agent a 与 Agent b 交易中，Agent a 与 Agent b 达成协议时，Agent a 与 Agent b 都要向 Agent c 缴纳一定的违约费用，交易完成后的一段时间内，若 Agent a 与 Agent b 无起诉，则返还违约费用。

第四节　多 Agent 供应链中合作伙伴的承诺

通过上面两小节的阐述，我们认识到在基于多 Agent 的供应链系统中，信任是供应链成员间达成合作的重要因素，由此信任的存在便成为关系交换成功的关键。如果说信任是指目前对交易伙伴的信息，那么与此同时，承诺作为信任的结果则是指供应链合作方对未来关系延续的意愿，因而供应链中的合作也将会不可避免地受到信任和关系承诺的共同影响。

一、多 Agent 供应链关系承诺概述

承诺是供应链成员交易关系中的交易双方相互依存的一个重要因素。早期对于承诺的研究，大都着眼于组织承诺，并视其为组织和个人诱因的交易结果，是一种心理上对组织的正向感觉。但近年来陆续也有学者提出更进一步观察，即用关系承诺来具体描述交易双方的心理契约，进而提高交易双方的合作绩效，促使双方建立长期合作伙伴关系。

（一）关系承诺内涵

承诺一直是社会交易理论研究的重要内容。无论是社会交易关系、婚姻关系研究，还是组织之间的关系研究，承诺在社会科学研究领域一直起着十分重要的作用。

在产品提供商与顾客之间的关系背景中，Dwyer 等人定义关系承诺为"交易伙伴之间忠诚的潜在或显性要求"[51]；Moorman 等人定义关系承诺为"顾客维持一个有价值关系的持久性愿望"[52]。Doney 和 Cannon 认为关系承诺是指一个联盟成员为了发展和保持与另一个联盟成员的合作关系而愿意承担某种责任和义务的愿望或者愿望表达行动[53]。Morgan 和 Hunt 将关系承诺看做一方认为与另一方的伙伴关系非常重要，并尽最大努力去维持和增强这种关系[54]。Anderson 和 Weitz 则认为关系承诺是一种发展稳定关系的渴望和相应行动，并愿意牺牲短期的利益保持这种关系，同时对关系的稳定保持信心[55]。Keysuk Kim 和 Gary L. Frazier 把关系承诺定义为交易双方的联系程度，由持续承诺、行为承诺和态度承诺三个不同部分组成[56]。

综上所述，我们认为：关系承诺指由于交易主体之间存在相互利益关系，

从而关系双方都愿意投资成本和精力来保持关系。多 Agent 供应链关系承诺的内涵在于强调以长远的目光看待彼此的关系，并促使成员企业建立长期的伙伴关系。

收益承诺（income commitment，IC）、转移成本承诺（switching cost commitment，CC）和感情承诺（affective commitment，AC）是关系承诺主要的三种类型。收益承诺是经销商由于收益因素而需要维持关系的一种态度；转移成本承诺是经销商由于转移成本损失而不得不维持关系的一种态度；感情承诺是经销商由于感情因素而愿意维持关系的一种态度。三类关系承诺关系为：收益承诺是关系建立和发展的基础；感情承诺是关系发展的最高形式，关系最稳定；转移成本承诺是在收益承诺、感情承诺基础上逐步物化形成的关系承诺[57]。

（二）关系承诺维度

通常关系承诺具备以下三个维度：

（1）经济性维度。经济性承诺反映了关系中顾客的自私自利动机，是权衡成本与收益行为的体现[58]。关系中企业的特有投资，或缺乏竞争替代者，导致当前关系时终结面临的高额转换成本是经济性承诺产生的原因。类似的概念还有研究人员提出的"算计性承诺"和"持续性承诺"等概念。经济性承诺的本质是企业为了获取自身的经济利益而在关系中进行的承诺[59]。因此，通过关系中付出的显性成本与获得的收益对比，可在关系发展和维持的过程中评估企业对关系的经济性承诺的高低。

（2）情感性维度。情感性承诺或者态度性承诺是一种态度性结构要素[60]。早在 1974 年，Buchanan 认为"承诺超越了单纯意义上的功利性价值"，承诺是与企业价值观的相合性和对企业的一种情感性导向[61]。一些学者认为，情感性承诺是指具有情感归属的顾客在维持关系时具有的一种持续性意愿，具有共同目标、价值观以及情感归属的关系性交易，比那些仅关注物质的交易更为持久。情感性承诺建立在对交易伙伴的积极认知的基础之上[53]，情感性承诺在交易关系中起着十分重要的作用[53][62]。

（3）时间性维度。时间性承诺体现了长期关系承诺的本质。因为关系承诺具有时间性维度，企业为实现共同目标，更倾向于协同工作，顾客流失率也才可以降低[63]。通过诸如合作、降低机会主义行为等长期或者连续性承诺，企业绩效才能实现。

（三）关系承诺的形成机理

通常情况下，价值规范、服务质量、相互依赖和关系纽带等因素通过对经济性承诺和情感性承诺的中介影响，进而形成关系承诺[64]。关系承诺的形成机理模型如图 3-11 所示。

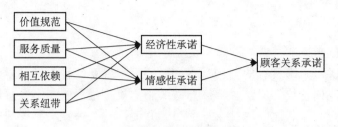

图 3-11　关系承诺的形成机理模型

1. 经济性承诺对关系承诺的影响

Becker 的单边赌注理论可称得上是经济性承诺的起源[65]。他认为，随着单边赌注或者投资的累积承诺逐渐产生，对特定关系进行承诺的主要动机是顾客的累积性投资。换句话说，由于合作伙伴其中一方在时间、精力以及货币上投入的不断增加，一旦终结当前关系，其利益损失将十分巨大。合作伙伴对该关系的资源投入越多，对当前关系的承诺越大。因此，应用经济学原理的转换成本和沉没成本两个概念 Becker 定义了经济性承诺：“经济性承诺是从事一系列连续协调活动的倾向，是活动终结时就会遭遇损失的单边赌注或者投资累积的结果。”

总体而言，经济性承诺反映了关系承诺在经济上的必然性。当合作伙伴进行一定程度的投资之后，转换成本也不断提升，从而造成终结当前关系的代价太高，导致其被迫保持在当前关系中。

2. 情感性承诺对关系承诺的影响

情感性承诺被概念化为合作伙伴之间的积极态度或者良好情感的一种社会性纽带，是合作伙伴建立关系的一种积极感情。经过多次交互，交易双方的关键人员产生了良好的感情，这种感情导向的社会纽带是关系承诺的主要动机。区别于因经济原因造成的经济性承诺，情感性承诺维系关系的原因在于合作者之间具有相似的价值观和目标。

与经济性承诺的经济学原理相对应，一些研究者把承诺看做关系中一方对另一方的情绪性或情感性导向，认为关系中双方的情感和内在化的价值观导致了承诺。他们将“关系中的个体接受关系双方的共同目标和双方价值观的程度”定义为承诺。

在商务环境中，通常在互动组织内的关键决策者之间产生情感性承诺，而决策者之间的承诺又能提高企业间的合作程度，并影响企业之间交易关系的持续性。从而，不仅在人际层面上情感性承诺可发挥作用，在组织层面其仍具有一定的影响作用。

3. 关系承诺的一般形成机理

从经济性承诺和情感性承诺对关系承诺的影响来看，经济性承诺和情感性承诺是顾客关系承诺具有的两种基本构成要素。尽管两种类型的承诺都能促进双方合作关系的持续，但其对客户忠诚的影响机理是不同的。情感性承诺基于合作双方关键决策者之间的社会性关系，并促进的关系持续，反映的是双方维持当前关系的情感性动机。经济性承诺建立在经济学理论基础上，是因成本效益因素促进的关系持续，反映了维持当前关系的经济性动机。因此，关系承诺应为情感性承诺和经济性承诺共同作用的结果。

二、多 Agent 供应链关系承诺建模

在关系承诺概念研究基础上，一些学者试图进行关系承诺的度量和评价。

王泽华等人在关系承诺概念及分类基础上，定义了一个理论上的关系承诺价值计算公式，如下所示：

$$CV = \beta_1 \times ICV + \beta_2 \times SCV + \beta_3 \times ACV$$

式中，CV 为关系承诺价值；ICV 为收益承诺价值；SCV 为转移成本承诺价值；ACV 为感情承诺价值；β_1、β_2、β_3 分别为 ICV、SCV、ACV 占总承诺价值的权重，其大小与每个评价者的自身情况和价值偏好相关。

该关系承诺计算公式是一种理论计算公式，操作上存在一定的难度，特别是一些成本的划分和主观指标的取值问题，仍需要进一步的细化。虽然这一公式并不完善，但它反映了经销商承诺维持关系是对收益、转移成本和感情承诺价值进行综合权衡的结果，而不是某一个因素的结果。

云虹提出了一种利用主成分分析法逐层对该模型进行定量分析评价的思路，在分析影响分销商对制造商承诺主要因素基础上，建立了评价分销商承诺的指标体系，构建了相应的承诺综合评价模型，进行了分销商对制造商的承诺水平测度的尝试[66]。

该方法以信任（trust，T）、沟通（communication，CO）、非强制权力（noncoercive power，NP）、强制权力（coercive power，CP）、依赖（dependence，D）、产品易销性（ease of sale，ES）、产品适销性（product salability，PS）和专用资产投资（idio-syncratic investments，IT）八个影响分销商承诺的主要因素来构建结构模型（图 3-12）。

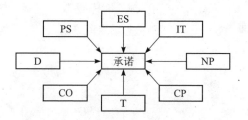

图 3-12   承诺影响因素结构模型

构建的分销商承诺评价系统可以看做以上八个因素的评价子系统组成的复杂的多维评价系统，记为 $F（C）=f（T，CO，NP，CP，D，ES，PS，IT）$。而这八个因素的评价子系统又分别由数个指标来评价。例如，信任由八项指标构成，其评价可记为 $T=f（Z_{t1}，Z_{t2}，\cdots，Z_{t8}）$，其中 Z_{t1} 表示信任的第一项指标，同样可以得到其他七个因素的评价值。最终建立的承诺评价模型是两层递阶综合评价模型。在评价过程中，先对各影响因素进行主成分分析，得到各个因素的评价值，然后以这八个因素作为评价指标再次使用主成分分析法，得出承诺的综合评价值，如图 3-13 所示。

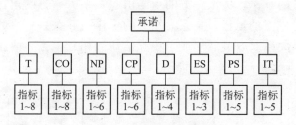

图 3-13   承诺综合评价构成

三、满意与信任对关系承诺的影响

Hunt 与 Nevin 以通路成员为研究对象，研究结果支持较高的满意度使通路成员较不会从现有的关系中退出[67]。Shamdasani 和 Sheth 通过实证研究认为合作双方是否要继续维持关系，与合作过程中满意度有密切的关联。合作关系的满意度对合作关系持续意愿有正向影响[68]。塞恩斯于 1998 年指出，在对关系中的另一方某种全面评价、情感或态度的意义上，信任和满意这两个概念是相似的，但"信任是在比满意更高层次上的一种总体评价，满意实际上是信任的一个重要来源"[69]。信任和满意都与关系一方的期望有关，但满意主要是对于核心产品（或服务）的期望，而信任是对于提供核心产品的供应商的期望，除了对于核心产品的期望外，买方可能在能力、沟通、承诺和冲突处理等方面对供应商抱有期望。满意对信任具有显著影响，信任是双方关系增进的关键决定因素。无论消费市场和产业市场，顾客与供应商之间关系分为三类：熟人关系、朋友关系和伙伴关系。在熟人关系中只要供应商能够以一种令人满意的方式和一种被感知为公平的价格提供商品，这种关系就是富有成效的。比熟人关系更进一步的是朋友关系。从顾客心理上看，这种关系的过渡需要关系中信任的发展，顾客不仅熟悉特定的供应商，也信任它能提供优异的价值[70]。

Holm 等通过实证研究认为，商业关系中的关系认知（满意、信任）对关系承诺有显著正相关关系[67]。Morgan 和 Hunt 研究指出信任与关系承诺为正向关系[71]。Dupont 和 Garbarino 等学者的研究也证实了此观点，指出在社会交换理论框架下，不信任会减少企业关系中的承诺，信任增加的同时，其对于服务提供者间关系的社会投入也增加，导致客户对于维持这个关系的承诺的增加[72][73]。Bauer 和 Mark Leech 认为关系间信任存在时，伙伴愿意并积极地建立一个稳定、持久的企业关系，并且承诺会减少关系瓦解的可能性[74]。Kent 与 Mentzer 的实证研究认为零售商对供应商的信任程度对长期关系导向具有显著正向影响关系[75]。因此，供应链企业间的信任与承诺存在很大的对称性。关系一方的信任引起关系另一方的承诺，关系一方的承诺引起关系另一方的信任；关系一方的信任引起关系另一方的承诺，关系另一方的承诺引起关系一方的信任。通过这样的数次循环，关系双方最后形成了相互信任和相互承诺。信任与承诺的循环周期如图 3-14 所示。

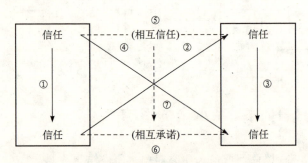

图 3-14　供应链企业间关系中的信任/承诺循环

第五节　多 Agent 供应链中的合作伙伴关系质量

供应链合作伙伴间的相互支持与相互信信任可以提高供应链的整体竞争能力，而对合作伙伴关系的评价问题研究则一直受到学者关注。在基于多 Agent

的供应链中，合作作为一个互动的过程，各成员 Agent 一方面自己希望有一个值得信赖的合作伙伴；另一方面，也必须给自己建立一个可信任的形象，博得合作伙伴的信任。因此，对合作伙伴质量问题的研究对供应链中成员如何选择一个优秀的且值得信赖的合作伙伴，并维护这一关系的长期稳定运行都有着十分重要的意义。

一、多 Agent 供应链中的伙伴关系质量

在建立一个供应链之前，应当考虑影响合作关系建立的多方面因素，这就如同我们在择业时要充分考虑工资、福利和前途等因素一样，在形成供应链时也必须对满意度、诚实度和信任水平等要素进行综合评价，以保证供应链成员间的合作伙伴关系质量能够维持在一较高水平。

（一）关系质量的定义

早在 1983 年，Levitt 等的研究表明，企业间良好关系是企业的特有的一项无形资产，衡量这一资产价值的重要指标则是它们之间的关系质量[76]。此后，在服务营销领域，Crosby 等人提出了关系质量的概念[77]。他们认为，关系质量是顾客在以往消费满意的基础上，对未来销售人员的行为的诚实与信任的依赖程度。在 Crosby 关系质量基础上，Liljander 进行了情节与关系区分方面的研究，Holmlund 研究了关系质量的互动分析框架[75,78,79]。Grênroos 研究特别强调关系质量的互动特征，他描述关系质量为顾客与服务企业在长期的互动关系中形成的动态的质量感知。在"B to B"环境中，Johnson 认为营销渠道中成员关系的总体深度与气氛是关系质量[80]。Dorsch 等人的研究，将关系质量进一步细化为由信任、满意、承诺、最小的机会主义、顾客导向与道德形象等因素组成的结构[81]。除了关系质量的互动特征，关系质量在供应链中如何创造价值，是关系质量研究的另一个重要内容。同样是在 1983 年，Levitt 就指出，关系质量作为扩展产品或服务的组成部分，是促成买卖双方互惠交换的无形价值束。Holmlund 对关系质量的定义同样强调了这种关系创造价值的角色。

通常情况下，由于顾客导向的作用，顾客的感知是关系质量的基础。因此，从顾客需求的视角出发，一些学者强调关系质量是双方关系满足顾客参与关系的需求的适宜程度[82]。Smith 则更精辟地将关系质量描述为"由反映整体关系力量以及关系满足参与双方的需要和期望的程度的一系列积极结果所构成的高级结构"[83]。有关关系质量的定义如表 3-4 所示。

表 3-4 关系质量的定义[84]

作者	时间	定义
Levitt	1996 年	是一种无形的力量增加着产品与服务的价值并导致期望的买卖双方的交易
Gummesson	1987 年	是企业与客户互动关系的质量，是客户感知质量的组成部分。高的关系质量能够引起客户对质量的正向感知并构建双方的长期业务关系
Lawrence A. Grosby 和 Nancy Stenphens	1987 年	是顾客对服务人员的信任感以及顾客对买卖双方关系的满意程度
Grosby	1990 年	是客户在双方交往关系中对于销售人员的信任与满意
Jarvelin 和 Lehtinen	1996 年	是指顾客对于关系是如何满足其期望、预期行为、目标的感知并要求客户关注整个关系
Gemuenden	1997 年	是对纯产品（服务）领域的交换、组之间的联系、个体间交流和组织间权利关系的评价
Johnson	1999 年	描述关系深度与气氛的概念
Joyce A-Young	2000 年	提出用心理学中的近关系理论（Kelley，1983）来对企业间的合作关系进行研究
Maria Holmlund	2001 年	认为感知到的关系质量是企业双方的重要个人对商业互动的联合的认知评价

综上所述，关系质量是指根据一定标准，在双方关系互动中，顾客（或企业）对满足自身需求程度的整体认知评价。关系质量的实质是一种能够增加企业产品的价值的无形利益，可增强交易双方的信任与承诺，并维持其长久关系。关系质量是感知质量的重要构成部分。

（二）关系质量的内涵

（1）从感知的角度，关系质量是按照一定的标准对双方关系状态的主观评价。

（2）关系质量的形成无疑离不开实体产品或服务中的有形部分的支持，它是价值创造过程中的无形资产，代表的是互动关系中为双方带来共赢的信任、承诺、尊重等无形价值。

（3）关系质量反映了关系对买卖双方需求的满足程度。关系存在是因为买卖双方能从关系中获得需求满足，而各自的需求主要体现在对关系价值的期望与确定。

（4）关系质量强调对买卖双方之间存在矛盾等问题的娴熟处理能力的关注。由于信息不对称和不同的观点、立场，合作中的企业不可避免地会产生冲突等问题。这些问题的处理能力与娴熟程度，是合作企业间不同关系质量的标志。

（5）关系质量是关系双方心理契约的重要指标。关系良好的买卖双方不仅存在着具有正式约束力的长期交易契约，还存在着具有非正式约束力、但影响更深远的心理契约，关系质量恰是这种心理契约坚固程度的重要指标。

二、多 Agent 供应链伙伴关系质量的基本维度

明晰关系质量基本维度毫无疑问对于合作企业间搭建成功关系是非常重要的。

从表 3-5 中可以看出，对于关系质量决定因素，目前学术界主要有五种观点：

（1）Crosby 等人认为，关系质量的决定因素有两个内容：信任和满意。

（2）Mohr 和 Spekman 等人认为，关系质量由信任、承诺、合作、沟通和共同解决问题等五种因素构成。

（3）Storbacka 等人认为，关系质量不仅包括满意、承诺以及沟通，更应该强调社会结合与结构结合。

（4）Wilson 和 Jantrania 等人认为，关系质量决定因素不但包括以上这些学者的观点，更重要的是对于关系营销进行投资。

（5）Naude 和 Buttle 认为，个人能力以及购销双方能够在营销活动中获取利益是关系质量决定性因素。

总体而言，信任与满意是多数文献所公认的关系质量结构的重要维度。Crosby 等人最早提出了这个二维结构。众多学者所提出的维度模型，基本上以其研究为基础，向两个方向演变。一是以关系双方的互动角度为出发点，针对关系管理，增加承诺、沟通质量、冲突解决等维度。另一种研究思路是从关系赢利的角度考虑关系质量的维度，提出关系质量维度应包含满意、承诺、沟通和联系等因素。另外，也有学者从人际交往与关系的区别出发，将承诺、共同目标和关系利益等因素作为关系质量的维度。还有学者从整体质量感知的角度确定关系质量的维度为信任、承诺与总体质量感知等因素。关系质量研究的理论基础已从早期的单一的人际关系理论，扩大到人际关系、交易成本和新古典经济学等多理论的综合研究。

综合以上分析，关系质量包含过程与结果两个涉及价值创造活动的竞争领域，所以关系质量的维度应根据不同行业，从社会交往的角度考虑。例如，B2B行业与营销渠道成员关系中，关系质量维度应包含沟通质量、参与、冲突的处理、关系投资等因素。但无论什么行业背景，信任、满意与承诺都是基本的关系质量维度。一般性的关系质量因果模型如图 3-15 所示。

表 3-5　关系质量的各种决定因素[83][85]

学者 内容	Crosby 等人	Mohr 和 Spekman	Storbacka 等人	Wilson 和 Jantrania	Pete Naude 和 Francis Buttle
信任	√	√		√	√
满意	√		√	√	√
承诺			√		
合作		√			
沟通		√	√		
共同解决问题		√			
结合			√	√	
目标协同				√	
投资				√	
个人能力					√
利益					√

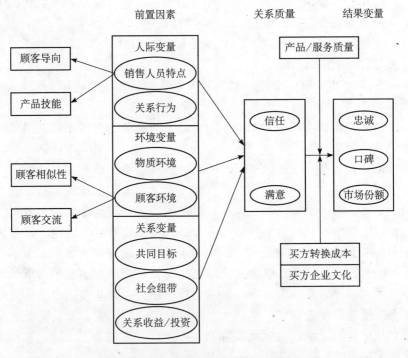

图 3-15　一般性的关系质量因果模型

三、多 Agent 供应链伙伴关系质量在企业中的实践

在关系质量研究领域，"顾客期望—顾客感知—顾客满意—购后行为"是有关顾客购买行为研究的基本模式。尽管关系质量是影响顾客购买行为的非常重

要的干涉变量,但它在研究模式中的位置及其与主要研究变量的关系仍存在不同的看法。

长期以来,服务质量是顾客满意的前置因素。随着关系质量概念的出现,其与服务质量的相互关系已成为学者研究的重要问题。通过引入情节质量(单次交易的服务质量)与关系质量等概念,Liljander 等人认为关系质量不仅是服务质量的结果因素,而且是关系满意的前置因素。他们把关系质量与服务质量看做两个不同的结构。Liljander 等人的研究较好地解释了关系质量与服务质量间的关系,并在传统的行为研究链中加入情节价值与关系价值等新指标去评价顾客感知价值,从而解释关系对顾客感知、顾客满意和顾客购后行为的影响。Liljander 等人的研究结论在零售领域以及专业服务背景中已经得到验证[86]。

不同于 Liljander 等人的观点,有些学者将广义的服务质量概念运用在研究中,指出至少关系质量与服务/产品质量内涵是相互重叠。例如,Hennig 等认为关系质量的基础是服务/产品质量,总质量概念可概括表示这两个概念。

顾客忠诚、顾客维持等顾客购后行为是关系变量的后果被大多学者认同,但关系质量与满意的关系到目前仍存在争议。有学者认为,顾客满意是关系质量的前置因素[81][87]。而另一些学者则认为,顾客满意应该是关系质量的基本维度[88][89]。这两种观点均获得了实证支持。这种争论的原因在于满意的位置与关系质量结构的关系,前者满意在关系质量结构外,而后者满意包含在同样的结构之中。

大多学者的实证结果确认了关系营销活动、关系质量与购后行为之间存在正向关系,以消费者服务行业为研究对象,Roberts 等证明了关系质量比服务质量对于顾客购后行为意图更具解释力[84]。图 3-16 描述了当前关于顾客购买行为的关系质量文献所采用结构框架与具体研究的主要结果。

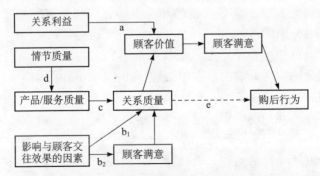

图 3-16　顾客购买行为研究结构中的关系质量

注:a 表示多个服务行业;b_1 表示零售业、美发业;b_2 表示电子消费品制造业;c 表示服务业;d 表示服务业;e 表示多数研究均公认的关系。

综上所述,关系质量是源于关系营销的一种理论,以人际关系研究范式为主，综合了交易成本、关系接触和新古典经济学等方面的研究方法，运用经济学、社会学和心理学等学科知识，研究顾客与企业间的关系满足双方需求的程度，并认知和评价关系效果[87]。关系质量的领域包含在关系的价值创造活动中涉及的过程与结果。由于所研究的行业差异，关系的基本维度目前尚未形成公认的研究成果，但满意、信任与承诺是公认的关系质量基本维度。实证研究证明，关系质量受顾客满意的影响，但它本身是顾客购后行为的前置因素。关系质量还是预示企业绩效的重要指标。

第六节　多 Agent 供应链中的伙伴关系质量发展趋势

1. 多 Agent 供应链中信任发展趋势

代表供应链合作伙伴的 Agent 一般具备以下特征：①Agent 利益共同点比较多，合作更为频繁；②Agent 身份相对固定，一般属于某个特定的组织或联盟；③通常情况下，Agent 都有较长的生存期，合作时间较长；④Agent 间的信任和可靠性比较高。

这些特征决定了多 Agent 供应链信任和 P2P 环境中的多 Agent 信任有较大区别，如何建立基于多 Agent 的供应链信任研究对提高供应链伙伴合作成功率有着重要的意义。

在多 Agent 供应链中动态信任关系建模中，可以在以下几个方面做进一步的工作：

（1）进一步研究动态信任关系的相关性质、信任的表述和度量的合理性。这些是信任关系建模的基础。

（2）多 Agent 供应链中通用信任模型的研究。综合大量信任的比较研究，信任关系在相似的应用系统中具有相似性。而多 Agent 供应链恰恰由诸多相似应用系统构成，适于信任模型的扩展。

（3）多 Agent 供应链中信任模型的评价。对信任模型进行客观的性能评测是信任模型大规模应用前需要关注的一个焦点。

（4）结合其他学科的知识，如机器学习、人工智能等，继续探索适合描述动态信任关系的新模型。

2. 多 Agent 供应链中欺骗识别发展趋势

欺骗作为多 Agent 供应链中 Agent 之间合作形成与发展的主要制约因素，

是多 Agent 供应链理论研究以及实际应用迫切需要解决的一个问题。目前，无论从欺骗产生的原因，还是欺骗的类型、欺骗的识别模型等方面的研究成果相对匮乏，仍需要进行大量深入研究。多 Agent 供应链中欺骗方面的研究可以说仍处于起步阶段。

在多 Agent 供应链中欺骗研究方面，我们可以从以下几点开展进一步的工作：

（1）进一步研究分析造成多 Agent 供应链中欺骗行为的原因，从源头制定抑制欺骗行为的策略。

（2）深入分析多 Agent 供应链中欺骗行为的种类，有针对性地构建欺骗识别模型。

（3）多 Agent 供应链中通用欺骗识别模型的研究。研究多 Agent 供应链中欺骗行为的共性特征，制定适于多行业应用系统的欺骗识别模型。

（4）多 Agent 供应链中欺骗模型的评价。从何种角度，依据哪些因素，客观地进行多 Agent 供应链中欺骗模型性能评价，同样是欺骗模型实际应用需要解决的一个重要问题。

3. 多 Agent 供应链中承诺发展趋势

多 Agent 供应链中关系承诺的内涵在于强调以长远的目光看待彼此的关系，并促使供应链成员企业建立长期的伙伴关系。关系承诺至少由行为承诺和态度承诺两部分构成。关系承诺在供应链合作中起着十分重要的作用，如何评价关系承诺的程度，已成为供应链企业间合作迫切需要解决的问题。虽然部分学者试图构造关系承诺评价模型，但不仅可操作性差强人意，而且缺乏实时性评估的特征。因此，多 Agent 供应链中承诺研究我们仍需从以下几个方面重点开展：

（1）结合我国供应链的特征，继续深入研究关系承诺在供应链中的作用。

（2）深入研究关系承诺对供应链绩效的影响机理。

（3）构建关系承诺评价模型，特别是动态的关系承诺评价模型。

4. 多 Agent 供应链中关系质量发展趋势

虽然，当前关系质量研究取得了一定成果，但在许多方面还需要进一步深化。

（1）在多 Agent 供应链的研究中，通过选取多行业样本实证分析来验证关系质量结构，特别是相比较比服务质量或产品质量来说，关系质量是影响顾客购买行为的更有解释力的变量。运用心理学、社会学等学科的知识，综合多个研究范式改善关系质量的研究方法与研究思路，进一步深入分析关系质量结构的前置、后果因素和基本维度各因素之间的关系，验证关系质量对购后行为的影响效果。

（2）通过多个行业的实证分析来验证关系质量对企业绩效的影响。

（3）对我国特有的混合型关系营销现象进行关系质量模型理论与实证分析。

第七节　本章小结

多 Agent 供应链中关系质量是指供应链中的成员 Agent 根据相应标准，在双方关系互动过程中，对满足自身需求程度的整体认知和评价。其实质是一种无形利益，该利益能够增加企业产品价值，增强交易双方信任与承诺，并维持其长久关系。本章首先介绍了关系质量的基本维度、信任的基本概念、典型的信任模型以及信任体系的构建方法；其次介绍了多 Agent 供应链中欺骗产生的原因、欺骗的种类、欺骗识别方法及抑制机制；再次，针对关系质量的承诺维度，阐述了承诺的有关概念和主要的建模方法；最后，本章汇总关系质量的相关研究成果，论述了关系质量的内涵及其在供应链中的作用，对今后关系质量的研究作了展望。

◇ 参 考 文 献 ◇

[1] Jennings N P, Faratin P. Atonomous agents for business process management. Journnal of Applied Artificail Intelligece, 2000, 14（2）：145～189

[2] 赵书良，蒋国瑞，黄梯云. 一种 Multi-agent System 的信任模型. 管理科学学报，2006，9（5）：36～42

[3] 卓翔芝，王旭，代应. 供应链联盟伙伴企业间的信任评估模型. 计算机集成制造系统，2010，15（10）：1946～1950

[4] 王黎明，黄厚宽，柴玉梅. 基于信任和 K 臂赌博机问题选择多问题协商对象. 软件学报，2006，17（12）：2537～2546

[5] 李小勇，桂小林. 大规模分布式环境下动态信任模型研究. 软件学报，2007，18（6）：1510～1521

[6] 李勇军，代亚非. 对等网络信任机制研究. 计算机学报，2010，33（3）：390～405

[7] 李景涛，荆一楠，肖晓春等. 基于相似度加权推荐的 P2P 环境下的信任模型. 软件学报，2007，18（1）：157～167

[8] Zhou R F, Hwang K. Power trust：a robust and scalabl reputation system for trusted Peer-to-Peer computing. IEEE Transactions on Parallel and Distributed Systems, 2007, 18（4）：460～473

[9] 窦文，王怀民，贾焰等. 构造基于推荐的 Peer-to-Peer 环境下的 Trust 模型. 软件学报，2004，15（4）：571～583

[10] 张骞，张霞，文学志等. Peer-to-Peer 环境下多粒度 Trust 模型构造. 软件学报，2006，17 (1)：96~107

[11] 常俊胜，王怀民，尹刚. Dy Trust：一种 P2P 系统中基于时间帧的动态信任模型. 计算机学报，2006，29 (8)：1301~1307

[12] 姜守旭，李建中. 一种 P2P 电子商务系统中基于声誉的信任机制. 软件学报，2007，18 (10)：2551~2563

[13] Karl K, Mogens N. From simulations to theorems: a position paper on research in the field of computational trust//Gerhard G, Juris H, Jan van L, et al. Formal Aspects in Security and Trust. LNCS 4691, Springer, 2007：97~111

[14] Zoran D, Karl A. P2P reputation management: probabilistic estimation vs. So cial networks. Computer Networks, 2006, 50 (4)：485~500

[15] Audun J. A logic for uncertain probabilities. International Journal of Uncertainty, Fuzziness and Knowledge-Based Systems, 2001, 9 (3)：279~311

[16] Audun J. Trust based decision making for electronic transactions. Proceedings of the 4th Nordic Workshop on Secure Computer Systems (NORDSEC'99). Kista: Stockholm University Press, 1999：1~21

[17] Yu B, Singh M P. An evidential model of distributed reputation management. Proceedings of the 1st International Joint Conference on Autonomous Agents and Multiagent Systems. Bologna, Italy, ACM Press：2002：294~301

[18] Aringhieri R, Damiani E, De Capitani Di Vimercati S, et al. Fuzzy techniques for trust and reputation managem ent in anonymous peer-to-peer systems. Journal of the American Society for Information Science and Technology, 2006, 57 (4)：528~537

[19] Griffiths N. A fuzzy approach to reasoning with trust, distrust and insufficient trust//Kluseh M, Rovatsos M, Payne T R, et al. Proceedings of 10th International Workshop on Cooperative Information Agents. LNCS 4149. Heidelberg: Springer-Verlag, 2006：360~374

[20] Schmidt S, Steele R, Dillon T S, et al. Fuzzy trust evaluation and credibility development in multi-agent systems. Applied So ft Computing Journal, 2007, 7 (2)：492~505.

[21] 唐文，陈钟. 基于模糊集合理论的主观信任管理模型研究. 软件学报，2003, l4 (8)：1401~1408

[22] 徐兰芳，胡怀飞，桑子夏等. 基于灰色系统理论的信誉报告机制. 软件学报，2007, 18 (7)：1730~1737

[23] 李德毅，孟海军，史雪梅. 隶属云和隶属云发生器. 计算机研究与发展，1995，32 (6)：15~20

[24] 李德毅，刘常昱. 论正态云模型的普适性. 中国工程科学，2004, 6 (8)：28~34

[25] He R, Niu J W, Zhang G W. CBTM：A trust model with uncertainty quantification and reasoning for pervasive computing. LNCS3758. Berlin: Springer-Verlag, 2005：541~552

[26] 徐兰芳，胡怀飞，王爱民等. 基于灰色理论的主观信任计算方法. 华中科技大学学报（自然科学版），2007, 35 (11)：92~95

[27] Blaze M，Feigenbaum J，Lacy J．Decentralized trust management//Proc．of the 1996 IEEE Symp．on Security and Privacy．Washington：IEEE Computer Society Press，1996：164～173

[28] Chang E，Thomson P，Dillon T，et al．The Fuzzy and Dynamic Nature of Trust．LNCS 3592．Berlin：Springer-Verlag，2005：161～174

[29] Ruohomaa S，Kutvonen L．Trust Management Survey．LNCS 3477．Berlin：Springer Verlag，2005：77～92

[30] Song S，Hwang K，Zhou R，et al．Trusted P2P transactions with fuzzy reputation aggregation．IEEE Internet Computing，2005，9（6）：24～34

[31] 李辉．面向供应链合作的信任维系协调体系的研究．高技术通讯，2007，17（8）：824～829

[32] Almenarez F，Matin A，Campo C，et al．PTM：A pervasive trust management model for dynamic open environments//Proc of the 1st Workshop on Pervasive Security，Privacy and Trust．Boston，2004，http：//jerry．c-lab．de/ubisec/publications/PSPT04_PTM．pdf

[33] Almenarez F，Marin A，Campo C，et al．TrustAC：Trust-Based access control for pervasive devices．LNCS 450．Berlin：Springer-Verlag，2005：225～238

[34] 李小勇，桂小林．动态信任预测的认知模型．软件学报，2010，21（1）：163～176

[35] Jameel H，Hung L X，Kalim U，et al．A trust model for ubiquitous systems based on vectors of trust values//Proc．of the 7th IEEE Int'l Symp．on M ultimedia．W ashington：IEEE Computer Society Press，2005：674～679

[36] Sun Y，Yu W，Han Z，et al．Information theoretic framework of trust modeling and e-valuation for adhoc networks．IEEE Journal on Selected Areas in Communications，Selected Areas in Communications，2006，249（2）：305～319

[37] Theodorakopoulos G，Baras J S．On trust models and trust evaluation metrics for adhoc net-works．IEEE Journal on Selected Areasin Communications，2006，24（2）：318～328

[38] Theodorakopoulos G，Baras J S．Trust evaluation in ad-hoc networks//Jakobsson M，Perrig A et al．WiSe'04，ACM Workshop on Wireless Security．Philadelphia，USA：ACM Press，2004：1-10

[39] Sun Y，Yu W，Han Z，et al．Trust modeling and evaluation in adhoc networks．//Proc of the Global Telecommunications Conf．，Globecom 2005．Washington：IEEE Computer Society Press，2005：1～10

[40] 李小勇，桂小林，毛倩等．基于行为监控的自适应动态信任度测模型．计算机学报，2009，32（4）：664～674

[41] 孟祥怡，张光卫，刘常昱等．基于云模型的主观信任管理模型研究．系统仿真学报，2007，19（14）：3310～3317

[42] 王新生，温学谦，刘丹等．普适环境中基于云理论的信任模型．计算机工程，2010，36（7）:282～284

[43] Melaye D，Demazeau Y．Bayesian Dynamic Trust Model．LNCS 3690．Berlin：Springer-Verlag，2005：480～489

［44］孙玉星，黄松华，陈力军等. 基于贝叶斯决策的自组网推荐信任度修正模型. 软件学
报，2009，20（9）：2574～2586

［45］Song S S，Wang H. K. Fuzzy trust integration for security enforcement in grid compu-
ting//Proc of the Int'l Symp. on Network and Parallel Computing（NPC 2004）. LNCS
3222，Berlin：Springer-Verlag，2005：9～21

［46］Kaelbling L P，Littman M L，Moore A W. Reinforcement learning：a survey. Journal of
Artificial Intelligence Research，1996，（4）：237～285

［47］Duma C，Shahmehri N. Dynamic trust metrics for peer to peer system//Proc. of the 16th
Int'l Workshop on Database and Expert Systems Applications（DEXA 2005）. Washing-
ton：IEEE Computer Society Press，2005：776～781

［48］赵书良，蒋国瑞，黄梯云. 基于信用和关系网的 Multi-agent System 信任体系. 计算机
工程，2006，32（8）：198～200

［49］李常洪，寇纪淞，李敏强. 多 Agent 合作中的欺骗及其对策. 天津大学学报（社会科学
版），2003，5（2）：137～139

［50］赵书良. 多智能体合作理论与方法及其在商务智能中的应用. 北京工业大学博士论文，
2006：41～60

［51］Dwyer F R，Oh S. Output Sector Munificence Effects on the Internal Political Economy of
Marketing Channels. Journal of Marketing Research，1987，24（November）：347～358

［52］Moorman C，Zaltman R G D. Relationships between providers and users of marketing re-
search：the dynamics of trust within and between organizations. Journal of Marketing Re-
search，1992，（29）：314～329

［53］Doney P M，Cannon J P. An examination of the nature of trust in buyer-seller relation-
ships. Journal of Marketing，1997，61：35～51

［54］Rober M M，Shelby D H. The commitment-trust theory of relationship marketing. Jour-
nal of Mardeting，1994，（58）：20～38

［55］Anderson E，Weitz B. The use of pledges to build and sustain commitment in distribution
channels. Journal of Marketing Research，1992，29（1）：18～34

［56］Keysuk K，Gary L F. Measurement of distributor commitment in Industrial channels of
distribution. Journal of Business Research，1997，（40）：139～154

［57］王泽华，虞晓君，李怀祖等. 营销渠道成员承诺关系价值研究. 商业研究，2003，（9）：
27～29

［58］Meyer J P，Allen N J. A three component conceptualization of organizational commit-
ment. Human Resource Management Review，1991，（1）：61～89

［59］Brown J R，Lush RF，Nicholson CY et al. Power and relationship commitment：their
impact on marketing channel member performance . Journal of Retailing，1995，（71）：
363～392

［60］Gundlach G T，Achrol R S，Mentzer J T. The structure of commitment in exchange.
Journal of marketing，1995，（59）：78～92

［61］Buchanan B. Building organizational commitment：the socialization of managers in work organizaions. Administrative Science Quarterly, 1974, (19): 533~546

[62] Noordewier T G, John G, Nevin J R. Performance outcomes of pruchasing arrangements in industrial buyer-vendor relationships. Journal of Marketing, 1990, 50 (October): 80~93

[63] Anderson J C, Narus J A. A model of distributor firm and manufacturer firm working partnerships. Journal of Marketing, 1990, (54): 42~58

[64] 吴强军. 顾客关系承诺的形成机理与理论模型. 浙江大学学报（人文社会科学版）, 2004, 34 (4): 77~83

[65] Becker H S. Notes on the concept of commitment. The American Journal of Sociology, 1960, (66): 32~42

[66] 云虹. 主成分分析法在承诺评价模型中的应用. 管理学报, 2006, 3 (5): 538~542

[67] Shelby D H, Nevin J R. Power in a channel of distribution: sources and conseque-nces. Journal of Matketing Research, 1974, (5): 186~193

[68] Shamdasani P N, Jagdish N S. An experimental approach to investigating satisfaction and continuity in marketingalliance. European Journal of marketing, 1995, (4): 6~23

[69] Selnes F. Antecedents and consequences of trust and satisfaction in buyer-seller relationships. European Journal of Marketing, 1998, 32 (3): 305~322

[70] Johnson M D, Selnes F. Customer porfolio management: toward a dynamic theory of exchange relationships. Journal of Marketing, 2004, 68 (April): 1~17

[71] Morgan R M, Hunt S D. The commitment-trust theory of relationship marketing. Industrial Marketing Management, 1994, 27 (4): 20~39

[72] Dupont R. Relationship marketing: a strategy for consumer-owned utilities in a restrue-tured industry. Management Quarterly, 1998, 38 (4): 11~17

[73] Garbarino E, Johnson M S. The difierent roles of satisfaction, trust and commitment in customer relationship. Journal of Marketing, 1999, 63 (2): 70~88

[74] Bauer H H, Grether M, Mark L. Building customer relations over the internet. Industrial Marketing Management, 2002, 31 (2): 1~9

[75] Kent J I, Mentzer J T. The effect of investment in interorganizational inform ation technology in a retail supply chain. Journal of Business Logistics, 2003, (2): 155~175

[76] Levitt T. After the sale is over. Harvard Business Review, 1983, 61 (5): 87~93

[77] Lawrence A C, Kenneth R E, Deborah C. Relationship quality in services selling: an interpersonal influence perspective. Journal of Marketing, 1990, 54 (3): 68~81

[78] Liljander V, Strandvik T. The nature of customer relationships in services// Teresa A S, David E B, Stephen W B, et al. Advances in Services Marketing and Management. Vol. 4, London: JAI Press Inc, 1995: 141~167

[79] Holmlund M. The D&D model: dimensions and domains of relationship quality perceptions. Service Industries Journal, 2001, 21 (3): 13~36

[80] Johnson J L. Strategic integration in industrial distribution channels: managing the interfirm relationship as a strategic asset. Journal of the Academy of Marketing Science, 1999, 27 (1): 4~18

[81] Dorsch M J，Swanson S R，Kelley S W. The role of relationship quality in the stratifica-tion of vendors as perceived by customers. Journal of the Academy of Marketing Science，1998，26（2）：128～142

[82] Hennig-Thurau T，Klee A. The impact of customer satisfaction and relationship quality on customer retention：a critical reassessment and model development. Psychology & Marketing，1997，14（8）：737～765

[83] Smith J B. Buyer-seller relationships：similarity，relationship managements，and quality. Psychology & Marketing，1998，15（1）：321

[84] 莫庆舌. 供应商关系功能对 BtoB 关系质量的影响研究. 浙江大学硕士学位论文，2006：11～12

[85] 蔡蓉，周洁如. 关系质量因果研究述评与模型整合. 安徽农业科学，2007，35（4）：1183～1184，1186

[86] Keith R，Sajeev V，Rod B. Measuring the quality of relationships in consumer services：an empirical study. European Journal of Marketing，2003，37（1 - 2）：169～196

[87] Hennig T T. Relationship quality and customer retention through strategic communication of customer skills. Journal of Marketing Management，2000，16（Jan - Apr/ 1-3）：55～79

[88] Hennig T T，Gwinner K P，Gremler D D. Understanding relationship marketing out-comes：an integration of relational benefits and relationship quality. Journal of Service Re-search，2002，4（Feb/ 3）：230～247

[89] Shamdasani P N，Balakrishnan A A. Determinants of relationship quality and loyalty in personalized services. Asia Pacific Journal of Management，2000，17（Dec/ 3）：399～422

[90] 陈英毅. 企业间营销关系：关系、互动和价值. 上海：上海财经大学出版社，2006：156

第四章

供应链管理系统仿真

在制造业供应链管理的过程中，计算机仿真一直是不可缺少的工具，在节约经费、缩短开发周期、提高产品质量等方面发挥了巨大作用。制造业竞争的日趋激烈，促使各国研究、应用先进管理理念和制造技术。信息技术的快速发展，为计算机仿真提供了技术支持。计算机仿真与网络技术结合所带来的仿真分布性、与图形和传感器技术相结合所带来的仿真交互性、与多 Agent 相结合所带来的仿真智能性，以及仿真技术应用的集成化，是仿真技术在制造业及其供应链管理中应用的新趋势。本章将重点归纳并总结制造业供应链管理中的系统仿真的基本概念、主要建模方法和常用仿真软件平台。

第一节　制造业供应链管理系统仿真概念

按照仿真技术应用的对象不同，可将制造业中应用的仿真分为四类：面向产品的仿真、面向制造工艺和装备的仿真、面向供应链管理的仿真、面向企业其他环节的仿真。本节先从制造业供应链的仿真概念和建模方法开始讨论。

一、供应链系统仿真概念

针对供应链系统中存在许多不确定因素以及数据种类繁多、缺乏积累等问题，企业常常采用供应链仿真方法，来提供问题的解决方案，为决策者提供辅助支持。

（一）供应链仿真概念

仿真是通过计算机来运行仿真，模拟时间系统的运行状态及其随时间变化的过程，并通过对仿真运行过程的观察和统计，得到被仿真系统的仿真输出参数和基本特性，以此来估计和推断实际系统的真实参数和真实性能。计算机仿真的类型有连续系统仿真[1]、混合系统仿真[2]、蒙特卡罗仿真（Monte Carlo simulation)[3]等。

供应链仿真是仿真技术在供应链上的应用，是通过仿真的手段来估计和推断供应链系统中的复杂问题和不确定问题的最佳解决方案。在建模基础上对所设计的供应链进行仿真，并根据仿真结果进行优化设计，从而保证所设计的供应链是最优的。在构建供应链时，可能在供应链的某些环节上有若干个企业可供选择，具体选择哪个（或哪些）企业加入供应链，不可能凭直观选择，需要进行仿真优化，筛选出最佳合作伙伴及其组合。在运作管理，例如采购与销售管理、库存管理、订单处理模式、运输管理等各方面，应用仿真技术可以辅助决策设计与评价。在建立仿真模型时，应该考虑到各种复杂因素，包括战略性和运作性因素，结构上的和参数上的随机性因素等，适用于分析全面的供应链模型以及评价现有策略。

供应链仿真具有良好的动态适应性，可以帮助预测供应链中各类需求的发展趋势，评价现有订单的运行情况，评价供应商的可信度，有利于降低供应链的管理成本，提高供应链管理效率，并对管理做合理优化。

（二）供应链系统建模

供应链系统建模的主要目的是为了支持供应链管理中的各项分析和决策活动。供应链系统建模经历了从简单模型到复杂模型，单阶段模型到多阶段模型，单产品模型到多产品模型，加工中心模型、车间模型、企业模型、上游和下游模型到整个供应链模型，确定型模型（变量已知而且是确定的）到随机型模型（变量未知但假设服从某一分布）的发展过程。

通过供应链系统建模能够给管理决策人员提供以下四方面的帮助[4]：

（1）在一定条件下，确定最优的库存和服务水平之间的对应关系；

（2）分析和预测供应链中的不确定因素，确定安全库存水平和订货策略，最终优化投资；

（3）评估各种方案以便选择其中最有利的方案；

（4）进行面向供应链管理的设计，评价不同设计和工艺对供应链运行中库存和服务水平的影响，通过协调提高整体效益。

从传统意义上来说，系统建模属于系统辨识技术的范畴，也就是说是从真实系统到系统模型的抽象过程，是仿真建模的基础。

由于供应链自身的复杂性，建模活动涉及范围的广泛性，处理问题的多样性，因此所需要的模型有战略层的，也有运作层的；有定量的，也有定性的。虽然目前不同文章中使用的模型各异，但就常用的建模方法而言，基本上可以分为基于运筹学的建模方法、基于控制论的方法和基于系统仿真的建模方法三类。其中基于系统仿真的建模方法主要包括：面向过程的方法、基于离散事件仿真的方法、基于多智能主体的方法、系统动力学方法等。

（三）供应链系统仿真

系统仿真（或称计算机仿真，也称计算机模拟）是通过建立仿真模型，在计算机上模拟真实系统的运行过程从而得到问题求解的一种研究方法[5][6]。作为分析和评价现有系统运行状态或设计优化未来系统性能与功能的一种技术手段，它通过运行具体仿真模型和对计算机输出信息的分析，实现对实际系统运行状态和变化规律的综合评估与预测，进而实现对真实系统设计与其结构的优化[4]。

系统仿真包括系统建模、仿真建模和仿真试验三个基本活动[7]，三个基本活动相互联系、相互制约，它们的关系如图 4-1 所示[4]。

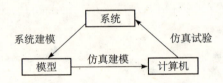

图 4-1　仿真三要素及三个基本活动示意图

供应链系统仿真是针对不同形式的供应链系统存在的复杂问题研究其算法的求解，并使其在计算机上得以实现的过程。供应链系统仿真主要包括离散事件系统仿真和多智能体仿真两种类型[7]。

供应链系统离散事件仿真是应用最早的供应链仿真方法，该方法比较常用的有事件调度法、活动扫描法和进程交互法。事件调度法是面向事件的方法，其具体做法是定义事件集合，并按照时间顺序处理所发生的一系列事件。事件集合中的事件都是预先指定的，而且状态的发生时间也是确定的，因此，事件调度法比较适合于活动持续时间比较确定的系统。活动扫描法的基本思想是：系统由成分组成，而成分包含着活动，这些活动的发生必须满足一定的条件；同时每个主动活动的成分均有一个相应的活动子例程；仿真过程中，活动的发生时间也作为条件之一，而且比其他条件拥有更高的优先权。进程交互法将模型中的主动成分所发生的事件及活动，按照时间顺序进行组合，从而形成进程表，一个成分进入系统的进程，将完成该进程的各项活动[4]。

供应链系统多智能体仿真是通过建立基于多智能体的信息系统来支持供应链的运行。采用多智能体信息系统方法构建供应链的订单流程模型，业务流程再造，实施改善订单流程策略的评估和一些供应链结构的仿真分析，研究不同供应链策略，如需求管理策略、信息共享策略、物料分配策略等对企业订单完成情况的影响。仿真分散组装供应链中的订单履行过程，进一步研究智能体之间的协调机制和行为模式。通过仿真获得相关的性能指标数值，为供应链管理的优化决策和业务流程再造提供依据。

近年来，伴随着许多成熟的仿真软件的引入和使用，各种仿真建模方法解决供应链问题的适用性也得到了大幅度提高。很多学者进行了物流与供应链管理的仿真与建模方面的研究。高翔、林杰等的仿真强调供应链上游及下游企业间的信息共享与相互协作，并根据供应链中不同的信息作出相应的决策。它将整个供应链分为三层结构，即供应商、制造商和销售商，另外还有运输商负责不同层面之间的联系，并通过建模仿真对系统进行优化，提高系统的整体适应能力[8]。

彭建刚在分析供应链管理的基础上，提出了"一流二网三关系"的供应链建模思想[9]："一流"指订单信息流；"二网"指物流网和资源网；"三关系"指客户关系、动态关系和集成关系。同时对供应链建模的混合整数规划和统一优化方法论作了论述，为供应链的建模提供了较为实用的方法。彭晨[10]等应用供应链思想对煤炭供应链进行研究，应用 Petri 网对供应链物流及供应流运行过程进行建模，然后运用子过程分析煤炭供应链存在的问题，最后结合煤炭供应链过程模型运用 VB 方法完成供应链决策过程的可视化仿真，找出煤炭供应链运营瓶颈。在二级供应链研究方面，郭士正[11]研究了服务销售系统的二级供应链模型，对设施选址和市场顾客配置的混合整数规划问题进行了讨论。

二、供应链系统建模方法

供应链跨越了计划、采购、制造、仓储、配送、分销等诸多环节，将供应商、制造商、分销商和用户衔接在一起，构成了供应链系统，它的建模涉及面广，仿真非常普遍和实用。这里我们将供应链系统主要建模方法进行介绍。

1. 基于 Agent 建模

多 Agent 具有良好的顽健性和灵活性，它强调分布式自主决策以及各个 Agent 之间协作解决问题的能力，正好适合于供应链在实际运行中所表现出来的自治性、分布性、并行性和动态性特征。基于 Agent 供应链建模借鉴了这些特征，采用 Agent 作为系统建模的元素。

在供应链的研究中采用 Agent 技术时，有一个观念很重要，那就是：Agent 技术的介入不是对传统技术（如非线性动力学方程、博弈论等）的替代，它们之间的关系应该是相互融合、互为补充、相互促进和共同发展，使研究手段更为完善并不断进步。所以从技术的角度来讲，基于 Agent 的供应链建模与仿真技术应该是以 Agent 为核心概念，以 MAS 为框架，将传统的研究技术（如数学手段等）和先进的计算机科学技术（如计算机网络技术、分布式技术等）、人工智能技术（如神经网络、模式识别等）融合在一起而形成的先进技术，与其他的技术相比，它是一种更有效、更先进和更有发展前景的技术手段。

2. 面向过程建模

一般用于物流系统仿真建模的通用仿真软件都是采用面向过程建模的。IBM 公司为进行供应链管理，运用通用仿真系统 SIMPROCESS 建立了公司的供应链仿真模型 IBM-SCS（supply chain simulator）。该系统由面向过程的供应链仿真器、存储优化器、供应计划器、数据库和财务报告制表等部分构成，可对顾客、制造商、分销商、运输商、存储策略、需求预测和供应计划进行仿真[12]。通过仿真实验对供应链的动态行为进行分析和决策，从而给出经过优化的策略。不过该系统只适用于特定的行业，不具有通用性。

ARIS（architecture of integrated information system）是德国 Saarland 大学的 Scheer 教授研究并提出的一种面向过程的模型结构[13]。它构思一个集成化的信息系统模型框架，在这个框架中发展、优化集成应用系统，并转换为电子数据处理（EDP）技术实施。该模型结构通过面向对象的方法描述了企业的组织视图、数据视图、过程视图和资源视图，同时通过控制视图来描述这四个视图之间的关系。面向企业信息系统实施的生命周期，它包含了需求定义、设计说明和实施描述三个阶段的内容。同时，它还说明了业务管理如何检验和分析信息系统，把信息系统的内容转换为 EDP 可利用的形式。供应链中各项活动和决策都可以用业务流程的方式来描述，而 ARIS 体系结构特有的控制视图，是一种面向流程的视图，可以系统地描述供应链中的业务流程，因此可以采用 ARIS 企业建模方法进行供应链建模。同时，用 ARIS 中的资源视图来描述供应链中的资源分类、资源构成、资源结构、资源流、资源之间的联系及其与其他视图模型元素之间的联系等方面的时候，可以方便地描述物流系统中资源与需求之间的平衡关系。

根据供应链协会（supply chain council，SCC）开发的供应链运营参考模型（supply chain operation reference model，SCOR 模型），我们知道供应链的流程已经进行了详细的定义。SCOR 模型的框架由五个基本的管理流程组成，它们分别是计划、采购、生产、配送和退货管理流程，每个流程都有相应的支持系统。计划流程将预期的资源合理组合来平衡能力与需求，同时通过协调全局的计划来平衡总体需求。采购、生产、配送和退货流程又统称为实施流程。实施流程以计划或实际的需求为驱动，在实施过程中改变产品的状态，包括日程安排、原材料的转化以及服务和产品的运输。支持流程包含供应链管理的基础工作，包括规则的建立和管理、业绩表现评估、信息系统与数据管理、库存管理、资产管理、运输管理、供应链配置管理、遵守法规管理等。

3. 基于 Petri 网建模

Petri 网是对离散并行系统的数学表示，适合于描述异步的、并发的系统模型，它有直观的图形表达方式，有丰富的系统描述手段和系统行为分析技术。经典的 Petri 网是简单的过程模型，由两种节点（库所和变迁），有向弧以及令牌等元素组成的。一个流程的状态是由在场所中的令牌建模的，状态的变迁是由变迁建模的。令牌表示事物（人、货物、机器）、信息、条件或对象的状态；库所代表库所、通道或地理位置；变迁代表事件、转化或传输。

采用 Petri 网这一形式化建模工具进行供应链建模是常用的方法之一。在仿真模型建立起来后，应用一种基于 Stateflow[14] 的仿真方法，把 Petri 网的动态特性用有限状态机（finite state machine）的状态迁移来表示。通过 Stateflow 与 Simulink 的嵌合使用建立基于 Matlab 平台的仿真模型，运行仿真程序，得出仿真结果。根据实际的库存系统案例，通过仿真模型求解得出仿真结果。并且通过调整存储策略，改变方案，使系统的评价指标得到提高。

4. 基于系统动力学建模

系统动力学的概念最早是 Forrester 在其著作 *Industry Dynamies* 中提出的。他建立了三阶段物流系统仿真模型[15]，采用系统动力学对"牛鞭效应"（供应链下游需求变化在传输到供应链上游时发生了放大的情况）进行了研究。Minegishi 建立了一个食品供应链的系统动力学仿真模型，通过仿真研究该供应链的动态行为对其进行控制和管理[16]。王春喜等以系统动力学仿真模型分析研究了面向现代集成制造系统 C(IM)S、供应链（SC）及其管理 S(CM)系统，建立了面向 CIMS 的供应链系统动力学模型[17]。

第二节 多 Agent 制造业供应链管理系统建模

随着供应链管理理论的研究和人工智能尤其是智能体技术的不断发展，利用具有一定自主推理、自主决策能力的多 Agent 技术来模拟和优化供应链管理，已经成为供应链系统智能化管理新的方向。

一、供应链引入多 Agent 技术

在激烈的市场竞争中，要满足顾客更新、更快、更个性化的需求，供应链整体必须具备高度响应性和协作能力。但是由于各个合作企业所处地区不同，并且处于动态的多种不同的环境中，协作变得十分困难。考虑到 Agent 能代表用户来寻找和过滤信息、协商服务、能监视环境的状况、能自动完成复杂任务并且能与其他 Agent 合作来解决复杂的问题，因此多 Agent 技术提供了一个在混合环境中设计和实施供应链管理的网络方法。

多 Agent 系统（MAS）是由多个 Agent 组采用集中式或者分布式组成的一个相互合作、相互作用和完成某些复杂目标或任务的系统，如图 4-2 所示[18]。

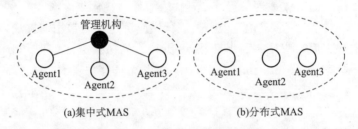

(a)集中式MAS   (b)分布式MAS

图 4-2   MAS 的基本结构图

在 MAS 中，每个智能 Agent 除了发挥其本身所具有的自治/自适应性、协作性、异构性和通信性等特点之外，还与其他 Agent 一起共享相关问题及其求解方法的知识，有效地提高系统的并行计算能力，使其具有灵活性、适用性和扩展性，从而实现全局的目标[19]。多 Agent 仿真方法正好是借鉴了 MAS 的这些特点，才采用智能 Agent 作为仿真系统建模的基本元素。供应链系统作为一个 Agent 系统，其成员可以由不同的 Agent 来表示，图 4-3 为一个用多 Agent 仿真方法建立的供应链协调模型。在多 Agent 系统中，顾客发出的需求信息通过人机接口输入到计算机中，由 Agent 模块内部和 Agent 模块之间进行信息传递，最终输出仿真结果供用户使用。

基于多 Agent 的分布式仿真方法是通过具有自治性的 Agent 之间其信息的共享来实现对供应链成员的信息协调[20]。分布式多 Agent 仿真模型包括供应商、生产商、销售商和管理协调中心节点 Agent，各仿真 Agent 对应着实际的子系统，通过输入不同的仿真方案进行仿真器间的相互操作，对产生的不同仿真结果和协调策略进行分析。但是，目前用这种方法研究供应链协调的实用系统相对还很少。图 4-4 是供应链的一个分布式多 Agent 仿真模型。

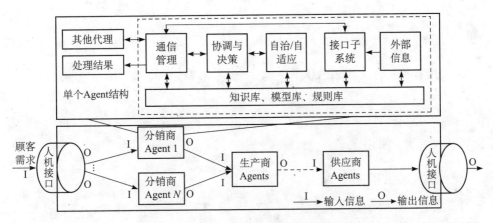

图 4-3　基于多 Agent 的供应链仿真模型图

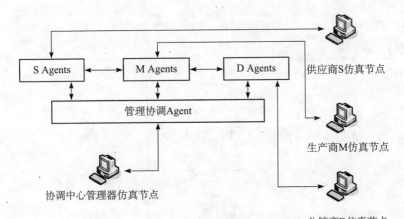

图 4-4　分布式多 Agent 供应链仿真模型图

　　协商、协调的理论和方法有很多，Ephrati 等提出了集中与分布相结合的协调方法，在他们的方法中，Agent 组织成层次结构，上层的监控 Agent 对下层的受控 Agent 有部分的控制能力。关于协商与冲突处理问题，Victor Lesser 提出了一种基于知识的协商方法来处理冲突，为了使每个 Agent 根据自己及其他 Agent 的观点进行推理，Agent 之间需要共享有关领域问题的背景知识。一些学者先后用对策论的方法对合作类与非合作类的 Agent 的协商与冲突处理问题进行了研究，并形成了一般的理论。

　　供应链仿真是仿真技术一个新的应用领域。作为解决复杂性、不确定性问题的有效工具之一，基于 Agent 仿真已经被用于解决供应链设计、重组、协调和优化等各个方面的问题，不仅使供应链成员在协同、协作的基础上进行供应链的设计和优化成为可能，同时已经产生了巨大的经济效益。但目前基于 Agent

的供应链仿真，仍处在研究阶段，还需要进一步的努力才能把它们应用到实际的供应链管理中去。

二、基于多 Agent 供应链系统建模思想

Agent 已成为计算机领域和人工智能领域研究的重要前沿。与此同时，许多领域都在借鉴或采用该概念或思想理念进行其领域的研究工作。

1. 基于 Agent 的建模思想

供应链管理决策的过程如图 4-5 所示，其中设计模拟情景是因为不同决策需求对模拟模型的细化的程度要求不同，因此建模时针对决策问题对模型进行合理的抽象。通过这个过程可以帮助决策者在决策的过程中采用合适的技术，同时也可以帮助我们理解系统模拟在供应链管理决策中的目标，帮助我们分析模拟系统的要素。

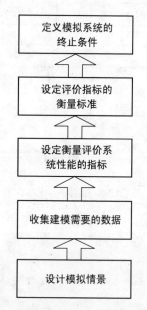

图 4-5 供应链管理决策的过程图

由于 Agent 技术具有巨大的理论和技术优势，所以除了计算机科学领域外，在复杂系统科学等学科中，基于 Agent 的建模技术已成为最为重要的研究手段之一[21][22]。基于 Agent 的建模其核心思想可以概括为：

（1）对系统进行 Agent 抽象。根据组成实际系统的物理实际和系统目标的要求，将系统的相应实体或特定功能抽象为 Agent。其中，Agent 是一个自治的

计算实体（软件 Agent），它能真实合理地反映相应实体的自治特性（有、没有或自治程度等）以及相应的行为和状态。

（2）Agent 之间的交互。组成系统的 Agents 为实现自己和（或）系统的特定功能，它们之间需要交换信息和（或）提供服务，所以必须要进行交互，协同运作（Agents 之间可能有冲突，必须相互协调）。系统的 Agents 可能只需要局部的信息就可以完成相应的使命，它们在地理上允许是分布的。

（3）Agent 的智能。根据研究的需要和技术的可行性，可使 Agent 具有合适的智能特性（如理性、诚实性等）。

这样，可以从方法论的高度来抽象这种建模方法：基于 Agent 的建模方法是一种基于个体（该个体可能有智能）及个体之间交互的方法，它兼顾了组成系统的个体的真实物理性状（如自治性、地理上的分布性等）和系统的整体性（个体之间的协作），其最显著的特点是系统中的个体不再仅是组成系统的零部件，而是具有活性的实体（当然，不强调系统中所有个体都这样，但完全可以这样来处理）。由于该方法更能接近研究人员（或开发者）所面临的系统实际，同时又能提供相应的技术支持，所以得以迅速地推广和应用。

基于 Agent 建模的这些基本思想使其具有极为诱人的应用前景：一方面，在实际应用上，它可以为具有模块化、分散化、可变性、非结构化、复杂性等特征的应用问题提供更为合理的解决方案；另一方面，除了计算机及其相关学科外，它还可以在生物学、经济学、政治学、行为科学等领域得以广泛应用。

2. 基于 Agent 的供应链建模步骤

按照基于 Agent 建模的基本思想，在一般情况下，基于 Agent 的供应链系统模型是由若干个 Agent 组成的多 Agent 系统。为了建立多 Agent 系统模型，可按如下步骤来实施（图 4-6）：

图 4-6　基于 Agent 的系统建模顺序图

（1）识别 Agent，即识别系统中所有反映问题域和系统目标的实体，并将其确定为相应 Agent 的候选者。这将要处理的关键问题就是：抽象的粒度（什么层次上的抽象）和抽象的内容（什么被抽象为 Agent）。

（2）建立个体 Agent 特征模型，即确定 Agent 的结构与特征，包括内部状态（内部数据，如变量）和行为规则（如函数、方法等），也就是个体 Agent 的模型。当前较为成熟的 Agent 模型有：基于逻辑的 Agent 模型（类似于专家系统）、反应式 Agent 模型（类似于一般的控制器）和信念-愿望-意图 Agent 模型（即 BDI 模型）等，这些模型都可以统一按照如图 4-7 所示[23] 的通用模型来处理，即确定每个 Agent 的状态和行为：用来获取外部信息的感知器和作用于环境（或改变自身的状态）的效应器。

（3）建立 MAS 的体系结构，即对组成系统的 Agent 群体进行集成，它所解决的主要问题是 Agents 之间的层次关系以及它们之间的交互（如通信、协调等问题）。

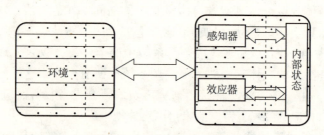

图 4-7　Agent 的通用模型图

利用（2）中所建立的模型，就可以对系统进行仿真（在研究上）或演练（在应用系统的开发上）。仿真的过程大致上可以用图 4-8 所示的伪码来说明，从该图中可以看出，其本质上是离散事件仿真过程。在有的时候，问题的关键是要处理好 Agents 之间的并行性。例如，在单机单处理器情况下，要设置一个隐含时钟并对并行 Agents 的执行顺序进行随机性处理；在多处理器的并行计算机上，为每个 Agent 安排一个处理器，实现真正意义上的并行运行；在网络环境下，一台机器上可有一个或多个 Agent，每台机器同时异地运行。当然，实际的处理时需要更为烦琐、细致和深入，它随硬件、软件环境的不同而有所区别。

```
Typcial_Agent_Model Simulation Program:
    Begin
      Get paprmetres;
      Inilitiale Agents;
        Repeat:
        Agent_working_or_Interaction;
        Statistics&Analyze;
        Show_states;
        and so on;
        Until done
    End
```

图 4-8　典型的基于 Agent 的模型的仿真程序图

三、基于多 Agent 供应链系统建模过程

供应链管理的最终目标是通过协调供应链成员的关系，使供应链成员加强合作和信息交互，在利益共享、风险共担的原则下，提高供应链的整体绩效。供应链网络中的各个成员都具有自主决策或半自主决策的能力，它们会自发地作出决策，彼此交流，有着错综复杂的关系[24]。因此，为了提高供应链的运作效率，各个成员必须以协调方式工作，在协调基础上制订各种计划和作出正确的决策。传统的分布式供应链仿真可以在一定程度上解决供应链协调问题，但其仿真成员不具有主动性和自主性，是被动的实体。而 Agent 技术具有自主性、交互性、反应性和主动性的特点，这些特征为建立供应链协调仿真模型提供了有效的方法。

1. 供应链系统实体模型的建立

在供应链系统中，遗传算法首创者 Holland 教授提出了复杂自适应系统（CAS），该系统的核心思想是"适应性造就复杂性"，其最基本的概念是具有适应性的主体（adaptive agent）。在复杂自适应性理论中，每个适应性主体其自身具有简单的内在局部联系，若把这些主体视为一个整体，就会表现出一种有趣的、复杂的或"涌现的"行为，同时给人们也展现出一个全新的世界。因此，在分析和描述系统的发生、学习、适应、创新等行为的本质的时候，复杂自适应理论比简化的、线性的传统理论显得更为容易，并且能够在设计实现经济、管理等方面的复杂系统中得到应用。

供应链系统是由一些独立或者半独立的经济实体所形成的网络体系。一般制造业的供应链系统主要包括供应商、制造商、装配商、零售商四个经济实体，每个实体内部同时又包含了众多部门和业务环节，表现出一种复杂的或"涌现的"行为，是一个典型的复杂自适应系统，如图 4-9 所示。从全局最优化角度考虑而采用的传统数学建模方法建立的业务模型，虽能对供应链实行计划管理和作业调度，但由于供应链中相对独立或半独立的企业实体具有各自的不同目标，因此在现实中这种从全局最优化的考虑较难实现。

在一个典型的制造企业供应链系统中，常用具有适应性的 Agent 组成多 Agent 系统。在企业实体层，假设该系统包括三个供应商、两个制造商和四个装配商。其中，供应商负责将外围的原材料进行初步加工，为制造商提供可以直接用来生产的组件；制造商负责生产和制造客户所需的不同产品，是整个供应链的核心；装配商负责根据客户订单装配出满足客户数量、质量和不同个性需求的产品。在该系统中，为了方便研究同时又不影响仿真的代表性，可以不

考虑最外围的零售商和原材料供应商；则整个供应链系统以客户订单为驱动，根据客户需求进行产品设计和制造，以实现"拉动式"生产。整个系统的物流单向且不考虑逆向性；双向的信息流主要包括订单信息以及各实体中的库存信息。这种对制造企业供应链系统的简化建模，不仅能真实地描述供应链实体之间和各 Agent 相互之间的交互、协商关系，通过 Agent 属性的变化，而且能真实地反映现实世界中实体的变化情况。

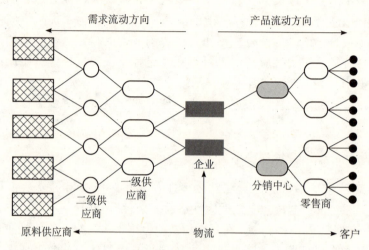

图 4-9　供应链网络图

2. 基于多 Agent 制造业供应链业务流程描述

供应链系统的每个实体是一个完整独立的 Agent，同时也是独立的 CAS，由多个具有简单功能的子 Agent 组成。而每个子 Agent 可以是实体类（如制造 Agent 代表企业内部的一个部门），也可以是一个非实体类（如订单管理 Agent 是虚构出的一个实体）。在不影响系统仿真实验有效性的前提之下，为简化建模我们设定相同层面上的实体具有相同的结构[25]。

制造商是整个供应链系统的核心，由订单管理、供应链调度、加工制造、库存管理和生产计划等五个子 Agent 构成。订单管理 Agent 负责处理来自装配商和实体内部其他智能体的订单，其主要任务是根据车间生产能力和库存可用量来估计订单的到期日，当库存不够低于一定水平时，生成子订单并向供应商移交订单；供应链调度 Agent 负责与各供应商进行交互，具有一定的决策机制为制造商选择合适的供应商；生产计划 Agent 从订单管理 Agent 处接收订单，根据订单到期日、库存信息来制订生产进度计划供生产制造 Agent 实施过程使用；库存管理 Agent 负责管理入库、出库，并为其他 Agent 提供库存信息；生产制造 Agent 根据进度计划模拟生产，最后向装配商实体发送产品。同时制造商还可采用订单生产的需求策略MTO（make-to-order）或选择安全库存策略及时进行补货。

供应商主要负责为制造商生产零件，由订单管理、供应链调度、生产制造和库存管理四个子Agent组成。订单管理Agent负责接收和管理来自制造商的订单；供应链调度Agent负责与制造商的供应链调度Agent进行竞标或交互；库存管理Agent负责物料入库与出库管理，并向制造商进行及时发货的业务处理。制造商可采用根据库存生产的需求策略MTS（make-to-stock），当库存量低于一定水平时，假设生产Agent所需的原材料是充足的，由生产制造Agent进行补货。

装配商在系统中是客户角色，由订单管理、库存管理和装配三个子Agent构成。订单管理Agent负责模拟接收和管理来自客户的订单，并根据库存管理Agent提供的库存信息向制造商移交订单；库存管理Agent负责货物的入库与出库管理，而装配Agent负责从库存中提取产品进行装配并发货。装配商采用安全库存策略，当库存低于一定水平时，需及时向制造商发送订单订货，也可采用根据订单组装的需求管理策略ATO（assemble-to-order）[26]进行订单订货。

3. 基于合同网的制造商调度算法

为满足企业客户的实际需要，供应链系统在适应其独立完成各自任务的同时，又要相互合作协同工作，系统有选择性地分解任务并进行决策，这样的分解过程还必须同时考虑Agent的能力问题。同时，由于任务之间可能相互影响，Agent之间就不可避免地会存在冲突，这时也要通过协商机制来解决[27]。参与协商的双方是核心制造商和供应商，核心制造商根据预订的制造工艺把订单任务分解成多项任务交付给供应商执行，每项任务都涉及产品ID、产品价格、完工日期、加工数量及一些综合性指标。解决任务交付这种一对多的合作关系，一个较好办法是将合同网（contract-net）机制引入到供应链各Agent的协商过程中。合同网机制可在投标方中引入竞争，有利于揭示任务指标对于投标方的真实价值，使招标方得到更大的效用。

在供应链的任务分配当中引入合同网来决定中标者，其调度算法描述如下[25]：

（1）招标方核心制造商A的供应链管理Agent，根据当前库存信息和工艺约束信息将来自订单管理Agent的待调度订单进行分解成各零件的子订单，生成招标任务（task）后，再向各个可能的供应商发送零件ID、生产数量和产品工期等招标任务信息。

（2）当各供应商收到来自制造商的招标任务后，供应链管理Agent就根据生产能力、已有订单和物料信息对生产计划进行预调度，得到完成当前招标任务的最早交货日期，并生成主要包括可生产零件的 ID、最早交货日期以及生产成本等信息的投标书（bid）。如不能在到期日内完成招标任务，则提供到期日前的最大完成数量，并生成一个完成剩余任务次优先级的投标书。

（3）制造商接收到来自各供应商的投标后，根据综合信息进行供应链生产计划调度，其判断策略如下：首先考虑向能在到期日前完成任务的供应商发送标书；然后考虑生产成本，当不存在能够独立完成某个订单任务的供应商时，再把子订单进行分解由多个供应商来完成；最后，制造商根据所得到的最佳供应商与订单组合向相应供应商发出中标通知（award）。

（4）中标供应商 Agent 要履行合同任务，在合同规定的时间内交付产品。

4. 一个模型仿真实例

（1）选用 Swarm 仿真平台。采用由 Santa Fe 研究所研发的 Swarm 多智能体仿真平台，仿真是从一个智能体集合开始，可把每个智能体看成模型中多个个体中的一个原型。本实例从 Swarm 库中选取相应的对象添加到模型中，从而构建一个可运行的仿真系统。Swarm 仿真模拟程序大多包括模型（ModelSwarm）、探测器（ObserverSwarm）、仿真模拟主体（Agent）和环境（Environment）等四类对象。其中，ModelSwarm 包括模型世界中的每一个 Agent 并对其进行实例化；为主体行为编写一个时间表，通过产生一系列具有特定顺序的行为来体现模型中的时间。ObserverSwarm 包含有 ModelSwarm，通过探测器（Prober）接口可观察其他个体，但对模型本身没有影响。

（2）仿真程序的模型结构。在仿真系统中，每个供应链实体都是企业实体类的一个对象。该系统仿真模型设计为三种企业实体类：Supplier、Manufacturer 和 Assemble。它们由相同的父类 Entity（企业实体类）派生出，继承了企业实体类的一些操作方法。例如，receiveOrder（接收订单）、receiveParts（接收产品）、sendOrder（发送订单）和 sendParts（发送产品），使得供应链上的物流和信息流可以在其上下游之间流通。在 Manufacturer 和 Supplier 中，分别定义了 receiveBids、receiveQuery、receiveAwards 用来传递实体间的协商信息。在 scnModelSwarm 中所有类的企业实体对象都会被实例化，其行为也会被触发。

每个实体类内又由具有不同业务功能的类组成，该业务层次的 Agent 类包含有 OrderManager（订单管理）、ScnManager（供应链管理）、ProdPlan（生产计划）、Factory（制造），InvManager（库存管理）。而装配商的装配 Agent、供应商的生产 Agent 可用 Factory 类来实现。

（3）实验设计。在 Netbeans6.0 和 Swarm-2.2-java 库下采用 Java 语言开发了相应仿真程序。通过对仿真参数的设定，可改变整个供应链的运行效果。

（4）实验结果分析。依据平均完美订单完成率、平均可用能力利用率和平均订单周期来分析整个供应链系统的运行情况[28]。

第三节　多 Agent 供应链管理系统仿真软件

当前，基于多 Agent 的仿真模拟软件比较多，相对较具影响力的有：美国桑塔费研究所开发的 Swarm 软件、俄罗斯的 AnyLogic 软件、美国西北大学网络学习和计算机建模中心的 NetLogo、英国 Lanner 集团 Witness 软件、美国 MIT 多媒体实验室的 StarLogo，芝加哥大学社会科学计算实验室开发研制的 Repast，美国爱荷华州立大学的 McFadzean、Stewart 和 Tesfatsion 开发的 TNG Lab，意大利都灵大学 Pietro Terna 开发的企业仿真项目 JES，美国布鲁金斯研究所开发的 Ascape 等，本小节介绍主要的几款多 Agent 仿真软件。

一、Swarm 仿真软件

Swarm 是美国桑塔费研究所（The Santa Fe Institute，SFI）1994 年为复杂适应系统（complex adaptive system，CAS）开发的一个面向对象程序设计的多智能体仿真建模平台[29]。CAS 是经济、生态、免疫系统、胚胎、神经系统及计算机网络等系统的统称，是由霍兰（J. Holland）在 1994 年提出的。SFI 开发 Swarm 其目的是通过科学家和软件工程师的合作制造一个高效、可信、可重复使用的软件实验平台，来帮助科学家们分析 CAS。

（一）Swarm 软件概述

由于 Swarm 平台对模型和模型要素之间的交互方式不作任何限制，使用者可以将精力集中在所感兴趣的特定系统中，而不必受数据处理、用户界面及其他纯软件工作和编程等方面的问题所困扰，甚至对于非计算机专业学者而言使用也是相当方便，所以基于 Swarm 平台的研究受到国内外经济学、管理学、生态学、系统学、军事仿真以及计算机科学等领域学者们的关注。

Swarm 是使用 Objective C 语言开发的，在早期的版本中编写 Swarm 的应用程序也使 Objective C，从 Swarm2.0 版开始提供了对 Java 语言的支持，达到可支持 JavaScript、C＋＋、Python、Perl 等语言。Swarm2.2 版本软件可以在 Unix、Linux、Windows95、Windows98、WindowsNT、Windows2000、WindowsXP 环境下运行。

社会经济系统的仿真，是建立在复杂适应系统（complex adaptive system，CAS）理论研究基础之上的。通过相对简单的微观个体活动可以突现出宏观层面的复杂行为，给社会科学的研究与实践乘上当代新技术的航班打开了通路。

1. Swarm 仿真软件主要特点

（1）面向对象的设计思想。Swarm 是一个多主体建模工具，多主体建模与面向对象的分析和设计的思想有一定的相似之处。在面向对象的分析与设计中，定义了各种类，这些类在程序运行时创建若干个类的实例，称为对象。每个对象包括由类定义的描述对象行为的方法和描述对象自身状态的实例变量（也称为属性）。对象之间通过发送和接收消息来通信。在 Swarm 仿真程序中，对于每一种类型的主体都为之定义一个类，每个主体则被模拟为该类的一个实例，即一个对象。对象的属性变量表示主体的特征，对象的方法则模拟了主体的行为，对象之间通过消息传递进行通信。面向对象的方法不仅可自然地被应用到多主体系统的仿真，而且也是建立可重用软件库的一种实用技术。我们可以直接使用 Swarm 已有的类库来进行建模，也可通过继承等方法来重新建立自己的各种新的类，面向对象语言提供的继承和封装使得编写可重用的代码变得更容易。

（2）探测技术与图形化的用户界面。在系统仿真中，观察模型运行状态和对运行结果进行分析非常重要。Swarm 使用"探测器"（Probe）技术从运行的模型中提取数据，并提供了图形化的用户界面来显示、分析运行结果。探测器实际上是 Swarm 类库中事先定义好的一系列类。在仿真过程中，探测器对象将自己挂接在仿真主体对象上，允许用户在任何时间显示或设置任一对象的状态，并且可以动态调用对象的方法。Swarm 为用户提供了一个非常直观的图形界面，用户可以使用柱状图、光栅图、点线图等来动态显示或从探测器中采集数据，生成统计数据图表来监控模型的运行。

（3）聚集（aggregation）。即单个智能体可以相互黏附形成多个智能体的聚集体，并具有与单个智能体一样的运动趋势。

（4）非线性（non-linearity）。当智能体以及它们属性在发生变化时，不完全遵循线性关系，而是非线性关系。

（5）流（flow）。即智能体之间所存在的信息流、能量流、物质流交换，当然流的渠道、速度直接影响着系统的进程。

（6）多样性（diversity）。即智能体之间存在着差别，而且有着更加分化的趋势。同时，Swarm 中智能体的活动机制则分别为：①标识（tagging），其作用在于实现信息的交流、传递，提供智能体在环境中信息搜索、接收、传递、识别、辨别等功能；②内部模型（internal models），表明层次观念，即每个智能体都是有复杂的内部机制的；③构件（building block，或称"积木"），复杂系统常常是在相对简单的构件基础上，通过改变它们的组合方式形成的。所以，Swarm 智能体是多层次、与外界不断交互、不断发展和演化的活的个体。

2. Swarm 软件主要功能

（1）离散事件仿真。Swarm 仿真模型实质上是离散事件的仿真模型：仿真时钟以离散的方式推进，模型中的主体通过在离散的时刻发生的事件来改变自身的状态并与模型中的其他主体进行交互。由于模型中的每个主体都有若干事件，主体之间通过离散事件进行交互，所以这些事件之间有一定的引发。合理地确定这些事件之间的关系和安排其发生的先后顺序是模型正确运行的前提条件。Swarm 是通过动作序列表（schedule）来实现主体事件的发生顺序并在运行时执行这些预先排序好的事件。

（2）可编程程序设计。Swarm 是一组软件库的集合，建模者可以像堆积木（building bricks）一样建造基于智能体的仿真模型。1995 年，SFI 发布 Swarm 第一个 Beta 版，采用 objective-C 和 Tk/Tcl 语言编写，只能在 X Windows 和 Unix 操作系统下运行；1997 年 1 月，发布了 Swarm1.0 版本，该版本能在 Solaris 和 Linux 操作系统上运行；1998 年 4 月，发布了 Swarm1.1 版本，由于引入 Cygnus Win32 包，解决了 Swarm 不能在 Windows95/98/NT 上运行的问题；1999 年年底，Swarm2.0 和 2.0.1 版本的发布又进一步提供了对 Java 语言的支持，从而使 Swarm 更方便于非计算机专业学者的使用；2003 年 Richard Leow 和 Russell K. Standish 尝试用 C++语言编写 Swarm 库文件；2004 年 6 月发布了 Swarm2.2 版本，从而使 Swarm 可以在 WindowsXP 系统上运行。更让人兴奋的是，Swarm 已获得 GNU 公共许可证，所有文档实例、软件和开发工具的 Alla 组件、可执行部件和源代码都可以免费得到。

3. Swarm 软件应用领域

Swarm 应用范围广泛，应用最多的集中在经济学、管理学、生态学、系统学、军事仿真以及计算机科学等领域。

（1）经济学领域的应用研究：市场供求研究、博弈论研究、金融研究等。

（2）管理学领域的应用研究：供应链研究、城市管理研究等。基于 Swarm 仿真平台的管理学研究主要包括微观管理学和宏观管理学，其中微观以供应链研究为主，而宏观则主要集中在城市管理方面。

（3）生态地理学领域的应用研究：区域可持续发展研究、生物生态学研究等。

除此之外，Swarm 平台在战争冲突、计算机科学、股票证券市场、民意预测等领域也得到了较好的应用。

（二）Swarm 软件在供应链中的应用

Swarm 作为一款经典的多 Agent 供应链系统仿真软件，在供应链中被广泛地使用。在制造业供应链管理中，基于多 Agent 的仿真模拟使研究者可以创建一个供应链的人工世界，并设计一系列规则支配这个世界，进而模仿企业 Agent 的行为，目的是验证理论的正确性。用 Swarm 进行仿真实验不能简单地复制一般实验步骤，因为计算模拟中的是一个虚拟供应链世界，需要考虑创建时间、空间等概念，以及这个世界中和企业 Agent 相关的所有事物，并且要安排事件发生的先后顺序。在实验中，程序员必须通过某种机制命令各个 Agent 遵照时间、依据顺序执行任务，这是 Swarm 着力要解决的关键问题。多个 Agent 相互交互过程中，各个 Agent 的动作在保持时序性的同时，呈现出一种并发性。Swarm 内核中的事件触发机制正是多线程的，这便使得程序员无须额外编写多线程代码。

Swarm 仿真平台可以模拟供应链配送渠道系统的动态组合行为，可以对可扩展的多主体线性供应链进行仿真，可以考虑基于集中式和非集中式的信息共享策略，可以分析提前期分布对供应链牛鞭效应和性能的影响，可以解决供应链管理中众多复杂问题及决策支持问题，等等。

二、AnyLogic 仿真软件

AnyLogic 软件是一款独创的仿真软件，以最新的复杂系统设计方法论为基础，将 UML 语言引入模型仿真领域，是唯一支持混合状态机这种能有效描述离散和连续行为的语言的商业化软件。

（一）AnyLogic 软件概述

AnyLogic 是一款应用广泛的，对离散、连续和混合系统建模和仿真的工具。它的应用领域包括：控制系统、交通、动态系统、制造业、供给线、后勤部门、电信、网络、计算机系统、机械、污水处理、化工、军事、教育等。

AnyLogic 是一个专业虚拟原型环境，用于设计包括离散、连续和混合行为的复杂系统。AnyLogic 帮助用户快速地构建被设计系统的仿真模型（虚拟原型）和系统的外围环境，包括操作人员和物理设备。

使用 AnyLogic 仿真软件，用户不需要额外再学习什么语言或图形语言。AnyLogic 所有的建模技术都是以 UML-RT、Java 和微分方程（若用户想要为连续行为建模）为基础，这些也是目前大多数先进用户所熟悉的技术。如果用户比较喜欢快速的"拖-拉式"建模,AnyLogic 也提供一系列针对不同领域的专业库。

AnyLogic 的动态仿真具有独创的结构,用户可以通过模型的层次结构,以模块化的方式快速地构建复杂交互式动态仿真。AnyLogic 的动态仿真是 100% Java 的,所以可通过 Internet 访问并在 Web 页上显示。

AnyLogic 独特的核心技术和领先的用户接口使其成为设计大型复杂系统的理想工具,因为构建物理原型进行试验代价高昂,耗时太长,有时还不一定成功。

1. AnyLogic 软件特点

(1) 应用简单方便。Anylogic 是基于 Eclipse 平台建立起来的仿真系统,基于 Java 语言的开发系统让它能够与更多的系统进行结合,并可以利用 Java 丰富的现成算法,应用起来简单方便。

(2) 从单纯的仿真转变为仿真优化。Anylogic 具有自带的优化包,无缝地集成了世界领先的 OptQuest 优化器。OptQuest 使用启发式方法、神经网络和数学优化方法,找到使目标函数值最大或最小的离散和/或连续模型参数的值。它可以方便应用于离散系统仿真、连续系统仿真和混合行为仿真,而且每个模块都可以根据用户自己的仿真规则进行自定义,目前仿真的发展趋势已经从单纯的仿真转变为仿真优化。

(3) 支持创建随机性或确定性的模型。在 Anylogic 中,用户可以创建随机性或确定性的模型,并对模型的输出数据进行分析。AnyLogic 中包含了数据采集与统计分析的工具,以及强大的数据展示框架。用户可以根据实际情况进行蒙特卡罗试验、敏感性分析、优化以及自定义的试验等。

(4) 开放式体系结构。AnyLogic 模型具有开放式的体系结构,因而可以与任何办公或企业软件及用 Java 语言或其他语言(通过 JNI)编写的自定义模块协同工作。模型可以动态地对电子表格、数据库、ERP 或 CRM 系统进行数据读写,或嵌入到实时运行环境中。可以在模型中任何地方调用外部程序,反之亦然;可以借助 AnyLogic 仿真引擎的开放 API 从任何外部程序中调用仿真模型。在 Any-Logic 中用户也可以使用自定义的随机数发生器、数值方法或优化算法等。

(5) AnyLogic 拥有十分灵活的动画框架。用户可以创建具有任意可想象的复杂度的可交互动画,只需在 AnyLogic 动画编辑器中绘制和导入图形,并将其与模型对象相关联起来(库对象具有预定义的动画)。与模型一样,它的动画也具有可缩放的动态等级结构。在一个动画中可以包含多个视图或多个细节层次,一套丰富的可用控件(按钮、滑块、编辑框等)以及各种业务图形元素(柱状图、点线图、Gantt 图等),从而将仿真模型转化为一个适合决策者的图板,它还支持二维和三维动画。

（6）灵巧的可于网络上运行的模型。只要 AnyLogic 模型（包括仿真引擎和动画）是 100%的 Java 程序，它们就可以运行在任何可以使用 Java 的平台上（如 Windows、Solaris、Linux、MacOS 等），甚至可以被当做 Java 程序而放在网站上。这一独特的能力可以让远端的用户能够直接通过网络浏览器运行全功能的可交互模型，而不需要安装任何运行用或观察用版本，这是与其他人交流模型的最好的方法。

（7）多层次建模。AnyLogic 的独到之处体现在它能够有效地解决任何复杂度、任何尺度、任何抽象层次的建模问题，包括高度异质系统的建模能力上。AnyLogic 的使用跨越了全部领域，从"微观"——考虑精确的尺寸、距离、速度和时间事件的操作层次的模型，到"宏观"——考虑全局回馈动态系统、累计值、更长期趋势和战略决策的战略层。

2. AnyLogic 软件功能

（1）仿真建模功能。AnyLogic 提供了远胜其他任何工具的建模结构，用于结构、行为和系统数据的描述。对象、接口和等级层次、块图和流图、计时器、端口和消息传递、变量和代数-微分方程，以及在模型中任何地方插入 Java 语言表达式、语句或函数等这些构成了任何层次、任何专业的建模者都可以使用的终极工具箱。

（2）分析功能。AnyLogic 支持超过 35 种随机分布，也允许自定义分布。可以使用 Stat∶∶Fit 随机分布拟合软件对历史数据进行分析，并创建 AnyLogic 可用的解析分布。

（3）优化功能。在 AnyLogic 中无缝地集成了世界领先的 OptQuest 优化器，OptQuest 使用启发式方法、神经网络和数学优化方法，找到使目标函数值最大或最小的离散和/或连续模型参数的值。OptQuest 已经表现出它是一种在处理最具挑战性的非线性模型方面极为有效的优化方法，它能够根据约束条件和不确定性给出最优解，并在模型开发环境中进行设置和运行。

（二）AnyLogic 软件在供应链中的应用

AnyLogic 是唯一的能够有效地进行基于主体建模的工具，广泛应用于供应链仿真。AnyLogic 活动对象是主体天然和现成的基础，因为它们拥有所有必需的属性：可以被动态地创建和销毁，在空间中移动，相互之间交流，具有行为、知识和目的。基于 Agent 的建模用于建模市场（主体是客户）、竞争和供应链（主体是公司）、人口（主体是家庭或个人）或其他大型系统的建模。这样的模型可以从个体行为的规则和假定（如忠于产品或更换产品、药物使用、位置改变等）来得到系统全局的动态，而不必了解全局的规则。

在供应链管理中，AnyLogic 已经建立了一些专用的库，如物料流库等，都包含在标准发行包中。库对象使得通过鼠标拖放就可以快速地开发模型，这些对象都可以十分灵活地参数化，并可以用在 AnyLogic 模型的等级化的面向对象结构中。特别设计的动画技术，可迅速地将模型连接到工程绘图，并为排队、处理、运输和其他操作提供了许多有用的模板。通过使用 AnyLogic 建模，可以研究影响性能的关键因素，并定位瓶颈所在；最小化中间产品库存量，并对生产线进行平衡；优化布局和资源配置，分析和提高生产能力。

AnyLogic 软件可以结合企业战略层面实际，通过系统动力学和基于 Agent 的市场模型以及生产和物流的离散事件模型，可以完成目前最准确有效的全球供应链的描述，这可以为决策提供基础支持，从而提高公司的竞争力。

三、Arena 仿真软件

Arena 是美国 Rockwell Software 公司开发的通用仿真软件，具有功能强大、使用方便、界面直观、动画显示等优点，它可以很容易地建立诸如生产系统、服务系统等仿真模型，并可以根据实际需要设定仿真参数进行动态系统模拟，从而对实际的复杂系统进行有效分析和处理，内嵌的 Microsoft VBA（Microsoft visual basic for application）工具使 Arena 能够根据用户特定需求进行定制，还可以方便地与其他软件进行集成。

（一）Arena 软件概述

Arena 采用面向对象编程的思想，将其核心模块都以类的形式封装在 Arena 类库中，以动态链接库（dynamic-link library，DLL）的形式表现，在任何开发环境中都可以引用这些动态链接库，继而使用 Arena 的所有模块来达到控制整个仿真模型和仿真运行过程的目的。

1. Arena 软件特点

（1）学术性强。全面深入地体现了系统仿真的有关理论；学术界应用较广。

（2）简单易用。采用可视化建模和运行环境，这一点和多数仿真软件类似。

（3）友好稳定。其友好性体现在数据输入、输出及模型调试等方面，系统更加稳定。

（4）模板功能丰富，构建模型效率高。Arena 将一些常用的仿真逻辑封装在 Block（块，模块）中，相关的 Block 集成在 Template（模板）中（应用方案模板，AST）。Arena 中的模板有近 20 个，封装好的仿真逻辑模块有二三百个，可以直接用于构建仿真模型。

（5）具备模板开发环境。Arena 提供了用户自定义模板的开发功能，用户可以根据需要自己定制 Block 和 Template，从而解决了仿真过程中相同或相似流程的重复建模，极大地增强了模板的可重用性和实用性。

（6）面向仿真过程的开发。基于面向对象的思想和结构化的建模概念，将专用仿真语言的灵活性和仿真器的易用性很好地融合到一起，直接面向实际业务流程构建仿真模型，符合常规的思维习惯。

（7）分层建模。Arena 通过使用层次化的建模体系以保证灵活地进行各个水平上的仿真建模。Arena 建模体系的第一层是各种过程语言（如 VB、C/C++），常用于复杂建模过程。第二层是基础模板即 SIMAN 模板，包括 Blocks 模板和 Elements 模板。它们由 SIMAN 语言编写，继承了 SIMAN 语言灵活建模的特点。第三层是最新开发的通用模板，即 Arena 模板，包括 Advanced Process 模板、Advanced Transfer 模板和 Basic Process 模板。第四层是应用方案模板（简称 AST），应用这些模板可以使用户在特定领域进行更加合理的仿真建模。Arena 建模体系的最高层是根据企业自身的需求进行用户自定义模板的开发。Arena 正是通过可视化的仿真环境将各层次的建模方法交替使用，获得不同的建模能力。

2. Arena 软件功能

作为新一代可视化交互集成仿真环境，Arena 具有强大的功能。下面将从输入分析器、可视化柔性建模、输出分析器、Arena 定制与集成等方面来讨论 Arena 的功能特点。

（1）输入分析器（input analyzer）。输入分析器可以用来显示同一个概率分布函数的参数变化影响，还可以产生可被输入分析器分析的随机数流。

（2）可视化柔性建模。Arena 通过采用层次化的体系结构，保证了具有易用性和柔性建模两方面的优点。在可视化交互集成环境 Arena 下，建模与可视化技术是集成在一起的。在建模的同时实现模型的可视化表达，提高了可视化建模的效率。

（3）输出分析器（output analyzer）。输出分析器提供一个易用的用户界面以帮助用户简化数据分析，查看和分析输出数据更加快捷、简便。

（4）Arena 的定制与集成。Arena 可以控制和定制用户化的输出报表。

Arena 还可以通过对象链接与嵌入（OLE）使用其他应用程序的文件和函数。例如，在 Arena 的模型中放入 Word 文件；建立 Microsoft Powerpoint 的链接；添加声音文件；标记 Arena 对象作为 VBA 中的标识；增加欢迎窗体等。另外，使用 Arena 专业版还可以定制用户化的模块和面板。

（二）Arena 软件在供应链中的应用

Arena 作为新一代可视化交互集成仿真环境，广泛地应用于物流及供应链系统仿真。主要包括物流规划、库存决策、运输规划等。仿真的优越性主要表现在：

（1）它可以将研制过程、运行过程和实施过程放在实验室中进行，具有良好的可控制性、无破坏性、可复现性和经济性等特点。

（2）系统仿真在理论上体现了实验思考的方法论，用它可以探索高技术领域和复杂系统深层次的运动机理和规律性，给出人们直观逻辑推理不能预见的系统动态特征，具有科学的先验性。

（3）系统仿真建模具有面向过程的特点，仿真模型与所研究系统的运行过程在形式上和逻辑上存在对应性，避免了建立抽象数学模型的困难，显著简化了建模过程，具有很好的直观性。

四、Flexsim 仿真软件

Flexsim 是由美国 Flexsim 公司开发的新一代的面向对象的仿真建模工具，它是迄今为止世界上唯一一个在图形建模环境中集成了 C++IDE 和编译器的仿真软件。

（一）Flexsim 软件概述

Flexsim 是建立各种经营、管理、制造等模型，并且可在微软公司的 Windows2000、WindowsXP 和 Vista 等不同作业平台上执行的全窗口化 3D 专业仿真软件。它能使决策者轻易地在个人计算机中建构及监控工业和企业的分散式流程。通过 Flexsim，可以找出未来工业及企业流程的模式。Flexsim 基础架构设计不只是要满足使用者现今的需求，其架构的概念更是为了企业的未来而准备[30]。

1. Flexsim 软件特点

Flexsim 仿真软件的特点主要体现在采用面向对象技术，突出 3D 显示效果，建模和调试简单开放方便，模型的扩展性强，易于和其他软件配合使用等方面[31]。

（1）基于面向对象技术建模。Flexsim 中所有用来建立模型的资源都是对象，包括模型、表格、记录、GUI 等。同时，用户可以根据自己行业和领域特点，扩展对象，构建自己的对象库。面向对象的建模技术使得 Flexsim 的建模过程生产线化，对象可以重复利用，从而减少了建模人员的重复劳动。

（2）突出的 3D 图形显示功能。Flexsim 支持 OpenGL 技术，也支持 3ds、wrl、dxf 和 stl 等文件格式。因此用户可以建立逼真的模型，从而可以帮助用户对模型有一个直观的认识，并帮助模型的验证。用户可以在仿真环境下很容易地操控 3D 模型，从不同角度、放大或缩小来观测。

（3）建模和调试的方便。建模过程中用户只需要从模型库中拖入已有的模型，根据模型的逻辑关系进行连接，然后设定不同对象的属性。建模的工作简单快捷，不需要编写程序。

（4）建模的扩展性强。Flexsim 支持建立用户定制对象，融合了 C＋＋编程。用户完全可以将其当做一个 C＋＋的开发平台来开发一定的仿真应用程序。

（5）开放性好。提供了与外部软件的接口，可以通过 ODBC 与外部数据库相连，通过 socket 接口与外部硬件设备相连，与 Excel、Visio 等软件配合使用。

2. Flexsim 建模的功能

（1）Flexsim 具有离散型和连续型的混合建模功能。软件本身更多的是离散型仿真方面应用，但它支持连续型生产建模，它有专门的流体部件库。

（2）Flexsim 提供平面与三维建模窗口，可以直接将 AutoCAD 的平面布置图导入建模窗口，建立二维模型的同时，同步自动生成三维模型。

（3）Flexsim 提供的部件具有相当的柔韧性，部件的参数设定可适应于不同层次的使用者。

（4）Flexsim 用拖放图形方法建立模型，Flexsim 提供固定类部件库、执行类部件库、流体类部件库以及用户部件库。

（5）Flexsim 具有完全的 C＋＋面向对象（object-oriented）性。

（6）Flexsim 所有模型均建立和运行于耀眼的彩色 3D 中，采用了与先进的虚拟现实技术。

（7）Flexsim 能利用包括最新的虚拟现实图形在内的所有 PC 上可用的图形。如果是扩展名为 3ds、vrml、dxf 和 stl 的 3D 立体图形文件，可直接导入 Flex-sim 模型中。

（8）Flexsim 是世界唯一的在图形的模型环境中应用 C＋＋ IDE 和编译程序的仿真软件。定义模型逻辑时，可直接使用 C＋＋，而且可立刻编译到 Flexsim 中。

（9）能够链接到任意 ODBC 数据库（像 Oracle or Access）和大众数据结构

文件（如 text、Excel 或 Word）。

（10）Flexsim 开发环境具有两种表现形式：一种是 3D 或 2D 的视景环境，一种是树结构的纯文本环境，支持仿真模型的运行、调试等功能。

（11）Flexsim 全部模块是在 Windows 系列版本的操作系统上运行，操作风格上具备典型的 Windows 操作风格，具备菜单、工具条以及复制、粘贴等操作。

（12）Flexsim 提供较为详细的通用格式的技术帮助文件。在软件中也有帮助菜单和查询功能。

3. Flexsim 的分析优化的功能

（1）优化模块 Optquest 完全集成于 Flexsim 当中，Optquest 用于仿真优化，即找寻一组最佳的参数值（或决策变量值），以使得目标函数最优，在仿真模型中执行优化功能。

（2）Flexsim 在模型运行过程中记录了所有设备的状态（工作、等待、阻塞、故障等）的时间数值，以及设备加工产品的个数，用户可以自由组合和输出由这些数据组成的报表。从而提供包括设备利用率、单条模型生产线的加工总能力、单个设备的加工能力、设备状态的时长及时间比例、模型瓶颈分析等统计分析功能。

（3）Flexsim 仿真的统计分析数据除在仿真运行环境内显示外，可以直接导出 Excel 和文本文件形式的报表，提供数据库以自定义表形式储存报表。

（4）Flexsim 提供平面和立体饼图、柱状图、折线图、海图以及甘特图等多种图形图表，支持数据与图表混合的统计报表。

4. Flexsim 的其他功能

（1）层次结构。Flexsim 可以让建模者使模型构造更具有层次结构。建立模型时，每一部件都使用继承的方法（即采用继承结构），可大大节省开发时间。

（2）量身定制。软件的所有可视窗体都可以向定制的用户公开，建模人员可以自由地操作部件、视窗、图形用户界面、菜单、选择列表和部件参数，可以在部件里增加自定义的逻辑、改变或删掉既存的编码，也可以从零开始完全建立一个新的部件。

（3）可移植性。Flexsim 的部件是向建模者公开的，所有部件可以在不同的用户、库和模型之间进行交换。

（4）仿真实验。Flexsim 能一次进行多套方案的仿真实验。

（5）统计分析。自带随机变量发生器，能容易地建立近似于现实系统的数学模型。提供了 25 种以上的统计分布函数，集成了 ExpertFit，具有拟合统计分布函数的功能。

（二）Flexsim 软件在供应链中的应用

Flexsim 广泛应用于供应链领域，主要包括物流中心配送仿真，尤其在如下供应链领域广泛应用。

（1）运输。高速路交界处的交通流、火车站中人群和列车的移动、河流中驳船的往来穿梭、国际边防路口的交通堵塞。

（2）仓储和配送。港口集装箱船只的装卸、配送中心操作、订单取货、传输带系统和布局、物流货架、传送带和堆垛机。

五、NetLogo 仿真软件

NetLogo 是美国西北大学网络学习和计算机建模中心推出的可编程建模环境。该系统是采用 Java 语言编写，能够在多种主流平台上运行（Mac、Windows、Linux 等）。它同时提供单机和网络环境两种版本，每个模型还可以保存为 Java applets，可嵌入到网页上运行[32]。

NetLogo 提供一个开放的模拟平台，自身带有模型库，用户可以改变多种条件的设置，体验多主体仿真建模的思想，进行探索性研究。利用 NetLogo 的 HubNet 版，学生可在教室通过网络或手持设备来控制仿真环境中的主体。它对于研究人员也是一种有力的工具，允许建模者对几千个"独立"的主体下达指令进行并行运作，特别适合于研究随着时间演化的复杂系统。NetLogo 提供了应用程序接口，用户可以通过 Java 编程对 NetLogo 进行外部控制或者扩展功能。

1. NetLogo 软件特点

（1）系统跨平台。NetLogo 软件是可以在 Mac、Windows、Linux 等多环境下运行的。

（2）语言特点。在编程方面，NetLogo 软件支持完全可编程，简单语言结构，对 Logo 语言进行扩展支持主体，移动主体（海龟）在由静态主体（瓦片）组成的网格上移动，主体之间可以创建链接，形成聚集、网络和图，内置大量原语，双精度浮点数（IEEE 754），运行过程在不同平台上完全可复现。

（3）平台环境。NetLogo 软件创造了很好的平台环境，并具备丰富的功能。可以用二维或三维模式查看模型，可伸缩、可旋转矢量图形，可以进行运行中（on-the-fly）交互的命令中心，界面构建包括按钮、滑动条、开关、选择器、监视器、文本框、注解、输出区，快进滑动条使用户可以对模型进行快进和慢放，强大灵活的绘图系统，信息页用来解释模型，HubNet 使用联网设备进行参与式仿真，主体监视器用来监视和控制主体，输出输入功能（输出数据，保存、恢复模型状态，制作电影），行为空间（BehaviorSpace）工具用来从多次运行中收集数据，结合系统动力学建模。

2. NetLogo 的主要功能

（1）建模。NetLogo 模型的基本假设如下：把空间划分为网格，每个网格是一个静态的 Agent，多个移动 Agent 分布在二维空间中，每个 Agent 自主行动，所有主体并行异步更新，整个系统随着时间推进而动态变化。主体的行为用编程语言定制，NetLogo 中的编程语言是一种 Logo 方言，支持主体操作和并发运行。

（2）仿真运行控制。NetLogo 可采用命令行方式或通过可视化控件进行仿真控制，在命令行窗口可以直接输入命令，另外还提供了可视化控件实现仿真控制，进行仿真初始化、启动、停止、调整仿真运行速度等。还提供了一组控件，如开关、滑动条、选择器等，用来修改模型中的全局变量，实现仿真参数的修改。

（3）仿真输出。提供了多种手段实现仿真运行监视和结果输出。在主界面中有一个视图（view）区域显示整个空间上所有 Agent 的动态变化，可以进行 2D/3D 显示，在 3D 视图中可以进行平移、旋转、缩放等操作。另外可以对模型中的任何变量、表达式进行监视，可以实现曲线/直方图等图形输出或将变量写入数据文件。

（4）实验管理。NetLogo 提供了一个实验管理工具 BahaviorSpace，通过设定仿真参数的变化范围、步长、设定输出数据等，实现对参数空间的抽样或穷举，自动管理仿真运行，并记录结果。

（5）系统动力学仿真。系统动力学是应用广泛的一类社会经济系统仿真方法，但与多主体仿真有不同的建模思想。NetLogo 可以直接进行系统动力学建模仿真。

（6）参与式仿真。NetLogo 提供了一个称为 HubNet 的分布式仿真工具，来实现模型服务器和客户端之间的通信。多个参与者可通过计算机或计算器分别控制仿真系统的一部分，实现参与式仿真（participatory simulation）。

（7）模型库。NetLogo 收集了许多复杂系统经典模型，涵盖数学、物理、化学、生物、计算机、经济、社会等许多领域。这些模型可以直接运行，例子中的文档对模型进行了解释，为可能的扩展提供了建议。建模人员可以通过阅读经典实例的程序代码，学习建模技术，或在研究相关问题时以此为基础进行扩展或修改，大大减少了技术难度和工作量。

3. NetLogo 软件应用领域

最初 NetLogo 的开发被定位为教学工具，一些研究人员以为它不足以模拟复杂系统的基于自主体建模，但 Railsbaek、Lytinen、Jackson 通过一系列复杂系统建模的测试研究发现，NetLogo 有足够的能力完成所有的模拟测试，甚至其建模过程比其他 ABS 平台的建模更简单更轻松，再次证明了 NetLogo 在简洁的外观下蕴藏着强的建模能力，被广泛应用于生物学、医学、物理学、化学、数学和计算机科学，以及经济学和社会心理学等学科领域。有学者经比较研究认为 NetLogo 是最高层次的 ABS 建模平台，它提供了使用简单，却功能强大的建模语言，内置的图形界面以及全面的解释文档。因此，近年来 NetLogo 的用户群体得以迅速发展壮大。

目前，NetLogo 软件在国外已广泛应用于供应链系统仿真之中。

六、Supply Chain Guru 仿真软件

Supply Chain Guru 可以建构优化的供应链模型并同时进行仿真。使用者输入或汇入某个供应链的相关数据，而它将会预测所提供应链在操作实务上以及功能性的效能。若输入通用的供应链则可尝试各种需求变动的剧本，如针对一或多项产品的需求下降、上升或随季节变动时，通用的供应链将如何反映这些变动。Supply Chain Guru 同时还能让使用者对已经存在的供应链尝试其对各种变动情况的反应，来了解会有何影响。因此，用户可以评估依订单或依存货生产或关闭某个仓储中心，将对最近年度财务所造成的影响效果。此外 Supply Chain Guru 具有数种内建的智能搜寻方法，能根据使用者设定的限制式，而自动地建立并尝试找出供应链替代的可行方案，以及这些方案可达成的目标。其内部运作上是利用 ILOG OPL 作为供应链设计优化的组件，但用户并不需要用 OPL 程序语法来建立模型，只需输入足够的信息即可进行供应链设计的优化。Supply Chain Guru 可产生供应链设计规划与稳健性策略仿真所需的制造成本、运输成本、存货水平、订单实现周期、产能利用率等各种应具备的报告与图表，并且有开放的数据交换环境，可从 Access、Excel、SQL、Oracle 或以 ODBC 协议来连接其他的数据库。Supply Chain Guru 甚至也提供了地理位置窗口来检视供应链各个部分在地图上的实际位置。使用者仅需以四个步骤来设计规划供应链，就能在 Supply Chain Guru 中同时进行最佳化与模拟。

1. Supply Chain Guru 软件特点

（1）使用相同的用户环境和数据库结构将仿真和优化应用于单个模型。

（2）多设计方案功能以快速假设方案对战略决策提供支持。

（3）在优化设计方案中自动实现仿真结果。

（4）"闭环"配置，允许在优化环境中自动采集仿真数据。

（5）支持制造计划和时序安排分析。

（6）可配置的库存转移脚本。

（7）允许用户编写和集成自定义逻辑到供应链模型中。

（8）可选的运输耗费引擎，以估计运输费用。

（9）运作和财务报告及图形化功能。

（10）GIS（地理信息系统），映射邮政编码到城市，以及经度/纬度映射功能。

（11）网络优化模块允许用户指定产品制造、存储、运送的地点和设施数量，以及产品如何产生。

（12）可以在工作环境中扩展模型。

2. 软件在供应链中的应用

分析和优化供应链网络，量化地模拟和分析供应链网络环境中的站点布局、分销策略、制造成本、运输成本、存货水准、订单周期、产能利用率等要素，实现供应链整体性能的最佳配置，是企业实现供应链战略的必备工具之一。Supply Chain Guru 通过内嵌的仿真引擎和 iLog 优化引擎可以对供应链管理问题同时进行仿真和优化的先进工具。它是为了帮助管理人员在供应链战略决策方面实现资源、时间、信息、资金的最佳配置，进行中长期科学预测，及早发现改善环节，发掘供应链潜在能力，避免重大投资失误。

主要表现在以下几个方面：

（1）预测的能力。Supply Chain Guru 是一个先进的应用软件，它允许用户输入或导入供应链网络信息，并自动建立强大的离散事件仿真和网络优化模型。输出财务和运作数据，可以用于精确预测改变现有供应链会带来的影响。

（2）战略供应链规划。可以成为供应链战略规划的基石。它将高风险性的事件变成低风险性的实施和改进计划。通过它强大的仿真和优化功能，Supply Chain Guru 允许用户做以下工作：①测定改变供应链结构或策略所带来的影响；②优化模型以选择改进的供应源关联；③仿真多个供应链设计方案以评估服务/费用之间的折中；④预测库存投资、运输费用以及生产情况，为企业提供预算功能。

七、Witness 仿真软件

Witness 是由英国 Lanner 公司推出的功能强大的仿真软件系统。它可以用于离散时间系统的仿真，同时又可以用于连续流体（如液压、化工、水力）系统的仿真[33]。目前已被成功运用于国际 3000 多家知名企业的解决方案项目，如 Airbus 公司的机场设施布局优化、BAA 公司的机场物流规划、BAE SYSTEMS 电气公司的流程改善、Exxon 化学公司的供应链物流系统规划、Ford 汽车公司的工厂布局优化和发动机生产线优化、Trebor Bassett 公司的分销物流系统规划等。Lanner 公司已在澳大利亚、巴西、法国、德国、中国、意大利、日本、韩国、南非、美国、英国等 25 个国家和地区设立代理，负责软件的推广和技术支持等工作。

在系统的规划、设计、运行、分析及改造的各个阶段，Witness 仿真技术都可以发挥重要作用。随着人类所研究的对象规模日益庞大，结构日益复杂，仅仅依靠人的经验及传统的技术难于满足越来越高的要求。基于现代计算机及其网络的 Witness 仿真技术，不但能提高效率、缩短研究开发周期、减少训练时间、不受环境及气候限制，而且对保证安全、节约开支、提高质量尤其具有突出的功效。Witness 是英国 Lanner 集团集数十年系统 Witness 仿真经验开发出的面向工业系统、商业系统流程的动态系统，建模于 Witness 仿真软件平台，是世界上该领域的主流 Witness 仿真软件[34]。

1. Witness 软件特点

（1）方便的图形界面操作功能。例如，多窗口显示，"drag & drop" 便捷的拖拉建模方法，多种 Witness 仿真结果的报表及图示等。

（2）丰富的模型运行规则和属性描述函数库。Witness 软件是采用面向对象的建模机制，为使用户更方便和细致地建立和描述自己的系统模型和模型的行为，Witness 软件提供了丰富的模型运行规则和属性描述函数库。Witness 仿真软件提供了 1000 多个描述模型运行规则和属性描述函数，其中包括系统公用的函数、与建模元素行为有关的规则与属性函数、与 Witness 仿真时间触发特性相关的函数等。考虑到用户领域的独特性，Witness 还专门提供了用户自定义函数的描述功能，使得用户可方便地定制自己的系统[35]。

2. Witness 软件功能

（1）工业（商业）系统流程的动态建模与运行 Witness 仿真。Witness 软件提供了大量的描述工业系统的模型元素，如生产线上的加工中心、传送设备、缓冲存储装置等，以及逻辑控制元素，如流程的倒班机制、事件发生的时间序列、统计分布等，用户可方便地使用这些模型元素建立起工业系统运行的逻辑描述。通过其内置的 Witness 仿真引擎，可快速地进行模型的运行 Witness 仿真，展示流程的运行规律。进一步说，在整个建模与 Witness 仿真过程中，用户可根据不同阶段的 Witness 仿真结果，随时修改系统模型，如添加或删除必要的模型元素，动态地提高模型的精度。可方便地设计与测试新设计的工厂和流程方案，平衡服务与花费，简化换班模式，评测可选的设计方案。

（2）流程的 Witness 仿真动态演示。Witness 仿真软件提供了直观的流程运行的动态的动画展示，使用户清楚和直观地了解系统的运行过程，通过其 Fast-build 功能，可快速生成系统模型元素的三维立体表示，可展示系统模型在三维空间的运行效果。

（3）流程环节的灵敏度分析。Witness 软件内置强大的仿真引擎，以及模型元素运行状态的多种表示方法，如饼图、柱图等，可使用户实时地看到系统模型各个部分的运行状态，如忙闲等，清楚地展示出流程中的拥堵环节，找出问题所在，为系统的优化设计提供重要的依据。

（4）强大的建模功能模组，层次建模策略，可定制的模型组件库。Witness 提供的系统建模元素主要有：属性元素（attributes）、缓冲与库存元素（buffer）、运送设备元素（carrier）、传送设备元素（conveyors）、描述时间发生规律的统计分布元素（distributors）等 30 多个。此外，Witness 还允许用户定制自己领域独特的建模元素。

（5）与其他软件相集成功能。由于用户的流程数据往往存储在数据库或其他文件系统中，为了能方便地引用这些数据，Witness 仿真软件提供了与其他系统相集成的功能，如直接读写 Excel 表，与 ODBC 数据库驱动相连接，输入描述建模元素外观特征的多种 CAD 图形格式文件，如 jpg、gif、wmf、dxf、bmp 等。

（6）与 FactoryCAD 系统的集成。在 FactoryCAD 中以 SDX（Simulation Data eXchange）的文件格式输出系统工艺流程的属性数据，如加工中心的加工循环时间、物料搬运设备的使用效率经济性指标等。Witness 的 SDX 功能可使用户从 FactoryCAD 系统里输出的信息转化为 Witness 仿真模型。包括在 Witness 里自动建立布局图表，使用这些数据建立 Witness 路径选择，选项包括部件类型图标的设置，机床类型和传送带表示和改变颜色、缩放比例、改变位置等，这个重要的预设置也允许一套自动报告选项位置被定义。因此，从 SDX 文件出发，一个完整的工作模型被建立。

3. Witness 软件在供应链中的应用

Witness 广泛地应用于物流供应链中，通过仿真，主要解决用户在物流中所面临如下几个问题：

（1）随着企业规模的扩大，需要扩大或新建配送中心，但不知需要扩大多大面积？怎样才能合理地配置新建配送中心的设备和人员？已经有两套以上的方案，但不知怎样选择出最佳？

（2）作为一个物流企业或物流部门，为了提高效率和工作质量，想引进一台或数台高性能设备，但不知引进何种设备？多大性能的设备？以及引进设备后的场地规划和人员怎样配置才能合理？

（3）作为一个物流设备厂家，在投标时，不知道有何方法能让客户事先从数据上和视觉上感受到引进自家设备后给客户带来的利益。

（4）作业流程不流畅，设备有闲余，作业计划不合理，空间利用率低等，定性的认识已有了，但不知如何才能进行定量分析？如何在定量分析的基础上进行改进、评估？

（5）不知作业方式选择的定量标准？（例如，按品种集中拣货还是按送货单位拣货？如果是复合型作业方式，它们各自比率应该是多少，等等。）

（6）生产规模增加时，现有场地、设备、人员是否能应付？怎样才能应付？

（7）想知道拣货仓库的库存和补充仓库的库存的比例关系，但苦于没有一种好的计算方法。

八、供应链管理复杂系统仿真软件比较分析

下面我们对 AnyLogic、Swarm、NetLogo、Supply Chain Guru、Witness、Arena 和 Flexsim 常用供应链复杂系统仿真软件，以表格形式来比较分析一下，以表格形式总结各种软件的特点、优势和劣势以及在供应链领域的应用情况，如表 4-1 所示。

表 4-1　供应链管理复杂系统仿真软件比较分析表

软件名称	生产厂商	特点	在供应链领域的应用	优势	劣势
AnyLogic	俄罗斯 Russian XJ Tech	（1）最灵活、最强大的仿真建模技术；（2）开放式的体系结构；（3）可交互的二维和三维动画；（4）灵巧的可在网络上运行的模型	与供应链相关的应用领域有：控制系统、交通、动态系统、制造业、供给线、后勤部门等	留给 Java 语言开发的后台较大，使用更为灵活。第一个将 UML 语言引入模型仿真领域的工具，也是唯一支持混合状态机这种能有效描述离散和连续行为的语言的商业化软件	对 3D 支持不足
Swarm	美国圣菲研究所（The Santa Fe Institute，SFI）	（1）面向对象的设计思想；（2）探测技术与图形化的用户界面；（3）聚集；（4）非线性；（5）流；（6）多样性	基于 Swarm 仿真平台的管理学研究主要包括微观管理学和宏观管理学，其中微观以供应链研究为主，而宏观则主要集中在城市管理方面	图形化用户界面，简单易懂的仿真模型	在某些 Windows 操作系统下难以安装和运行

续表

软件名称	生产厂商	特点	在供应链领域的应用	优势	劣势
NetLogo	美国西北大学网络学习和计算机建模中心	(1) 跨平台； (2) 语言结构简单，完全可编程； (3) 运行过程在不同平台上完全可复现； (4) 用二维或三维模式查看模型； (5) 可以进行运行中 (on-the-fly) 交互的命令中心； (6) 强大灵活的绘图系统； (7) 主体监视器用来监视和控制主体； (8) 系统动力学建模； (9) 模型可以存为 Applet 嵌入 Web 页	NetLogo 软件广泛应用于供应链中，有学者经比较研究认为 NetLogo 是最高层次的 ABS 建模平台，它提供了使用简单，却功能强大的建模语言，内置的图形界面以及全面的解释文档	易于建立并运行模型	无法建立非常复杂的模型结构，特别是抽象模型
Supply Chain Guru	美国 LLamasoft, Inc	(1) 使用相同的用户环境和数据库结构将仿真和优化应用于单个模型； (2) 多设计方案功能以快速假设方案对战略决策提供支持； (3) 在优化设计方案中自动实现仿真结果； (4) "闭环"配置，允许在优化环境中自动采集仿真数据； (5) 支持制造计划和时序安排分析； (6) 允许用户编写和集成自定义逻辑到供应链模型中； (7) 可选的运输耗费引擎，以估计运输费用	对供应链仿真的支持非常好，为供应链和制造场自动创建强大的仿真。可以测定时间和随机性对供应链的影响，对整条供应链进行假设分析	预测用户服务、费用和库存水平；可以和多种数据格式完全交互，包括微软 Excel、Access 和其他 ODBC 数据库，如 Oracle 和 SQL Server	非必要场合，投资价值稍低
Witness	英国 Lanner 公司	(1) 方便的图形界面操作功能； (2) 丰富的模型运行规则和属性描述函数库	Witness 广泛地应用于物流供应链中，通过仿真，主要解决用户在物流中所面临七大问题（上文给出）	界面简洁，操作方便；模型库丰富	对运行环境配置要求较高

续表

软件名称	生产厂商	特点	在供应链领域的应用	优势	劣势
Arena	美国 Rockwell Software 公司	（1）学术性强，全面深入地体现了系统仿真的有关理论； （2）简单易用，采用可视化建模和运行环境； （3）界面直观友好，系统稳定； （4）模板功能丰富，构建模型效率高； （5）具备模板开发环境； （6）面向仿真过程的开发，分层建模	Arena 作为新一代可视化交互集成仿真环境，广泛地应用于物流及供应链系统仿真。主要包括物流规划、库存决策、运输规划等	具有良好的可控制性、无破坏性、可复现性和经济性；具有科学的先验性；具有面向过程和很好的直观性	这是一个学术性强的仿真软件，在实用性方面略弱些
Flexsim	美国 Flexsim 公司	（1）采用面向对象技术； （2）突出 3D 显示效果； （3）建模和调试简单； （4）开放性好； （5）模型的扩展性强； （6）易于和其他软件配合使用等	仓储和配送：港口集装箱船只的装卸、配送中心操作、订单取货、传输带系统和布局、物流货架、传送带和堆垛机； 运输：高速路交界处的交通流、火车站中人群和列车的移动、河流中驳船的往来穿梭、国际边防路口的交通堵塞	与先进的虚拟现实技术融合，提供平面与三维建模窗口，具有 3D 或 2D 的视景环境和树结构的纯文本环境，支持仿真模型的运行、调试等功能。能够链接到任何 ODBC 数据库和大众数据结构文件，具备分析优化的功能	对于整个供应链的协同优化仿真不具备优势

第四节 本 章 小 结

　　尽管近年来不断有各种新的和改进的优化方法应用于供应链管理的研究中，但在处理供应链的动态和不确定性时仍显得无能为力。而仿真在处理这类问题时，却显示了一定的优势。它将复杂的现实问题，抽象为数学模型，利用模型中可以想象到的各种情形的参数值来模拟现实，如模拟时间系统的运行状态及其随时间变化的过程，来进行仿真，不再受缺乏数据的限制。甚至可以考虑各种复杂因素，包括结构和参数上的随机性。可见仿真方法可以根据更现实的假设进行优化，可以在更大的广度和深度上对供应链进行研究。

通过对仿真运行过程的观察和统计，得到仿真系统的仿真输出参数和基本特性，以此来估计和推断实际系统的真实参数和真实性能，从而达到问题求解、评估预测的目标，实现对决策的辅助支持的目的。

本章从供应链仿真的基本概念出发，对供应链仿真的内涵、仿真的技术、仿真的目的进行了描述。在此基础上对供应链系统建模的几个主要类型进行介绍，内容包括基于多 Agent 的仿真，面向过程的仿真，基于 Petri 网的仿真和基于系统动力学的四种仿真各自的内容、特点、应用范围和发展特征。由于我们重点考虑多 Agent 供应链仿真，在介绍仿真概念之后，讨论多 Agent 供应链仿真问题。仿真离不开建模，建模的思想、建模的步骤、建模的过程集中在这节里进行介绍。

在怎样的环境下可以进行仿真呢？接着，我们归纳了目前流行的七种仿真软件：AnyLogic、Swarm、NetLogo、Supply Chain Guru、Witness、Arena 和 Flexsim，它们是国际上进行供应链复杂系统仿真的常用软件。我们介绍每种仿真平台的产生、发展和应用情况，分析每种软件的特点、功能和在供应链中的应用特征。最后，以表格形式对七种软件进行比较，对比软件的特点、优势、劣势和应用。

◇ 参 考 文 献 ◇

[1] 肖田元. 系统仿真导论. 北京：清华大学出版社，2008：15～20

[2] 吴亚丽，曾建潮，孙国基. 基于广义微分 Petri 网的混合系统仿真方法. 系统仿真学报，2003，2 (15)：164～166

[3] Sangiorgi E, Brunetti R, Quade W, et al. Monte Carlo simulations of high energy electrons and holes in Si-n-MOSFET's. IEEE Transactions on Computer-Aided Design of Integrated Circuits and Systems, 1991, 10 (10)：1276～1286

[4] 申伟. 基于仿真的供应链生产分销系统研究，2009，(07)：28～30

[5] 王慧. 供应链仿真系统的开发与研究. 北京：清华大学出版社，2005：22～28

[6] 宜慧玉，高宝俊. 管理与社会经济系统仿真. 武汉：武汉大学出版社，2006：36～38

[7] 任常锐，柴跃廷，刘义. 供需链仿真技术的发展现状与趋势. 计算机集成制造系统-CIMS，2004，(02)：123，124

[8] 金淳，刘昕露. 供应链协调的仿真建模方法研究综述. 计算机应用研究，2006，(04)：1～3

[9] 彭建刚. 供应链建模分析. 现代管理科学，2004，10 (5)：75，76

[10] 彭晨，岳东. 基于 PetriF 的流程供应链过程建模分析. 计算机工程与应用，2003，(10)：199～201

[11] 郭士正，卢震. 二级供应链建模及仿真研究. 集美大学学报，自然科学版，2004，(90)：546～549

[12] 陈剑，蔡连侨. 供应链建模与优化. 系统工程理论与实践，2001，10 (6)：26～33

[13] Stein S, Stamber C, Kharbili M E. ARIS for Semantic Business Process Management.

Berlin Heidelberg：Springer-Verlag，2009：498~509

[14] Lv X Z, Ren F, Yu Y L, et al. A simulation approach of complex repairable system based on stateflow. ICCMS 2010‐2010 International Conference on Computer Modeling and Simulation，2010，(4)：74~78

[15] Seo D B, Mak K T. Using the thread-fabric perspective to analyze industry dynamics. communications of the acm，2010，53 (1)：121~125

[16] Shotaro M, Daniel T. System dynamics and simulation of a particular food supply chain. Simulation Practice and Theory，2000，(8)：321~339

[17] 王春喜，李建勇，查建中. 面向 CIMS 的供应链系统动力学仿真模型铁道物资科学管理，2001，111 (19)：39~41

[18] 赵龙文，侯义斌. 多 agent 系统及其组织结构. 计算机应用研究，2000，(7)：12~14

[19] 陈廷斌，吴伟. 基于多 Agent 的供应链智能集成与决策研究. 计算机应用研究，2004，21 (8)：27~29

[20] 刘三（女牙），王红卫，孙建华. 供应链中共享信息价值的量化：基于 Agent 的仿真研究. 系统工程学报，2004，(01)：67~69

[21] 周建. 一种基于分布对象技术的 Agnet 计算框架. 计算机研究与发展，2000，(7)：64~68

[22] 汪良主，张申生，戚克涛. 基于 Agnet 面向软件重用的敏捷供应链模型. 计算机研究与发展，2002，39 (2)：153~158

[23] 史忠植. 高级人工智能. 北京：科学出版社，1998：37~39

[24] 田玉斌. 敏感性产品可靠性评估方法研究. 北京：北京理工大学机电工程学院，1999：3~6

[25] 王世卿，黎楚兵. 基于 Multi-Agent 的供应链系统模型及其仿真. 计算机工程与设计，2010，(05)：1082~1083

[26] Oboulhas T, Xu X F, Zhan D. Multi-plant purchase co-ordination based on multi-agent system in an ATO. Journal of Manufacturing Technology Management，2005，16 (6)：654~669

[27] William D. Automatically defined swarms for task allocation. IEEE/WIC/ACM International Conference on Intelligent Agent Technology，2007：67~70

[28] Yao X S, Xu G Y, Cui Y, et al. . Application of the swarm intelligence in the organization of agricultural products logistics. Proceedings of 2009 4th International Conference on Computer Science & Education，2009：77~80

[29] Coelho L D S, Sierakowski C A. A software tool for teaching of particle swarm optimization fundamentals. Advances in Engineering Software，2008，39 (11)：877~887

[30] Xu X S, Xiong H B. Research on AS/RS simulation modeling and evaluating based on flexsim software. 2007 International Conference on Wireless Communications，Networking and Mobile Computing，WiCOM，2007：4370~4373

[31] 赵静. 短生命周期产品供应链运作效率建模仿真研究. 大连理工大学优秀硕士学位论文，2007：34~36

[32] 张发，王军. NetLogo 4.0.2 用户手册 .2008：19~21. http://www.docin.com/

p-69337404. html

[33] 北京威特尼斯科技中心. WITNESS 工业物流仿真平台基础教程. 2010：52～54

[34] 刘加友. 基于 Witness 的集装箱码头闸口仿真分析. 中国水运，2007，10 (10)：51～53

[35] 朱华炳，吕冬梅. 基于 Witness 的生产物流系统仿真与优化. 机械工程师，2006，
3 (3). 135～137

第五章

现代制造业供应链协同优化

随着经济全球化的发展，制造业面临着越来越复杂的竞争环境和消费者需求日趋多元化与个性化的挑战，传统的独善其身的管理理念已经无法满足此类要求，建立在"双赢"基础上的供应链管理理念逐渐深入人心。而随着供应链管理的发展，供应链管理信息系统也慢慢从企业内部走向外部，企业计划体系的变迁从企业资源计划（enterprise resource planning，ERP）到高级计划系统（advanced planning system，ASP），再进化到供应链计划（supply chain planning，SCP）。为了使企业在供应链上下游合作伙伴间的密切协作和协同一致，进一步发挥供应链的优势，供应链协同优化应运而生。本章主要从供应链整个流程上的协同优化方面阐述协同优化的基本理论，介绍协同优化理论在供应链领域的基本应用模式，并在供应链协同优化常用算法以及经典模型方面进行着重描述，最后指出在该领域当前存在的不足并对其未来发展方向进行展望。

第一节　供应链协同优化概述

本节首先对供应链协同优化的基本理论进行阐述，之后介绍供应链管理系统的发展历程，并深入剖析供应链协同计划以及发展现状。

一、供应链协同优化基本理论

协同理论来源于系统论，而供应链管理是对整个链中各参与个体之间的物流、信息流、资金流等进行计划、协调和控制，通过优化，提高所有相关过程的速度，将所有相关过程的增值最大化，提高各节点个体的运作效率和效益。

结合协同理论中的协同协作的概念而提出的供应链协同，是指两个或两个以上的企业或组织为了实现某种战略目的，通过联合组织或公司协议等方式而结成的一种网络式联合体。

（一）协同的基本理论

汉语中"协同"一词具有协助、配合、合作的含义。人们常说的管理协同就是企业各部门积极配合、相互协作，共同努力完成企业的经营目标。

Igor Ansoff 用"1＋1＞2"形式来描述协同（synergy）问题，对协同概念作出了最通俗易懂的解释，它所体现的是一种整体效益大于各独立组成部分总和的增值效应[1]。德国物理学家 Haken 从系统的角度提出了一种理论——协同论（synergetics）。该理论认为，由大量子系统组成的系统，在一定条件下，由于子系统间的相互作用和协作，系统便形成有一定功能的自组织结构，在宏观上便产生了时间有序[2]。由于协同论是由完全不同的系统之间发展和采用类比方法建立起来的，所以不管什么关系的演化，在协同论看来，都是大量子系统间相互作用而又相互协调一致的结果，使协同导致有序[3]。

根据主体之间协同的密切程度，可以将协同分为如下五种类型：

（1）完全协同型。系统中的所有主体都围绕一个共同的全局目标，各主体没有自己的局部目标，所有主体全力以赴地协作。

（2）一般协同型。系统中的所有主体具有一个共同的全局目标，同时各主体还有与全局目标一致的局部目标。

（3）一般自私型。系统中的主体不存在公共的全局目标，各主体都为自己的局部目标工作，且目标之间可能存在冲突。

（4）完全自私型。系统中的主体不存在公共的全局目标，各主体都为自己的局部目标工作，并且不考虑任何协作行为。

（5）协同与自私共存型。系统中的各主体既存在一些共同的全局目标，某些主体也可能存在与全局目标无直接联系的局部目标[4]。

协同是包含协同对象、协同行为和协同目标三要素的一个过程，在供应链环境下供应链成员之间的这一过程就是供应链协同，而针对供应链计划而进行的这一过程为供应链协同计划。在供应链协同计划中协同对象为参与协同的供应链成员，协同行为为信息交流与方案调整，协同目标为获得总收益最高的供应链计划方案。协同可以从宏观和微观的角度来理解，在微观上协同是通过对协调对象的组织以及对对象本身、对象交互进行控制的协调行为来达到协同目标的过程，这个过程的实现需要技术的支持；在宏观上协同是通过合理的规划和系统的规律来实现的。

（二）供应链管理与供应链协同

供应链协同是供应链管理中的重要概念，目的在于有效地利用和管理供应链资源。而供应链的协同优化则是应用各种最优化理论，建立供应链上的协同模型，使得供应链上各主体密切协作，以实现系统总体效益最优化。

1. 供应链管理的基本思想

供应链管理是一种集成的管理思想和方法，通过前馈的信息流和反馈的物料流及信息流，将供应商、制造商、分销商、零售商直到最终用户连成一个整体，使供应链上各企业分担的采购、生产、分销和销售的职能成为一个协调发展的有机体[5]。供应链管理对整个供应链中各参与组织之间的物流、信息流和资金流进行计划、协调和控制，通过优化，提高所有相关过程的速度和确定性，最大化所有相关过程的增值，提高各参与组织的运作效率和效益。其基本思想如下：

（1）系统思想。将供应链看做由相互联系、互相依赖的组织组成的有机整体，以向最终顾客提供产品或服务，并实现供应链的整体绩效最大化为目标。

（2）协调思想。虽然供应链中各参与组织都有自己的目标，甚至存在目标冲突和竞争，但它们可以通过各种方法努力减少冲突和内耗，更好地协调合作，发挥供应链的整体优势，使整个供应链获得"1+1>2"的效果。

（3）合作思想。SCM（supply chain management）视供应链中所有参与组织为合作伙伴，力图通过信息共享、责任与风险分担以及共同解决问题来达到共赢的目的。

（4）顾客服务思想。供应链管理的最重要的目标就是更好地满足顾客的需求。在恰当的时间，将正确数量、恰当质量的产品或服务以正确的状态送到正确的地点，并使供应链的总体利润最大化。供应链管理的重要思想就体现在这种以顾客需求为驱动的思想上。

（5）信息系统的核心作用。现代信息技术的发展使现代管理发生了巨大的变革，基于信息系统的供应链管理方法得以大量地实现。因此在供应链成员之间建立有效、便捷和快速的信息连接成为供应链管理中的一个主要方向，信息系统在供应链管理中也成为一个核心。

（6）核心竞争力思想。在 SCM 理念中，企业集中发展其核心业务，将非核心业务转包给外部企业完成，充分利用外部资源，同时与这些外部企业形成合作伙伴关系。外包企业通过其专业化、资源的集中利用和规模经济可以降低单位成本，从而体现其核心竞争力，同时借助其他企业核心竞争力来形成、维持甚至强化自己的核心竞争力。这样就可实现两个企业的竞争力的提高，达到共赢的目的[6]。

2. 供应链协同

供应链协同要求供应链中各节点企业为了提高供应链的整体竞争力而进行彼此协调和相互努力。各节点企业通过公司协议或联合组织等方式结成一种网络式联合体，在这一协同网络中，供应商、制造商、分销商和客户可动态地共享信息，紧密协作，向着共同的目标发展。要实现协同，要求节点企业在信息技术的支持下进行信息共享和知识创新成果共享；要求各节点企业树立"共赢"意识，为实现同一目标而努力；要求合作伙伴在信任、承诺和弹性协议的基础上进行合作；同时，要求进行协同的节点企业进行供应链的重新整合，应以信息的自由交流、知识创新成果的共享、相互信任、协同决策、无缝连接的生产流程和共同的战略目标为基础。供应链协同管理就是针对供应链网络内各职能成员间的合作所进行的管理。

要提高供应链的竞争力，使供应链在竞争中获胜，关键是供应链企业之间实现协同，实现供应链协同管理。协同有力，则供应链管理顺畅高效，供应链竞争力就强；反之，协同不力，供应链竞争力也就无从谈起。因此，协同是供应链管理思想的核心，是供应链管理的最终目的，供应链协同管理是供应链管理发展的高级形式。

事实上，供应链协同管理是针对供应链上各节点企业的合作所进行的管理，是供应链中各节点企业为了提高供应链的整体竞争力而进行的彼此协调和相互努力。供应链协同通过将供应链上分散在各地的、处于不同价值增值环节（如资源提供、研究开发、生产加工、物流服务和市场营销等）的、具有特定优势的独立企业联合起来，以协同机制为前提，以协同技术为支撑，以信息共享为基础，从系统的全局观出发，促进供应链企业内部和外部协调发展，在提高供应链整体竞争力的同时，实现供应链节点企业效益的最大化目标。

供应链协同管理的目的就是通过协同化的管理策略使供应链各节点企业减少冲突和内耗，更好地进行分工与合作。要实现供应链的协同运作，供应链各节点企业必须树立"共赢"的思想，为实现共同的目标而努力；必须建立公平公正的利益共享与风险分担的机制；必须在信任、承诺和弹性协议的基础上进行广泛深入的合作；必须搭建基于 IT 技术的信息与知识共享平台，实现及时相互沟通；必须进行面向客户和协同运作的业务流程再造。

从内容上看，供应链协同可以分为有形协同和无形协同两大类：

（1）有形协同。有形协同发生在供应链中有相互联系的节点上，具体包括：需求预测协同、产品设计协同、采购协同、计划协同、库存协同、制造协同、物流协同、销售及服务协同和财务协同等。

（2）无形协同。无形协同是指供应链节点企业间对于文化价值、知识、技能和经验等所进行的协同管理，具体包括：文化协同、知识协同、供应链模式协同、客户关系协同和价值增值协同等[7]。

（三）供应链协同优化内在动因

供应链协同的外在动因非常明显，是为了应对逐渐激烈的竞争局面和环境动态变化；而其内在动因，则可概括为谋求中间组织效应、追求价值链优势、构造竞争优势群和保持核心文化的竞争力[8]。

1. 谋求中间组织效应

在市场经济条件下，企业之间的关系一般可归结为两种类型：一为组织外关系（通过市场交易发生的联系）。处于这种关系的企业位于竞争对手的地位，一般采取使自身利益最大化的行为或手段。这其实是供应链的分布式管理。二为组织内关系。此时交易不是发生在市场，而是在企业组织内部（如总公司与子公司或企业集团内的成员公司之间等），在此种情况下，各企业会根据组织整体（总公司或整个集团）的计划采取能获取整体利益最大化的行动。这其实是供应链的集中管理。而现实中的企业间还存在另一种关系，即"中间组织"：通过技术、资金或人力等方面的交流与沟通，既不完全采取使得自身利益最大化的行为，也不完全采取获取共同利益最大化的行为；它们的关系在形式上一方面还保留许多市场交易关系（以价格等因素为决策依据）的特征，另一方面却又融入一些组织内部关系的特征。中间组织既保持了市场的灵活性，又具有内部一体化组织的控制和协同优势。这其实是供应链的协同管理。

2. 追求价值链优势

企业的目标是获利，而要实现这一目标则需要不断创造价值。企业创造价值的过程，是由一系列互不相同却又互相联系的活动所组成。企业需要供应商提供原材料，需要销售商销售产品，需要广告商进行宣传。供应商、销售销、广告商作为单独个体各有自己的价值链，故企业、供应商、销售商与广告商的价值链可组成价值链系统，即产业价值链。企业要想获取并保持竞争优势，不仅取决于对自身价值链的认识和组织，更取决于对整个产业价值链的理解与适应。

随着社会分工的不断深化和细化，以及技术创新及其推广速度的加快，市场需求范围逐渐扩展至全球，价值链的增值环节越来越多，结构也日益复杂。价值链的持续分解使企业不可能也没有必要从事全部的价值链活动。而产品的关键环节经常集中在该产品价值链其中一两个环节，控制了这些环节就相当于控制了整个价值链。

若企业没有能够控制价值链上那些具有战略性和重要性的关键环节以及利润水平高的环节，就必须从自身出发，强化比较具有优势的环节，加大资金、技术和人力投入，进行相应的创新与变革，使其转变为具有一定垄断优势的价值链活动，例如获取专利、增加用户转换成本、创造名牌效应或形成规模经济等，以提高一部分环节的获利水平，形成竞争优势。而在此过程中，若与其他具备核心竞争优势的企业有结成战略联盟的条件和机会，在成本可接受的前提下，可与其结成联盟，并在联盟中学习先进管理方式和技术，提高自身管理水平。

企业价值链在不断分解的同时，也在不断整合。在市场竞争日益激烈、生产能力相对过剩的条件下，市场上逐渐分化出许多相对独立的，并且具有一定比较优势的增值环节。企业则可以针对外部市场环境和内部自身条件进行分析，设计出新的符合自身发展的价值链，把分解出来的增值环节与现有价值链进行整合。价值链的整合，首先是整合竞争对手所忽略的环节；其次是寻求新的价值链结合方式。这两种方式都可能使企业获得新的竞争优势。整合既可以采用一体化方式，也可以通过协同方式来完成。需要说明的是，由于整合效果的不确定性，价值链整合具有一定的风险。价值链的分解与整合都是企业在生产与组织方面的一种创新，可用于提升企业的竞争力，同时也是供应链协同的第二个内在动因。

3. 构造竞争优势群

面对当今日趋复杂的经济环境，企业之间的竞争逐渐演变成为全方位的竞争，而任何企业想要获得持续的成功都不能再单纯依靠某一种竞争优势，如何构造一组动态的竞争优势群越显必要和紧迫。

所谓竞争优势群是指由具有不同诱因、可持续性和作用空间的竞争优势所构成持续演进的竞争优势系统，其构成会随着时间的推移不断发生变化，有的竞争优势逐渐丧失，也有新的竞争优势不断产生[8]。典型的竞争优势群有主导优势和支撑优势。竞争优势群的动态发展则包括竞争优势的创造、维持、增强、权衡以及创新诸节点等。

并不是每一个企业都有能力构造适合需要的竞争优势群系统，就算能自己构造也要花费相当多的时日，并有可能在构造过程中错失发展进取的良机。而供应链协同则提供了一种较为便利和便宜的方法，使得成员企业可以优势互补，形成共赢局面。企业在强化和主导竞争优势的同时，也必须要分析、辨明所需要的支撑优势，并在市场中寻求具有这些相关优势的潜在合作伙伴，与之组成战略联盟，以共同构筑竞争优势群。在竞争优势群系统构建之后，还有一个动态发展的过程。在此过程中，协同成员要相互督促，以维持强化各自的竞争优势，同时还需共同创造新的竞争优势，甚至在必要的时候要清除不利于竞争优势群保持的旧成员或者吸收具有新优势的新成员。

4. 保持核心文化的竞争力

许多学者预言，21 世纪的竞争是企业文化的竞争。企业核心文化是与企业关键竞争优势相匹配，并能保持且促进企业竞争力的企业文化。企业文化的形成一般需要经历漫长的过程，并且一旦形成之后就很难改变。在多元化经营或规模比较庞大的企业，一般其所有业务领域都会被灌输核心文化。如果公司的非主导业务不适应于企业核心文化，则其效率会下降进而会影响整个公司的效益。而要解决这一矛盾，就必须使这些非关键业务也形成与其业务特点相符的文化，但这样又将不可避免地使核心文化受到干扰，从而影响整个企业的核心竞争力。在这种情况下，公司就十分有必要把这些非主导业务分离出去，作为公司的外围业务，这样公司一方面能够保持企业核心文化与核心业务的战略匹配，另一方面又能够通过协同的方式控制非主流业务。

（四）供应链协同优化分类

从优化目标来分，主要可划分为以下两种类别：运作研究观和市场营销研究观。运作研究观不考虑产品的价格和收益，研究在满足一定的顾客服务水平的条件下供应链各节点企业的运作成本最小化问题；市场营销研究观简化运作成本，考虑收益对决策的影响。这两种流派的一个明显的区别是，前一种是基于成本的优化，后一种是基于收益的优化[9]。

从需求的角度来看，可以分为确定性需求和随机需求两类。确定性需求又包括均匀需求和时变需求。大多数研究文献假设均匀需求，对于时变需求的研究主要集中于单一企业的局部优化，并未涉及企业间的协调与和合作问题。就随机需求而言大多数研究属平稳需求。

从供应链结构的角度来看，可分为以下几种：一个供应商和一个采购商、多个供应商和一个采购商、一个供应商和多个采购商、多个供应商和多个采购商。

从供应链的功能来看，包括生产供应系统（由制造商与供应商构成）、生产配送系统（由制造商与配送商构成）、分销配送系统（由分销商与零售商构成）。

按响应时间或交货期的不确定性来分，有确定交货期和随机交货期两种。

二、供应链生产计划的演变

不同时期有不同的计划方式：在以生产为中心的时期，企业各项工作都是以生产能力为出发点进行的，属于"推动式"生产，而制造部门则按照自身能力组织和计划，期望以最高的效率以及最低的成本生产出尽可能多的产品，却不管产品能否满足市场的需要；而在以消费者为中心的时期，以消费者需求来驱动的"拉动式"生产慢慢取得主导地位，企业生产什么、生产多少更主要的依赖于消费者的订货。在这种方式下，企业生产能力不再是最主要的约束，而是更多地关注市场，更好地满足消费者的需求。因此，供应链上的协同生产计划也有着相应的转变。

1. 传统生产计划

传统计划是以生产为中心、基于手工计算的计划体系。该阶段生产计划和控制理论领域的研究比较少，其技术和方法发展比较缓慢。在计算机产生及用于管理之前，甘特图、网络计划技术与线性规划方法一直是企业编制计划的方法，这些方法既不准确，效率也不高。传统生产方式以市场预测为基础，侧重于企业不同部门的分工。其生产计划的编制则基本上采取企业内由上至下的方式，不同的部门分别编制企业与部门之间的多层级计划（图 5-1）。该计划的出

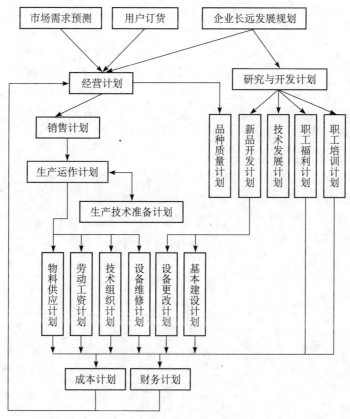

图 5-1　企业各种计划之间的关系

发点是以生产为中心，目标在于生产效率最大化与成本最小化。此外，由于受计算工具的限制，传统计划的优化方法也比较简单。直到计算机产生并用于管理之后，上述状况才得到很好的解决，生产计划和控制技术得到了快速发展。

面对日益激烈的市场竞争和信息时代客户需求的快速变化，传统计划体系存在的问题不断突显，表现在以下几个方面：

（1）计划思想以生产为中心，片面追求资源利用效率，努力通过大批量降低成本，不能适应新时期以客户为中心、以效益为目标的现代管理思想。

（2）计划工具落后。传统计划中，计划部门各自为政、层层分解，使得计划编制效率低下，出错率高，变更困难，计划常常与生产实际脱节。

（3）计划优化水平低。由于计划思想落后、工具简陋，因此未涉及优化，不能把企业有限的资源投入最能产生效益的地方[10]。

2. 企业资源计划（ERP）

随着计算机逐步深入并广泛地应用于管理之中，先进的管理思想 MRP（material requirement planning）、JIT（just in time）、OPT（optimized production technology）、LP（lean production）、SCM（supply chain management）等的先后出现并在企业实际运营中得到应用。与信息技术的迅速发展一样，生产计划和控制技术的发展速度也相当惊人，其相关理论研究日渐增多。

企业资源计划是一种20世纪90年代初，以市场和客户需求为导向，以实行企业内外资源优化配置，提高客户满意度为目标，以计划与控制为主线，以网络和信息技术为平台，集客户、市场、销售、采购、计划、生产、财务、质量、服务、信息集成和业务流程重组（business process reengineering，BPR）等功能为一体，面向供应链管理的现代企业管理思想和方法[10]（图5-2）。

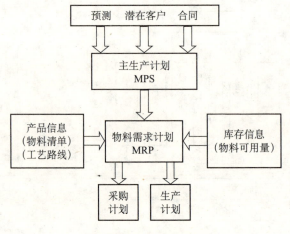

图 5-2　ERP 计划模型

ERP 系统在设计中考虑到仅靠本企业的资源无法有效地参与市场竞争，而必须把经营过程中的相关企业个体，如客户、制造工厂、供应商、分销网络等纳入到一个紧密相连的供应链中，才能高效地安排企业的产、销、供、存等活动，以满足企业充分利用一切市场资源从而快速高效地进行生产和经营的需求，并进一步提高效率，最终在市场上获得竞争优势。

从 ERP 系统的设计思想中可以看出：首先，客户需求和企业内部制造活动以及供应商制造资源的有效整合，体现了按用户需求生产的思想，从而增强了企业适应市场与客户需求快速变化的能力。其次，制造企业的生产流程被看做在全社会范围内紧密联系的供应链，这包括供应商、制造商、分销商以及客户等相关的节点企业；同时分布在各地的所属企业内部被划分成若干个相互协同的支持子系统，如生产制造、质量控制、财务、市场营销、服务维护等。ERP系统可对供应链上全部的环节进行有效管理，主要包括项目管理、财务管理、质量控制、订单、采购、计划、生产制造、库存、运输、分销、服务与维护、人事管理等（图 5-3）。

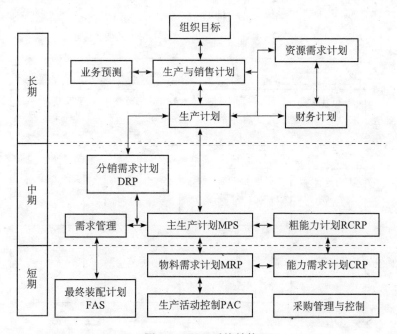

图 5-3　ERP 系统结构

ERP 的优点在于它使企业管理规范化并促进了企业管理自动化。ERP 计划与优化有利于企业实现经营目标，并成为企业在信息时代参与竞争的出发点。但 ERP 也存在一些缺点：ERP 系统只对内部资源进行管理，涉及企业从需求预测、计划、采购、生产、分销到核算等主要生产相关流程；对上下游企业而言，缺乏相应管理能力；企业业务高效运作的前提之一是其管理过程的优化，但 ERP 在过程管理功能方面有明显的不足，在处理过程优化方面也有一定的局限性；另外 ERP 在前端市场需求预测方面能力也稍显欠缺，它无法对市场的动态变化进行时刻跟踪，而更重要的是它无法做到使上下游企业之间紧密结合。

3. 高级计划与排程（APS）

进入 21 世纪，计算机和网络技术高速发展，使得各种生产计划和控制技术的快速求解成为可能，其中最具代表的是近几年快速成长起来的高级计划与排程（advanced planning system，APS）技术。高级排程计划是一种非常先进的计划工具，其发展历程已有几十年之久，其中 20 世纪 90 年代之前主要以解决单个企业的计划问题为主，而 90 年代之后则与供应链管理思想进行结合，并发展成为如今的面向供应链的计划系统。APS 能够抽取实时信息，计算可行的排程，形成快速、可靠的客户响应。在内存驻留技术的支持下，APS 系统将计划引擎、模型和数据库装载在内存中，尽量减少磁盘存取花费的时间，实现了生产计划的快速计算，减少计划问题的计算时间。

供应链计划过程与 APS 如图 5-4 所示。

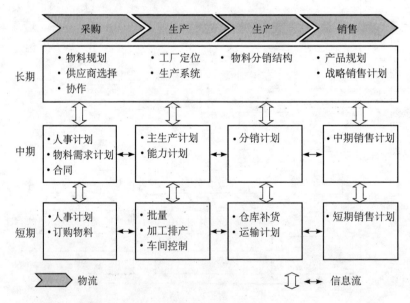

图 5-4　供应链计划过程与 APS

高级排程计划是一种逐步形成的企业生产计划管理系统，它源于物料需求计划和约束生产排程（constrained production scheduling，CPS）的计划方法。随着信息技术的飞速发展与供应链管理思想的日益成熟，APS 在 20 世纪 90 年代得到了迅速发展，并逐渐成为大型企业、跨国组织贯穿整个供应链的主要计划方法[11]。

　　APS是一组非常好的解决方法集，技术不断进步使APS变得更可接近和更有效。APS不是单纯的计划方法或者系统，而是融合各种先进的现代技术与管理思想的产物。APS涉及领域包括计算机科学、人工智能、决策支持系统、工业工程、物流管理、运筹学和生产运作管理等[11]。

　　APS有三个主要优点：信息可视化、减少计划时间和允许方便地应用优化方法。信息可视化使得管理人员可以直观地发现计划各个环节存在的问题；计算机与网络技术的应用使计划时间大大减少，极大地增强了企业对市场的反应能力；而APS系统的开放性使得企业可以根据自身的业务特点很方便地选择应用优化方法。尽管如此，模型只是现实的近似，要弥合模型和现实之间的差距，仍然需要人们的知识、经验和技能。无论多么高级的计划系统，也只是支持人们制定决策的支持系统。由于APS系统对于应用环境的要求非常苛刻，如高速的网络系统，连续更新的库存，与预测、采购、分销等系统的紧密联系等，使得小型企业在采用APS时望而却步。但这一切不能阻止APS不断发展的步伐[11]。

　　APS计划模型如图5-5所示。

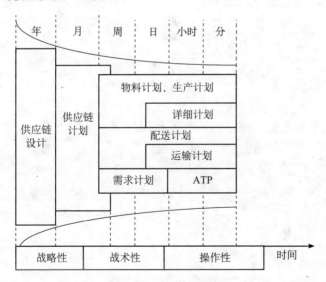

图 5-5　APS 计划模型

　　20世纪60年代以来，MRP、MRPⅡ和ERP等典型的管理信息系统得到了广泛的发展和应用，为企业内部资源优化起到了极大作用。而在供应链管理方面，出现了高级计划与排程系统（advanced planning and scheduling，APS），它强调资源和信息的整合和共享，但不足是缺乏相应的协同计划机制。这凸显了协同优化在供应链管理中的重要作用。

三、供应链协同计划

近年来，供应链协同计划与调度问题已成为供应链管理的研究热点之一。以下从供应链协同计划协同模式和建模方法方面对研究现状进行综述。

（一）供应链协同计划协同模式

要把数学规划方法和分布式决策制定相结合，即将规划模型用于独立的规划域间的计划，需要提出适当的协同模式来描述规划域间的相互关系。目前，供应链计划方面研究的协同模式主要有三种，即下游向上游逐级规划模式、集中协同优化模式和基于协商的协同计划模式[12]。

1. 逐级协同优化

逐级规划模式中，下游企业首先根据自己的当前和历史市场销量情况，在周期时段内作出持续更新的需求预测，并根据这一预测向上游企业提出物料需求，上游企业据此制订其运作计划并向更上游企业提出物料需求，通过逐级规划实现整个供应链的协同计划过程。这一模式的研究方面，Barbarosoglu 等人考虑了带有一个配送阶段和一个生产阶段的供应链中，在生产阶段出现能力不足时，通过采用启发式方法，修改配送决策的方式扩展逐级规划模式；Zimmer 针对一个购买方一个供应方的情形提出了一种协同方案，该方案也基于下游向上游逐级规划的模式，但通过对购买方的预期扩展了基本方案，即在供应方计划模型中包含了一个简单的供应方决策模型。

逐级规划模式是以下游的需求方案为基础，仅考虑企业范围内的优化，因此总体优化性能较差，如 Simpson 等人针对三级供应链通过计算测试研究了次优化的程度，认为采用下游向上游逐级规划模式与集中规划相比在供应链总成本上平均有 14.1% 的差距。

2. 集中协同优化

集中协同优化模式将整个供应链看做一个整体，用一个统一的数学规划模型来表示所有供应链成员的计划问题，通过优化求解方法来获得供应链范围总体最优的解。这一模式的研究时间较长，成果较多，目前国内相关的研究主要集中在这一领域。典型的研究成果如 Gupta 和 Maranas 针对需求不确定条件下的多节点供应链集成计划问题，提出一种两层计划框架的模型，在生产决策中采用"here-and-now"模式，物流决策中采用"wait-and-see"模式；孙会君等人提出了在多工厂、多分销商条件下二级分销网络生产计划制订的双层规划模型，并用极点搜索法和 K-T 法进行求解；杨红红等人针对供应链约束批量计划问题以生产成本、库存成本与运输成本之和为目标的数学规划模型，采用基于两级遗传算法求解；Diponegoro 等人针对两阶段生产和供应系统的原材料采购和生产周期，以最小化由原材料和成品库存组成的总成本为目标构建模型，其中采用了一种优化的多重订购策略；杨文胜等人把供应链响应时间视为一种重要的可分配资源，对供应链响应时间进行了优化建模，并采用模拟退火算法和离散搜索算法进行求解；陈淮莉等人供应链成本和运行时间平衡优化为目标，采用遗传算法求解供应链协同计划；赵建华等人采用模糊数学方法描述模糊单位生产成本、模糊生产能力以及模糊需求下的分布式多工厂供应链批量生产计划问题，并采用遗传算法进行求解；Yao 和 Liu 用动态多目标优化模型对大规模定制的供应链调度问题进行集成建模。

但集中协同优化模式在实现供应链总体最优的同时，并不能保证个体的最优。此外，集中协同优化基于供应链所有成员之间完全信息的假设，事实上，供应链企业之间往往不会一开始就把所有相关的企业信息进行共享，而通常需要在协商的过程中获得必要的信息。

3. 基于协商的协同优化

基于协商的协同计划模式将供应链成员以相对平等的关系看待，通过对数学规划模型的改造，供应链成员都具有各自独立的规划模型，根据各自的能力或需求，进行相关信息的交流，通过多轮的交互逐步实现各方认可的优化结果。这一模式不需要预先知道供应链成员的所有相关信息，在实现供应链总体最优的同时实现个人相对最优，且能够很好地实现各成员间的利益平衡。

基于协商的协同模式是一种较新的研究角度，相关的研究文章也较少，其中，Dudek 等人基于协商方法建立了单个供应商、单个购买方的供应链协同生产计划模式，通过多次重复交互过程逐步改进供应链协同计划的数学规划模型，采用基于成本累积变化率的折中策略，在实现追求共赢的平等协商过程中，较好地实现总成本的优化[12]；Shin 针对允许延期交货的情况，提出一种基于 Agent 的协同计划模式，通过设立专门的协调 Agent 进行信息的交流和转换，实现制造企业实体间有限信息共享条件下的优化，并考虑采用禁忌算法和模拟退火算法的不同环境下的求解性能差异。

从以上相关研究来看：集中协同优化模式方面已经作了大量的研究，而基于协商的计划协同模式的研究相对较新，但越来越受到重视。从协商的特性来看，基于协商的协同计划能够在多次交互过程中不断改进其决策模型，从而在获得更好的供应链近似最优的同时兼顾供应链成员间的公平性，且能够解决信息不完全条件下的协同计划问题。但基于协商的计划协同不能实现真正意义上的总体最优化，而仅能实现次优化。另外，该协同模式对两级供应链间的协同较为方便，随着供应链层级和成员数量的增加，其协同框架和协商过程的复杂程度剧增。

（二）供应链协同计划的建模方法

目前供应链协同计划的建模方法主要包括通过契约实现供应链协同、多Agent系统仿真和使用数学规划模型的供应链协同计划三类[13]。

1. 通过契约实现供应链计划协同

供应链管理分布决策的一个特点是个体理性和集体理性的矛盾冲突，解决这一冲突的办法不是否认个体理性，而是设计一种机制，在满足个体理性的前提下达到集体理性；基于这种思想，人们提出了基于契约的协调方法；其主要思路就是通过契约机制来平衡供应链成员决策激励，使其与供应链整体目标趋于一致，从而提升供应链整体绩效，同时达成"双赢"局面[14]。

契约协调目前是供应链研究中应用较多的一种方法：契约研究多以博弈论为理论工具，分析各种契约形式（批量折扣、回购、订货量承诺等）及其参数对供应链成员决策行为和供应链性能的影响，然而由于契约的多样性和复杂性，契约的规范描述和建模非常困难；同时，在定量研究中，由于博弈论要考虑多个个体的决策目标，且这些目标又由很多个体的决策变量决定，所以结果大都只能使用隐函数的形式描述，且常常有多个均衡状态存在，这给契约协调分析带来了很大困难，因此目前主要基于较为简单的库存模型；另外，契约订立和施行涉及法规、政策等问题，契约协调的实际意义受到很大局限[15]。

2. 多 Agent 系统仿真

采用多 Agent 系统描述协同计划问题主要是起到仿真的作用，仿真方法是供应链分布决策问题中常采用的方法，它一般利用实际或模拟的数据，使用计算机对给定的数学模型进行仿真计算，再由分析所得结果得到有益的信息，或者通过多 Agent 系统的运行，了解特定流程或结构的供应链是否可行。在多Agent协同计划系统的研究方面，Yu 指出在供应链协同计划中，Agent 作为可以彼此交互的自治实体，能够独立完成总体问题的子任务，从而提供软件解范例[16]。Fox 等人描述了一个基于多 Agent 的系统，其中功能型 Agent 能够实现订单获得、物流、运输和生产计划等功能[17]。类似地，Swaminathan 等人提出了一种多 Agent 系统结构，其中包含工厂、供应商等功能型 Agent 和库存管理、运输流程及需求计划等控制型 Agent，在供应链运作中，功能型 Agent 利用控制型 Agent 来支持其决策制定[18]。蒋旻提出了一种供应链网络制造系统三层 Agent模型，并在此基础上设计了一个多 Agent 的、适应供应链企业环境的生产计划系统[19]。Grolik 等人给出了生产计划与控制及供应链管理方面基于 Agent 解决方案的相关综述[20]。

仿真方法直观，对分布问题求解能力比较强，但一般无法给出问题的优化解，且依赖于特定问题。另外，如何从仿真结果中得到有价值信息也是单纯使用仿真方法的难点之一。

3. 数学规划模型

采用数学规划模型，供应链协同计划问题被形式化为优化问题。从数学上讲，供应链的协调本质上就是一个非线性的约束规划问题。现有的解决优化问题的方法众多，既包括可行方向法、梯度投影法、割平面法、罚函数法和障碍函数法等多种数学规划方法，还包括遗传算法、模拟退火法等在内的现代搜索算法。数学规划方法在定量研究中使用较为广泛，它通过对系统的建模、模型分析和严密的理论证明，得到问题的结果。

对于供应链协同计划问题，从研究的目标讲，往往要给出问题的最优解，而问题本身一般都包含很多非线性因素与不确定因素，这给研究带来了很大的难度。所以，在使用数学规划法研究此类问题时，一般都对模型做了很大程度的简化，例如忽略非重要的因素，对非线性因素与随机因素的假设等。对于单周期问题，一般采用随机规划；对多周期问题，往往将问题转化为动态规划的形式，利用随机动态规划的方法求解。数学规划法的优点是严密，说服力强，能够表现出问题的本质。而缺点是复杂，不能考虑过多的因素，结果不直观。另外，由于供应链的分布性，供应链成员往往具有独立的决策能力，以供应链网络优化为目标的计划优化带有信息不完全、不确定性，单纯的数学规划模型难以描述这一特征，因此目前的研究多是基于单一决策者的集中或层级式决策结构。

（三）供应链协同计划存在的问题

根据供应链关系的稳定性，可以把供应链分为稳定的供应链和动态的供应链。针对稳定供应链中的协同计划优化的研究，通常假设供应链成员已经确定，其中包含了供应商、制造商和分销商。Thomas 等根据研究对象的不同，将供应链运作计划的协调问题划分为采购商-供应商协调、生产-分销协调和库存-分销协调。类似的，根据协同计划与调度问题特性，可以将稳定供应链的协同计划问题划分为供应商-制造商协同生产计划和生产-分销协同计划。动态供应链中供应链成员组成动态的联盟关系，其生产计划过程通常采用项目管理的形式，因此动态供应链协同计划问题可以归结为供应链分布项目调度问题。另外，供应链优化模型要能有效地应用到企业生产实践中，需要有信息系统的支持，因此供应链协同计划系统也是一个重要的研究问题[21]。

为此，这里将供应链协同计划归结为以下四类主要问题：供应商-制造商协同生产计划、生产-分销协同计划、供应链协同项目调度和供应链协同计划与调度系统，并针对这几类问题分别分析最新的研究进展。

1. 供应商-制造商协同生产计划

供应商-制造商协同生产计划是指相邻的供应链成员间主计划活动跨域的协同过程，其中供应商和制造商分别处于不同的计划域（planning domain），且均为生产型企业，计划的目标是实现总成本的最优。

在这一研究问题上，Dudek针对供应商和购买方双边的能力约束多产品批量计划问题构建各自的模型，并提出一种基于多目标规划思想的计划调整策略，通过交换计划方案和成本信息，经过多次协商得到总体相对最优的计划。在交流信息很有限（仅有计划方案和成本信息）的情况下，能够较好地实现生产过程的成本优化，但所采用的计划调整策略都是在本地最优计划和对方提议计划间的一种折中，优化的性能受到一定限制。

2. 生产-分销协同计划

当买卖双方进行独立决策时，经济订货批量和经济生产批量分别是采购方和供应商的优化解，但经济订货批量往往不能被供应商所接受，而经济生产批量也往往不能满足购买方的需求。为了提高供应链的有效性，采购方和供应商需要协同制定生产与库存相关决策。Chen和Vairaktarakis在考虑单一和并行机制的生产调度情况下，结合调度和分销设计了一个系统以优化客户服务级别和总分销成本。

而在实际的生产—分销系统中，作为供应方的制造商其生产过程的要素对总成本或收益有着很大的影响，而采购商的采购周期往往不会同步。此外，作为供应方的制造商还受到原材料供应能力的约束。为此需要综合考虑供应方的多种能力约束、生产比率和采购方差异性的采购周期，对生产-分销的协同计划问题进行进一步研究。

3. 供应链协同项目调度

动态供应链结构通常是一种基于项目的临时性联盟组织（如虚拟企业），在这一结构中供应链成员以实现订单和资源优化配置为共同目标，而各自具有自治性和独立决策能力；订单实现的各个环节之间具有一定的时间先后关系，某一环节的时间调整将影响其他环节；各制造或服务环节通常都有多个可选供应商或多种可选方案。由于动态供应链的以上特征，且通常以项目的形式进行管理协调，以供应链总成本为优化目标的调度可以归结为供应链项目调度问题。

在供应链分布式项目调度，也就是供应链协同项目调度方面，Wang 等人针对包含中间商的线性流程供应链，引入了基于 Agent 的辩论协商方法，使中间商 Agent 间的交流更有效率。以上研究基本上都采用了独立、自治的智能Agent对分布式供应链网络进行建模，利用以合同网为基础的协商机制，协调调度资源约束带来的冲突，能够在少量信息共享的基础上获得有效的调度方案，但由于研究的焦点在于冲突解决，往往不能得到很好的总体优化性能。

4. 供应链协同计划与调度系统

由于供应链是由一系列具有供需关系的实体组成，其协同计划过程就是要通过这些实体间的协调来实现，而多 Agent 系统能够很好地体现这一特性，因此，近些年的供应链计划与调度系统研究一般都以多 Agent 系统为基础。多 Agent系统的简化性和顽健性都有助于对分布、复杂的现实系统的仿真和从现实系统中分析协商与优化规则。Kaihara 描述了虚拟市场的协调优化问题，主要是从供应链协调问题的仿真，以及从供应链制造过程、库存管理或物流过程的局部优化的 Agent 协调机制方面，而如何对分布决策环境下供应链协同计划的系统支持、协调服务机制方面有待进一步研究。

第二节　主要技术理论和方法

对于协同优化理论来讲，有很多的数学理论和机器学习理论都可以应用在供应链的协同优化领域，如运筹学、博弈论、智能优化等。而面临如此众多的选择，如何根据具体问题来进行最适合某类问题的算法选择，是一个十分棘手的问题。本节根据具体的问题介绍了微分对策、冲突消解等几大前沿算法的原理以及简单使用，每种算法都附有简单的模型解析和实例验算。

一、微分对策

微分对策是研究两个或多个决策人的控制作用同时施加于一个由微分方程

描述的运动系统时实现各自最优目标的对策过程的理论。它是将现代控制理论中的一些概念、原理、模式引入对策论而形成的理论，可以理解为双方（多方）最优控制问题。它可推广到由差分方程描述的离散时间动态系统，因而常常更广义地称为动态对策，可以理解为一段时间上的动态博弈。微分对策首先是由军事上的需要引起的，现在又进入生产、经济以及系统工程领域。针对生产和经济领域里很多复杂问题，微分对策能够给出很好的解决方案。本节主要介绍微分对策基本的理论，并就供应链协同优化中的具体问题，对微分对策的使用进行阐述。

（一）微分对策基本理论

一个微分博弈应有以下结构：①由一系列状态变量在时刻 t 组成的动态系统，典型的状态变量有市场份额、销售量、库存、商誉等。②由博弈方选择的决策变量，如订货量、价格、广告等。③包括状态变量与预测变量的微分方程，它描述了状态变量在一段时间上的演化过程。④每个博弈方有一个目标函数，如一段时间上的利润函数。

1. 线性二次微分对策

自 Nash 提出线性系统微分对策的二次最优性能指标以来，线性二次微分对策的均衡点便以 Nash 命名，而线性二次微分对策也称为 Nash 微分对策。从 20 世纪 70 年代开始，时域空间上的线性二次微分对策问题的研究取得了长足进展，大量有价值的学术论文不断发表[22]。Starr 和 Ho 研究了如下所示闭环非零和线性微分对策：

$$\begin{cases} \dot{x_0}(t) = Ax(t) + B_1 u_1(t) + B_2 u_2(t) \\ x \in R^n, \ u_1 \in R^{r2}, \ u_2 \in R^{r2} \end{cases} \tag{5-1}$$

在如下二次支付函数下的最优解和 Nash 均衡点的存在问题：

$$J_1(u_1,u_2) = 1/2 x^T(t_f) K_{1fx}(t_f) + 1/2 \int_0^{t_f} [x^T Q_{1x} + u_1^T R_{11} u_1 + u_2^T R_{12} u_2] dt \tag{5-2}$$

$$J_2(u_1,u_2) = 1/2 x^T(t_f) K_{1fx}(t_f) + 1/2 \int_0^{t_f} [x^T Q_{2x} + u_1^T R_{21} u_1 + u_2^T R_{22} u_2] dt \tag{5-3}$$

一般地，在有限区间上微分对策的最优解的存在问题可化为如下所示的 Riccati 微分方程组：

$$u_1^*(t) = -R_{11}^{-1} B_1^T K_1(t) x(t)$$

$$u_2^*(t) = -R_{22}^{-1} B_2^T K_2(t) x(t)$$

$$K_1 = -A^T K_1 - K_1 A - Q_1 + K_1 S_1 K_1 + K_1 S_2 K_2 + K_2 S_2 K_1 - K_2 S_{02} K_2 \tag{5-4}$$

$$K_2 = -A^T K_2 - K_2 A - Q_2 + K_2 S_2 K_2 + K_2 S_1 K_1 + K_1 S_1 K_2 - K_1 S_{01} K_1 \tag{5-5}$$

$$K_i(t_f) = K_{if}, \ i=1, \ 2 \tag{5-6}$$

解的存在性问题。其中，

$$S_i = B_i R_{ii}^{-1} B_i^T, \quad i = 1, 2$$
$$S_{01} = B_1 R_{11}^{-1} R_{21} R_{11}^{-1} B_1^T$$
$$S_{02} = B_2 R_{22}^{-1} R_{12} R_{22}^{-1} B_2^T$$

Cruz 和 Chen、Ozguner 和 Perkins 分别对闭环线性二次微分对策的 Nash 对策的存在性作了进一步研究，Papavassilopoulos 等研究了闭环线性二次微分对策的 Nash 均衡点和代数 Riccati 方程组的存在性、唯一性问题；Weeren 研究了无穷区间上 Nash 均衡点的渐近性质[22]。

Simaan 等研究了开环线性二次微分对策的 Nash 均衡点和 Nash 最优解的存在问题，与闭环系统的情形一样，将有限区间上线性二次微分对策的最优解归结为求解 Riccati 方程组式（5-4）和式（5-5）的解；由于 Riccati 方程组式（5-4）和式（5-5）在线性二次微分对策的研究中具有决定意义，许多学者研究了 Riccati 方程组的解及存在性问题。Freiling 等研究了 Riccati 方程组的解及存在性条件；对于有限区间上的线性二次微分对策的研究，值得一提的是近年来 Engwerda 等所做的一系列出色工作[22]。

假定二次线性 Nash 微分对策的最优解为

$$u_1^*(t) = -R_{11}^{-1} B_1^T \Psi_1(t)$$
$$u_2^*(t) = -R_{22}^{-1} B_2^T \Psi_2(t)$$

则 $\Psi_1(t)$ 和 $\Psi_2(t)$ 应满足如下微分方程：

$$\frac{\mathrm{d}}{\mathrm{d}\tau}\begin{bmatrix} X(\tau) \\ \Psi_1(\tau) \\ \Psi_2(\tau) \end{bmatrix} = \begin{bmatrix} -A & S_1 & S_2 \\ Q_1 & A^T & 0 \\ Q_2 & 0 & A^T \end{bmatrix} \begin{bmatrix} X(\tau) \\ \Psi_1(\tau) \\ \Psi_2(\tau) \end{bmatrix} = M \begin{bmatrix} X(\tau) \\ \Psi_1(\tau) \\ \Psi_2(\tau) \end{bmatrix} \tag{5-7}$$

以及边值条件 $\Psi_1(t_f) = K_1 f x(t_f)$，$\Psi_2(t_f) = K_2 f x(t_f)$。

记

$$\exp(Mt_f) = \begin{bmatrix} W_{11}(t_f) & W_{12}(t_f) & W_{13}(t_f) \\ W_{21}(t_f) & W_{21}(t_f) & W_{21}(t_f) \\ W_{31}(t_f) & W_{31}(t_f) & W_{31}(t_f) \end{bmatrix}$$

定义 $H(t_f) = W_{11}(t_f) + W_{12}(t_f) K_{1f} + W_{13}(t_f) K_{2f}$，则有如下结论：

定理 1 二人线性二次微分对策存在 Nash 平衡点的充分必要条件为 $H(t_f)$ 可逆。

Engwerda 等不仅给出了有限时间区间上二人线性二次微分对策存在 Nash 平衡点的充分必要条件，同时还给出例子说明了如下 Riccati 微分方程组的解与 Nash 平衡点之间的关系：

$$K_1' = -A^T K_1 - K_1 A - Q_1 + K_1 S_1 K_1 + K_1 S_2 K_2, \quad K_1(t_f) = K_{1f} \tag{5-8}$$

$$K_2' = -A^T K_2 - K_2 A - Q_2 + K_2 S_2 K_2 + K_2 S_1 K_1, \quad K_1(t_f) = K_{2f} \tag{5-9}$$

对于无限时间区间上的二人线性二次微分对策，由于代数 Riccati 方程组本身的不对称性，具有一定难度，但近年来仍有不少讨论，文献中已包含了这些方面的研究成果；Weeren 等及 Mageirou 讨论了无限时间区间上二人线性二次微分对策解的渐近性质，但这些结论均是在简化二次性能指标函数的基础上建立的，具有一定局限性。

另外，Engwerda 和 Weeren 等对一维标量系统的二人线性二次微分对策问题作了较为深入的讨论，得到了一些很好的结论。

截至目前，对于多人线性二次微分对策的研究还不多见，早期研究可参阅 Varailya、Vidyasagar 等的工作。另外，Xu 和 Mizukami 还讨论了一类具有奇异值的广义二人线性二次微分对策的 Nash 均衡点和 Nash 最优解问题[22]。

2. 非线性微分对策

传统的军事对抗模型有很多是非线性微分对策模型，如拦截问题、追逃问题、合作问题等。现有的研究非线性微分对策的方法包括定量方法和定性方法两大类。定量方法可以求解平衡点、得出该平衡点所对应的最优控制策略以及其相应的支付值；而定性方法则多应用于研究对抗中某种预期结果能否实现，分析所谓的界栅（barrier）是否存在及其位置，目的在于在对抗中处于有利的地位。在具体方法方面，定量微分对策多采用变分方法和双方极值原理，将求解微分对策最优控制策略问题转化为求一组 Hamilton-Jacobi 方程解的问题。不过后者方程的求解十分困难，没有通用的方法，大量研究工作多集中在该方程组的数值算法方面。一般来说，高维系统解的空间结构大多比较复杂，故只在低维系统时采用定性微分对策方法。

非线性微分对策的研究在近年来已经取得了许多重要成果，比较有代表性的成果有：Krasovskii 和 Lukyanov 研究的一类泛函微分对策问题；针对椭球面上的微分对策模型，Ivanov 研究的对策成本支出问题；而最近，Yong 给出了 Hamilton-Jacobi 方程与具有固定逗留期的微分对策的值的依赖关系；Broek 则对一类状态反馈多人微分对策模型的 Nash 均衡点及其微分对策的解进行一定程度研究。

（二）微分对策在供应链协同优化中的应用

利用微分对策方法对供应链进行研究可以分为供应渠道与市场渠道两个方面。

1. 供应渠道

对供应渠道的研究集中在一个制造商与一个销售商之间的零售价格、批发价格、生产率、库存持有率等变量的决策。Eliashberg 和 Steinberg 对一个制造商和一个分销商进行 Stackelberg 微分对策研究，制造商为主决定生产率和批发价，但批发价不随时间变化，分销商为从决定库存策略和零售价格，求解得出价格与库存的两阶段策略。Desai 在此基础上设定批发价可变，销售商不持有库存，并假设生产率与库存为二次持有成本函数，求解出三种生产情况。Gutierrez 和 He 研究了一个创新的可持续产品的生命周期中零售价与批发价定价问题，不同阶段需求独立，讨论了远见的零售商和短见的零售商的策略对供应链的影响。Kogan 和 Tapiero 研究了面对一个促销期时制造商与销售商的价格和库存的策略，并对销售商的库存持有能力进行限定，考虑缺货成本，给出生产和库存的变化策略，但仍处于相对静态。

2. 市场渠道

对市场渠道进行的研究集中在广告、声誉方面的动态博弈。动态合作广告模型主要以最优控制理论为基础，建立供应链上下游企业间合作广告的微分对策模型，研究制造商和零售商在无限时域上的决策问题。在这些动态合作广告模型中，其基本假设均为广告投入对零售商的销售量有长期影响，即企业广告的投入不仅影响当前的需求，而且也会影响长期的需求，这称之为广告的衰减效应。

最早的动态合作广告研究为 Jørgensen 等运用微分对策理论建立了一个制造商和一个零售商的动态合作广告模型，假设企业的广告投入会增加制造商的商誉，而商誉的增加又会增加零售商的销售量。利用微分对策理论先后讨论了制造商对零售商广告不提供资助、制造商对零售商的两种类型广告（长期广告和短期广告）都提供支持、制造商仅对零售商其中一种广告类型提供支持等情形。研究表明，制造商对零售商两种类型广告都提供支持比只对其中一种类型广告进行支持可以获得更多的利润，并且提供支持要严格优于不给予支持[23]。

之后，Jørgensen 假定销售量受到商誉和广告投入的影响，并且销售量关于商誉边际报酬递减。先后研究了两种博弈情形：一是制造商和零售商的 Nash 非合作博弈，制造商不支持零售商的广告投入，解得了反馈 Nash 均衡策略以及制造商和零售商的利润函数；二是制造商作为领导者、零售商作为追随者的斯坦博格博弈，得到了反馈斯坦博格均衡并进行了比较分析。研究表明，合作广告能给予制造商和零售商更高的利润[23]。

He 等基于广告销售量模型研究了供应链合作广告和定价问题。给出了零售商的反馈广告策略和制造商的广告分担策略。得到了制造商和零售商进行合作广告的条件。同时比较分析了集中式和分散式决策下的广告策略以及系统利润，发现集中式决策下供应链系统利润高于分散式决策下的系统利润[23]。

广告最优控制模型是致力于解决广告投入与需求量以及利润之间关系的一项复杂性研究。这项研究主要涉及动态最优控制微分方程理论。随着最优控制问题在数学难度上得到解决，广告动态最优控制方面的研究得更是得到了飞速的发展。广告最优控制模型主要分为广告商誉模型［advertising-goodwill model，称为商誉模型，Nerlove 和 Arrow（1962）首先提出这一模型，为纪念这一开创性研究，将他们的模型简称为 NA 模型］、广告销售量（市场份额）模型［advertising-sales model，Vidale 和 Wolfe（1957）首先提出，简称为 VW 模型］和累计销售量或市场增长模型［cumulative sales 或 market growthmodels，Bass（1969）首先提出，称为 Bass 模型］。研究也扩展到多个销售商及多个媒体[23]。

（三）实例分析

1. 问题描述

假设这样一种现实情况，在沃尔玛成立初期，一些实力强大的制造商，如宝洁（P&G），在零售商-制造商的供应链中处于强势地位。宝洁公司决定了沃尔玛销售其公司产品的数量、订货价格以及促销费用的补贴。零售商和制造商之间是一种不合作关系，两者没有信息分享、没有联合计划和系统协调。这种情形即所谓的非合作情形，且制造商处于领导地位。然而，随着沃尔玛的逐步发展，其实力与宝洁相当，双方开始进行合作，出现了一系列诸如准时生产方式（just-in-time，JIT）、电子数据交换（electronic data interchange，EDI）和高效消费者反应（efficient-consumer-response，ECR）等管理信息系统。双方从 "win-lose" 转变到 "win-win"，此时双方是一种合作关系，即合作博弈情形[24]。在此只分析 Stackelberg 合作博弈（为书写方便，后文部分将省略时间 t）。

2. 模型建立

考虑由一个制造商和一个零售商组成的供应链，制造商进行全国性广告，零售商进行地方性广告，制造商为了激励零售商多投入地方性广告，为零售商提供广告补贴，即所谓的合作广告。设制造商全国性广告投入为 $A_m(t)$，零售商地方性广告投入为 $A_r(t)$，制造商承担零售商广告成本的比例为 $\chi(t)$，且 $0 \leqslant \chi(t) \leqslant 1$。设制造商和零售商的广告成本函数分别为

$$C_m(A_m) = \mu_m/2 \times A_m^2(t) \text{ 和 } C_r(A_r) = \mu_r/2 \times A_r^2(t) \qquad (5-10)$$

式中，μ_m 和 μ_r 分别为制造商和零售商广告成本系数，$C_m(A_m)$ 和 $C_r(A_r)$ 分别为制造商和零售商的广告成本，并且均是关于广告投入的凸函数。由于制造商和零售商广告的投入增加了制造商的品牌形象（商誉），采用随机商誉模型刻画商誉随时间的变化：

$$dG(t) = (\lambda_m A_m(t) + \lambda_r A_r(t) - \delta G(t))dt + \sigma(G(t))dz(t), G(0) = G_0 \geqslant 0 \quad (5\text{-}11)$$

式中，λ_m 和 λ_r 分别为制造商和零售商广告投入对商誉的影响程度。$\delta > 0$ 为品牌形象的衰减程度，商誉的衰减通常是由于消费者在该制造商（或零售商）竞争对手的广告诱惑下转向其他品牌，或转向新引入市场的产品所造成的，因此，当衰减系数比较大时，即使企业投入广告，商誉也是有可能减小的。$z(t)$ 为标准的维纳过程，$\sigma(G(t))$ 为随机干扰影响系数。设制造商（或零售商）的即时销售量是关于渠道双方广告和商誉的增函数，其即时销售量 $Q(t)$ 为

$$Q(t) = \alpha A_m(t) + \beta A_r(t) + \theta G(t) \quad (5\text{-}12)$$

式中，α、β、θ 均为大于零的常数，分别为制造商广告、零售商广告以及品牌形象对产品销售量的影响。设制造商和零售商有着相同且为正值的贴现率 r，双方的目标都是在无限时区内寻求使自身利润最大化的最优广告策略，并且双方的边际利润分别为 π_m 和 π_r，二者为常量。制造商和零售商的利润函数分别为

$$\max_{A_{m,x}} \left\{ J_m(G_0) = E \int_0^\infty e^{-rt} \{ \pi_m [\alpha A_m(t) + \beta A_r(t) + \theta G(t)] \right.$$
$$\left. - \mu_m/2 \times A_m^2(t) - \mu_r/2 \times \chi(t) A_r^2(t) \} dt \right\} \quad (5\text{-}13)$$

$$\max_{A_{r,x}} \left\{ J_r(G_0) = E \int_0^\infty e^{-rt} \{ \pi_r [\alpha A_m(t) + \beta A_r(t) + \theta G(t)] \right.$$
$$\left. - \mu_r/2 [1 - \chi(t)] A_r^2(t) \} dt \right\} \quad (5\text{-}14)$$

3. 合作博弈下最优的广告投入

合作博弈是一个基准，是非合作博弈要达到的一个目标。合作博弈意味着由非合作博弈下的两个决策者变为合作博弈下的一个决策者。合作博弈会使供应链利润增加，可以通过效用函数理论或 Sharply 值对增量利润进行划分，本例将采用效用函数理论对系统增量利润进行了划分，重点探究制造商与零售商之间的这种合作关系，并得到了该种博弈结构下制造商与零售商的最优广告策略选择以及渠道系统最优利润，以上标"C"表示合作博弈下的最优值。

命题：在合作博弈情形下，制造商和零售商的最优广告策略分别为

$$A_m^C = \frac{(\pi_m + \pi_r)[\alpha(r+\delta) + \theta\lambda_m]}{\mu_m(r+\delta)} \text{ 和 } A_r^C = \frac{(\pi_m + \pi_r)[\beta(r+\delta) + \theta\lambda_t]}{\mu_t(r+\delta)} \quad (5\text{-}15)$$

供应链最优利润为

$$V^C(G) = \frac{\theta(\pi_m + \pi_r)}{r+\delta}G + \frac{(\pi_m + \pi_r)^2(\gamma_1 + \gamma_2)}{2r\mu_m\mu_t(r+\delta)^2} \quad (5\text{-}16)$$

证明：当制造商与零售商进行合作博弈时，双方将以供应链系统利润最大化为目标，共同来确定 A_m 和 A_r 的最优值。那么供应链的利润函数为

$$\max_{A_{m,x}} \left\{ J(G_0) = J_m + J_t = E \int_0^\infty e^{-rt} \left[(\pi_m + \pi_r)[\alpha A_m(t) + \beta A_r(t) + \theta G(t)] \right.\right.$$

$$\left.\left. - \mu_m/2 \times A_m^2(t) - \mu_r/2 \times A_r^2(t) \right] d \right\} \tag{5-17}$$

其最优利润函数 $V(G)$ 必须满足如下 HJB 方程：

$$rV(G) = \max_{A_{m,x}} \left\{ (\pi_m + \pi_r)Q - \mu_m/2 \times A_m^2(t) - \mu_r/2 \times A_r^2(t) \right.$$

$$\left. + V'(G)G + \sigma^2(G)V''(G)/2 \right\} \tag{5-18}$$

求解上式右端关于 A_m 和 A_r 最优化问题得到

$$A_m^C = \frac{\alpha(\pi_m + \pi_r) + \lambda_m V'(G)}{\mu_m} \text{ 和 } A_r^C = \frac{\beta(\pi_m + \pi_r) + \lambda_t V'(G)}{\mu_t} \tag{5-19}$$

将式（5-19）代入式（5-18），合并整理后得

$$rV(G) = [\theta(\pi_m + \pi_r) - \delta V']G + \frac{[\alpha(\pi_m + \pi_r) + \lambda_m V']^2}{2u_m} + \frac{[\beta(\pi_m + \pi_r) + \lambda_r V']^2}{2\mu_r} \tag{5-20}$$

关于 G 的线性最优利润函数是此 HJB 方程的解，令

$$V(G) = l_1 G + l_2 \tag{5-21}$$

式中，l_1、l_2 为待定常数。将 $V(G)$ 及其对 G 的导数代入（5-20）式得

$$r(l_1 G + l_2) = [\theta(\pi_m + \pi_r) - \delta l_1]G$$

$$+ \frac{[\alpha(\pi_m + \pi_r) + \lambda_m^{l_1}]^2}{2\mu_m} + \frac{[\beta(\pi_m + \pi_r) + \lambda_r^{l_1}]^2}{2\mu_r} \tag{5-22}$$

比较式（5-22）方程两端的 G 项系数，求得系统利润最优利润函数的参数值为

$$l_1 = \frac{\theta(\pi_m + \pi_r)}{r + \delta}, \quad l_2 = \frac{(\pi_m + \pi_r)^2 [(\alpha(\pi_m + \pi_r) + \theta\lambda_m)^2 + (\beta(\pi_m + \pi_r)) + \theta\lambda_r)^2]}{2r\mu_m \mu_t (r + \delta)^2} \tag{5-23}$$

将 l_1、l_2 代入 $V(G)$，从而得到供应链系统最优利润函数为式（5-16），将式（5-16）对 G 的导数代入式（5-19）得式（5-15）。

4．结论

在合作博弈下，制造商（零售商）的边际利润越高，制造商的全国性广告投入、零售商的地方性广告投入和供应链的总利润都越高。表明边际利润是渠道双方投入广告的动力所在，双方可以通过降低单位成本和降低运营成本以增加边际利润。

二、协同冲突检测相关理论

企业都追求自身利润最大化，因此在供应链协同计划过程中，供应链成员

企业之间的冲突往往难以避免。要想供应链协同计划顺利进行，就需要人们采用一定的技术手段和方法及时地发现供应链协同计划过程中可能出现的冲突，并提出合理的冲突消解方案，尽可能地在与客户签订合同之前解决这些冲突，避免发生签订合同之后出现不可消解的冲突而引发违约情况。本小节介绍协同冲突检测的基本理论及其简单应用。

（一）协同冲突检测理论

冲突检测技术可以帮助人们及时发现冲突并采取合理的措施消解冲突，从而尽可能地避免合同执行过程中出现不可消解的冲突情况，提高供应链协同计划的效率。因此，如何有效地检测出冲突和采取什么措施消解冲突是供应链协同计划过程中首要解决的问题。

目前进行冲突检测时人们常用的主要有基于 Petri 网的一致性冲突检测、基于真值的冲突检测、基于约束不可满足的冲突检测、基于启发式分类的冲突检测等四种冲突检测方法。在实际应用中，人们往往采用基于真值的冲突检测和基于约束的冲突检测相结合的冲突检测方法。冲突检测技术在协同设计中的应用比较广泛，在协同设计中，除了利用相关技术工具进行冲突检测（如数据库触发器技术），还可以根据同步工作和异步工作的不同情况，采取在线冲突检测和阶段冲突检测相结合的冲突检测方法。

近年来国内外学者对冲突检测的研究主要集中在基于约束的冲突检测技术。美国西弗吉尼亚大学、北卡罗来纳大学，我国清华大学等许多单位对约束的应用进行了研究。此外国外开发的 DAISIE、NEXT-CUT、GALILEO3 等支持并行工程的环境中包含了进行约束建模和约束满足检查的工具。在协同设计中，设计人员面临各种要求，需要处理各种关系，遵守各种规范来完成某一设计目标。约束是协调这些要求、关系和规范的有效手段。在应用基于约束的冲突检测技术进行协同设计环境下的冲突检测时，人们通常把产品的相关约束形成约束网络，然后通过对约束网络进行处理与计算，考察某一变量的取值对约束网络中其他变量取值的影响，以此判断协同设计中是否存在冲突。在对基于约束的冲突检测技术进行研究时，人们主要研究如何构建约束网络模型以及采取何种算法求解约束满足问题。

根据本文研究的供应链协同计划问题的特点，本文采用基于约束的冲突检测技术来进行供应链协同过程中的冲突检测。

（二）协同冲突消解理论

在供应协同计划过程中，当检测到冲突或者冲突发生时，为了使供应链协同计划能够顺利进行，需要采取一定的措施消解这些冲突，实现供应链整体最优的目标。但是由于引发冲突的原因复杂，冲突的类型多种多样，冲突所涉及的范围也比较广泛，因此在进行冲突消解时往往面临很大的困难。如何快速、有效地消解供应链协同计划中的冲突问题是供应链协同计划研究的一个重要课题。在冲突消解研究工作中，人们主要是研究冲突消解策略问题。目前常用的冲突消解策略有回溯法、约束松弛法、知识推理法和仲裁法等[25]。

1. 回溯法

回溯法是指当检测到冲突时，利用回溯技术找到回溯节点，撤销设计人员的最后若干步操作，修改不相容的环境和相应的结构模型以消除冲突。回溯技术有顺序回溯及相关制导回溯两种。顺序回溯根据系统记录的日志由前至后遍历；制导回溯则相反。顺序回溯实现上比较简单，但是需要依据一定的经验以确定回滚的跨度。回滚的跨度过大则有可能擦除了设计人员保存的有用的工作内容；跨度过小则不能满足冲突消解的要求需要，并且多次回滚对系统的开销比较大。

2. 约束松弛法

在检测到冲突时，可以通过放松约束条件或者忽略次要约束条件来达到消解冲突的目的。约束松弛可以有效消解由于约束过紧引发的冲突问题，但约束松弛的适用范围比较狭窄，这是因为约束松弛时往往会对某个协同小组或者设计成员的求解目标和求解利益造成改变。当这种改变具有较大的负面影响时，该约束松弛可能被拒绝，从而导致消解失败，必须再寻求新的冲突消解方法。

3. 知识推理法

基于知识的推理（knowledge-based reasoning）是在知识库与数据库的支持下的一种冲突消解方法，这种方法广泛应用于各领域的冲突消解。基于知识的推理主要包括基于规则的推理（rule-based reasoning，RBR）、基于事例的推理（case-based reasoning，CBR）和基于模型的推理（model-based reasoning，MBR）。

4. 仲裁法

当冲突涉及多个协同小组而各协同小组又不肯为冲突消解做出让步时，冲突的消解必须通过仲裁来完成。仲裁是一个反复交互与逐渐求解的过程。在这个过程中建议、理由被反复地交互，冲突各方提出自己的建议直到最终达到一致。一般说来，只有在利用其他消解方法难以成功的情况下才采用仲裁的方法来消解冲突。

目前冲突消解的理论仍不完善，冲突消解策略仍有待于改善。由于冲突的复杂性和多样性，在进行冲突消解时需要人们根据冲突的具体情况，灵活地选择冲突消解策略。结合本书研究问题的特点本文选用 Agent 协商方法对供应链协同计划过程中发生的冲突进行消解。

（三）实例分析

1. 基于约束网的供应链协同计划问题表述

基于约束的冲突检测技术是依据约束满足问题（constraint satisfaction problem，CSP）及其求解算法的思想来进行的。一个供应链协同计划问题就是在供应链协同计划过程中处理接受的客户订单时，在一系列约束要求下寻找到合适的值满足来满足这些约束要求。因此，一个供应链协同计划问题可以看做一个约束满足问题，即对各订单寻找合适的解决方案，来满足供应链的各约束要求，如果不能找到合适的解决方案，则存在冲突。此时要对此冲突进行归档和分析，并找出合适的冲突消解方案。

下面对约束网的表示作如下定义[26]：

定义 1 变量集合 X，例如原材料价格、产品数量、原材料质量和产品交货期等。X 记为 $X = \{x_1, x_2, \cdots, x_n\}$，其中 x_i 为变量。

定义 2 变量的定义域集合 D，每个变量 x_i 有一个定义域 d_i，定义域的集合记为 $D = \{d_1, d_2, \cdots, d_n\}$。

定义 3 变量的期望值集合 E，设变量的期望值为 e_i，e_i 指参与供应链协同计划的各成员企业期望的变量值，所有变量的期望值集合记为 $E = \{e_1, e_2, \cdots, e_n\}$。

定义 4 变量的可放松值集合 Σ，设变量的可放松值为 ε_i，ε_i 即为 d_i 的右端值与左端值的差值。所有变量的可放松值集合记为 $\Sigma = \{\varepsilon_1, \varepsilon_2, \cdots, \varepsilon_n\}$。

定义 5 变量的优先级 Px_i，在供应链协同计划中，每个变量的地位是不同的，参与供应链协同计划的企业总是希望最先满足自己最重要的变量。放松约束变量时，先放松优先级低的变量，这样可以保证参与供应链协同计划的企业的最大利益。记变量优先级集合为 $PX = \{Px_1, Px_2, \cdots, Px_n\}$。

定义 6 约束 c_i 是 $X = \{x_1, x_2, \cdots, x_n\}$ 在 X 上的 k 元关系，为笛卡儿积 $D_{i1} \times D_{i2} \times \cdots \times D_{ik}$ 上的子集，是对变量关系之间的限制。约束集合记为 $C = \{c_1, c_2, \cdots, c_j\}$。

定义 7 约束松弛变量 d_i^-、d_i^+。d_i^- 表示约束 c_i 低于约束值的量，d_i^+ 表示约束 c_i 高于约束值的量。松弛变量满足 $d_i^- \geqslant 0$，$d_i^+ \geqslant 0$ 的条件。一般来说，软约束可松弛；硬约束是无论何时都必须满足的约束，仍把它看做可松弛的，并规定其松弛量 η_i 为零。我们记约束松弛量集合为 $\Gamma = \{d_1^-, d_1^+, d_2^-, d_2^+, \cdots, d_j^-, d_j^+\}$。

定义 8 约束网络可以表达为八元组 CNET：$<X, E, \sum, D, PX, C, \Gamma, PC>$。$X$ 是一组变量；E 是 X 的期望值集合；$\sum$ 是 X 的可放松值集合；D 是变量的域集合；PX 是 X 的优先级集合；C 是作用在 X 上的约束集合；Γ 是约束 C 的松弛变量集合；PC 是约束 C 的优先级集合。

定义 9 给定一组域 $D_1, \cdots, D_k$，它们的笛卡儿积 $D_1 \times D_2 \cdots \times D_k = \{(x_1, x_2, \cdots, x_k) \mid x_i \in D_i; i = \{1, 2, \cdots, k\}\}$ 中的每一个元素 $(x_1, x_2, \cdots, x_k)$ 为一个 k 元组，简称元组。元组中每个值 x_i 为一个分量。不失一般性，假定 $c(x_1, x_2, \cdots, x_s)(s \leqslant k)$ 为约束网中任一约束，$x_1, x_2, \cdots, x_s$ 为约束中出现的变量，记为 $Val(c)$，$D_1, D_2, \cdots, D_s$ 为变量的域，则可以检验 $D_1 \times D_2 \times \cdots \times D_k$ 中的 k 元组 $(x_1, x_2, \cdots, x_k)$，对 $Val(c)$ 的投影是否满足 C。

对约束网络 CNET，如果 $D_1 \times D_2 \times \cdots \times D_k$ 中某一元组对其中的任一约束 c_i 的 $Val(c_i)$ 的投影满足 c_i，则该元组为约束网络的解。

定义 10 约束满足问题（constraints satisfaction problems，CSP）。约束网络及其求解过程称为约束满足问题。

2. 供应链协同计划冲突检测模型

根据前文的分析可知供应链协同计划中主要面临的约束是时间、成本以及库存水平。约束满足问题（CSP）在供应链协同计划中有其特殊性，表现为供应协同计划的变量约束网络相互影响紧密。例如，供应链协同计划的成本约束、时间约束和供应链库存水平约束互为条件又相互制约。因此，可把供应链协同计划问题用 CSP 理论描述为变量集 X、变量的定义域集 D 和必须满足的约束集 C 所构成的三元组：

$$CSP = \{X, D, C\} \tag{5-24}$$

式中，$X = \{x_1, x_2, x_3, x_4\}$，$D = \{d_1, d_2, d_3, d_4\}$，$C = \{c_1, c_2, c_3\}$。$x_1$ 为产品生产时间；x_2 为产品生产数量；x_3 为产品库存数量；x_4 为产品运输时间；则 $d_1 = (0, +\infty)$；$d_2 = (0, +\infty)$；$d_3 = [a, b]$，$a, b \in N$ 且 $a < b$（a 为安全库存水平，b 为最高库存量）；$d_4 = (0, +\infty)$。c_1 为时间约束；c_2 为库存能力约束；c_3 为产品需求量约束。供应链协同计划中是否存在冲突的条件就是其对应的约束满足问题是否有解：如果没有解则说明存在冲突；如果有解则说明没有冲突。

假设某订单的交货期为 T，订货量为 Q，单个产品支付价格为 P，记订单收入为 I。则

$$I = Q \times P \tag{5-25}$$

用 u_1 表示供应链中产品单位产量的生产成本，u_2 表示单位时间内单位数量产品的库存成本，u_3 表示单位数量单位时间内的运输成本，t_1 表示生产厂商给

出的最短生产时间，t_2 表示运输商给出的最短运输时间，此时供应链执行该订单面临的约束表示如式（5-26）、式（5-27）、式（5-28）所示：

$$c_1 = x_1 + x_4 \leqslant T \tag{5-26}$$

$$c_2 = a \leqslant x_3 \leqslant b \tag{5-27}$$

$$c_3 = x_2 + x_3 \geqslant Q \tag{5-28}$$

我们把供应链执行此订单时的最小支付成本记为 U，则

$$U = \min Z = x_2 \times u_1 + x_1 \times x_3 \times u_2 + Q \times x_4 \times u_3$$

$$x_1 + x_4 \leqslant T$$

$$x_2 + x_3 \geqslant Q$$

$$x_1 \geqslant t_1 \tag{5-29}$$

$$x_2 > 0$$

$$a \leqslant x_3 \leqslant b$$

$$s.t. \quad x_4 \geqslant t_2$$

以整条供应链为冲突检测对象，此时供应链协同计划冲突检测判断模型可以表示为

$$F\ (U,\ I) = \begin{cases} 0 & (U-I) < 0 \\ 1 & (U-I) \geqslant 0 \end{cases} \tag{5-30}$$

式中，I 为订单收入；U 为供应链最小成本。

如果 $F=0$ 则冲突不存在，接受订单。如果 $F=1$ 则冲突存在，需要进行冲突消解，冲突消解之后接受订单；如果冲突不可消解则拒绝订单。

3. 基于多 Agent 的冲突消解流程

在基于冲突检测的供应链协同计划中，接到客户订单时，检测到冲突后要进行冲突消解。图 5-6 给出了基于 Agent 的冲突协商消解流程。在冲突消解协商过程中，发起 Agent 和合作 Agent 交替地提出自己的冲突消解建议。

和供应链中的成员企业一样，每个 Agent 具有不同的约束网络和偏好，这些约束和偏好是 Agent 自身的私有信息，封装在 Agent 的偏好模型里，不被其他 Agent 所知。每个参与协商的 Agent 具有自己的评价函数。在协商中，Agent 根据自身偏好和约束，利用自身评价函数对协商中的冲突消解建议进行评价，得出对此冲突消解建议的偏好水平。发起 Agent 还要对冲突消解建议进行全局评价，得出对此冲突消解建议的全局偏好水平。

由于冲突检测时已经分析出冲突存在的点及其不满足的约束，因此在协商时 Agent 不需要知道其他 Agent 的约束网络和偏好细节，只需针对冲突问题来进行协商即可。冲突消解的具体步骤如下：

步骤 1，冲突检测和分析。当接到一个新的客户订单时，进行冲突检测。当

检测到系统存在冲突时，对冲突问题进行分析。如果冲突可消解则把冲突问题发送给发起 Agent，发起 Agent 发布冲突，并组织合作 Agent 进行协商以消解冲突。如果冲突不可消解则拒绝订单，并进行冲突存档，为下次冲突检测提供判断依据。

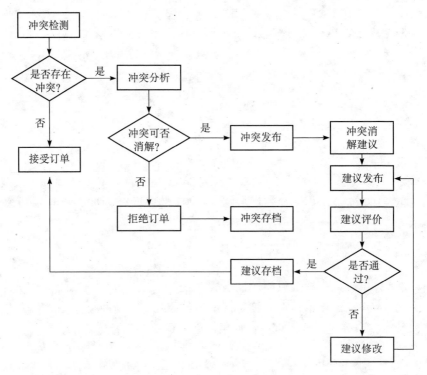

图 5-6 冲突消解流程

步骤 2，冲突发布。发起 Agent 向合作 Agent 发布冲突。

步骤 3，提出冲突消解建议。针对冲突问题，每一个合作 Agent 根据自己的计划安排表及偏好模型，产生一系列冲突消解建议，这些建议根据其偏好水平（依从大到小的顺序）置于其偏好向量中。

步骤 4，建议发布。合作 Agent 产生的冲突消解建议传递给发起 Agent。发起 Agent 结合合作 Agent 的冲突消解建议提出新的冲突消解建议，并连同建议的全局偏好水平存放于全局偏好评价向量中。发起 Agent 根据建议的全局偏好水平，从全局偏好评价向量中选择下一个最优建议予以公布。

步骤 5，建议评价。每一个合作 Agent 对接收到的建议进行评价并回复，如果建议是可接受的，则回复"接受"并返回偏好水平；否则，回复"拒绝"，转到步骤 7。

步骤 6，协商发起 Agent 更新全局偏好评价向量。发起 Agent 综合合作

Agent的回复，计算建议的全局偏好水平，更新全局偏好评价向量。

步骤7，建议修改。合作 Agent 选择一个比发起 Agent 提出的建议具有更高偏好水平的反建议，并把它发送给发起 Agent。

步骤8，发起 Agent 综合合作 Agent 的修改后的建议，更新全局偏好评价向量。返回步骤4。

结束条件：

（1）无法找到解。当任意一个参与等级为必需的 Agent 拒绝所有建议并且没有提出反建议时，意味着在所有可能建议中无法找到解，冲突不可消解。在这种情况下，拒绝订单。

（2）找到最优解。若找到了最优解，即所有 Agent 均接受步骤4发布的建议，则执行下一步。

步骤9，确认并提交。向所有 Agent 宣布一个建议被接受，合作 Agent 将协商结果提交给自己的计划安排表。此时接受订单。

三、多阶段动态供应链网络优化算法

在激烈的市场竞争环境下，顾客满意是企业赢得市场、求得生存的决定因素。本小节针对顾客满意度和企业利润间的矛盾，从物流成本角度出发，将顾客满意度作为决策变量融入到物流成本结构内，建立基于顾客满意度的动态供应优化模型，并给出解释和分析。

（一）背景描述与分析

William 等自 1993 年以来先后多次通过理论和实证的方法说明了顾客满意和顾客忠诚之间的强烈联系。Richard 则指出由于顾客忠诚度和利润水平之间的正相关关系，增加顾客忠诚度则意味着企业将能够获取更多的盈利。Eugene 和 Fornell 通过瑞典顾客满意指数（Sweden customer satisfaction barometer, SCSB）的实践数据分析了顾客满意度和企业市场份额以及利润水平之间的关系，指出高的顾客满意度意味着高市场份额和利润水平。

目前，在已有的关于客户满意度优化模型研究中，大多数模型以客户满意度最大化为优化目标。事实上，满意度的提高能够增加企业利润，但同时也会增加企业成本，客户满意度的最大化往往会降低企业利润水平。因此，在变化的市场环境中，合理满足顾客满意度使企业产生最大的经济效益成为问题的关键。鉴于此，可从物流成本的角度出发，将顾客对产品的期望满意度作为决策变量融入到物流成本结构内，建立了基于顾客满意度的动态供应优化模型。

（二）实例分析

供应链生产企业 A、B 依据顾客需求开发了一批不同型号新产品，分周期经仓库 C、D、E 运送到市场 F、H、M、N，如图 5-7 所示。由于不同顾客满意度环境下生产成本、顾客需求量不同，并且不同周期的运输成本、仓库租赁成本及销售价格不同，因此，要实现供应链最大盈利必须对产品供应量进行优化。综合考虑上述各种因素，建立了基于顾客满意度的多周期动态供应优化模型，以实现供应链盈利最大化[27]。

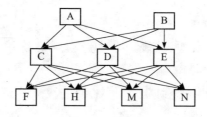

图 5-7　产品供应链网络图

1. 模型假设

考虑到模型的复杂性，作如下假设：①每个工厂均可生产所有型号产品；②生产成本与顾客满意度成正比；③同种型号产品市场销售价格相同；④每个周期顾客基本需求量、销售价格可知；⑤顾客对产品的需求量与顾客满意度成正比。

为方便叙述，引入下述符号：

1）上下标

I 表示市场集合，$i: I$；

J 表示仓库集合，$j: J$；

K 表示生产工厂集合，$k: K$；

L 表示产品种类集合，$l: L$；

T 表示时间周期集合，$t: T$。

2）参数

d_{il}^t 表示周期 t 市场 i 对商品 l 的基本需求量（件）；

W_j^t 表示周期 t 仓库 j 的储存能力（件）；

$\overline{W}_j^t$ 表示周期 t 仓库 j 的实际存储量（件）；

f_j^t 表示周期 t 仓库 j 的租赁成本（元/吨）；

G_k^t 表示周期 t 工厂 k 最大生产能力（件）；

$\overline{G}_k^t$ 表示周期 t 工厂 k 实际生产量（件）；

g_k^t 表示周期 t 工厂 k 固定运营费用（元）；

h_{il}^t 表示周期 t 产品 l 在市场 i 销售价格（元/件）；

V_{kl}^t 表示周期 t 产品 l 在工厂 k 的基本生产成本（元/件）；

b_{jkl}^t 表示周期 t 由工厂 k 到仓库 j 产品 l 的单位运输成本（元/件）；

c_{ijl}^t 表示周期 t 由仓库 j 到市场 i 产品 l 的单位运输成本（元/件）。

3）决策变量

e_l^t 表示周期 t 顾客对产品 l 的期望满意度；

μ_i^t 为 $0-1$ 变量，表示周期 t 仓库 j 是否使用；

x_{jkl}^t 表示周期 t 产品由工厂 k 到仓库 j 产品 l 的入库量（件）；

y_{ijl}^t 表示周期 t 产品由仓库 j 到市场 i 产品 l 的供应量（件）。

2. 模型建立

$$\max = \sum_{t=1}^{T} \sum_{i=1}^{I} \sum_{l=1}^{L} (h_{il}^t d_i^t e_l^t) - \sum_{t=1}^{T} \sum_{j=1}^{J} \sum_{k=1}^{K} \sum_{l=1}^{L} (v_{kl}^t e_l^t + b_{jk1}^t) x_{jk1}^t$$

$$- \sum_{t=1}^{T} \sum_{i=1}^{I} \sum_{j=1}^{J} \sum_{l=1}^{L} c_{ij1}^t y_{ij1}^t - \sum_{t=1}^{T} \sum_{j=1}^{J} f_j \mu_j^t - \sum_{t=1}^{T} \sum_{k=1}^{K} g_k^t$$

$$\tag{5-31}$$

$$\text{s. t.} \qquad \sum_{j=1}^{J} \sum_{k=1}^{K} x_{jk1}^t = \overline{G}_k^t \qquad\qquad t \in T, k \in K \tag{5-32}$$

$$\overline{W}_r = \sum_{k=1}^{K} \sum_{l=1}^{L} = x_{jkl}^t - \sum_{l=1}^{I} \sum_{l=1}^{L} y_{ij1}^t + \overline{W}_1^{t-2} \quad t \in T, t \geqslant 1, j \in J \tag{5-33}$$

$$\overline{W}_r^0 = 0 \qquad j \in J \tag{5-34}$$

$$\sum_{k=1}^{K} \sum_{l=1}^{L} x_{j_u}^t \leqslant W_j^t \mu_j^t - \overline{W}_j^t \qquad t \in T, t \geqslant 1, j \in J \tag{5-35}$$

$$\sum_{k=1}^{K} \sum_{l=1}^{L} x_{j_u}^t \leqslant \sum_{t=1}^{T} \sum_{i=1}^{I} \sum_{l=1}^{L} y_{ijl}^{t'} - \overline{W}_i^{t-1} \qquad t, t' \in T, t \geqslant 1, j \in J \tag{5-36}$$

$$\sum_{i=1}^{I} \sum_{l=1}^{L} y_{ijl}^t \leqslant \sum_{k=1}^{K} \sum_{l=1}^{L} x_{jkl}^t + \overline{W}_j^{t-1} \qquad t \in T, t \geqslant 1, j \in J \tag{5-37}$$

$$\sum_{i=1}^{I} y_{ijl}^t = d_{il}^t e^t \qquad\qquad t \in T, I \in L, i \in I \tag{5-38}$$

$$\begin{cases} 1 & 仓库使用 \\ 0 & 否则 \end{cases}，其中，当 \overline{W}_j^{t-1} > 0 时，\mu_j^t = 1 \quad t \in T, t > 1, j \in J \tag{5-39}$$

$$e_l^t = [5, 6, 7], \qquad\qquad t \in T, l \in L \tag{5-40}$$

$$x^{jkl}t, y_{ijl}^t \geqslant 0, 且为整数, \qquad t \in T, l \in L, k \in K, j \in J, i \in I \tag{5-41}$$

目标函数（5-31）以整个供应链利润最大化为目标；约束式（5-32）表示每个周期工厂均无剩余库存；约束式（5-33）、式（5-34）表示相邻周期仓库产品流量守恒；约束式（5-35）表示产品入库量不超过仓库实际存储能力；约束式（5-36)表示最后一个周期末仓库无剩余库存；约束式（5-37）表示供应量不超过仓库实际货有量；约束式（5-38）表示每个周期顾客需求满足率均为100%；约束式（5-39）、式（5-40）、式（5-41）表示各决策变量取值范围。

3. 模型求解

从模型可知，该模型是一个0—1混合整数非线性规划模型，可利用非线性规划的方法来求解。可采用 LINDO Systems 公司开发的 LINGO9.0 软件进行求解。

运用该模型，可根据顾客对产品的基本需求量、生产费用、生产能力、运输费用、销售价格求各个周期运量的最优解，提高顾客满意度，从而增加企业利润。

第三节 供应链协同优化模型

供应链的研究由来已久，但其协同优化却是一个新兴的课题，如何站在整个供应链的角度达到共赢，建立有效的优化模型和执行框架，是协同优化理论所致力达到的目的。本节介绍各式供应链上的优化模型，这些模型均在现行供应链交互模式的基础上提出了一种新颖的供应链结构，更符合现代社会人们的观点，形成了全新的供应链协同理念。

一、反应式供应链两级优化模型

与普通供应链不同，反应式供应链强调对市场以及顾客的快速反应，把客户需求的变化看成正常的现象，随时调整自己的目标、计划、运作方式来适应这种需求的变化。本小节介绍反应式供应链的基本概念及其两级优化模型。

（一）反应式供应链概念与结构

1. 反应式供应链概念

反应式供应链是对一类供应链的描述，这类供应链以快速满足顾客需求为主要目标，体现了对顾客的高度重视与关怀。反应式供应链主要体现供应链的市场中介功能，即把产品分配到满足用户需求的市场，对未知的需求做出快速反应等。

从上面对反应式供应链的定义，可以总结出反应式供应链的内涵如下[9]：

（1）反应式供应链主要体现供应链的市场中介功能。市场需要什么，供应链就应该提供什么。供应链是连接顾客和原料生产商的桥梁。

（2）反应式供应链是以客户为中心的。客户需求是供应链的驱动力，是供应链运作的起点。

（3）反应式供应链强调快速反应。客户需求可能很分散、波动很大，供应链就应该能适应市场需求的变化，尽可能快地为客户提供产品和服务。为了达到快速的目标，有时候需要以牺牲效率、增加一定的库存作为代价。

（4）反应式供应链充满生命力。反应式供应链总是能在需求的变化过程中得到学习、提高，充满生命力。而有效性供应链总是期望市场需求和自己的预测一致，一旦发生较大偏差，就会给整个供应链带来灾难：库存大量积压、客户大幅度减少、物流资金流陷于停顿。

2. 反应式供应链结构特色

（1）供应链信息必须共享，但共享的范围不是全部信息。为了更好地为最终客户服务，提高整个供应链的效率，降低库存与成本，信息在整个供应链上共享是必要的。但是，共享的信息应该是为了客户需要和内部计划、进度控制，因此不需要全部信息共享，而只需要关键信息的共享。其中需求、计划、物流三个方面牵涉整个供应链的运作，其主要信息应该共享。例如，当用户提出一项需求时，不需要经过零售商、分销商、制造商、供应商进行逐级传递，而应该立即让全体成员共享需求信息，便于各成员根据需求进行预测、生产准备。即便如此，其中的商业机密（如客户名称、联系方式等）仍然不能共享，否则会影响直接受理客户需求的厂商的不满。

（2）供应链核心业务管理属于整个供应链，是整个供应链共享的管理平台，以整个供应链效益最大化为目标工作，负责整个供应链的优化和协调。核心业务的运行，第一需要利用信息系统，第二要按照大家协商一致同意的原则，第三接受全体成员的监督。SCCB（software configuration control board）应该针对不同的供应链进行定义——有些供应链成员之间合作密切，SCCB就可以纳入更多的管理内容；另一些供应链成员之间组织分散，就可以只管理计划、订单等少数内容。同时，核心企业自身的内部管理必须与供应链核心业务的运行分开，核心企业在计划执行等方面和其他成员企业处于平等的地位，这样能体现核心企业的公平性，有利于加强整个供应链的合作。

（3）尊重成员企业的选择权。供应链成员都是一个个独立的企业，向自己的股东负责，应该具有充分的决策权，有权选择加入或者退出供应链，或者同时为若干供应链服务。因此，供应链成员的关系是一种动态关系，不是永久性的关系。成员有权保护自己的经营机密，只向供应链提供必要的信息，而不是全部经营信息。例如，一个同时为几条供应链提供供应的供应链，向其中的 A 制造商提供的，只能是 A 制造商需要的采购信息，为其他生产的信息不需要提供给 A 供应商，否则其他制造商就会有意见。

（4）信息系统外挂便于动态管理。系统中，在 SCCB 和成员企业内部系统（如 ERP/MRPⅡ/SCM 等）之间，增加了一个接口，连接企业内部网络和 SCCB，适应不同成员的信息系统，甚至允许没有信息系统的成员企业纳入供应链管理。采用外挂方式有两个原因：一是成员关系是动态的，经常会发生成员进入或退出的情况，对于新进入的成员，只要其遵守一定的规范，安装一定的数据接口，就可以把系统接入"供应链核心业务"系统 SCCB，实现一体化管理，而对退出者，中断其联系即可。二是原有系统的处理。Attawar 认为，供应链应该提供安全、无缝、快速的集成，连结人员、过程，快速分配资源，使人们可以很自然地利用原有的应用系统，支持移动和远程应用。很多成员企业以前就已经安装使用 MRPⅡ/ERP/CRM 等系统，不可能因为加入某一个供应链就完全废弃以前的系统，建立新的系统，供应链核心成员也存在同样问题。因此，只能对原有系统进行改进、整合、提高，贯穿整个供应链的"理想的"信息系统实际上并不存在。

（5）供应链系统反应性的实现。供应链要实现以客户响应为特征，需要需求信息共享、计划一体化、控制与物流一体化。

（6）SCCB 中的供应链计划系统不一定需要 ERP 系统支撑。由于 SCCB 和成员的信息系统并不是融为一体的，SCCB 需要的信息是成员企业不完全的信息，可以通过简单得多的方式获得（如 EDI/人工整理等），不一定需要 ERP 直接提供。这种简化不会影响 SCP 的运行，可以非常方便各种层次的供应链成员使用。

（二）反应式供应链并行运作模式

并行运作是指供应链成员在最终客户需求的驱动下，共同商讨计划方案，协调成员企业的运作，并行开展经营活动，以较高的反应速度，更好地满足最终客户的需求。并行运作方式运行机理如下[28]：

供应链成员共同建立"协同运作系统平台"，作为整个供应链需求管理、计划协调、生产过程跟踪、产品交付、客户服务、信息交流的共同平台。客户如果有需求，向平台发布需求信息，进入需求管理程序，有关企业（制造商或其他成员）就可以和客户签订合同。合同签订以后，信息进入计划程序，成员企业通过平台共同编制生产计划。计划确认下达以后，企业和客户都可以通过平台查询，了解生产进度。产品生产完成以后，通过物流公司向客户交付。所有过程信息对于成员企业都是开放、透明的。

因此，供应链并行运作机制具有以下优点：

第一，所有供应链成员企业都可以面对最终客户，避免生产经营的盲目性。

第二，成员企业彼此是平等的，不存在谁控制谁的问题。

第三，客户需求可以得到最大程度的满足。客户可以向供应链真实反映自己需求，跟踪订单的完成情况，及时得到所需产品或者服务。

第四，整个供应链效率大大提高。生产的目的性增强、计划更加协调、市场反应速度大大提高、库存减少，有利于提高整个供应链的竞争能力。

要采取并行运作的方式，"协同运作系统平台"非常关键，这就要求供应链必须采用先进的信息技术。目前许多企业已经建立了 ERP 系统，实现企业内部资源的优化管理；跨企业的系统有 SCM/APS 等，可以实现企业之间的协同管理，实现提升整个供应链竞争能力的目的。

(三) 两级优化模型及说明

1. 第一级计划优化模型

第一级计划优化，是指供应链核心业务管理系统在客户提出初步需求后，按照优化模型，对零部件的生产进行初步优化，初选供应商，初步确定生产周期和制造成本。从时间上来说，第一级计划优化是在订单确认之前进行的。

在订单确认以前，供应链的主要任务是争取客户确定订单，次要任务才是订单确认以后如何在成员之间进行分配。影响订单确认的主要因素有：

（1）客户需求。客户在功能、质量、价格、交货期等方面的需求是什么、最看重哪一项，需要清楚了解，否则盲目报价，很难取得成功、赢得利润。这一方面取决于业务人员的销售水平和判断；另一方面，让客户参与，有助于供应链对客户需求的深入了解。

（2）交货期。反应式供应链追求的是快速反应，选择这种供应链的客户，往往把交货期作为最主要的指标，那么本供应链最快的交货期是多少，成为客户决策的重要因素。

（3）制造成本。虽然反应式供应链中价格不是最主要的因素，但在和对手的竞争中，价格一定要有优势，这就需要压缩制造成本，同时成本降低了，在价格一定的前提下，供应链利润才会增加。

（4）竞争对手。客户在选择产品时，通常要进行多家比较，因此竞争对手的实力、特长、可能采取的对策，对赢得订单很重要[29]。

综合考虑以上因素，第一级计划优化的主要目的是赢得订单，因此要具有良好的竞争性，在交货期满足客户需求的前提下，尽量压缩成本。

第一级计划优化的决策变量有价格 P_i 和交货期 T_i。目标函数为毛利润 U 最大（U_0）。

$$\max U = mP_i - (C_a + C_p)$$

s. t. $\sum V_i \leqslant \sum V_{i_0}$ {设备能力约束}

$\quad\quad \sum H_i \leqslant \sum H_{i_0}$ {人员能力约束}

$\quad\quad P_t \leqslant P_0$ {不能超过客户期望的价格}

$\quad\quad T_i \leqslant T_0$ {不能超过客户期望的交货期}

式中，m 为零件数量；mP_i 为收入；C_a 为装配成本；C_p 为加工成本；V_{i_0}、H_{i_0} 分别为各供应商设定的设备、人员能力。需要说明的是，利润不属于某一个企业，是整个供应链的利润。联合起来参与市场竞争，这是供应链的宗旨。

供应链核心业务管理系统（SCCB）依据供应链共享信息进行优化计算，输出两组结果：

第一组，给客户报价。内容包括产品名称、价格、交货期、数量等。

第二组，成员企业初步生产计划。内容包括零部件名称、生产厂商、交货期、数量、价格等。第二组的计划需要在确认订单后再下达给成员企业进一步优化[30]。

2. 第二级计划优化模型

第二级计划优化是指在客户确认订单后，成员企业对 SCCB 初步下达的生产计划，在本企业内部进行优化，决定是否承接及交货期。由于订单已经和客户确认，给客户的价格和交货期都确定了，第二级计划优化的主要任务发生了改变，是在成员之间分配该计划，使得供应链总制造成本最低，以获取最大利润。下面我们分别对关键件、一般件、装配计划三个环节建立优化模型[31]。

1）关键件优化

设客户需要的产品 A 数量为 Q，产品 BOM（bill of material）及其工艺路线已知，零部件加工先后顺序已知（在供应链共享信息中）。

利用 BOM，可以将产品 A 分解为零部件 P。如果零件总个数为 N，则有

$$P = \{P_1, P_2, \cdots, P_i, \cdots, P_N\}$$

式中，零件 P_i 的需求量为 Q_B。B_i 为 BOM 中单台产品所需零件数。对于每个零件 P_i，有 m 个供应商。供应商 j（$j=1, 2, \cdots, m$）的制造周期为 T_{ij}，生产成本为 C_{ij}。

因此，零件生产过程是一个加工网络图，可以通过 PERT 等技术找出其关键路径，对应的关键零件数为 L。

$$J_{ij} = \begin{cases} 1, & \text{如果零件 } i \text{ 与供应商 } j \text{ 的组合处于关键路径} \\ 0, & \text{如果零件 } i \text{ 与供应商 } j \text{ 的组合不处于关键路径} \end{cases}$$

这样得到的 L 个位于关键路线上的零部件组为 R：

$$R = \{R_1, R_2, \cdots, R_i, \cdots, R_N\}$$

结果，对应的关键件总生产周期为 T_R^*，总成本为 C_R^*。

2）一般件优化

除了关键件，就是一般件。设 $N-L$ 个不位于关键路线上的零部件组为 S：

$$S = \{S_1, R_2, \cdots, S_{N-L}\}$$

处于非关键路径的零件当然按成本最低原则选择，对于零件 i，从 m 个供应商中选择一个作为加工商，其目标函数为

$$\min C_{ij} \qquad i=1, 2, \cdots, N-L; j=1, 2, \cdots, m$$

设选择结果为 K_{ij}

$$K_{ij} = \begin{cases} 1, & \text{如果零件 } i \text{ 选择供应商 } j \text{ 生产} \\ 0, & \text{如果零件 } i \text{ 不选择供应商 } j \text{ 生产} \end{cases}$$

结果，对应的一般件总生产周期为 T_S^*，总成本为 C_S^*，依据关键件的定义，必然有 $T_S^* \leqslant T_R^*$。

3）装配计划优化

制造商承担装配任务，需要确定产品的装配周期、成本。从前面讨论我们知道，为了加快优化，产品装配的周期、预计成本等，是由制造商提供的共享信息。如果有 k 个制造商，其装配周期、成本分别为 T_{a_i}，C_{a_i}（$i=1, 2, \cdots, k$），平均装配周期、成本分别为 T_b、C_b。问题就变成了从若干制造商中选择一个作为装配任务承担者。关于目标函数，有周期、成本两个指标，它们之间往往是冲突的。这就需要考虑客户提出的交货期 T_0、零件总生产周期 T_ρ，选择不同的目标函数：

如果 $T_b + T_\rho \leqslant T_0$，意味着生产周期有富余，可以选择成本最低的目标：$\min C_{a_i}$；

如果 $T_b + T_\rho > T_0$，意味着生产周期不足，应该选择装配周期最短的目标：$\min T_{a_i}$；

优化结果，总装配周期为 T_A^*，总成本为 C_A^*。

4）总生产周期与总成本计算

总生产周期 T 为关键件、装配周期之和，因为一般件和关键件同时加工，不占用总加工周期：$T = T_R^* + T_A^*$。

总成本 C 包括关键件加工成本、非关键件加工成本、装配成本之和：$C = C_R^* + C_A^*$。

对于运输过程中的周期、成本，由物流系统进行优化，生产计划中不再讨论。

二、精柔协同的供应链管理优化

精益和柔性这两种管理策略各有其自身优势，二者在供应链系统中相互博弈，存在着既竞争又协作的关系。精益生产策略首要追求平准生产，以期达到生产成本的降低；而柔性生产策略首要考虑的问题是快速应对市场需求，在可接受成本下对顾客需求进行快速响应。高效的供应链管理方案应充分应用二者的优势，并规避其劣势部分，而供应链的精柔协同优化就是要解决好精益与柔性的互补与共生关系[32]。

1. 供应链的精柔协同理论

不确定的市场需求可被分为相对平稳的"基准部分"和较为起伏的"波动部分"，其中"基准部分"可发挥精益生产的规模生产优势，而"波动部分"可由柔性生产灵活补足。当系统的内部和外部环境稳定时，其内部存在的精柔两种策略通过竞争，最终到达一个平衡状态。在这种平衡态下，两种策略优势互补，整个系统达到总体最优化。但系统的平衡状态会在两种情况下发生改变。第一，系统内部某些控制参量的变化可以导致一种新的平衡，例如精益策略下精益生产成本的降低会促使精益策略在竞争中获取更多优势等。第二，系统外界环境的变化导致新平衡的产生，例如需求的均值和方差的变化。这些现象都可以用协同学的理论去解释它，常常应用最优化理论、概率论和积分原理等知识进行建模仿真，并通过计算机仿真实现模型求解。

2. 供应链的需求不确定管理

在供应链中，原材料依次通过"链"上的各个环节，逐步变成产成品，产成品再通过一系列的流通配送环节，最后送达消费者手中。整个过程既是一种产品或服务的生产过程，同时也是一种价值形成和增值的过程。在从原材料到产成品的过程中，产品的附加价值逐渐增加、差异性逐渐增大，而且越靠近市场需求端，市场对产品需求的波动性越强。

由于供应链的增值特性，最终成品的附加值要远远高于原材料的附加值。在从原材料到产成品的不同阶段，具有不同的生产、储存等成本特性。因此，在产品的不同阶段，应根据其成本特性的不同，采取不同的生产、库存策略。例如，针对上游的原材料，可采取持有较多库存的大批量生产模式；而针对下游产成品，可采取持有较少库存或零库存的灵活生产方式。但在当今的市场环境下，消费者需求日益个性化，特别是一些高科技产品，其市场需求更是呈现瞬息万变的情况，上述在单一阶段采取单一生产、库存策略的方法难以满足新形势下市场的需要。

结合供应链流程的上述特点，早期有部分学者从延迟运作的角度来思考解决不确定市场需求所带来的负面影响，降低供应链的整体风险。通过延迟运作，有效地把最后的生产环节和运输环节推迟到客户提供订单以后，从而有效地降低错误生产或不准确的库存安排。并给出了在快速反应型供应链中最常见的两种延迟运作的方式：一是生产延迟；二是地域或物流延迟。后来，另有学者提出精柔混合链的概念，尝试通过供应链上成员的协作，以减缓需求不确定所带来的负面影响。在此基础上，提出了三种结合精益和柔性的管理思路：分离点法、Pareto 曲线法和需求分类法（将需求分为振荡和平稳两种），但没有做进一步的模型实现。

分离点法是设置一个分离点以表明在何时、何处采用精益或柔性的策略，其位置由产品和市场的特性决定。但由于供应链的复杂性与动态性，分离点法的位置确定有时并不明确，其使用具有局限性。Pareto 曲线法是针对多产品而言，将产品按照需求的可预测程度分类，占总数 20% 的可预测需求产品采用精益管理方式，而占总数 80% 的较难预测需求产品采用柔性管理方式并拓展了需求分类法，将需求分为"基准部分"和"波动部分"的思路，考虑单产品情形下基于需求分离的供应链精柔协同优化。

3. 供应链的精柔动态协同概念模型

模型由四个模块组成，由此将供应链系统的需求预测、动态库存和实时决策结合起来。具体的补货原理为：需求模块处理市场需求信息，且根据历史需求信息对未来的周期需求进行预测；库存模块负责管理分销商处库存，并将实时库存信息传递至控制模块；控制模块接收需求模块传递的市场需求信息、库存模块传递的实时库存信息，依据制定的补货策略和规则，向补货模块发出补货指令；而补货模块则根据控制模块的指令向不同制造商补货，如图 5-8 所示[33]。

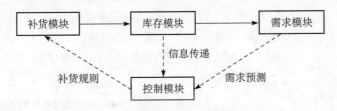

图 5-8　精柔协同下的动态补货原理

供应链一体化管理是将彼此独立的成员供应链整合为一个协同合作的系统，从而提高供应链的整体效率，并由此获得竞争力。一体化管理的出发点是致力于整条供应链的总成本最优，而不是单个环节的成本最优。在不合作情况下，链上各成员基于自身利益进行博弈，而博弈的结果往往导致供应链整体效益的次优化。因此，为使供应链实现最佳运作，必须建立合理的激励机制，以做到风险分担、利益共享的高水平协作。

在考虑前述的动态补货原理以及供应链上成员合作紧密程度因素的基础上，构建供应链的精柔动态协同概念模型。面对不确定的市场需求，首先采用拟合函数对需求进行拟合，这里假设拟合函数的形式为独立同分布的正态分布函数。依据需求预测函数传递的需求分布信息、实时的库存数据以及制定的补货规则，分销商向制造商发出补货指令，对其处库存进行动态调节。

三、分布决策环境下的项目调度模型

在分布决策环境下的供应链系统中，购买方通过本地订货批量优化模型确定的需求计划往往需要制造商付出较高成本，而制造商通过本地生产批量优化模型确定的交付计划又可能不能满足购买方的需求，因此为了提高供应链的有效性，采购方和供应商需要协同制定生产与库存相关决策。为此，下面介绍基于购买方-制造商的两级协同优化模型，其中包含了各自计划模型，并给出协调优化方法。

（一）问题描述与基于 Agent 的框架

考虑与 Wang 等人类似的供应链网络结构，即供应链由客户订单管理者、中间商和服务提供商组成（图 5-9），并分别用不同的 Agent 来描述。客户订单管理 Agent（MA）分析订单需求，确定完成订单的服务组成，如采购服务、预处理（如特殊零件加工）服务、装配服务和后处理（如包装）服务等，通过招标的方式选择合适的中间商，并协调供应商间的关系；每个服务中间商 Agent（BA）负责一项具体的服务，它们可以从多个最终服务提供商中选择最合适的一个来具体完成服务；每种服务可以有多个可选服务提供商，中间商具有确定服务提供商的决策权，中间商可以是服务提供商之一，即可以自己完成也可以外包。此外，本文主要讨论线性的供应链关系，即组成订单的各个服务在实施的过程中是直接的先后顺序关系，一项服务可以有且最多有一个前趋服务和一个后继服务[34]。

整个客户订单的完成时间用 DT 表示，且不允许延期。管理者在对订单进行服务分解的过程中，初步确定完成各项服务的时间约束。假设用 I 表示组成订单实现过程的服务集合，PT_i 表示管理者所确定的完成服务的时间约束，st_i 表示第 i 项服务的开始时间，mc_i、mt_i 表示承担第 i 项服务的中间商（$i \in I$）成本和所需的时间，则服务 i 的调度方案可表示为 $\{mc_i, mt_i\}$，则式（5-42）所示的例子中，管理者确定的初始总体调度方案可表示为 $< \{mc_{S_1}, mt_{S_1}\}, \{mc_{S_2}, mt_{S_2}\}, \{mc_{S_3}, mt_{S_3}\}, \{mc_{S_4}, mt_{S_4}\} >$，其中的下标 $S_1 \sim S_4$ 对应图中的四项服务。假设承担服务 i 的中间商有 S_i 个服务提供商可供选择，则 j 服务提供商（$j \in S_j$）的能力可表示为 $\{pc_{ij}, pt_{ij}\}$，其中 pc_{ij}、pt_{ij} 分别表示第 j 服务供应商完成服务 i 的成本和所需的时间。

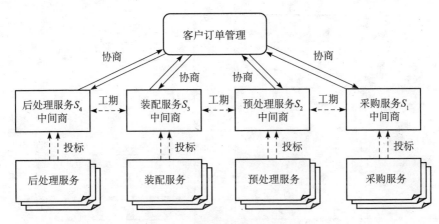

图 5-9　分布决策的供应链结构

本文假设在进行分布协商优化之前已经通过投标确定了承担各项服务的中间商，因此中间商中标时的标的就组成了初始方案。中间商的标的是在订单管理 Agent 给出的时间需求和任务要求的基础上，以自身收益最大化（也就是成本最低）为目标确定的，即对于提供 i 服务的中间商而言，其局部方案 $\{mc_i, mt_i\}$ 满足

$$mc_i = \max(pc_{ij}), \text{ 则 } mt_i = pt_{ij}, \ \forall i \in I, j \in S_i \qquad (5\text{-}42)$$

$$mt_i \leqslant st_{i+1} - st_i, \ \forall i \in I \qquad (5\text{-}43)$$

根据式（5-43）可知，管理者的时间需求相对于中间商所需的时间而言，通常存在一定的冗余时间 rt_i，且 $rt_i = st_{i+1} - st_i - mt_i$。

供应链调度优化的目标是针对管理者确定的初始调度方案，通过各中间商调整时间约束和所选择的服务供应商，在满足整个订单时间约束的条件下寻求总体最优的调度方案。

（二）基于启发式方法的协商流程

在确定了初始方案后，为了实现按时完成订单条件下的供应链总成本最优，需通过对服务间的时间约束与起始时间的调整来进行优化。由于考虑订单管理者与中间商之间不能完全共享成本结构和资源能力信息，可采用启发式方法与 Agent 协商机制相结合的分布协商优化机制。为了使它们之间的协商更为有效，要求中间商 Agent 将成本与时间变化及其相关比率等信息作为一种辩论信息提供给订单管理 Agent，并作为共享信息的一部分。这一基于启发式方法的分布协商优化流程及 Agent 间的共享信息如图 5-10 所示。

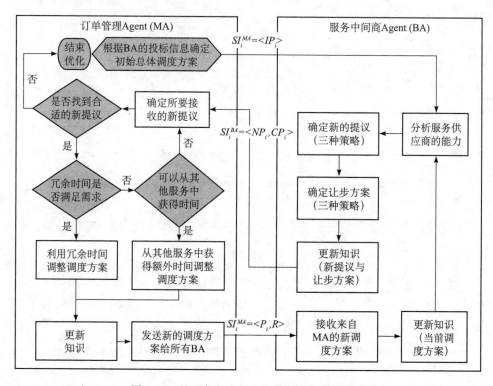

图 5-10　基于启发式方法的分布协商优化流程

订单管理 Agent 首先通过投标的方式确定提供订单服务的中间商，并得到初始的调度方案。在此基础上，各中间商 Agent 可根据其可选服务提供商的能力，提出自己的新提议。新提议追求比初始调度方案中更低的服务实现成本，同时也通常会带来服务实现所需时间的增加。为此，在考虑成本降低的基础上，根据对成本降低量、时间增加量和成本-时间变化比率重视程度的不同，可以采取三种策略来确定新提议，不同的策略对整个供应链调度优化产生一定的影响。

为了实现供应链总体成本的最优，中间商 Agent 除了提供调度方案的新提议以外，还应提供比初始方案耗时更少的让步方案。也就是说，提供能够带来时间节省的可选方案，所节省的时间可以用于放松其他中间商的时间约束，降低该中间商成本，以获得更高的供应链总收益。当然，时间的节省往往需要中间商付出更高的成本，为了保证中间商不因此造成损失，可以通过契约的形式预先确定：优化后的收益分配中，首先给予采用让步方案中间商相应补偿，然后再进行额外收益的分配。其中成本补偿和额外收益分配的具体方式和比率不在本文的讨论范围内。在考虑减少时间的基础上，根据成本增加量、时间减少量和成本-时间变化比率重视程度的不同，同样可以采取三种策略来确定让步方案。

订单管理者 Agent 在获得中间商提交的包含新提议和让步方案的共享信息后，通过接受能够较大程度降低成本的新提议，来降低供应链总成本。为此，首先需要选择合适的新提议，选择的原则是：所有新提议中成本降低量与时间增加量的比值最小者。这一原则通过成本与时间变化量的相对比率，减少因时间需求的大量增加而无法实现的可能，从而提高优化效率。此外，为了提高应用新提议的成功率，允许多次循环选择，当前一次新提议应用不成功时，选择相对次优的新提议。当没有可选的新提议时，调度优化过程结束。

采用某一服务的新提议后，往往会带来该服务实现时间上的增加，为此需要进行时间上的调整，以保证该服务的顺利完成。方案调整的方法有两种：一是利用冗余时间进行调整；二是从其他服务获得额外时间进行调整。由于利用冗余时间进行调整对其他服务影响很小，当冗余时间能够满足需求时，可直接利用冗余时间进行调度方案的调整。当冗余时间无法满足要求时，需要从其他服务获得额外时间来对调度方案进行调整，即通过采用其他服务的让步方案以减少相应的完成时间。当从其他服务无法获得足够的额外时间时，说明该新提议应用失败，为此需要回到选择新提议的步骤，搜索次优的新提议。

新提议应用成功时，订单管理 Agent 在得到新的调度方案，之后需要更新其知识，并将相应的信息发送给各个中间商 Agent。中间商 Agent 在接收到订单管理 Agent 提供的共享信息后，也需要更新知识，并开始新一轮的协商。为此，以下分别分析订单管理 Agent 和中间商 Agent 的知识与共享信息。

(三) 协商提议与调整策略

1. 中间商 Agent 新提议的确定

中间商 Agent 确定新提议时，在成本低于目前方案的基础上，根据成本降低量、时间增加量及其比率关系的重视程度不同，可以采取三种策略：
(1) 成本降低-时间增加比率最高者优先策略；
(2) 成本降低最多者优先策略；
(3) 时间增加最少者优先策略。
假设当前中间商对应的是第 i 种服务，该服务目前的调度计划为 $\langle mc_i,$

mt_i}，该服务的服务供应商能力为，{pc_{ij}，pt_{ij}}，$j \in S_i$ 则新提议生成算法为

步骤 1，对于所有供应商 $j \in S_i$，当 $pc_{ij} < mc_i$ 时，将供应商 j 加入待选集合 *SetForSel*。

步骤 2，计算 *SetForSel* 中相应的：

所降低的成本：$nfc_{ij} = mc_i - pc_{ij}$；

所增加的时间：$nft_{ij} = pt_{ij} - mt_i$；

成本降低-时间增加比率：$nv_{ij} = nfc_{ij} / nft_{ij}$。

步骤 3，根据不同策略从 *SetForSel* 中确定新提议：

策略 1：$nv_{il} = \max (nv_{ik})$，且 $nv_{il} = 0$，$\forall k \in SetForSel$；

策略 2：$nfc_{il} = \max (nfc_{ik})$，且 $nfc_{il} > 0$，$\forall k \in SetForSel$；

策略 3：$nft_{il} = \min (nft_{ik})$，且 $nft_{il} > 0$，$\forall k \in SetForSel$。

如果通过以上策略能够得到相应的新提议，那么 $nc_i = pc_{il}$，$nt_i = pt_{il}$，$nfc_i = nfc_{il}$，$nft_i = nft_{il}$，$nv_i = nv_{il}$，则与新提议相关的共享信息为 $NP_i = <$ {nc_i，nt_i}，{nfc_i，nft_i}，$nv_i >$，否则没有合适的新提议。

2. 中间商 Agent 让步方案的确定

中间商 Agent 共享信息的另一部分是降低服务完成时间的方案，即让步方案，这一方案往往带来成本增加。为此，根据对成本的增加量、时间减少量及其比率关系的重视程度不同，让步方案同样可采用三种策略来确定：

（1）成本增加-时间减少比率最小者优先；

（2）成本增加最少者优先；

（3）时间减少最多者优先。

同样假设当前中间商对应的是第 i 种服务，该服务目前的调度计划为 {mc_i，mt_i}，该服务的服务供应商能力为 {pc_{ij}，pt_{ij}}，$j \in S_i$，则让步方案的生成算法如下：

步骤 1，对于所有供应商 $j \in S_i$，当 $pt_{ij} < mt_i$ 时，将供应商 j 加入待选集合 *SetForSel*。

步骤 2，计算 *SetForSel* 中相应的：

成本的增加量：$dfc_{ij} = pc_{ij} - mc_i$；

时间的减少量：$dft_{ij} = mt_i - pt_{ij}$；

成本增加-时间减少比率：$dv_{ij} = dfc_{ij} / dft_{ij}$。

步骤 3，根据不同策略从中 *SetForSel* 确定让步方案：

策略 1：$dv_{il} = \min (dv_{ik})$，且 $dv_{il} > 0$，$\forall k \in SetForSel$；

策略 2：$dfc_{il} = \min (dfc_{ik})$，且 $dfc_{il} > 0$，$\forall k \in SetForSel$；

策略 3：$dft_{il} = \max (dft_{ik})$，且 $dft_{il} > 0$，$\forall k \in SetForSel$。

如果通过以上策略可以得到相应的让步方案，那么 $dc_i = pc_{il}$，$dt_i = pt_{il}$，$dfc_i = dfc_{il}$，$dft_i = dft_{il}$，$dv_i = dv_{il}$，则与新提议相关的共享信息为 $DP_i = <\{dc_i, dt_i\}, \{dfc_i, dft_i\}, dv_i>$，否则没有合适的让步方案。

3. 订单管理 Agent 利用冗余时间进行方案调整

如前所述，服务 i 的冗余时间可以通过式 $rt_i = st_{i+1} - st_i - mt_i$ 计算得到，假设服务 m 的新提议被采用，则当 $\sum_{i \in I} rt_i \geqslant nft_m$ 时，冗余时间能够满足采用新提议带来的新增时间需求。这时，可以直接利用冗余时间进行方案调整，具体调整的算法如下：

首先判断服务 m 的冗余时间是否满足需要，即当 $rt_m \geqslant nfnt_m$ 时，自身冗余时间能够满足要求，则从 rt_m 中扣除 nft_m 数量的时间，直接应用该服务的新提议，更新订单管理 Agent 的相关知识，结束方案调整过程。

当 $rt_m < ndt_m$ 时，需要对其他中间商的开始时间进行调整。服务时间的调整可采取相邻服务优先的策略，以减少调整量。即优先考虑邻近服务（前驱服务或后继服务）的冗余时间，如果能够满足需要，则将当前服务和前驱服务的开始时间相应前移，后继服务相应后移。如果最邻近服务的冗余时间不能满足需求，则扩大范围至相对更远的邻近服务，直到满足需求为止。调整完成后，更新订单管理 Agent 的相关知识，结束方案调整过程。

当 $\sum_{i \in I} rt_i < nft_m$ 时，则冗余时间不能满足采用新提议所带来的新增时间需求。这时首先利用冗余时间弥补部分时间需求，剩余的部分需要从其他服务中获得额外时间来进行调整。定义扣除冗余时间后剩余需要调整的时间为 at_m，则 $at_m = nft_m - \sum_{i \in I} rt_i$。

4. 订单管理 Agent 从其他服务获得额外时间

从其他服务获得额外时间是通过采用其他服务的让步方案来实现的，其中要求选用让步方案造成的成本增加不高于服务 m 采用新提议带来的成本减少量。为了便于处理，定义集合 B 为可用于节省时间的服务集合，初始时包含所有 $dft_i > 0$（$\forall i \in I$，$i \neq m$）的服务；定义集合 C 为用于获得额外时间的服务集合，初始为空。方案调整具体算法如下：

步骤1，搜索合适的用于获得额外时间的服务，也就是选择合适的让步方案。由于我们希望所选择的让步方案既能够满足额外时间的需求，又应尽可能少地增加成本，为此我们采取成本增加-时间降低比率最小者优先策略。即

$$dv_n = \min(dv_i), \forall i \in B$$

如果能够获得相应的让步方案，则将服务 n 从集合 B 中的移到集合 C 中；

否则表示无法找到合适的服务用于减少时间，退出调整过程。

步骤 2，判断集合 C 中的服务是否满足方案调整的需要：

如 $\sum_{n \in c} dfc_n \geq nfc_m$，表示搜索到的让步方案已经超出了采用服务 m 的新提议所降低的成本，失去了调整意义，则退出调整过程；

如 $\sum_{n \in c} dfc_n \geq nfc_m$，且 $\sum_{n \in c} dft_n \geq at_m$，则表示集合 C 中的服务已经能够满足方案调整的需要，执行步骤 3。

如 $\sum_{n \in c} dfc_n < nfc_m$，且 $\sum_{n \in c} dft_n < at_m$，则需要继续从集合 B 中搜索下一个用于方案调整的服务，转到步骤 1。

步骤 3，对集合 C 中的服务采用让步方案，调整相关服务的开始时间，计算供应链总成本，更新订单管理 Agent 的知识。

第四节　供应链协同优化发展趋势

供应链管理是以同步化、集成化计划为核心并以各种技术为支持围绕供应、生产作业、物流和满足需求来实施的。其主要目的是尽量以较低的成本完成生产，并安全及时地把产品送到客户手中。要想顺利达成这一目的，需要准确高效的供应链协同。协同优化在供应链管理过程中起着极为重要的作用，是改善和提高供应链效率与效益的关键性环节。

一、供应链协同优化代表性成果

有学者针对三种不同情形，即制造商与零售商共同追求总利润最大，且实施价格折扣策略；共同追求总利润最大，但不实施价格折扣策略；各自追求自身利益最大，且不实施价格折扣策略，对供应链价格和库存补充策略的优化决策模型进行研究，指出在实施第一种策略情形时供应链总利润最高，而基于供应链总利润最大化的供应链优化决策不受双方利润分配系数的变化影响。

在供应商与订货商形成的供应链上，对供应商在无折扣情况下与订货商合作的供应链联合优化决策问题进行研究，使用线性加权的方法构建带有约束因子的供应链联合优化决策模型。

在综合考虑供应链生产和分销的各种约束条件情形下，对需求不确定条件下柔性供应链生产决策优化问题进行研究，并构建柔性供应链优化模型；对不确定条件下集中控制的供应链分销系统的优化问题进行研究，利用智能算法对供应链中代理的决策行为进行优化，以提高供应链的运行效率，降低其运行总成本。

二、未来发展趋势

当前全球化的供应链越来越强调其运作的协同管理，而市场需求作为供应链外部生存环境，对时间的敏感性也越来越强。在这样的背景下，以响应时间为约束条件的供应链协同决策与优化问题成为一个比较前沿的研究领域。由于对时间敏感度的增强和客户需求的复杂快速变化，对于供应链来说，更快的响应能力和更高的内部协同运作能力成为必需，并且将成为影响供应链的总体收益及市场竞争力的有力指标，目前这一领域已成为供应链管理和协同优化研究的一大热点。除此之外还存在许多问题有待于进一步研究，例如下面的问题：

（1）时间约束下的最小订货批量、价格与交货期协同决策模型；

（2）基于缩短供应链多阶响应周期的库存决策模型研究；

（3）基于时变需求问题的供应链协同机制及其决策模型；

（4）信息安全基础上的高效率的复杂产品生产的供应链协同问题；

（5）产品生命周期长的非对称信息下各博弈方的博弈模型等[35]。

第五节　本 章 小 结

经济全球化的深入和客户需求日益多样化，要求企业构建更有效率的供应链体系，采用更为灵活的供应链计划调整机制，以快速地应对这种动态变化的环境。市场竞争的加剧也对供应链计划的有效性提出了更高的要求。只有在供应链成员的密切配合和有效的计划协同机制基础上，才能更好地降低牛鞭效应的影响，制订高质量的供应链计划。在由独立、自治的成员组成的分布决策供应链环境下，如何既考虑成员信息的私有性又能有效实现供应链范围的协同计划优化需要进行深入的研究。

协同可以说是一个目标一致的在协调方式下共同行动的状态，或者是可以导致合作行为、协调运转或和谐环境的过程。企业之间的协同意味着具有更多的共同使命和正式关系的协议，并且在计划制订、角色区分以及交流渠道等方面有着十分严格地定义：收益和风险可以共享和补偿，资源配置得以相互认可，但决策权仍保留在各自组织机构中。为了链上（或网链内）的企业间实现双赢或多赢是供应链协同的目的，但产品生产与销售同样离不开供应链协同，仍需要通过协同得到产品开发、产品生产、产品进入市场以及服务用户的低成本和高效益。要提高产品生产管理的研究水平与实践能力，需从协同管理、协同设计、协同建模以及决策优化等方面分析供应链协同研究的成果，才能有效并快捷地解决供应链协同优化中的相关问题。

◇ 参 考 文 献 ◇

[1] 安德鲁·坎贝尔，凯瑟琳·萨姆斯·卢克斯. 战略协同（第二版）. 任通海，龙大伟译. 北京：机械工业出版社. 2000：35～38

[2] 李高奎. 协同理论与会计协同论. 山西财经大学学报（高等教育版），2002，(3)：12～14

[3] 阮金元. 协同论在综合标准化过程中应用初探. 标准化报道，1995，16（2）：3～5

[4] 孙永军. 敏捷供应链协同生产管理理论与方法研究. 浙江大学博士学位论文，2003：17～20

[5] 马士华，林勇，陈志祥. 供应链管理. 北京：机械工业出版社，2000：43～45

[6] 鲁其辉. 供应链信息的协调管理机制研究. 复旦大学博士学位论文，2006：23～27

[7] 张瀚林，蒋国瑞，黄梯云. 一种有限信息共享的全局寻优供应链双边协同计划方法. 管理工程学报，2010，24（2）：153～159

[8] 程国平. 供应链管理中的协同问题研究. 天津大学博士学位论文，2004：38～47

[9] 丁斌. 反应式供应链客户服务型生产计划模型研究. 中国科学技术大学博士学位论文，2003：46～52

[10] 刘介明. 供应链协同管理的内容与具体实施. 科技创业月刊，2009，(4)：75～77

[11] 卫忠，徐晓飞，战德臣等. 协同供应链多级库存控制的多目标优化模型及其求解方法. 自动化学报，2007，33（2）：181～187

[12] Dudek G，Stadtler H. Negotiation-based collaborative planning in divergent two-tier supply chains. International Journal of Production Research，2007，45（2）：465～484

[13] Dudek G，Stadtler H. Negotiation-based collaborative planning between supply chains partners. European Journal of Operational Research，2005，163（3）：668～687

[14] Tsay S，Nahmias N A. Modeling supply chain contracts：a review. Quantitative Models for Supply Chain Management，1999：299～336

[15] 史成东，陈菊红. Downside-Risk 测度下三层供应链协调契约研究. 中国管理科学，2010，(1)：137～139

[16] Yu E. Agent orientation as a modelling paradigm. Wirtschaftsinformatik，2001，43（2）：123～132

[17] Fox M S，Barbuceanu M，Teigen R. Agent-oriented supply-chain management. International Journal of Flexible Manufacturing Systems，2000，12（2）：165～188

[18] Swaminathan J M，Smith S F，Sadeh N M. Modeling supply chain dynamics：a multiagent approach. Decision Sciences，1998，29（3）：607～632

[19] 蒋旻. 基于多代理的供应链制造系统生产计划运行模式的研究. 科技进步与对策，2006，(02)：125～129

[20] Grolik S，Stockheim T，Wendt O，et al. Dispositive supply-web-koordination durch multia-

gentensysteme. Wirtschaftsinformatik, 2001, 43 (2): 143~155

[21] Peng H J, Zhou M H, Zhang H H. Research on multi-objective collaborative optimization model and algorithm of supply chain system based on complex needs. World Congress on Software Engineering, 2009: 218~220

[22] 年晓红, 黄琳. 微分对策理论及其应用研究的新进展. 控制与决策, 2004, 19 (2): 128~133

[23] 聂佳佳. 基于微分对策的供应链合作广告策略. 重庆大学博士学位论文, 2009: 37~44

[24] 张庶萍, 张世英. 基于微分对策的供应链合作广告决策研究. 控制与决策, 2006, 21 (2): 153~157

[25] 丁毓峰, 胡业发. 基于规则和事例混合推理的冲突解决技术研究. 机械科学与技术, 2005, 24 (3): 256~260

[26] 段晓敏, 蒋国瑞, 张瀚林. 基于冲突检测的供应链协同计划研究. 计算机工程, 2010, 36 (6): 247~249

[27] 张雷. 多阶段动态供应链网络优化模型研究. 经济经纬. 2008, (3): 114~116

[28] Pecar B, Davies B. A new technology paradigm for collaboration in the supply chain. International Journal of Services Operations and Informatics, 2007, 10: 187~192

[29] 温德成, 安玉红, 阮金祥. 单质量特性进货检验方案的优化研究. 标准科学, 2010, (3): 4~8

[30] 马士华, 杨文胜, 李莉. 基于二层规划的供应链多阶响应周期决策模型. 管理科学学报, 2003, 8 (6): 51~59

[31] 丁斌, 陈晓剑. 客户服务型供应链生产计划体系的研究. 系统工程, 2005, (10): 58~62

[32] Bin D, Guo S G, Xiao J C. Key problems to be solved in supply chain collaboration management. The Seeond International Confereneeon Eleetronie Business (ICEB 2003), 2003: 269~274

[33] 陈阳, 叶怀珍. 基于精柔协同的供应链需求不确定性管理研究. 铁道运输与经济, 2010, (6): 68~70

[34] Zhang H L, Jiang G R, Huang T Y. An agent-based optimization approach for distributed project scheduling in supply chain with partial Information sharing. Procedings of the Second International Conference of Agent and Artificial Intelligence (ICAART 2010). Valencia, Spain, 2010: 378~393

[35] 戴爱明, 肖灵机, 龚敏. 复杂产品供应链协同优化的演进与发展. 南昌航空大学学报, 2007, 21 (4): 88~92

第六章

多 Agent 供应链供应商-生产商协同生产计划

　　随着信息技术的飞速发展和经济全球化趋势的不断加剧，制造业将不得不面对频繁变化的市场。供应商-生产商之间的协同生产作为供应链的上游，对制造型企业来说具有重要的意义。为了赢得竞争，供应链上的企业必须动态地调整其生产制造策略以支持全球竞争、产品创新和对市场变化的快速反应。因此，对于如何减少供应链响应时间，大规模定制下如何生产、如何在协商下柔性生产、在信息不对称条件下如何实现供应链的协同都是研究的热点。多 Agent 作为一种具有良好柔性、快速反应性和具有容错能力的分布式网络合作化生产方式，能够在具备一定成本效益优势的情况下快速响应市场变化，动态地对整个制造过程进行自适应、自组织、自学习、自优化和自维护，成为实现制造业供应链信息化的重要手段。本章主要对供应链的上游部分——供应商与生产商的协同生产进行理论阐述，并用实例介绍协同生产计划方法与模型，最后总结研究不足并对未来研究进行展望。

第一节　协同生产概述

　　本节介绍供应商-制造商协同生产计划与控制模式的发展并阐述基于生产计划与控制理论的协同生产管理体系结构。

一、生产计划和控制理论概述

　　生产计划与控制（production planning and control，PPC）是制造企业一项最基本的管理职能。它使各项生产要素组织成为现实生产力，产生出物质产品或服务，为企业带来盈利。

（一）生产计划和控制系统的演进

协同生产计划是指合作伙伴在相互信任的基础上，实时沟通，相互协同，并结合各自的生产情况，详细编制其所承担的子任务的生产计划过程。供应商-制造商协同生产计划是指相邻的供应链成员间主计划活动跨域的协同过程，其中供应商和制造商分别处于不同的计划域（planning domain），计划的目标是实现总成本的最优。

如图 6-1 所示，生产计划和控制系统理论的研究可以大致分为三个阶段。20 世纪 70 年代以前处于传统阶段，在计算机产生及用于管理之前，二进制文件（2-BIN）、精益生产（lean production，LP）、经济订货批量（economic order quantity，EOQ）、关键路径法（critical path method，CPM）及网络计划（program/project evaluation and review technique，PERT）技术一直是企业编制计划的方法；20 世纪 70 年代至 20 世纪末处于快速发展阶段，随着计算机技术广泛深入地运用到管理之中，先进的管理思想如物料需求计划（material requirement planning，MRP II）、准时生产方式（just in time，JIT）、最佳生产技术（optimized production technology，OPT）、精益生产、供应链管理（supply chain management，SCM）、约束理论（theory of constraints，TOC）、分布式控制系统（fieldbus control system，FCS）等先后出现并在企业实际运营中得到应用，生产计划和控制作为一个系统进行整体研究；21 世纪初至今进入精益计划阶段，随着计算机和网络技术的高速发展，使得各种生产计划和控制技术可以进行快速求解，其中最具代表的是高级计划与排程（advanced planning and scheduling，APS）技术

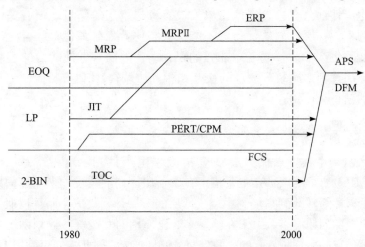

图 6-1　生产计划和控制系统的发展轨迹

与面向制造的设计（design for manufacturability，DFM）。

此外，国内外学者对生产计划和控制系统从不同角度、不同层次进行了探讨与研究，归纳如下：

将"推进式"生产模式与"拉动式"生产模式进行比较集成，得出两者集成的计划控制系统。

基于漏斗模型的生产计划和控制法研究。在面向负荷的订单投放方法、流量图模型方法等技术基础之上，提出了新的生产调度仿真模型系统。

面向计算机集成制造系统（computer integrated manufacturing system，CIMS）的多级生产计划和控制。

基于知识的生产计划和控制理论研究。

充分利用计算机网络与信息通信技术，对敏捷企业、虚拟企业和供应链管理企业进行集成生产计划和控制系统的研究。

（二）生产计划模式

1. 递阶式生产计划模式

早期生产计划问题的划分和管理是与组织结构联系在一起的。当时企业组织结构大多为递阶的，从而形成递阶式生产计划（hierarchy production planning，HPP）。在实际生产计划中，生产计划系统一般可分为四个层次：综合生产计划（aggregate production planning，APP）、物料需求计划（material requirement planning，MRP）、产品主计划（master production planning，MPP）和车间作业计划。然而在实际应用中，递阶式生产计划方法存在许多缺点和弱点：各层生产计划分开处理，使得决策没有考虑下层的信息；没有整体考虑下层的资源约束，各层计划的优化并不能保证整体计划的最优；综合生产计划主要依据不变的生产能力，只考虑能力的粗平衡，并没有考虑能力的实际分布状态；上、下层计划之间缺乏信息的交互和相互协调；HPP 与其他制造功能模块缺乏应有的信息交流。

2. 集成化生产计划方法

20 世纪 80 年代，人们开始研究集成化生产计划（integrated production planning，IPP）。早期该研究主要集中在中下层计划的集成，多为面向库存生产的企业。后来逐渐转移到高层、中层、低层的三层计划集成，而且以研究面向订单生产型企业的问题居多。由于在绝大多数已使用的制造资源计划系统中，BOM 和加工工艺信息的处理是分开的，并且交叉信息较少，因此人们想到把 BOM 与加工工艺相结合。后来，进一步发展到 BOP（bill or production）的概念。

供应链下的生产计划系统总体框架如图 6-2 所示。

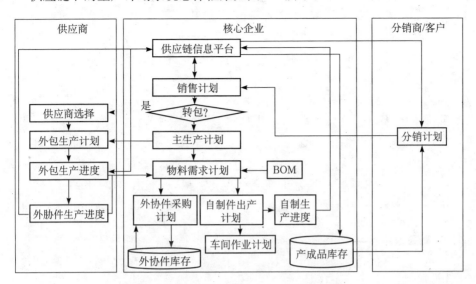

图 6-2　供应链下的生产计划系统总体框架

（三）生产控制模式

生产控制是对生产计划执行过程的监督、检查、评价与调整，以保证生产计划按计划完成。在生产计划中，主要的计划指标是时间与数量，时间指投入与出产日期等，数量是指生产的产品（零部件）的投入产出数量等[1]。

1. MRP 的生产控制模式

MRP 不只是一种计划的方法，同时也具有对生产控制的能力。利用 MRP 进行生产控制，主要有两种方式：一种是输入/输出控制法，另一种是优先权控制法。输入/输出控制的任务在于通过对各工序的流入、流出零件数量的监控，减少现场排队等待的零件数量，并由此控制生产周期，这里包括两个方面：①通过比较实际投入和计划投入的数量，控制投入某工作中心的零件数量；②通过比较实际出产与计划出产的数量，控制从某一工作中心流出的零件数量。

2. 基于负荷导向的生产控制模式——漏斗模型

漏斗模型是德国的 Bechte 和 Wiendall 等人在 20 世纪 80 年代初提出的生产控制方法。其基本思想是通过对一个工作中心的负荷，在制品库存以及平均通过时间和产出数量之间的相互关系进行动态的分析，得出数量结构，进而建立以工作中心在制品控制为核心的生产控制系统。漏斗模型在输入、输出、库存、提前期控制方面提出了五条规则：①如果希望库存均衡，则输入、输出应保持均衡；②如果希望降低库存，输入必须低于输出；③如果希望库存增加，输入必须高于输出；④如果希望平均提前期满足给定的水平，应调整库存与输出的比例；⑤如果希望提前期尽可能均衡，则采用先进先出的规则。

3. OPT/TOC 生产控制模式

最优生产计划（OPT）以及在此基础上发展起来的制约因素理论（TOC）是以色列物理学家 EliGoldratt 在 20 世纪 70 年代提出的。OPT 认为生产计划与控制的目标就是寻找顾客需求与企业能力的最佳配合，一旦一个被控制的瓶颈工序建立了动态的平衡，其余的工序就可以与这一被控制的瓶颈工序同步。OPT 的理念体现在九条规则之中，并且通过 DBR（dos boot record）系统实现生产计划与控制。

4. JIT 准时化生产控制模式

JIT 准时化生产是丰田生产方式（Toyota production system，TPS）的重要生产计划与控制手段。准时化生产控制的手段是采用看板控制系统，将看板作为传送生产指令来控制生产，使生产真正做到了按需生产。JIT 与 MRP 的推进式生产不同。建立看板控制系统的最终目标是消除库存，是一种牵引式的生产，实行无库存生产。其关键点有两个：一个是准时化供应；另一个是质量保证。只有在准时供应的前提下，并保证产品的质量时，JIT 准时化生产才可行。

（四）生产计划与控制集成模式

关于生产计划与控制集成研究得最多的是关于 MRP 与 JIT 的集成。JIT 拉动式系统能对客户需求做出迅速反应，它的优点在于车间作业管理；而 MRP 推进式系统在对顾客需求做出快速反应方面存在局限性。因此，把两者结合起来是一个理想的生产计划与控制模式。

虽然 MRPⅡ/JIT 集成的系统研究与实践已获得了一定的成果，但同样也存在着一些问题。MRP 是推进式的生产系统，而 JIT 是拉动式的生产系统，二者结合的使用效果并不像想象的那样令人满意。除此之外，学者们也提出了 MRPⅡ/OPT 和 MRPⅡ/TOC 的集成模式。

二、协同生产管理体系结构

协同生产管理产生于协同理论和协同生产概念，它选择满足协同生产要求的各个生产实体，来组建协同生产系统，并合理高效地使用和组织各生产实体所拥有的各种优势生产技术和生产资源，使各生产实体能协同一致地工作，共同完成统一的协同生产任务，以实现最大效益的目标要求[2]。

1. 过程概念层

协同生产管理是基于协同理论并面向供应链的一种先进生产管理技术，它通过对市场的把握确定生产的目标产品，通过选择满足协同生产要求的各个生产实体组建协同生产系统。在系统综合协调机制的作用下，所有参与协同生产的自助生产实体通过协商共同制订协同生产计划，并在实际生产活动中互相监督、互相协作来进行协同生产，共同完成统一的协同生产任务。整个的协同生产过程是一个从原材料、中间产品直到最终产品的价值增值链过程，协同生产管理的目的是实现生产系统最大协同效益。

协同生产系统所创造的价值产生于产品开发、采购、生产、销售、服务等一系列的活动之中。这些活动的有机联系形成了协同生产的价值链。每种活动与协同生产系统的结合，决定了协同生产系统在成本方面竞争能力的高低，也决定了对客户需求的满足程度。协同生产系统产生的价值链揭示了供应链竞争优势的差异所在。

基于价值链原理的协同生产价值模型如图 6-3 所示。

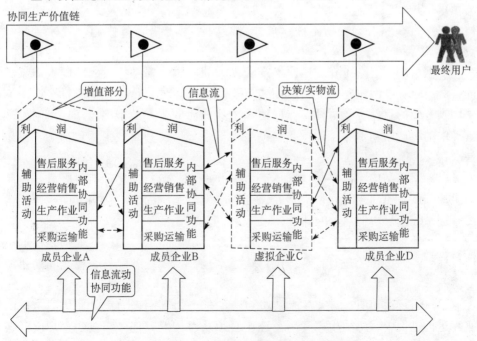

图 6-3　基于价值链原理的协同生产价值模型

2. 理论方法层

理论方法层的内容主要包括生产资源层次化建模方法、协同生产计划模式与方法、协同生产过程控制方法、协同生产虚拟库存方法和协同生产综合协调机制等。

由于组成协同生产系统的各成员企业都具有自己的局部利益，并且在成员伙伴之间存在着信息的不对称性，所以尽管组成协同生产系统的各成员伙伴具有良好的信任基础，但在协同生产系统的实际运行过程中，成员伙伴之间还是很容易出现各种矛盾和冲突。因此，为了保证协同生产整体目标的最优实现，必须要建立协同生产管理的协调机制，在实际行动中对各成员进行必要的协调。

协调按照不同的原则有不同的分类方法。从协调的内容来看，协调可分为组织结构协调和项目协调。组织结构协调是指为达到某一目标而对系统的部门设置、任务分工、人员分配、从属关系等进行部署；项目协调是指在确定的组织结构下对某一动态过程的协调。从协调信息渠道看，协调可分为内协调和外协调。内协调是指子系统间的直接协调；外协调是指子系统间的协调需要通过更高层的机构来完成。从协调的工具来看，协调可分为机器协调、人工协调和人机协调。其中，人机协调是指协调人员在机器（如计算机等）的帮助下做出决策，它集成了机器协调的快速性、有理性及人工协调的创造性、灵活性。从协调的具体目标来分，协调还可分为任务协调、目标协调和资源协调等。

根据协调的概念可知，协同生产管理中的协调主要是指组成协同生产系统的各成员企业之间进行协调，从而使得协同生产系统总体及每个成员企业能够采用最有效的目标优化方法，共同协作来达成协同生产的最终目标。协同生产管理中的协调活动贯穿了协同生产的生命周期，协调的领域主要包括如下三个层次：

（1）组织结构层次。在协同生产系统的构建之初，必须对不同成员企业所承担的工作角色问题进行协调，并保证协同生产系统的组织结构有助于协同生产管理系统今后协调活动的开展。

（2）任务分配层次。在组织结构明确之后，协同生产管理系统则要根据总体目标对各成员企业进行任务分配，这通常也需要系统各成员企业之间的协调与协商。

（3）运行活动层次。在各个成员企业的任务得到明确之后，在协同生产的实际运行过程中，协同生产管理系统还必须从总体上对任务完成的总进度及各成员企业的任务完成进度进行协调，各成员企业之间也需要进一步协调彼此之间的活动，以保证各自任务的无缝连接和协同生产总体目标的实现。

协同生产管理的综合协调机制如表 6-1 所示。

表 6-1 协同生产管理的综合协调机制

协调领域	协调目标	协调对象	协调方法	IT 工具
组织结构层次	解决成员企业的角色分工问题	成员企业间的组织结构和相互关系	适当采用层次性的结构	基于 Intranet/Extranet/Internet 的信息网络
任务分配层次	解决成员企业的任务分配问题	协同生产总目标和成员企业子任务	协商策略、谈判招标、目标规划、博弈方法	基于 Intranet/Extranet/Internet 的信息网络
运行活动层次	解决协同生产高效稳定运作问题	成员企业间的实际生产活动	约束网络、工作流技术、DBR 理论、约束规划与优化	基于 Intranet/Extranet/Internet 的信息网络

3. 技术方法层

基于 Intranet/Extranet/Internet 的协同生产管理支撑技术层包括分布式数据库系统、协同生产管理基础设施和技术体系、协同生产管理信息安全保障体系等。

随着现代数据库技术的发展和数据库系统的多样性等诸多原因，造成了组成协同生产系统的各成员企业间的数据库异构现象。屏蔽掉成员企业数据库系统间各种层次的异构特性，对所有的异构数据库联合使用，是协同生产管理系统实现其既定目标的一个迫切要求。异构分布式数据库系统[4]是一个逻辑上完整而又具有站点自治性，物理上分散、具有相同或不同数据模型的数据库系统。在异构分布式数据库系统中，不同节点上的数据库系统具有独立性、自治行和分布透明性，它屏蔽了各种异构数据库在物理上和逻辑上的差异，使用户用自己所熟悉的一种数据操作语言（DML）就能够操纵任何一种数据库。

对协同生产管理系统而言，实现异构分布式数据库系统可以采用以下三种方法：

（1）对各成员企业的异构型数据库都建立用户交互接口，不进行任何模式的集成。这种方案简单易行，但用户无法透明地访问数据，并且当增加一种新的异构数据库时，必须增加用户接口，比较烦琐。

（2）在各成员企业的异构数据库之上建立一个全局模式，对整个系统实施统一控制。该全局模式由所有成员企业数据库模式集成。当这种全局模式建立好之后，就可以针对不同的数据库进行统一的访问。

（3）采用联邦式数据库系统结构。联邦式数据库系统（federated database system，FDBS）不采用全局模式，在维持局部成员数据库自治的前提下，对异构的成员数据库进行部分的集成，提供数据共享和透明访问。它是一种没有集成和完全集成的折中方案。

协同生产管理系统信息保障体系如图 6-4 所示。

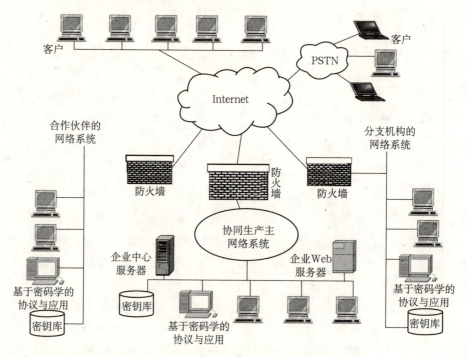

图 6-4　协同生产管理系统信息保障体系示意图

第二节　协同生产计划方法

本节主要介绍协同生产计划中常用的方法与技术及其各自的优缺点，包括博弈方法、运筹学方法、启发式算法、遗传算法等，并以实例分析如何运用这些方法解决实际问题。

一、动态博弈方法

博弈方法考虑供需双方的决策交互影响。基于博弈理论分析供需之间的博弈关系，以确定供需双方的最优策略，这种方式假设供需之间不能以契约的形式直接对系统收益或成本进行重新分配，只能通过间接手段对供需之间的收益进行调整。

在供应链系统的研究中，博弈论模型常常与运筹学的其他方法相结合，分析供应商和制造商之间、制造商与销售商之间的相互协调问题，确定各自产品价格、订货时间等，使它们能获得比原来更高的收益。

（一）演化博弈理论

经济学中的演化博弈论是以有限理性为基础的现实性较强的博弈理论，它突破了经典博弈论理性假设的局限，是经典博弈论的一个重要发展。它遵从生物进化论中"物竞天择，适者生存"的基本原则。演化博弈论研究的对象是一个"种群"（population），注重分析种群结构的变迁，而不是单个行为个体的效应分析。演化博弈论中最核心的概念是"演化稳定策略"（evolutionary stable strategy，ESS）和"复制动态"（replicator dynamics）[4]。ESS 表示一个种群抵抗变异策略侵入的一种稳定状态，其定义为：

若策略 s^* 是一个 ESS，当且仅当：

（1）s^* 构成一个 Nash 均衡，即对任意的 s，有 $u(s^*, s^*) \geqslant (s^*, s)$；

（2）如果 $s^* \neq s$ 满足 $u(s^*, s^*) = u(s^*, s)$，则必有 $u(s^*, s) > u(s, s)$。

复制动态实际上是描述某一特定策略在一个种群中被采用的频数或频度的动态微分方程。根据演化的原理，一种策略的适应度或支付（payoff）比种群的平均适应度高，这种策略就会在种群中发展，即适者生存体现在这种策略的增长率 $(1/x_k) \times (\mathrm{d}x_k/\mathrm{d}_t)$ 大于零，可以用以下微分方程给出：

$$(1/x_k) \times (\mathrm{d}x_k/\mathrm{d}t) = u(k, s) - u(s, s), k = 1, 2, \cdots, K \qquad (6\text{-}1)$$

式中，x_k 为一个种群中采用策略 k 的比例；$u(k, s)$ 为采用策略 k 时的适应度；$u(s, s)$ 为平均适应度；k 为不同的策略。

（二）实例分析

1. 问题描述

假设供应链系统中，有多个供应商 S 与制造商 M 进行策略博弈，双方的策略集合分别为 K（合作，竞争）和 J（合作，竞争）。系统是通过"物竞天择，适者生存"的原则演化形成的，并没有一个组织来安排这样的供应链系统，供应商和制造商根据其他成员的策略选择，考虑在自身群体中的相对适应性，来选择和调整各自的策略。供应链企业合作竞争博弈的支付矩阵如表6-2 所示。

表 6-2　博弈双方的支付矩阵

制造商 M ＼ 供应商 S	合　作（Coo）	竞　争（Com）
合　作（Coo）	$\pi_S + \Delta V_S$，$\pi_M + \Delta V_M$	$\pi_S - C_{0S}$，π_M
竞　争（Com）	π_S，$\pi_M - C_{0M}$	π_S，π_M

在支付矩阵中，π_S、π_M 分别为供应商与制造商采用竞争策略时获得的正常收益；ΔV_S、ΔV_M 分别为博弈双方选择合作策略时得到的超额利润，且超额利润的总和为 ΔV，并有：$\Delta V = \Delta V_S + \Delta V_M$（为了讨论方便，假设 ΔV、ΔV_S、$\Delta V_M > 0$）。C_{0S} 与 C_{0M} 分别为双方为选择合作所投入的初始成本。假设：选择合作策略的供应商比例为 $x_1 = x$，选择竞争策略的供应商比例为 $x_2 = 1 - x$；选择合作策略的制造商比例为 $y_1 = y$，选择竞争策略的制造商比例为 $y_2 = 1 - y$。[5] 则供应商 S 采用合作策略时的适应度为

$$u_S(Coo, J) = y(\pi_S + \Delta V_S) + (1 - y)(\pi_S - C_{0S}) \tag{6-2}$$

供应商 S 采用竞争策略时的适应度为

$$u_S(Com, J) = y(\pi_S) + (1 - y)(\pi_S) \tag{6-3}$$

而供应商 S 的平均适应度为

$$\bar{u}_S = x u_S(Coo, J) + (1 - x) u_S(Com, J) \tag{6-4}$$

因此，供应商 S 选择合作策略的重复动态由式（6-1）、式（6-2）、式（6-4）可得

$$dx/dt = x[\bar{u}_S(Coo, J) - \bar{u}_S]$$
$$dx/dt = x(1 - x)[(\Delta V_S + C_{0S})y - C_{0S}] \tag{6-5}$$

同理，制造商 M 选择合作策略的重复动态为

$$dy/dt = y(1 - y)[(\Delta V_M + C_{0M})x - C_{0M}] \tag{6-6}$$

微分方程（6-5）和（6-6）描述了这个演化系统的群体动态，根据文献［6］提出的方法，其均衡点的稳定性可由该系统的雅可比矩阵的局部稳定性分析得到。其结果为：系统在平面 $S = \{(x, y)\}$；$0 \leqslant x, y \leqslant 1$ 的局部均衡点有 5 个，分别为 $O(0, 0)$、$A(1, 0)$、$B(1, 0)$、$C(1, 1)$ 及 $D(X_D, Y_D)$。其中，

$$X_D = C_{0M}/(\Delta V_M + C_{0M}), Y_D = C_{0S}/(\Delta V_S + C_{0S}) \tag{6-7}$$

在 5 个局部均衡点中，仅有 O 点和 C 点两个是稳定的，是演化稳定策略，它们分别对应供应商和制造商建立战略合作伙伴关系与双方进行市场竞争两种策略。另外，该演化系统还有两个不稳定的均衡点（A 点和 B 点），及一个鞍点（D 点）。

图 6-5 描述了供应商和制造商博弈的动态过程。由两个不稳定的均衡点 A 和 B 及鞍点 D 连成的折线为系统收敛于不同状态的临界线，即在折线的右上方（$ADBC$ 部分）系统将收敛于完全合作伙伴关系，在折线的左下方（即 $ADBO$ 部分）系统将收敛于完全竞争关系。由于系统的演化是一个漫长的过程，可能

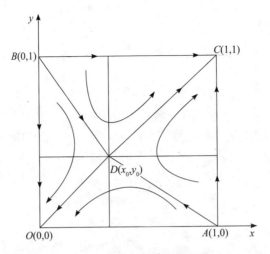

图 6-5　系统的动态演化相图

在很长的时间内保持一种合作与竞争共存的局面。

2. 问题分析

从上述演化博弈模型可知，首先，系统演化的长期均衡结果可能是完全合作，也可能是完全竞争，究竟按照哪种路径到达哪一状态则与该博弈的支付矩阵密切相关。其次，在一定的信息引导机制下，系统将收敛于哪一个均衡点受到博弈发生的初始状态影响。因此，在博弈的过程中，构成博弈双方支付函数的某些参数的初始值及其变化将导致演化系统向不同的均衡点收敛。用 δ_S、δ_M 来表示供应商与制造商的贴现因子，且 $0 \leqslant \delta_S,\ \delta_M < 1$。根据罗宾斯坦定理，如果制造商首先出价，则制造商与供应商讨价还价的结果为

$$\Delta V_S = \delta_S(1-\delta_M) \cdot \Delta V/(1-\delta_M\delta_S),\ \Delta V_M = (1-\delta_S) \cdot \Delta V/(1-\delta_M\delta_S) \quad (6\text{-}8)$$

由式（6-7）和式（6-8）可得

$$X_D = 1 \Big/ \left[\frac{1-\delta_S}{(1-\delta_M\delta_S)} \cdot \frac{\Delta V}{C_{0M}} + 1 \right]$$

$$Y_D = 1 \Big/ \left[\frac{\delta_S\ (1-\delta_M)}{(1-\delta_M\delta_S)} \cdot \frac{\Delta V}{C_{0S}} + 1 \right] \quad (6\text{-}9)$$

由式（6-9）可知，影响系统演化的参数有：合作产生的超额利润 ΔV、双方为合作而付出的初始成本以及双方的贴现因子 δ_S、δ_M。下面分别进行讨论。

（1）合作产生的超额利润 ΔV。从图 6-5 可以发现，当合作产生的超额利润越大时，折线上方的 ADBC 部分的面积越大，系统收敛于均衡点 C 的概率增加，越来越多供应商和制造商会选择合作策略。在实践中，供应链企业就要注重合作双方能否可以实现资源互补性，产品、技术以及财务等方面的协同效应，以

实现因合作产生的超额利润极大化，从而保证供应商与制造商战略合作伙伴关系的建立和稳定。

（2）供应商与制造商为合作而付出的初始成本 C_{0S}、C_{0M}。初始成本主要是指双方选择、评估合作伙伴等前期所付出的成本，它与合作环境有关。在良好的合作环境当中，制造商或供应商合作愿望和诚意较强，重视合作所带来的收益，容易寻找并评估合作伙伴，所付出的成本也就较低。从相图可知，当因合作所付出的初始成本越小，折线上方的 $ADBC$ 部分的面积也越大，演化系统收敛于 C 点的几率也就越大，供应商与制造商越趋于选择合作策略。

（3）供应商与制造商各自的贴现因子 δ_S、δ_M。贴现因子可理解为供应商与制造商对未来合作产生的超额利润的依赖或重视的程度（因 $\pi_i = \delta^{-1} \Delta V_i$）。当贴现因子越大，说明未来收益对博弈双方带来的效用越大，而当贴现因子减小时，说明双方更注重眼前利益。而且，当 $\delta_S \neq \delta_M$ 时，意味着双方对合作产生的超额利润的依赖或重视程度不同。从相图分析可得，当 C_{0S}、C_{0M}、ΔV 一定时，δ_S、δ_M 的值越大，双方越看中未来的合作收益，折线上方的面积越大，系统收敛于 C 点的概率也就越大，反之合作双方重视眼前的利益而采取机会主义行为，将不利于系统向完全合作方向演化。

3. 结论

上述案例对供应链企业合作竞争机制的演化过程进行了研究。结果发现该系统的演化方向与博弈双方的支付矩阵相关，并受到系统初始状态的影响。另外，双方因合作所投入的初始成本与贴现因子、合作产生的超额利润是影响供应链合作竞争关系演变的重要参数。只有坚持长远的发展观点、遵从合作利益的极大化、建立良好的合作环境，供应链企业才能达到"双赢"境界。

另外，在其他方面，博弈论也有应用。例如，对供应链中制造商-供应商合作研发过程进行博弈研究，考虑包含一个供应商和一个制造商的供应链系统，在一个新产品合作研发模型的基础上，对比两种非合作博弈和协同合作情况下供应链系统及供应链中的制造商和供应商研发费用投入、合作补贴政策、利润的差异，得出在新产品研发过程中制造商与供应商之间的协同合作不仅可以使供应链系统利润最优，而且还能形成双赢的局面[9]。

二、运筹学方法

基于运筹学的供应链建模方法一般使用整数规划、混合整数规划、排队论模型、策略评价模型、网络流模型以及统计分析和传统的优化方法来描述和求解问题，模型可以覆盖供应链管理的所有领域，主要用于策略性决策。

（一）运筹学方法的应用

排队论模型主要用于研究生产企业在平稳生产状态下的情况（如各个设备或车间等的输出率），并对资源分配进行优化（如合理安排各个设备的加工任务，合理安排人员的加工任务等），以达到提高生产效率的目标。

网络流模型主要用于研究供应链中成员的选择、布局以及供应链的协调问题。网络提供了一种描述供应链结构的方法。用网络流模型来表示一个供应链尤其独特的优点，它能很方便地表示供应链中各种活动的先后次序，但模型一般规模比较大，随着供应链的扩大、考虑范围的扩展，模型求解也相应地变得困难。此外，它只能考虑确定和静态的问题模型，考虑随机因素的能力十分有限，而随机因素在供应链中几乎无处不在。

策略评价模型主要用于研究供应链在不确定情况下的管理和协调问题。供应链企业经常面临一些不确定事件，需要采取各种策略进行应对，如调整供应链中成员的数量、采用不同的生产技术等。策略评价模型提供了一种对采取的策略进行评价的方法。策略评价模型一般是随机动态规划模型，目标是使各个时期的费用总和最小或总收益最大。

（二）实例分析

下面以由一个协调中心和多个工厂构成的供应链为例，运用拉格朗日松弛算法，解决多厂供应链的生产计划问题[10]。

多工厂供应链一般包括多个工厂和一个协调中心。每个工厂接受上游工厂的产品，并以其为原料进行生产，生产的产品既可以直接提供给市场，也可以作为原料提供给下游工厂。为获取每个工厂的生产计划模型，首先引入 $P^r_{k,m,n,t}$ 和 $P^l_{k,m,n,t}$ 两个变量。其中，$P^r_{k,m,n,t}$ 表示周期 t 时下游工厂 m 向上游工厂 n 请求的产品 k 的供应量；$P^l_{k,m,n,t}$ 表示周期 t 时上游工厂 n 答允下游工厂 m 的产品 k 的供应量。通过引入这两类变量，建立每个工厂单独的生产计划模型，并在此基础上建立整个供应链的生产计划模型，通过所提内部价格机制对整个供应链生产计划进行协调。

1. 单个工厂生产计划问题描述

假定每个工厂的生产计划问题都是经典的多级多产品受约束的批量问题（multi level multi item capacitated lot-sizing problem，MLCLSP），每个周期的产品市场需求都是确定的。设产品的提前期为 0，目标是使得工厂的成本最小，

则工厂 n 的模型可用 (P_n) 表示。其中，式（6-10）目标函数括号中各项分别为库存成本、准备（setup）成本和生产成本；式（6-11）为库存平衡约束；式（6-12）为工厂 n 对于所有上游工厂的原料需求和产品之间的产品物料清单关系；式（6-13）为企业 n 的加工能力约束；式（6-14）为生产时将产生固定的 setup 费用；式（6-15）为最大库存能力约束。

$$(P_n)\ \min J_n = \sum_{t=1}^{T} \sum_{k \in K_n} (h_{n,k} I_{n,k,t} + S_{n,k} \gamma_{n,k,t} + C_{n,k} X_{n,k,t}) \tag{6-10}$$

s. t.

$$I_{n,k,t-1} + X_{n,k,t} - I_{n,k,t} = \sum_{m \in D(n,k)} P_{k,n,m,t}^{p}$$
$$+ d_{n,k,t}, k \in Pr_n, t = 1,2,\cdots,T; \tag{6-11}$$

$$\sum_{m' \in U(n,l)} P_{l,n,m,t}^{r} = \sum_{k \in Pr_n, \beta_{k,l} \neq 0} \beta_{k,l} X_{n,k,t},$$
$$l \in O_k, t = 1,2,\cdots,T; \tag{6-12}$$

$$\sum_{k \in Pr_n} (tr_{n,k} \gamma_{n,k,t} + tb_{n,k} X_{n,k,t}) \leqslant cap_{n,t}, t = 1,2,\cdots,T; \tag{6-13}$$

$$X_{n,k,t} \leqslant M\gamma_{n,k,t}, k \in Pr_n, t = 1,2,\cdots,T; \tag{6-14}$$

$$I_{n,k,t} \leqslant I_{n,k}^{max}, k \in Pr_n, t = 1,2,\cdots,T; \tag{6-15}$$

$$X_{n,k,t}, I_{n,k,t}, P_{k,n,m,t}^{p}, P_{l,n,m,t}^{r} \geqslant 0, \gamma_{n,k,t} \in \{0,1\},$$
$$l \in O_k, k \in Pr_n, t = 1,2,\cdots,T \tag{6-16}$$

模型中各参数和变量的含义如下：

集合与参数：Pr_n 为工厂 n 生产的产品集合；O_k 为生产产品 k 所需要的原料集合；T 为整个生产周期；$D(n,k)$ 为企业中以工厂 n 的产品 k 为原料的所有下游工厂的集合；$U(n,l)$ 为企业中为工厂 n 提供原料 l 的所有上游工厂的集合；$h_{n,k}$ 为工厂 n 对于产品 k 的单位库存费用；$S_{n,k}$ 为工厂 n 对于产品 k 的 setup 费用；$C_{n,k}$ 为工厂 n 对于产品 k 的单位生产费用；$d_{n,k,t}$ 为在生产周期 t 时外部市场对工厂 n 中产品 k 的需求；$tr_{n,k}$ 为工厂 n 生产产品 k 的 setup 时间；$tb_{n,k}$ 为工厂 n 生产单位产品 k 所消耗的时间；$cap_{n,t}$ 为工厂 n 在生产周期 t 的加工能力；$I_{n,k}^{max}$ 为工厂 n 对于产品 k 的最大库存能力；$\beta_{k,l}$ 为产品 k 和 l 之间的 BOM 关系；M 为一个大数。

决策变量：$X_{n,k,t}$ 为工厂 n 在生产周期 t 时产品 k 的生产量；$I_{n,k,t}$ 为在生产周期 t 结束时工厂 n 中产品 k 的库存量；$\gamma_{n,k,t}$ 为 0~1 变量，表示工厂 n 在生产周期 t 是否生产产品 k，生产为 1，否则为 0；$P_{k,n,m,t}^{p}$ 为对于产品 k，工厂 n 所答允工厂 m 的供货量；$P_{l,n,m,t}^{r}$ 为对于原料 l，工厂 n 向工厂 m 请求的供货量。对于最下游的工厂 N，由于不需要向下游发出产品答应量，$P_{k,m,n,t}^{p}=0$，式（6-11）可修改为式（6-11'）：

$$I_{n,k,t-1} + X_{n,k,t} - I_{n,k,t} = d_{n,k,t}, k \in Pr_n, t = 1,2,\cdots,T \tag{6-11'}$$

2. 整个多厂供应链生产计划问题描述

对于整个多厂供应链，目标是整个供应链成本最低。由于本文研究的主要是生产计划的协调，为简化起见，暂不考虑工厂间的产品运输问题。整个供应链模型可用（P）表示。

$$(P)\ \min J = \sum_{n=1}^{N} J_n, \tag{6-17}$$

s. t.

$$P_{k,m,n,t}^{r} = P_{k,n,m,t}^{p},\ \forall k \in Pr_n,\ n = 1, 2, \cdots, N,$$
$$N, m \in D(n,k),\ t = 1, 2, \cdots, T. \tag{6-18}$$

式（6-11），式（6-12），式（6-13），式（6-14），式（6-15），式（6-16），$n=$ 1, 2, $\cdots$, N。

其中，式（6-17）为整个多厂供应链的成本最小；式（6-18）反映了上下游的物料平衡约束，保证在供应链中上游工厂的供货量必须满足下游工厂的需求量。模型中 N 表示供应链中工厂的总数目。本文中对问题的描述采用自下而上的方式，从而得到了一种分布式的问题模型，每个工厂之间的模型仅仅通过式（6-18）耦合起来。下面将给出一种基于内部价格的分解协调方法。

3. 问题分析

拉格朗日松弛算法的基本原理是，利用拉格朗日算子松弛掉原问题中难以处理的约束，从而将问题变为较易解决的拉格朗日问题，并通过求取拉格朗日对偶问题而逐步逼近获取原问题的最优解。本例将其原理用于供应链生产计划协调中，松弛掉各工厂之间的耦合关联约束式（6-18），以便将问题分解为多个工厂子问题。利用拉格朗日算子 λ，将全局模型（P）中的约束（6-18）松弛掉，得到拉格朗日问题（LP）：

$$(LP)\ \min J = \sum_{n} J_n + \sum_{n}\sum_{k \in Pr_n}\sum_{m \in D(n,k)}\sum_{t} \lambda_{k,n,m,t}(P_{k,n,m,t}^{r} - P_{k,n,m,t}^{p}) \tag{6-19}$$

s. t. 式（6-11），式（6-12），式（6-13），式（6-14），式（6-15），式（6-16）

进一步，得到相应的拉格朗日对偶问题（DLP）：

$$(DLP)\ \max_{\lambda}\{\min J\}. \tag{6-20}$$

对式（6-19）进行整理，将属于同一个工厂的相关项集中在一起，可将问题（P）分解为 N 个工厂级的子问题（P_n'）：

$$(P_n')\ \min L_n = J_n + \sum_{i}\sum_{m' \in U(n,l)}\sum_{t}\lambda_{l,m',n,t}P_{l,n,m',t}^{r} - \sum_{k}\sum_{m \in D(n,k)}\sum_{t}\lambda_{k,n,m,t}P_{k,n,m,t}^{p} \tag{6-21}$$

s. t. 式（6-11），式（6-12），式（6-13），式（6-14），式（6-15），式（6-16）

拉格朗日算子 λ 在模型中起到了影子价格的作用，其本质反映了对违反产品上下游供应平衡约束的惩罚。为了区别于产品真实的市场价格，这里将其称为产品的内部价格。与原来的式（6-10）相比，式（6-21）增加了两项内容，其中 $\lambda_{k,n,m,t} P^k_{k,n,m,t}$ 项相当于工厂的销售收入，而 $\lambda_{l,m',n,t} P^r_{l,n,m',t}$ 项则相当于工厂的原料成本。可以发现，在产品的内部价格确定后，工厂模型（P_n'）中所有变量都是工厂的本地变量，其解决只需利用工厂本地信息即可。

4. 结论

为了解决分布环境下多厂供应链生产计划的协调问题，以上提出了一种基于拉格朗日松弛算法的内部价格协调策略。在该协调策略中，每个工厂只需根据自己的本地信息制订本厂的生产计划，通过协调中心对产品内部价格的更新逐步获得优化的供应链生产计划。通过仿真实验发现，该协调策略能够获取非常接近真实最优解的值，其结果也要明显优于已有的其他协调方法。

运筹学方法是许多供应链协同计划问题建模的基础，由于各模型具有不同的适用性，在实际问题中需要根据问题的特征选择合适的模型[11-13]。此外，运筹学方法一般需要较严格的假设条件与数学抽象，由于供应链协同计划中包含了很多复杂的、不确定性的因素，加之供应链计划本身的复杂性，很多情况下单纯的运筹学方法无法解决问题，需要与其他方法如面向问题的启发式方法和智能优化算法等结合使用。

三、供应生产的启发式方法

启发式算法（heuristic algorithm）是相对于最优算法提出的，可以理解为一个基于直观或经验构造的算法，在可接受的计算费用（指计算时间、占用空间等）下寻找待解决最优化问题的最好的可行解，但不一定能保证所得解的最优性，甚至在多数情况下，无法阐述所得解同最优解的近似程度。

（一）启发式算法理论

在某些情况下，特别是实际问题中，最优算法的计算时间使人无法忍受，或因问题的难度使其计算时间随实例规模的增加以指数速度增加，此时只能通过启发式算法求到实例的一个可行解。启发式方法是对启发式算法的综合应用。

启发式算法具有如下优点[14]：

（1）数学模型本身是实际问题的简化，或多或少地忽略了一些因素，而且数据采集具有不精确性、参数估计具有不准确性，这些因素可能造成最优算法所得到的解比启发式算法所得到的解更差。

（2）较复杂的组合最优化问题可能还没有找到最优算法，即使存在，由算法复杂性理论，它们的计算时间也是无法接受或不实际的。

（3）一些启发式算法可以与最优化算法结合，更好地求解优化问题，如在分支定界算法中，可以用启发式算法估计下（上）界。

（4）启发式算法简单易行，比较直观，易被使用者接受。

（5）启发式算法运行速度快，这在实时管理的问题中非常重要。

（6）多数情况下，启发式算法的程序简单，易于在计算机上实现和修改：

同时，启发式算法也有其缺点和不足，主要表现在：

（1）不能保证求得最优解（有时甚至不能保证能够求得可行解）。

（2）表现不稳定。启发式算法在同一问题的不同实例计算中可能会有不同的效果，有些很好，而有些很差。在实际应用中，这种不稳定性造成计算结果不可信，可能造成管理的困难。

（3）算法的好坏依赖于实际问题特征、算法设计者的经验和技术，这一点很难总结规律，同时使不同算法之间难以比较。

（二）实例分析

下面将介绍一例用启发式求解的多阶段、多产品、包括不同折扣水平的固定需求问题[15]。

1. 问题描述

此模型是建立在以下假设之上的：①动态确定性需求。②必须满足需求。③几种零配件，每种都具有不同且固定的关税、运输成本、单位库存成本、动态需求和价格，大部分参数与供应商有关。④每个供应商可以供应几种零配件，对不同零配件具有动态的订购限制，分别具有几种价格折扣水平，与订购量有关，订购量达到某标准时，价格会降一些。每个供应商还有不同的汇率水平和订购成本，针对不同零配件的前置时间和服务标准。

记号与数据参数如下：

i：供应商序号，$i = 1, 2, \cdots, n$；

j：零配件序号，$j = 1, 2, \cdots, m$；

t：阶段序号，$t = 1, 2, \cdots, T$；

R_{ij}^t：在 t 期内，由供应商 i 供应零配件 j 所提供的折扣标准的个数；

r：折扣标准序号，$r = 1, 2, \cdots, R_{ij}^t$；

b_{ij}^t：在 t 期内，由供应商 i 提供零配件 j 的供应量上限；

p_{ij}^{rt}：在 t 期时，从供应商 i 以折扣标准 r 订购零配件 j 的单价（采用供应商

所在国货币）;

t_{ij}：从供应商 i 所在国家订购零配件 j 的关税率（以零配件的价格为基准）；

r_i^t：t 期时，供应商 i 所在国货币与购买者所在国货币的汇率，i 单位供应商 i 所在国货币 $= r_i^t$ 单位购买者所在国货币；

C_{oi}：供应商 i 的固定订购成本（每个合同可以包括一期内的从供应商 i 订购的所有种类零配件）；

d_j^t：第 t 期零配件 j 的需求；

C_{Tij}：从供应商 i 处运送单位零配件 j 所需运输成本；

l_{ij}：从供应商 i 订购零配件 j 的前置时间；

S_{ij}：供应商 i 提供的零配件 j 的质量水平（如合格率）；

S_j：购买者对零配件 j 的最小平均质量水平的要求；

g_{ij}^{rt}：t 期时，由供应商 i 以折扣水平 r 提供零配件 j 的数量上限，$g_{ij}^{0t} = 0$；

h_j：单期零配件 j 的单位库存成本；

I_j^t：零配件 j 在第 t 期末的库存（I_j^0 表示初始库存）决策变量；

X_i^t：在第 t 期，购买者向供应商 i 发出订购要求则为 1，否则为 0；

γ_{ij}^{rt}：在第 t 期，从供应商 i 以折扣水平 r 订购零配件 j 则为 1，否则为 0；

Z_{ij}^{rt}：第 t 期从供应商 i 以折扣水平 r 订购零配件 j 的数量；

Y_{ij}^{rt}：第 t 期从供应商 i 以折扣水平 r 收到零配件 j 的数量。

2. 建立模型

下面介绍带订购量限制的多阶段多供应商多产品订购量分配模型，并带有价格折扣。

目标函数：成本最小化，

总成本＝（价格＋关税）（经汇率折算）＋ 订购成本＋ 运输成本＋ 库存成本

$$\min \sum_{t=1}^{T} \sum_{i=1}^{n} r_i^t \sum_{j=1}^{m} \sum_{r=1}^{R_{ij}} p_{ij}^{rt} Z_{ij}^{rt} (+t_{ij}) + \sum_{t=1}^{T} \sum_{i=1}^{n} X_i^t C_{oi}$$
$$+ \sum_{t=1}^{T} \sum_{i=1}^{n} \sum_{j=1}^{m} \sum_{r=1}^{R_{ij}} Z_{ij}^{rt} C_{ij}^T + \sum_{t=1}^{T} \sum_{j=1}^{m} h_j I_j^t$$

s. t.

订购量限制：对每一时期每个供应商，每种零配件都有限制

$$Z_{ij}^{rt} \leqslant b_{ij}^t, \qquad \forall\ t,\ i,\ j,\ r$$

随时间变化的库存：期末库存，为 $t-1$ 期末库存加上 t 期收到的数量再减去需求量

$$I_j^t = I_j^{t-1} + \sum_{i=1}^{n} \sum_{r=1}^{R_{ij}^{t-l}} Y_{ij}^{rt} - d_j^t, \qquad \forall\ t,j$$

收到的零配件量：

$$Y_{ij}^{rt} = \begin{cases} Z_{ij}^{r,t-l_{ij}} \gamma_{ij}^{t-l_{ij}}, & \forall\ i,j,r,t > l_{ij} \\ 0, & \forall\ i,j,r,t \leqslant l_{ij} \end{cases}$$

满足需求量：期末库存加上本期收到零配件数量应大于本期零配件需求量，

$$I_j^{t-1} + \sum_{i=1}^{n} \sum_{r=1}^{R_{ij}^t} Y_{ij}^{rt} \geqslant d_j^t, \qquad \forall\ t,j$$

0，1变量：第 1 个表示一次订购只能采用一种折扣标准，第 2 个表示所有种类零配件合并入一个订单，

$$\sum_{r=1}^{R_{ij}^t} \gamma_{ij} \leqslant 1, \qquad \forall\ t,i,j$$

$$\sum_{j=1}^{m} \sum_{r=1}^{R_{ij}^t} \gamma_{ij}^t \leqslant m X_i^t, \qquad \forall\ t,i$$

折扣水平的订购数量上下限：本模型中考虑的折扣方式是全部数量的折扣，并非累进式的，即当订购数量属于某折扣方式数量范围内，则所有零配件采用同一价格，为这一折扣标准下的价格，折扣标准订购上限 g_{ij}^{rt} 应属于折扣标准 r 的数量范围，

$$(g_{ij}^{r-l,t} + 1)\gamma_{ij}^t \leqslant Z_{ij}^{rt} \leqslant g_{ij}^{rt} \gamma_{ij}^t, \qquad \forall\ t,i,j,r$$

平均质量水平的要求：下式是经过简单变换得到的（以合格率为例）：

$$\sum_{t=1}^{T} \sum_{i=1}^{n} \sum_{r=1}^{R_{ij}^t} Z_{ij}^{rt}(S_{ij} - S_j) \geqslant 0, \qquad \forall\ j$$

决策变量的非负和 0，1 约束：

$$Y_{ij}^{rt}, Z_{ij}^{rt} \geqslant 0, \qquad \forall\ t,\ i,\ j,\ r$$

$$r_{ij}^{rt} \in \{0,\ 1\}, \qquad \forall\ t,\ i,\ j,\ r$$

$$X_i^t \in \{0,\ 1\}, \qquad \forall\ t,\ i$$

3. 求解过程

若规模较小，可以利用最优化方法来求出最优解，如 Lingo 软件进行求解。对于大规模的问题则将耗费大量时间，因此采用启发式算法。整个算法可以分成两个阶段，第一阶段是寻找可行解，第二阶段是改进可行解的阶段。算法步骤如下：

第一阶段，寻找可行解，具体方法是：

第 1 步，$j=1$，$t=1$。

第 2 步，如果 $t >$ 阶段数，则 $t=1$，$j=j+1$，如果 $j >$ 零配件总数，则转第 6 步。

第 3 步，如果零配件 j 的第 $t-1$ 期末的库存大于 t 期对零配件 j 的需求量，则第 t 期应收到的零配件 j 数量确定为 0，$t=t+1$，转第 2 步；否则，继续。

第 4 步，计算需要补充的零配件 j 的数量，在 n 个供应商中选择一个平均成本最低的，这里的成本包括运输成本、订购成本、关税、经汇率折算的价格。

第 5 步，如果本期可以从 n 个供应商处获得的零配件 j 的总量还是小于需要

补充的数量，则回溯到前面几期，直到需求能够被满足；若回溯到第 1 期，需求仍不能被满足，则找不到可行解，程序终止；否则，$t=t+1$，转第 2 步。

第 6 步，检查所有阶段结束后，库存是否为 0，若不为 0，则从最后一期向前回溯，将相应订购量减小，直到最后一期库存减为 0，或者回溯到第 1 期。

第 7 步，检查服务标准是否满足，若不满足，则将服务标准高的供应商订购量增大，服务标准低的供应商订购量减小，直到服务标准被满足，程序终止，若不能满足，则无可行解。

第二阶段，对第一阶段的可行解进行改进，具体改进如下实现：

第 1 步，由于在第一阶段确定订购量时，未考虑价格和汇率随时间波动产生的变动因素，在此步中，将价格高时的订购量分解到价格低的阶段订购。

第 2 步，在此步中，将某些订购量推迟到后面某个阶段，通过节省库存成本以节省总成本。

第 3 步，将某些订单分割，分离到其他订单中去。

第 4 步，合并某些订单，以减少一些订购成本，从而节省总成本。

第 5 步，若经过以上四步订购方案没有改变，也就是总成本没有减小，终止程序；否则转第 1 步，继续进行。

4. 结论

在实际企业应用中，大规模的最优化问题居多[16]，小规模的模型一般很难解决实际问题，上述模型将供应商订购批量的大规模问题模型化，并提出了计算迅速的启发式算法，得到问题的比较满意的近似解。但是，这些都是建立在固定需求的假定上的，在随机需求的情况下，还有待进一步研究。

四、遗传算法

近年来，基于生物学、物理学和人工智能发展了一些具有全局优化性能且通用性强的智能优化算法，也称为元启发式方法（meta heuristic），比如禁忌搜索算法（taboo search，TS）、模拟退火算法（simulated annealing，SA）、遗传算法（genetic algorithms，GA）、蚁群优化算法（ant system，AS）、粒子群优化（particle swarm optimization，PSO）等。

GA 是 Holland 研究自然遗传现象与人工系统的自适应行为时，借鉴优胜劣汰的生物进化与遗传思想而提出的一种全局性并行搜索算法。GA 用搜索和优化过程模拟生物体的进化过程，用搜索空间的点模型模拟自然界的生物体，用经过变形后的目标函数度量生物体对环境的适应能力，将生物的优胜劣汰类比为优化和搜索过程中用较好的可行解取代较差的可行解的迭代过程，这样就形成了进化策略。GA 注重父代和子代遗传细节上的联系，主要强调染色体操作。GA 是一个群体优化过程。为了得到目标函数的最小（大）值，我们不是从一个初始值出发，而是从一组初始值出发进行优化。这一组初始值好比一个生物群体，优化的过程就是这个群体繁衍、竞争和遗传、变异的过程。

（一）遗传算法基本理论

在遗传算法里，优化问题的解被称为个体，它表示为一个参数列表，叫做染色体或者基因串。染色体一般被表达为简单的字符串或数字串，不过也有其他的表示方法，这一过程被称为编码。一开始，算法随机生成一定数量的个体，有时候操作者也可以对这个随机产生过程进行干预，播下已经部分优化的种子。在每一代中，每一个个体都被评价，并通过计算适应度函数得到一个适应度数值。种群中的个体被按照适应度排序，适应度高的在前面。这里的"高"是相对于初始的种群的低适应度来说的[17]。

下一步是产生下一代个体并组成种群。这个过程是通过选择和繁殖完成的，其中繁殖包括交叉（crossover）和变异（mutation）。选择则是根据新个体的适应度进行的，适应度越高，被选择的机会越高，而适应度低的，被选择的机会就低。初始的数据可以通过这样的选择过程组成一个相对优化的群体。之后，被选择的个体进入交叉过程。一般的遗传算法都有一个交叉概率，范围一般是 0.6～1，这个交叉概率反映两个被选中的个体进行交叉的概率。例如，交叉概率为 0.8，则 80% 的父代会生育后代。每两个个体通过交叉产生两个新个体，代替原来的"老"个体，而不交叉的个体则保持不变。交叉父母的染色体相互交换，从而产生两个新的染色体，第一个个体前半段是父亲的染色体，后半段是母亲的，第二个个体则正好相反。不过这里的半段并不是真正的一半，这个位置叫做交叉点，也是随机产生的，可以是染色体的任意位置。再下一步是变异，通过变异产生新的子代个体。一般遗传算法都有一个固定的变异常数，通常是 0.1 或者更小，这代表变异发生的概率。根据这个概率，新个体的染色体随机的变异，通常就是改变染色体的一个字节（0 变到 1，或者 1 变到 0）。

经过这一系列的过程（选择、交叉和变异），产生的新一代个体不同于初始的一代，并一代一代向增加整体适应度的方向发展，因为最好的个体总是更多地被选择去产生下一代，而适应度低的个体逐渐被淘汰掉。这样的过程不断地重复：每个个体被评价，计算出适应度，两个个体交叉，然后变异，产生第三代。周而复始，直到终止条件满足为止。一般终止条件有以下几种：

（1）进化次数限制；

（2）计算耗费的资源限制（例如计算时间、计算占用的内存等）；

（3）一个个体已经满足最优值的条件，即最优值已经找到；

（4）适应度已经达到饱和，继续进化不会产生适应度更好的个体；

（5）人为干预。

以及以上两种或更多种的组合。

从以上遗传算法的基本结构来看，算法的应用需要首先确定问题编码和适应度，并生产初始种群，之后通过选择、交叉和变异来生成新种群，并通过多次迭代得到优化结果。为此，以下将协同生产计划问题与遗传算法迭代相结合的协同过程中，分别从协同过程的主要参数（编码、适应度函数）、初始种群（对应协同计划问题的初始计划组）生产，以及选择、交叉和变异规则的确定展开分析。

（二）实例分析

信息不对称条件下供应链协同生产计划是一种典型的分布式决策问题，由于购买方和供应商之间信息的不完全，以及双方成本结构的复杂性，用传统的优化方法难以实现计划调整的收敛性和总成本的全局最优。因此提出一种结合遗传算法与协商机制的协同生产计划方法，把成本变化信息融合到计划调整的算法中，利用遗传算法中的选择、交叉和变异机制来作为计划的调整机制，并将遗传算法的迭代过程与协同计划的协商过程结合在一起，形成的具有多点搜索和概率搜索特征的全局寻优协同计划方法（GAGOCP 方法）。

模型中购买方和供应商主计划模型中的成本结构信息只对其自身是可知的，供应链总成本的最优需要在协商过程中通过交换备选计划和对成本变化趋势的把握来寻求。本问题以批量供货计划为决策对象，由供应商首先提出初始计划，再以购买方为计划的主要调整方，以遗传算法的选择、交叉与变异过程为调整机制，将成本变化信息体现到相关算法中，利用计划调整中多点搜索和概率搜索的特征，以寻求问题的全局优化结果。因此涉及决策变量编码、适应度函数、初始计划组生成、选择规则、交叉与变异算法的确定。

编码方面，由于供应商与购买方间的决策对象是批量供货计划，而计划中不同产品的各时段供货数量之间具有内在关系，因此直接采用实数编码以便于处理，其中不同产品不同时段的供货数量对应一条染色体。这时基因长度即为供货的产品数与计划时段数的乘积。

适应度函数用于判断遗传个体的性能，这里将供应商成本节省和购买方成本节省之和作为适应度函数，即 $fitness = CS^{supplier} + CS^{buyer}$。式中，$CS^{supplier}$ 为供应商当前计划成本 C_s^{prop} 相对供应商初始计划成本 C_s^{ini} 的节省量；CS^{buyer} 为购买方当前计划成本 C_B^{prop} 相对购买方初始成本 C_B^{ini} 的节省。

以下对协同计划中的初始计划组的生成、选择规则、交叉算法和变异算法进行进一步分析，并给出整个协同计划的流程。

1. 初始计划组的生成

初始计划组是与遗传算法中初始种群对应的一组备选计划，其组成的合理性对于整个计划优化过程的性能具有重要影响。初始计划组中个体的确定原则是尽可能覆盖较广的范围，以减少陷入局部最优的可能，同时应尽量选用一些预期接近最优的计划，以加快达到最优的速度。为此，考虑在多目标优化的调整方法基础上进行改进，改变其目标函数目标间的权重比率，加入随机数，作为供应商生成初始计划组的模型，使其具有较好分布特性。

改进的模型如下：

$$\min c + \gamma \frac{C^{ini}}{XS_{j,t}^{sum}} \sum_{j \in J} \sum_{t \in T} (d_{j,t}^+ + d_{j,t}^-) \tag{6-22}$$

$$\text{s. t. 式 (6-71) ～式 (6-76)}$$

$$xs_{j,t} + d_{j,t}^+ + d_{j,t}^- = XS_{j,t} + d_{j,t-1}^+ + d_{j,t+1}^- \tag{6-23}$$

$$\sum_{s=1}^{t} xs_{j,s} \geqslant XS_{j,t}^{cum,\min} \tag{6-24}$$

$$\sum_{s=1}^{t} xs_{j,s} \leqslant XS_{j,t}^{cum,\max} \tag{6-25}$$

式中，$d_{j,t}^+$ 和 $d_{j,t}^-$ 为对购买方初始订货计划 $XS_{j,t}$ 的调整量，其中前者表示 t 时段向 $t-1$ 时段的转移量，后者表示向 $t+1$ 时段的转移量；C^{ini} 为针对购买方初始计划利用供应商主计划模型得到的供应商初始成本，$XS_{j,t}^{sum} = \sum_{j \in J} \sum_{t \in T} XS_{j,t}$ 为供货批量的总和。因此权重比率 $C^{ini}/XS_{j,t}^{sum}$ 使式（6-22）前后两项具有相同的数量级；γ 为满足 F 分布的随机数，其中分子自由度为 C^{ini}，分母自由度为 $XS_{j,t}^{sum}$；$XS_{j,t}^{cum,\min}$ 为最小累积供货量，采用购买方所提供的最小累积需求量赋值。$XS_{j,t}^{cum,\max}$ 表示最大累积供货量，可以用 $\sum_{s=1}^{t+1} XS_{j,t}$ 来表示。

当 $\gamma = XS_{j,t}^{sum}$ 时，由于 C^{ini} 是由原供应商主计划模型得到的供货计划调整前的最优解，这时改进的模型与供应商主计划模型一致，其求解结果即为 $\sum_{j \in J} \sum_{t \in T} (d_{j,t}^+ + d_{j,t}^-) = 0$；当 $\gamma \to 0$ 时，即 γ 为远小于 1 的正实数时，得到供应商本地最优的供货计划调整方案。因此，当 γ 介于两者之间时，采用自由度为（C^{ini}，$XS_{j,t}^{sum}$）的 F 分布，能够得到以上两种方案之间具有 F 分布特性的调整方案，以作为总体最优方案的估计值。初始计划组可以将购买方初始计划（即总调整量为 0）和供应商本地最优计划（$\gamma \leqslant 1$）作为其中两个个体，剩余个体由 γ 取不同随机数通过以上模型得到。

2. 选择规则

为了使选择过程保留适应度（即总成本节省）相对最优的个体，同时又能获得一定分散程度的相对优秀个体作为交叉和变异的双亲，这里将选择对象分为最优个体、交叉个体和变异个体，个体数量分别为 φ、α 和 β。其中仅保留前一至二位的最优个体，交叉个体为交叉后的两倍，即对于种群规模 P，有 $P = \varphi + \alpha/2 + \beta$。交叉和变异个体采用改进后的随机统一法（stochastic uniform）进行选择：首先把当前种群所有个体按适应度值大小分配比值，设第 i 组个体对应比值为 φ_i，则有 $\sum_{i=1}^{P} \varphi_i = 1$；以固定步长 $1/(\alpha+\beta)$ 将备选计划比值组成的累积数划分为 $\alpha+\beta$ 段，分段点上所在个体为选中个体，即当 $\sum_{i=1}^{n} \varphi_i < \dfrac{k}{\alpha+\beta} < \sum_{i=1}^{n+1} \varphi_i$，$n \in 1,\cdots P$，时，第 k 个选中个体为第 n 个个体；在选中的个体中随机分配 α 个交叉个体和 β 个变异个体。

3. 交叉规则

对于已选择的计划方案进行随机配对，并采用分散交叉（scattered crossover）规则进行交叉处理。即生成一组与基因长度相同的均匀分布随机数 $\omega \in \{0,1\}$ 作为屏蔽字，针对配对的两种计划方案 $\{A,B\}$，$\omega_i = 0$ 和 $\omega_i = 1$ 时分别提取 A 方案和 B 方案中对应位置的供货数量，组成交叉后的子代。但这样交叉得到的结果往往不符合供货计划调整的三个要求：① 供需总量平衡，即不同产品的总供应量应与购买方初始计划中对应产品的订货总量一致；② 满足购买方所提供的最小累积需求；③ 新方案应满足供应方的资源能力约束。为此，需要对交叉结果进行合理化处理。

供需总量平衡方面，对于交叉后总量超过需求量的部分，可以按各时段供货量比率进行抽取去除，即

$$xs_{j,t}^{bal} = SC_{j,t} - (\sum_{t \in T} SC_{j,t} - \sum_{t \in T} XS_{j,t})SC_{j,t}/\sum_{t \in T} SC_{j,t}$$

式中，$SC_{j,t}$ 为交叉后的子代；$XS_{j,t}$ 为购买方的初始计划；$xs_{j,t}^{bal}$ 为矫正后的新方案。同理，当交叉后总量小于需求量时，则按各时段供货量比率进行补足。

经过供需平衡调整后的方案，如果不满足最小累积需求约束，需要进行供货量的前向调整。即对于产品 j 进行 t 时段的调整时，t 之前的时段按当前供货量比率补足：$xs_{j,s}^{cross} = xs_{j,s}^{bal} + (\sum_{r=1}^{t} xs_{j,r}^{bal} - XS_{j}^{aum,\min})xs_{j,s}^{bal}/\sum_{r=1}^{t} xs_{j,r}^{bal}$，$s \in [1,t]$。

式中，$xs_{j,s}^{cross}$ 为调整后的备选供货计划；同样，t 之后的时段则按当前供货量比率扣除相应的调整量。

将已满足最小累积需求的计划方案，代入到原供应商主计划模型中，即 $xs_{j,t} = xs_{j,t}^{cross}$，如果无解则表示无法满足供应商资源能力需求，需要重新进行交叉。

4. 变异规则

由于供货计划中，一种产品的供货总量不变，因此其变异过程也是在同一产品的不同时段间进行供货量调整，调整的数量由变异系数 $w_{j,t}$ 和收缩系数 V 确定。变异系数 $w_{j,t}$ 为 $[-0.5, 0.5]$ 范围内均匀分布的随机数，当 $w_{j,t} > 0$ 时进行前向调整，即将 t 时段的供货量转移到 $t+1$ 时段中，转移量为 $xs_{j,t} \mid w_{j,t} \mid V$；相反，当 $w_{j,t} < 0$ 时进行后向调整，即将 t 时段的供货量转移到 $t-1$ 时段中。收缩系数 $V = \dfrac{G-g+1}{G}$，其中的 G 为最大遗传代数，也就是最大协商次数，g 为当前的遗传代数。收缩系数随遗传代数的增加而减少，这就使变异产生的调整量随着协商次数的增加而减少，逐渐收敛于最优的计划。

变异之后的供货计划同样需要满足供需总量平衡、最小累积需求和供应方资源能力约束三项约束条件。由于以上变异算法是对同一产品的不同时段间的供应量调整，能够满足供需总量平衡的要求；对于最小累积需求约束条件的满足，可以在变异算法执行过程中，在 $w_{j,t} > 0$ 时判断供应量转移后 t 时段累积需求是否大于最小累积需求，如果小于则不进行转移；为了保证供应方资源能力约束条件得到满足，同样需要将变异后的供货计划方案代入到原供应商主计划模型中，如果模型无解则表示无法满足供应商资源能力需求，需要重新进行变异。

目前，各种智能优化算法已大量应用于实际生产领域[18-20]，各种方法的组合使用也体现了它们的优势。在实际应用中，需要针对不同的优化问题采用适合的方法，才能最有效地解决动态、信息不完全、不确定环境下的供应链协同计划问题。

第三节 协同生产计划模型

目前供应链协同计划的建模方法主要包括通过契约实现供应链协同、多 Agent 协同计划系统和使用数学规划模型的供应链协同计划三类。契约协同目前是供应链研究中应用较多的一种方法，多以博弈论为理论工具，分析各种契约形式（批量折扣、回购、订货量承诺等）及其参数对供应链成员决策行为和供应链性能的影响。采用多 Agent 系统描述协同计划问题主要是起到仿真的作用，仿真方法是供应链分布决策问题中常采用的方法，它一般利用实际或模拟的数据，使用计算机对给定的数学模型进行仿真计算，再由分析所得结果得到有益的信息，或者通过多 Agent 系统的运行，了解特定流程或结构的供应链是否可行。采用数学规划模型，供应链协同计划问题被形式化为优化问题。数学规划方法在定量研究中使用较为广泛，它通过对系统的建模、模型分析和严密的理论证明，得到问题的结果。

以下通过几个实例介绍协同生产计划研究的方向。

一、基于供应链响应时间的协同计划模型

在当前全球化、客户化导向的快速多变的市场环境中，供应链敏捷、快速的响应能力成为市场竞争力的重要体现。优化和缩短产品的响应时间（response time）问题成为供应链管理的一个重要目标。

（一）基于响应时间的协同计划模型

在客户要求供货时间即供应链响应时间确定的情况下，上层规划（P1）可以描述为供应链决策部门根据能力、约束等条件确定各节点企业子响应时间的分配方案以使得供应链总体收益最大；而下层规划（P2）则描述供应链各节点企业在上层决策所确定的本企业响应时间范围内如何合理安排其生产时间和物流时间以获得自身收益的最大。具体模型如下[21]：

上层规划模型（P1）为

$$\max F = \sum_{i=0}^{n} F_i \ (x^{(i)}, \ y_1^{(i)}, \ y_2^{(i)}) \tag{6-26}$$

$$\text{s. t.} \ a^{(i)} \leqslant x^{(i)} \leqslant b^{(i)} \tag{6-27}$$

$$a \leqslant \sum_{i=0}^{n} x^{(i)} \leqslant b \tag{6-28}$$

$$x^{(i)} \geqslant 0，且为整数 \tag{6-29}$$

$$i = 0, \ 1, \ 2, \ \cdots, \ n$$

式中，F 为供应链总体收益；$F_i \ (x^{(i)}, \ y_1^{(i)}, \ y_2^{(i)})$ 为节点企业 i 的收益（$i = 0, \ 1, \ 2, \ \cdots, \ n$。其中 $i=0$ 代表核心企业）；$x^{(i)}$ 为上层决策变量，代表供应链节点企业 i 的子响应时间，$x^{(i)}$ 为一非负整数，$[a^{(i)}, \ b^{(i)}]$ 是其响应时间分配区间；$\sum_{i=0}^{n} x^{(i)}$ 为供应链响应时间，$[a, \ b]$ 是客户要求的响应时间范围；$y_1^{(i)}$、$y_2^{(i)}$ 为下层决策变量，分别表示节点企业的生产时间和物流时间。

式（6-26）上层目标函数是从供应链整体的角度追求收益的最大；式（6-27）是保证节点企业 i 的子响应时间必须在分配的时间范围内的约束；式（6-28）是为了满足客户要求的响应时间约束；式（6-29）是整数约束。

下层规划模型（P2）为

$$\max F_i\ (x^{(i)},\ y_1^{(i)},\ y_2^{(i)}) = q_i I_i\ (x^{(i)},\ y_1^{(i)},\ y_2^{(i)})$$
$$= q_i\ [p_i\ (x^{(i)},\ y_1^{(i)},\ y_2^{(i)}) - f_i\ (x^{(i)},\ y_1^{(i)},\ y_2^{(i)})] \tag{6-30}$$
$$\text{s. t.}\ \ C_1^{(i)} \leqslant y_1^{(i)} \leqslant D_1^{(i)} \tag{6-31}$$
$$C_2^{(i)} \leqslant y_1^{(i)} \leqslant D_2^{(i)} \tag{6-32}$$
$$y_1^{(i)} + y_2^{(i)} \leqslant x^{(i)} \tag{6-33}$$
$$y_1^{(i)} \geqslant 0，且为整数 \tag{6-34}$$
$$y_2^{(i)} \geqslant 0，且为整数 \tag{6-35}$$
$$i = 0，1，2，\cdots，n$$

式中，q_i 为订货批量，当用户订单下达以后，从整体供应链的角度，可将 q_i 视为常量；$I_i\ (x^{(i)},\ y_1^{(i)},\ y_2^{(i)})$ 为单位批量收益函数，为单位批量价格函数 p_i $(x^{(i)},\ y_1^{(i)},\ y_2^{(i)})$ 与单位批量费用函数 $f_i\ (x^{(i)},\ y_1^{(i)},\ y_2^{(i)})$ 之差；p_i（·）、f_i（·）分别与 $x^{(i)}$、$y_1^{(i)}$、$y_2^{(i)}$ 相关，其数量模型可以应用回归分析方法，根据每个企业的具体价格-时间、费用-时间数据拟合求得；$[C_1^{(i)},\ D_1^{(i)}]$、$[C_2^{(i)},\ D_2^{(i)}]$ 分别为节点企业 i 的生产时间和物流时间的分配区间。

式（6-30）下层目标函数是从供应链节点企业的角度追求收益的最大。式（6-31）和式（6-32）分别表示生产时间和物流时间必须满足所分配的时间区间的约束；式（6-33）是保证生产时间与物流时间之和必须在上层决策者所分配的节点企业子响应时间范围内的约束；式（6-34）和式（6-35）是非负整数约束。下面具体分析节点企业的单位批量价格函数 p_i（·）、费用函数 f_i（·）分别与 $x^{(i)}$、$y_1^{(i)}$、$y_2^{(i)}$ 的相关关系，并给出它们的具体数学表达形式。

供应链各节点企业单位批量收益函数 I_i（·）由单位批量价格函数 p_i（·）和单位批量费用函数 f_i（·）组成。单位批量价格函数 p_i（·）与 $x^{(i)}$、$y_1^{(i)}$、$y_2^{(i)}$ 相关，对于给定的 $y_1^{(i)}$、$y_2^{(i)}$，响应时间 $x^{(i)}$ 越短，单位批量定价 p_i（·）越高；反之 $x^{(i)}$ 越长，p_i（·）越低，两者之间呈反比关系，如 6-6 所示。同理，p_i（·）与 $y_1^{(i)}$、$y_2^{(i)}$ 亦呈反比关系。单位批量费用函数 f_i（·）也与 $x^{(i)}$、$y_1^{(i)}$、$y_2^{(i)}$ 相关，响应时间的长短以及制造时间和物流时间的不同分配，都会对企业发生费用产生影响，对于给定的 $y_1^{(i)}$、$y_2^{(i)}$，考查 f_i（·）与 $x^{(i)}$ 的相关关系时发现随着响应时间 $x^{(i)}$ 的增加，企业所发生费用 f_i（·）首先会快速地降低，当达到某一平衡点时，随后又会缓慢地增加，如图 6-6 所示。同理可分别考查 f_i（·）与 $y_1^{(i)}$、$y_2^{(i)}$ 的关系，它们均有相似的相关关系。

单位批量收益函数 I_i（·）为单位批量价格 p_i（·）与费用 f_i（·）的差值。由于单位批量价格 p_i（·）、费用 f_i（·）与响应时间 $x^{(i)}$ 的关系如图 6-6 所示，且在响应时间 $x^{(i)}$ 的可行集范围内必然满足单位批量价格大于单位批量费用，因而对于固定的 $y_1^{(i)}$、$y_2^{(i)}$，单位批量收益函数 I_i（·）在 $x^{(i)}$ 可行区间

$[a^{(i)}，b^{(i)}]$ 内为一凹函数，所以必然存在一点 $x^{(i)}$，使得单位批量收益达到最大，进而可以确定 $y_1^{(i)*}$、$y_2^{(i)*}$ 使得节点企业效益最大化。

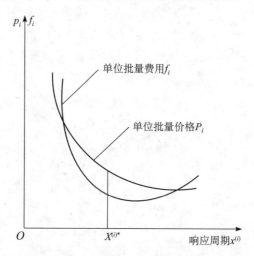

图 6-6　p_i / f_i 与 $x^{(i)}$ 的相关关系示意图

由于供应链各节点企业生产能力、资源等约束条件的不同，其价格-时间、费用-时间曲线可能是各不相同的，我们可以根据各节点企业具体的价格-时间、费用-时间数据，通过回归分析方法，得到形如式（6-36）、式（6-37）的价格函数和费用函数模型。

$$p_i\,(x^{(i)}，y_1^{(i)}，y_2^{(i)}) = m_0^{(i)} + m_1^{(i)}/x^{(i)} + m_2^{(i)}/y_1^{(i)} + m_3^{(i)}/y_2^{(i)}$$
$$i = 0，1，\cdots，n \qquad (6\text{-}36)$$

$$f_i\,(x^{(i)}，y_1^{(i)}，y_2^{(i)}) = n_0^{(i)} + n_1^{(i)}x^{(i)} + n_2^{(i)}x^{(i)2} + n_3^{(i)}y_1^{(i)} + n_4^{(i)}y_1^{(i)2}$$
$$+ n_5^{(i)}y_2^{(i)} + n_6^{(i)}y_2^{(i)2}$$
$$i = 0，1，\cdots，n \qquad (6\text{-}37)$$

式（6-36）、式（6-37）中 $m_0^{(i)}$、$m_1^{(i)}$、$m_2^{(i)}$、$m_3^{(i)}$ 以及 $n_0^{(i)}$、$n_1^{(i)}$、$n_2^{(i)}$、$n_3^{(i)}$、$n_4^{(i)}$、$n_5^{(i)}$、$n_6^{(i)}$ 分别为供应链节点企业的价格函数与费用函数的回归系数。

综合模型（P1）、（P2）和式（6-36）、式（6-37），可知上述所建立的模型是一类非线性的二层整数规划问题。该模型可以通过对上层规划（P1）采用整数模拟退火算法、对下层规划（P2）采用离散搜索算法进行求解。由于下层规划模型在可行域内为凹函数，对于每一个满足约束条件的给定的上层决策变量 $x^{(i)}$，对应的下层规划问题存在唯一的最优解 $y^{(i)} = (y_1^{(i)}，y_2^{(i)})$，并可以表示为上层决策变量的函数 $y^{(i)} = H\,(x^{(i)})$。因此在对下层规划求解时，可以将由上层规划确定的决策变量 $x^{(i)}$ 看做常量。该混合算法首先从上层决策变量的赋值开始，在可行域 Ω 内选取一初始解 $x_0^{(i)} \in \Omega$，将 $x_0^{(i)}$ 代入下层规划，对 $x_0^{(i)}$ 所对应下层规划实行离散搜索算法求解，而上层规划则采用整数模拟退火算法，在计算过

程中将两种算法结合成为一体反复迭代，可获得该二层规划问题的全局最优解。

（二）计算实例

在某机械产品制造过程中，由核心装配企业、1 阶零部件供应企业和 2 阶材料供应企业组成递阶供应链结构。已知供应链各节点企业在该产品制造中的单位批量响应时间情况及订货批量结构关系如表 6-3 和表 6-4 所示。

表 6-3　供应链某产品订货批量关系

	核心装配企业	1 阶供应企业	2 阶供应企业
订货批量 q_i	1	3	8

表 6-4　供应链某产品单位批量响应时间

响应时间（天） 上下限		下限	上限
供应链响应时间		71	104
核心装配企业	响应时间 $x^{(0)}$	16	27
	生产时间 $y_1^{(0)}$	11	14
	物流时间 $y_2^{(0)}$	5	8
1 阶供应企业	响应时间 $x^{(1)}$	27	48
	生产时间 $y_1^{(1)}$	23	27
	物流时间 $y_2^{(1)}$	4	7
2 阶供应企业	响应时间 $x^{(2)}$	28	29
	生产时间 $y_1^{(2)}$	23	28
	物流时间 $y_2^{(2)}$	5	8

根据供应链各节点企业批量产品报价与单位批量产品费用的历史数据，按式（6-36）、式（6-37）和（P1）、（P2）建立二层规划模型。

首先选取上层初始可行解 $x_0^{(i)} = （25，30，30）$，迭代次数 $K = 2000$，$T_0 = 200$，$\sigma = 2$，$\beta = 1$。对应的三个下层规划问题分别选取初始可行解 $y_0^{(0)} = （14，5）$，$y_0^{(1)} = （24，7）$，$y_0^{(2)} = （27，8）$。求解得到全局最优解：

$$x^{(0)} = 19, \ x^{(1)} = 30, \ x^{(2)} = 31, \ F^* = 928.726$$
$$y_1^{(0)} = 12, \ y_2^{(0)} = 6, \ F_0^* = 152.952$$
$$y_1^{(1)} = 25, \ y_2^{(1)} = 5, \ F_1^* = 210.155$$
$$y_1^{(2)} = 25, \ y_2^{(2)} = 6, \ F_2^* = 565.620$$

将上述计算结果与供应链及节点企业的历史绩效数据进行比较，发现该二层规划模型能够在兼顾供应链整体利益与节点企业局部利益的同时，实现供应链响应时间的整体计划与局部节点企业计划的协同优化，为供应链各节点企业响应时间、企业内生产时间与物流时间的统筹规划提供了一个有效的计算工具。其他有关研究参见文献［22］至文献［24］。

二、大规模定制下的供应链计划模型

进入 21 世纪以来，随着戴尔计算机在全球取得的突出业绩，大规模定制模式引起了研究者的极大关注。大规模定制生产方式下的供应链计划调度优化过程是典型的随机、动态、多目标优化过程。这是由大规模定制生产方式下的随机性需求（stochastic demand）和供应链生产环境下的随机性生产能力（stochastic production ability）或随机性资源约束（stochastic resource constrained）的不可替代性决定的。这直接导致了供应链环境下大规模定制生产计划调度的动态性。随机性的需求由客户订单的不确定性引发，由于拉动式生产方式的缘故，从供应链生产下游向生产上游传递；随机性的生产能力则由网状供应链各节点上的各协作伙伴相互之间以及与其他相关链条协作群体之间协作关系的动态性引发。获得最大的生产收益是供应链成员的根本目标。这些决定了必须与相关供应链中上、下游企业间建立动态的协作联盟。这一方面能带来资源利用的最大化，提高生产收益；另一方面也使得供应链系统的生产计划调度过程更加复杂。

（一）大规模定制的特征描述

1. 需求的随机性

大规模定制生产方式下的供应链计划调度模式动态性的突出表现之一是需求随机性，这是由客户订单的不确定性引起的。多定制品种，小批量生产，不同的交货期，不同的服务质量需求，是大规模定制生产方式的特征；而分布在不同地域的客户群体以及协作伙伴群体之间的动态协作关系则是供应链生产方式的基本特点。作为实施大规模定制生产计划调度的核心企业首先需对随机性需求信息进行分解。其基本思路是根据供应链系统生产总成本动态确定时间阈值 T_0，将 T_0 期内接到的客户订单按定制产品的生产过程及设计加工工艺进行划分。同时将其规划大类为特殊订单（special order）、一般订单（general order）与紧急订单（emergent order）。合理的用户订单分类解决了生产中的经济批量问题，使供应链系统的生产总成本及生产时间大大减少，同时也缓和了需求随机性带来的动态信息波动，为系统的优化调度提供了方便。

2. 生产能力的随机性

生产能力对于不同性质的企业，其意义是不同的。比如，原材料供应商提供原材料的能力是其生产能力；零部件制造商生产零部件的能力是其生产能力；

运输商的运输能力是其生产能力；库存企业的库存能力是其生产能力等。但由于网状供应链系统的存在，由多个客户端传递来的随机生产需求信息以及各协作企业相互之间的动态资源需求信息都将使各参与企业的空余生产能力曲线产生很大波动。实质上，空余生产能力的变动，必将导致同一产品在不同时刻生产的生产时间以及生产成本上的差异，如图 6-7 所示。

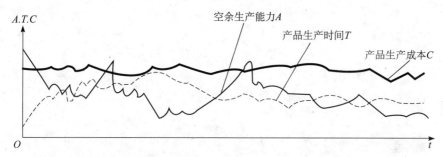

图 6-7　动态过程中同一产品在同一企业生产时，A、T、C 走势关系示意图

由图 6-7 可以看出，生产时间与空余生产能力的关系并非是一种规则的反比例关系。不同的定制品生产所要求的产前准备、生产工序以及产后加工等过程都有可能不同。这一特点也直接导致了生产成本曲线的波动性，尽管其走势基本上趋于平稳。这与一般的生产作业计划调度问题中的成本不变是不同的。

3. 约束条件与优化目标

图 6-8 所示为核心企业在某时期内接受订单并投产的时间分布示意图。设核心企业在时间阈值 T_0^1 期内接到一批订单。其中既有一般订单又有特殊订单，还有随机分布在 T_0^1 期内的紧急订单。紧急订单的生产优先级最高，因此当核心企业得到用户对紧急订单的价格/时间二次确认信息后便立即开始投产（其中可能包括从开发设计、协作商择址到生产、组装、库存、运输以及配送等多个或某几个生产阶段），如图 6-8 中右向箭头所示。另一方面，对 T_0^1 期内一般订单和特

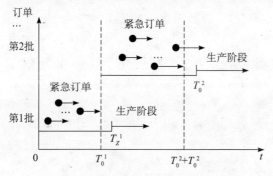

图 6-8　核心企业接到订单及投产时间示意

殊订单进行分类后，经过一定的投产准备时间 T_2^1 进入生产阶段。在第一批订单处理完成后，紧接 T_0^1 时刻在 T_0^2 时间段内接到第二批订单并进行类似处理，以后各批订单的处理依此类推。

（二）大规模定制下的优化数学模型

模型相关参数和变量定义如下[25]：

设大规模定制模式下供应链生产系统对定制产品的生产有 K 个阶段，其中可能包括原材料供应和加工、零件生产、部件组装、成品组装、库存、运输、销售、配送等阶段。而且有些阶段还可能多次出现，如运输、库存等阶段。

核心企业除完成定制产品的设计开发外还参与 K 个阶段中的第 k 个生产过程。

K 个生产阶段中，每个生产阶段有 N_k（$K=1$，2，…，K）个协作商（协作生产者，对于核心企业参与的生产阶段而言，则设其划分成 N_k 个生产组或称业务组）。

设核心企业在时间阈值 T_0 期内共接到用户订单（紧急订单除外）NT_0 个。将 NT_0 个订单按前文所提分类法进行划分，设共划分为 M 类订单。每类订单中有用户订单 N_m（$m=1$，2，…，M）个。

设 M 类订单中每个订单的客户要求交货期为 T_{ij}（$i=1$，2，…，M；$j=1$，2，…，N_m）。

设第 k 个生产阶段的 N_k 协作商（或生产者/业务组，以下同），每个协作商对 M 类订单中各订单在该生产阶段的生产成本为 C_{ij}^{kr} (t)（$k=1$，2，…，K；$r=1$，2，…，N_k；$i=1$，2，…，M；$j=1$，2，…，N_m）；生产所需时间为 T_{ij}^{kr} (t)。由前述分析知它们都是各生产过程起点时刻 t 的函数。

设生产过程中为提高各协作商的空余生产能力而压缩生产时间所导致的额外库存时间为 $T_{\text{Inve.} ij}^{kr}$ (t)；额外库存成本为 $C_{\text{Inve.} ij}^{kr}$ (t)；描述二者之间关系的系数为 a^{kr}。

设各订单在生产过程某时刻 t 对第 k 生产阶段的空余生产能力的需求为 $A_{\text{Dem.} ij}^{k}$ (t)。K 生产阶段中某协作商在 t 时刻的空余生产能力为 $A_{\text{Supp.} r}^{k}$ (t)。

定义变量：

b_{ij}^{kr} (t) $=1$，当 M 类中第 i 类订单中第 j 个订单的第 k 个生产过程由第 r 个协作商进行；

b_{ij}^{kr} (t) $=0$，其他情况。

考虑到生产过程中可能有意外情况发生而有可能使得交货延期，引入 δ 作为交货期容忍系数。δ 的上限 δ_{max} 应由核心企业协商各合作企业来确定。当然，如果未能在约定的交货期交货，肯定是要给予用户经济补偿的。

设 Q_{ij}^{kr} 为订单 (ij) 在第 k 生产阶段第 r 个协作商的生产质量（也包括运输、库存、服务质量等）。而 $Q_{Sta.ji}^{k}$ 为订单 (ij) 在第 K 阶段生产时所要求的标准生产质量。

优化数学模型的建立：根据以上的分析、假设以及各参数的定义，建立了大规模定制模式下供应链生产计划调的优化数学模型：

$$\min z = \sum_{k=1}^{K} \sum_{r=1}^{N_k} \sum_{i=1}^{M} \sum_{j=1}^{N_m} \{ [(C_{ij}^{kr}(t) + T_{Inve.ij}^{kr}(t) \cdot \alpha^{kr})$$
$$+ T_{ij}^{kr}(t)] \cdot \delta_{ij}^{kr}(t) \} + \beta \tag{6-38}$$

$$\text{s. t.} \quad \sum_{i=1}^{M} \sum_{j=1}^{N_m} A_{Dem.ij}^{k}(t) \leqslant \sum_{r=1}^{N_k} A_{Supp.}^{k} r(t) \tag{6-39}$$

$$T_{ij} \leqslant \sum_{i=1}^{M} \sum_{j=1}^{N_m} (T_{ij}^{kr}(t) + T_{Inve.ij}^{kr}(t)) \cdot \delta_{ij}^{kr}(t) \leqslant T_{ij}(1+\beta) \tag{6-40}$$

$$Q_{ij}^{kr} \geqslant Q_{Sta.ij}^{k} \tag{6-41}$$

$$\sum_{k=1}^{K} \sum_{r=1}^{N_k} \delta_{ij}^{kr}(t) = 1 \tag{6-42}$$

其中，$0 \leqslant \beta \leqslant \beta_{max} \leqslant 1$；$\delta_{ij}^{kr}(t) = 0$ 或 1

$k=1, 2, \cdots, K$；$r=1, 2, \cdots, N_k$；$i=1, 2, \cdots, M$；$j=1, 2, \cdots, N_m$

模型中，式（6-38）为多目标函数；式（6-39）为生产能力约束；式（6-40）为生产时间约束；式（6-41）为产品质量约束；式（6-42）为产品生产的唯一性约束。

可用混合遗传算法对上述模型求解。

（三）计算实例

对某铁路机车制造集团供应链系统采取实地考察、综合模拟分析和计算验证的方法进行应用仿真计算研究。由于铁路机车制造供应系统对机车零部件生产、运输、组装、调试以及试运营的过程是一个相对高成本和强时限过程，在对利益偏好因子 $\varepsilon(t)$ 的选择上采取随机赋值的策略对优化模型加以验证。同时，考虑到产品用户订单的波动，产品生产周期的波动以及供应链协作商业务状况和其他主要生产因素的变动，对于 $\varepsilon(t)$ 中 t 值的选取亦采取了随机分布赋值的策略。通过对一个月的不同分析日期采样进行测量，并将采样点各相关数据代入优化模型进行仿真计算。采用随机赋值的策略，其优越性在于可以近似真实地模拟大规模定制模式下供应链生产计划调度过程中，由于需求的随机性和生产能力的随机性所带来的复杂的随机、动态、多目标优化过程。

大规模定制模式下供应链生产计划调度实施过程示意图如图 6-9 所示。

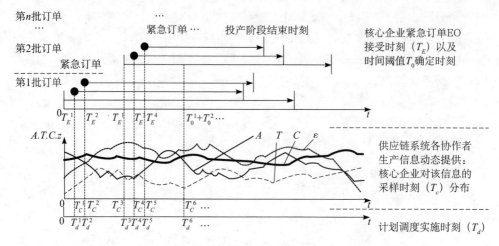

图 6-9　大规模定制模式下供应链生产计划调度实施过程示意图

三、基于协商的上下游供需合作计划模型

上下游关系在供需链管理中很典型。从物流和供需链的角度来看，上游工厂相对于下游工厂是供应商，下游工厂则是上游工厂的主要买方，二者关联紧密。如果是在一个企业集团内部，上下游则体现了一种主要合作伙伴关系。目前，企业直接面向市场，为了适应外界环境的变化，须按照市场需求结合自身能力，灵活地调整其经营方针、计划。

协商对策首先由 Nash 在 20 世纪 50 年代提出的一类非零和合作对策。在现代企业经营战略决策中，协商对策已成为研究经营决策问题的最有力的工具之一。本文将协商对策的思想应用于上下游的供需合作计划问题，上下游企业可根据各自计划模型进行合作协商，最终达到"双赢"的目标。

（一）上下游供需合作计划模型

伙伴选择的因素包括价格、库存、服务、技术和质量等，其中价格与库存因素具有代表性，价格是企业获得利润的关键因素，对市场变化较为敏感，而中间库存在上下游间具有很大的协调作用，通过价格和库存可以将上下游计划有机地结合起来。以下所建立的供需合作计划模型，考虑到多种资源及上、下游之间库存等约束，并综合了上下游各自的计划模型[26]。

1. 上游计划模型

综上所述，对于上游工厂，以 $x_u(t)$、$y_u(t)$ 为决策变量的优化模型描述如下：

$$\max \sum_{t=1}^{T}\{(a_u - b_u - c_u)\, x_u\,(t) + (d_u^{\mathrm{mark}}\,(t) - b_u - c_u)\, y_u\,(t) - hI_u\,(t)\} \tag{6-43}$$

$$\mathrm{s.t.}\ I_u\,(t) \leqslant W\,,\ t = 1,\ 2,\ \cdots,\ T \tag{6-44}$$

$$r_{ui}\,(x_u\,(t) + y_u\,(t)) \leqslant R_{ui}\,(t)\,,\ t = 1,\ 2,\ \cdots,\ T;\ i = 1,\ 2,\ \cdots,\ m \tag{6-45}$$

$$\varepsilon_u^1 \leqslant x_u\,(t) - \hat{x}_d\,(t) \leqslant \varepsilon_u^2 \tag{6-46}$$

$$x_u\,(t) \geqslant 0,\ y_u\,(t) \geqslant 0 \tag{6-47}$$

在上述模型中，

$$I_u\,(t) = \sum_{t=1}^{T}[x_u\,(t) - \hat{x}_d\,(t)] + I\,(0) \tag{6-48}$$

式中，$x_u\,(t)$ 为上游工厂对下游工厂的供应量；$\hat{x}_d\,(t)$ 为上游工厂对下游工厂供应量的预估值；$y_u\,(t)$ 为上游工厂销往市场的产品量；$\hat{y}_u\,(t)$ 为上游工厂销往市场的产品量的预估值；a_u 为上游工厂与下游工厂的交易价格；a_u^{mark} 为 t 时刻上游工厂销售到市场的价格；ε_u^1、ε_u^2 分别为上游与下游交易量的允许范围；b_u、c_u、h 分别为上游的单位成本、单位纳税值、单位库存费用；$I\,(0)$ 为中间库存初始值；W 为中间库存的最大容量。

目标函数（6-43）为从利润的角度进行优化，上游利润表示为上游工厂销售到下游工厂和市场，去除成本、纳税及库存费用；约束（6-44）为上游库存限制；约束（6-45）为资源限制（如原材料、能源等）；约束（6-46）为上下游间交易量限制，它体现了一种长期合作伙伴关系；式（6-48）为上游中间库存表达式。

2. 下游计划模型

对于下游工厂，以 $x_d\,(t)$、$y_d\,(t)$ 为决策变量的下游优化模型描述如下：

$$\max \sum_{t=1}^{T}\{(a_d - b_d - c_d)a(x_d(t) + y_d(t)) - a_u x_d(t) - d_d^{\mathrm{mark}}(t)y_d(t) - hI_d(t)\} \tag{6-49}$$

$$\mathrm{s.t.}\ I_d\,(t) \leqslant W\,,\ t = 1,\ 2,\ \cdots,\ T \tag{6-50}$$

$$r_{di}\,(x_d\,(t) + y_d\,(t)) \leqslant R_{di}\,(t)\,,\ t = 1,\ 2,\ \cdots,\ T;\ i = 1,\ 2,\ \cdots,\ m \tag{6-51}$$

$$\varepsilon_d^1 \leqslant \hat{x}_u\,(t) - x_d\,(t) \leqslant \varepsilon_d^2 \tag{6-52}$$

$$x_d\,(t) \geqslant 0,\ y_d\,(t) \geqslant 0 \tag{6-53}$$

在上述模型中，

$$I_d\,(t) = \sum_{t=1}^{T}[x_u\,(t) - x_d\,(t)] + I\,(0) \tag{6-54}$$

式中，$x_d\,(t)$ 为下游工厂对上游工厂的产品需求量；$\hat{x}_u\,(t)$ 为下游工厂对上游工厂需求量的预估值；$y_d\,(t)$ 为下游工厂从市场采购的产品量；$\hat{y}_d\,(t)$ 为下游工厂从市场采购产品量的预估值；a_d 为 t 时刻下游工厂产品的市场价；ε_d^1、ε_d^2 分别为下游工厂与上游工厂交易量的允许范围；a_d^{mark} (t) 为 t 时刻下游工厂从市场采购的价格；a、b_d、c_d 分别为成材率、单位成本、单位纳税值。

目标函数（6-49）为从利润的角度进行优化，下游工厂利润表示将从上游工厂和市场购得的原料加工成最终产品，并去除成本、税务及库存费用；约束（6-50）为下游工厂库存限制；约束（6-51）为资源限制；约束（6-52）与约束（6-46）相似；式（6-54）为下游工厂中间库存表达式。

3. 供需合作计划模型

通过价格和中间库存等手段，上游工厂和下游工厂计划模型被有机地结合在一起。在此基础上，提出一种供需合作计划模型。在模型中，上游工厂通过上游计划模型，计算出向下游工厂的产品供应量 x_u (t) 和销往市场的产品量 y_u (t)，并将此结果作为预估值传送到下游工厂。下游工厂根据此预估值和自身的价格函数，通过下游计划模型，计算出对上游工厂的产品需求量 x_d (t) 和从市场采购的产品量 y_d (t)，并将此结果作为预估值传送到上游工厂。双方根据各自的计算结果，与计划预估值相比较，当结果相同时，则达到各自目标。如不同，须将这两个模型进行反复迭代，直到双方都达到利润最大。

当下述条件满足，迭代停止（协商结束）：

$$x_u \ (t+1) = \hat{x}_u \ (t)$$
$$x_d \ (t+1) = \hat{x}_d \ (t) \tag{6-55}$$

上下游价格采用反正切函数表示，价格曲线及数学表达式如下：

$$a^{mark} \ (t) = -k \times \text{arctg} \ (y/y^{mark}) + p^{ave} \tag{6-56}$$

价格函数中的参数可表示为

$$k = 2 \times \ (p^{max} - p^{min}) \ /\pi, \ p^{ave} = \ (p^{max} + p^{min}) \ /2$$

式中，p^{max} 为上游工厂销售到市场或下游工厂从市场采购的最高价格；p^{min} 为上游工厂销售到市场或下游工厂从市场采购的最低价格；p^{ave} 为上游工厂销售到市场或下游工厂从市场采购的平均价格；y^{mark} 为该产品的市场总量；δ_y 为上游（或下游）计划值与下游（或上游）预估值的偏差值。δ_y 对于上下游可分别表示为：$\delta y_u = y_u \ (t) \ - \hat{y}_d \ (t)$，$\delta y_d = \hat{y}_u \ (t) \ - y_d \ (t)$。

4. 求解算法

无论上游计划模型还是下游计划模型，都是含有线形约束的非线性规划问题，不能用简单的数学规划方法求解，本文采用可行方向法，将复杂的非性问题转化为线性规划问题，并采取一般线性规算法求解。其步骤如下：

步骤 1，取允许误差 $\varepsilon > 0$，可行域顶点 $x^{(0)} \in R$ 及对方提供的预估值 $\hat{x}$ (t)，

$\hat{y}$（t）。

步骤 2，如式（6-55）满足，则迭代停止，上下游划模型分别获得最优解，否则转向步骤 3。

步骤 3，求 $\min'' f\ (x^{(k)})^T x$ 的最优解。其中，$R=\{x\mid Ax\geqslant B,\ x\geqslant 0\}$，$x^{-k}\in R$。

步骤 4，看是否满足停止准则，如果$|f\ (x^{(k)})^T\ (x^{-(k)}-x^{(k)})|\leqslant\varepsilon$ 满足，则迭代停止，得点 $x^{(k)}$，转向步骤 7。否则，转向步骤 5。

步骤 5，求一维搜索问题的最优解 $\lambda_0^{(k)}$，$\min\ (x^{(k)}+\lambda\ (x^{-(k)}-x^{(k)})$，$\lambda\in[0,\ 1]$。

步骤 6，令 $x^{(k+1)}=x^{(k)}+\lambda_0^{(k)}\ (x^{-(k)}-x^{(k)})$，并令 $k=k+1$，转向步骤 7。

步骤 7，将计算结果提供给对方，作为预估 $\hat{y}\ (t)$，$\hat{x}\ (t)$，重复步骤 2、3、4、5、6。

（二）计算实例

以钢铁企业中冷轧厂与热轧厂的季度计划例。对于上游工厂，$p_u^{\max}=2500$，$p_u^{\min}=150$，$p_u^{ave}\ (2500+1500)\ /2=2000$，$k_u=2\times\ (2500+1500)\ /314=2547$。对于下游工厂，$p_d^{\max}=3500$，$p_d^{\min}=2500$，$p_d^{ave}=3000$，$k_d=2\times\ (3500+2500)\ /3.14=3821$。资源数 $m=3$，$T=3$，上下游间交易量的许范围为 $\varepsilon_u^1=\varepsilon_d^1=0$，$\varepsilon_u^2=\varepsilon_d^2=500$。利用上述求算法进行仿真运算，其结果如表 6-5 至表 6-8 所示。

表 6-5 上游独自计划产量及利润

序号	上游销往下游/吨	上游销往市场/吨	上游计划利润/元
1	6 000	4 000	5 000 000
2	6 200	3 800	5 100 000
3	6 100	3 900	5 150 000

表 6-6 下游独自计划产量及利润

序号	下游来自上游/吨	下游来自市场/吨	下游计划利润/元
1	5 900	3 100	3 600 000
2	6 000	3 000	3 700 000
3	5 900	3 100	3 750 000

表 6-7 协商后上游计划产量及利润

序号	上游销往下游/吨	上游销往市场/吨	上游计划利润/元
1	6 553	3 447	5 043 500
2	6 617	3 383	5 144 370
3	6 601	3 399	5 194 805

表 6-8　协商后下游计划产量及利润

序号	下游来自上游/吨	下游来自市场/吨	下游计划利润/元
1	6 517	2 483	3 733 560
2	6 678	2 322	3 837 270
3	6 612	2 388	3 889 125

表 6-5 和表 6-6 分别表示上下游独自计划所得的产量及利润，表 6-7 和表 6-8 分别表示协商后上下游计划产量及利润。协商次数为 57。

根据结果可见，上下游之间的供需量趋于平衡，交易量有一定的增加，彼此间伙伴关系得到加强。上游工厂通过协商获取的利润略高于独自计划利润，下游工厂通过协商获取的利润高出独自计划利润的 3.71%。协商双方最终达成一致意见，协商的结果对双方都较为有利。另外，上下游间的交易价格和上下游与市场的交易价格差在一定范围内时，协商的结果收敛。当价格差超出此范围时，结果发散。由此可见，协商的结果在一定程度上依赖于上下游间交易价格与市场的交易价格的相互关系。

本小节针对目前企业所面临的多种选择情况，基于供需链管理中的上下游合作伙伴关系，建立了一种供需合作计划模型，并在模型中考虑了市场价格、中间库存等因素，通过计划共享和协商的手段，确定了上下游彼此间及上下游与市场的计划交易量。最后，在数值实验中讨论了"双赢"的实现条件及可行性。利用协商方式对供应链协同生产计划的研究也有很多，参见文献 [27] 至文献 [29]。

四、有限信息共享的供应链双边协同计划模型

（一）协同生产计划问题框架

供应商-制造商协同计划问题框架可以用图 6-10 来表示，其中上下游企业分别生产多种具有 BOM 关系的产品。

从图 6-10 中可以看出，供应商与协同计划相关的计划内容包括生产计划、多级产品库存计划、资源分配计划和供应链计划、制造商有生产计划、多级产品库存计划、资源分配计划和采购计划、供应商和制造商之间协商确定产品的交付计划，该交付计划对应供应商的供应链计划和制造商的采购计划。上下游企业所包含的各项具体计划之间存在紧密的关联关系，任何一项计划的调整都会带来其他计划项的相应变更。

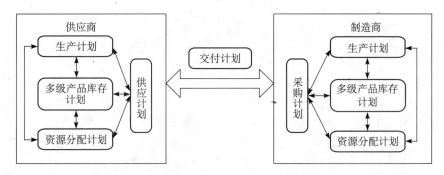

图 6-10　供应商-制造商协同计划问题框架

　　模型所研究的是供应链中上游供应商和下游购买方之间的双边协同计划，其中的供应商和购买方均为生产型企业。各企业的实际运作成本对对方而言是模糊的，供应链上下游企业需要采用协商的方式，交流和共享必要的信息，通过调整多产品多时段的批量订货/供货计划及其相关的企业主生产计划降低总体成本，实现供应链协同优化。其中，产品的价格已经预先确定；订货/供货批量调整在同一产品的不同时段间进行；所降低的成本通过双方预先确定的分配方式进行分配，具体的分配方式不在本文中进行讨论。

　　在此假定上下游企业都采用数学规划模型作为生产计划的决策模型，决策的目标是本地成本的最优，而上下游企业协同计划的目标为供应链总成本最优。在计划的初始阶段，下游企业提供初始计划和最小累积需求信息；在协同过程中，上下游企业仅交流订货/供货批量计划，以及调整计划批量后其成本的变化信息。由于所研究的供应链属需求驱动型供应链，购买方首先向供应商提供初始的批量订货计划。此外，为了降低问题的复杂性，不影响所研究问题的实质，在此忽略运输成本。

　　以下模型包括购买方主计划模型、供应商主计划模型和购买方最小累积需求的求解模型三部分[30]。

(二) 供应商-制造商跨域协同计划模型

1. 购买方主计划模型

　　在协同计划的初始阶段，购买方首先根据本地产品的预期需求情况，对本地生产、库存和物料订货做出初始计划；在计划协商的过程中，购买方针对供应商的供货计划提议，重新计算本地最优的生产、库存计划，这些计算过程都通过求解购买方主计划模型来实现。以下为购买方的主计划模型（下标索引及数据与变量如表 6-9 所示）。

表 6-9　下标索引及数据与变量表

	下标索引		
t	计划时段，$t \in T$	j	生产产品 K 供应商提供的物料，$j \in J$
k	本地生产的产品，$k \in K$	m	生产所需的资源，$m \in M$

	数据与变量		
cv_k	k 的生产成本	$C_{m,t}$	t 时段资源 m 的能力（所能提供的正常使用量）
ch_k	k 的库存成本	$x_{k,t}$	t 时段 k 的产量
cf_k	k 的生产准备（setup）成本	$i_{k,t}$	t 时段 k 的库存量
co_m	资源 m 的超额使用成本	$y_{k,t}$	准备变量，表示 t 时段是否生产 k
$D_{k,t}$	t 时段产品 k 的外部需求量	o_m	资源 m 的超额使用量
$r_{j,k}$	生产产品 k 对物料 j 的单位需求量	$xs_{j,t}$	t 时段物料 j 的采购量
$a_{m,k}$	生产产品 k 对资源 m 的单位需求量	$is_{j,t}$	t 时段物料 j 的库存量
B	大常数		

模型 1　购买方计划模型

$$\min c = \sum_{t \in T} \sum_{k \in K} (cv_k x_{k,t} + ch_k i_{k,t} + cf_k y_{k,t}) + \sum_{t \in T} \sum_{m \in M} co_m o_{m,t} + \sum_{t \in T} \sum_{j \in J} ch_j is_{j,t}$$

(6-57)

$$\text{s. t.} \quad i_{k,t-1} + x_{k,t} = D_{k,t} + \sum_{l \in S_k} r_{k,l} x_{l,t} + i_{k,t} \quad \forall k \in K, t \in T \quad (6\text{-}58)$$

$$is_{j,t-1} + xs_{j,t} = \sum_{k \in K} r_{j,k} x_{k,t} + is_{j,t} \quad \forall j \in J, t \in T \quad (6\text{-}59)$$

$$\sum_{k \in K} a_{m,k} x_{k,t} \leqslant C_{m,t} + o_{m,t} \quad \forall m \in M, t \in T \quad (6\text{-}60)$$

$$x_{k,t} \leqslant B y_{k,t} \quad \forall k \in K, t \in T \quad (6\text{-}61)$$

$$x_{k,t}, i_{k,t}, xs_{j,t}, is_{j,t}, o_{m,t} \geqslant 0 \quad \forall k \in K, j \in J, m \in M, t \in T \quad (6\text{-}62)$$

$$y_{k,t} \in \{0,1\} \quad \forall k \in K, t \in T \quad (6\text{-}63)$$

以上模型中，目标函数（6-57）是为了实现采购与生产的主要成本最小化，包含了五部分，即生产成本、本地产品库存成本、生产准备成本、资源超额使用成本和物料库存成本；式（6-58）反映了不同时段间产品生产、需求和库存的平衡关系，其中 S_k 表示 k 产品的直接后继产品集合；式（6-59）反映了不同时段间物料订购、使用和库存的平衡关系；式（6-60）为资源使用量约束条件，其中资源的最大超额使用量以资源的最大正常使用量的许可比例 e_m 来计算（即采用许可模式[10]）；式（6-61）与目标函数的结合确保了 $y_{k,t} \in \{0,1\}$；式（6-62）是主要决策变量取值的非负性约束；式（6-63）描述了准备变量的取值范围。

确定外部需求 $D_{k,t}$ 后，通过以上模型的求解，可以得到初始订货批量计划 XS_B^{ini}，以及购买方的初始总成本 C_B^{ini}（包含以上目标函数中的五种成本）。在协同计划过程中，可根据以上模型计算备选计划对应的总成本 C_B^{prop}，从而得到购买方成本的变化量 $CS_B^{prop} = C_B^{prop} - C_B^{ini}$。

2. 供应商主计划模型

供应商针对购买方提供的初始批量订货计划，采用主计划模型计算本地的最优生产计划及相应的库存计划。在协同计划过程中，对于调整后的供货计划，也需要使用供应商主计划模型计算相应的本地最优成本。

模型 2　供应商主计划模型

$$\min c = \sum_{t \in T} \sum_{j \in J} (cv_j x_{j,t} + ch_j i_{j,t} + cf_j y_{j,t}) + \sum_{t \in T} \sum_{m \in M} co_m o_{m,t} \qquad (6\text{-}64)$$

$$\text{s.t.} \quad i_{j,t-1} + x_{j,t} = xs_{j,t} + \sum_{l \in S_j} r_{j,l} x_{l,t} + i_{j,t} \quad \forall j \in J, t \in T \qquad (6\text{-}65)$$

$$\sum_{j \in J} a_{m,j} x_{j,t} \leqslant C_{m,t} + o_{m,t} \quad \forall m \in M, t, \qquad (6\text{-}66)$$

$$x_{j,t} \leqslant B_j y_{j,t} \quad \forall j \in J, t, \qquad (6\text{-}67)$$

$$x_{j,t}, i_{j,t}, o_{m,t} \geqslant 0 \quad \forall j \in J, m \in M, t \in T \qquad (6\text{-}68)$$

$$y_{j,t} \in \{0,1\} \quad \forall j \in J, t \in T \qquad (6\text{-}69)$$

以上模型中，j 为供应商本地产品，即购买方所订购的物料。$xs_{j,t}$ 为 t 时段 j 产品的供货批量，即购买方所提供的批量订购计划。式（6-65）中的 S_j 表示 j 产品的直接后继产品。当接收到购买方提供的初始计划或备选计划 $XS_{j,t}$ 时，将该计划代入模型 2，即 $xs_{j,t} = XS_{j,t}$，求解模型可以得到供应商对应的成本，其中初始成本用 C_S^{ini} 表示。同样，在协同计划过程中，可以通过以上模型求解备选计划总成本 C_S^{prop}，继而得到供应商成本变化量 $CS_S^{prop} = C_S^{prop} - C_S^{ini}$。

3. 购买方最小累积供货需求的求解模型

在协商计划过程中，供应商需要对供货计划进行调整，但仅仅依据本地的情况、购买方的订货计划及成本变化信息，常常会导致调整后的计划对购买方而言不可行，这一问题在购买方向供应商提供最小累积供货需求信息时能够得到有效解决。最小累积供货需求即在确保购买方外部需求得到满足的条件下，每个时段在之前时段生产量的基础上生产最少量的产品（最小生产量），进而计算得到的向上游订购最少量物料的累积下限。首先，计算对于直接来自外部需求的最小生产量：

$$x_{k,t}^{\min} = \begin{cases} D_{k,t} - i_{k,t-1} & D_{k,t} > i_{k,t-1} \\ 0 & otherwise \end{cases} \quad \text{且} \quad i_{k,t} = \begin{cases} i_{k,t-1} - D_{k,t} & i_{k,t-1} > D_{k,t}, \\ 0 & otherwise \end{cases}$$

当购买方的资源能力直接满足基本生产量的生产要求，即 $\sum_{k \in K} a_{m,k} x_{k,t}^{\min} \leqslant C_{m,t}(1 + e_{m,t})$，（$e_{m,t}$ 为 t 时段 m 资源允许的最大超额使用率）时，最小累积需求为

$$xs_{j,t}^{aum,\min} = xs_{j,t-1}^{aum,\min} + x_{k,t}^{\min} r_{j,k} \qquad (6\text{-}70)$$

当购买方的资源无法直接满足要求时，可通过将不能满足资源要求的部分向之前时段调整来实现，为了保证调整后的生产量与资源使用量、物料供应量之间的关系相符，采用以下模型进行求解：

$$\min \sum_{t \in T} \sum_{j \in J} sd_{j,t} + \varepsilon \left(\sum_{t \in T} \sum_{k \in K} xd_{k,t} + \sum_{t \in T} \sum_{m \in M} rd_{m,t} \right) \tag{6-71}$$

$$\text{s. t.} \sum_{k \in K} a_{m,k} xd_{k,t} = rd_{m,t} \qquad m \in M, t \in T \tag{6-72}$$

$$xd_{k,t} = \sum_{l \in L_k} xd'_{l,t} \qquad k \in K, t \in T \tag{6-73}$$

$$sd_{j,t} = \sum_{k \in K} r_{j,k} xd_{k,t} \qquad j \in J_k, t \in T \tag{6-74}$$

$$\sum_{k \in K} a_{m,k} x_{k,t}^{\min} - rd_{m,t} \leqslant C_{m,t}(1 + e_{m,t}) \qquad m \in M, t \in T \tag{6-75}$$

$$0 \leqslant xd_{k,t} \leqslant x_{k,t}^{\min}, sd_{j,t} \geqslant 0, rd_{m,t} \geqslant 0 \qquad k \in K, j \in J_k, t \in T \tag{6-76}$$

式中，$sd_{j,t}$ 为物料供应量的调整量；$xd_{k,t}$ 为生产量的调整量；$rd_{m,t}$ 为资源使用量的调整量；ε 为远小于 1 的正实数。式（6-72）为生产调整量与资源调整量间的平衡约束；式（6-73）为相对内部 BOM 关系的生产调整量平衡约束；式（6-74）为物料供应调整量与生产调整量的平衡约束；式（6-75）为最大资源约束，也是模型求解的最终目的所在；式（6-76）为变量取值范围约束。

在求解以上模型的基础上，可以得到调整后的最小生产量：$x_{k,t}^{adj,\min} = x_{k,t}^{\min} - xd_{k,t} + xd_{k,t+1}$，相应的最小累积需求为

$$xs_{j,t}^{cum,\min} = xs_{j,t-1}^{cum,\min} + x_{k,t}^{adj,\min} r_{j,k} \tag{6-77}$$

（三）多 Agent 的协同生产计划框架与流程

多 Agent 技术能够很好地应用于仿真和实现自动协商，而供应商-制造商协同生产计划过程正是一类需要频繁交互的协商过程，对协商性能要求较高，为此本节将引入多 Agent 技术，设计协同生产计划的多 Agent 框架，在此基础上分析协同计划流程。

1. 协同生产计划的多 Agent 框架

借鉴面向服务架构（service-oriented architecture，SOA）思想，从服务流程层和服务组件层划分 Agent 角色，如图 6-12 所示。其中，服务流程层定义与协同计划交互过程直接相关的 Agent，包括供应商 Agent（SA）和制造商 Agent（即购买方 Agent，BA），供应商 Agent 作为协同生产计划的主导者，管理计划协商流程。供应商 Agent 与购买方 Agent 共享备选交付计划和成本变化信息，通过多次交互实现总体计划的优化过程。

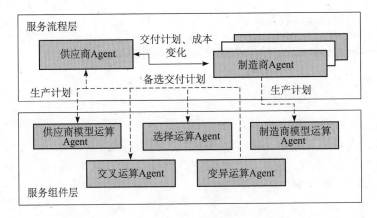

图 6-11　协同生产计划的多 Agent 框架

服务组件层定义与具体操作相关的 Agent，包括供应商模型运算 Agent（MSA）、制造商模型运算 Agent（MBA）、选择运算 Agent（PA）、交叉运算 Agent（CA）和变异运算 Agent（IA）。其中供应商 Agent 将调用 MSA、PA、CA 和 IA 的服务功能，并与 MSA 之间传递模型运算所需的参数和返回运算后的生产计划，同时向 PA、CA、IA 提供交互规则所需的现有备选计划和适应度值，返回新的备选计划。制造商 Agent 则与 MBA 相关，通过 MBA 得到优化的生产计划。

2. 协同生产计划流程

以在信息不对称条件下，供应商和制造商双边协同计划为例，对协同生产计划具体流程举例如下[30]：

步骤 1，购买方 Agent（BA）根据本地需求和模型确定本地最优总订购计划作为初始计划，得到相应的初始成本；利用需求模型得到订货批量的需求。将初始批量订货计划和需求发送给供应商 Agent（SA）。

步骤 1，SA 根据购 BA 提供的初始计划通过模型计算本地初始成本。并利用初始计划组生成模型生成一组初始备选计划。将初始备选计划作为当前提议。

步骤 3，SA 将当前提议代入模型计算各备选计划的成本，计算相对于初始计划成本的节省量。将备选计划及其各备选计划成本变化信息发送给 BA。

步骤 4，BA 将 SA 提供的备选计划代入模型，得到本地成本，计算备选计划成本相对于初始计划成本的变化量。将不同成本变化信息反馈给供应商。

步骤 5，SA 针对 BA 反馈的成本变化量、本地的初始最优成本和当前备选计划成本，进行计算。判断协商是否达到限制次数或总成本变化停滞（小于预先设定的阈值）是否达到预期次数，如达到则终止协商过程。否则进入下一步。

步骤 6，分别采用遗传算法（或其他计算方法）进行处理，得到一组新的备选计划作为当前提议。转至步骤三。

3. 多级多成员协同生产计划

这里的多级指供应商-购买方的关系可以包含多个层级的生产制造企业，多成员指多个供应商或多个购买方。

对供应商而言，多个购买方的情况主要是考虑在外部需求和供货对象方面进行扩展；而对于购买方来说，主要是对物料供应对象的扩展。需要说明的是，对于多级协同的情况，上游和中游企业均采用供应商模型进行主生产计划的决策，只有下游制造商采用购买方模型。

对于多个供应商的情况需要引入一个协同计划的管理者，对协同计划过程进行协调和管理，这个计划管理者可以由第三方担任，也可以由供应链中的能够被所有供应链成员接受的某一强势企业来担任。

具体协同计划流程上的扩展为：各供应商和购买方向计划管理者提供初始计划和备选计划对应的成本变化信息，计划管理者与各供应商和购买方共享备选计划和总成本变化信息。

（四）计算实例

考虑两种供应链协同计划问题结构（图 6-12）：P1 结构相对简单，下游购买方生产 4 种产品，上游供应商有 3 种产品，上下游都包含一种资源；P2 中购买方生产 6 种产品，供应商 4 种产品，上下游都涉及两级 BOM 关系，且都包含两种资源。两种问题结构都包含 6 个时段，初始产品库存和物料库存均为 0，资源最多可超额 20%。

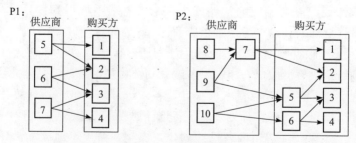

图 6-12　问题结构

问题实例采用随机生成，其中包含购买方最终需求的两类变化系数（2 种周期波动系数和 3 种随机变化系数的 6 种组合）、上下游 3 种配置成本结构和 6 种能力利用率模式，共生成 108 种（6×3×6）实例。具体地，用余弦曲线表示周期性波动系数，振幅分别为 0、0.3、0.5；用均值为 0 的两种正态分布随机数作为随机变化系数，标准差分别取 0.1、0.2；3 种上下游间的配置成本结构分别为相同、买方高/供方低和买方低/供方高，由于配置成本由物料订购周期（time-between-orders，TBO）决定，因此实际对应购买方/供应商 TOB 时段分别为 4/4、3/5 和 5/3。三种资源能力利用率模式如表 6-10 所示（括号中的数字表示时段）。

表 6-10　资源能力利用率模式

能力利用率模式	购买方	供应商
1	90%	90%
2	70%	70%
3	90%（1-2，5-6），70%（3-4）	70%（1-2，5-6），90%（3-4）
4	70%（1-2，5-6），90%（3-4）	90%（1-2，5-6），70%（3-4）
5	90%	70%
6	70%	90%

　　GAGOCP 的协同计划过程采用 Matlab 及其 GADS Toolbox 2.3 实现，并调用 ILOG CPLEX 9.0 实现购买方和供应商主计划模型、购买方最小累积资源需求、供应商初始计划组生成等优化模型求解。其中种群规模为 20，最优个体数为 2，交叉个体数为 16，变异个体数为 8，最大协商次数为 20。针对以上实例，在以 GAGOCP 方法实现的同时，分别采用逐级计划（upstream planning）方法、基于协商的协同计划方法（NBCP）得到上下游总成本数据，并将这些结果数据按问题结构、配置成本结构和资源能力利用率模式进行分类比较。

　　按问题结构比较的结果如表 6-11 所示。其中相对 Upstream 更优指采用 GAGOCP 方法得到的上下游总成本 C^{GAGOCP} 低于采用 Upstream 方法所得总成本 C^{Upstream} 的增量与 Upstream 总成本的比值，即（$C^{\text{Upstream}} - C^{\text{GAGOCP}}$）/$C^{\text{Upstream}}$。同样，相对 NBCP 方法更优可表示为（$C^{\text{NBCP}} - C^{\text{GAGOCP}}$）/$C^{\text{NBCP}}$，其中 C^{NBCP} 为采用 NBCP 方法得到的总成本。从表 6-10 中可以看出 GAGOCP 方法所得结果远优于 Upstream 方法的结果，也一定程度上优于 NBCP 方法。其中，相对 Upstream 方法，GAGOCP 方法在 P2 问题上更优程度高一些；而相对 NBCP 方法，两类问题结果相对更优的程度相近。从标准差来看，GAGOCP 的相对更优程度在两类问题中变化幅度类似。

表 6-11　按问题结构比较

问题结构	相对 Upstream 更优		相对 NBCP 更优	
	平均%	标准差%	平均%	标准差%
P1	20.05	19.88	1.22	2.72
P2	27.09	22.38	1.48	2.18

　　按配置成本结构比较的结果如表 6-12 所示。从表中可以看出，对于配置成本买方高、供方低的情况，GAGOCP 方法相对另外两种方法都体现出更为明显

的优势，相对 Upstream 方法平均更优 30.90％，相对 NBCP 方法平均更优也达到 2.25％，且相对更优程度都具有较大的变化幅度；对于配置成本买方低、供方高的情况，则 GAGOCP 方法与另外两种方法相比的更优程度相对小些，但相对 Upstream 方法仍达到平均 16.07％，与 NBCP 相比则只平均高出 0.74％，优化程度已很接近；配置成本相同时介于以上两者之间。

表 6-12　按配置成本结构比较

配置成本结构	相对 Upstream 更优		相对 NBCP 更优	
	平均％	标准差％	平均％	标准差％
相同	25.35	20.30	1.25	2.17
买方低、供方高	16.07	14.63	0.74	1.48
买方高、供方低	30.90	26.88	2.25	3.31

按资源能力利用率模式比较结果如表 6-13 所示。相对其他模式，当各时段供应商资源利用率均高于购买方（模式 6）时，GAGOCP 方法相对另两种方法具有更为明显的优势，与 Upstream 方法相比平均更优达到 44.86％，与 NBCP 方法相比为 1.67％；而当供应商资源利用率低于购买方（模式 5）时，GAGOCP 方法的优势相对较弱。在模式 3 和模式 4 中也一定程度上体现了这一趋势，因为模式 4 供应商在四个时段具有更高的资源利用率，这时相比另两种方法，GAGOCP 方法计划结果更优程度也相对高些；而模式 3 中则购买方资源利用率高的时段多些，更优程度也相对低些。模式 1 和模式 2 则更优程度类似。

表 6-13　按资源能力利用率模式比较

资源能力利用率模式	相对 Upstream 更优		相对 NBCP 更优	
	平均％	标准差％	平均％	标准差％
1	23.05	17.84	1.43	2.32
2	18.95	17.63	1.32	2.00
3	10.45	16.06	1.12	1.85
4	39.05	19.67	1.48	1.84
5	3.17	3.30	0.95	1.40
6	44.86	22.07	1.67	4.29

因此总的来说，GAGOCP 方法得到的结果远优于 Upstream 方法，也一定程度上优于 NBCP 方法；在配置成本结构为买方高、供方低以及供应商资源能力利用率高于购买方时，GAGOCP 方法的优越性更为明显；这种相对优越的程度与供应链结构没有明显关系。

从仿真实验过程来看，本节所提出模型与方法不适用的范围主要表现在：当制造商的生产能力无法满足购买方最小累积需求时，本章所给出的协同计划模型无可行解。这时，需要制造商扩大生产能力，或通过协商调整购买方的总需求，即购买方将一部分需求转移给其他制造商，或延迟到下一计划期实现。针对信息共享问题，国内外学者也从其他方面进行了研究。[31-35]

第四节　协同生产计划发展趋势

一、协同生产主要存在问题

国内外学者对供应链计划进行了深入研究，提出了一系列计划模型，从不同侧面揭示了供应链计划的规律[36-46]，但还存在一些不足，具体如下：

客户需求的变化、上游原材料的变动常常对生产计划产生影响。需求变动下（如随机需求下、需求不确定情况下、需求呈周期波动的情况下）的生产计划研究近些年来逐步被学者所关注，但大多数研究仍集中在静态方面，对动态变化状态下的供应链生产计划研究较少。

随着市场的不断变化，及时满足客户需求成为供应链竞争的重要因素。当前的供应链协同研究通常针对单一目标，如利润最大化或成本最小化，而很少考虑其他因素，如订单响应时间、客户订单完成率、成本或收益、售后服务和物流配送等。

当前针对一个供应商与一个制造商之间的协同研究较多，针对多个供应商与一个制造商甚至多个制造商的协同研究较少。在多对一的供应链成员选择、协同方面，传统的数学规划等方法存在局限性。

在企业进行策略选择时，通常使用博弈论及契约实现供应链的协调。然而针对复杂的需求变动与多个供应链节点成员之间动态协调等问题，博弈论与契约协调已不能达到良好效果。

二、未来发展趋势

社会需求多样化、市场竞争的加剧和科技的飞速发展，加速了产品的更新换代。现代制造业面临着很大的市场压力、竞争压力、技术更新压力，以及由于环境变化而产生的压力。因此，如何对需求做出快速反应，适应不断变化的市场，是制造企业面临的重要问题与挑战。为了适应制造业的发展，人们不断提出并且建立符合时代特征的制造系统新概念、新模式、新技术和新思想，极大地推动了制造业的发展。如全能制造系统（HMS）、柔性制造系统（FMS）、敏捷制造（AM）、虚拟制造（VM）、精良生产（LP）、快速原型制造（RPM）、并行工程（CE）、多 Agent 系统、智能制造系（IMS）等。它们在不同时期、不同程度上都推动了制造业的发展。

面对多变的市场，客户需求对于生产计划具有重要意义。更多的考虑客户需求，让客户参与到生产计划中，有助于企业更好地满足市场，创造更多利润。另外，由于客户需求的快速多变和市场的其他变动，如何在动态状态下建立供应链协同优化模型并有效求解是未来研究的热点。除成本及利润以外，产品质量、响应时间、订单完成率、售后服务等方面也是影响供应链竞争力的重要因素。如何将供应链的单目标协同优化模型扩展到多目标也是未来研究的趋势。现实生活中，不只是单一供应商与单一制造商进行协同优化，更多存在的是多个供应商与单一制造商甚至多个制造商进行协同优化，供应链多成员间的协同计划更贴近现实。另外，集中优化与分布优化相比，成本降低，利润增加，但企业并不愿意信息共享。因此，对于信息不对称情况下供应链成员如何合作能使供应链成本最低，利润增加有待继续研究。未来研究可以对上述问题建立更实用、应用范围更广、更具有实际价值的优化模型，利用多 Agent 的分布性、自治性、移动性、智能性和自学习性，提高供应链智能化程度。

第五节　本章小结

本章探讨了多 Agent 供应链供应商-制造商协同生产优化。

首先，对协同生产理论进行概述，分别介绍了协同生产计划与控制的发展历程与模式。对供应链协同生产管理体系结构从过程概念层、理论方法层、技术方法层进行阐述。

其次，介绍了协同生产计划常用的方法，并用实例说明如何运用这些方法解决实际问题。博弈方法考虑供需双方的决策交互影响，基于博弈理论分析供需之间的博弈关系，以确定供需双方的最优策略。运筹学一般使用整数规划、混合整数规划、排队论模型、策略评价模型、网络流模型以及博弈论模型、统计分析和传统的优化方法来描述和求解问题，主要用于策略性决策。启发式算法是一个基于直观或经验构造的算法，在可接受的计算费用（指计算时间、占用空间等）下寻找待解决最优化问题的最好的可行解。智能优化算法基于生物学、物理学和人工智能发展的具有全局优化性能且通用性强的算法，如模拟退火算法、遗传算法、蚁群优化算法、粒子群优化等。

再次，介绍了代表协同生产计划研究方向的几个典型模型。基于供应链响应时间的协同计划模型运用二层规划方法，描述了在各节点企业之间分配响应时间以及在各节点企业内部分配生产时间和物流时间的计划过程。大规模定制模式下的生产计划调度模型提出了一个随机多目标动态优化数学模型，指出了动态优化调度过程。基于协商的上下游供需合作计划模型考虑了市场价格、中间库存等因素，通过协商和计划共享的手段，确定了上下游彼此间和与市场间的计划交易量。有限信息共享的供应链双边计划模型提出非对称信息下协商机制的协同生产计划方法，把成本变化信息融合到计划调整的算法中，形成一种具有多点搜索和概率搜索特征的全局寻优协同计划方法。

最后，分析了协同生产计划现在存在的问题，并指出满足客户需求、快速反应市场、建立更加实用的模型是未来研究的方向。

◇ 参 考 文 献 ◇

[1] 刘亮. 面向供需网协同的汽车工业生产计划和控制方法研究. 天津大学博士论文，2006：24～30

[2] 孙永军. 敏捷供应链协同生产管理理论与方法研究. 浙江大学博士论文，2003：20～26

[3] 胡彬华，李晓，梁剑. 异构分布式数据库系统集成的研究与实现. 计算机应用研究，2002，(10)：67～70

[4] Weibull J W. Evolutionary Game Theory. Bosten：MIT press，1998：32～48

[5] 王永平，孟卫东. 供应链企业合作竞争机制的演化博弈分析. 管理工程学报，2004，18 (2)：96～98

[6] Friedman D E. Evolutionary game in economics. Econometrica，1991，59：637～666

[7] Cachon G. Supply chain coordination with contracts. Handbooks in Operations Research and Management Science，2003，(11)：229～340

[8] 朱宝琳，于海斌，黄小原. 供应链计划建模中的博弈方法. 东北大学学报（自然科学版），2004，25 (7)：703～706

[9] 李勇，张异，杨秀苔等. 供应链中制造商-供应商合作研发博弈模型. 系统工程学报，2005，20 (1)：12～18

[10] 周威，金以慧. 利用拉格朗日松弛算法协调多厂供应链生产计划. 计算机集成制造系统，2005，11 (9)：1255～1259

[11] Tempelmeier H，Derstroff M. A lagrangean-based heuristic for dynamic multilevel multiitem constrained lotsizing with setup times. Management Science，1996，42 (5)：738～757

[12] James T L，Chen Y Y. A multi-site supply network planning problem considering variable time buckets——A TFT-LCD industry case. International Journal of Advanced Manufacturing Technology，2007，33 (9～10)：1031～1044

[13] Stadtler H. Multilevel lot sizing with setup times and multiple constrained resources：Internally rolling schedules with lot-sizing windows. Operations Research，2003，51 (3)：487～502

[14] 刑文训，谢金星. 现代优化计算法方法（第 2 版）. 北京：清华大学出版社，2005：57～92

[15] 朱道立. 多阶段多产品供应量分配的综合模型. 系统工程，2004，22（6）：21～24

[16] Roghanian E，Sadjadi S J，Aryanezhad M B. A probabilistic bi-level linear multi-objective programming problem to supply chain planning. Applied Mathematics and Computation，2007，(188)：786～800

[17] 张瀚林. 分布决策环境下基于协商的供应链协同计划模型与方法. 北京工业大学博士论文，2010：33～49

[18] Yimer A D，Demirli K. A genetic approach to two-phase optimization of dynamic supply chain scheduling. Computers & Industrial Engineering，2010，58（3）：411～422

[19] Zegordi S H，Abadi I N K，Nia M A B. A novel genetic algorithm for solving production and transportation scheduling in a two-stage supply chain. Computers & Industrial Engineering，2010，58（3）：373～381

[20] Diponegoro A，Sarker B R. Finite horizon planning for a production system with permitted shortage and fixed-interval deliveries. Computers & Operations Research，2006，33（8）：2387～2404

[21] 杨文胜. 基于响应时间的供应链协同决策与优化模型研究. 华中科技大学博士论文，2004：15～50

[22] 陈建华，彭鸿广. 基于时间竞争的 MRP Ⅱ、JIT 与 TOC 集成化生产计划与控制模型. 工业工程，2005，8（2）：66～69

[23] Yao J，Liu L. Optimization analysis of supply chain scheduling in mass customization. International Journal of Production Economics，2009，117（1）：197～211

[24] Ertogral K，Wu S D. Auction-theoretic coordination of production planning in the supply chain. Iie Transactions，2000，32（10）：931～940

[25] 姚建明，周国华. 大规模定制模式下供应链计划调度优化分析. 管理科学学报，2003，6（5）：58～64

[26] 朱宝琳，于海斌. 基于协商的上下游供需合作计划模型研究. 计算机集成制造系统——CIMS，2002，8（6）：438～441

[27] Dudek G，Tadtler H. Negotiation-based collaborative planning between supply chains partners. European Journal of Operational Research，2005，(163)：668～687

[28] Nishi T，Konishi M，Shinozaki R，et al. An augmented lagrangian Approach for decentralized supply chain planning for multiple companies. IEEE Transactions On Automation Science and Engineering，2008，5（2）：259～274

[29] Dudek G，Stadtler H. Negotiation-based collaborative planning in divergent two-tier supply chains. International Journal of Production Research，2007，45（2）：465～484

[30] 张瀚林，蒋国瑞，黄梯云. 一种有限信息共享的全局寻优供应链双边协同计划方法. 管理工程学报，2010，24（2）：153～159

[31] 张欣，马士华. 信息共享与协同合作对两级供应链的收益影响. 管理学报，2007，4（1）：32～39

[32] Shin H J. Collaborative production planning in a supply chain network with partial information sharing. International Journal of Advanced Manufacturing Technology，2007，34

(9～10)：981～987

[33] Moon C，Seo Y，Yun Y，et al. Adaptive genetic algorithm for advanced planning in manufacturing supply chain. Journal of Intelligent Manufacturing，2006，17（4）：509～522

[34] Richard P，Eric S. An approach to inter-domain master planning in supply chains. International Journal of Production Economics，2007，108（1～2）：200～212

[35] 但斌，肖剑，吴庆. VMI 模式下供应商之间的生产进度信息共享研究. 管理工程学报，2009，23（04）：157～159

[36] Grieger M. Electronic marketplaces：a literature review and a call for supply chain management research. European Journal of Operational Research，2003，(144)：280～294

[37] 马士华，林勇. 供应链管理. 北京：机械工业出版社，2005：34～71

[38] 周永强. 分散式供应链协调理论与方法. 北京：首都经济贸易大学出版社，2008：17～31

[39] Amaro A C S，Barbosa-Povoa A P F D. Supply chain management with optimal scheduling. Industrial and Engineering Chemistry Research，2008，47（1）：116～132

[40] Hartmut S. Supply chain management and advanced planning-basics，overview and challenges. European Journal of Operational Research，2005，163（3）：575～588

[41] Damien P. Supply chain management integration and implementation：a literature review. Supply Chain Management：An International Journal，2005，10（4）：252～263

[42] Keah C T. A framework of supply chain management literature. European Journal of Purchasing & Supply Management，2001，(7)：39～48

[43] Li X H，Wang Q A. Coordination mechanisms of supply chain systems. European Journal of Operational Research，2007，(179)：1～16

[44] 单泊源，彭忆，高限. 一种协同生产管理实现模式. 中国机械工程，2000，11（7）：773～776

[45] 蒋旻. 基于多代理的供应链制造系统生产计划运行模式的研究. 科技进步与对策，2010，(2)：125～127

[46] Koskiene P. Supply chain strategy in a global paper manufacturing company：a case study. Industrial Management Data Systems，2009，109（1）：34～52

第七章

多 Agent 供应链制造业生产-分销协同计划

生产、分销是生产型企业非常重要的两个环节，长期以来，它们由企业内部不同部门进行独立运作，由于生产、分销环节存在着不同的资源约束，同时存在着不同的目标，这就使得各个部门在独立制订各种计划时，只追求自身利益最大化，忽视甚至损害整体利益。因此，如何有效协调生产和分销环节，是企业面临的难题，同时也是理论界研究的热点问题。生产、分销协同计划问题是同时考虑到生产费用、生产调整费用、配送费用、配送调整费用以及工厂和配送中心的库存费用的综合性问题。本章主要对供应链下游的生产-分销环节进行理论阐述，说明其发展现状，并通过实例介绍生产分销协同计划使用的主要方法，之后介绍生产分销协同计划模型与流程，最后对研究中存在的问题与未来发展趋势做总结。

第一节　供应链生产分销协同计划概述

本节先对供应链生产分销协同计划进行概述，从总体上了解生产分销协同计划的发展和现状。最后简要介绍协同计划、预测与补货模型（collaborative planning forecasting and replenishment，CPFR）。

一、供应链生产分销协同计划概述

随着因特网技术和电子商务的迅速发展、数字经济的开始崛起，传统的供应链管理模式已经不能适应电子商务环境下供应链管理的要求。面对压力和多样化的市场需求，制造业逐渐形成了多供应商、多地点制造、多客户的新供应链模式。对供应链的研究主要包括三个阶段，即采购、制造和分销。

在传统制造环境下的供应链管理中，重点考虑的是采购和制造环节的供应链管理。进入 20 世纪 80 年代，供应链的中心正逐渐向需求侧转移，供应链表现为由市场和客户需求驱动的"需求链"。在面向客户的制造环境中，企业的驱动力已由生产转向通过分销和服务提供的附加值[1]。因此，为了适应市场全球化和日益加剧的竞争压力，供应链的合作伙伴积极寻求采购、生产、分销的协同，以实现共赢[2]。

图 7-1 是一个常见的生产分销系统图。供应链中主要流程是生产规划和控制以及分销和物流。生产系统主要是整个制造过程的管理和流程设计，如材料控制、排程和库存控制等。分销系统主要是如何从工厂或仓库向客户便捷地运送产品，主要有运输网络和路径、设施选择和制成品配送管理等。

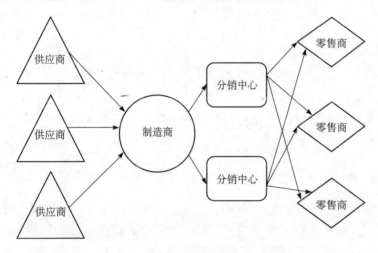

图 7-1　供应链生产分销系统

供应链环境下的生产和分销与传统的生产和分销相比具有以下特点：

就生产而言：生产需要的信息更为广泛，生产所涉及的企业范围更大，生产是一个沟通协商的过程，一种递进式的计划信息反馈机制，在复杂多变的环境下相应增加了企业生产计划运行的不确定性和动态性因素。供应链环境下的分销具有以下几点优势：分销网络减少了市场中交易的次数，专业化的分销网络设置使分销成本最小化，分销网络为买卖双方搜索市场资源提供了便利[3]。

生产、分销是生产型企业非常重要的两个环节，其实，制造型企业运作管理的核心问题是企业生产计划与产品的分销计划，其生产组织方式一般有两种：订货型生产（make-to-order）和备货型生产（make-to-stock）。对于汽车制造、计算机和家用电器等加工装配式的生产，既可采用订货型生产，也可采用备货型生产。而对于石油化工等流程式的生产，一般则采用备货型生产[4]。分散式生产-分销协同计划结构如图 7-2 所示。

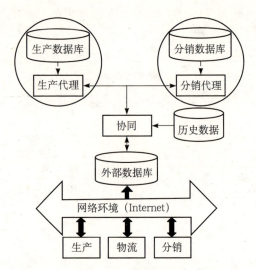

图 7-2 分散式生产-分销协同计划结构图

二、供应链生产分销协同计划现状

目前，已经有不少的国内外研究学者对供应链生产分销协同计划问题作了深入的研究。

2000 年，周金宏和汪定伟等描述了分布式多工厂、多分销商的供应链生产计划，以实现最小化提前期惩罚费用、生产成本、产品运输费用的总额为目标建立模型，通过模型转换求解得到生产计划调度方案。

2000 年，Sabari 和 Beamon 发展一个整合性的多目标供应链模式，同时做战略性运营性的供应链规划。此多目标模式包含成本、顾客服务水平和弹性最优化，比起传统单一目标模式更能综合地得到供应链系统的最优化方案。此模式整合了生产、配送和需求不确定性，并提供供应链网络的销售者运营最优决策。

2004 年，田俊峰研究了一种配送能力受限的生产配送协同计划问题，应用拉格朗日松弛算法求解该问题，并比较了协同决策和独立决策的总费用情况。

2005 年，Pundoor 建立了多个供应商、一个仓库和一个客户的生产和配送协同调度模型，考虑供应商生产能力的限制，通过协同调度供应商的生产和配送间隔，以及仓库的配送间隔，使得供应链上游单位时间的生产和物流成本最小化。

2005 年，Dudek 和 Stadtler 提出了一个在供应链分散决策情景下，两个成员间基于谈判的协同计划模式。

2006 年，梁浩等阐述了面向大规模定制的供应链计划的研究意义和特点。在综合考虑供应链计划影响因素基础上，以采购成本、运输成本和库存成本之和为总成本函数，建立了面向大规模定制的供应链计划模型。

2007 年，Hosang Jung 等通过引入 Agent 技术，构建了生产分销实体间有限信息共享环境下的基于 Agent 的分布式生产分销协同计划模型，并且通过实验研究比较了该模型和理想情况下集中供应链计划模型下的总成本。

2007 年，张林研究了一种 VMI 模式下，物流业务外包方式的生产、配送协同计划问题，并用禁忌搜索算法求解该问题。

2007 年，杨善林等构建了一个分布式三层供应链协同生产分销模型，设计了模糊交互式三层规划求解方法，求解过程即对应了供应链决策者间的反复协商行为。

2008 年，Hasan Selim 和 Ceyhum Araz 提出了利用多目标现行规划方法来解决协同生产-分销问题，为了更好地反映现实，研究采用了模糊目标规划的方法来表达不精确的决策水平，最后通过模拟方法证明了模糊多目标方法在协同生产-分销计划问题中的应用。

2008 年，马士华等研究了在 supply hub 模式下，生产和配送协同决策问题，分析了基于集配中心的供应驱动供应链协同运作模式；考虑供应链系统的生产和物流能力约束，分别构建了供应商、集配商分散决策和集配商联合决策的生产和配送协同决策模型，采用改进的模拟退火算法对后者进行求解，并结合算例分析比较了不同决策下的生产和配送协同决策模型。

2009 年，Hanlin Zhang 针对分布决策环境下的生产-分销系统，基于订货量/供货量动态调整策略构建由购买方模型和制造商模型组成的两级协同计划模型，针对这一模型，提出一种基于粒子群算法的计划协调求解方法，采用自适应的加权迭代函数和按比率随机批量调整策略，在共享备选方案和总成本信息的基础上，通过交付计划的多次调整获得优化解。

2009 年，马慧民等针对单工厂、多产品、多周期、单配送中心的供应链网络，研究了生产、配送协同计划问题，构建了生产分销协同计划模型，文中设计了用于求解该问题的粒子群算法方案，采用分离策略提出独立决策下的生产计划问题模型和配送计划问题模型。

2010 年，戡守峰等通过构建立一个供应链实体间有限信息共享环境下的生产分销协同计划模型。通过该模型可求得一个以最小成本满足顾客需求生产分销计划，达到供应链上的利润最大化，通过协同不仅可以使成本接近集中式计划模型的结果，而且能确定可能的最小生产能力水平，从而使工厂可以根据协同来调整自己的生产能力水平，直至满足分销中心的需求。

对于供应链生产分销计划模型问题，可归纳为两类：①成本优化问题的建模，即多数是在集中式框架下同时考虑生产和分销的成本优化；②优化技术的发展，即主要是针对大规模计划问题，努力寻找新的优化方法。例如，使用拉格朗日分解法对代理模型进行研究，指出供应链全局的可行性和单个实体独立行为存在的必然性，是制约计划系统实施的主要因素[5]。

三、协同计划、预测与补货（CPFR）

协同计划、预测与补货（collaborative planning forecasting and replenishment，CPFR）的形成始于 1995 年。沃尔玛及其供应商 Warner Lambert 与企业应用软件开发商一起联合成立了零售供应和需求链工作组，进行协同计划、预测与补货方面的研究，并取得了很大成功。美国 VICS 协会（Voluntary Interindustry Commerce Solutions Association）在实践研究的基础上，提出了 CPFR 的一整套协作标准和商业守则，并成为各主要 CPFR 企业应用解决方案的基础和标准。图 7-3 是基于 CPFR 的供应链管理关系模型的核心内容。

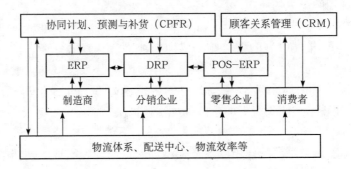

图 7-3　基于 CPFR 的供应链管理关系模型

VICS 认为 CPFR 是一种面向供应链的新型合作伙伴的策略和管理模式，应用一系列技术模型和处理手段，协同过程跨越了企业和整个供应链。通过共享商业信息和共同管理业务过程来改善供应方和需求方的伙伴关系，提高预测准确度，改进计划和补货的过程和质量，最终达到提高供应链效率、减少库存和提高消费者满意度的目的。

CPFR 的总体框架可以用图 7-4 表示，其中包含购买方和供应商之间的四个阶段的协同活动，分别是战略与计划（strategy & planning）、需求与供应管理（demand & supply management）、执行（execution）和分析（analysis）。

CPFR 是一种协同供应链库存管理技术，在降低销售商库存量的同时，也增加了供应商的销售额。其主要的特点包括以下几个方面：

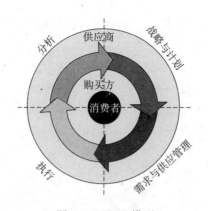

图 7-4 CPFR 模型

资料来源：White paper of CPFR，VICS，2008

（1）协同。供应链上下游的企业只有确立了共同的目标，才能使双方的绩效都得到提高，取得良好的整体效益。CPFR 这种新型的合作关系要求各方长期承诺、公开沟通及信息分享，从而确立具有协同性的经营战略。该战略的实施必须建立在信任及承诺的基础上，这是双方取得长远发展和良好绩效的唯一途径。正因如此，协同第一步就是保密协议的签署、纠纷机制的建立以及供应链计分卡的确立，另外还有共同激励目标的形成。应当注意的是，在确立这种目标时，不仅要建立双方的效益目标，还要确立协同的盈利驱动性目标。只有这样，才能使协同性能体现在流程控制、价值创造的基础之上。

（2）规划。1995 年沃尔玛与 Warner Lambert 所推行的 CFAR 为整个消费品行业推动双赢的供应链管理奠定了良好的基础。后来当 VICS 定义项目公共标准时，认为需要在已有结构的基础上增加"P"，即合作规划以及合作财务（销售量、订单的满足率、定价、安全库存、库存、毛利等）。此外，为了实现双方共同的目标，还需要协同制订促销计划、库存政策变化计划、产品导入中止计划以及仓储分类计划。

（3）预测。任何一方或双方都能做出预测，但是 CPFR 强调供应链双方必须做出最终的协同预测，如季节、趋势管理信息等因素无论是对服装或其他相关品类的供应方和销售方都是十分重要的，基于此类信息的共同预测能大大减少整个价值链体系的效率低和库存死的问题，促进产品更好的销售、节约整个供应链的资源。CPFR 所推动的协同预测另外一个特点是它不仅关注买卖双方共同做出最终的预测，同时也强调双方都应参与预测反馈信息的处理、预测模型的制定和修正，特别是如何处理预测数据的波动等问题，只有把数据集成、预测和处理的所有方面都考虑清楚，才有可能真正实现共同的目标，使协同预测落在实处。

（4）补货。销售预测必须利用需求规划系统和时间序列预测转化成订单预测，并且供应方的约束条件，如前置时间、订单处理周期、订单最小量、商品单元和购买习惯等都需要买卖双方用协商的方法解决。根据 CPFR 指导原则，协同运输计划也被认为是补货的一个主要因素。此外，出现的例外状况也需要转化为前置时间、预测精度、存货百分比、安全库存水准、订单实现比例以及订单批准比例，这些都需要在双方公认的计分卡上定期协同审核。存在的潜在分歧，如基本供货量、过度的承诺等，事先应及时加以解决。生产-分销协同任务如图 7-5 所示。

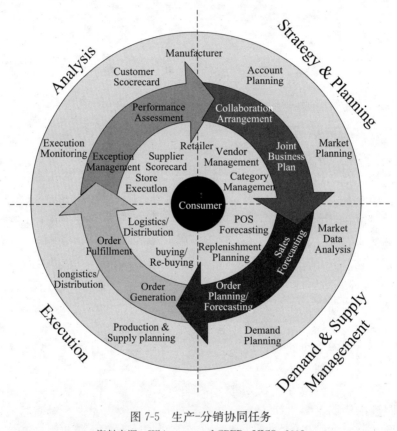

图 7-5 生产-分销协同任务

资料来源：White paper of CPFR，VICS，2008

CPFR 不再是以单个企业为中心，而是平等地看待供应链计划参与者，将计划的范围扩大到零售商与制造商之间的全面协作，通过零售业的供应商和购买方之间联合计划和预测，减少客户需求不确定性的影响，优化订购、生产、运输、交付和库存管理等运营流程，有效地降低供应链成本，提高客户满意度。同时，CPFR 也能较好地支持供应商管理库存（vendor-managed inventory，VMI）、快速响应（quick response，QR）等新型的运营模式。

但由于 CPFR 从提出到标准制定以致商业系统的设计与应用都是以零售业作为对象，其结构框架和协作机制并不能很好地适用于由供应商、制造商、分销商等多种供应链成员组成的复杂供应链网络结构。一方面，CPFR 对供应链的优化是建立在充分信息共享的基础上的，零售商与供应商充分共享网点销售信息，甚至采用 VMI 模式，以此提高预测的准确性，减少中间环节带来的需求信息的失真、扭曲及放大作用（牛鞭效应），进而提高供应链计划的有效性，然而现在许多非零售业还无法做到这一层次的信息共享。另一方面，CPFR 强调有效预测基础上的协作计划，这种情况下的需求可以近似看成是确定性的，其协作计划的内容主要是运输、交付、库存等流通过程的计划决策，而在非零售行业，需求的不确定性是协同计划需要考虑的重要问题，且当购买方为多个制造商或分销商时，要实现有效的供应链协同计划，其模型也需要考虑制造、分销等更广泛的内容。

第二节　生产分销协同计划方法

目前，研究供应链生产分销协同计划问题时所采用的方法有多种。通过总结，主要有以下几种常用的方法：动态规划方法、智能优化算法、博弈论、启发式方法以及多 Agent 技术。这些方法在供应链协同计划研究方面取得了显著的成果。下面，将以实例着重讲述以上方法在供应链生产分销协同计划问题上的应用。

一、博弈方法

近年来，随着供应链中企业间的竞争与合作不断增强，博弈论作为一种分析企业间相互竞争及相互合作的工具再次被广泛应用，主要用于解决供应链管理中的库存决策、产量/价格博弈、多决策分析及供应链网络的均衡等问题[7]。截至目前，已有很多学者把博弈论方法应用到供应链的研究中。依据博弈理论，供应链企业是否能够实现协同效应是供应链成员之间博弈的结果。

（一）博弈方法的应用

柳建和马士华对供应链合作进行了博弈分析，得出了不同合约下的均衡结果及相关结论，同时通过两种合约的比较探讨了利益共享合约的优越性[8]。

冯立杰分析了随着需求的不确定性变化，供应链上的供应商和分销商为了最大化自己的利润所选择博弈结构的变化，以及不同博弈结构下各个博弈方和整个供应链的利润。其中重点研究了两者在协同情况下的博弈行为，找出了对于制造商和销售商来说都是最优的可接受 Pareto 有效方案，为各博弈方的选择博弈结构提供了指导[9]。

周永务从博弈角度研究了单供应商和单销售商在需求信息非对称下如何协同的问题，提出了运用激励相容机制使销售商诚实申报需求信息；严广全等针对实际供应链协同是一种非对称信息下的重复博弈过程，分析了非对称信息下两次供应链 1：N 的协同问题，运用重复博弈原理分析上游企业生产成本信息不对称下的供需方策略选择问题[10]。

下面我们以一个案例来介绍博弈方法在供应链生产分销协同上的具体应用。

（二）实例分析

1. 问题描述

假设该供应链中包括一个寡头垄断制造商和两个一样的销售商，供应链上产品的生命周期较短；为了集中研究提前订货对于存在竞争的销售市场上的销售商的作用，假设制造商没有生产能力的限制，并且其边际生产成本是独立于销售商的订货时间；为了进一步简化结果，假定制造商的边际成本是 0；假设销售商之间的竞争是在产品数量上的竞争，产品的需求是与产品最终储存负相关的。可以假定，当销售商储存有单位的产品时，市场的销售价格就是 $p(qT) = \alpha - qT$。

为了表明随着时间的推移，需求的不确定性降低，此处考虑两个时间点，在第一个时间点，认为存在需求的不确定性，用一个自由变量 α 来表示，可以假定其有密度 $f(\alpha)$，均值是 μ，在 $[\alpha_{min}, \alpha_{max}]$ 分布，其中 $\alpha_{min} \geqslant \mu/2$。这个对 α_{min} 的限制能够简化分析，同时不影响对主要问题的分析。方差为 σ^2，均方差为 σ，变量之间的系数为 $k = \sigma/\mu$，这意味着 k 值越大，其不确定性就越大。在第二个时间点，随着时间的推移，可以获得更多的关于产品需求的信息，产品需求的不确定性逐渐减少。可以进一步假设，这个时间点的产品需求不确定性已经完全解决，并且通过观察自由变量 α 也可以获得[9]。

2. 建立模型

1）一个制造商和一个销售商博弈的情况

假设它们之间的博弈情况为：供应商首先宣布分销价格；分销商决定进货量。通过逆向推演可知，供应商的期望利润值为

$$\pi_s = \mu^2 \frac{1+k^2}{8}$$

对于分销商来说，其期望利润可表示为

$$\pi_r = \int_{\alpha_{\min}}^{\alpha_{\max}} (\alpha - q - c)q f(\alpha)d\alpha = \mu^2 \frac{1+k^2}{16}$$

这样整个供应链期望利润为

$$\pi_s = 3\mu^2 \frac{1+k^2}{16}$$

2）一个制造商和两个销售商博弈的情况完全集成时的情况

首先假定整个渠道完全协同，它们为了同一目标做出决策。对于一个给定的需求水平，最优的订货水平为 $qT = \alpha/2$，整个供应链的利润为 $\alpha^2/4$，整个供应链的利润期望值为 $\mu^2 \frac{1+k^2}{4}$。

全部延迟订货（PP 博弈结构）的情况：$c_p(\alpha)$ 来表示全部延迟时，订货供应商给分销商的价格。其中这两个分销商同时独立地对该价格做出反应，订货分别为 q_1、q_2。当这两个分销商完成订货时，它们就以市场出清价格把产品带到市场上，这样两个分销商的利润就是 $\pi_1(q_1, q_2) = (\alpha - q_1 - q_2 - c_p(\alpha))q_1$；$\pi_2(q_1, q_2) = (\alpha - q_1 - q_2 - c_p(\alpha))q_2$。

很容易看出，当这两个分销商都不提前订货时，供应商的期望利润值为

$$\pi_r^{pp} = \int_{\alpha_{\min}}^{\alpha_{\max}} (q_1+q_2)\alpha/2 f(\alpha)d\alpha = \mu^2 \frac{1+k^2}{6}$$

分销商的期望利润为

$$\pi_r^{pp} = \int_{\alpha_{\min}}^{\alpha_{\max}} (\alpha - q_1 - q_2 - c_p)q_1 f(\alpha)d\alpha = \mu^2 \frac{1+k^2}{36}, i=1,2$$

整个供应链的期望利润值就为

$$\pi_r^{pp} = 2\mu^2 \frac{1+k^2}{9}$$

3）公平分配利润的博弈结构（LF 博弈结构）

实际上，随着市场结构的不断变化，分销商的谈判地位得到了极大提高，它们已经不再满足那些使它们的利润为延迟订货时所能获得的利润。它们要求获得一部分由协同而带来的利润，而不是让供应商完全获得由于协同所获得的利润，这样它们就会开始与供应商谈判。现在利用纳什谈判模型来解决固定的特许经销权费 F 的定值问题。假设供应商、分销商对系统收益分配有各自的目标，它们的功效函数可以由 $\Delta\pi_s$、$\Delta\pi_1$ 来决定。根据纳什谈判条件，供应商和分销商协同达到纳什谈判时，所需满足的条件为

$$\Delta\pi_s = \pi_s^{LF} - \pi_s^{pp} \geqslant 0; \Delta\pi_1 = \pi_1^{LF} - \pi_1^{pp} \geqslant 0; \Delta\pi_s + \pi_1 \geqslant 0; \max(\Delta\pi_s \times \pi_q)\pi$$

需要满足以下不等式：

$$\pi_s{}^{LF} > \pi_s{}^{pp} \Rightarrow \frac{5k^2\mu^2 + 9\mu^2}{40} - \frac{3\mu^2}{25} + F > \frac{k^2\mu^2 + \mu^2}{6} \tag{1}$$

$$\pi_s{}^{LF}(\alpha, q_1) = \frac{3\mu q_1}{4} - \frac{3q_1{}^2}{4} - c_\alpha q_1 - F = \frac{3\mu^2}{25} - F > \frac{\mu^2(k^2 + 1)}{36} \tag{2}$$

$$\pi_s{}^{LF}(q_1) > \pi_s{}^{pp}(q_1) \Rightarrow \frac{q_1\mu}{2} - \frac{5q_1{}^2}{8} - \frac{k^2\mu^2 + \mu^2}{8} > \frac{7(k^2\mu^2 + \mu^2)}{36} \Rightarrow k \leqslant \frac{\sqrt{11}}{5} \tag{3}$$

$$\max(\Delta\pi_s \times \Delta\pi_1) = \left[\frac{3\mu^2}{25} - F - \frac{\mu^2(k^2 + 1)}{36}\right] \times \left[\frac{5k^2\mu^2 + 9\mu^2}{40} - \frac{3\mu^2}{25} + F - \frac{\mu^2(k^2 + 1)}{6}\right] \tag{4}$$

由上式（1）可得：$F = \dfrac{277\mu^2}{3600} + \dfrac{k^2\mu^2}{20}$，即 $\pi_s{}^{LF} - \pi_s{}^{pp} = \dfrac{(5k^2\mu^2 + 9\mu^2)}{40} - \dfrac{3\mu^2}{25} +$

$$F - \frac{k^2\mu^2 + \mu^2}{6} = \frac{11\mu^2}{720} + \frac{k^2}{120} \tag{5}$$

$\pi_1{}^{LF} - \pi_1{}^{pp} = \dfrac{3\mu^2}{25} - F - \dfrac{(k^2 + 1)\mu^2}{36} = \dfrac{11\mu^2}{720} + \dfrac{k^2}{120}$，即当 $k \leqslant \dfrac{\sqrt{11}}{5}$ 和 $F =$

$\dfrac{11\mu^2}{3600} + \dfrac{k^2\mu^2}{20}$ 时，表达式（1）—（4）均可得到满足。由于协同所产生的利润由供应商和分销商平分。在该情况下，它们之间协同稳定，都愿意进行协同[9]。

3. 结论

在当前研究中，Nash 均衡和 Stackeberg 均衡常常作为解决非合作博弈的方法被广泛使用，而旁支付方法较多地运用于解决供应链成员间的合作问题。另外，多数研究是针对供应链的静态博弈进行分析，而在现实的供应链网络运作中，企业更多是随着时间的推移和根据其他供应链成员的决策进行动态决策。因此如何将动态博弈理论应用于供应链管理研究也将是下一个研究热点。

二、动态规划法

国内外有不少的研究学者用动态规划法来解决供应链协同计划和模型优化问题。为了使生产和销售等费用最小或利润最大，目标函数用整数变量表示供应链中成员的选择、生产技术的选择、运输方式的选择等，用联系变量表示供应链中各成员的能力、各种资源分配等，用约束表示供应链中物流平衡关系和供需关系等。

（一）动态规划法的应用

Li 等建立了一个包含车辆路径决策的单机调度问题。假设只有一辆运输车辆，客户分布在不同的地理区域，目标是使工件总的达到时间最小。他们分别研究单客户和多客户的情况，提出了基于动态规划的多项式时间精确算法，并且对算法的计算复杂度进行了分析[11]。

王锦旗运用动态规划方法着重分析了某公司供应链中多工厂多目的地所组成的整体计划，目的是整体考虑从生产到出入库以及物流运输的成本最小化[12]。

Hay 等设计了一个最小化整个系统总费用的混合整数规划模型来求解多阶段的生产分销计划，系统费用包括生产费用、装设费用、搬移费用和运输费用。这些费用被考虑为固定的或者线性的[13]。

Arntzen、Brown 和 Harrison 提出多周期混合整数规划模型来优化 DEC 公司全球供应链中的生产-分销计划，文中没有考虑运输调度问题以及模型的算法问题[14]。

Bredstron 和 Ronnqvist 为优化瑞典一家大型纸浆生产企业供应链的运作，建立了生产计划-路径调度一体化混合整数规划模型，指出了求解策略，但并未设计算法步骤[15]。

Ram Ganeshan 提出了需求驱动的生产和分布（DDPD）运作概念，将生产、库存、分布计划集成决策。现有的库存模型考虑固定的库存记录和可变的库存价格，DDPD 方法采用了混合整数规划模型解决在分布或供应链上的生产计划、供货数量及运输路径问题以满足顾客对多品种的需求。模型的求解采用了改进的拉格朗日松弛算法。同时，采用 DDPD 方法可以有效降低整个供应链的成本[16]。

Christoph Haehling 建立了混合整数规划模型，研究了供应链的订货、生产和运输的决策问题。

Pinar 和 Bulent 研究了单种产品、多供应商、多生产商、多分销商的三级产销问题并给出了混合整数模型[17]。

下面节选文献［12］中的案例来介绍动态规划方法在供应链生产分销协同中的应用。

（二）实例分析

1. 问题描述

假设分析在某个非大型企业供应链中多工厂多目的地所组成的整体计划。目的是整体考虑从生产到出入库以及物流运输的整个成本的最小化问题。这里我们采用传统的动态规划算法进行研究。

为方便建立动态规划模型，对数学模型进行简化，从而减少繁杂的计算。

首先根据企业的生产经营情况，在不影响制订的生产计划最优情况下，设立如下假设：

(1) 在满负荷运作时，分摊的固定成本差别很小，可以忽略。

(2) 暂不考虑每种产品的库存费用。

(3) 库房容量要足够大。

(4) 按实际统计生产线生产能力。

(5) 原材料供应、生产设备、生产技术等不存在制约因素。

(6) 年初、年终都无存货[12]。

2. 建立模型

根据以上条件和定义，多工厂多目的地供应链的计划模型（P0）可以建立如下：

$$\min J_0 = \sum_f \sum_t C_f^p X_{ft} + \sum_f \sum_t C_f^I I_{ft} + \sum_f \sum_t C_{fm}^{TC} Q_{ftm}$$

s. t.

$$X_{ft} \leqslant \mathrm{CAP}_{ft}, \forall f,t$$

$$D_{tm} = \sum_f Q_{ftm}, \forall f,t,m$$

$$I_{ft} = I_{f(t-1)} + X_{ft} - \sum_m Q_{ftm}, \forall f,t$$

$$X_{ft} \geqslant 0, Q_{ftm} \geqslant 0, \forall f,t,m$$

$$I_{ft} \geqslant 0, \forall f,t$$

$$I_{f0} = 0$$

式中，D_{tm} 为第 t 月份目的地 m 对产品的需求量；C_f^P 为工厂 f 的单位生产成本；C_f^I 为工厂 f 的单位库存成本；C_{fm}^{TC} 为工厂 f 到目的地 m 的单位运输成本；CAP_{ft} 为工厂 f 在 t 月份的生产能力；X_{ft} 为 t 月份工厂 f 的实际生产量；I_{ft} 为 t 月份工厂 f 的库存量；Q_{ftm} 为 t 月份工厂 f 运到目的地 m 的实际数量。

在模型（P0）目标函数中的三项分别为多工厂多目的地供应链中的项目生产成本、库存成本与运输成本。定义满足模型（P0）全部约束条件的解为问题的可行解。首先将各个工厂看做一个总的生产系统，由于针对计划范围内供应链系统的外部需求，当且仅当对于任意月份 t，存在 $\sum_{t=1}^{12} \left(\sum_f \mathrm{CAP}_{ft} \right) \geqslant \sum_{t=1}^{12} \left(\sum_f \sum_m Q_{ftm} \right)$ 时，相应的分配问题才是可行的[12]。

由于多工厂多目标的供应链计划问题属于一种典型 NP 难题，对于供应链系统中，需要考虑生产、运输、库存等一系列因素。由于变量之间高度耦合，所以求解复杂度比单工厂多目标的较为复杂。考虑到企业的实际情况，项目的生产成本、运输成本要远远高于库存成本，因而在动态分配策略中，忽略库存成本的影响。首先，作如下定义：

定义：变量 $\overline{X}_{ft}$ 是 t 月份期望工厂 f 的生产量。

定义：变量 UC_{ft} 为 t 月份工厂 f 的实际可用能力。

其中，$UC_{f1} = \mathrm{CAP}_{f1}$；$UC_{ft} = (UC_{f(t-1)} - \overline{X}_{f(t-1)}) + \mathrm{CAP}_{ft}$，$(2 \leqslant t \leqslant T)$

优化 P0 模型，建立 P01 模型如下：

$$\min J_0 = \sum_f \sum_t C_f^P \overline{X}_{ft} + \sum_f \sum_t C_{fm}^{TC} Q_{ftm}$$

s. t.

$$\overline{X}_{ft} \leqslant UC_{ft}, \forall f, t$$

$$D_{tm} = \sum_f Q_{ftm}, \forall f, t, m$$

$$\overline{X}_{ft} \doteq \sum_m Q_{ftm}, \forall f, t, m$$

$$\overline{X}_{ft} \geqslant 0, Q_{ftm} \geqslant 0, \forall f, t, m$$

$$I_{ft} = I_{f(t-1)} + X_{ft} - \overline{X}_{ft}, I_{f0} = 0, \forall f, t$$

3. 求解方法

采用动态规划算法，其状态生成与转移规则如下：

（1）初始状态，每个工厂初始库存为 0，即 $I_{f0} = 0$；在不考虑工厂的生产能力限制条件下，每个目的地根据工厂的生产成本和运输成本之和进行优劣排序，$Q_{ftm} = D_{tm}$。此时，某一个目的地的产品需求由其对应的最佳工厂提供。此时，这是最优的多工厂分配策略。如果考虑工厂每月的生产能力限制条件，如果 $Q_{ftm} \leqslant UC_{ft}$，那么分配结束，该策略为最佳；如果 $Q_{ftm} > UC_{ft}$，进行状态转移，对分配策略进行调整[12]。

（2）对于不满足要求的工厂月份，分配策略的调整依靠以下原则：对于该工厂没能满足的任务 $VD_{ft} = Q_{ftm} - VC_{ft}$，则首先考虑本厂尽量靠近当月提前安排生产，如此可以将库存成本降至最低；其次，当实在无法在最优工厂解决时，则转到次优工厂的当月是否有能力解决，无法解决时，也考虑提前安排生产，当仍然无法解决时，则继续找其他工厂[12]。

初始状态最优，仅根据最小成本（生产成本和运输成本）最优生成的，没有考虑其他因素（如工厂生产能力、库存成本），市场与工厂此时仅仅存在一一对应的关系，不存在多工厂的协同调度。接着，在下一阶段中，基于库存成本较低的假设，按照工厂生产能力进行调整，也称之为状态转移，按照"最优工厂提前安排生产优先，转移至其他工厂为次"的调度策略获得进一步的优化，此时市场和工厂在每一时期都存在一对多的动态关系。表 7-1 为运行后的生产安排[12]：

表 7-1 运行后的生产安排

工厂 \ 月份	1月	2月	3月	4月	5月	6月
上海厂	254 (0)	123 (0)	221 (0)	341 (0)	345 (0)	123 (0)
广州厂	342 (1)	265 (1)	123 (1)	134 (1)	321 (1)	213 (1)
天津厂	231 (2) +213 (3)	145 (2) +112 (3)	132 (2) +234 (3)	213 (2) +234 (3)	254 (2) +221 (3)	213 (2) +123 (3)

表 7-2 是涉及 4 月、5 月两个月的额外增加的运费数据:

表 7-2 涉及 4 月、5 月两个月的额外增加的运费数据

4月额外增加运费/RMB	5月额外增加运费/RMB	2008 年同期额外运费/RMB
32 407.70	27 916.80	105 000.00

表 7-3 则是 2008 年 4 月、5 月与 2009 年 4 月、5 月工厂生产成本:

表 7-3 2008 年、2009 年 4 月、5 月工厂生产成本   单位:千美元

时间 \ 工厂	上海厂	广州厂	天津厂	总计
2008 年 4 月	3130	3542	3300	9972
2008 年 5 月	3245	3486	3160	9891
2009 年 4 月	2861	2912	2723	8496
2009 年 5 月	2737	2876	2633	8246

2009 年 4 月和 5 月总的生产成本比 2008 年同期 4 月和 5 月的总生产成本降低 312.1 万美元[12]。

4. 结论

动态规划方法主要的优点就是易于求得全局最优解。动态规划把较复杂的问题划分为若干个相互联系的阶段,每个阶段的求解问题相对简单,而通过逐段求解这一递推过程便可得到原问题的全局最优解。缺点就是没有统一的标准模型可供录用,不同的实际问题,其动态规划模型也随之不同。因而,实际问题的动态规划模型的建立往往需要丰富的想象力和灵活的技巧性。此外,还存在所谓的"维数障碍",即当问题的变量个数太大时,受计算机存储器容量和计算速度的限制,常常无法解决[8]。

三、生产分销的启发式算法

到现在为止,已有不少的国内外学者用该方法研究供应链协同问题。启发式方法常常特指面向问题的启发式方法,也就是针对具体问题设计和开发的启

发式方法，利用问题的约束和特征参数，采取一定的策略，寻求趋近最优解的方法。这类启发式算法具有专用性，许多情况下可以采用多种策略来获得可行解，采用不同的策略时，得到的结果可能差异很大。但在一些供应链优化问题中，面向问题的启发式方法是最为有效，甚至是唯一可选的方法。

（一）启发式算法的应用

Chandra 和 Fisher 首先将生产批量、车辆路径问题整合起来进行研究，采取先有限生产批量，后安排车辆路径的策略，文中设计了启发式算法对模型进行求解。

Fumero 和 Vercelllis 建立了一体化地生产-库存-运输模型，将原问题分解为生产、库存、需求分配和路径四个子问题，同时结合全有全无策略和拉格朗日松弛法对模型进行求解[18]。

田俊峰研究了一种配送能力受限的生产、配送协同计划问题，应用拉格朗日松弛算法求解该问题，并比较了协同决策和独立决策的总费用情况[19]。

Sun Huijun 利用二层规划模型描述了二级分销网络优化问题，同时设计了启发式求解算法。

周威从整个供应链出发，利用拉格朗日松弛算法将总体供应链的计划模型松弛为个体模型，采用代理次梯度算法得到本地优化计划和反映本地生产能力的拉格朗日算子，并通过传递算子经多次迭代得到总体最优计划[20]。

此外，Barbarosoglu 等考虑了一个由分销和生产组成并按上游计划机制进行计划的两级供应链。在生产阶段发生能力短缺时，通过更改分销决策的启发式方法扩展了方案。

（二）实例分析

下面我们以一个典型实例分析来了解启发式算法在供应链生产分销上的应用。

1. 问题描述

针对单工厂、多产品、多分销中心的生产-分销运作一体化问题，工厂和分销中心之间一对一直接送货，送货任务的指派和运量的分配是车辆调度的着重点。模型求解采用生产批量、库存和车辆调度同步优化的策略。通常在生产的过程中会产生固定的准备成本，库存持有成本和可变成本，在分销过程中会出现分销中心的库存持有成本、车辆固定运输成本和可变运输成本。

首先作如下假设：分销中心产品需求是可预测的确定性值，每个时间阶段车辆最多出行一次，每次出行可装载不同品种的产品对同一分销中心送货，送货完立即回工厂。

2. 建立模型

根据上述建立数学模型如下：

$$\min Z = \sum_{i=1}^{N}\sum_{t=1}^{T}(s_i Y_{it} + c_i P_{it} + h_i^0 I_{it}^0) + \sum_{i=1}^{N}\sum_{j=1}^{J}\sum_{t=1}^{T}\left(r_{ij}\sum_{k=1}^{K}Q_{ijkt} + h_i^j I_{it}^j\right)$$
$$+ \sum_{j=1}^{J}\sum_{k=1}^{K}\sum_{t=1}^{T}g_k X_{jkt} \tag{7-1}$$

$$P_{it} \leqslant Y_{it}\sum_{j=1}^{J}\sum_{t=1}^{T}D_{ijt}, \forall\, i, t \tag{7-2}$$

$$\sum_{i=1}^{N}a_i P_{it} \leqslant C, \forall\, t \tag{7-3}$$

$$I_{it}^0 = I_{i,t-1}^0 + P_{it} - \sum_{j=1}^{J}\sum_{k=1}^{K}Q_{ijkt}, \forall\, i, t \tag{7-4}$$

$$P_{it}, I_{it}^0 \geqslant 0, Y_{it} \in \{0,1\}, \forall\, i, t \tag{7-5}$$

$s.t.$

$$I_{it}^j = I_{i,j-1}^j + \sum_{k=1}^{K}Q_{ijkt} - D_{ijt}, \forall\, i, j, t \tag{7-6}$$

$$\sum_{i=1}^{N}b_i Q_{ijkt} \leqslant X_{jkt}V_k, \forall\, j, k, t \tag{7-7}$$

$$\sum_{j=1}^{J}X_{jkt} \leqslant 1, \forall\, k, t \tag{7-8}$$

$$Q_{ijkt}, I_{it}^j \geqslant 0, X_{jkt} \in \{0,1\}, \forall\, i, j, k, t \tag{7-9}$$

目标函数式（7-1）为生产-分销过程中相关成本的总和；约束条件式（7-2）为 P_{it} 与 Y_{it} 的关系约束；式（7-3）为生产能力约束；式（7-4）为工厂库存平衡约束；式（7-5）为变量的取值范围约束；式（7-6）为分销中心库存平衡约束；式（7-7）为车辆运输能力约束；式（7-8）为车辆出行约束；式（7-9）为变量的取值范围约束。

3. 求解过程

首先消去模型（式（7-1）～式（7-9））的库存变量 $\forall\, t = 1, 2, \cdots, T$ 分别对式（7-4）和式（7-6）两边进行累加，可以得到如下的结果：

$$I_{it}^0 = I_{i0}^0 + \sum_{m=1}^{t}\left(P_{im} - \sum_{j=1}^{J}\sum_{k=1}^{K}Q_{ijkm}\right), \forall\, i, t \tag{7-10}$$

$$I_{it}^j = I_{i0}^j + \sum_{m=1}^{t}\left(\sum_{k=1}^{K}Q_{ijkm} - D_{ijm}\right), \forall\, i, j, t \tag{7-11}$$

又因为 $I_{i0}^0 = 0, I_{i0}^j = 0$ ，将式（7-10）、式（7-11）代入目标函数式（7-1）得

$$\min Z = \sum_{i=1}^{N} \sum_{t=1}^{T} \left[s_i Y_{it} + c_i P_{it} + h_i^0 \sum_{m=1}^{t} \left(P_{im} - \sum_{j=1}^{J} \sum_{k=1}^{K} Q_{ijkm} \right) \right] +$$

$$\sum_{i=1}^{N} \sum_{j=1}^{J} \sum_{t=1}^{T} \left[r_{it} \sum_{k=1}^{K} Q_{ijkt} + h_i^j \sum_{m=1}^{t} \left(\sum_{k=1}^{K} Q_{ijkm} - D_{ijm} \right) \right] + \sum_{j=1}^{J} \sum_{k=1}^{K} \sum_{t=1}^{T} g_k X_{jkt}$$

$$(7\text{-}12)$$

s. t. 式（7-2），式（7-3）

$$\sum_{m=1}^{t} \left(P_{im} - \sum_{j=1}^{J} \sum_{k=1}^{K} Q_{ijkm} \right) \geqslant 0, \forall i, t \qquad (7\text{-}13)$$

$$P_{it} \geqslant 0, Y_{it} \in \{0, 1\}, \forall i, t \qquad (7\text{-}14)$$

$$\sum_{m=1}^{t} \left(\sum_{k=1}^{K} Q_{ijkm} - D_{ijm} \right) \geqslant 0, \forall i, j, t \qquad (7\text{-}15)$$

s. t. 式（7-7），式（7-8）

$$Q_{ijkt} \geqslant 0, X_{jkt} \in \{0, 1\}, \forall i, j, k, t \qquad (7\text{-}16)$$

由拉格朗日松弛法可知：如果对约束条件式（7-13）进行松弛，将其添加到目标函数中，原问题可以分解为两个相对独立的子问题，每个子问题的计算规模减小，从而原问题的求解变得相对简单。取拉格朗日乘子 $\lambda_{it} \geqslant 0$ ，得

$$LR(\lambda) = \min Z + \sum_{i=1}^{N} \sum_{t=1}^{T} \lambda_{it} \cdot \left(\sum_{j=1}^{J} \sum_{k=1}^{K} \sum_{m=1}^{t} Q_{ijkm} - \sum_{m=1}^{t} P_{im} \right)$$

对上式进行分类合并，可以得到如下的生产问题（P）和分销问题（D）：

P： $$LR_p(\lambda) = \min \sum_{i=1}^{N} \sum_{t=1}^{T} \left[s_i Y_{it} + c_i P_{it} + (h_i^0 - \lambda_{it}) \sum_{m=1}^{t} P_{im} \right]$$

s. t. 式（7-2），式（7-3），式（7-14）

D： $$LR_D(\lambda) = \min \sum_{i=1}^{N} \sum_{j=1}^{J} \sum_{t=1}^{T} \left[r_{ij} \sum_{k=1}^{K} Q_{ijkt} + (h_i^j + \lambda_{it}) \sum_{m=1}^{t} \sum_{k=1}^{K} Q_{ijkm} - h_i^j \sum_{m=1}^{t} D_{ijm} \right]$$
$$+ \sum_{j=1}^{J} \sum_{k=1}^{K} \sum_{t=1}^{T} g_k X_{jkt}$$

s. t. 式（7-7），式（7-8），式（7-15），式（7-16）

松弛后两个问题中各含有一种 0~1 变量，这样可以使用标准的分枝定界法或者割平面法分别对它们进行求解。拉格朗日对偶问题为

$$LD(\lambda) = \max LR(\lambda) = \max \min \left[LR_P(\lambda) + LR_D(\lambda) \right]$$

s. t. $$\lambda_{it} \geqslant 0$$

采用次梯度法求解拉格朗日对偶问题。算法参数取值如下：

（1）取上值 UB 和初始拉格朗日乘子 $\lambda_{it}^0 = 0$ ；

（2）拉格朗日乘子迭代方程 $\lambda_{it}^{u+1} = \max(0, \lambda_{it}^u + \theta^u \gamma_{it}^u)$ ，其中 u 为算法迭代次数，γ_{it}^u 为在点处的一个次梯度，θ^u 为步长。

$$\gamma_{it}^{u} = \sum_{j=1}^{J} \sum_{k=1}^{k} \sum_{m=1}^{t} Q_{ijkm}^{u} - \sum_{m=1}^{t} P_{im}^{u}; \theta^{u} = \frac{UB - LR_{P}^{u}(\lambda) - LR_{D}^{u}(\lambda)}{\sum_{i=1}^{N} \sum_{t=1}^{T} \gamma_{it}^{2}} \delta^{u} (0 \leqslant \delta^{u} \leqslant 2)$$

（3）算法终止原则：每次迭代，记录 $LR(\lambda)$ 值，并且与上一次的结果进行比较，如果减小，继续下一次迭代，否则 δ 值减小一半，继续下一次迭代。当在给定的迭代次数 U 内，$\min |\lambda_{it}^{u+1} - \lambda_{it}^{u}| < \varepsilon$，算法停止。

次梯度法终止后得到的拉格朗日对偶问题优化解 $\hat{P}_{it}$、$\hat{Q}_{ijk}$ 可能为原问题的不可行解，因此应对得到的解进行可行化处理：

（1）若 $\exists i,t, \sum_{m=1}^{t} \hat{P}_{im} - \sum_{j=1}^{J} \sum_{k=1}^{K} \sum_{m=1}^{t} \hat{Q}_{ijkm} < 0$，转向（2）；

（2）$\forall i,t$，固定 $\hat{Q}_{ijkt}$ 值，求解如下的生产批量模型：

$$\min Z = \sum_{i=1}^{N} \sum_{t=1}^{T} (s_i Y_{it} + c_i P_{it} + h_i^0 I_{it}^0)$$

s.t. 式（7-2），式（7-3），式（7-5）

$$I_{it}^0 = I_{i,t-1}^0 + P_{it} - \sum_{j=1}^{J} \sum_{k=1}^{K} \hat{Q}_{ijkt}, \forall i,t;$$

（3）若有解，算法停止，否则，对分销计划如下步骤进行修正：

令 $S = \{\omega_{it} \mid \omega_{it} = \sum_{j=1}^{J} \sum_{k=1}^{K} \hat{Q}_{ijkt}\}$，$(\hat{i},\hat{t}) = \arg\max(\omega_{it})$，车辆可调整的运量 $\Delta_{ijt} = \sum_{m=1}^{i} (\sum_{k=1}^{K} \hat{Q}_{ijkm} - D_{ijm})$，取 $\hat{j} = \arg\max(\Delta_{ijt})$，车辆可以用的运输能力 $\sigma_{jkt} = V_k - \sum_{i=1}^{N} b_i \cdot \hat{Q}_{ijkt}$，其中，$t > \hat{t}$ 分两种情况进行讨论：

（1）$\exists k,t > \hat{t},\sigma_{jkt} < V_k$；若 $b_i\Delta_{ijt} \leqslant \sum_{k=1}^{K} \sum_{t=\hat{t}+1}^{T} \sigma_{jkt}$，将可调整的运量全部加载到阶段 t 非满载的车辆上运输，更新车辆的运量；否则，将可调整的运量部分加载到阶段 t 非满载的车辆上，使其满载，更新车辆的运量，返回（2）。

（2）$\forall k,t > \hat{t},\sigma_{jkt} = V_k$：在阶段 $\hat{t} = \arg\min(\omega_{it})$，增加一辆空车 k 执行任务，当 $V_k - b_i\Delta_{ijt} \geqslant 0$ 时，$Q_{ijkt} = \Delta_{ijt}$；否则，$Q_{ijkt} = [V_k/b_i]$（[ ] 表示取整数值）返回（2）。

4. 结论

本案例研究的是单工厂、多产品、多分销中心供应链网络的生产分销运作一体化的问题。通过采用混合整数规划方法，建立生产分销一体化多周期模型，同步优化系统的生产批量、库存和车辆调度；通过对模型的等价转换，设计拉格朗日松弛启发式算法来求解该模型。

四、智能优化算法

与供应链优化相关的问题大多是多项式复杂程度的非确定性（non-deterministic polynomial）NP 问题，很多精确算法由于难以在较短的时间内找到最优解，因而缺乏现实的可操作性。因此，可解决此类问题的智能优化算法被广泛应用到供应链优化领域，并取得了令人鼓舞的效果[3]。

（一）智能优化算法的应用

张林研究了一种 VMI 模式下，物流业务外部方式的生产、配送协同计划问题，并用禁忌搜索算法求解该问题[21]。

马慧民等针对单工厂、多产品、多周期、单配送中心的供应链网络，研究了生产配送协同计划问题，构建了计划模型，提出了用于求解该问题的粒子群算法方案，阐明了该算法方案的具体实现过程[5]。

Mitsuo 和 Admi 研究了多产品、多时段的产销问题，它整合生产、配送和库存，并用结合混沌理论的遗传算法对系统进行了仿真，证明了此方法的有效性[22]。

陈淮莉等研究了多供应商、多生产厂和多分销中心的供应链协同计划问题，提出一种新型的综合考虑供应链系统成本和运行时间的优化算法。利用遗传算法的自适应与学习性能，采用基因段交配和基因移位变异相结合的方法，通过交配、变异和选择的多次进化求得比较满意的结果，实例计算表明了该算法的有效性和应用潜力。

Li Ying 针对二级供应链系统，建立了供应链模糊多目标二层规划模型，利用模糊数学方法和遗传算法求解模型[23]。

Vergara 提出了应用遗传算法解决一种简单的多级供应链问题，即每个供应商只提供一种或多种产品给一个下级供应商或装配厂的供应链结构中，多种零部件的生产排序和周期时间安排问题[24]。

马士华等分析了基于集配中心的供应驱动供应链协同运作模式，考虑供应链系统的生产和物流能力约束，分别构建了供应商、集配商分散决策和集配商联合决策的生产和配送协同决策模型。采用改进的模拟退火算法对后者进行求解，并结合算例分析比较了不同决策下的生产和配送协同决策模型[25]。

吴学静等研究了带软时间窗的分批配送问题及其对需求分配与生产调度的影响，考虑在满足一定客户满意度水平条件下的最小化运作成本。建立了该问题的模型，针对此模型设计了协同进化粒子群优化算法并进行求解[26]。

下面用一个案例来了解智能优化算法在供应链生产分销协同计划方面的具体应用。

（二）实例分析

1. 问题描述

考虑多订单多产品带软时间窗的需求分配、生产调度与分批配送问题。已知有 N 个订单，每个订单 i 有 NC_i 种产品，所有 $\sum NC_i$ 种产品首先被分配到 M 个工厂中，每个工厂都有生产能力限制。被分配到各个工厂内的产品将进行调度安排，决定各个产品的加工先后顺序，此处并不考虑机器调整时间。产品加工完成后直接被送到配送中心进行存储，并根据其交货时间窗的范围安排其运输批次和运输车辆[26]。

2. 建立模型

目标为最小化总成本，即生产成本、库存成本、运输成本和不便成本之和最小化。

（1）生产成本 $= \sum\limits_{j} \sum\limits_{k} \sum\limits_{i} D_{ij} DM_{ijk} \mathrm{CUM}_{ijk}$ 式中，D_{ij} 为订单 i 的产品 j 的需求量；CUM_{ijk} 为工厂 k 生产产品 j 的单位生产成本；

$$DM_{ijk} = \begin{cases} 1, \text{订单 } i \text{ 的产品 } j \text{ 由工厂 } k \text{ 来加工} \\ 0, \text{否则} \end{cases}$$

（2）库存成本 $= \dfrac{1}{2} \sum\limits_{i} \sum\limits_{j} D_{ij} TS_{ij} \mathrm{CUSS}_{ij}$ ，此处 $TS_{ij} = TX_1 - TL_{ij}$ ，且 COMD $(i, j) = 1$，客户 i 的产品 j 的库存时间 TS_{ij} 等于订单 i 的产品 j 的起运时间减去其生产完工期。其中 $TL_{ij} = \sum\limits_{(m,o)} TP_{mok} + TP_{ijk}$，此处 $\mathrm{SCH}_{(m,o)k} < \mathrm{SCH}_{(i,j)k}$。

（3）运输成本 $= \sum\limits_{l=1}^{NUMB} VN_l \mathrm{CVEC}$ ，式中，CVEC 为每辆车的固定费用；VN_l 表示所需车辆的数目。

（4）不变成本 $= \sum\limits_{i} \sum\limits_{j} CI_{ij} (1 - num_{ij})$ ，式中，CI_{ij} 为订单 i 的产品 j 的不变成本。

当（OMD (i, j)）$= 1$ 且 $UTD_{ij} \leqslant TX_i \leqslant DTD$ 时，$num_{ij} = 1$；否则，$num_{ij} = 0$。

总成本 $=$ 生产成本 $+$ 库存成本 $+$ 运输成本 $+$ 不变成本。

约束条件表示如下：

（1）工厂生产能力限制 $\sum\limits_{i} \sum\limits_{j} D_{ij} DM_{ijk} \leqslant \mathrm{MCA}_k, \forall k$ ；

（2）客户 i 的产品 j 仅由一个工厂加工，$\sum_k DM_{ijk} = 1, \forall i, j$；

（3）产品 j 的生产完工期不大于其起始配送时间，

$$TL_{ij} \leqslant TX_l, \text{此处 COMD}(i, j) = 1, \forall i, j；$$

（4）每批次运输不超过可用车辆总数限制，$VN(l) \leqslant NVEC$；

（5）所有产品的送达时间不超过其外时间窗限制，$TEA_{ij} \leqslant TX_1 \leqslant TTD_{ij}$，此处 COMD $(i, j) = 1, \forall i, j$；

（6）客户满意约束 $\dfrac{\sum_i \sum_j num_{ij}}{\sum_i NC_i} \geqslant C$。

3. 算法设计

协同进化算法以种群为基础，模拟生物界中不同物种之间协同进化的方式来指导优化过程，因此算法对于解决复杂系统的优化问题有很强的优势。个体适应值采用式（7-17）计算，其值属于 $(0，1]$ [26]。

$$f_q(s) = \frac{g_q(s) - \{\max_{u \in Pop[q]} g_q(u) + 1\}}{\min_{u \in Pop[q]} g_q(u) - \{\max_{u \in Pop[q]} g_q(u) + 1\}} \tag{7-17}$$

式中，$f_q(s)$ 为种群 $Pop[q]$（$q = 1, 2, \cdots, M$）中第 S 个个体的适应值；$g_q(u)$ 为种群 $Pop[q]$ 中第 u 个个体通过与共生伙伴合作得到的目标函数值。

1）Random-PSO 算法设计

当订单到达配送中心后，首先需要将各产品分配到各工厂中进行加工，即所提到的需求分配问题。已知有 N 个订单，每个订单 i 有 NC_i 种产品，所有 $\sum NC_i$ 种产品首先被分配到 M 个工厂中。粒子按如下公式更新粒子轨迹，以调整其需求分配方案：

$$v_{ijk}^p = r \cdot v_{ijk}^p + r_1 \cdot (p_{ij}^l - x_{ijk}^p) + r_2 \cdot (p_{ij}^g - x_{ijk}^p) \tag{7-18}$$

$$x_{ijk}^p = x_{ijk}^p + v_{ijk}^p \tag{7-19}$$

对于粒子 k 的订单 i 的工件 j，给定某个工厂 1，令 $PBL = \{pbl_{ij1}^p, pbl_{ij2}^p, \cdots, pbl_{ijM}^p\}$。

升序排列该序列，得到 $PBL' = pbl_{ij1}^p, pbl_{ij2}^p, \cdots, pbl_{ijM}^p$。 $\tag{7-20}$

令 $pbl_{ijk}^p = pbl_{ijk+1}^p + pbl_{ijk}^p$，产生一个随机数 $rand \in [0,1]$。 $\tag{7-21}$

如果 $pbl_{ijk}^p < rand < pbl_{ijk+1}^p$，则 $x_{ij}^p = k' + 1$。 $\tag{7-22}$

对于式（7-17）中的粒子速度如下公式进行更新：

如果 $r_1 > 0.5$，$r_2 > 0.5$，则 $v_{ijk}^p = r \cdot v_{ijk}^p + (p_{ij}^l - x_{ijk}^p) + (p_{ij}^g - x_{ijk}^p)$；

$$\tag{7-23}$$

如果 $r_1 > 0.5$，$r_2 \leqslant 0.5$，则 $v_{ijk}^p = r \cdot v_{ijk}^p + (p_{ij}^l - x_{ijk}^p)$； (7-24)

如果 $r_1 \leqslant 0.5$，$r_2 > 0.5$，则 $v_{ijk}^p = r \cdot v_{ijk}^p + (p_{ij}^g - x_{ijk}^p)$； (7-25)

如果 $r_1 \leqslant 0.5$，$r_2 \leqslant 0.5$，则 $v_{ijk}^p = r \times v_{ijk}^p$ (7-26)

2）PSO-HC算法设计

任意工厂 $k = 1，2，\cdots，M$，对于所有工件（$i，j$），如果 $DM_{ijk} = 1$，意味着工件（$i，j$）被分配到了 k 工厂加工。对分配到各工厂的工件进行调度安排，采用粒子群优化算法对问题求解，粒子按照以下公式改变其位置与速度[26]：

$$v_d(i,j) = \omega v_{d(i,j)} + r_1(p_{d(i,j)} - x_{d(i,j)}) + r_2(p_{g(i,j)} - x_{d(i,j)}) \quad (7\text{-}27)$$

$$S(v_{d(i,j)}) = \begin{cases} \dfrac{(UTD_{(i,j)}/TL_{(i,j)})^\alpha}{1 + e^{-v_{d(i,p)}}} + \gamma.rand() \\ \qquad TL(i,j)/UTD(i,j) > 1 \\ \dfrac{1}{(1 + e^{-v_{d(i,p)}})^\beta} + \gamma.rand()，其他 \end{cases} \quad (7\text{-}28)$$

另 $s_{d(i,j)} = \{s(v_{d(i,j)})\}$，则 $y_{d(i,j)} = f_L((v_{d(i,j)})) = l$。 (7-29)

$$z_{d(i,j)} = \begin{cases} x_{d(i,j)} + y_{d(i,j)} + rand()，rand() < r_3 \\ x_{d(i,j)} + rand() \end{cases} \quad (7\text{-}30)$$

另 $z_i^{j+1} = \{z_{d(i,j)}\}$，则 $x_{d(i,j)} = f_L(z_{d(i,j)}) = l$。 (7-31)

3）协同进化粒子群的算法步骤

步骤1：分别初始化两个粒子群 Random_PSO 与 PSO_HC。

步骤2：按照式（7-18）～式（7-26）运行 Random_PSO，解决需求分配问题。

步骤3：按照式（7-27）～式（7-31）运行 PSO_HC，解决调度与分批配送问题。

步骤4：根据式（7-17）计算协同进化算法适应值，并评价 Random_PSO 算法的粒子极值与全局极值。

步骤5：转步骤2，直到满足循环终止条件[26]。

通过仿真实验分析，证明该方法的有效性，得到了满意的结果。

目前，各种智能优化算法已大量应用于实际生产领域，各种方法的组合使用也体现了它们的优势。在实际应用中，需要针对不同的优化问题采用适合的方法，才能最有效地解决动态、信息不完全、不确定环境下的供应链协同计划问题。本文在研究供应链协同计划过程中采用了上述多种智能优化技术，这些技术对于解决复杂的供应链计划优化问题中起到重要作用。

五、智能协同方法

这里所介绍的智能法主要涉及多 Agent 技术。近年来，在供应链生产系统中引入多 Agent 技术已成为研究的供应链协同问题的一个热点。对于供应链系统中的生产、库存、分销等问题，国内外研究学者从各环节的分别进行优化，到考虑整个供应链上的优化，再发展到考虑将 Agent 应用到供应链管理中，将供应链系统集成为一个整体进行研究。

(一) 智能法的应用

2007 年，Lima 和 Sousa 进一步优化了基于 Agent 的生产系统，在生产系统中加入了控制，使其成为动态生产系统。在此基础上，基于多 Agent 供应链环境下的协同计划问题逐渐成为近年来研究的新热点。

戢守峰等将 Agent 机制扩展到供应链系统环境下的生产-分销模型中，并在此两级供应链环境下建立了生产代理和分销代理间的协同计划模型[27]。

白世贞等以供应链管理为背景，探讨了 Multi-agent 体系结构的供应链协调技术，在黑板模型下构建了以生产商和销售商共同协调制订生产与销售计划为例的求解算法，并对算法进行了仿真试验与数据分析[28]。

张庆民根据多 Agent 技术的建模方法和流程，运用该技术对分销链协同一体化的运作模型进行了优化，并给出了基于多智能体技术的预测-计划-调度的智能运作模型，并对该模型的运作流程进行了分析[29]。

Hosang Jung、F. Frank Chen、Bongju Jeon 等研究了一个基于最小信息分享条件下，制造商和第三方物流之间的分布式供应链计划研究的问题。文中分别建立了集中式和分布式的生产分销数学模型。通过引入 Agent 技术，进行多次协商得出最佳的生产计划和分销计划[30]。

下面实例就是利用多 Agent 技术来解决供应链中生产分销协同计划的问题。

(二) 实例分析

1. 问题描述

(1) 考虑多种产品 p，多个制造工厂 f 以及多个分销中心 m；每个工厂 f 对于产品 p 皆存在生产能力限制和库存能力限制；各分销中心 m 对于产品 p 存在库存能力限制。

(2) 为多个制造商建立一个生产 Agent (PA)，为多个分销中心建立一个分销 Agent (DA)。

(3) 可以允许分销中心的需求不被满足，但出现该情况时要考虑惩罚成本。

(4) 运输能力不受限制，物流为单向，不考虑退货的问题[27]。

考虑以下两种协同 Agent：

（1）生产 Agent（PA）：根据生产数据库提供的信息和协同信息来生成生产订单，并把可提供的产品生产数量提供给 DA。

（2）分销 Agent（DA）：根据销售数据库提供的信息和协同信息来生成分销计划，并把期望的生产数量提供给 PA。

2. 建立模型

1）分销 Agent 模型

$$\min C_{DA} = \min \sum_{p,c,t} c^1_{pct} tar_{pct} + \sum_{p,m,t} c^2_{pmt} ear_{pmt} + \sum_{p,f,m,t} c^3_{pfmt} td_{pfmt} + \sum_{p,m,c,t} c^4_{pmct} tc_{pmct}$$

$$(7\text{-}32)$$

$$\text{s. t.} \qquad \sum_{m \in D(c)} tc_{pmct} = D_{pct} - tar_{pct}, \quad \forall p,c,t \qquad (7\text{-}33)$$

$$ear_{pmt-1} + \sum_{f \in F(m)} td_{pfmt} = ear_{pmt} + \sum_{c \in C(m)} tc_{pmc(t+tt(m,c))}, \quad \forall p,m,t \qquad (7\text{-}34)$$

$$ear_{pmt} \leqslant capa^e_{pmt}, \quad \forall p,m,t \qquad (7\text{-}35)$$

$$\sum_{m \in E(f)} td_{pfm(t+tt(f,m))} = fcapa_{pft}, \quad \forall p,f,t \qquad (7\text{-}36)$$

$$\sum_{p} fcapa_{pft} \leqslant capa^{PA}_{ft}, \quad \forall f,t \qquad (7\text{-}37)$$

$$tar_{pct} \geqslant 0, ear_{mpt} \geqslant 0, td_{pfmt} \geqslant 0, tc_{pmct} \geqslant 0, fcapa_{pft} \geqslant 0 \qquad (7\text{-}38)$$

tar_{pct}、ear_{pmt}、td_{pfmt}、tc_{pmct}、$fcapa_{pft}$ 为决策变量，分别表示周期 t 内产品 p 对客户 c 的延期交货量、在分销中心 m 的库存持有量、从工厂 f 到分销中心 m 的运输量、从分销中心 m 到客户 c 的运输量以及 DA 对工厂 f 的预期产量；D_{pct}、$capa^{PA}_{ft}$、$capa^e_{ft}$ 为常数，分别表示周期 t 内，客户 c 对产品 p 的需求量、分销中心 m 对产品 p 的有效库存能力以及 DA 认为的工厂 f 的全部有效生产能力[27]。

2）生产 Agent 模型

$$\min C_{PA} = \min \sum_{p,f,t} (c^5_{pft} x_{pft} + c^6_{pft} i_{pft} + c^7_{pft} b_{pft}) \qquad (7\text{-}39)$$

$$\text{s. t.} \qquad i_{pft-1} + x_{pft} = rcapa_{pft} + i_{pft} - b_{pft}, \forall p,f,t \qquad (7\text{-}40)$$

$$\sum_{p} rt^p_{pf} x_{pft} \leqslant capa^f_{ft}, \forall f,t \qquad (7\text{-}41)$$

$$\sum_{p} rt^i_{pf} i_{pft} \leqslant capa^i_{ft}, \forall f,t \qquad (7\text{-}42)$$

$$x_{pft} \geqslant 0, i_{pft} \geqslant 0, b_{pft} \geqslant 0, \forall p,f,t \qquad (7\text{-}43)$$

式中，x_{pft}、i_{pft}、b_{pft} 为决策变量，分别表示周期 t 内工厂 f 对产品 p 的产量、对产品 p 的库存量以及未满足 DA 需求的产品 p 的数量；$rcapa_{pft}$、rt^p_{pf}、rt^i_{pf}、$capa^f_{ft}$、$capa^i_{ft}$ 为常数，作为模型的参数，分别表示周期 t 内工厂 f 对产品 p 的预期销量、单位产品 p 的生产能力利用率、单位产品 p 的库存能力利用率、全部有效生产能力和全部有效库存能力[27]。

3) 生产 Agent-分销 Agent 之间的协同模型

在 DA 和 PA 间主要是沟通生产量的信息，这分别与模型中的 $fcapa_{pft}$ 和 $rcapa_{pft}$ 相对应。在每次计划的反复过程中，为了减少 PA 未满足需求的程度，PA 通过使用 DA 现在和过去的运行结果来修改全部有效的生产能力 $capa_{ft}^{PA}$。PA 的可能生产量可由 $\sum_{P} rcapa_{pft}^{i} - \sum_{P} b_{pft}^{i}$ 表示，而同时考虑 PA 现在和过去的运行结果是为了找到在生产能力约束下的最小可能生产量：$\min_{i=1\cdots k}$

$$(\sum_{p} rcapa_{pft}^{i} - \sum_{p} b_{pft}^{i}) \rightarrow (k+1)thcapa_{ft}^{PA}, \exists b_{pft}^{i} > 0, i \in \{1,\cdots,k-1\}$$

$$(7\text{-}44)$$

其中，式中 $(k)thcapa_{ft}^{PA} \rightarrow (k+1)thcapa_{ft}^{PA}$，$k$ 为目前运行的反复次数，$fcapa_{pft}^{i}$、$rcapa_{fpt}^{i}$、b_{pft}^{i} 分别为第 i 次反复后运行的结果[27]。

运算步骤：假设 $capa_{pft}^{PA} = \infty$。

步骤 1：计算 DA 的线性规划问题。

步骤 2：利用步骤 1 得到的结果得到 PA 的输入数据。

步骤 3：计算 PA 的线性规划问题。

步骤 4：如果 $b_{pft}^{k} > 0$，则转步骤 5；否则停止循环，输出结果。

步骤 5：利用步骤 3 得到的结果，以及式（7-44）计算更新 DA 的模型参数，然后重复步骤 1 至步骤 5[27]（图 7-6）。

最后通过算例与仿真结果验证了所构建的分散式生产-分销协同计划模型的有效性，该模型具有一定的理论和现实意义。

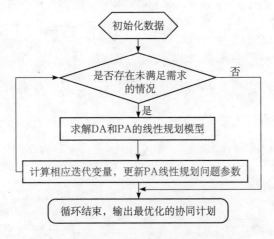

图 7-6　生产分销协同计划模型算法思路图

第三节　生产分销协同计划模型

在供应链生产-分销系统中，买方通过经济订货批量模型确定的需求计划，这往往需要制造商付出比较高的成本，而制造商通过经济生产批量模型确定的交付计划又可能不能满足买方的需求，因此为了提高供应链的有效性，采购方和供应商需要协同制定生产与库存相关决策。针对分布决策环境下生产-分销系统中，以供应商为视角的模型优化性能受限以及因信息不完全而适用性受限的问题，构建交付批量可调整和允许缺货情况下的分销商计划模型，以及多周期连续生产条件下的制造商计划模型，并由此组成两级生产-分销协同优化模型。考虑到两级模型之间周期不同和变量表达方式不一致，本节提出一种基于粒子群算法的协调优化求解方法，通过具有记忆能力的速度方程和自适应的位置方程，经过多次迭代得到优化解。利用该模型和算法可以在仅共享备选方案及其总成本的情况下实现协同优化。

一、典型的生产-分销计划模型

一种典型的生产-分销计划模型是 Lu 提出的由一个供应商、多个购买方组成的生产-分销系统集成库存模型[31]。模型假设购买方 i 以年度需求 Q_i 想供应商购买 i 产品，订购成本为 A_i，单位采购成本为 $\hat{C}_i$，库存成本率为 $\hat{r}_i$。供应商生产产品 i 的单位成本为 C_i，生产率为 P_i，其中 $P_i \geqslant D_i$。包含两种生产准备成本：所有产品都具有的主生产准备成本 S 和针对每种产品对应的次生产准备成本 s_i。模型假设一种整数率策略，即购买方的采购周期是供应商生产周期的整数或整数的倒数倍。设生产周期为 T，则采购周期为 $k_i T$，其中 $k_i \in \{1,2,3,\cdots\} \bigcup \{\frac{1}{2}, \frac{1}{3}, \frac{1}{4}, \cdots\}$，购买方每次采购量为 $k_i D_i T$，当 $k_i \leqslant 1$ 时，供应商每个生产周期为 i 产品进行一次生产准备；当 $k_i > 1$ 时，供应商每 $k_i T$ 时间间隔进行一次 i 产品的生产准备。采购周期 $k_i T$ 内购买方的最大可能成本为

$$\frac{1}{2}(T_i^0/(k_i T) + k_i T/T_i^0) \leqslant \beta_i \tag{7-45}$$

式中，$T_i^0 = \sqrt{2A_i/(\hat{r}_i \hat{C}_i D_i)}$ 且 $\beta_i > 1$，$i = 1,2,\cdots,n$。这时，供应商的目标是在约束式（7-45）的基础上最小化年度总成本。而供应商的年度成本是年度生产准备成本和年度库存成本之和。首先计算供应商的年度库存。考虑 $k_i > 1$ 和 $k_i \leqslant 1$

的两种情况。当 $k_i > 1$ 时，供应商每 k_iT 时间间隔进行一次 i 产品的生产准备，由于时间间隔 k_iT 内 i 的产量为 k_iD_iT，则生产时间为 k_iD_iT/P_i。于是，供应商将在 m_iT 时间开始生产 i 产品（如图 7-7 所示），而不是在初始时间点，其中 m_i 是一个整数，满足：$(k_i - m_i)T \geqslant k_iD_iT/P_i > (k_i - m_i - 1)T$。该不等式可简化为 $m_i = [k_i(1 - D_i/P_i)]$。用 I_i 表示年度库存，则

$$I_i = \frac{1}{2}k_iD_iT(2 - D_i/P_i - 2m_i/k_i) \text{ when } k_i > 1 \qquad (7\text{-}46)$$

当 $k_i \leqslant 1$ 时，供应商每生产周期 T 进行一次产品 i 的生产准备，产品 i 的生产时间为 D_iT/P_i。于是存在一个整数 $\hat{m}_i$ 满足 $\hat{m}_ik_iT \geqslant D_iT/P_i > (\hat{m}_i - 1)k_iT$（如图 7-8 所示），也可表示为 $\hat{m}_i = [D_i/(k_iP_i)]$。分别用 $\hat{I}_i^1$、$\hat{I}_i^2$ 和 $\hat{I}_i^3$ 表示初始到 $(\hat{m}_i - 1)k_iT$，从 $(\hat{m}_i - 1)k_iT$ 到 $\hat{m}_ik_iT$ 和从 $\hat{m}_ik_iT$ 到 T 的库存量，则

$$\hat{I}_i^1 = \frac{1}{2}(P_i - D_i)(\hat{m}_i - 2)(\hat{m}_i - 1)k_i^2T^2 + \frac{1}{2}(\hat{m}_i - 1)k_i^2P_iT^2$$

$$\hat{I}_i^2 = (P_i - D_i)(\hat{m}_i - 1)k_i^2T^2 + \frac{1}{2}T^2\left[(1 - \hat{m}_i^2)k_i^2P_i + 2\hat{m}_ik_iD_i - D_i^2/P_i\right]$$

$$\hat{I}_i^3 = \frac{1}{2}(1 - \hat{m}_ik_i)(1 - \hat{m}_ik_i + k_i)D_iT^2$$

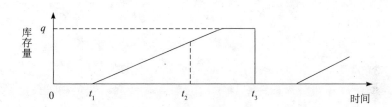

$$q = k_iD_iT, \ t_1 = m_iT, \ t_2 = (k_i - 1) \ T, \ t_3 = k_iT$$

图 7-7 当 $k_i > 1$ 时产品 i 的库存量

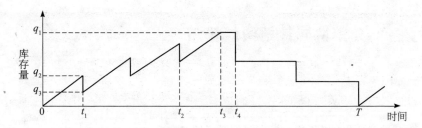

$$q_1 = D_iT - (\hat{m}_i - 1)k_iD_iT, q_2 = k_iP_iT, q_3 = k_iP_iT - k_iD_iT,$$
$$t_1 = k_iT, t_2 = (\hat{m}_i - 1)k_iT, t_3 = D_iT/P_i, t_4 = \hat{m}_ik_iT$$

图 7-8 当 $k_i \leqslant 1$ 时产品 i 的库存量

这时，产品 i 年度库存量为 $I_i = (\hat{I}_i^1 + \hat{I}_i^2 + \hat{I}_i^3)/T$。利用以上各式进行代数运算得到：

$$I_i = \frac{1}{2}D_i T(1 + k_i - D_i/P_i) \quad \text{when } k_i \leqslant 1 \tag{7-47}$$

组合式（7-46）和式（7-47），得到

$$I_i = \frac{1}{2}\max\{1,k_i\}D_i T(1 + \min\{1,k_i\} - D_i/P_i - 2m_i/k_i) \tag{7-48}$$

供应商年度总库存为 $r\sum_{i=1}^{n}C_i I_i$，其中 r 是供应商的单位库存成本。供应商的年度生产准备总成本为 $(S + \sum_{i=1}^{n}s_i/\max\{1,k_i\})/T$。因此，生产-分销计划问题就是确定 T 和 k_i 以最小化以下混合整数规划问题（VB）。

$$\min AC(T,k_1,k_2,\cdots,k_n) = \frac{1}{T}\left(S + \sum_{i=1}^{n}\frac{s_i}{\max\{1,k_i\}}\right) +$$
$$\frac{rT}{2}\sum_{i=1}^{n}\max\{1,k_i\}C_i D_i\left(1 + \min\{1,k_i\} - \frac{D_i}{P_i} - \frac{2m_i}{k_i}\right) \tag{7-49}$$

$$\text{s.t.} \quad T \geqslant 0, \tag{7-50}$$

$$\frac{1}{2}(T_i^0/(k_i T) + k_i T/T_i^0) \leqslant \beta_i, \tag{7-51}$$

$$k_i \in \{1,2,3,\cdots\} \bigcup \{1/2,1/3,1/4,\cdots\}, \tag{7-52}$$

$$m_i = [k_i(1 - D_i/P_i)], i = 1,2,\cdots,n \tag{7-53}$$

式中，$T_i^0 = \sqrt{2A_i/(\hat{r}\hat{C}_i D_i)}, i = 1,2,\cdots,n$。

以上模型对生产-计划模型很好地描述了一类生产-分销计划问题，但模型基于一系列假设，如购买方需求固定，购买方的订货周期是制造商生产准备周期的整数倍或整数倒数倍，这些假设条件往往与实际情况不符，且没有将购买方的计划问题加入到优化模型中。为此，本章在借鉴以上模型构建思路的基础上，构建交付计划可调整和涵盖供应商和购买方的两级协同计划优化模型。

二、生产-分销协同计划两级模型

考虑由一个制造商和一个购买方组成的生产-分销系统，在一段固定的时长的计划期之内，购买方根据各自的订单需求及需求预期，采用定期订货订货量不定的策略制订订货计划，如果可支配的产品数量不能满足需求，需要支付缺货成本；制造商根据购买方的订货信息和生产能力确定包含多个生产周期的生产计划，但严格按照购买方的需求，其生产能力在部分周期可能不能满足要求，且可能带来制造商较高的成本。为此，需要通过制造商和购买方针对供货/订货计划进行协调，以获得总成本最优化又使制造商和各购买方较为满意的计划方案。以下分别构建购买方和制造商的计划模型。

1. 购买方计划模型

购买方模型所用到的主要符号如表 7-4 所示：

表 7-4 购买方模型所用到的主要符号表

L_j	购买方 j 订货间隔时间	T_{bjl}	周期 l 的开始时间
D_j	外部产品需求率（单位时间需求）	T_{ejl}	周期 l 的结束时间
X_{jl}	制造商在周期 l 的供货数量	τ_{Bjl}	周期 l 产品供应量耗尽的时间点
I_{jl0}	周期 l 的期初库存量	H_{jl}	周期 l 的累计库存量
O_{jl}	周期 l 的期初缺货量	G_{jl}	周期 l 的累计缺货量

以购买方 j 为例（$j \in 1,\cdots,J$），假设已通过预测得到产品需求率（单位时间需求量）为 D_j，在此基础上制订订购计划。订购计划由一系列固定时间间隔的订货周期组成，设购买方 j 订货间隔时间为 L_j，则在计划期内包含 $N_j = [Z/L_j]$ 个订货周期，每个订货周期订货一次。以 X_{jl} 表示购买方 j 在第 l 个订货周期（$l \in N_j$）的订货量，I_{jl0} 表示周期 l 的期初库存量，O_{jl} 表示周期 l 的期初缺货量，则周期 l 中购买方 j 所能支配的产品数量 $A_{jl} = I_{jl0} + X_{jl} - O_{jl}$，且 $I_{jl0}O_{jl} = 0$。以 T_{bjl} 和 T_{ejl} 分别表示周期 l 的开始和结束时间，则周期 l 中购买方需求量为 $D_j(T_{ejl} - T_{bjl}) = D_jL_j$。

在周期 l 中，当 $A_{jl} \geqslant D_jL_j$ 时，购买方 j 可支配的产品数量能够满足需求时，其计划周期内的累计库存量 $H_{jl} = A_{jl}L_j - D_jL_j^2/2$，即图 7-9 中的阴影部分。这时的累计缺货量 $G_{jl} = 0$，周期的期末库存 $I_{j,l+1,0} = A_{jl} - D_jL_j$，期末缺货量 $O_{j+1,l} = 0$。

当 $0 \leqslant A_{jl} < D_jL_j$ 时，购买方可支配的产品数量无法满足需求，设产品供应量耗尽的时间点为 τ_{Bjl}。从图 7-10 可以看出 τ_{Bjl} 与 A_{jl} 之间满足 $(\tau_{Bjl} - T_{bjl})/L_j = A_{jl}/D_jL_j$，移项得到 $\tau_{Bjl} = T_{bjl} + A_{jl}/D_j$。这时，周期 l 的累计库存量 $H_{jl} = A_{jl}(\tau_{Bjl} - T_{bjl})/2$，即图 7-10 中时间轴上方阴影部分，累计缺货量 $G_{jl} = (D_jL_j - A_{jl})(T_{ejl} - \tau_{Bjl})/2$，即图 7-10 中时间轴下方的阴影部分，期末库存量 $I_{j,l+1,0} = 0$，期末缺货量 $O_{j+1,l} = D_jL_j - A_{jl}$。

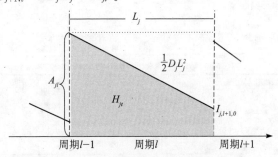

图 7-9 产品数量满足需求时购买方的库存

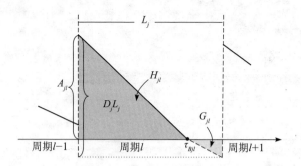

图 7-10   产品数量不能满足需求时购买方的库存变化

同理，当 $A_{jl} < 0$ 时，累计库存量 $H_{jl} = 0$，累计缺货量 $G_{jl} = D_j L_j^2/2 - A_{jl}L_j$，期末库存量 $I_{j,l+1,0} = 0$，期末缺货量 $O_{j+1,l} = D_j L_j - A_{jl}$ 。

因此，购买方的计划模型（BPM）可以表示为

$$\min C_{Bj} = a_{Bj}m_j + h_{Bj}\sum_l H_{jl} + s_{Bj}\sum_l G_{jl} \tag{7-54}$$

s. t. $I_{j,l+1,0} = \max\,(0,(A_{jl} - D_j L_j)), \quad \forall j \in 1,\cdots,J; l \in 1,\cdots,m_j$

$$\tag{7-55}$$

$$O_{j+1,l} = \max\,(0,(D_j L_j - A_{jl})), \quad \forall j \in 1,\cdots,J; l \in 1,\cdots,m_j \tag{7-56}$$

$$A_{jl} = I_{jl0} + X_{jl} - O_{jl}, \quad \forall j \in 1,\cdots,J; l \in 1,\cdots,m_j \tag{7-57}$$

$$I_{j,1,0} + \sum_l X_{jl} = D_j L_j, \quad \forall j \in 1,\cdots,J; l \in 1,\cdots,m_j \tag{7-58}$$

$$X_{jl} \geqslant 0, I_{jl0} \geqslant 0, \quad \forall j \in 1,\cdots,J; l \in 1,\cdots,m_j \tag{7-59}$$

其中目标函数式（7-54）包含三部分，即订货成本、库存成本和缺货费用，a_{Bj}、h_{Bj} 和 s_{Bj} 分别表示单位订货成本、单位库存成本和单位缺货费用，其中的累计库存量 H_{jl} 和累计缺货量 G_{jl} 由前面的分析得到；式（7-55）和式（7-56）是库存和缺货量的平衡约束，确定前后订货周期之间的库存量和缺货量关系；式（7-57）计算周期 l 的可支配产品数量；式（7-58）对订货总量约束，保证总体订货量能够满足总需求量；式（7-59）为变量的取值约束。

2. 制造商计划模型

制造商模型所用到的主要符号如表 7-5 所示。

表 7-5   制造商模型所用到的主要符号表

L_M	生产间隔时间	τ_{ei}	第 i 个周期生产结束时间
P	制造商的生产率（单位时间产量）	T_{ijk}	周期 i 向购买方 j 第 k 次交付的周期 i 向购买方 j 第 k 次交付的
T_{bi}	周期 i 开始时间	X_{ijk}	数量
T_{ei}	周期 i 结束时间	H_i	周期 i 的累计库存量
τ_{bi}	第 i 个周期生产开始时间		

　　制造商在计划期 Z 内包含一系列生产周期，设有 N 个周期，各周期的间隔时间为 L_M，分别用 T_{bi} 和 T_{ei} 表示周期 i（$i \in 1, \cdots, N$）的开始时间和结束时间，则有 $T_{ei} - T_{bi} = L_M$，且 $T_{ei} = T_{b,i+1}$。每个生产周期包含一个连续的生产过程，分别用 τ_{bi} 和 τ_{ei} 表示周期 i 的生产开始时间和结束时间，则有 $T_{bi} \leqslant \tau_{bi} < \tau_{ei} \leqslant T_{ei}$。用 P 表示制造商的生产率（单位时间产量），则制造商在周期 i 中的累计产量为 $P(\tau_{ei} - \tau_{bi})$。

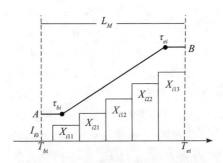

图 7-11　制造商在生产周期 i 中的库存

　　制造商生产周期 i 中的累计库存量可用图 7-11 表示，其中曲线 AB 表示不考虑交付情况下各时点成品的数量，阶梯状曲线表示各时点已向购买方交付的成品数量，则曲线 AB 和阶梯状曲线之间的高度即对应各时点的库存量。用 I_{i0} 表示周期 i 的初始库存量，则不考虑交付情况下的累计库存量为 $I_{i0}L_M + P(\tau_{ei} - \tau_{bi})^2/2 + P(\tau_{ei} - \tau_{bi})(T_{ei} - \tau_{ei})$，即图 7-11 中的曲线 AB 以下部分。设制造商在周期 i 需要向购买方 j 进行 K_j 次产品交付，用 T_{ijk} 表示第 k 次交付的时间（$k \in K_j$），交付批量为 X_{ijk}，则交付产品的累积量为 $\sum_j \sum_k X_{ijk}(T_{ei} - T_{ijk})$，即图 7-11 中的阶梯曲线以下部分。为此，周期 i 实际的累计库存量可以用以下公式计算：

$$H_i = I_{i0}L_M + P(\tau_{ei} - \tau_{bi})^2/2 + P(\tau_{ei} - \tau_{bi})(T_{ei} - \tau_{ei}) - \sum_j \sum_k X_{ijk}(T_{ei} - T_{ijk})$$

(7-60)

　　对于周期 i 中的任一时间点 t，从周期起始时间到该时点已交付的产品数量表示为 $\sum_{(j,k)|T_{ijk} \leqslant t} X_{ijk}$，即对所有购买方 j，交付时间点小于 t 时的交付量之和，其中的 (j, k) 表示同时针对 j 和 k 求和，则时点 t 的产品库存量可表示为

$$I(t) = \begin{cases} I_{i0} + P(\tau_{ei} - \tau_{bi}) - \sum_{(j,k)|T_{ijk} \leqslant t} X_{ijk}, & \text{when } \tau_{ei} < t \leqslant T_{ei} \\ I_{i0} + P(t - \tau_{bi}) - \sum_{(j,k)|T_{ijk} \leqslant t} X_{ijk}, & \text{when } \tau_{bi} < t \leqslant \tau_{ei} \\ I_{i0} - \sum_{(j,k)|T_{ijk} \leqslant t} X_{ijk}, & \text{when } T_{bi} \leqslant t \leqslant \tau_{bi} \end{cases}$$

(7-61)

制造商的计划模型（MPM）可以表示为

$$\min C_M = a_M N + h_M \sum_i H_i \tag{7-62}$$

s. t. 式（7-60）和式（7-61）

$$I(T_{ijk}) \geqslant 0, \forall i = 1,\cdots,N; j = 1,\cdots,J; k = 1,\cdots,K_j \tag{7-63}$$

$$I_{i0} + (\tau_{ei} - \tau_{bi})P - \sum_j \sum_k X_{ijk} = I_{i+1,0}, \forall i = 1,\cdots,N \tag{7-64}$$

$$T_{bi} \leqslant \tau_{bi} \leqslant \tau_{ei} \leqslant T_{ei}, \forall i \in 1,\cdots,N \tag{7-65}$$

$$X_{ijk} \geqslant 0, I_{i0} \geqslant 0, \forall i = 1,\cdots,N; j = 1,\cdots,J; k = 1,\cdots,K_j \tag{7-66}$$

目标函数式（7-62）包含两部分，即生产准备成本和库存成本，其中 a_M 和 h_M 分别表示制造商的生产准备成本和库存成本；式（7-63）对交付时间点的库存量进行约束；式（7-64）为库存平衡公式，确定不同生产周期之间的库存关系；式（7-65）约束生产开始和结束时间的范围；式（7-66）为变量取值约束。

三、基于粒子群算法的协同计划求解

制造商和购买方的模型都是非线性优化模型，其中制造商模型可以看成是一种机器调度问题[32]，是典型的 NP 难问题。另外，购买方的产品订购和制造商的生产时间分别采用了不同的订购周期和生产周期，而购买方的订购决策和制造商的生产决策分别以各自的周期为视角，两者的协同优化模型不能由各自的计划模型直接合并，难以采用一般的非线性求解算法进行求解。为此，本文给出一种基于粒子群算法的协同计划方法。

粒子群算法（PSO）是 Kennedy 和 Eberhart 于 1995 年首次提出的，借鉴鸟群迁徙的原理，通过多个粒子在问题搜索空间中以一定的速度飞行，利用各粒子的适应度和飞行的历史记录，采用迭代方程使各粒子逐渐接近最优目标，具有灵活性大、需要的初始数据量少、迭代收敛较快的特点，进行改进能够较好地实现复杂问题的优化求解。

1. 编码与适应度函数

以上生产—分销协同计划问题中需要求解的变量有：交付/定购批量和制造商各生产周期的生产开始时间 τ_{bi} 与结束时间 τ_{ei}，其中交付/定购批量同时对应制造商的交付批量 X_{ijk} 和各购买方的定购批量 X_{jl}。为了便于处理，将所有交付/定购批量按时间顺序排序，得到交付批量序列 X_s，用 S 表示总交付次数，则 $s \in 1,\cdots,S$。将 X_s 进行粒子编码，每组编码作为一个粒子，粒子所包含的变量均采用实数编码。由于在算法的迭代过程中，可以把 X_s 看成已知量，将其代入 MPM 模型中得到最优生产计划的 τ_{bi} 和 τ_{ei}，因此不直接进行编码[50]。

生产-分销协同计划优化的目标是实现制造商和购买方总成本的优化，为此算法的适应度函数定义为两者的成本之和，即

$$fitness = C_M + \sum_j C_{Bj} = a_M N + h_M \sum_i H_i + \sum_j \left(a_{Bj} m_j + h_{Bj} \sum_l H_{jl} + s_{Bj} \sum_l G_{jl} \right)$$

$$(7\text{-}67)$$

2. 速度迭代方程与位置迭代方程

算法采用加权的速度函数，即 $x_r = (x_{r1}, x_{r2}, \cdots, x_{rs}, \cdots, x_{rS})$ 表示第 r 个粒子的位置，每个粒子对应一个包含了 S 次交付的备选交付方案；$v_r = (v_{r1}, v_{r2}, \cdots, v_{rs}, \cdots, v_{rS})$ 表示第 i 个粒子的速度；$p_r = (p_{r1}, p_{r2}, \cdots, p_{rs}, \cdots, p_{rS})$ 表示当前最优粒子；$p_g = (p_{g1}, p_{g2}, \cdots, p_{gs}, \cdots, p_{gS})$ 表示全局最优的粒子，则下一时点的速度用以下速度迭代方程确定：

$$v_{is}(t+1) = w(t) v_{is}(t) + c_1 r_1 (p_{is}(t) - x_{is}(t)) + c_2 r_2 (p_{gs}(t) - x_{is}(t))$$

$$(7\text{-}68)$$

式中，w 为惯性权重，取 $w(t) = 0.9 - 0.2(t-1)/(T-1)$，其中的 T 为最大迭代次数；c_1 和 c_2 为学习因子，通常取（0，4）范围内的数，可以根据实际迭代变化趋势进行调整；随机因子 r_1、r_2 为 [0，1] 范围内平均分布的随机数。

式（7-68）得到的速度值对各购买方的总变化量通常不为 0，因此直接利用这一速度值得到的新备选方案一般无法满足各购买方的交付总量平衡，为此粒子位置的迭代公式应有合理的调整机制。

设购买方 j 在整个计划期内有 D_j 次交付，用 x_{rjd} 和 v_{rjd} 分别表示备选方案 r（第 r 个粒子）中购买方 j 第 d 次交付（$d \in 1, \cdots, D_j$）对应的位置和速度，则粒子位置迭代方程可定义为

$$x_{rjd}(t+1) = x_{rjd}(t) + v_{rjd}(t+1) - \left(\sum_d v_{rjd}(t+1) \right)/D_j \qquad (7\text{-}69)$$

式中，$\left(\sum_d v_{rjd} \right)/D_j$ 为购买方 j 速度的额外变化量相对交付次数的均值，通过加入该项，使式（7-69）得到的新的备选方案能够满足各购买方的交付总量平衡，从而起到自适应的作用。

3. 生产开始与结束时间的计算

由于以上 BPM 和 MPM 模型无法直接合并，考虑在粒子群算法迭代过程中，根据已知的备选交付方案 X_{ij}（i 表示生产周期，j 表示周期中第几次交付），计算制造商各周期的生产开始时间与结束时间，作为 PSO 算法中适应度函数的一部分。具体算法的伪代码如下：

for i in all ProductionCycles //针对所有生产周期

for j in all Deliverys of the ProductionCycle //对于周期内的所有交付

$\tau_{bi} = 0$；$\tau_{ei} = 0$；//生产开始与结束时间

if $I_{i0} \geqslant \sum_{k=1}^{j} X_{ik}$ //周期初始库存能够满足交付需求

continue;

else if $I_{i0} + P(T_{ij} - T_{bi}) \geqslant \sum_{k=1}^{j} X_{ik}$ //周期内生产能力能够满足需求

$\tau_{bi} = T_{ij} - (\sum_{k=1}^{j} X_{ik})/P$；$\tau_{ei} = T_{ij}$；

else //周期内生产能力无法满足需求，需要在之前的周期增加生产

if $i = 1$ then return-1; //第一个周期生产能力无法满足需求

else

$\tau_{bi} = T_{bi}$；$\tau_{ei} = T_{ij}$；

$A = \sum_{k=0}^{j} X_{ik} - (I_{i0} + P(T_{ij} - T_{bi}))$；//需要此前周期增加的生产量

for $m = i$ to 1

if $P(T_{em} - \tau_{em}) \geqslant A$ // m 周期生产结束之后的生产能力能够满足需求

$\tau_{em} = \tau_{em} + A/P$；$A = 0$；

else if $P(L_M - (\tau_{em} - \tau_{bm})) \geqslant A$ // m 周期的冗余生产能力能够满足需求

$\tau_{em} = T_{em}$；$\tau_{bm} = T_{bm} + (L_M - (\tau_{em} - \tau_{bm})) - A/P$；$A = 0$；

else // m 周期的冗余生产能力无法满足需求

$\tau_{em} = T_{em}$；$\tau_{bm} = T_{bm}$；$A = A - P(L_M - (\tau_{em} - \tau_{bm}))$；

end if

end for

if $A > 0$ then return-1; //生产能力无法满足需求

对于迭代过程中制造商能力无法满足的备选交付方案，可对其进行调整，转化为可行的方案。具体方法是由以上算法返回超过生产能力的周期和超出数量，据此修改备选方案，就相应周期交付量超出部分转移到下一周期，并重新执行以上算法。如果仍有不能满足需求的周期，则再次修改备选方案，直至所有周期的需求制造商的生产能力都能满足。

四、供应链协同计划框架及流程

生产-分销协同计划需要通过反复地交互来实现计划的优化，因此对协商性能要求较高。为此，引入多 Agent 技术，构建协同计划的多 Agent 框架，在此基础上设计协同计划流程。

（一）生产-分销协同计划框架

在此借鉴 SOA 服务层次的划分思路，从服务流程层和服务组件层划分 Agent角色。其中服务流程层定义与协同计划交互过程直接相关的 Agent，包含制造商 Agent（即供应商 Agent，SA）、分销商 Agent（即购买方 Agent，BA）和计划管理 Agent（PMA），PMA 对协同计划的协调流程进行组织和管理，它分别与 SA、BA 共享备选交付计划和本地成本，同时向 SA、BA 提供供应链总成本信息。利用下节讨论的协同计划流程实现供应链总体优化。

服务组件层是提供具体操作的 Agent 集合，或称服务提供者 Agent，包括制造商模型运算 Agent（MSA）、分销商模型运算 Agent（MBA）和迭代函数运算 Agent（IFA）。其中 SA 将调用 MSA 得到生产计划，BA 通过 MBA 计算订购计划，PMA 则通过向 IFA 传递现有交付计划，获得经迭代函数处理的新的备选计划。生产-分销协同计划的多 Agent 框架如图 7-12 所示。

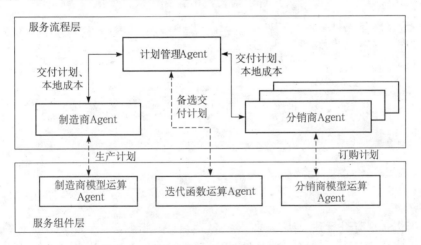

图 7-12　生产-分销协同计划的多 Agent 框架

（二）生产-分销协同计划流程

基于以上模型和 PSO 算法，结合多 Agent 框架，以下设计生产-分销协同计划的流程，利用该流程购买方和制造商之间只需要传递备选交付方案和各自的总成本信息，就可以得到总体优化方案。其中计划管理者 Agent（PMA）可以是独立的第三方，也可以由制造商担任。

具体计划流程的步骤如下：

步骤一，初始化算法，定义最大迭代次数和粒子群规模。

步骤二，购买方 Agent（BA）在需求稳定的情况下根据 EOQ 模型确定初始订购计划，在需求动态的情况下将各订购周期的实际需求量作为初始定购计划，即将 BDP 模型中的 $D_j L_j$ 赋给 X_{jl}，并将初始订购计划提交给 PMA。

步骤三，PMA 用式（7-68）的变形来生成初始粒子群，即取 $v_{rjd}(t+1) = x_{rjd}(t)\alpha_{rjd}$，其中 $x_{rjd}(t)$ 对应 BA 的初始订购计划，α_{rjd} 为一随机因子，可取一定范围内，如 $[-0.2, 0.2]$，平均分布的随机数。

步骤四，PMA 将初始粒子群提交给制造商和各购买方，购买方利用 BPM 模型计算其对应的总成本，制造商利用前面介绍的生产开始与结束时间的计算的算法得到生产计划，在此基础上利用式 MDP 模型计算其总成本。购买方和制造商分别将各自的总成本信息提交给计划管理者。

步骤五，计划管理者利用式（7-67）计算适应度，记录粒子群的本地最优和全局最优值。判断迭代次数是否达到限制次数，如未达到则执行下一步骤，否则结束迭代过程，返回全局最优值对应的方案作为最优方案。

步骤六，计划管理者利用式（7-68）和式（7-69）计算新的速度和位置，得到新的粒子群，并转到步骤四继续执行[50]。

第四节　供应链生产分销协同计划发展趋势

一、生产分销协同计划存在的问题

当买卖双方进行独立决策时，经济订货批量和经济生产批量分别是采购方和供应商的优化解，但经济订货批量往往不能被供应商所接受，而经济生产批量也往往不能满足买方的需求。为了提高供应链的有效性，采购方和供应商需要协同制定生产与库存相关决策。Chen 和 Vairaktarakis[33] 在考虑单一和并行机制的生产调度情况下，结合调度和分销设计了一个系统以优化客户服务级别和总分销成本。

从分销系统中购买方数量角度可以将供应链生产-分销计划问题分为两类[34]：一类是单个供应商和单个购买方（SS-SB）；另一类是单个供应商和多个购买方（SS-MB）的情况。在 SS-SB 系统中，大部分模型考虑供应方为销售商，而不是制造商，采购/供货计划决策基于成品假设，并忽略了其中固定生产比例对库存成本的影响[35]。由于多购买方的复杂性和商务实践中的其他问题，SS-

MB 系统受到更多的关注。在 SS-MB 系统中，供应方可以是销售商，也可以是制造商。前者可称为 SS-MB 分销系统[36-38]，后者称为 SS-MB 生产-分销系统。对于 SS-MB 生产-分销系统，Lu 提出了一种集成库存模型，通过该模型确定供应商的最佳起始生产时点和最小化总采购成本的最佳采购时点。Yao 和 Chiou[39] 在 Lu 的基础上进行了扩展，基于模型解的优化结构开发了一种有效的启发式算法。Bylka[40] 采用定点收费策略确定动态生产-分销情形下供应商的生产决策序列和采购商的订单决策序列。Weng 和 Zeng[41] 给出了一个生产周期和订购周期的同步模型，该模型通过数量折扣可以获得更高的总收益，总收益的增量随不同购买者间的差异性增大而减少。Woo[42] 等人考虑一个供应商和多个具有共同订单周期的采购商系统中，通过建立一个电子数据交换系统减少联合订单成本。由于具有相同的订单周期，供应商的产品库存级别由交付计划所决定，从而简化了平均库存级别的计算。

从以上研究成果来看：①现有的模型和方法往往忽略生产特征，如不同产品的产量比率和配置成本，且供应商的平均库存成本被忽略或在成本收益目标函数中设为常数[40][43]。而在实际的生产-分销系统中，作为供应方的制造商其生产过程的要素对总成本或收益有着很大的影响，而采购商的采购周期往往不会同步。②已有的研究讨论对称信息条件下供应链的协同问题居多，并且大部分基于集中计划的方式进行研究。③目前协同计划决策模型研究方面，主要从单个供应商与单个或多个购买方的二级供应链进行研究，而缺乏对多级、多成员供应链的研究。④作为供应方的制造商还受到原材料供应能力的约束。为此需要综合考虑供应方的多种能力约束、生产比率和采购方差异性的采购周期对生产-分销的协同计划问题进行进一步研究。

二、未来发展趋势

近年来，供应链企业间的协同计划问题已经成为供应链研究领域的热点。协同计划通过供应链实体间的信息共享或信息交流，协同计划批量，可有效减少牛鞭效应的影响，对于减少库存、降低成本、提高生产效率具有重要意义[44]。然而，对于协同计划的研究目前大部分集中于完全信息共享条件下的紧密协作计划方面[45-47]。但现实中，由于竞争关系的复杂性，许多供应链企业间不可能实现完全信息的共享，所以这类供应链协作模式主要适用于部分战略供应链联盟和多工厂的集团企业内部。有限信息共享条件下的协同计划符合许多供应链的现实情况，已成为协同计划研究的重要发展方向。

基于 Agent 的供应链系统环境下的计划问题逐渐成为近年来研究的新热点。对于供应链系统中的生产、分销、库存等问题，国内外学者从各环节的分别优化，到考虑整体供应链上的优化，发展到考虑将 Agent 机制应用到供应链管理中，将供应链系统集成为一个整体进行研究，取得了一些成果[27]。

在考虑生产分销协同计划模型时，分布式框架下的成本优化问题是一个主要的研究方向。另外就是针对大规模规划问题寻找新的优化技术，如使用拉格朗日分解法对代理模型进行研究，指出供应链全局的可行性和单个实体独立行为存在的必然性，是制约计划系统实施的主要因素。

供应链计划问题的研究范围将进一步扩大：目前，学者们对供应链生产计划的研究关注较多，而针对多级多节点混杂供应链系统中节点企业采购-生产-库存-运输一体化物流计划的研究则不足。供应链管理的本质就是追求系统全局优化和新型的合作关系。所以在供应链运作计划领域内的任何一类单一计划的最优化都不能保证整个供应链系统运作最优化。未来的研究将在已有相关研究成果的基础上，从供应链物流系统全局优化角度建立多级多节点混杂供应链系统采购-生产-库存-运输一体化物流计划多层规划模型，并设计混合群智能算法求解模型，以期对供应链物流计划的制订提供理论支持和技术指导[48]。

第五节　本章小结

本章主要研究了多 Agent 供应链生产分销协同计划问题。生产、分销协同计划问题是同时考虑到生产费用、生产调整费用、配送费用、配送调整费用以及工厂和配送中心的库存费用的综合性问题。

本章首先对供应链生产分销协同计划进行概述，从总体上了解生产分销协同计划的发展和现状，然后对 CPFR 作了简要介绍。通过归纳总结以生产分销协同计划的应用实例介绍各协同计划方法的使用，主要有以下几种常用的方法：博弈论、动态规划方法、生产分销的启发式算法、智能优化算法以及多 Agent 方法。这些方法在供应链协同计划研究方面取得了显著的成就。

其次，研究了分布决策环境下的供应链生产-分销协同计划的模型和方法。其中，构建了交付批量可调整和允许缺货情况下的分销商计划模型，以及多周期连续生产条件下的制造商计划模型，并由此组成两级生产-分销协同优化模型。考虑到两级模型之间周期不同和变量表达方式不一致，提出一种基于粒子群算法的协调优化求解方法，通过具有记忆能力的速度方程和自适应的位置方程，经过多次迭代得到优化解。引入多 Agent 技术设计了协同计划的多 Agent 框架，进而分析协同计划流程。

最后，对供应链生产分销协同计划的主要问题和发展趋势作了总结。

◇ 参考文献 ◇

[1] 孙会君，高自友. 基于分布式工厂的供应链二级分销网络生产计划优化模型. 中国管理科学，2002，10（6）：40～43

[2] 韩亚欣，徐学军，谢卓君. 供应链协同库存策略分析. 工业工程，2007，10（6）：38～41

[3] 申伟. 基于仿真的供应链生产分销系统研究. 燕山大学学位论文，2008：10～27

[4] 范体军，李宏余，陈荣秋. 磷化工企业生产分销计划的数学模型及其应用. 系统工程理论方法应用，2006，15（6）：481～489

[5] 张昕瑞，王恒山，袁修竹. 博弈论在供应链管理中的应用——现状与趋势. 物流科技，2008，（11）：115～116

[6] 柳健，马士华. 供应链合作及其契约研究. 管理科学学报，2004，18（1）：85～87

[7] 冯立杰. 供应链生产分销协同博弈研究. 机械传动，2004，28（6）：67～73

[8] 周永务，冉翠玲. 需求信息不对称下供需双方的博弈. 系统工程与电子技术，2006，28（1）:68～71

[9] Li C L，Vairaktarakis G，Lee C Y. Machine scheduling with deliveries to multiple customer locations. European Journal of Operational Research，2005，（164）：39～51

[10] 王锦旗. 多工厂多目的地的供应链生产计划研究. 才智，2009，（12）：263～265

[11] Hay A X，Vrat P，Kanda A. An integrated production-inventory distribution model for manufacturer of urea：a case. International Journal of Production Economics，1991，164（1）：39～49

[12] Arntzen B C，Brown G G，Gerald G，et al.. Global supply chain management at digital equipment corporation. Interfaces，1995，25（1）：69～93

[13] Bredstrom D，Ronnqvist M. Integrated production planning an droute scheduling in pulp mill industry. Proceedings of the 35th Hawaii international Conference on System Sciences. Washington D C，USA：IEEE Computer Society Press，2002：1606～1614

[14] Ram G，Tonya B，Alan J. The impact of inventory and flow planning parameters on supply chain performance：an exploratory study. Int. J. Production Economies，2001，（71）：111～118

[15] Pinar Y，Bulent C. Strategic level three-stage production distribution planning with capacity expansion. Computers and Industrial Engineering，2006，51（4）：609～620

[16] Fumero F，Vercellis C. Synchronized development of production，inventory，and distribution schedules. Transportation Science，1999，33（3）：330～340

[17] 田俊峰，杨梅. 供应链生产——分销运作一体化研究. 信息与控制，2004，33（6）：714～718

[18] 周威. 分布与不确定环境下的供应链计划优化. 清华大学博士论文，2005：49～126

[19] 张林. 生产、库存、配送一体化系统研究. 物流科技，2007，（7）：5～8

[20] Mitsuo G，Admi S. Hybrid genetic algorithm for multi-time period production distribution planning. Computers and Industrial Engineering，2005，48（4）：799～809

[21] Li Y，Yang S L. Fuzzy bi-level multi-objective programming for supply chain. Proc. of the

IEEE Inte. Conf. on Automation and Logistics. New Jersey：IEEE SC，2007：2203~2207

[22] Vergara F E，Khouja M，Michalewicz Z. An evolutionary algorithm for optimizing material flow in supply chains. Computers Industrial Engineering，2002，43（3）：407~421

[23] 马士华，龚凤美，刘风华. 基于集配中心的生产和配送协同决策研究. 计算机集成制造系统，2008，14（12）：2421~2430

[24] 吴学静，周泓，梁春华. 基于协同进化粒子群的多层供应链协同优化. 计算机集成制造系统，2010，16（1）：127~132

[25] 戴守峰，张吉善，张川等. 基于代理的分散式生产-分销系统协同计划模型. 计算机集成制造系统，2010，16（04）：822~827

[26] 白世贞，韦艳丽. 基于黑板理论的供应链多 Agent 协调管理研究. 物流科技，2007，（11）：51~54

[27] 张庆民，薛恒新，吴春梅. 基于多智能体的分销链协同一体化运作建模与流程分析. 物流管理，2009，（1）：62~66

[28] Hosang J，Chen F F，Jeon B. A production-distribution coordinating model for third party logistics partnership. Computers & Industrial Engineering，2008，59（1）：48~64

[29] Lu L. A one-vendor multi-buyer integrated inventory model. European Journal of Operational Research，1995，81（2）：312~323

[30] Chang Y C，Lee C Y. Machine scheduling with job delivery coordination. European Journal of Operational Research，2004，158（2）：470~487

[31] Chen Z L，Vairaktarakis G L. Integrated scheduling of production and distribution operations. Management Science，2005，51（4）：614~628

[32] Tang J F，Yung K L，Kaku I，et al. The scheduling of deliveries in a production-distribution system with multiple buyers. Annals of Operations Research，2008，161（1）：5~23

[33] Goyal S K，Nebebe F. Determination of economic production shipment policy for a single-vendor single-buyer system. European Journal of Operational Research，2000，121（1）：175~178

[34] Viswanathan S，Piplani R. Coordinating supply chain inventories through common replenishment epochs. European Journal of Operational Research，2001，129（2）：277~286

[35] Mishra K. Selective discount for supplier buyer coordination using common replenishment epochs. European Journal of Operational Research，2004，153（3）：751~756

[36] Wang Q. Determination of suppliers' optimal quantity discount schedules with heterogeneous buyers. Naval Research Logistics，2002，49（1）：46~59

[37] Yao M J，Chiou C C. On a replenishment coordination model in an integrated supply chain with one vendor and multiple buyers. European Journal of Operational Research，2004，159（2）：406~419

[38] Bylka S. A dynamic model for the single-vendor，multi-buyer problem. International Journal of Production Economics，1999，59（1-3）：297~304

[39] Weng Z K，Zeng A Z. The role of quantity discounts in the presence of heterogeneous buyers. Annals of Operations Research，2001，107（1）：369~383

［40］ Woo Y Y, Hsu S L, Wu S. An integrated inventory model for a single vendor and multiple buyers with ordering cost reduction. International Journal of Production Economics, 2001, 73 (3): 203~215

［41］ Wang Q, Wu Z. Improving a supplier's quantity discount gain from many different buyers. Iie Transactions, 2000, 32 (11): 1071~1079

［42］ Hadaya P, Cassivi L. The role of joint collaboration planning actions in a demand-driven supply chain. Industrial Management and Data Systems, 2007, 107 (7): 954~978

［43］ Erenguc S S, Simpson N C, Vakharia A J. Integrated production distribution planning in supply chains: an invited review. European Journal of Operational Research, 1999, 115 (2): 219~236

［44］ 周泓, 王建, 谭小卫. 一种求解集成生产计划的混合协同进化算法. 计算机集成制造系统, 2007, 13 (7): 1412~1418

［45］ Leung S C H, Tsang S O S, Ng W L, et al.. A robust optimization model for multi-site production planning problem in an uncertain environment. European Journal of Operational Research, 2007, 181 (1): 224~238

［46］ 邵举平, 马天云. 供应链计划国内外研究现状及发展趋势. 物流技术, 2010, (13): 117~119

［47］ 刘桡, 何鹏, 向龙斌. CPFR 的供应链管理创新研究. 改革与战略, 2009, 25 (03): 172~174

［48］ 张瀚林. 分布决策环境下基于协商的供应链协同计划模型与方法. 北京工业大学博士论文, 2010: 2~64

第八章

多 Agent 制造业供应链协同谈判协议

基于多 Agent 制造业供应链协同谈判是指在制造业范畴内，供应链上的生产商、供应商、销售商等相互之间就关心的协同问题，通过多 Agent 作为代表的交互协商，为达成一致而进行系列的谈判活动。多个 Agent 之间通过谈判协议来完成彼此间的交互，谈判协议（negotiation protocol）的关键作用在于实现多 Agent 之间的交互、消解冲突和处理矛盾。谈判协议规定了多个 Agent 之间的通信语言、规范以及语义，并且规定了何方在何时采取何种行为。谈判协议是谈判行为的基础，用于处理谈判过程中多个 Agent 间的交互，是多个 Agent 间公共的、公开的、必须遵守的行为规则。本章围绕多 Agent 制造业供应链协同谈判协议的基本概念、描述方法和协议实例等进行讨论。

第一节　供应链谈判协议基本概念

谈判作为社会中一种非常广泛和普遍的社会现象，是商务中最重要的一环。谈判有两个或多个参与者参加，谈判的各方因特有分歧而相互对立，但彼此又相互依存。他们出于某种需要，在一定时空条件下，采取协调行为，谋求达成协议，以便解决分歧。各方在这项活动中谋求一个"可接受的结局"，致力于达成某种"协议"。

一、谈判协议的定义

1998 年，N. R. Jennings 提出谈判的研究主要处理三个问题：谈判协议、谈判目标和 Agent 的决策模型。其中，谈判协议是指管理 Agent 间交互的一组规则集。主要包含允许参与谈判人的类型（如买方 Agent、卖方 Agent、第三方等）、谈判的状态（如开始谈判、结束谈判等）、引起谈判状态改变的事件（如接受报价、拒绝接受报价等）以及参与者在特定状态下的有效动作（如在何时可以由谁发出何种信息给谁）[1]。

之后，Amgoud 等也给出了类似的说法：协议是管理具有良好行为能力的交互 Agent 之间进行对话的一系列规则。协议是谈判的关键，它决定着谈判过程中的信息流。接着，Simon Parsons、Carles Sierra 等专家提出，把协议看成一种状态转移图，如图 8-1 所示。图中给出 Agent 在谈判中所处的各种合理状态，因此协议是 Agent 在状态之间的合理转变规则。如图 8-1 所示，给出了两个代理间的谈判协议[2]。

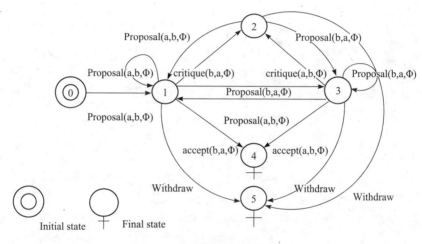

图 8-1　两个代理间的谈判协议

英国利物浦大学 Peter McBurney 教授等在 2002 年对相关语素问题进行了研究，在此基础上提出了有关基于辩论的自动谈判过程的一种对话协议[3]。其主要针对谈判的开始、结束，谈判过程中双方的交互方式、交互内容及承诺等定义了具体规则，具有一定的研究价值。但是，这一研究中大量使用了博弈论的方法，因此并不是真正意义上基于 Agent 的辩论谈判的协议，而更多的是体现了基于博弈论的谈判思路。

英国南安普敦大学 Nick Jennings 教授和他的博士后 Sarvapali D. Ramchurn 等在 2002 年制定了一种新的规则：如果 Agent 不能就某个请求发出辩论的话，就必须接受这个请求，同样的情况也会发生在 Agent 就其信仰做出辩论的时候，即如果某个 Agent 不能对某个提议做出相关的辩论的话，它就必须接受这个提议[4]。

2004 年，有关专家除提出给定一种通信语言外，还提出一个基于辩论谈判的概念框架。谈判框架应该也指定一个谈判协议来约束语言的使用。这里谈判协议指管理参与者交互的规则集。它包括交互协议以及一些其他的对话规则。交互协议指定，在谈判过程的每个阶段，谁可以说什么。例如，当一个 Agent 给出一个提议后，另一个 Agent 可能会接受它、拒绝它或者批评它，但是不能忽视它。因此，协议有可能仅仅建立在语素的确定上，也有可能建立在一些 Agent 之间的以往比较复杂的通信历史的基础上。一些基本的对话规则，作为谈判协议的一部分，介绍如下：

（1）允许规则（rules for admission）：规定了 Agent 在什么样的情况下即什么时候能参与谈判；

（2）退出规则（rules for participant withdraw）：规定了参与者何时能退出谈判；

（3）终止规则（termination rules）：规定了参与者在何种情况下结束谈判（例如，Agent 提出接受报价）；

（4）提议有效规则（rules for proposal validity）：规定了在何种情况下，提议是有效的（例如，Agent 不允许提出已经被拒绝的提议）；

（5）决策规则（rules for outcome determination）：规定了谈判结果在基于什么样的辩论理论的基础上能被采用（例如，如果 Agent 不能对某个请求发出辩论的话，就必须接受它）；

（6）承诺规则（commitment rules）：规定了如何管理 Agent 的承诺，Agent 在何时能收回先前的承诺，如何解决先前承诺与现在提议之间的矛盾，等等。

除允许对提议（proposal）进行支持的辩论外，2006 年，荷兰乌特勒支大学 H. Prakken 教授和他的学生 J. van Veenen 还提出了针对拒绝的辩论的一种协议。

2007 年，武汉科技大学的汪勇设计了基于 Agent 的电子谈判协议。该协议包括发起谈判、终止谈判、并行谈判和身份认证四个子协议，为 Agent 谈判提供了一组规则框架。协议符合安全性和公平性原则，具有 Pareto 最优、Nash 平衡和无欺诈特性[5]。

近年来，有关专家意识到，通过生产、制造、分销、销售和采购等活动将供应商、制造商、分销商、零售商和最终用户连成一个整体，最终形成一种功能网链，称为供应链。人们将 Agent 技术划分为分布式人工智能的一个分支，由于 Agent 技术具有自主性、交互性、适应性，因此其非常适合模拟地理上分散的、具有自主产权并且相互联系的供应链节点企业。Agent 技术在供应链管理领域的应用，已经得到学术界广泛的重视。

在多 Agent 制造业供应链中，企业间的合作与交流大部分是通过谈判来完成的，谈判是动态供应链形成的重要部分，对供应链的形成和发展起了决定性的作用。多个 Agent 之间的交互是围绕谈判协议展开的，谈判协议（negotiation protocol）是多 Agent 间实现交流、协作、消解冲突和化解矛盾的关键。Sadeh 等人对横向谈判协议和纵向谈判协议两者之间的异同进行了区分。他们指出横向谈判协议支持相同等级层次的 Agent 之间的交互，而纵向谈判协议支持不同等级层次的 Agent 之间的交互，横向与纵向谈判协议需要具备不同竞争力的机制支持。Wanyamat 等人提出了一种谈判协议，该协议适合解决 GCDM（group choice decision making）问题。Kraus 和 Faratin 等人也对谈判协议进行了具体的研究[6]。比较常用的谈判协议有拍卖协议、合同网协议、竞价协议、分布匹配协议、监听协议等。

综上所述，我们认为，谈判协议是指管理谈判参与者交互的规则集，规定了谈判 Agent 之间的通信语言、规范、语义以及何时何方采取何种行为，主要用于处理谈判过程中双方的交互，是谈判行为的基础。

二、谈判协议的内容

关于谈判协议的内容，可以分几种情形进行讨论：

第一类，信息导向型。通常谈判协议的主要信息为：

（1）谈判 Agent：如谈判 Agent 的姓名、电话、地址等信息。

（2）谈判状态：如开始谈判、结束谈判等。

（3）引起谈判状态改变的事件：如买方 Agent 提交谈判请求、接受报价、拒绝接受报价等。

（4）特定状态下谈判 Agent 的有效行为：如在何时谈判 Agent 采取何种行为[7]。

第二类，问题导向型。确定谈判协议的问题规则是设计谈判协议的首要任务，一般包括：

（1）谈判议题：谈判所要解决的问题。可以是单议题也可以是多议题的，而每个议题可以包括固定的属性值或者可协商的属性值。

（2）谈判参与者：设定参与谈判的 Agent 的参与规则，主要从以下三个方面来规定：①角色，在许多谈判中，每个参与谈判的 Agent 有各自扮演的角色，扮演角色的不同决定了多个谈判 Agent 之间谈判关系的不同以及采取行动的不同；②数量，是指每个角色可以有多个扮演者，比如谈判中可以有多个卖方；③接受和拒绝，规定了在何时何种情况下接受或者拒绝谈判参与者。

（3）谈判的有效性：检验参与者行为的有效性。包括谈判 Agent 之间各种可能的消息序列。

（4）谈判流程：谈判流程的约束包括几个方面：①"轮"的规定，谈判过程中每一轮代表一个固定的阶段，谈判双方在每一轮中提出报价以及反报价，谈判协议中要定义"轮"的规则，比如轮次的构成以及数量等；②选择方法：为了确定参与方之间能达成协议，必须在协议中指出方案选择方法；③谈判状态，谈判过程中 Agent 可能处于的状态，如发起状态，终止状态等；④使谈判状态发生改变的条件：如结束条件无论谈判成功与否，谈判协议必须规定在何时何种情况下终止谈判[8]。

第三类，属性导向。谈判协议主要包括如下属性（图 8-2）：

（1）角色（role），即谈判参与者的类型集（role set）。根据谈判参与者在谈判过程中所扮演的角色不同，将谈判参与者分为买方、卖方和第三方等类型。

（2）状态（state），即谈判过程中可能出现的状态集（state set），包括开始谈判、议价、谈判成功等几个状态。

（3）规则（rule），即谈判中的规则集（rule set）。谈判规则一般包括：

①准入规则：规定何种类型的谈判人能参与谈判；

②发出报价规则：规定何方在何种情况下将报价发送给对方；

③接收报价规则：规定何方在何种情况下接收对方的报价；

④接受报价规则：规定何方在何种情况下接受对方的报价；

⑤修改报价规则：规定何方在何种情况提出反报价；

⑥拒绝报价规则：规定何方在何种情况下拒绝接受对方的报价；

⑦退出规则：该规则给出谈判参与者退出谈判的条件。

（4）动作（action），即谈判参与者在谈判中采取的动作集（action set）。动作的规则集因谈判协议而异。例如，在一对一谈判协议中的动作集包括建议（propose）、要价（request）、接受（accept）、拒绝（refuse）、退出（abort）等。

（5）消息（message），即谈判 Agent 之间通信的消息集（message set）。消息与动作对应，不同的动作对应不同的消息类型。

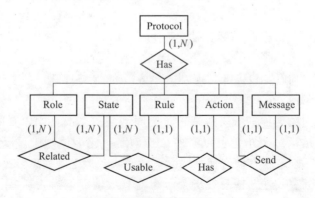

图 8-2　谈判协议属性

在谈判过程中的某一时刻，谈判只可能处于某一种状态，这一状态包含多个角色（卖方、买方、第三方等），每个角色有各自可以使用的规则集，每个规则有特定的前提、动作和结果。一旦前提被满足，就会触发规则，随后激活某个角色的动作，该角色发送消息给其他角色[9]。

第四类，多 Agent 主导。多 Agent 系统（MAS）应用到制造业供应链的协同谈判是一种新型的谈判形式。这种谈判适用于企业与多个上游企业和下游企业同时进行谈判，并能通过全面协调谈判各方的业务流程来消解冲突，达到双赢目的。其中，谈判协议是管理和控制谈判过程中谈判 Agent 之间交互的规则集，是谈判的"游戏规则"[10][11]，其谈判协议主要包括以下几个方面：

（1）谈判参与者，如核心企业、上游企业、下游企业；

（2）谈判状态，如谈判就绪、谈判出现冲突、谈判结束、谈判变迁等；

（3）事件，引起谈判状态变迁的事件，如谈判变量放松、约束放松等；

（4）状态迁移函数，状态迁移函数设计了某一状态响应事件的条件及产生下一个谈判状态的规则。状态迁移函数保证了谈判状态之间的变迁，确保谈判的顺利进行。谈判协议决定着谈判过程中的变迁，是谈判的关键所在。设计协同谈判不仅要正确描述谈判协议，而且要对买卖双方谈判协议的变迁做出正确的描述。这对于保证谈判过程能够有效地进行交互十分重要[12]。

三、谈判协议的性质

谈判协议的主要作用是控制谈判中的信息流，因此好的谈判协议应该具备以下性质：

（1）保证成功。谈判协议最终能使整个谈判有个满意的结果。

（2）稳定性。谈判协议的稳定性是指协议能够使所有的谈判 Agent 按同一特定方法来行事。最著名的稳定性就是纳什（Nash）均衡。

（3）角色区分性。在谈判过程中，谈判协议应该能够区分出参与者所扮演的角色，如买方、卖方、第三方等。

（4）分布性。将 Agent 技术加入到谈判中，位于不同地点的谈判 Agent 可以在不同时间参与谈判。同时，谈判过程为分布式谈判，改变了以往由一个中央单元来管理的方式，这样避免了单点失败或者性能瓶颈导致的谈判失败。

（5）有效性。一个谈判协议应该能够真实地反映现实情况且能够在主体模型中正确地描述。

（6）保证终止性。无论谈判最后能否达成一致，谈判都不能无休止地进行下去。必须在谈判协议里设定好终止条件。

（7）并发性。并发性指在谈判过程中，多个谈判 Agent 可以同时进行谈判。

（8）公平性。谈判协议设定的规则对所有的谈判 Agent 一视同仁，不偏袒任何一方。

（9）通信效用。谈判协议应该使谈判 Agent 聚合在一个期望的全局方案上，需要的通信次数最小化。比如，多个议题一起协商就能有效地降低通信次数[9]。

四、供应链谈判协议的分类

供应链谈判协议的分类可以根据外部结构的严格程度、市场机制、实现方法、消息格式、议题个数、时间约束等因素进行划分。

1. 根据谈判协议外部结构的严格程度划分

根据谈判协议外部结构的严格程度，将谈判协议划分为三种：严格的协议（rigid protocols）、基于两者之间的协议（intermediary protocols）、灵活的协议（flexible protocols）。Amgoud 等给出了谈判协议的最小参数集（包括 the possibility or not of backtracking, the number of moves per turn and the turn-taking of the agents），基于这三个参数的组合将协议分为八种，最后将八种精简为三种：严格的协议、灵活的协议和居于两者之间的协议，如表 8-1 所示。一般来说，大部分基于博弈理论的谈判协议，比如说讨价还价、合同网等，由于 Agent 之间只需要交换简单的提议和反提议，因而协议的形式也相对简单，属于严格的协议。而基于辩论的谈判中，由于 Agent 之间不仅能够互相进行提议，而且能够通过劝说等方式对提议的有效性进行辩论，或者影响其他 Agent 的喜好、信念从而改变其谈判策略，因而相应的谈判协议也需要更多的灵活性，比如 Agent 在一轮谈判中，可能要经历多次的改变和返回，因此这种协议属于灵活的协议。

表 8-1　根据谈判协议外部结构的严格程度的分类

参数 协议类别	是否允许退出 （backtracking）	是否要求依次发言 （turn taking）	每轮言语行为数 （number of moves per turn）
严格的协议	否	是	$=1$
基于两者之间的协议	其他情况		
灵活的协议	是	否	$\geqslant 1$

2. 根据市场机制划分

在电子商务中，市场机制的不同决定了谈判机制的不同，一般划分为：

（1）一对一谈判协议。在交换式市场机制中，谈判 Agent 有两个，属于一对一交易。例如，股票市场。

（2）拍卖（多对一）协议。在拍卖会市场机制中，一般规定有一个卖方

Agent，多个买方 Agent。即用网上的拍卖会来模拟现实生活中的拍卖会。典型的拍卖市场网站有 Onsale 和 eBay 拍卖网。

（3）投标（一对多）协议。在采购式市场机制中，一般规定有一个买方 Agent 和多个卖方 Agent，买方 Agent 同时向多个卖方 Agent 进行谈判，最终选择最合适的卖方。典型的投标协议有 BargainFinder、Jango 和 Kasbah。

（4）经典（多对多）协议。在经典市场机制中，一般规定多个买方 Agent 对多个卖方 Agent。现实生活中一般是经典市场。双边拍卖属于这种类型的市场机制。

3. 根据实现方法划分

根据谈判协议实现的方法不同，谈判协议可以分为：

（1）集成协议。集成协议是指集成在主体中的协议，集成协议作为主体的一部分，以代码的形式编辑在主体中。这是一种广泛应用的协议。谈判协议在谈判前已经被编写好，谈判参与者只能遵循该协议规则进行谈判或者退出谈判重新编辑协议。因此，这种类型的协议仅适用于谈判 Agent 在整个谈判过程中不改变谈判策略的情况，而不适用于分布式的、开放的环境中谈判 Agent 进行谈判。

（2）独立协议。独立协议是指存在于主体之外，以共享本体的形式存在的一种协议。文献［11］对独立协议进行了描述。谈判本体提供一些基本词汇共享给谈判宿主和参与者，使得他们能够按照基本术语进行讨论。在谈判策略和谈判协议随时变化的分布式、开放式环境中，独立协议的应用非常广泛。

4. 根据消息格式划分

按照消息格式的不同进行划分，谈判协议可分为：

1）应答式协议（responsive protocol）

应答式协议的规则是，卖方 Agent 将报价（propose/offer）发送给买方 Agent，并等待买方 Agent 反馈信号（signal：接受或拒绝），如图 8-3 所示。

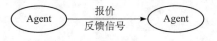

图 8-3　应答式协议

当没有收到来自于买方 Agent 的信号时，卖方 Agent 认为他的要价不合理，将重新发送一个自己认为比较合理的报价给买方 Agent。应答式协议简单易懂且容易实现，除卖方 Agent 外，其他 Agent 只要反馈信号（接受或拒绝对方报价）即可。但是该类协议耗时长、效率低，因为卖方 Agent 必须推测先前的报价为何不能被接受并决定下一步报价向谈判空间的哪一个方向发展。由于有时卖方 Agent 的推测与事实相差很远,所以它可能会浪费很多的时间去摸索。另外,如果由于网络故障致使信号不能及时到达卖方 Agent 时,卖方 Agent 会误认为买方 Agent 不同意这个要价。

2)评价式协议(evaluative protocol)

如图 8-4 所示,卖方 Agent 将报价发送给买方 Agent 并等待对方的反应,其中报价包括多议题,如价格、质量和交货时间等。买方 Agent 可以接受该报价,也可以提出反报价并说明对原报价不满意的评论(comment)。卖方 Agent 根据接收到的反报价推测对方的偏好以及策略,以便提出新的报价。

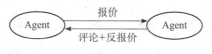

图 8-4 评价式协议

评价式协议弥补了应答式协议的缺点。买方 Agent 的反报价和评论确定了它的一致空间区域。但是该空间区域具有一定的模糊性,因为卖方 Agent 必须以反报价构造的方法来推断买方 Agent 的偏好和策略。然而,双方构造反报价的方法往往是不同且互相不知道的。

3)辩论式协议(argument protocol)

报价、反报价和评论只是谈判 Agent 做法的描述,具有一定的局限性。如果采用辩论式协议更能使自己提出的报价、反报价和评论说明自己的立场。辩论式协议(如图 8-5 所示)是指谈判 Agent 通过辩论的形式在提出的报价中加入一些附加的元信息(meta-information),使得报价更吸引人,更有说服力。这样可以改变对方的可接受区域或者区域的等级函数。由此可见,辩论式协议提高了谈判成功的速度和可能性。

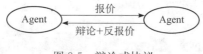

图 8-5 辩论式协议

5. 根据议题个数划分

在上网交易初期,大多数谈判都是只针对商品的价格进行谈判。这种只针对议题的单个属性进行谈判的协议称为单议题谈判协议。

随着电子商务和信息技术的不断发展,多议题谈判应运而生。谈判 Agent 逐渐考虑对商品的多个属性进行谈判,如价格、质量、送货时间、付款方式等。针对多议题谈判而设定的协议为多议题谈判协议。

6. 根据时间因素划分

根据协议中是否考虑了时间因素的限制可以将谈判分为两种：带时间约束的谈判协议和没有时间限制的谈判协议。带时间约束的谈判协议规定，当谈判到达规定的时间时，即使谈判还未达成一致，谈判将强行结束。没有时间限制的谈判协议规定，谈判的过程没有时间的约束，一直到谈判达成一致为止。

五、谈判协议的特点

谈判协议是管理交互的规则集，谈判是多个回合的交互过程，谈判协议是用于限制谈判过程的，规定了谈判各方的行动方式和行动集合。它可以消除谈判冲突，解决多个谈判 Agent 对某个议题存在的分歧，促使谈判达成一致。

一个好的谈判应该具有以下几个特点：

（1）采用形式化来保证 Agent 完成自动交互；

（2）支持对复杂委托的谈判；

（3）一般化，可适用于不同的市场机制；

（4）持安全机制，允许第三方仲裁；

（5）持现成的商业模式，以及未来会出现的更高级的模式[7]。

以下是一个通用的谈判协议，如图 8-6 所示：

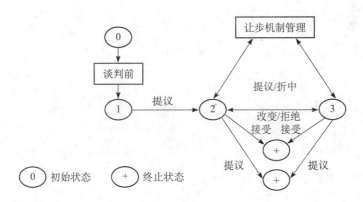

图 8-6　谈判协议

例子中谈判开始前，买方 Agent 提出商品需求或提供信息并向其他 Agent 发送有关消息，寻找合适的交易方。当买方 Agent 找到合适的卖方 Agent，就向其提出谈判请求，给出谈判的基本条件。若对方 Agent 接受请求，则谈判开始。任意一方 Agent 给出一个初始提议，即谈判的商品属性集合（从状态 1 到状态 2）。收到提议的 Agent 可以给出新的提议或者将自己的收益折中后生成反提议，转到状态 3。随后对方 Agent 依次给出新的提议或折中，返回到状态 2。在状态 2、3 下，任何一方 Agent 都可以接受当前对方 Agent 的提议或者退出谈判。任何时候双方 Agent 都可以变更谈判问题，则以"改变"应答，或希望重新开始谈判，则以"拒绝"应答并给出解释。如果谈判时间到达任一方谈判 Agent 的谈判时限，则无论提议取值如何，谈判均自动结束。这个协议是对合同网协议的自然扩充，允许重复的提议和反提议过程，并可以在谈判过程中更改谈判的问题集合[7]。

第二节　供应链谈判协议描述方法

现有的协议描述方法很多，研究者一般都使用自己熟悉的工具来描述协议。因此，对协议的描述还没有一个统一的标准。常用的方法有非形式化方法和形式化方法。其中协议的非形式化描述方法是指用自然语言描述谈判协议的方法。协议的形式化描述方法有很多种，确定状态自动机（DFA）、有限状态机（FSM）、UML 活动图、Petri 网（Petri Net）和颜色 Petri 图（Colored Petri Net）、Dooley 图等。下面将对这些方法作详细的介绍。

一、谈判协议描述方法

1. 非形式化方法

非形式化方法是谈判协议最简单的描述形式。主要指采用直白的语言对协议进行描述的一种方法。该方法指出在何种情况下何方接收到何种消息，随后执行何种动作，发送何种消息。

非形式化方法的缺点是不能直观地描述谈判的规则，容易使人产生歧义，尤其是不能清晰地说明复杂协议内部的控制流。非形式化方法描述的协议一般是通过编程来实现，这增加了谈判 Agent 对谈判协议理解的难度，导致谈判 Agent 很难根据谈判形势采取正确的策略。

2. 形式化方法

谈判协议的形式化描述方法有许多种，下面将常用方法进行简要介绍。

（1）DFA 和 FSM。确定状态自动机（determinate finite automata，DFA）和有限状态机（finite state machine，FSM），两者是最简单、最直接的形式化方

法，主要用于模拟对话，描述会话必须经历的所有状态，并可以检查模型的有效性。这种形式化工具仍具有许多缺点，如仅适合于描述串行系统，不能很好地表示并发状态，对会话的复杂推理和共享不易实现。

（2）UML 活动图。扩展的 UML 活动图是应用非常广泛的形式化方法。UML 活动图说明参与者的活动以及协商状态。活动说明可以通过用 Use-case 图和 Sub-use-case 图来使其模块化，活动图有助于理解系统高层活动的执行行为。活动图存在不足之处，它不涉及消息传送的细节，但在谈判协议的设计过程中，对消息传送的描述是必不可少的。

（3）主体通信语言。主体通信语言（agent communication language，ACL）也是一种常用方法。在多主体谈判系统中，谈判主体间的交互（interaction）是协议达成一致的必不可少的一部分。谈判主体的交互过程可看做通过谈判主体间通信来协调双方行为以便联合采取行动。其中，通信是指多个谈判主体之间用一种语言进行"交谈"，它包含交谈内容的传递和谈判双方对交谈内容的正确理解。

（4）谓词逻辑方法。多 Agent 系统的编程语言 CONCURRENT META-TEM 是一种基于时序逻辑的编程语言，类似于程序实现，表达能力较强，适合于表示合乎逻辑的选择和非决定论（non-determinism）。但是逻辑强调的是动作的执行条件与动作执行的表示，而对动作之间的关系，不同角色与动作之间的关系，整个系统的状态以及系统中的信息传递都没有说明。然而，这些却是协议描述中不可缺少的[13]。

（5）Petri 网（Petri Net）和颜色 Petri 图（Colored Petri Net）。Petri 网（PN）和颜色 Petri 图（CPN）都是常用的协议描述方法，两种方法优点是用图形表示，其语法结构有良好的定义，允许形式化分析和转换的数学形式，适合于模拟和建模工作流，Petri 网适用于建模、模拟、分析、监督和调试 Multi-agent 系统中的对话。PN 和 CPN 可以获得一个会话的并发特征和一个会话在运行时的状态，并能够为处理多个并发消息提供会话结构复用。Ferber 提出把 Petri 网应用于协议描述的思想。有些专家详细讲解了用着色 Petri 网描述的谈判协议，描述了合同网协议的 Petri 网定义形式。在基于 Agent 的电子商务自动谈判协议方面，人们已经用 Petri 网做了大量的研究工作。

（6）Dooley 图。Dooley 图是提供一种表示会话实际发生情形的方法。Parunak 是第一个用 Dooley 图对多主体系统进行建模的人。Dooley 图对不同谈判 Agent 所扮演的角色进行了区分，这些角色可以对应于同一主题的不同部件。增强的 Dooley 图建模技术是 Dooley 图的扩展。它不仅提出了状态信息而且提供了会话中不同参与者的信息，这一点要优于简单的 DFA 方法。

（7）本体。考虑到协议的共享与重用，人们开始利用本体描述谈判协议。

本体具有五个基本建模元语（modeling primitive）：类（classes）、关系（relations）、函数（functions）、公理（axioms）和实例（instances）。其研究与应用主要包括：①理论上研究概念及其分类、Ontology 上的代数；②在信息系统中主要处理信息组织、信息检索和异构信息系统互操作问题；③在知识层提供知识共享和重用的工具[14][15]。

（8）通信层协议。通信是谈判 Agent 之间实现交互的桥梁和接收对方信息的基本方法。谈判 Agent 在谈判过程中，对其他 Agent 的信念模型进行推理，推测出对方的意图，从而达到谈判目的。但在动态、复杂的谈判环境下，当前的通信方式还存在一定的不足之处，需要从以下三个方面进行完善：对话管理、通信语言和通信协议。

①对话管理：通信的内容不是简单的一条消息，而是由许多条消息结合而成的，消息与消息不是孤立存在的，而是彼此之间存在一定的逻辑关系。一条消息是否被正确地理解，取决于消息的内容、对话协议以及对话历史三个方面。由此可见，为了保证通信消息正确地运用到谈判中，需要进行对话管理。

②通信语言：通信语言是谈判 Agent 间传送信息和交换知识的媒介，是谈判 Agent 间共享的语言。因此，需要在谈判开始前，事先定义好通信语言的语法、语义和语用的定义。

③通信协议：通信协议是一种广义的协议，它包括高层的对话协议和底层传输协议。对话协议定义了对话的基本过程和消息的各种响应情况，一般用 FSM 表示。传输协议定义了通信过程使用的底层传输机制，如 TCP、SMTP 和 HTTP 等[9]。

通过交换消息，基于 Speech Act 理论的 ACL 语言和 KQML 语言可以实现谈判 Agent 之间的通信。一方谈判 Agent 的心智状态可以通过交换代表自己愿望的消息来影响对方 Agent。Chang 和 Woo 提出一个称为基于语言-行为的谈判协议（speech-act-based negotiation protocol，SANP），属于通信层协议，以状态转移图的形式来表示。SANP 中的语句包括＜函数＞和＜内容＞。其中，＜函数＞是一个语言行为类名称，＜内容＞是领域知识的表示。该描述方法适合描述谈判过程的消息交换，但不适合于描述抽象的谈判协议。

二、协议描述方法的特点

理想的自动谈判协议描述方法应该具有以下特点：

（1）有效性：指描述方法是一种形式化工具，最基本的作用是能够模拟简单的交互模型。

（2）并发性：指描述方法支持谈判的并发进行，从而提高谈判的效率。

（3）角色区分性：指形式化描述方法能够区分角色地描述不同谈判 Agent，这一特性有利于协议的动态构建、重用和集成。

（4）动态构建性：指协议描述方法可以实时动态地建立谈判模型，例如，在谈判过程中，协议描述方法可以捕获谈判模型的某方面的特征，而且能够提供某些定量的评估。

（5）结构复用性：指协议描述方法为一个给定谈判会话的不同实例提供并发的复用运行结构的能力。

（6）系统属性验证性：指提供协议性能验证的能力。能够对所建模型的正确性、安全性、并发性等性质进行验证，以便改进模型。

根据以上的特点，对上述的谈判协议形式化描述方法进行对比分析，总结如表 8-2 所示。

表 8-2　各种描述方法的特点比较

	有效性	并发性	角色区分性	动态构建性	共享与重用性	系统属性验证功能
逻辑语言	★					
DFA 和 FSM	★		★	★		
UML 活动图	★					
主体通信语言	★					
Dooley 图	★		★	★		
Petri 网	★	★	★	★		★
本体	★	★	★	★	★	

表 8-2 从有效性、并发性、角色区分性、动态构建性、共享与重用性和系统属性验证功能六个方面对常用的形式化协议描述方法进行了比较。各种协议描述方法都能够有效地对谈判协议进行描述，但 FSM、Petri 网和本体能够对角色进行区分和具有动态构建性。Petri 网和本体具有并发性，能够描述多个同时的谈判。而共享与重用性是本体所具有的特性[12]。

第三节　供应链谈判协议实例

常用的谈判协议包括：1-1 协议、拍卖协议、讨价还价协议、合同网协议（contract net protocol）、交互提议协议、基于论据的协议、对话博弈协议、基于辩论的协议（argument based protocol）和 OSM 谈判协议等。本节首先对这些协议进行简单介绍，然后，就一些协议在具体的谈判过程中的应用给出一些实例。

一、常用协议介绍

谈判协议涉及多种形式，常用的有 1-1 协议、拍卖协议、讨价还价协议、合同网协议、交互提议协议、基于论据的协议、基于辩论的协议、OSM（organization structure meta model）谈判协议等。

1. 1-1 协议

Rosenchein 和 Zlotkin 于 1989 年提出单调让步协议（monotonic concession protocol，MCP），是指双方谈判 Agent 在谈判过程中在同时进行报价，其中一方做出让步，经历有限度的让步后，最终达成协议。该协议必须保证至少有一个谈判 Agent 做出让步，否则，会产生谈判冲突，谈判就会陷入僵局。Fox 等人最早将有限状态自动机与语言行为（speech act）理论相结合来形式化描述 1-1 谈判协议。后来，单调让步协议开始针对 n 个谈判 Agent 进行扩展。例如，Sierra 和 Jennings 等人把协议定义为状态转移图的形式。Scott 提出的对话协议（conversation protocol），该协议是预先规定好的协作协议，它可以协调谈判 Agent 完成特定的工作[16]。

1-1 协议是两个谈判 Agent 进行谈判时所遵守的协议，因为不需要考虑多个谈判 Agent 之间的交互关系，比其他的协议要简单易懂，可以作为研究其他协议的基础。然而，现实生活中 1-1 谈判的形式比较少见。

2. 拍卖协议

目前自动谈判系统中有不少系统采用拍卖协议。其中拍卖协议又分以下几种类型：

（1）英式拍卖（ascending bid），即"增价拍卖"，是指在拍卖过程中，卖方 Agent 宣布拍卖的起叫价及最低增幅，买方 Agent 以起叫价为起点，竞相提高竞价，最后以最高竞价者成交[17]。

（2）荷兰式拍卖（descending bid），即"减价拍卖"，商家首先设定商品的起拍价格（即最高期望价格），随着拍卖进行，该价格将会随时间自动向下浮动，如果浮动到某一价格时有买方 Agent 愿意出价购买，则此次拍卖成功。如果价格下浮到拍卖的保留价时仍无买方 Agent 出价，则拍卖结束[12]。

（3）密封拍卖，即招标式拍卖。由买方 Agent 在规定的时间内提交一个密封的报价给卖方 Agent，由卖方 Agent 选择买方 Agent。密封拍卖又可以分为第一价格密封拍卖（the first-price sealed auction）、Vickrey 拍卖（the second-price sealed auction）及双方叫价拍卖（double auction）等[12]。

一级密封拍卖是指在拍卖中，多个买方 Agent 同时将各自密封的出价写下来装入一个信封中，密封后交给卖方 Agent，卖方 Agent 从中选择出价最高者，将商品卖给他。

Vickrey 拍卖（the second-price sealed auction）与第一价格秘密投标拍卖存在一定的区别。第二价格秘密投标，第二低价投标或是第二高价投标是交易的成交价格。并且，卖方 Agent 必须支付一个最高价位和次高价位之间的差价用于保证买方 Agent 向自己真正讲出了保留价。然而在电子商务中，由于互联网上存在大量的卖方 Agent，所以卖方 Agent 之间的激烈竞争将导致这个差价很小或者甚至为零[12]。

双方叫价拍卖（double auction）是指在拍卖过程中，潜在的买方 Agent 和卖方 Agent 同时开价，卖方 Agent 选择成交价格 P 来清算市场，所有要价低于成交价格 P 的卖方 Agent 卖出，所有出价高于成交价格 P 的买方 Agent 买入；在成交价格 P 下，总供给与总需求相等。拍卖协议具有简单易懂、高效且容易实现的优点，因此许多系统采用该协议来进行谈判。

在自动谈判系统 AuctionBot 和 Kasbah 中，都是针对价格这一个属性进行谈判，采用的都是拍卖协议。然而现在的谈判中，买方 Agent 和卖方 Agent 会关注多重因素，如价格、质量、售后服务、交货时间、交货方式等因素。随后各学者开始对多属性问题的谈判进行大量的研究，并在许多文献中提到多属性谈判。例如，Sarit Kraus 与 Esther David 等专家对普通的拍卖机制进行了扩展，不再仅仅针对价格进行谈判，而是研究多属性谈判问题。文中的拍卖形式是一个拍卖者为买方 Agent 和多个竞标者为卖方 Agent 的拍卖模式，重点讲解了第一价格密封拍卖（the first-price sealed auction）、Vickrey 拍卖（the second-price sealed auction）、英式拍卖（ascending bid）三种拍卖协议下的多属性谈判问题，并给出了具体的模型，为买方 Agent 和卖方 Agent 设计了最理想、稳定的谈判策略[17]。文献［18］和文献［19］各自提出了一种基于博弈论的多属性谈判模型[12]。Anthony Bagnall 等人研究了谈判 Agent 在单个卖方 Agent 密价拍卖协议下出价的学习算法，其中无论是动态谈判环境还是静态谈判环境都是可以的[20]。金滓提出了一种递增叫价的多属性拍卖方法，考虑了买方 Agent 和卖方 Agent 的策略和效用，买方 Agent 和卖方 Agent 满足独立理性，且都存在接近最优的策略[21]。

虽然在很多谈判系统中都采用拍卖协议，拍卖协议也在不断地发展，但越来越多的人认识到在一对多谈判中运用拍卖协议存在一些不足之处。例如，David Esther 等专家对英式逆拍卖（reverse auctions）过程中多属性拍卖问题的投标策略进行了研究。但在拍卖系统中，谈判的成功需要买方 Agent 能够准确地描述其效用函数，并用该效用函数来评价多个卖方 Agent。而在实际中，买方

Agent 不具备相关产品或服务的专业知识，不能给出准确的效用函数和评估结果。Jennings 等专家指出在英式逆拍卖协议中，首先谈判是单向的，即买方在反拍卖过程中只能从多个卖方 Agent 的报价中选择一个报价，而不能提供报价或者反报价；其次，买方 Agent 对多个卖方 Agent 采取同一策略进行谈判，不支持对不同卖方 Agent 采取不同策略；最后，谈判时间太长，若无时间限制，谈判会无止境的进行下去，但如果增加时间限制会使得谈判不能达到最优结果[22]。

3. 讨价还价协议

讨价还价协议（bargaining protocol）主要是针对一对一的谈判，其特点是，将谈判过程的结束和达成谈判协议所经历的轮次，表示成局中人在谈判过程中报价序列的函数。文献［23］中介绍了讨价还价协议，分析了它的不足之处并提出了扩展的协议。

《谈判的艺术与科学》提出了双方多问题的讨价还价谈判协议，并指出在谈判中一方报价后，另一方可以接受、拒绝并退出或者拒绝但继续进行还价。同时将该协议扩展到多方谈判中，对多方谈判中各谈判方的关系进行了讨论：将原有的双方讨价还价谈判协议看做一个谈判行为单元，两个或者多个顺序或并行的谈判行为单元相结合，组成多方讨价还价谈判协议。目前，在电子商务谈判的多方谈判中，各谈判方有合作和竞争两种基本关系。

（1）合作关系。具有合作关系的谈判各方，谈判行为单元是按顺序发生的，即谈判各方按照事先约定的次序或随机地进行提议，所有谈判方都能看到该提议，只有所有谈判方都通过的提议才能作为谈判的最终方案。因此，一方的提议可顺次递交给剩余的所有谈判方，当某个提议被所有的谈判方接受后，代表谈判达成一致[24]。

（2）竞争关系。具有竞争关系的谈判各方，谈判行为单元是并发进行的，即谈判各方同时进行提议，提议对其竞争对手是不可见的。谈判的发起者和一个或多个参与谈判的竞争者达成谈判的最终方案，事先约定的协议来确定最终方案中的成交价格等关键细节是否显示给未中标的竞争者[24]。

双边谈判一般是由两个合作者组成。供应链上的谈判一般是由三个或更多合作者组成。拍卖或竞标则一般是一对多谈判，即由一个发标者和若干个互为竞争对手的投标者组成。对于更为复杂的谈判局势，都可以由遵循谈判参与者彼此之间的竞争或合作关系来确定相应的行为模式，从而建立由谈判行为单元组合而成的一般讨价还价协议[24]。

在一般的讨价还价模型中增加谈判局势分析模块，能够给谈判参与者提供决策方面的支持，增加谈判方偏好设定和谈判进程存取功能，能够进一步配合谈判局势分析模块。在谈判方收到报价后，可以根据已存储的历史报价、对方偏好和其他对手的偏好等来推测最优结果。

　　然而，一般的讨价还价模型存在一定的局限性，它只为谈判 Agent 提供交流的方式和单方面的决策支持。如果在原有讨价还价模型的基础上引入第三方，即各个谈判 Agent 均可信赖的中介，将大大提高谈判效果。其原理是，各个谈判 Agent 可以将自己的偏好告诉第三方，第三方保证不被其他谈判 Agent 知道。第三方具备了所有谈判 Agent 的完备信息，就能对各谈判 Agent 进行协调，提供对策均衡解或者帕累托最优解。典型的基于系统协调谈判协议的谈判支持系统是基于 Web 的谈判支持系统（web based negotiation support system, WNSS）。在谈判过程中，各谈判 Agent 要设定各自的偏好，当各个谈判 Agent 给出提议时，系统根据各方提供的偏好信息和提议进行整体优化，给出最优方案。各个谈判-Agent 再根据系统给出的最优方案做出让步，系统继续协调，直到各个谈判 Agent 都满意为止[24]。

　　只具有单一谈判协议的谈判支持系统不能满足谈判 Agent 对系统动态协调功能的需求。因此需要设计支持不同谈判协议的谈判支持系统。我们通过提取以往谈判协议中谈判 Agent 的行为状态，来设计支持多种谈判协议的谈判支持框架。在讨价还价协议中，谈判 Agent 的行为单元的行为状态是等待和观察对方提议。在系统协调过程中，谈判 Agent 是等待与观察系统协调方案。将两者结合，得到通用的谈判支持状态转换图（如图 8-7 所示）。该框架表明，谈判 Agent 针对不同的谈判实例，可以在讨价还价和系统协调两个模块之间进行切换。当讨价还价发生冲突陷入僵局时可以切换至系统协调模块；当系统协调成功得到满意解后，可以切换至讨价还价模块对一些细节问题继续讨价还价[24]。

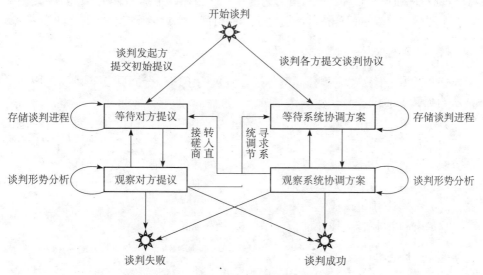

图 8-7　通用谈判支持状态转换图

4. 合同网协议

Smith 在 1980 年最早给出了合同网协议（contract net protocol，CNP）的定义。它的基本过程是：

(1) 管理者（manager）发布一个描述任务和投标标准的任务通知；

(2) 申请者（contractors）发送投标，宣布他们执行一项任务的愿望及能力；

(3) 管理者发送判定/回报信息给一个成功的申请者；

(4) 申请者发送一个判定的确认信息（接受或拒绝）给管理者[12]。

目前，许多研究者对 CNP 提出了各种形式的改进方案。FIPA（Foundation for Intelligent Physical Agents）是一个非营利组织，组织将 CNP 扩展为 FIPA 合同网交互协议，增加了"拒绝"和"确认"两种通信行为，使之成为现有各种 Agent 实现平台的一个重要标准[25]。韩国的 Jun Lee 等人对 CNP 协议进行了扩展，用逻辑的思想建立了时间限制谈判协议。文献［26］中描述了 CNP，并利用 Petri 网模型模仿 CNP 中的管理者和申请者进行交互，构建了一个自动生成合同的框架[12]。

文献［27］认为 CNP 是针对一对多的谈判协议，这种谈判协议下谈判过程是叫价的过程，并且在谈判过程中不能加入新成员；谈判 Agent 只能表示接受或拒绝报价。虽然 CNP 能够有效地获得价格表，但缺乏妥协和让步的空间。谈判 Agent 在这种谈判协议中不能充分进行谈判[12]。

另外，合同网协议在初期主要针对分布式问题的求解，后来广泛应用于多 Agent 系统的协调中，Agent 之间的通信经常建立在约定的消息格式上。但是，实际上合同网系统规定任务指派和有关主体的角色，它只能支持严格的合同格式[12]。

5. 交互提议协议

FIPA 进一步修改完善合同网协议，发展为 FIPA 合同网交互协议，增加了拒绝和确认等通信行为，作为多 Agent 之间协调的标准，可用于主体之间的交互谈判。Pinata 等在 2002 年提出了一个扩展的交互提议协议，该协议对经典交互提议协议进行了修正：

(1) 允许在不需要揭露各个谈判 Agent 的偏好的情况下进行谈判；

(2) 允许使用策略延迟谈判；

(3) 允许在协定达成之前修改提议；

(4) 允许谈判者在彼此的信任中尝试去激励改变[16][28]。

6. 基于论据的协议

基于论据的协议将谈判 Agent 设定成具有人的精神意识，如愿望、信念、意图和推理能力等，认为参与者都是自利的。这种协议克服了传统协议中许多认为的假设，合作的方式无法解决冲突等问题。该协议在 BDI（belief-desire-intention）模型的基础上，通过威胁、奖励和引导来达到谈判目的。其过程是通过劝说来改变对方的信念和行为方式，促使谈判达成一致。该协议可采用状态转移图来描述[16]。

7. 对话博弈协议

对话博弈协议定义了谈判对话的语言行为、说话方式的限制和谈判参与者根据协议进行对话需要执行的子任务。Dastanile 等将来自市场理论的消费者购买模型与对话博弈协议结合，构建基于博弈的对话协议，解决对话博弈主体不足以自主产生软件主体之间自动谈判的问题。Peter 等提出了一种对话博弈协议，该协议给出了对话博弈的各种规则：开始规则、组合规则、惯用语规则、承诺规则和终止规则。但该协议存在一定的缺点：它只考虑了单一的购买决策，在实际中，购买决策要依赖或影响其他的购买[16]。

8. 基于辩论的协议

近几年，提出了一种新型的多 Agent 谈判协议，称为基于辩论的协议（argument based protocol）。该协议的基本思想是在谈判中加入一些人为因素，增加了除价格以外的附加信息，比如，产品质量保证、交货时间保证、技术支持可靠、后期服务优良或其他奖励政策等额外信息。该种协议与基于论据的协议相似，其优点是更为符合现实谈判的主观形势。该谈判协议中谈判方具备完全信息，在不确定情况下，存在多个均衡[12]。

9. OSM 谈判协议

OSM 谈判协议是对象管理组（OMG）设计的谈判协议标准，OSM 谈判协议试图采用一种规范的方法描述普遍的双方和多方谈判过程。OSM 谈判协议实际上并不十分适合自动谈判协议，因为该协议试图描述一般化的谈判过程，对于设计自动谈判协议，还需要进行修改和完善[12]。

二、谈判协议应用实例

（一）基于 Multi-agent 的电子商务谈判协议

在进行商务谈判之前，人们事先就谈判内容、程序、文件、合同和礼节等事项达成协议，以确保谈判正常地进行。在企业智能商务系统（enterprise intelligence business system，EIBS）中，Agent 是谈判主体，同样遵循一定的协议。电子谈判协议（E-Negotiation Protocol，ENP）约定了消息解析策略、消息格式定义、如何开始一次谈判及谈判终止规则等内容，对于人为的影响因素，在系统设计时予以假设或规定。

任何一个谈判框架都由四个部分组成：

（1）一个谈判方案集合，表示 Agent 可能提出建议的空间。

（2）一个协议，定义 Agent 提出的合法的建议。

（3）一组策略，决定 Agent 将会提出什么建议。通常，Agent 采用的策略是保密的。

（4）一组规则，决定什么时候达成交易以及这个一致的交易是什么。

谈判受到一种特定协议的支配。协议定义了两个 Agent 相遇的规则，协议的设计是使得任何特定的谈判过程都具有特定的所希望的特性。关于电子谈判的协议还不多见，Lopes F. 等人设计的双边和多边谈判协议是关于 Agent 的消息传送与解析规则，消息传送的是原始信息，消息的安全性难以保证。Amor M. 等人设计了一种自适应谈判协议，利用组件技术训练 Agent 在谈判时的适应能力，并用 XML 格式对协议进行了描述。ENP 着眼于安全性、谈判终止条件、协议格式及并行谈判规则的研究。ENP 由四个子协议组成，即发起谈判子协议、终止谈判子协议、并行谈判子协议和身份认证子协议。后续的系统设计遵循 ENP 中的约定。

1. 协议符号说明

$A \rightarrow B$：msg：A 发送消息 msg 给 B。

proposal：提议消息，消息内容为谈判提议、谈判问题和时间等。

E_{MPK}（msg）：用商家 Agent 公钥 MPK 对客户 Agent 发送的消息 msg 进行加密，E 表示加密操作。

E（msg）：用对方 Agent 公钥对消息进行非对称加密。

D（msg）：对消息进行数字签名。

H（msg）：生成消息 mgs 的摘要，H 是强单向 Hash 函数。

$Cert_{ci}$：客户第 i 个 Agent 的数字证书。

$Cert_{mi}$：商家第 i 个 Agent 的数字证书。

CSK/CPK：客户 Agent 私钥/公钥。

MSK/MPK：商家 Agent 私钥/公钥。

accept：接受提议消息。

refusal：拒绝提议消息。

correction：商家修改的提议消息。

reproposal：客户修改的提议消息。

endnego：谈判结束标志。

satisfied（）：满意的方案。

e：收益偏差。

unanimity：达成一致的方案。

everytime：每一轮的谈判时间。

deadtime：每一轮规定的最长谈判时间。

generations：谈判次数。

deadgen：规定的最多谈判次数。

deaddate：谈判截止日期。

end：谈判结束消息。

MVickrery（）：方案选择函数，修正的 Vickrery 拍卖策略。

2. 协议描述

1）发起谈判子协议，设

P1：$A_{ck} \rightarrow A_{mk}$：$E_{MPK}$（$D_{CSK}$（proposal，$Cert_{ck}$），$H$（proposal）），面向问题 k 的客户谈判 Agent 发送提议消息 proposal 给商家谈判 Agent。

P2：A_{mk} 用私钥 MSK 解密消息，再用 A_{ck} 传送来的公钥 CPK 解密 proposal 及 $Cert_{ck}$，生成 proposal 的摘要 H_1（proposal），比较 H_1（proposal）和 H（proposal）是否相等，验证提议消息的一致性及 A_{ck} 身份。并决定：①接受提议；②拒绝谈判；③修改提议。

（D_{MSK}（x，$Cert_{mk}$），H（x））发送消息 x 给 A_{ck}，$A_{mk} \rightarrow A_{ck}$：EDPK（$D_{MSK}$（$x$，$Cert_{mk}$），$H$（$x$））。其中 $x=$accept，refusal，correction。

P3：A_{ck} 用私钥 CSK 解密消息，再用 A_{mk} 传送来的公钥 MPK 解密 x 及 $Cert_{mk}$。

同理验证消息 x 的一致性及 A_{mk} 的身份。并决定：①如果接收的是消息 accept，开始谈判；②如果接收的是消息 refual，终止子协议；③如果接收的是消息 correction，又分为三种情形：a. 认可对方的修改提议；b. 拒绝；c. 修改对方的提议，发送消息 x 给 A_{mk}，$A_{ck} \rightarrow A_{mk}$：$E_{MPK}$（$D_{CSK}$（$x$），$H$（$x$）），$x=$accept，refusal，reproposal。

P4：A_{mk} 用私钥 MSK 解密消息，再用 A_{ck} 传送来的公钥 CPK 解密 x，验证消息 x 的一致性。并决定：①如果接收的是消息 accept，开始谈判；②如果接收的是消息 refusal，终止子协议；③如果接收的是消息 reproposal，转协议步骤 P2，直到达成一致或执行谈判终止子协议。A_{ck} 第二轮发起谈判时，其证书不必传送。

2）终止谈判子协议

在谈判过程中，出现下列情形之一，谈判终止。

P5：$\exists$ Agent$\in\{A_{ck}$，A_{mk}，MA_c，$MA_m\}$，endnego＝TRUE如果有一方或双方放弃谈判，则终止谈判。

P6：$\exists\{S_i$，$S_j\}$，$S_i\in S_c$，$S_j\in S_m$，satisfied（S_i）$\wedge$satisfied（S_j），出现双方都满意的方案时，达成一致，谈判结束。

P7：$\exists\{S_i$，$S_j\}$，$S_i\in S_c$，$S_j\in S_m$，$|U_c$（S_i）$-U_m$（S_j）$|\leq e$出现在收益偏差范围内的方案时，双方达成一致，谈判结束，unanimity＝S_i。

P8：everytime＞deadtime，每一轮的谈判时间超过规定的最长谈判时间。

P9：generations＞deagen，谈判进行多轮，最多进行 deadgen 轮谈判。

P10：$\sum$everytime×generations＞deaddate，谈判时间超过截止日期，终止谈判。

3）运行谈判子协议

P11：$I=\{I_1,I_2,\cdots,I_k\}$，I 为谈判问题集。

P12：谈判分两个阶段，A_{cp} 与 A_{mp} 进行并行谈判，MA_c 与 MA_m 进行主谈判，$p=1$，2，$\cdots$，k。

P13：$\forall A_{ck}$，$A_{ck}\rightarrow MA_c$：E_{CPK}（D_{CSK}（end，$Cert_{ck}$），H（end）），客户 Agent所有子谈判都结束并都发送消息 end 给 MA_c。

P14：MA_c 用私钥 M_{CSK} 解密消息，再用 A_{ck} 传送来的公钥解密 end，验证消息 end 的一致性。

P15：$\forall A_{mk}$，$A_{mk}\rightarrow MA_m$：E_{MPK}（D_{MSK}（end，$Cert_{mk}$），H（end）），商家 Agent 所有子谈判都结束并都发送消息 end 给 MA_m。

P16：MA_m 用私钥 M_{CSK} 解密消息，再用 A_{mk} 传送来的公钥 MPK 解密 end，验证消息 end 的一致性。

P17：$\exists! MA_c$，$MA_c\rightarrow MA_m$：E_{MPK}（D_{CSK}（S_i，$Cert_c$），H（S_i）），存在唯一的 MA_c，发送方案和数字证书给 MA_m。

P18：MA_m 用私钥 M_{CSK} 解密消息，再用 MA_c 传送来的公钥 CPK 解密 S_i 及 $Cert_c$，验证 S_i 的一致性和 MA_c 身份的唯一性。

P19：$\exists! MA_m$，$MA_m\rightarrow MA_c$：E_{CPK}（D_{MSK}（S_i，$Cert_m$），H（S_j）），存在唯一的 MA_m，发送方案和数字证书给 MA_c。

P20：MA_c 用私钥 CSK 解密消息，再用 MA_m 传送来的公钥 MPK 解密 S_j 及 $Cert_m$，验证 S_j 的一致性和 MA_m 身份的唯一性。

P21：$\exists V(I_k^i)\in V(I_k)$，$V(I_p^i)\in V(I_p)$ · $V(I_k^i)\overset{init}{\leftrightarrow}V(I_p^i)$，问题 k 的第 i 个值。

与问题 p 的第 i 个值存在一一对应关系,且 $V(I_k^i) = a_i \cdot V(I_k^{init})$,$a_i$ 是约定的对应第 i 个值的常数,$V(I_k^{init})$ 是对手关于问题 k 的初始值。

$$V(I_k) = \{V(I_k^1), V(I_k^2), \cdots, V(I_k^i), \cdots\}$$

$$V(I_p) = \{V(I_p^1), V(I_p^2), \cdots, V(I_p^j), \cdots\}$$

P22:如果达不成一致,继续进行下一轮谈判。允许 Agent 提出比上轮差的方案。

P23:$Sch \leftarrow GA\ (Sch)$,新方案集由遗传算法产生。

P24:$\exists\, \text{deadgen}, F_1, F_2, F_1 \bigcup F_2 = S, S \subset \{S_c, S_m\}$,若 $S_i \in F_1, s \in F_2, S_i \succ s$,则进行 deadgen 轮谈判,$A_c$ 或 A_m 在 F_i 上达成一致。

P25:unanimity = MVickrery (F_1),主谈判达成一致的方案由修正的 Vick-rery 拍卖策略确定,即 unanimity = $(Sec\ (V_c\ (I_i)),\ (V_c\ (I_2),\ V_c\ (I_3))\ |$
$V_c\ (I_1) = \max\ (\Phi_1))$。

达成一致的方案由 F_1 中问题 I_1 值最大的方案修正而成,将问题 I_1 的值替换为 F_1 中第二大的值。虽然 MVickrery 策略在问题 I_1 上的选择不一定是情愿的,但在其他问题上是占优势的,因为 MA_m 认可 MA_c 对其他问题的选择。

P26:客户保守收益为 U_c^*,商家保守收益为 U_m^*。

P27:ENP 使用 KQML 作为消息通信格式,使用 XML 作为消息内容语言。

4)身份认证子协议

P28:A_c 和 A_m 信任 TTAS,并向他申请数字证书,同时,TTAS 负责验证 A_c 和 A_m 身份的真实性。

P29:商家 Agent 验证客户 Agent 第 $g+1$ 轮证书与第 g 轮证书是否一致,若一致,则进行谈判。

P30:客户 Agent 验证商家 Agent 第 $g+1$ 轮证书与第 g 轮证书是否一致,若一致,则进行谈判。

P31:$\exists!\ \text{Agent}_c \in A_c$,$\text{Agent}_m \in A_m$. Negotiation:$(\text{Agent}_c, \text{Agent}_m, \text{deadgen})$,客户和商家谈判 Agent 在一次谈判中是唯一的。

3. 协议性能分析

1)安全性与公平性

消息传递和 Agent 身份认证是协议安全性的两个重要环节。在 ENP 中,使用加密方式传递消息。首先使用 DES 算法加密消息,再用 RSA 算法对消息进行数字签名,保证了消息的隐秘性和一致性。P28 说明客户和商家分别向 LAS 申请或验证 Agent 身份的真实性,各自进行 $k+1$ 次身份验证。在消息传递时,Agent 的数字证书传递给对方,P29 和 P30 相互验证 Agent 身份的一致性。

公平性设计原则是保证谈判双方不受或尽可能受到少的损失,获得满意的收益。依据谈判结构模型中的 Agent 收益值的计算方法及达成一致的条件，P21 和 P23 保证了方案产生的公平性，P6、P7 和 P25 保证方案选择的公平性。因此，ENP 符合公平性原则。

2）Pareto 最优

如果没有任何其他的方案优于某个方案，则称这个方案是 Pareto 最优。在达成一致的方案选择时，不仅要体现公平性，还要做到 Pareto 最优。显然，在 P6 和 P7 选择的方案是 e 最小的方案，此时双方意见分歧最小，达成一致，没有其他方案的 e 比它更小，因此，选择的方案是 Pareto 最优。P25 对于一致方案的选择不一定是 e 最小的方案，但随着 F_1 空间的减小，使用 MVickrey（）产生的一致方案 unanimity 弱优于其他任何方案，即

$$\exists S_1 \in \Phi_1 \qquad S_1 \succ unanimity$$
$$\forall S \in \Phi_1 \bigcup \Phi_2 \quad unanimity \geqslant s$$

因此，MVickrey（）在保证公平的前提下，做到了 Pareto 最优。

3）Nash 平衡

达成一致的方案符合 Nash 平衡，即谈判解满足 Nash 的 5 个公理。

公理 1（个体理性）：P6 和 P7 的方案优于所有方案；P25 的方案弱优于其他方案，很难选择一个更好的方案达成一致，因此，unanimity 的收益偏差小于 P27 中保守收益偏差，unanimity 是个体理性的。

$$|U_c(unanimity) - U_m(unanimity)| \leqslant |U_c^* - U_m^*|$$

公理 2（Pareto 最优）：unanimity 是 Pareto 最优。

公理 3（对称性）：谈判双方的地位一模一样，如果互换地位仍是相同的谈判局势。

公理 4（无关方案的独立性）：记 G 为一轮谈判局势，可行方案集为 S，解为 (u_0, v_0)，G' 为一新谈判局势，可行集为 S'，$(u_0, v_0) \in S' \subset S$，若 $(u_1, v_1) \in S$，则 $(u_1, v_1) \in S'$，(u_1, v_1) 的解。

公理 5（线性变换不变性）：如果对谈判的收益模型中任何一方的收益函数作线性变换，则谈判的解不变，解由原谈判的解经相同线性变换而得，即

$$u_1 = a_1 u_0 + \beta_1$$
$$v_1 = a_2 v_0 + \beta_2$$

a_1 和 a_2 为正常数，β_1 和 β_2 为常数。在保序线性变换下，偏好的结构不变，变动的仅是收益的数值。协议 P23 的新方案产生算法决定了公理 4 和公理 5 的性质。

4）说谎与串通

谈判双方都希望诚实地选择谈判方案，但是为了获取更大利益，Agent 之间会发生说谎与串通现象。买卖双方伪造和联盟是说谎与串通的主要形式，但谈

判是在一对一的两个 Agent 之间进行，数字证书防止了对方伪造 Agent，每一轮谈判验证 Agent 身份，P26 和 P27 保证了谈判 Agent 是一致的。P28 规定在一次谈判结束之前，双方 Agent 不能同时与其他 Agent 谈判，杜绝了 Agent 之间的串通。Vickrery 拍卖中的说谎与串通行为是因为有多个 Agent 参与，并且恶意竞价的 Agent 知道其他 Agent 的行为。虽然协议中达成一致的方案采用修正的 Vickrery 策略产生，但 Agent 身份的一致性和 Agent 无串通现象发生，因此这种说谎与串通行为也不会发生[29]。

（二）一对多单属性淘汰制谈判协议

在一对多单属性淘汰制谈判中，我们将协议分成三部分：①关于消息类型的协议；②关于消息序列的协议；③关于谈判流程的协议。

1. 关于消息类型的协议

此部分主要是列举谈判中所有的消息类型，为下文中确定有效的消息序作准备。

P1：一对多谈判过程中有八种消息类型：Propose（P）、Accept（P）、Refuse、Modify（P，Q）、No-Proposal、Abort、Report-Agreement（P）、Report-Failure。

Propose（P）：Agent 提出适合它自身的提议 P。

Accept（P）：Agent 愿意接受建议 P。

Refuse（P）：Agent 拒绝建议 P。

Modify（P，Q）：Agent 拒绝建议 P 并提出新的建议 Q。

No-Proposal：Agent 指出它没有新的建议。

Abort：Agent 退出谈判。

Report-Agreement（P）：Agent 就建议 P 达成协议。

Report-Failure（）：谈判失败。

2. 关于消息序列的协议

P2：谈判初始阶段只能有 $b \to s_j$，$j = 1, \cdots, n$，msg 类型为 Propose。

P3：如果 $b \to s_j$ 或者 $s_j \to b$，msg 为 Propose 或者 Modify 类型的消息，那么下一步 $s_j \to b$ 或 $b \to s_j$，msg 为 Accept、Refuse 或 Modify 类型的消息。

P4：如果 $s_j \to b$，msg 为 Accept 类型的消息，那么下一步 $b \to s_j$，msg 为 Report-Agreement（$b \to s_i$，$i = 1, \cdots, n$，$i \neq j$，msg 为 Report-Failure（））；如果 $b \to s_j$，msg 为 Accept 类型的消息，下一步它不发送任何消息。

P5：如果 b→sj 或者 sj→b，msg 为 Refuse 或者 Report-Agreement 类型的消息，下一步它不发送任何消息。

3. 关于谈判流程的协议

在给出谈判流程之前，我们首先分析了谈判过程中谈判双方的 Agent 具有的五种行为、对应的 Agent 内部的五种状态以及引起状态变化的事件。

谈判的过程中谈判双方的 Agent 有五种行为：①初始化行为：当谈判开始或者没有其他的行为被触发时初始化行为被触发。②评价行为：当收到"Propose"或"Modify"评价所收到的提议的行为被触发。③谈判达成一致行为：当收到"Accept"消息时说明谈判能够达成一致，此时谈判成功。④谈判失败行为：当收到"No-Proposal"或者"Abort"消息时说明没有新的报价提议或者要求退出谈判，此时触发谈判失败的行为。⑤结束行为：当收到"Report-Agreement"或者"Report-Failure"消息时说明谈判结束，此时触发谈判结束行为。

以上五种行为对应的 Agent 内部的五种状态是：初始、评价、成功、失败和结束。状态之间的转化如图 8-8 所示。

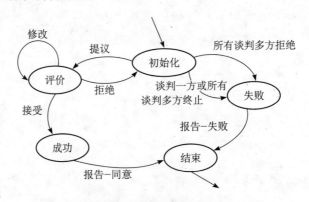

图 8-8　状态之间的转化图

以下分别设计了与五种行为对应的相关的协议。

1) 初始化协议

P6：谈判开始后首先由谈判方向谈判多方发送提议消息，b→sj，j=1，…，n，msg 为 Propose 消息。

P7：谈判多方 Agent sj 接收到 Agent b 发送的 Propose 消息后，决定：①接受提议；②拒绝谈判；③修改提议。sj→b，msg＝Accept，Refuse，Modify。

P8：谈判一方接收谈判多方的消息，并决定：①如果接收的消息中有accept，则达成一致；②如果接收的全部是消息 Refuse，谈判失败；③如果接收的是消息 Modify，转入评价协议。

2）终止协议

出现下列情形之一时，谈判终止：

P9：如果有谈判一方或所有的谈判多方放弃谈判，则终止谈判。

P10：存在 sj，与谈判一方达成一致，谈判结束。

P11：$t > T_b$，或者对于所有的 sj 都是 $t > Ts_j$，谈判时间超过截止日期，终止谈判。

3）评价协议

主要是买方的报价评估：

P12：谈判一方 Agent b 收到卖方 Agent sj 的报价，如果 $p_j(t)$ 比在下一时刻 $t+1$ 时 Agent b 将给 Agent sj 的报价 $p_0(t+1)$ 还要高，那么 Agent b 就接受 Agent sj 的报价，转向 P25，否则转向 P19。

P13：Agent b 将计算卖方 Agent sj 的合作可能度 $\beta_j(t)$，另外由于合作可能度 $\beta_j(t)$ 的计算是不断学习卖方的报价行为来获得的，在谈判的前几轮次各个卖方的合作可能度可能相差不大。因此系统选择从 t_0 轮开始淘汰合作可能度较小的卖方，t_0 由买方事先设定。如果 $\beta_j(t)$ 小于预先设定好的阈值 σ，那么淘汰卖方 Agent sj，且 $t > t_0$ 转向 P21，如果 $\beta_j(t) \geq \sigma$，则继续报价或 $t < t_0$，转向 P15。

P14：b→sj，msg 为 Report-Failure，淘汰 $\beta_j(t)$ 小于 σ 的谈判多方。

P15：谈判一方 Agent b 根据 $A_L^T xW(t)$ 获得下一轮的报价。

对于谈判多方即卖方：

P16：如果 $p_0(t)$ 比在下一时刻 $t+1$ 时 Agent sj 将给 Agent b 的报价 pj $(t+1)$ 还要高，那么 Agent sj 就接受 Agent b 的报价，转向 P18，否则转向 P17。

P17：谈判多方 sj 自身谈判策略获得下一轮的报价。

4）成功协议

P18：b 与 sj 谈判达成一致后，b→sj，msg 为 Report-Agreement 消息，同时 b→sj，$j \neq i$，msg 为 Report-Failure。

5）失败协议

P19：如果谈判一方退出谈判，或者所有的谈判多方在本轮发送了拒绝信息，b→sj，msg 为 Report-Failure 消息[8]。

（三）基于多阶段的多 Agent 多问题协商协议

多问题协商是电子交易中的关键问题。多 Agent 技术的不断成熟为这个问题的解决提供了有效的途径。为了降低多问题协商的复杂性，它将多问题协商分解为多阶段协商，每个阶段的大小（问题数）相同。为了让协商 Agent 获得尽可能大的效用，引入一个仲裁 Agent（mediator）将单阶段协商协议扩充为多阶段协商协议。

为了在购买者和销售者之间达成一个优化协议，仲裁 Agent 的作用就是帮助协商 Agent 确定一个优化议程（optimal agenda），所谓优化议程就是其阶段数落在协商双方的阶段数可接受区间的议程，它可以提高协商双方的实际效用。多阶段协商协议如下：

（1）每个协商 Agent 将它对每个问题的时间偏好（time preference）发送给仲裁 Agent。但仲裁 Agent 不能将时间偏好告诉给协商对方。

（2）仲裁 Agent 按照它们的时间偏好确定协商问题 i 的成功概率 μ_i，不成功概率是 $1-\mu_i$。仲裁 Agent 将每个问题成功的概率再分别发给购买者和销售者。

（3）在阶段大小相同的情况下，每个协商 Agent 确定各自的最优阶段数和阶段数可接受区间，并且它们再将各自所确定的阶段数和可接受区间发送给仲裁 Agent。设 n_a^* 表示 Agent a 所确定的阶段数，d_a^* 表示 Agent a 的阶段数可接受区间，这个区间以 n_a^* 为中心，以 d_a^* 区间中的数为阶段数都可以提高 Agent a 的效用，即

$$d_a^* = [n_a^* - \tau, \ n_a^* + \tau]$$

式中，τ 为一个较小的非负整数；$n_{\hat{a}}^*$ 为协商对方 Agent $\hat{a}$ 的阶段数；$d_{\hat{a}}^*$ 表示 Agent$\hat{a}$ 的阶段数可接受区间，其意义同 d_a^*。

（4）如果 $n_a^* = n_{\hat{a}}^*$，则有三种情况：当 $n_a^* = 1$ 时，M 个问题在一个阶段中协商。当 $n_a^* = M$ 时，M 个问题在 M 个阶段中协商，就是说，每个阶段里只有一个问题，问题按照成功概率 μ_i 降序排列。当 $n_a^* < M$ 时，对按成功概率 μ_i 降序排列的所有问题，仲裁 Agent 等数目地将问题分配到各个阶段中。

（5）如果 $n_a^* \neq n_{\hat{a}}^*$，则由仲裁 Agent 确定 ε、$-\varepsilon$ 和最优阶段数，如果这个阶段数落在 d_a^* 和 $d_{\hat{a}}^*$ 的交叉区间中，则仲裁 Agent 将把这个数目分别发送给购买者和销售者；如果这个阶段数没有落在 d_a^* 和 $d_{\hat{a}}^*$ 的交叉区间中，则仲裁 Agent 将从 d_a^* 和 $d_{\hat{a}}^*$ 的交叉区间中任选一个数目作为优化议程的阶段数，并将把这个数目分别发送给购买者和销售者；如果 d_a^* 和 $d_{\hat{a}}^*$ 没有交叉区间，则仲裁 Agent 将让协商双方采用单阶段协商 M 个问题。

（6）对每个阶段的协商采用单阶段协商协议。按照上面的协议，多阶段协商可以发生在下列的场景中：

① 最优阶段数等于 1，例如，$n_a^* = n_{\hat{a}}^*$ 且 $n_a^* = 1_a$。

② 最优阶段数等于 M，例如，$n_a^* = n_{\hat{a}}^*$ 且 $n_a^* = M$。

③ 最优阶段数小于 M，例如，$n_a^* = n_{\hat{a}}^*$ 且 $n_a^* < M$。

④由仲裁 Agent 在 $-1<\varepsilon<1$ 情况下确定最优阶段数,并且 d_a^* 和 $d_{\bar{a}}^*$ 有交叉区间。

⑤由仲裁 Agent 在 $-1<\varepsilon<1$ 情况下确定最优阶段数,但 d_a^* 和 $d_{\bar{a}}^*$ 没有交叉区间[30]。

(四)基于遗传算法的 Agent 多边多议题协商协议

协商协议是 Agent 间交互所必须共同遵守的行为规则,这个规则规定了 Agent 按照什么步骤推进协商过程以及在什么情况下达成交易或退出协商。基于遗传算法的 Agent 多边多议题协商协议如图 8-9 所示。

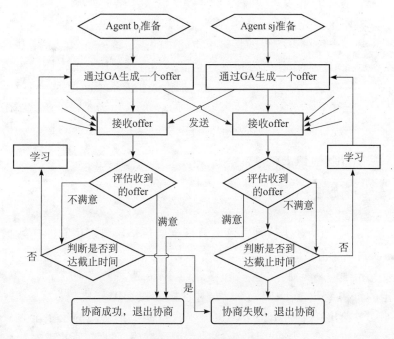

图 8-9 协商协议

在协商开始前对买卖双方随机产生序关系,并对买(卖)方的各 Agent 随机产生序关系,从而避免协商过程出现混乱。协商开始后多个 Agent 首先根据各自的提议(offer)生成策略生成初始 offer,然后发送给对方,即买方(卖方)各 Agent 发送给卖方(买方)各 Agent,当发送和接收过程结束后,Agent 分别根据各自的评估策略对收到的各 offer 进行评估。如果对收到的某个 offer 满意则协商成功,若对多个 offer 满意则随机选择其中之一,达成一致的两个 Agent 因协商成功而退出协商;如果对收到的各 offer 均不满意,则判断是否到达截止时间,若已经到达截止时间则该 Agent 因时间到而退出协商,否则通过学习估计对方偏好然后重新开始新一轮的协商[31]。

（五）单调让步协议的应用

采用单调让步协议（monotonic concession negotiation）作为谈判的协议。在开始时，Agent 在其可行解的空间中被赋予一个初始值。如果 Agent 找到一个等于或者高于其要求的 Agent，那么此时达成协议。否则，开始另外一轮谈判。Agent 不可以报出比以前更低的报价。如果在一轮中没有 Agent 让步，那么谈判结束或者产生一个死锁现象。

单调让步协议的优点就是它不但跟现实中人们谈判的过程相吻合，而且比较容易达到收敛或者不能达到收敛的时候可以快速结束谈判。这里可以设定一个阈值 λ 来判断该报价是否已经达到了谈判方可接受的程度。

Agent 的一个报价可以看做是多维空间中的点 x_1，x_2，$\cdots$，x_n。其中 x_i 表示谈判第 i 条条款的值。对于谈判方接受这个值的程度本文用它的隶属度来表示，其隶属函数为：$v(x_i)$。那么 Agent 的一个报价的相应隶属向量为 $v(x_1)$，$v(x_2)$，$\cdots$，$v(x_n)$，其中 $0 \leqslant v(x_i) \leqslant 1$，$(i = 1,2,\cdots,n)$。为每一条条款给出一个相应的权重，代表它对于该谈判方的重要程度，其中 $\sum_{i=1}^{n}\omega_i = 1$。那么谈判方接受这个报价的总的可接受度可表示为：$\sum_{i=1}^{n}\omega_i v(x_i)$。

假设价格隶属函数公式为

$$v(x) = e^{-(\frac{x-a}{b})^2}$$

式中，$a \geqslant 0$，$b > 0$，a 为谈判方最愿意接受的价格，可以用它的初始报价来表示；b 为谈判方对价格的敏感度。b 越小表示谈判方对价格越不敏感，即在一定的价格变化范围内，谈判方的接受度变化越小；b 越大表示谈判方对价格越敏感，即在一定的价格变化范围内，谈判方对价格的接受度变化越大。一般情况下，如果一个卖方给出一个初始报价，买方不大可能给出再高的反报价，只会越来越降低这个报价。本实例采用把价格的隶属函数设为正态型的隶属函数，买方和卖方分别采用它的后半部分和前半部分。设定一个阈值 λ，当谈判方对一个 Agent 的报价的接受度大于或者等于这个阈值时，谈判结束；否则给出一个反报价或者直接退出谈判。

假设开始先有卖方 Agent 给出一个报价 x_s^0，买方 Agent 把这个值代入到自己的隶属函数里面，算得一个隶属值。即对这个报价的接受度 $v_b(x_s^0)$。同理可以得到买方 Agent 对卖方 Agent 初始报价的其他条款的隶属值。通过公式 $\sum_{i=1}^{n}\omega_i v(x_i)$ 计算出买方 Agent 对卖方这个报价的可接受程度。如果等于或者大于阈值 λ_b，则达成协议，结束谈判。如果小于这个阈值 λ_b，开始下一轮谈判或者退出谈判。

在下一轮谈判中,买方 Agent 给出自己的一个相应报价 X_b^0。同样卖方 Agent 也把买方 Agent 的这个报价代入到自己的隶属函数中,得到对这个报价可接受程度。

在 Agent 采取让步的过程中,根据自己对时间的敏感度来决定让步比率的大小。首先考虑减少的量应该等于或者稍大于自己的让步比率。减少量过大或者过小都会改变谈判方自己对时间的敏感度,从而缩短或者延长其谈判时间,影响到最终的谈判结果。其次考虑应该从权重最小的条款开始让步。并尽量减少改变条款的数量,即改变一个变量可以达到要求的情况下,不用改变两个或者更多的变量组合。再次考虑谈判权重最大的条款,即谈判方的关键条款。当谈判方对关键条款的接受度达到一定程度时,就不能再降低对这个关键条款的接受度。所以要对谈判双方的关键条款设定一个阈值,只有达到了这个阈值谈判才可能达到一致。同样也要对报价的可接受程度设定一个阈值,只有谈判双方对这个报价的接受度都达到他们自己规定的阈值或者超过这个阈值时,这个谈判才可能达成。

假设买卖双方对某一商品的 4 个条款(价格、质量、运输和售后服务)进行谈判。首先把每个条款都离散化。每件商品的价格离散为每件 10~14 元,质量、运输及售后服务都离散为 0~4 五个水平(如表 8-3 所示)。假设买卖双方对于各个条款的隶属函数都为正态型,双方对每个议题的权重也都一样。他们对各个议题的权重分别为:$\omega_c = 0.6$,$\omega_q = 0.2$,$\omega_t = 0.1$,$\omega_s = 0.1$。可以看出价格因素是双方谈判的关键因素,假设双方都设定自己对价格的接受度的阈值为 0.6。

表 8-3　谈判条款表

价格 C	质量 Q	运输 T	售后服务 S
10	4	4	4
11	3	3	3
12	2	2	2
13	1	1	1
14	0	0	0

假设买卖双方对各个条款的敏感度都为 3。买方对各个条款的隶属函数如下:

价格的隶属函数:$v(x) = e^{-(\frac{x-10}{3})^2}$;

质量的隶属函数:$v(x) = e^{-(\frac{x-4}{3})^2}$;

运输的隶属函数:$v(x) = e^{-(\frac{x-4}{3})^2}$;

售后服务的隶属函数:$v(x) = e^{-(\frac{x-4}{3})^2}$。

卖方对各个条款的隶属函数如下:

价格的隶属函数：$v(x) = e^{-(\frac{x-10}{3})^2}$；

质量的隶属函数：$v(x) = e^{-(\frac{x}{4})^2}$；

运输的隶属函数：$v(x) = e^{-(\frac{x}{4})^2}$；

售后服务的隶属函数：$v(x) = e^{-(\frac{x}{4})^2}$。

当买卖双方对对方报价的接受度大于 $\lambda = 0.6$ 时，这个报价才算是它的一个可接受解。假设买卖双方对时间的敏感度是一样的，所以如果不接受对方的报价，自己的报价都减少 10% 的接受度。

买方的初始报价为（10，4，4，4），卖方的初始报价为（14，0，0，0）。首先由卖方报出自己的初始报价，买方计算出自己接受这个报价的隶属度为 $0.6 \times 0.189 + 0.2 \times 0.189 + 0.1 \times 0.189 + 0.1 \times 0.189 = 0.18$，买方对自己的报价的隶属度为 $0.6 \times 1 + 0.2 \times 1 + 0.1 \times 1 + 0.1 \times 1 = 1$，那么买方对自己的初始报价做出让步。计算仅仅改变一个条款不能满足要求（仅改变价格的接受度为 $0.6 \times 0.895 + 0.2 \times 1 + 0.1 \times 1 + 0.1 \times 1 = 0.937 > 0.9$）所以需要改变两个或者更多的条款，这个需要改变所有的条款才可以满足要求，$0.6 \times 0.895 + 0.2 \times 0.895 + 0.1 \times 0.895 + 0.1 \times 0.895 = 0.895 < 0.9$，所以买方的最新报价为（11，3，3，3）。

然后卖方把买方的最新报价代入自己的隶属函数，计算可得其对买方最新报价的隶属度：$0.6 \times 0.368 + 0.2 \times 0.368 + 0.1 \times 0.368 + 0.1 \times 0.368 = 0.368 < 0.6$，所以卖方也做出相应的反报价。

同样卖方也需要同时改变所有的条款才可以达到要求 $0.6 \times 0.895 + 0.2 \times 0.895 + 0.1 \times 0.895 + 0.1 \times 0.895 = 0.895 < 0.9$。卖方的最新报价为（13，1，1，1）。

买方再把卖方的最新报价代入到自己的隶属函数中，计算出对这个报价的接受度。计算可得为 0.386，所以需要再次让步。只需改变价格即可 $0.6 \times 0.641 + 0.2 \times 0.641 + 0.1 \times 0.641 + 0.1 \times 0.895 = 0.770 < 0.895 \times 0.9 = 0.80$，所以买方的最新报价为（12，3，3，3）。

最后可以得到双方隶属度都达到 0.6 的报价（12，2，2，3）。买方的隶属度：$0.6 \times 0.641 + 0.2 \times 0.641 + 0.1 \times 0.641 + 0.1 \times 0.895 = 0.6664$；卖方的隶属度：$0.6 \times 0.641 + 0.2 \times 0.641 + 0.1 \times 0.641 + 0.1 \times 0.368 = 0.6137$。买卖双方报价如表 8-4 和表 8-5 所示。

可以看出，最后买卖双方就报价（12，2，2，3）达成一致。此结果表明，用此谈判模型进行自动谈判所得到的结果，跟现实商务谈判中所得到的结果基本吻合，并且谈判的过程也符合现实商务谈判的过程[32]。

表 8-4　卖方报价表

卖方报价 \ 隶属度	卖方	买方
(14, 0, 0, 0)	1	0.189
(13, 1, 1, 1)	0.895	0.386
(12, 1, 1, 1)	0.743	0.532

表 8-5　买方报价表

买方报价 \ 隶属度	卖方	买方
(10, 4, 4, 4)	0.189	1
(11, 3, 3, 3)	0.386	0.895
(12, 3, 3, 3)	0.532	0.743
(12, 2, 2, 2)	0.666	0.641

（六）基于状态机的协同谈判协议

基于状态机的谈判协议不仅可以正确描述谈判的状态和流程，而且可以对买卖双方谈判状态的变迁作出正确的描述。

状态机是一个有向图形，由一组节点（状态）和一组相应的状态迁移函数组成。状态机通过触发一系列事件而不断地进行状态迁移（如图 8-10 所示）。每个事件都在属于当前节点的迁移函数的控制范围内，其中函数的结果范围是节点的一个子集。迁移函数返回"下一个"（也许是同一个）节点。这些节点中至少有一个必须是终态。当到达终态，状态机停止。

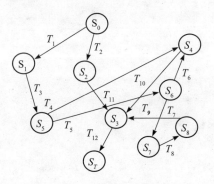

图 8-10　状态机图

状态机一般包括如下几部分：

（1）状态（states）：状态包含了系统的当前情况信息。

（2）事件（event）：事件是状态机的输入信息。

（3）迁移函数（transition function）：迁移通常是指一个事件触发导致的从一个状态转入其他状态。

状态机的流程可简单描述如下：

设定状态集为 $S_i, i = 0, 1, \cdots, n$，初始状态为 S_0，终止状态为 S_n；事件为 T_j，$j = 1, 2, \cdots, t$；状态迁移函数为 $S_{i+1} = \text{transfer}(S_i, T_j)$。

（1）状态机初始化，初始状态 S_0，转到（2）。

（2）循环遍历 S_i 下的事件 T_i，若为空，$S_{i+1} = S_i$，转到（3），否则，执行状态变迁 $S_{i+1} = \text{transfers}(S_i, T_j)$，转到（3）。

（3）if $S_{i+1} == S_n$

else $i = i + 1$，转到（2）

（4）状态机结束。

由于状态机可以很好地控制状态的事件和状态的变迁，因此可以将其用于协同谈判中，设计基于状态机的谈判协议，描述各个子谈判之间的交互和状态，用状态机来控制协同谈判的整个流程。

设计基于状态机的协同谈判协议，其特点是谈判状态随谈判进程处于不断变迁之中（如图 8-11 所示）[33]。状态机可以很好地控制状态的事件和状态的变迁，描述各子谈判之间的状态的交互，管理控制协同谈判的整个流程。对谈判协议中的参与者、状态、事件和变迁作如下设定。

（1）谈判参与者：

Sys：系统。

Upng：上游企业。

Downg：下游企业。

Coreng：核心企业。

（2）谈判状态：

S_0：初始状态。

$S_1, \cdots, S_n$：谈判中间状态。

S_F：终止状态——谈判失败。

S_T：终止状态——谈判成功。

（3）谈判事件：

谈判中的事件集为：T_j，$j = 1, 2, \cdots, t$，谈判事件包括以下几种：

$Init$（Sys, $Upng_1$, $\cdots$, $Upng_1$, $Coreng$, $Downg$）：初始化系统函数。

$IsRlxable$（ng）检验谈判参与者的约束是否可放松，是返回 true，否返回 false。

$StRlx$（χ_i, η_i, ε_i）：约束放松函数，在 $\varepsilon_i \geqslant \eta_i$ 的情况下，进行放松，放松量为 η_i，并更新 ε_i。在 $\varepsilon_i < \eta_i$ 的情况下，不进行放松，返回事件标号，记为 T_j。

$IsConfs$（$Upng_1$, $\cdots$, $Upng_1$, $Coreng$, $Downg$）：检验系统中是否有冲突，如果有冲突返回 true，没有冲突则返回 false。

$GetHConfs$（）：返回系统中权限最高的约束冲突。

（4）迁移函数：

$s_{i+1} = State\ Transfer\ (s_i，T_j)$，在状态 S_i 下，事件 T_j，使谈判状态变迁到状态 S_{i+1}[12]。

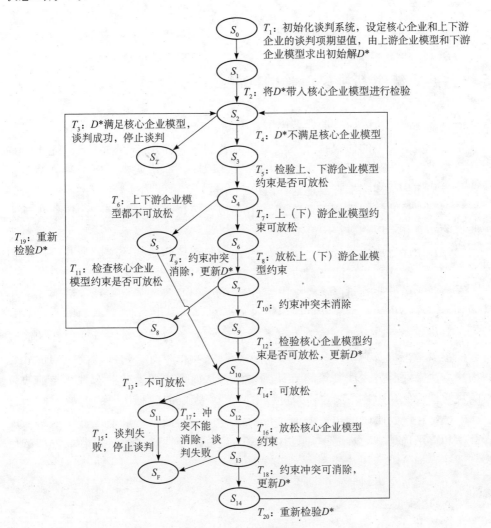

图 8-11　状态机谈判协议

第四节　供应链谈判协议发展趋势

本节在上文对供应链谈判协议进行了详细讲解的基础上，结合供应链谈判协议的研究现状,指出了目前供应链谈判协议面临的问题:没有统一的协议描述方法、协议共享和重用不易实现、协议合成探索较少等。最后指出了供应链谈判协议的未来发展趋势,以后的研究应多考虑谈判提议及辩论的关系,以及辩论对谈判双方信念、偏好、效用的影响,将适当的规则和协议来有效支持复杂的商务谈判环境中加入辩论的功能。

一、供应链谈判协议面临的问题

当前,对协议的研究面临着以下几个问题:

(1)没有统一的协议描述方法。研究者们都是使用自己熟悉的描述工具描述协议,各自为政,没有一个统一的标准。因此,迫切需要出现一种合适的形式化方法作为描述标准来描述这些协议,并希望该形式描述能保证协议的性质。

(2)协议共享和重用不易实现。由于现有协议表示多样性,如何实现现有协议的共享和重用还有待于解决。

(3)协议合成探索较少。关于如何将不同角色的谈判协议或者几个不同协议合成为一个谈判过程的谈判协议的探索比较少。

(4)当前的谈判协议一般采用简单的“接受-遗弃”(take-it or leave-it)机制和单调让步机制,不能满足使谈判双方的利益最大化的要求。在谈判框架中,一般都设定谈判协议是固定不变的,这样的谈判协议缺乏动态性。以往的研究者们很少考虑将谈判协议和谈判策略结合起来,很少有合适的、统一的形式化描述方法来同时描述谈判策略和谈判协议,从而促进两者的兼容性。当前协议的灵活性很低,用户不能在谈判过程中制定更细致的规则。

(5)在谈判协议的描述方面,目前没有统一的谈判协议描述方法,协议的共享和重用仍是一大难题,并且在协议的角色区分性或多个协议合成方面的研究还在起步阶段。

(6)当前对谈判形式的研究大多是一对一谈判和一对多谈判,关于多对多谈判的研究比较少。

在基于 Agent 的辩论谈判协议的研究中,已经有一定文献对其进行了探索和分析,但是其中的语素及相关的推理规则对于如何体现辩论的思想来说,还不能提供更为详尽的表述和解决方法;此外,这些研究多针对一般意义上的“谈判”(如劳资双方谈判),而适用于电子商务辩论谈判的协议应另外具有其自身的一些特点,这都有待于进一步的研究。

目前,如何实现供应链协调是供应链管理的难点。大部分企业将供应链管理视为管理的关键所在并为之努力,然而,大多数企业没有达到预期的管理效果。据 Deloitte 咨询公司发布的一项研究报告显示:虽然现在有 91% 的北美制造企业将供应链管理列为关键或重要的管理活动，但只有 2% 的企业达到了世界水平，差不多有 75% 的企业在平均及以下水平。2001 年 Engardio 提出，在过去十年中，供应链破裂的多米诺效应在不断地加剧。这些难点的根本原因在于供应链管理缺少有效的控制机制，从而导致供应链管理的失调。2006 年 Fugate 等专家认为，有效的供应链管理，应该做到：供应链上各成员能够在保证链利润最大化的目标以及为每个成员取得利润的基础上，彼此建立合作关系。然而，由于供应链上各成员都是自私的，都为了获得自身利益的最大化，并不考虑整个链的最大化。因此应该设置有效的控制机制来协调供应链中各成员的行为，从而保证有效的管理活动。通过研究制造业供应链的协同谈判协议，有助于协调供应链中供应商、制造商、分销商、销售商之间的谈判。但是，目前这方面的研究处于起步阶段，还存在很大的研究空间。

二、供应链谈判协议发展趋势

目前，现有的研究成果很少考虑谈判提议和辩论的关系，以及辩论对谈判双方信念、偏好、效用的影响，因而没有适当的规则和协议来有效支持复杂的商务谈判环境中加入辩论的功能。

供应链是将制造商、供应商、分销商、销售商和用户等角色联合在一起，组成一个整体的功能结构体，通过对信息流、物流、资金流的控制，从采购原材料开始，制成中间产品以及最终产品，最后由销售渠道把产品送到用户手中。对制造业供应链的协同谈判的研究处于起步阶段。对协同谈判的研究仅给出了协同谈判的框架，没有从供应链的整体考虑来给出具体的谈判协议和谈判策略，因此在这方面有很大的研究空间。

随着电子商务的发展，尤其是企业所在供应链上业务流程集成的冲突解决，对网上谈判提出了新的要求：

（1）能支持供应链上核心企业与其上、下游企业的业务流程集成；

（2）能支持虚拟企业之间的业务流程集成；

（3）能与企业现有的业务流程进行无缝的结合；

（4）能满足各企业间多样化和个性化的需求；

（5）能支持异地远程网上谈判；

（6）应实现过程支持和决策支持的综合集成。

在电子商务环境下，供应链上企业之间的合作，必然涉及业务流程的集成。由于各企业的异构性，它们之间的业务流程集成不可避免地会出现各种各样的冲突。各企业之间的冲突很复杂，并且相互交叉、相互依赖、相互影响，是以往的传统商务谈判和自动谈判系统所不能解决的[12]。

因此，设计适当的规则和协议来有效支持复杂的商务谈判环境中加入辩论的功能，这将是未来供应链谈判协议的主要发展趋势。

第五节　本章小结

本章基于以往国内外在商务谈判协议方面的研究，对商务谈判协议进行分类和梳理。首先，对谈判协议的定义和概念进行总结；其次，对谈判协议进行分类，并详细介绍了谈判协议的描述方法；最后，提出谈判协议的挑战和发展方向。本章主要分为四大部分来阐述谈判协议：

第一部分介绍了供应链谈判协议的基本概念，指出谈判是电子商务中的必要环节，是社会中一种非常广泛和普遍的社会现象。首先，按照时间发展顺序介绍了谈判协议的定义，可以看出对谈判协议的研究是一个不断完善的过程；随后介绍了谈判协议的主要内容；其次，对谈判协议的性质作了简单的介绍；再次，将谈判协议按市场机制、使用方法、消息格式、议题个数和时间因素进行了分类；最后，总结了谈判协议的特点。

第二部分介绍了供应链谈判协议的描述方法，分为两种：非形式化描述方法和形式化描述方法。非形式化方法是谈判协议最简单的描述形式。主要指直接用自然语言来描述协议的方法。谈判协议的形式化描述方法有许多种：确定状态自动机（DFA）、有限状态机（FSM）、UML 活动图、Petri 网（Petri Net）和颜色 Petri 图（Colored Petri Net）、Dooley 图等。最后，总结了理想的协议描述方法应具备的特点。

第三部分列举了常用的谈判协议：1-1 协议、拍卖协议、讨价还价协议、合同网协议（contract net protocol）、交互提议协议、基于论据的协议、对话博弈协议、基于辩论的协议（argument based protocol）和 OSM 谈判协议等。给出了一些协议的应用实例：基于 Multi-agent 的智能电子谈判协议、一对多单属性淘汰制谈判协议、基于多阶段的多 Agent 多问题协商协议、基于遗传算法的 Agent 多边多议题协商协议、单调让步协议、基于状态机的协同谈判协议。

第四部分指出了谈判协议目前面临的一些问题以及供应链谈判协议的未来发展趋势。同时指出将适当的规则和协议来有效支持复杂的商务谈判环境中加入辩论的功能，这将是未来供应链谈判协议的主要发展趋势。

◇ 参 考 文 献 ◇

[1] Jennings N R, Parsons S, Noriega P, et al. On argumentation-based negotiation. IWMAS98 Submission , 1998：1~2

[2] Parsons S, Sierra C, Jennings N R. Agents that reason and negotiate by arguing. Journal of Logic and Computation, 1998, 5~6

[3] McBurney P S, Van Eijketal R. Adialogue-game protocol for agent purchase negotiations. Journal of Autonomous Agents and Multi-Agent Systems. Special Issue on Argumentation in Inter-Agent Communication, 2003, 235~273

[4] Ramchurn S D, Jennings N R, Sierra C. Persuasive negotiation for autonomous agents: a rhetorical approach//IJCAI Workshop on Computational Models of Natural Argument. Mexico: Acapulco, 2003: 9~18

[5] 汪勇. 基于 Agent 的电子谈判协议设计. 计算机工程. 武汉科技大学管理学院, 2007, 33 (1): 10~12

[6] 蒋国瑞, 王敬芝, 孙华梅等. 供应链环境下基于库存约束的多 Agent 协同谈判研究. 计算机应用研究, 2008, 25 (6): 1887~1889

[7] 吕尽轩. 基于 MULTI-AGENT 的电子商务自动谈判. 北京工业大学优秀硕士学位论文, 2007: 28~29

[8] 李冉冉. 基于 Multi-Agent 的一对多自动谈判系统研究. 北京工业大学优秀硕士学位论文, 2008: 32~33

[9] 纪淑娟. 电子商务自动谈判关键技术研究及实现. 山东科技大学博士论文, 2007: 41~42

[10] Chcn J C, Sarangan V, McAuley A, et al. Design and implementation of dynamic service negotiation protocol (DSNP). Computer Communications, 2006, 29 (16): 3253~3262

[11] Kersten G E, Lai H C. Satisfiability and completeness of protocols for electronic negotiations. European Journal of Operational Research, 2007, 180 (2): 925~936

[12] 顾传龙. 面向业务流程集成的协同谈判系统研究. 北京工业大学硕士论文, 2009: 27~35

[13] Jiang W J, Xu Y S, Hao D, et al. Research on multi-agent system automated negotiation theory and model. NPC, 2005, LNCS 3779: 317~320

[14] 吕刚, 郑诚. 基于本体的关联规则在电子商务中的应用. 计算机技术与发展, 2009, 19 (6): 251~252

[15] Tamma V, Phelpsa S, Dickinsonb I, et al. Ontologies for supporting negotiation in ecommerce. Engineering Applications of Artificial Intelligence, 2005, 18 (2): 223~236

[16] 郭静. 自动谈判的协议及策略问题研究. 国防科学技术大学研究生院, 2007: 7~10

[17] Esther D, Azoulay-Schwartz R, Sarit K. Bidding in sealed-bid and English multi-attribute auctions. Decision Support Systems, 2006, (42): 527~556

[18] Li B Q, Ma Y L. An auction-based negotiation model in intelligent multi-agent system. Neural Networks and Brain, 2005, ICNN&.B'05: 178~182

[19] Rajiv T M, Tamer B. Nash equilibrium and decentralized negotiation in auctioning divisible resources. Group Decision and Negotiation, 2003, (12): 361~395

[20] Bagnall A, Toft I. Autonomous adaptive agents for single seller sealed bid auctions. Autonomous Agents and Multi-Agent Systems, 2006, (12): 259~292

[21] 金泽，石纯．一种递增叫价的多属性拍卖方法．计算机研究与发展，2006，43（7）：1135～1141

[22] Thuc D N, Nicholas R, Jennings N P. Managing commitments in multiple concurrent negotiations. Electronic Commerce Research and Applications，2005，(4)：362～376

[23] Winotc P，McCalla G, Vassileva J. An extended alternating-offer bargaining protocol for automated negotiation in multi-agent systems. CoopIS/DOA/ODBASE，2002，LNCS 2519：179～194

[24] 尚维，李一军．多方—多属性电子商务谈判支持系统研究．管理学报，2007，4（3）：280～281

[25] 宋海刚，陈学广．FIPA 合同网协议的一种改进方案．华中科技大学学报（自然科学版），2004，32（7）：32～33

[26] Fu-Shiung H. Automated negotiation based on contract net and petri. EC-Web，2005，LNCS 3590：148～157

[27] Ng S R T，Li W T．A parallel bargaining protocol for automated sourcing of construction suppliers automation in construction，2006，(15)：365～373

[28] Winoto P，NeCalla G, Vassileva J. An extended alternating offers bargaining protocol for automated negotiation in multi-agent systems. Berlin Heidelberg：Springer-Verlag，2002：179～194

[29] 汪勇．基于 Multi-Agent 的智能电子商务系统研究．武汉理工大学博士学位论文，2005：120～126

[30] 王黎明，黄厚宽．一个基于多阶段的多 Agent 多问题协商框架．计算机研究与发展，2005，42（11）：1849～1855

[31] 马彦，刘莉，杨金霞．基于遗传算法的 Agent 多边多议题协商模型．计算机工程与设计，2009，30（3）：664～667

[32] 吕尽轩．基于模糊的电子商务谈判模型及其仿真．计算机应用于软件，2009，26（1）：181～183

[33] 顾传龙，孙华梅，蒋国瑞等．供应链上企业间协同谈判模型和原型研究．管理工程学报，2010，24（01）：65～69

第九章

多 Agent 制造业供应链协同谈判学习机制

随着经济全球化的快速发展，传统的商务谈判由于其在谈判的效率和效果上的缺点已经逐渐被基于多 Agent 的谈判方式取代。将多 Agent 技术应用于传统的谈判中，主要目的是提高谈判效率、降低成本，促使谈判成功。Agent 具有人类所具有的信念、愿望、意图等诸多方面的能力。在目前的自动谈判系统的基础上进一步融合和实现 Agent 的智能性，提高谈判的智能化程度，需要引入基于多 Agent 的学习机制。如何将多 Agent 学习的思想和算法引入制造业供应链协同谈判的研究中，建立高效的谈判学习机制为谈判系统服务，是本章的重点内容。

第一节 供应链协同谈判学习机制概述

在研究制造业供应链协同谈判的过程中，如何建立具有高适应性的谈判系统已经成为目前研究的热点和难点问题。尤其是在以多 Agent 为基础的谈判中，如何赋予 Agent 一定的学习能力，使其根据谈判交互获得更多的关于谈判对手偏好、谈判环境等的信息，来有效提高其对动态环境的自调节能力，从而达到提高谈判效率的目的，都是亟待解决的问题。

一、谈判学习机制概念

一般来说，谈判中的学习机制主要是研究计算机系统怎样模拟或实现人类的学习行为，以获取谈判所需的新知识或技能，重新组织已有的知识结构使之不断改善自身的性能，以达到更高的谈判效率和谈判性能。它是人工智能的核心，是使谈判系统具有智能的有效途径。在通常的"自动化"系统中，所有的

"智能"都是系统设计者预先注入的。当系统放入它的运行环境中去之后，将按照预定的程序进行活动。但是如果设计者对环境的了解是不全面的，系统就有可能陷入无所适从的境地。这时"学习"的能力就成为唯一可依靠的解决方法。具有学习能力的系统称为是"自主的"。学习的真谛在于：感知不仅用于当前的行动，而且用于改进以后的行动。学习的范围极广，从仅仅记住经验，到创造整个的科学理论，所有这些活动都是学习的过程[1]。

从 20 世纪 80 年代末、90 年代初开始，多 Agent 学习已经逐渐成为一个研究课题，引起了多 Agent 系统（MAS）、分布式人工智能（DAI）、机器学习（ML）等多个领域研究者的广泛兴趣[2]。在面向服务的多 Agent 谈判系统中，由于功能和结构的复杂性，难以甚至无法预先确定谈判各方的行为准则、信念和偏好等信息，需要通过学习来适应动态变化的环境。学习是使计算机系统具有智能的根本途径，它意味着根据经验改进自身，是系统和环境交互的结果，也是来自于系统对自己决策过程的观察。它既注重知识本身的增加，也注重获取知识的技能的提高。研究多 Agent 系统的学习行为对于智能系统的适应性是至关重要的。它是计算机获取知识的重要途径和人工智能的重要标志，是一门研究怎样用计算机来模拟或实现人类学习活动的学科，同时研究如何使机器通过识别和利用现有知识来获取新知识和新技能。

近年来，基于多 Agent 谈判系统中的学习，已成为电子商务谈判领域研究的一个重要内容[3]。一方面，由于单个智能主体能力有限，很难完成大规模的复杂议题的分析与决策。多个 Agent 的组合，通过谈判系统的辅助功能将会大大地提高系统的智能。另一方面，随着 Internet 的逐渐普及与迅速扩大，网络上的智能主体自然地形成一个 MAS 系统，因此，研究基于多智能主体的学习方法显得分外迫切。虽然多 Agent 学习的技术甚至规范还都不成熟，但其应用的前景非常广阔[4]。

当前多议题多属性商务谈判的学习机制研究，重点在于采用何种机器学习方法（如贝叶斯学习、强化学习等）进行环境信息和历史知识的学习。一般情况下，每个 Agent 所代表的个体目标、知识、信念、偏好等不同，要想高效地从环境等方面获取所需信息比较困难，而谈判进行中的信息更新如果不及时，也将大大影响谈判的性能。因此，为了使供应链协同谈判具有更高的智能性和对环境的动态适应性，进行谈判学习机制的研究是十分重要的。

二、谈判学习机制现状

由于学习机制的重要意义，以及其在谈判系统性能上的重要作用，将多 Agent学习方法引入到谈判过程当中，已经逐渐成为电子商务谈判研究领域的热点，引起广大专家和学者的兴趣。目前，在研究自动谈判及基于辩论的谈判中常用的学习方法主要有贝叶斯方法、遗传算法、人工神经网络方法、强化学习方法等。另外，还有如案例推理、人工免疫算法等方法也都在研究领域中有所涉及。

例如，Jennings 等利用遗传算法学习谈判对手策略，Zeng、Sycara 等人提出了基于贝叶斯的谈判学习模型，Oliveirat、Sandholmt 等人将强化学习方法引入到谈判模型当中，国内的张伟等人也对基于 MAS 的强化学习做了研究。不过这些研究大多是考虑在单次谈判交互过程中的策略，没有考虑到借鉴历史协商过程中的协商结果，而且采用的学习算法相对简单。

Saha[5] 较早提出了在辩论谈判中采用基于贝叶斯网的方法来构建对手的信念模型，从而帮助 Agent 发出更为有效的辩论。但遗憾的是，他只是论证了该方法的可能性，并没有实现真正意义上的可以更新的对手模型。随后，王娟等从买方 Agent 的观点用形式化语言描述了谈判过程，并利用贝叶斯学习对卖方 Agent 的信念进行了在线学习[6]。研究了谈判过程建模的规则表示方法，并利用基于遗传的机器学习（GBML）技术，设计了面向谈判过程的新型遗传算子，对谈判问题进行动态描述，且设计了基于规则的学习算法，实现在谈判的动态规则群体中构造学习最优谈判规则的方法。胡晓钰等[7] 通过将贝叶斯学习模型引入到基于辩论的 Agent 谈判中来赋予 Agent 学习的能力，使其能够根据动态环境调整自我认识，在面对多种可备选的辩论类型及内容选择时作出更为科学合理的选择，从而达到有效提高辩论效率的目的。

Hindriks[8]、Buffett[9] 等也提出了对对手偏好学习的谈判策略。在建立对手模型中提出应在谈判中满足两个目标：一个是认知目标，另一个是提高谈判效率的目标，而采用贝叶斯恰恰是比较适合的一种方法。Zhang 等[10][11] 提出了一个基于贝叶斯学习方法的模型以解决在 B2C 和 C2C 的环境中，卖方仅能对固定价格和时间进行谈判而不能对随机的时间和属性的买家进行谈判的问题，说明了贝叶斯方法具有较强的动态性。而 Wu 等[12][13] 则在应用贝叶斯学习方法的同时加入了复杂规则，提升了谈判的性能，更为符合真实的谈判环境。Lau 等[14] 通过学习方法给出了一个获取谈判方信息的模型，此模型可以弥补先前谈判知识的获取必须通过历史信息交换才能完成的不足，提高了谈判的智能性。Zhang、Hua、Jing 等[15][16] 也提出了利用学习方法加强对谈判环境的动态适应性，以节省谈判时间。

Park 等[17] 提出了基于神经网络的谈判系统框架，已达到双边谈判的高效及动态特性。Lee 等[18] 将人工神经网络应用于谈判中，并建立了模型来预测谈判方提供支持的能力以及为决定新的更好的报价提供建议，能够减少谈判时间，提高效率。Deng 等[19] 在双边报价谈判系统中引入了动态遗传算法，构造了第三方动态地进行谈判中的信息处理以达到谈判的最优效果，并将动态遗传算法与简单的遗传算法进行了性能的对比，证明了其具有较高的效率。来自国内外的其他相关研究[20][21]也同样证明了这一观点。还有基于遗传算法的合同网谈判模型的研究[22]，也提高了谈判过程中任务分配的效率，同时减少了信息交互的成本。袁勇等[23]则提出了协同遗传算法在多议题谈判中的应用及系统的仿真。同样，增强学习的方法也可以帮助谈判 Agent 选择最优行动策略，实现其最终目标。在谈判过程中充分利用对手的历史信息，对基于增强学习的谈判策略进行优化[24]，加快谈判解的收敛和提高谈判解的质量，也是增强学习方法在谈判系统中有效性和可用性的体现。智能学习方法也在预测对手偏好和行为模型[25-27]、提高谈判效率[28-31]、增强系统性能方面[32][33]得到了广泛应用。

另外，还有将多种学习方法综合运用到谈判研究中，以获得更为完善的系统性能，如 Sim 等[34]将贝叶斯学习与遗传算法综合应用，提出谈判策略获取对手的不完备信息，能够使谈判方达到更高的效用值并提高效率。彭志平等[35]将模糊逻辑的推理学习方法和神经网络的智能方法融汇到谈判系统之中，符合人类协商的思维和常规，能获得更高的协商收益和协商效率。Chohra 等[36]认为谈判中谈判者的行为举止（包括中立、温和、好斗等）都是人类性格的一部分，在谈判中起着重要作用，因此通过先增强学习再神经网络学习的综合方法对谈判者的信念进行仿真，并以此为依据提出谈判策略。

总之，随着我们对谈判系统研究的进一步加深，多 Agent 学习方法将不可避免地起到越来越重要的作用。多 Agent 学习方法一般来自我们一般所说的机器学习方法，把机器学习的方法应用于制造业供应链协同谈判的过程当中，以使协同谈判系统的自主适应能力更强，谈判效率更高，这是本章的研究目的。比如，让谈判系统从交易记录中学到新交易的最佳方案；使供应链上协同谈判双方根据经验学到基于自身偏好、信念、需求等的谈判对手选择方案；通过学习进行谈判策略的选择，等等。

三、学习方法发展概述

谈判学习机制研究的核心部分就是对学习方法的灵活运用。这里的学习方法主要是指机器学习方法。机器学习（machine learning）是人工智能领域的重要研究方向之一，也是计算机和信息技术中应用较广泛的领域之一。近年来，国内外许多专家和学者都从事着机器学习方面的研究和应用。Intel、IBM、波音、微软、通用电器等大型公司也积极开展该领域的研究和开发，而且已有不少研究成果投入生产。机器学习研究的热门程度可以从该领域的国际权威期刊《机器学习研究学报》（*Journal of Machine Learning Research*，JMLR）的影响因子（impact factor）看出，据美国科学引文检索公司（ISI）统计，2004 年该学报的影响因子已达到 5.952，这是除了《ACM 计算综述》（*ACM Computing Survey*）以外影响因子最高的计算机类期刊。

那么，学习方法是如何发展成为影响力如此之大的热点研究领域呢，它涉及的主要算法的发展进程又如何呢？我们在本节内容中将作简要的介绍。

（一）传统的学习方法

一般来说，机器学习的研究起点最早可追溯到 19 世纪末的神经科学，特别是 James 发现了神经元相互连接的现象。随后，在 20 世纪 30 年代，McCulloch 和 Pitts 发现了神经元的"兴奋"和"抑制"机制，20 世纪中叶，Hebb 发现了"学习律"，等等。在上述神经生物学研究成果的基础上，机器学习的发展大致可分为两条重要主线。一条主线是：以 Barlow 提出的功能单细胞假设为依据，Rosenblatt 于 1956 年提出了感知器，在随后的近 30 年时间里，Samuel 等人提出的"符号机器学习"方法一直处于主导地位，1969 年 Minsky 开始研究线性不可分问题，1986 年 Rumelhart 提出了著名的后向传播（BP）神经网络，20 世纪 90 年代 Vapnik 等人提出了针对有限样本的统计学习理论和支持向量机（SVM），等等。另一条主线是：以 Hebb 提出的神经集合体假设为依据，1960 年 Widrow 提出了 Madline 以解决平凡解问题，1984 年 Valiant 提出了 PAC，1990 年 Schapire 提出了弱学习定理，1995 年 Freund 和 Schapire 提出了 AdaBoost 算法，在上述研究成果的基础上，逐渐形成了泛化理论。需要说明的是，在符号机器学习方面，1959 年 Solomonoff 关于文法归纳的研究应该是最早的符号机器学习，Samuel 将学习限制在结构化数据层面，由此学习演变为约简算法，这是现代符号机器学习的基础。如果将每条规则理解为一个分类器，符号机器学习也可算作是 Hebb 路线的产物。此外，1967 年哥德尔从数学上证明了符号机器学习是不可能完全实现的[37]。

（二）学习方法的发展

与很多新兴学科一样，机器学习也是一个多学科交叉的产物，它吸取了人工智能、概率统计、神经生物学、认知科学、信息论、控制论、计算复杂性理论、哲学等学科的成果。实践证明，机器学习在很多应用领域发挥了重要的实用价值，特别是在数据挖掘、语音识别、图像识别、机器人、车辆自动驾驶、生物信息学、信息安全、遥感信息处理、计算金融学、工业过程控制等领域取得了令人瞩目的成果。

在理论方面，关于观察例的数目，所考虑假设的数目和学习到假设的预计误差之间的基本关系已经取得一定成果，已经获得人类和动物学习的初步模型，开始了解它们与计算机学习算法之间的关系。

在应用方面，机器学习的进展迅速，20 世纪 90 年代逐渐成熟的基于机器学习的文本分类方法，更注重分类器的模型自动挖掘和生成及动态优化能力，在分类效果和灵活性上都比之前基于知识工程和专家系统的文本分类模式有所突破，成为相关领域研究和应用的经典范例[38][39]。美国 NASA-JPL 实验室的科学家 2001 年 9 月在 Science 上专门撰文[40]指出，机器学习对科学研究的整个过程正起到越来越大的支持作用，并认为该领域将稳定而快速地发展，并将对科学技术的发展发挥更大的促进作用。

近年来，机器学习与自然语言处理的结合越来越紧密，相应的自然语言学习技术的发展也越来越快。在自然语言处理及机器翻译方面，比较流行和传统的机器学习方法是基于实例的学习。这种方法给定一些有代表性的实例，从中总结出一些规律，使其具有代表性和高精确度，并把学习得到的这些特性作为系统，赋给另一个从未见过的新事物。在多 Agent 谈判领域中比较典型的应用有基于案例学习的谈判系统。

机器学习方法在专家系统及智能决策系统方面的典型应用也很普遍，这方面的研究有：机械设备智能诊断系统的机器学习机制、故障诊断专家系统中机器学习方法的研究、基于机器学习理论的智能决策支持系统模型操纵方法的研究，智能制造系统中机器学习方法的应用研究等[40]。

机器学习技术应用于市场营销、金融、网络分析和电信领域[41]。在市场营销领域，机器学习技术较广泛地应用于分类型和关联型任务；在金融领域，机器学习技术较广泛地应用于预测型任务；在网络分析领域，机器学习技术应用较为广泛的是关联型任务；在电信领域，机器学习技术在分类、预测、侦查的任务方面均有广泛的应用。

此外，机器学习应用于数据挖掘领域或与其他应用技术的结合，比较典型的有基于机器学习的神经网络初始化方法、进化计算在机器学习中的应用研究、层次分类中的机器学习方法研究、基于 Rough 集方法的数据约简与机器学习、预测支持系统中的人机界面 Agent 及其机器学习。

显然，任何一个没有学习能力的系统都很难被认为是一个真正的智能系统，但随着机器学习研究及应用的不断发展，尽管"学习机制"还是研究动力之一，然而，"烦恼的网络"危机使得更为重要的推动力来自"有效利用"信息。当前，很多传统领域借用机器学习来提高研究水平，电子商务谈判就是其中之一。因此，当前学习方法的角色也逐渐发生了转变，已发展到一个新阶段。主要体现在：

（1）主方向的改变。当前机器学习领域的主流不再是单纯地做"会学习的机器（人）"，而是越来越朝着智能数据分析的方向发展，并已成为智能数据分析技术的一个重要源泉。将学习方法引入电子商务谈判当中正是其应用多元化的发展方向。

（2）侧重点的改变。传统的机器学习强调"学习本身是目的"，上一阶段的研究几乎完全局限于人工智能这一领域本身，主要关注人工智能对人类学习能力的追求；而当前的机器学习更强调"学习本身是手段"，它已经开始广泛进入计算机科学的不同领域，甚至其他学科，并已成为一种支持技术和服务手段。

（3）应用面的改变。近年来，针对信息的复杂多样性，人们关注的焦点转向了机器学习及其在这些数据资源上的深层次应用，涌现出很多新的学习方法。比如改善系统适应环境变化性能的增强学习；广泛用于搜索引擎的 Ranking 学习；能够快速过滤海量数据的数据流（Data stream）学习，等等。虽然这些新的机器学习方法仍处于探索和实验观察阶段，但是它们已充分表明基于机器学习的数据分析方法越来越成为解决复杂问题的关键。

因此，现阶段机器学习研究不应再过多地强调模拟人的学习能力，应该把机器学习真正当成一种支持技术（也就是说，它是一种重要手段而非目的），考虑不同领域甚至不同学科对机器学习的需求，找出其中迫切需要解决的共性问题，并进行深入研究[42]。

四、多 Agent 学习系统设计的一般思想

学习方法有很多种，每种方法都有各自的优缺点及适用范围，但是它们作为多 Agent 学习方法体系的一部分，也有着一般性的、常规的应用思路或系统设计思想。那么应该如何建立基于多 Agent 学习方法的谈判系统呢？我们首先应该了解学习方法的一般应用规律。本节主要先从学习的要素和学习问题的表达方式入手，介绍一般学习系统的基本设计思想。

（一）学习方法应用要点

研究一个机器学习问题或设计一个机器学习系统，需要弄清楚如下要点[42]：

（1）学习任务 T；

（2）性能度量 P；

（3）训练例 E；

（4）抽象的目标函数 F（代表系统行为中需要学习改进的成分）；

（5）目标函数的具体（近似）表示 F（如系数待定的数学函数）；

（6）从训练例 E 导出 F 值的方法；

（7）根据 F 的特殊输入/输出改进 F 的定义的方法。

在供应链协同谈判中我们通常可将学习的主要内容看成是搜索问题，即搜索谈判各方或环境的相关信息等。作为搜索问题，我们要考察搜索空间、搜索空间的结构、搜索目的、搜索策略及其收敛性等。学习问题的搜索空间（又称假设空间）是所有可能的目标函数（又称假设）；目标函数的表达方式决定了搜索空间的结构；搜索目的是寻找与训练例最为匹配的（且满足系统的一般约束条件的）假设；搜索策略就是针对各种不同结构的搜索空间的学习算法，是机器学习领域的主要研究对象。理论上，主要问题是学习算法的收敛性，以及关于训练例的数量，搜索空间的大小和特性，对学习到的假设的信任度（它能正确解释未来实例的能力）这三者之间关系的定量分析。因此，供应链协同谈判中的学习所研究的主要问题可大致归纳为：

（1）从特殊训练例学习一般性目标函数的算法有哪些？一个特定的算法在何种条件下能够收敛到所求的函数（当然要给予它充分多的训练数据）？各种算法最适用于何种学习问题和何种表达方式？

（2）多少训练例算是充分的？训练例的数量，搜索空间的大小和特性，对学习到的假设的信任度这三者之间有何定量关系？

（3）学习系统掌握的先验知识在什么情况下及如何指导学习过程？近似正确的先验知识也能被利用吗？

（4）学习过程中选用下一个训练例的最佳策略是什么？选例策略对系统的复杂度有何影响？

（5）如何将学习任务化为函数近似问题（即如何找出特定的函数）？这一过程能够自动化吗？

（6）系统如何自动地改变自己的表达方式以加强表示和学习目标函数的能力？

（二）学习问题的一般表达

以 H. Simon 的学习定义作为出发点，建立如图 9-1 所示的基本模型。在学习的过程中，首要的因素是外部环境向系统提供信息的质量。外部环境是以某种形式表达的外界信息集合，它代表外界信息来源。学习是将外界信息加工为知识的过程，先从环境获取外部信息，然后对这些信息加工形成知识，并把这些知识放入知识库中，知识库中同时还存放指导执行部分动作的规则或协议。由于环境向学习系统提供的信息形形色色，信息质量的优劣直接影响到学习部分是容易实现还是杂乱无章,而知识库则是影响学习系统设计的第二个因素,由于知识库可能不同,表达方式各有特点,在选择表示方式上要兼顾表达能力强、易于推理、易于完善及扩展知识表示等几个方面的要求。执行环节是利用知识库中的知识完成某种任务的过程,并把完成任务过程中所获得的一些信息反馈给学习环节,以指导进一步的学习[43]。

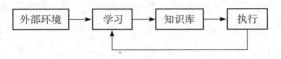

图 9-1　学习的基本模型

学习系统的定义:如果一个计算机系统在完成某一类任务 T 时的性能 P 能够随着经验 E 而改进,该系统就称为一个学习系统。

显然,要讨论一个学习系统,首先必须确定它的三个关键成分:任务类 T、性能指标 P 和经验来源 E。

例如,在供应链上供应商与采购商之间通过多 Agent 谈判系统进行学习时,其任务 T 为:谈判达成一致;性能指标 P 为:高效率、低成本;经验(知识)来源 E 为:数据库中的谈判各方信息、历史信息和环境信息等。

(三) 学习系统设计要求

学习系统要做四个关键的设计选择[42](训练经验的选择、目标函数的选择、目标函数的表示的选择、函数近似算法即学习算法的选择),从而确定系统的四个核心模块(行动模块、评价模块、学习模块、问题生成模块)所使用的策略和算法。

学习系统设计时应注意的四个关键选择如下:

1. 训练经验的选择

训练经验的类型对学习系统的成败具有重要的影响。训练经验的关键特征有:

(1)训练经验对行为模块的选择提供直接的还是间接的反馈。从直接经验的学习显然要比从间接经验的学习容易,因为在间接经验的情况下,信息的获取需要通过进一步的推敲来完成,而且其取值的估计有时是十分困难的。

(2)学习系统对训练例子序列能够控制到何种程度。

(3)训练经验与最终用来测试系统性能 P 的那些例子之间的关系。训练例与测试例的分布越相似,学习的结果就越可靠。在目前的有关机器学习的书中,人们通常假定训练例与测试例的分布是一致的,这样才能获得一定的理论成果。

但是，我们要记住，现实中这两者的分布是有差别的。

2. 目标函数的选择

学习系统的目的是改进在完成某一类任务 T 时的性能 P。我们通常把这一目的转换成对某目标函数的学习。目标函数的选择就成了学习系统设计的一个关键问题。于是，机器学习的任务就归结为发现目标函数 V 的可操作的描述。在许多实际问题里，这是一个十分困难的任务，所以仅要求描述 V 的一个近似 V。因此，学习目标函数的算法通常称为函数近似算法。

3. 目标函数的表示的选择

这里所说的目标函数 V 的表示即它的近似 V 的表示方法。越是表达力强的方法越能够接近理想的目标函数 V，但也就需要越多的训练数据来确定它的值。

4. 函数近似算法的选择

根据实际学习问题的需要，通过设计贴切的函数近似算法，来表示此问题，使其性能更强。

学习系统含有四个核心模块，上面讲解的四个设计选择决定了各个模块内部的策略和算法。也就是说，针对某个具体问题，作出四个具体的设计选择，产生四个核心模块的具体版本，从而设计出解决该具体问题的学习系统。四个核心模块如下：

1）行动模块（又称行为系统）

接受感知信息（输入），决定系统所要采取的行动。一般来说，学习的目的是改进行动模块的性能，所以我们首先要弄清楚行动模块的哪些成分需要改进。行动模块可能有以下各种成分，它们都能够被学习改进：

（1）从当前状态（的条件）到行动的直接映射；

（2）从感知信息序列推断出环境的有关性质的手段；

（3）关于环境演变方式的信息；

（4）关于系统可采取的可能行动的后果的信息；

（5）指示状态是否良好的辅助信息；

（6）指示在特定状态采取特定行动是否合适的"行动-值"信息；

（7）目标，它描述一组使系统能力得到最大限度发挥的状态。

行动模块需要改进的成分的表达方式有确定性描述、逻辑公式、概率描述等，都可以抽象地描述为函数（称为目标函数），学习的任务就是要获得目标函数的定义，使之与训练例最为匹配（且满足系统的一般约束条件）。

2）评价模块（又称批评模块）

根据系统外固定的性能标准，接受关于系统行为后果的感知信息，评价系统的性能，并将评价意见反馈给学习模块。一般来说，我们可以有以下几种可以使用的反馈：若目标函数（即要改进的行动成分的数学表达）的输入和输出（实际输出和正确的输出）都是可以感知的，称为有指导的学习；若只有对实际输出的评价，却不给出正确的输出值，称为强化学习（又称奖惩式学习）；若对于正确的输出值没有任何提示，称为无指导的学习。一般的谈判系统属于强化学习问题。

3）学习模块（又称推广模块）

了解行动模块的工作特性，接受评价模块发来的关于系统性能的反馈信息，决定并告诉行动模块应如何改进以便在将来更好地工作，并为模块选择适合的学习方法来实现学习功能。

4）问题生成模块（又称试验生成模块）

根据学习模块给出的学习目标，向行动模块建议进行某种偏离常规的探索性行动，试图获得新的有价值的经验，也可以根据学习模块提供的其他改进意见生成新的问题让行动模块处理，以探索新的经验（即搜索状态空间中了解得还不够充分的特定部分），从而提高系统的整体性能。

第二节　谈判学习常用方法

近年来，在多 Agent 的供应链协同谈判中，常用的学习方法有贝叶斯学习、人工神经网络、遗传算法和增强学习等，它们以其各自的算法优势为谈判过程中的信息知识获取、处理，谈判策略的选择和决策提供了有力的支持，提高了谈判的性能。本节就这几种主要的学习方法的原理及建模思想进行简要的阐述。

一、贝叶斯学习

在谈判过程中，如何通过一种自然和有效的方式来捕捉、表示和推理不确定性知识显得十分重要。贝叶斯方法就是一种非常有代表性的不确定性知识表示和推理方法，在机器学习领域具有十分重要的地位和作用。贝叶斯方法的主要特点有：

（1）使用概率去表示所有形式的不确定性知识，学习和推理过程都用概率规则来实现，学习或推理结果表示为随机变量的概率分布，可理解为人们对不同可能性的信任程度；

（2）观察到的每个训练样本可以增量地降低或升高某假设的估计概率；

（3）先验知识可以与观察数据一起决定假设的最终概率；

（4）贝叶斯方法可允许对假设作出不确定性的预测；

（5）新的实例分类可由多个假设一起作出预测，用它们的概率来加权；

（6）可作为最优决策标准衡量其他方法的优劣。

在实际应用中，若能正确估计概率密度函数假设，就可使用少量样本数据，进行少量计算得到较满意的结果。这在样本难得的情形下特别有用，这也是贝叶斯方法优于其他方法之处。

在贝叶斯方法中，由于全联合概率公式假设所有变量之间都具有条件依赖性，其计算复杂性十分巨大，而且为每个原子事件指定概率既不自然也相当困难，所以，在实际应用中一般都采用其简化形式。朴素贝叶斯（Naïve Bayes）分类器就是经常使用的一种简化方法。然而，由于朴素贝叶斯分类器假设所有变量之间都是条件独立的，该假设太过简单和武断，与实际情况并不相符。因此，如何在全联合概率计算公式和朴素贝叶斯分类器之间取得均衡，就成为贝叶斯方法的重要研究课题。贝叶斯网络（Bayesian Network）就是一种很好的折中方法，它充分利用了变量之间的独立性和条件独立性关系，从而大大减少了为定义全联合概率分布所需指定的概率数目，同时，它又避免了朴素贝叶斯分类器要求所有变量都是条件独立的不足。

简单地说，贝叶斯网络是一种用以表示变量之间依赖关系的概率图模型（directed probabilistic graphical model），它提供了一种自然而又有效的因果关系表达和推理方法，以发现数据间存在的相关性和依赖关系。贝叶斯网络用图的方法来描述数据间的因果关系，语义清晰，可理解性强，这有助于人们利用数据间的因果关系来进行推理和预测。贝叶斯方法以其独特的不确定性知识表达形式、丰富的概率表达能力、综合先验知识的增量学习特性等，已成为当前机器学习、人工智能、数据挖掘等领域中众多方法中最受关注的研究热点之一。

1. 贝叶斯法则

在机器学习的框架下，我们有假设空间 H，任何 $h \in H$ 是一个候选假设；此外还有训练例子集 D。我们的目的是寻找"最好的假设"。严格地说，我们考虑：

（1）$P(h)$：假设 h 的先验概率：在观察例子之前根据背景知识确定的假设 h 正确的概率。如果没有必要的背景知识，我们可以对所有的候选假设设置相同的先验概率。

（2）$P(D)$：训练数据 D 的先验概率：在不知道何种假设成立的情况下 D 被观察到的概率。

（3）$P(D \mid h)$：在假设 h 成立的世界里 D 被观察到的概率。

（4）$P(h \mid D)$：假设 h 的后验概率：在观察到例子 D 之后假设 h 正确的概率（通过对 D 的观察我们对假设 h 的信任程度，是机器学习问题中根本兴趣之所在）。

重要注解：假设 h 的先验概率不依赖于对数据 D 的观察，而它的后验概率则反映了观察例子的影响。

贝叶斯定理：
$$P(h \mid D) = \frac{P(D \mid h)\, P(h)}{P(D)}$$

直观说明：

（1）h 的先验概率 $P(h)$ 越大，它的后验概率也越大；

（2）h 成立时 D 被观察到的概率 $P(D \mid h)$ 越大，h 的后验概率也越大；

（3）D 被独立观察到的概率 $P(D)$ 越大，D 支持 h 的力度越小，即 h 的后验概率越小。

定义：给定观察例 D 的最大可能假设（即后验概率 $P(h \mid D)$ 为最大的假设）称为极大后验假设（简称 MAP 假设，记为 h_{MAP}）。许多学习问题希望找到 h_{MAP}。

定义：若所有的假设具有相同的先验概率，后验概率 $P(h \mid D)$ 只依赖于 $P(D \mid h)$。$P(D \mid h)$ 为最大的假设称为极大可能假设（简称 ML 假设，记为 h_{ML}）。

说明：贝叶斯定理是一个极具一般性的定理，不仅适用于上面所表述的在机器学习框架下的问题，也适用于任何由互斥命题（它们成立的概率的和数为 1）组成的空间 H 和某种数据 D。

利用贝叶斯学习方法进行谈判的流程可举例如图 9-2 所示。

2. 贝叶斯网络

贝叶斯网络学习模型也称信念网络学习模型，概括地说，贝叶斯网络是用于表示变量之间依赖关系，并为任何全联合概率分布（joint probability distribution）提供自然、有效的简明规范的一种有向无环图（DAG）结构，其中每个节点都标注了定量概率信息。节点代表变量，连线代表变量之间的关联，并通过概率表示变量之间的关系强弱。一组变量 $x = (x_1, x_2, \cdots, x_n)$ 的贝叶斯学习网络由以下两部分组成：

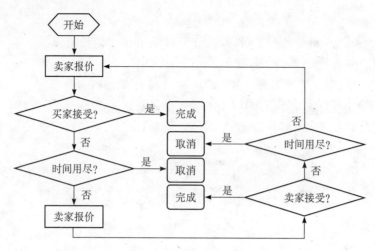

图 9-2　谈判流程图举例

（1）X 的网络结构 S；

（2）X 的局部概率分布 P。

其中，网络结构 s 是一个有向无环图。每一个节点代表一个数据变量 x_i，S 的节点之间缺省弧线则表示条件独立。p_i 表示 s 中 x_i 的父节点集合。P 中的每一元素为数据变量 x_i 的条件概率密度。由概率的链规则得

$$p(X \mid \zeta) = p(X_1, X_2, \Lambda, X_n \mid \zeta) = \prod_{i=1}^{n} p(X_i \mid X_1, X_2, \Lambda, X_{i-1}, \zeta)$$

对于每一数据变量 x，将有一个与 x 条件都不独立的最小子集 $\pi_i \subseteq \{X_1, X_2, \Lambda, X_n\}$，使得 $p(X_i \mid X_1, X_2, \Lambda, X_{i-1}, \zeta) = p(X_i \mid \pi_i, \zeta)$ 此时，π_i 中的变量就为贝叶斯网络学习模型中的父节点 P_i，故 $p(X \mid \zeta) = \prod_{i=1}^{n} p(X_i \mid p_{\pi_i}, \zeta)$。

为了建立贝叶斯学习网络模型（如图 9-3 所示），首先必须确定建立模型的有关变量及其解释。为此，需要确定模型的目标，即确定相关的解释；其次需要建立一个条件独立断言的有向无环图；然后指派局部概率分布。在离散的情况下，需要为每一个变量的父节点集的各个状态指派一个分布。

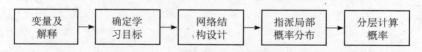

图 9-3　贝叶斯学习网络模型

贝叶斯网络学习模型是结合先验信息和后验信息的图形模型，正因为它综合了数据的先验信息和后验信息，因此在对谈判中信息进行分析时可以使用先验信息。贝叶斯网络学习模型主要功能有：分类、聚类、关联分析等。具体来说贝叶斯网络学习模型在基于辩论的自动谈判中应用如下：

（1）对手细分。贝叶斯网络学习模型可以对谈判对手进行很好的分类，从而找出合作度较高的对手的共同特征，并有针对性地与他们进行深入谈判，放宽辩论力度，以满足他们的个性需求。Cheeseman 等人使用朴素贝叶斯网络学习模型设计了一种无监督的分类系统 auto class system，就取得了很好的效果。

（2）信用分析。对对手信用进行分析，从而为企业避免潜在风险是非常必要的。贝叶斯网络可以结合先验信息和样本数据对谈判对手信用进行有效分析。从而为企业做出正确的战略决策提供有力支持。

针对谈判系统，根据经验规定各节点的先验顺序，得出网络结构，参考如图 9-4 所示（还有其他变量，这里只是举简单的例子）。

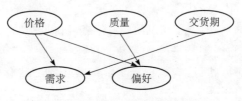

图 9-4　谈判系统网络结构图

然后根据经验指派概率分布，计算各节点的条件概率，即得到该属性相对于其他属性值对于谈判结果的影响力度。能够对对手信息以及提议进行力度分析，便于评价、选择辩论，得到适应性的谈判策略。

二、人工神经网络

人工神经网络是由许多神经元互连在一起所组成的复杂网络系统。它是在现代神经学研究成果基础上提出的，能模拟人的若干基本功能。它具有并行分布的信息处理结构，通过"学习"或"训练"的方式完成某一特定的工作。其最显著的特点是具有自学习能力，并在数据含有噪音、缺项或缺乏认知时能获得令人满意的结论，特别是它可以从积累的工作实例中学习知识，尽可能多地把各种定性定量的影响因素作为变量加以输入，建立各影响因素与结论之间的非线性映像，采用自适应模式识别方法完成此工作。它对处理内部规律不甚了解、不能用一组规则或方程进行描述的较复杂问题或开放的系统比较有优势。

按照神经元的连接方式，人工神经网络可分为两种：没有反馈的前向网络和相互结合型网络。前向网络是多层映像网络，每一层中神经元只接受来自前一层神经元的信号，因此信息的传播是单方向的。BP 网络是这类网络最典型的例子。在相互结合型的网络中，任意神经元之间都可能有连结，因此，输入信号要在网络中往返传播，从某一初态开始，经过若干变化，渐渐趋于某一稳定状态或进入周期震荡等其他状态，这方面的网络有 Hopfield 网络、SOM 网络等。

网络的学习能力体现在网络参数的调整上。参数调整方法为有教师学习和无教师学习两种基本方式。有教师学习方式是网络根据教师给出的正确输入模式，校正网络的参数，使其输出接近于正确模式。这类方式常采用梯度下降的学习方法，如 BP 算法。而无教师学习是网络在没有教师直接指点下通过竞争等方式自动调整网络参数的学习方法，如自适应共振网络。

神经网络就是由许多神经元互连在一起所组成的神经结构。把神经元之间相互作用的关系进行数学模型化就可以得到神经网络模型。目前已有几十种不同的神经网络模型。代表的网络模型有感知器、反向传播 BP 网络、GMDH 网络、RBF 网络、双向联想记忆（BAM）、Hopfield 网络、Boltsmann 机、自适应共振网络（ART）、自组织特征映像（SOM）网络等。运用这些网络模型可实现函数近似（数字逼近映像）、数据聚类、模式识别、优化计算等功能，因此，人工神经网络广泛用于人工智能、自动控制、机器人、统计学、工程学等领域的信息处理中[44]。

（一）基本原理

人工神经网络的基本处理单元在神经网络中的作用与神经生理学中神经元的作用相似，因此，人工神经网络的基本处理单元往往被称为神经元。人工神经网络结构中的神经元模型模拟一个生物神经元，如图 9-5 所示。该神经元单元由多个输入 x_i，$i=1, 2, \cdots, n$ 和一个输出 y_j 组成。中间状态由输入信号的加权和与修正值表示，而输出为

$$Y_j(t) = f(\sum_{i=1}^n w_{ji}x_i - \theta_j) \tag{9-1}$$

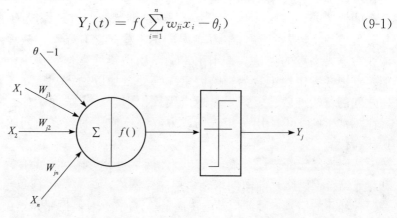

图 9-5　神经元模型

式（9-1）中，θ_i 为神经元单元的偏置（阈值）；w_{ji} 为连接权系数（对于激发状态，w_{ji} 取正值；对于抑制状态，w_{ji} 取负值）；n 为输入信号数目；y_j 为神经元输出；t 为时间；$f(\ )$ 为输出变换函数，有时叫做激发或激励函数，往往采用 0 和 1 二值函数或 S 形函数，如图 9-6 所示，这三种函数都是连续和非线性的。

一种二值函数如图 9-6（a）所示，可由下式表示：

$$f(x) = \begin{cases} 1, x \geqslant x_0 \\ 0, x < x_0 \end{cases} \qquad (9\text{-}2)$$

一种常规的 S 形函数如图 9-6（b）所示，可由下式表示：

$$f(x) = \frac{1}{1 + e^{-ax}}, 0 < f(x) < 1 \qquad (9\text{-}3)$$

常用双曲正切函数（图 9-6（c））来取代常规 S 形函数，因为 S 形函数的输出均为正值，而双曲正切函数的输出值可为正或负。双曲正切函数如下式所示：

$$f(x) = \frac{1 - e^{-ax}}{1 + e^{-ax}}, -1 < f(x) < 1 \qquad (9\text{-}4)$$

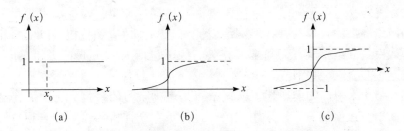

图 9-6　神经元中的某些变换（激发）函数

1. 人工神经网络的基本特性

人工神经网络由神经元模型构成，这种由许多神经元组成的信息处理网络具有并行分布结构。每个神经元具有单一输出，并且能够与其他神经元连接；存在许多（多重）输出连接方法，每种连接方法对应一个连接权系数。严格地说，人工神经网络是一种具有下列特性的有向图：

（1）对于每个节点存在一个状态变量 x_i；

（2）从节点 i 至节点 j，存在一个连接权系数 w_{ji}；

（3）对于每个节点，存在一个阈值 θ_j；

（4）对于每个节点，定义一个变换函数 $f_j(x_i, \omega_{ji}, \theta_j)$；对于最一般的情况，此函数取 $f_j(\sum_i w_{ji}x_i - \theta_j)$ 形式。

2. 人工神经网络的基本结构

（1）递归网络。在递归网络中，多个神经元互连以组织一个互连神经网络。

有些神经元的输出被反馈至同层或前层神经元。因此，信号能够从正向和反向流通。Hopfield 网络、Elmman 网络和 Jordan 网络是递归网络有代表性的例子。递归网络又称为反馈网络。

（2）前馈网络。前馈网络具有递阶分层结构，由一些同层神经元间不存在互连的层级组成。从输入层至输出层的信号通过单向连接流通，神经元从一层连接至下一层，不存在同层神经元间的连接。前馈网络的例子有多层感知器（MLP）、学习矢量量化（LVQ）网络、小脑模型连接控制（CMAC）网络和数据处理方法（GMDH）网络等。

神经网络主要通过两种学习算法进行训练，即指导式（有师）学习算法和非指导式（无师）学习算法。此外，还存在第三种学习算法，即强化学习算法，可把它看做有师学习的一种特例。

（1）有师学习。有师学习算法能够根据期望的和实际的网络输出（对应于给定输入）间的差来调整神经元间连接的强度或权。因此，有师学习需要有个老师或导师来提供期望或目标输出信号。

（2）无师学习。无师学习算法不需要知道期望输出。在训练过程中，只要向神经网络提供输入模式，神经网络就能够自动地适应连接权，以便按相似特征把输入模式分组聚集。无师学习算法的例子包括 Kohonen 算法和 Carpenter-Grossberg 自适应共振理论（ART）等。

（3）强化学习。如前所述，强化学习是有师学习的特例。它不需要老师给出目标输出。强化学习算法采用一个"评论员"来评价与给定输入相对应的神经网络输出的优度（质量因数）。强化学习算法的一个例子是遗传算法（GAs）。

在人们提出的几十种神经网络模型中，人们较多用的是 Hopfield 网络、BP 网络、Kohonen 网络、ART（自适应共振理论）网络和 LVQ 网络。而目前在商务谈判中应用较广泛的仍属 BP 神经网络，因此我们以多层前馈神经网络（BP）模型为例，介绍神经网络学习方法的算法模型。

BP 模型是目前研究最多、应用最广泛的 ANN 模型。它是由 Rumelhart 等人组成的 PDP 小组于 1985 年提出的一种神经元模型，其结构如图 9-7 所示。理论已经证明一个三层的 BP 网络模型能够实现任意的连续映像[45]。

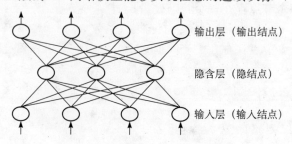

图 9-7　反向传播（BP）神经网络结构

（二）BP 网络模型特点

BP（back propagation）网络模型是把一组样本的输入输出变成一个非线性优化问题，使用了最优化中最普遍的梯度下降算法，用迭代运算求解权，加入隐节点使得优化问题的可调参数增加，从而可以逼近精确解。

BP 网络由输入层、输出层及隐含层组成，隐含层可有一个或多个，每层由多个神经元组成。其特点是：各层神经元仅与相邻层神经元之间有连接；各层内神经元之间无任何连接；各层神经元之间无反馈连接。输入信号先向前传播到隐结点，经过变换函数之后，把隐结点的输出信息传播到输出结点，经过处理后再给出输出结果。结点的变换函数通常选取 Sigmoid 型函数。一般情况下，隐含层采用 S 型对数或正切激活函数，而输出层采用线性激活函数。

如果输入层有 n 个神经元，输出层有 m 个神经元，则网络是从 n 维欧氏空间到 m 维欧氏空间的映像。在确定了 BP 网络的结构后，利用输入输出样本集对其进行训练，也即通过调整 BP 网络中的连接权值、网络的规模（包括 n、m 和隐层节点数），就可以使网络实现给定的输入输出映像关系，并且可以以任意精度逼近任何非线性函数。BP 网络通过对简单的非线性函数的复合来完成映像，用这种方法经过少数的几次复合就可以得到极为复杂的函数关系，进而可以表达复杂的物理世界现象，使得许多实际问题都可以转为利用神经网络来解决。经过训练的 BP 网络，对于不是样本集中的输入也能给出合适的输出，这种性质称为泛化（generalization）功能。从函数拟合的角度看，这说明 BP 网络具有插值功能[44]。

（三）BP 网络学习算法

BP 神经网络采用误差反传学习算法，它使用梯度搜索技术，实现网络的实际输出与期望输出的均方差最小化。网络学习的过程是一种边向后传播边修正权的过程。

在这种网络中，学习过程由正向传播和反向传播组成。在正向过程中，输入信号从输入层经隐层单元逐层处理，并传向输出层，每一层神经元的状态只影响下一层神经元的状态。如果在输出层不能得到期望的输出，则转向反向传播，将输出的误差按原来的连接通路返回。通过修改各层神经元的权值，使得误差信号最小。得到合适的网络连接值后，便可对新样本进行非线性映像。

1. 信息的正向传递

假设 BP 网络共 L 层，对于给定的 P 个样本，网络的期望输出为

$$T_d = [T_{d1}, \ T_{d2}, \ \cdots, \ T_{dp}]$$

当输入第 P 个样本时，对于网络中的第 l $(l=1, \ 2, \ \cdots, \ L-1)$ 层中第 j 个神经元的操作特性为

$$net_{jp}^{(l)} = \sum_{i=1}^{n_{l-1}} W_{ji}^{(l)} O_{ip}^{(l-1)} - \theta_j^l \tag{9-5}$$

$$O_{jp}^{(l)} = f_l(net_{jp}^{(l)}) \tag{9-6}$$

式中，W_{ji} 为神经元 i 到神经元 j 的连接权值；n_{l-1} 是第 $l-1$ 层的结点数；$O_{jp}^{(l-1)}$ 为神经元 j 的当前输入；$O_{jp}^{(l)}$ 为神经元 j 的输出；f_l 为非线性可微非递减函数，一般取为 S 型函数，即

$$f_l(x) = \frac{1}{1+e^{-x}} \tag{9-7}$$

而对于输出层则有

$$O_{jp}^{(L)} = f_L(net_{jp}^{(L)}) = \sum_{i=1}^{n_{l-1}} W_{ji}^{(L)} O_{ip}^{(L-1)} - \theta_j^L \tag{9-8}$$

神经网络学习的目的是实现对每一样本 E_p 达到最小，从而保证网络总误差 $E = \sum_{p=1}^{P} E_p$ 极小化。

$E_p = \frac{1}{2} \sum_{j=1}^{m} (T_{jdp} - \hat{T}_{jp})^2$ ，$(p=1, \ 2, \ \cdots, \ P)$，其中 m 为输出结点个数。

其中 T_{jdp}、$\hat{T}_{jp}$ 分别为输出层第 j 个节点的期望输出和实际输出。

2. 利用梯度下降法求权值变化及误差的反向传播

采用梯度算法对网络权值、阈值进行修正。

第 1 层的权系数迭代方程为

$$W(k+1) = W(k) + \Delta_p W(k+1)$$

$$W = \{w_{ij}\}$$

式中，k 为迭代次数。

令 $\Delta_p w_{ji} \infty - \dfrac{\partial E_p}{\partial w_{ij}^{(l)}}$

$$-\frac{\partial E_p}{\partial w_{ij}^{(l)}} = -\frac{\partial E_p}{\partial net_{jp}^{(l)}} \frac{\partial net_{jp}^{(l)}}{\partial w_{ij}^{(l)}} = -\frac{\partial E_p}{\partial net_{jp}^{(l)}} O_{ip}^{(l-1)} \tag{9-9}$$

令 $\delta_{pj}^{(l)} = -\dfrac{\partial E_p}{\partial net_{jp}^{(l)}}$ ，则有

$\Delta_p w_{ji} = \eta \delta_{pj}^{(l)} O_{ip}^{(l-1)}$ ，其中，η 为学习步长。

（四）网络的训练过程

神经网络训练的一般过程如下：

（1）网络初始化，用一组随机数对网络赋初始权值，设置学习步长 η、允许误差 ε、网络结构（即网络层数 L 和每层节点数 n_1）；

（2）为网络提供一组学习样本；

（3）对每个学习样本 p 循环如下操作：

①逐层正向计算网络各节点的输入和输出；

②计算第 p 个样本的输出的误差 E_p 和网络的总误差 E；

③当 E 小于允许误差 ε 或者达到指定的迭代次数时，学习过程结束，否则，进行误差反向传播。

④反向逐层计算网络各节点误差 $\delta_{jp}^{(l)}$。

如果 f_l 取为 S 型函数，即 $f_l(x) = \dfrac{1}{1+e^{-x}}$ ，则

对于输出层 $\delta_{jp}^{(l)} = O_{jp}^{(l)}(1 - O_{jp}^{(l)})(y_{jdp} - O_{jp}^{(l)})$

对于隐含层 $\delta_{jp}^{(l)} = O_{jp}^{(l)}(1 - O_{jp}^{(l)}) \sum \delta_{jp}^{(l)} w_{kj}^{(l+1)}$

⑤修正网络连接权值。

$$W_{ij}(k+1) = W_{ij}(k) + \eta\, \delta_{jp}^{(l)} O_{ip}^{(l-1)}$$

式中，k 为学习次数；η 为学习因子。η 取值越大，每次权值的改变越剧烈，可能导致学习过程振荡。因此，为了使学习因子的取值足够大，又不致产生振荡，通常在权值修正公式中加入一个附加动量法。

通过上述人工神经网络的基本介绍[44]，例举利用神经网络推理进行谈判学习的系统结构，如图 9-8 所示。

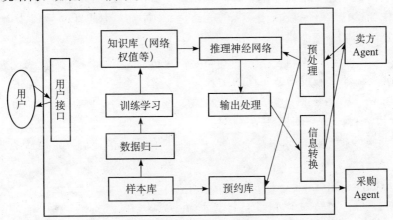

图 9-8　Agent 神经网络谈判模型

三、遗传算法

遗传算法（GA）是模拟生物进化的一种学习方法。通常的学习方法是以一般到具体，简单到复杂的方式搜索假设，而 GA 则反复从当前已知为最好的假设出发，对它们的各个部分进行变异和重组，从而达到后继假设。在每一步，当前群体（一组假设）中的一部分被当前最好假设的后代所替换。这个过程是对假设的生成-测试，搜索方法是 Beam-search，其中，当前最好假设的变体在下一步最容易被考虑。遗传算法之所以流行，是因为有下列优点：

（1）在生物系统中，进化是成功的鲁棒性的适应环境的方法；

（2）GA 能够搜索这样一类假设空间，其中的假设包含复杂的相互作用的成分，而每一个成分对假设的整体适用性的影响难以描述；

（3）遗传算法很易并行化，可利用高性能硬件的价格不断下降的有利趋势。

（一）基本原理

GA 所要解决的问题是搜索候选假设空间，寻找最佳假设。在 GA 中，"最佳假设"是指其适用性达到优化的假设，而假设的适用性是针对问题的一个可定义的数值度量。例如，若学习任务是根据输入输出训练例求某未知函数的近似，适用性可定义为假设在训练例上的精确度；若学习任务是谈判的策略，适用性可定义为个体与当前谈判对手群体谈判的成功率。

各种 GA 的实现虽然在细节上有所区别，其整体结构大致是一样的。算法反复地改进称之为群体的一组假设。在每一次循环中，评价群体的各个成员的适用性，按概率选择最适用的个体。选出的个体有的不加改变进入下一代群体，有的则作为遗传算子（交叉、变异等）的操作对象，生成新的后代个体。下面是遗传算法的一个概略描述：

GA（Fitness, Fitness_threshold, p, r, m）。

Fitness：评价假设的适用性的函数。

Fitness_threshold：算法终止的阈值。

p：进入群体的个体数目。

r：每一次循环内群体中被交叉算子所替换的个体的比例。

m：变异率。

（1）群体初始化：$P \leftarrow$ 随机生成 p 个假设；

（2）评价：对每一个 $h \in P$，计算 Fitness (h)；

（3）While $[\max \text{Fitness}(h)] < \text{Fitness\_threshold}$

Do　生成下一代群体 P_s，其具体操作为：

①选择：按概率选择 P 中的 $(1-r) \times p$ 个成员进入 P_s；从 P 中选择 h_i 的概率为：$Pr(h_i) = \text{Fitness}(h_i) / \sum_{j=1,\cdots,p} \text{Fitness}(h_j)$；

②交叉：按概率选择 P 中的 $r \times p$ 个成员，配成 $(r \times p/2)$ 个对子，用交叉算子为每一对生成两个后代，令所有后代进入 P_s；

③变异：随机选择 P 中的 m 分成员，对每一个选到的假设，在其表示中随机选择一个 bit，并改变它的值；

进化：$P \leftarrow P_s$；

评价：对每一个 $h \in P$，计算 Fitness (h)。

(4) 返回 P 中具有最高适用性的假设。

上述算法说明如下：

(1) P 到 P_s 的成员变化：

①P 中原有 p 个成员，每个成员有一个被选择的概率；

②P 中按概率前 $(1-r) \times p$ 个成员直接进入；

③P 中按概率前 $r \times p$ 个成员的后代进入（一对父母产生一对子女）；

④有可能某成员自己和后代均进入；

⑤P_s 中仍包括 p 个成员；

⑥从 P_s 中随机选出 $m\%$ 个假设做变异。

(2) 遗传算子的细节：

①交叉算子；

②变异算子是随机修改一个 bit 的信息（基因级的变异）。

(3) 按概率选择：

①用于直接进入下一代的假设和交叉算子的父母假设的选择。

②按概率选择应该有统计的方法去实现，但显然意味着概率值大的假设被选择的可能性大。

③各个假设被选择的概率依赖于它的适用性。即

$Pr(h_i) = \text{Fitness}(h_i) / \sum_{j=1,\cdots,p} \text{Fitness}(h_j)$。这种选择方法称为与适用性成比例的选择（或轮盘赌选择）。

其他的选择方法包括：

(1) 锦标赛选择（预定一个概率值 p。随机抽取两个假设，以 p 概率选择其中适用性强的假设，以 $(1-p)$ 概率选择适用性弱的假设）；

(2) 等级选择（将群体中的假设按适用性排序。各个假设被选择的概率与它在排序中的等级成比例）。

（二）算法的基本步骤

遗传算法计算优化的操作过程就如同生物学上生物遗传进化的过程，主要有三个基本操作（或称为算子）：选择（selection）、交叉（crossover）、变异（mutation）。

遗传算法基本步骤主要是：先把问题的解表示成"染色体"，在算法中也就是以二进制编码的串，在执行遗传算法之前，给出一群"染色体"，也就是假设的可行解。然后，把这些假设的可行解置于问题的"环境"中，并按适者生存的原则，从中选择出较适应环境的"染色体"进行复制，再通过交叉、变异过程产生更适应环境的新一代"染色体"群。经过这样的一代一代地进化，最后就会收敛到最适应环境的一个"染色体"上，它就是问题的最优解。

下面给出遗传算法的具体步骤，流程图如图 9-9 所示。

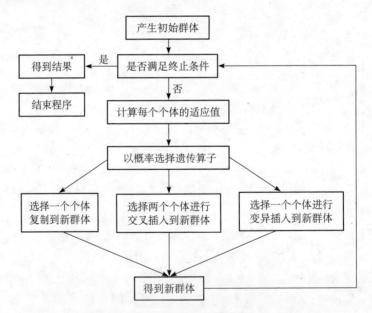

图 9-9　一个遗传算法的具体步骤

第一步，选择编码策略，把参数集合（可行解集合）转换染色体结构空间；

第二步，定义适应函数，便于计算适应值；

第三步，确定遗传策略，包括选择群体大小，选择、交叉、变异方法以及确定交叉概率、变异概率等遗传参数；

第四步，随机产生初始化群体；

第五步，计算群体中的个体或染色体解码后的适应值；

第六步，按照遗传策略，运用选择、交叉和变异算子作用于群体，形成下一代群体；

第七步，判断群体性能是否满足某一指标，或者是否已完成预定的迭代次数，不满足则返回第五步，或者修改遗传策略再返回第六步。

遗传算法有很多种具体的不同实现过程，以上介绍的是标准遗传算法的主要步骤，此算法会一直运行直到找到满足条件的最优解为止。

（三）算法介绍

第一步，编码和产生初始群体。首先第一步要确定编码的策略，也就是用计算机语言表示要解决的问题。编码就是表现型到基因型的映射，编码时要注意以下三个原则：

完备性：问题空间中所有点（潜在解）都能成为 GA 编码空间中的点（染色体位串）的表现型。

健全性：GA 编码空间中的染色体位串必须对应问题空间中的某一潜在解。

非冗余性：染色体和潜在解必须一一对应。

第二步，定义适应函数和适应值。

第三步，确定选择标准。一种常用的选择标准是利用适应值的比例来作为选择的标准，得到的每个个体的适应值比例称为入选概率。其计算公式如下：

对于给定的规模为 n 的群体 $pop = \{a_1, a_2, a_3, \cdots, a_n\}$，个体 a_i 的适应值为 $g(a_i)$，则其入选概率为

$$P_s(a_i) = \frac{g(a_i)}{\sum_{i=1}^{n} g(a_i)}, \quad i = 1, 2, 3, \cdots, n$$

第四步，产生种群。计算完了入选概率后，就将入选概率大的个体选入种群，淘汰概率小的个体，并用入选概率最大的个体补入种群，得到与原群体大小同样的种群。

第五步，交叉。交叉就是将一组染色体上对应基因段交换得到新的染色体，然后得到新的染色体组，组成新的群体。

第六步，变异。变异就是通过一个小概率改变染色体位串上的某个基因。然后重复上述的选择、交叉、变异直到满足终止条件为止。

第七步，终止条件。遗传算法的终止条件有两类常见条件：①采用设定最大（遗传）代数的方法，一般可设定为 50 代，此时就可能得出最优解。此种方法简单易行，但可能不是很精确。②根据个体的差异来判断，通过计算种群中基因多样性测度，即所有基因位相似程度来进行控制。

第八步，遗传算法的收敛性。前面我们已经就遗传算法中的编码、适应度

函数、选择、交叉和变异等主要操作的基本内容及设计进行了介绍。作为一种搜索算法，遗传算法通过对这些操作的适当设计和运行，可以实现兼顾全局搜索和局部搜索的所谓均衡搜索，具体实现如图 9-10 所示。

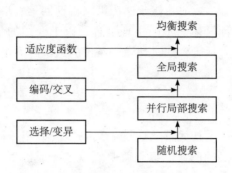

图 9-10　均衡搜索的具体实现图示

应该指出的是，遗传算法虽然可以实现均衡的搜索，并且在许多复杂问题的求解中往往能得到满意的结果，但是该算法的全局优化收敛性的理论分析尚待解决。目前普遍认为，标准遗传算法并不保证全局最优收敛。但是，在一定的约束条件下，遗传算法可以实现这一点。

四、增强学习

增强学习要解决的问题是：一个能够感知环境的自治 Agent，怎样学习选择能达到其目标的最优动作。当 Agent 在其环境中做出每个动作时，施教者会提供奖赏或惩罚信息，以表示结果状态的正确与否。例如，在进行谈判的过程中，Agent 发出某个提议或辩论，对方可根据协议规则在接受提议时给出相应的奖励（正回报），或在拒绝提议时给出惩罚（负汇报），其他时候为零回报。Agent 的任务就是从这个非直接的、有延迟的回报中学习，以便后续的动作产生最大的累积回报。本章着重介绍 Q 学习的算法，即使 Agent 没有有关其动作会对环境产生怎样的效果的先验知识，它仍可从有延迟的回报中获取最优策略。增强学习与动态规划（dynamic programming）算法有关，后者常被用于解决最优化问题。

（一）基本原理

所谓增强学习[46]（reinforcement learning）是指从环境状态到动作映射的学习，以使动作从环境中获得的累积奖赏值最大。在强化学习中，学习主体自身通过训练、误差和反馈，学习在环境中达成目标的最佳策略。强化学习由四部分组成：策略、奖励函数、值映射和环境模型。标准的强化学习，Agent 作为学习系统，获取外部环境的当前状态信息 s，对环境采取试探行为 a，并获取环境对此动作的反馈评价 r 和新的环境状态 s'。通过强化学习，Agent 能够更容易地适应环境的变化，当它到达目标状态的时候，Agent 得到奖赏，并且它所做出的合理的策略将被得到加强。如果 Agent 的某动作策略 a 导致环境产生正奖励，那么这个动作策略的趋势便会加强；反之，Agent 产生这个动作的趋势将减弱。

Q 学习（Q-learning）是比较有代表性的一种强化学习方法。其主要思想为在每一个状态下为了提供一个行为选择将搜索全部可能的状态，通过学习来选择能达到其目标的最优策略。为了获得该策略，Q 学习不去估计环境模型，而是直接优化一个可迭代计算的 Q 函数。Agent 的最优策略即为在每一个状态选用令 Q 值达到最大的行为。

强化学习中 Agent 不用被告知如何去做，仅通过奖励和惩罚自己学会如何做，具有很强的动态适应性，这使得强化学习具有很大的吸引力，然而，为了实现这一目标，所花费的时间代价将是巨大的[47]。

(二) Q 学习算法

Q 学习算法是增强学习中最重要的学习算法之一，它实际是马尔可夫判定过程（MDP）的一种变化形式，MDP 也可看做是增强学习的数学模型。一个 Agent 在任意的环境中如何能学到最优的策略 π^*？直接学习函数 $\pi^* : S \rightarrow A$ 很困难，因为训练数据中没有提供 $<s, a>$ 形式的训练样例。作为替代，唯一可用的训练信息是立即回报程序列 $r(s_i, a_i)$，$i = 0, 1, 2, \cdots$。如我们将看到的，给定了这种类型的训练信息，更容易的是学习一个定义在状态和动作上的数值评估函数，然后以此评估函数的形式实现最优策略[48]。

Agent 应尝试学习什么样的评估函数？很明显的一个选择是 V^*。只要当 $V^*(s_1) > V^*(s_2)$ 时，Agent 认为状态 s_1 优于 s_2，因为从 s_1 中可得到较大的立即回报。当然 Agent 的策略要选择的是动作而非状态。然而在合适的设定中使用 V^* 也可选择动作。在状态 s 下的最优动作是使立即回报 $r(s, a)$ 加上立即后继状态的 V^* 值（被 γ 折算）最大化的动作 a。

$$\pi^*(s) = \arg \max_a [r(s,a) + \gamma V^*(\delta(s,a))] \qquad (9\text{-}10)$$

式中，$\delta(s, a)$ 为应用动作 a 到状态 s 的结果状态。因此，Agent 可通过学习 V^* 获得最优策略的条件是：它具有立即回报函数 r 和状态转换函数 δ 的完美知识。当 Agent 得知了外界环境用来响应动作的函数 r 和 δ 的完美知识，它就可用式（9-10）来计算任意状态下的最优动作。

然而，只有在 Agent 具有 r 和 δ 的完美知识时，学习 V^* 才是学习最优策略的有效方法。这要求它能完美预测任意状态转换的立即结果（即立即回报和立即后续）。在许多实际的问题中，Agent 以及它的程序设计者都不可能预先知道应用任意动作到任意状态的确切输出，那么如何描述 δ 函数？因此当 δ 或 r 都未知时，学习 V^* 是无助于选择最优动作的。在更一般的选择中，Agent 的评估函数可以这样定义[49]。

评估函数 Q（s，a）定义为：它的值是从状态 s 开始并使用动作 a 作为第一个动作时的最大折算累积回报。换言之，Q 的值为从状态 s 执行动作 a 的立即回报加上以后遵循最优策略的值（用 γ 折算）。

$$Q(s,a) \equiv r(s,a) + \gamma V^*(\delta(s,a)) \tag{9-11}$$

注意 Q（s，a）正是式（9-10）中为选择状态 s 上的最优动作 a 应最大化的量，因此可将式（9-10）重写为 Q（s，a）的形式：

$$\pi^*(s) = \arg \max_a Q(s,a) \tag{9-12}$$

式（9-12）可以清楚地显示出，Agent 只须考虑其当前的状态 s 下每个可用的动作 a，并选择其中使 Q（s，a）最大化的动作。

（三）算法介绍

1. 基本学习算法

学习 Q 函数关键在于要找到一个可靠的方法，在只有时间上展开的立即回报序列的情况下估计训练值。这可通过迭代逼近的方法完成。为理解怎样完成这一过程，注意 Q 和 V^* 之间的密切联系：

$$V^*(s) = \max_{a'} Q(s,a')$$

它可被表示为

$$Q(s,a) \equiv r(s,a) + \gamma \max_{a'} Q(\delta(s,a),a') \tag{9-13}$$

这个 Q 函数的递归定义提供了循环逼近 Q 算法的基础（Watkins，1989）。为描述此算法，我们将使用符号 $\hat{Q}$ 来指代实际 Q 函数的学习模型的估计，或者说假设。在此算法中学习表示其假设 $\hat{Q}$ 是通过一个大表，其中对每个状态-动作对有一表项。状态-动作对 $<s,a>$ 的表项中存储了 $\hat{Q}$（s，a）的值，即学习对实际的但未知的 Q（s，a）值的当前假设。此表可被初始填充为随机值（当然，如果认为是全 0 的初始值更易于理解）。Agent 重复地观察其当前的状态 s，选择某动作 a，执行此动作，然后观察结果回报 $r=r$（s，a）以及新状态 $s' = \delta(s,a)$。然后 Agent 遵循每个这样的转换更新 $\hat{Q}$（s，a）的表项，按照以下的规则：

$$\hat{Q}(s,a) \leftarrow r + \gamma \max_{a'} \hat{Q}(s',a') \tag{9-14}$$

上述对于确定性马尔可夫决策过程的 Q 学习算法在表 9-1 中被更精确地描述。使用此算法，Agent 估计的 $\hat{Q}$ 在极限时收敛到实际 Q 函数，只要系统可被建模为一个确定性马尔可夫决策过程，回报函数 r 有界，并且动作的选择可使每个状态-动作对被无限频率的访问[49]。

表 9-1　在确定性回报和动作假定下的 Q 学习算法

折算因子 γ 为任意常量满足 $0 \leqslant \gamma < 1$。

Q 学习算法

对每个 s, a, 初始化表项 $\hat{Q}(s, a)$ 为 0

观察当前状态 s

一直重复做：

　(1) 选择一个动作 a 并执行它

　(2) 接收到立即回报 r

　(3) 观察新状态 s'

　(4) 对 $\hat{Q}(s, a)$ 按照下式更新表项：

$$\hat{Q}(s,a) \leftarrow r + \gamma \max_{a'} \hat{Q}(s', a')$$

　(5) $s \leftarrow s'$

Agent 每次从一个旧状态发展到一个新状态，Q 学习将 $\hat{Q}$ 估计函数值从新状态后向传播到原旧状态。与此同时，Agent 得到的该转换的立即回报值被用于扩大这些传播的 $\hat{Q}$ 值。因为初始的 $\hat{Q}$ 值都为 0，Agent 对任意 $\hat{Q}$ 表项都不会改变，直到它恰好到达目标状态并且收到非零的回报。在下一个情节中，如果经过这些与目标状态相邻的状态，其非 0 的 $\hat{Q}$ 值会导致与目的相差两步的状态中值的变化，依此类推。给定足够数量的训练情节，信息会从有非零回报的转换向后传播到整个状态-动作空间，最终得到一个 $\hat{Q}$ 表。

在一定条件下表 9-1 的 Q 学习算法会收敛到正确的 Q 函数。首先考虑此 Q 学习算法的两个特点，这两个特点是对回报非负且所有 $\hat{Q}$ 值初始化为 0 的任意确定性的 MDP 都普遍存在的。第一个属性是，在上述条件下 $\hat{Q}$ 值在训练中永远不会下降。更形式化地讲，令 $\hat{Q}_n(s, a)$ 表示训练过程的第 n 次循环后学习到的 $\hat{Q}(s, a)$ 值（即 Agent 所采取的第 n 个状态-动作转换之后）。则有

$$(\forall s, a, n) \hat{Q}_{n+1}(s,a) \geqslant \hat{Q}_n(s,a)$$

第二个普遍特点是在整个训练过程中，每个 $\hat{Q}$ 值将保持在零和真实 Q 值的区间内：

$$(\forall s, a, n) 0 \leqslant \hat{Q}_n(s,a) \leqslant Q(s,a)$$

2. 学习策略

注意表 9-1 的算法没有指定 Agent 如何选择动作。一个明显的策略是，对于在状态 s 的 Agent，选择使 $\hat{Q}(s, a)$ 最大化的动作，从而利用其当前逼近的 $\hat{Q}$。

然而，使用此策略存在风险，Agent 可能过度束缚到在早期训练中有高 $\hat{Q}$ 值的动作，而不能够探索到其他可能有更高值的动作。实际上，上面的收敛性定理要求每个状态-动作转换无限频繁地发生。显然，如果 Agent 总选择使当前 $\hat{Q}$ (s, a) 最大的动作，将不能保证此无限频繁性。因此，在 Q 学习中通常使用概率的途径来选择动作。有较高 $\hat{Q}$ 值的动作被赋予较高的概率，但所有动作的概率都非 0。赋予这种概率的一种方法为

$$P(a_i \mid s) = \frac{k^{\hat{Q}(s, a_i)}}{\sum_j k^{\hat{Q}(s, a_j)}}$$

式中，P $(a_i \mid s)$ 为 Agent 在状态 s 时选择动作 a_i 的概率；$k > 0$ 为一常量，它确定此选择优先考虑高 $\hat{Q}$ 值的程度。较大的 k 值会将较高的概率赋予超出平均 $\hat{Q}$ 的动作，致使 Agent 利用它所学习到的知识来选择它认为会使回报最大的动作。相反，较小的 k 值会使其他动作有较高的概率，导致 Agent 探索那些当前 $\hat{Q}$ 值还不高的动作。在某些情况下，k 是随着迭代次数而变化的。以使 Agent 在学习的早期可用探索型策略，然后逐步转换到利用型的策略[49]。

3. 更新序列

由上面收敛性可知，Q 学习不需要用最优动作进行训练，就可以收敛得到最优策略。实际上，只要每步的训练动作完全随机选择，使得结果训练序列无限频繁地访问每个状态-动作值，就可以学习到 Q 函数（以及最优策略）。这一事实建议改变训练转换样例的序列，以改进训练效率而不危及最终的收敛性。为说明这一点，再次考虑在一个 MDP 中有单个吸收目标状态的学习过程。假定使用序列化的情节（episode）来训练 Agent。对每个情节，Agent 被放置在一个随机初始状态，执行动作以更新其 $\hat{Q}$ 表，直到它到达吸收状态。然后开始一个新的训练情节，通过将 Agent 从目标状态转换到一个新的随机初始状态。如前面指出的，如果开始所有 $\hat{Q}$ 值的初始化为 0，则在第一个情节后，Agent 的 $\hat{Q}$ 表中只有一个表项改变，即对应于最后转换到目标状态的表项。如果在第二个情节中，Agent 恰好从相同的随机初始状态沿着相同动作序列移动，则另一表项变为非 0，依此类推。如果重复地以相同的方式运行情节，非零 $\hat{Q}$ 值的边缘逐渐向右移动，从目标状态开始，每个情节移动到一个新的状态-动作转换。现在考虑在这些相同的状态-动作转换上的训练，但对每个情节以反向的时序，即对每个考虑的转换应用相同的更新规则，但以逆序执行这些更新。这样，在第一个情节后，Agent 会更新达到目标路径上每个转换的 $\hat{Q}$ 估计。此训练过程显然会在更少的循环次数内收敛，虽然它要求 Agent 在开始此情节训练前使用更多的内存来存储整个情节。

改进收敛速率的第二个策略是存储过去的状态-动作转换，以及相应收到的

立即回报，然后周期性地在其上重新训练。开始可能会认为用相同的转换重新训练是做无用功。但注意到更新的 $\hat{Q}(s, a)$ 值是由后继状态 $s' = \delta(s, a)$ 的 $\hat{Q}(s', a)$ 值确定的。因此，如果后续的训练改变了 $\hat{Q}(s, a)$ 值其中一个，在转换 $<s, a>$ 上重训练会得到 $\hat{Q}(s, a)$ 的不同值。

注意贯穿在上述讨论中的两个假定是，Agent 不知道环境用来生成后继状态 s' 的状态转换函数 $\delta(s, a)$，也不知道生成回报的函数 $r(s, a)$。如果它知道了这两个函数，就可能有更多有效的方法。例如，如果执行外部动作开销很大，Agent 可以简单地忽略环境，在其内部模拟环境，有效生成模拟动作并赋予适当的模拟回报等。

第三节　实例分析

上一节从理论角度介绍了在供应链协同谈判领域常用的几种学习方法，并对它们的建模思想加以阐述。那么，如何将这些方法灵活、有效地引入到 Agent 的谈判系统中来呢？本节我们就将通过几个案例来详细阐述几种学习方法在谈判领域的具体应用，为后续的理论与实践研究提供参考。

一、辩论谈判中贝叶斯学习模型

贝叶斯学习模型的实质就是学习者根据所获得的信息利用贝叶斯公式对所学习对象的先验认识进行修正。贝叶斯公式可表述为

存在与事件 H 有关的一组事件 A_1, A_2, …, A_n 这 n 个事件，满足：① $P(A_i) > 0$；② $A_i \cap A_j = \varnothing$, $i \neq j$；③ $\overset{n}{\underset{i=1}{\cup}}(A_i) = \Omega$。则贝叶斯公式定义为

$$P(A_i/H) = P(H/A_i)P(A_i) / \sum_{i=1}^{n} P(H/A_i)P(A_i) \tag{9-15}$$

式中，$P(A_i)$ 为先验概率；$P(H/A_i)$ 为条件概率，表示在事件 A_i 发生的条件下事件 H 发生的概率；$P(A_i/H)$ 为后验概率，是经过修正后对学习对象的认识[7]。

（一）辩论谈判中贝叶斯学习模型的基本内容

辩论谈判中贝叶斯学习模型的基本框架可概括如下：
（1）学习者。学习者为参与电子商务辩论谈判的买卖双方 Agent，本例主要

站在买方角度。

（2）学习对象。学习对象是辩论交互中关于谈判对手偏好、谈判环境等的信息；本文选取了 Agent 辩论力度评估的主要影响因素（除去自身影响）作为其学习对象，即"辩论中相关知识的确定性程度"和"辩论中对方相关目标的优先级程度"。

（3）先验知识。先验知识是（2）中两个主要因素的样本空间及其分布概率。

（4）信息。信息是 Agent 在辩论谈判过程中收到的关于学习对象的交互信息，本例为买方 Agent 发出辩论后收到卖方 Agent 对这一辩论的接受或拒绝的回应信息。

（5）贝叶斯信念。本例是指买方对卖方接到一辩论信息后回应策略的估计，它是获取条件概率的依据。比如买方认为，辩论中涉及卖方相关目标优先级程度越高，其接受这则辩论的概率就越大；反之，优先级程度越低，其接受这则辩论的概率就越小。

（6）后验知识。在得到条件概率后，结合先验概率，运用贝叶斯公式可计算出后验概率，这个概率就是后验知识，也就是买方 Agent 经过贝叶斯学习后对学习对象的更新认识。

（二）基于贝叶斯学习模型的辩论选择过程

在电子商务双边辩论谈判中，买方首先向卖方发送一条辩论，卖方会对这则辩论力度进行评估后做出接受或拒绝的回应，买方收到回应信息后对其进行分析，利用贝叶斯学习模型更新关于谈判对手偏好或谈判环境信息等的信念，本例即为更新这则辩论涉及相关知识的确定性程度及卖方相关目标的优先级程度，买方会根据更新后的力度影响因素的数值对各种不同类型或内容的备选辩论进行力度评价，从而选择发出新一轮的辩论。

例如，设买方 Agent 关于发出的这则辩论涉及的卖方相关目标的优先级程度的信念为假设集合 $R = \{R_i \mid i = 1, 2, \cdots, n\}$。根据其先验知识，对每个假设值都有一个概率估计，构成概率集合 $P(R) = \{P(R_i) \mid i = 1, 2, \cdots, n\}$，其满足 $\sum\limits_{i=1}^{n} P(R_i) = 1$。随后，买方会收到卖方对这则辩论的反馈信号 e（本例为接受或拒绝），根据当前观察到的领域知识，买方对每个假设形成一个先验条件概率 $P(e \mid R_i)$。此时，买方基于贝叶斯学习模型，生成假设的后验概率为

$$P(R_i \mid e) = \frac{P(R_i)P(e \mid R_i)}{\sum\limits_{i=1}^{n} P(R_i)P(e \mid R_i)} \tag{9-16}$$

式中，$P(R_i \mid e)$ 表示在这一轮辩论交互中，买方 Agent 接收到卖方的反馈 e 后，辩论涉及的卖方相关目标的优先级程度 R_i 成立的概率。因此，买方将对卖方这一相关目标优先级程度偏好重新进行预测，即

$$\mathrm{Pr}_{gk} = \sum_{i=1}^{n} P(R_i \mid e) \times R_i \tag{9-17}$$

而这一更新后的力度影响因素的相应数值也将应用到下一次备选辩论的力度评价中，从而选择发出新一轮的辩论。

(三) 算例分析

1. 谈判参数及基本假设

本例主要探讨电子商务双边辩论谈判，针对解决买方发出辩论选择的问题。买卖双方辩论谈判的款项设定为三项：价格、质量和交货期。

买方 Agent 基于历史谈判经验，预测备选辩论所涉及的辩论相关知识的确定性程度以及卖方相关目标的优先级程度（初始信念）。在此以买方首轮发出的辩论"奖励，如果卖方降价，买方将购买更多此种产品"为例说明，表 9-2 为买方关于这一辩论涉及卖方相关目标优先级程度的先验概率估计；表 9-3 为当卖方这一辩论相关目标的优先级程度为假设条件时，其做出接受或拒绝回应的先验条件概率。这些先验知识都是建立在买方以往和卖方进行网上交易时所取得的谈判经验，比如买方 Agent 通常认为辩论中涉及卖方相关目标优先级程度越高，其接受这则辩论的概率就越大；反之，优先级程度越低，其接受这则辩论的概率就越小。

表 9-2　买方对辩论涉及卖方相关目标优先级程度的先验概率估计

卖方相关目标的优先级程度	R_1：很低	R_2：低	R_3：较低	R_4：中等	R_5：较高	R_6：高	R_7：很高
概率 $P_0(R_i)$	0	0	0	0.1	0.3	0.4	0.2

表 9-3　卖方对接收到辩论做出回应的先验条件概率

条件假设知识的确定性程度	卖方对买方发出辩论的可能回应 e	
	接受	拒绝
很低	0.125	0.875
低	0.25	0.75
较低	0.375	0.625
中等	0.5	0.5
较高	0.625	0.375
高	0.75	0.25
很高	0.875	0.125

2. 基于贝叶斯学习模型的辩论选择过程

在电子商务的谈判过程中，买方 A 发出的提议与卖方 B 的预期有一定差距，B 为保证自身利益最大化，则会表示拒绝，谈判因此陷入僵局。此时，为了促使谈判的顺利进行，A 会向对方发出辩论以来说服 B 做出一定让步，假设备选辩论有三个，分别是：①降价，如果降价从 B 处购买更多此种产品；②提高质量，如果提高质量从 B 处购买更多此种产品；③缩短交货期，B 曾经对 A 许下可以缩短交货期的承诺。具体形式化如下：

$$\begin{cases} A_1 = <\{LowPri \rightarrow BuyMorePro\}, LowPri, BuyMorePro> \\ A_2 = <\{HigQua \rightarrow BuyMorePro\}, HigQua, BuyMorePro> \\ A_3 = <\{PastPromise \rightarrow ShortDelivery\}, ShortDelivery, HigRep> \end{cases}$$

买方 A 发出初始辩论 $A_1 = A_{r1} = <\{LowPri \rightarrow BuyOthPro\}, LowPri, BuyOthPro>$ 后，收到卖方 B 接受该辩论的反馈。基于 B 的反馈以及关于 B 的先验知识（举例见表 9-2 和表 9-3），A 利用贝叶斯学习模型更新 A_1 涉及相关知识确定性程度及 B 相关目标优先级程度的信念。在此以对 A_1 涉及 B 相关目标"买更多产品（BuyMorePro）"的优先级程度的更新为例具体说明如下：

根据公式（9-16）及表 9-2 和表 9-3 数据得到

$$P_1(R_4 \mid e) = \frac{P_0(R_4)P(e \mid R_4)}{\sum\limits_{i=1}^{7} P_0(R_i)P(e \mid R_i)}$$

$$= \frac{0.1 \times 0.5}{0.1 \times 0.5 + 0.3 \times 0.625 + 0.4 \times 0.75 + 0.2 \times 0.875} \approx 0.07$$

式中，$P_1(R_4 \mid e)$ 为首轮回合中，买方收到卖方对其发出辩论的回应后，对 R_4 的后验概率；同理，$P_1(R_5 \mid e) \approx 0.263, P_1(R_6 \mid e) \approx 0.421, P_1(R_7 \mid e) \approx 0.246$，由于 $P_0(R_1) = P_0(R_2) = P_0(R_3) = 0$，故 $P_1(R_1 \mid e) = P_1(R_2 \mid e) = P_1(R_3 \mid e) = 0$。

买方接收到卖方反馈 e 之前，其对 A_1 涉及 B 相关目标"买更多产品（BuyMorePro）"的优先级程度信念为

$$\begin{aligned} \mathrm{Pr}_{g1} &= \sum\limits_{i=1}^{7} P_0(R_i) \times R_i \\ &= 0.1 \times (0.4, 0.45, 0.55, 0.6) + 0.3 \times (0.55, 0.6, 0.7, 0.75) \\ &\quad + 0.4 \times (0.7, 0.75, 0.85, 0.9) + 0.2 \times (0.85, 1, 1, 1) \\ &= (0.655, 0.725, 0.805, 0.845) \end{aligned}$$

这其中引入了梯形模糊数的表示方法，详见文章[7]。

当接收到反馈 e 后，其对 A_1 涉及 B 相关目标"买更多产品（BuyMorePro）"的优先级程度信念更新为

$$\begin{aligned}
\mathrm{Pr}'_{g1} &= \sum_{i=1}^{7} P_1(R_i) \times R_i \\
&= 0.07 \times (0.4, 0.45, 0.55, 0.6) + 0.263 \times (0.55, 0.6, 0.7, 0.75) \\
&\quad + 0.421 \times (0.7, 0.75, 0.85, 0.9) + 0.246 \times (0.85, 1, 1, 1) \\
&= (0.67645, 0.75105, 0.82645, 0.86415)
\end{aligned}$$

更新信念后，买方关于 B 相关目标"买更多产品（BuyMorePro）"的优先级程度的概率分布如表 9-4 所示。

表 9-4　第一轮辩论交互后买方关于卖方的相关目标优先级程度概率

卖方相关目标的优先级程度	R_1：很低	R_2：低	R_3：较低	R_4：中等	R_5：较高	R_6：高	R_7：很高
概率 $P_1(R_i)$	0	0	0	0.07	0.263	0.421	0.246

买方 Agent 分别更新了 A_1 涉及相关知识的确定性程度及卖方相关目标的优先级程度之后，会根据更新后的力度影响因素的数值对各种不同类型或内容的备选辩论进行力度评价，从而选择发出新一轮的辩论。在本例中，由于规定 Agent 不能连续两次发出重复的辩论，所以新一轮的备选辩论为 A_2 和 A_3，最终计算得到 A_2 为较优选择，所以买方 Agent 将在新一回合的辩论交互中发出 $A_2 = <\{HigQua \rightarrow BuyMorePro\}, HigQua, BuyMorePro>$。从力度评价的计算过程及最终结果，我们也可以发现，正是由于买方 Agent 在初始辩论后对 B 相关目标"买更多产品（BuyMorePro）"优先级程度的信念的更新（具体表现为优先级程度的提高），而这一目标同时也是备选辩论 A_2 所涉及的卖方相关目标，从而使得 A_2 在新一轮力度比较中成为较优的选择。

二、人工神经网络实例分析

协商开始时 Agent 个体如果能够有效地预测到最终协商结束时的协商议题结果向量 V'_{end}（包括达成的价格、时间等议题的结果）对提高协商的协商效率以及最大化其效用有十分重要的意义[50]。V'_{end} 可以从历次协商过程中学习得到并求精。为了简化整个讨论，限定整个协商议题只有一个：任务执行的价格 y。价格包括双方初始第一次出的要价、最后成交价两个关键的价格。

（一）基本模型

协商开始时参与者对最后成交价进行预测并根据该预测确定协商策略函数。

定义 1（历史成交价格）：$\forall a_i \in Ag, \forall X, y_{end}^h(a_i) = \sum_{j=1}^{k} \dfrac{y_{end}^j(a_i)}{k}$，表示

Agent a_i 关于任务命题 X 的所有历史协商最终价格的平均值。其中 k 为 a_i 关于任务命题 X 协商的历史成交次数，$y^j_{end}(a_i)$ 表示第 j 次的成交价格。

定义 2（初始价格）：$\forall a_i \in Ag$，$\forall X, y^h_{end}(a_i) = \sum_{j=1}^{k} \dfrac{y^j_{end}(a_i)}{k}$，表示 Agent a_i 在本次协商中第一次出价。

假设 Agent a_i 与 a_j 就任务 X 进行协商，a_i 为任务请求者，a_j 为任务提供者，从 Agent a_i 的角度来考虑，Agent a_i 对协商成交价的预测 $y'_{end}(a_i)$ 与历史平均成交价格 $y^h_{end}(a_i)$、a_i 的初始价格 $y^0(a_i)$ 和 a_j 的初始价格 $y^0(a_j)$ 有关，定义该映射关系 λ 如下：

定义 3（终值预测函数）：$\forall a_i, a_j \in Ag$，$\forall X$，定义 λ 为 $y^h_{end}(a_i)$、$y^0(a_i)$、$y^0(a_j)$ 到 $y'_{end}(a_i)$ 的一个映射：

$$y'_{end}(a_i) = \lambda(y^h_{end}(a_i), y^0(a_i), y^0(a_j))$$

λ 为非线性映射，而且需要动态的调整。由于 BP 网络的基本组成单元是一些具有非线性映射能力的神经元，神经元之间的权值可以储存信息，这使得网络具有较高的网络自适应、自学习的能力。因此，引入 BP 学习网络来构造入映射并进行学习。

BP 网络是最常用的前向网络。网络除输入输出节点外，有一层或多层的隐层节点，同层节点中没有任何耦合。输入信号从输入层节点，依次传过各隐层节点，然后传到输出节点，每一层节点的输出只影响下一层节点的输出。如果在输出层不能得到期望的输出，则转入反向传播，将误差信号沿原来的连接通路返回，通过修改各层神经元的权值，使得误差信号最小。

（二）样本训练

应用一个具有单隐含层的前向三层 BP 网络来实现对 $y'_{end}(a_i)$ 的预测和学习。整个网络的输入节点为 $y^h_{end}(a_i)$、$y^0(a_i)$、$y^0(a_j)$，中间隐藏层节点为 5 个，输出节点为 $Y( )$。采用 S 函数作为激发函数，采用经典的最小均方差学习规则。算法分为样本训练和预测学习阶段，训练算法如下：

（1）初始化权系数 W_{ij} 为小的随机数；

（2）给定输入样本 Z_0，$\cdots$，Z_{n-1} 及期望输出样本 D_0，$\cdots$，D_{m-1}，其中 Z_i 为 $\{y^h_{end}(a_i), y^0(a_i), y^0(a_j)\}$ 向量的一个样本值，D_i 为 $y'_{end}(a_i)$ 的一个样本值。

（3）前向传播：使用以下 S 函数在网络中传播输入值，计算出实际输出值 O_0，$\cdots$，O_{m-1}；

$$f(\alpha) = \frac{1}{1 - \exp^{-(\alpha - t)}}$$

（4）计算 $E = \dfrac{1}{2}(O_i - D_i)^2$。

（5）改写权值：由输出层开始，然后由以下公式计算隐含层：

$$W_{ij}(t+1) = W_{ij}(t) + \Delta W_{ij}(t)$$
$$W_{ij}(t+1) = W_{ij}(t) + \Delta W_{ij}(t) + \beta \Delta W_{ij}(t-1)$$
$$\Delta W_{ij}(t) = \lambda \delta_j X_i^t$$

其中，W_{ij} 为权系数，$\Delta W_{ij}(t)$ 为权系数的改变量；β 为调整因子；X_i^t 为输出节点 i；最重要的元素是误差 δ_j，它向节点 j 反向传播。

如果节点 j 是输出层节点，则

$$\delta_j = Y_j(1 - Y)(\delta_j - Y_j)$$

如果节点 j 是隐含层节点，则有

$$\delta_j = X_j^t(1 - X_j^t)\left(\sum \delta_k W_{jk}\right)$$

式中，k 为所有节点 j 上一层的所有节点，隐含层的节点补偿由假定它们为来自具有恒定输出的节点的连接权来改写。

（6）如果 $E(t+1) - E(t) \leqslant \tau$，流程结束，否则回到步骤（2）。

（三）预测和学习

网络训练结束后进入预测学习阶段，使用该网络对 $y'_{end}(a_i)$ 进行预测并在协商结束后将得到的 $y_{end}(a_i)$ 与 $y'_{end}(a_i)$ 带入上述算法进行反向传播，从而在预测中不断调整权值，达到学习的目的。

三、遗传算法实例分析

遗传算法具有简单、顽健性强、全局最优性、可并行性及高效率等优点。将 GA 应用于多边多议题协商的提议生成过程中会使新产生的提议具有较高的适应性，从而加速协商达成一致并保证得到的解为 Pareto 效率解。下面分别对编码方案、适应度函数的确定以及遗传算子的设计进行详细的描述[51]。

（一）编码方案

种群中的每一个染色体代表一个 offer。每个染色体由两部分组成，第一部分为该染色体的适应度值，第二部分包含该染色体所代表 offer 的各议题的值，如图 9-11 所示，其取值在集合 $1 \times 2 \times \cdots \times n$ 中。交叉、变异和复制等遗传操作都在染色体的第二部分完成。

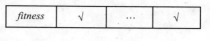

图 9-11　染色体编码方案

（二）确定适应度函数

协商的最终目的是要使社会效益最大化，而社会效益是协商各方收益的和。如果协商失败则双方收益均为零则社会效益最小，因此最差的结果是协商失败。在协商成功的前提下，如果协商结果能使社会效益最大化，那么这个协商结果一定是 Pareto 效率解。协商中的 Agent 都是自利的即追求自身效用最大化，它们具有不完备知识即不知道对方的偏好信息，并且时间对各方都是宝贵的即不可能无休止地推进某个问题的协商。随着时间的推移，Agent 应该动态地改变自身的妥协程度；在协商过程中要考虑对方的收益情况，如果只考虑自身效益最终将很难达成一致，但是因为不知道对方的效用函数，所以无法判断对方的收益情况，本例采用学习机制动态估计对方偏好，然后通过计算自身提议与对手提议的距离来确定该提议对对手的收益情况。适应度函数是"优胜劣汰"的主要判别依据，其中应该兼顾以上提到的各个方面。具体定义如下：

$$fitness(\vec{offer}) = \alpha \times T(t) \frac{U_\sigma(\vec{offer})}{U_\sigma(\vec{offer}_{max})} + (1 - \alpha \times T(t)) \times \left[1 - \frac{dist(\vec{offer}, \vec{offer}_{opp})}{dist(\vec{offer}_{max}, \vec{offer}_{min})}\right]$$

式中，$\alpha \in [0,1]$ 为 Agent 会如何看待自身收益与对手收益。若 $\alpha = 0$ 则表示 Agent 只考虑对手收益而忽略自身收益，此时它是乐于助人型的 Agent；若 $\alpha = 1$ 则表示 Agent 只考虑自身收益而忽略对手收益情况，此时它是自私自利型的 Agent。

$T(t)$ 为时间因子，其取值范围为 $[0，1]$，这里的 $\vec{offer}$ 为某个 offer 的取值向量，效用函数中的 ϕ 取值区间为 $[0，1]$。$\vec{offer}_{max}(\vec{offer}_{min})$ 为使 Agent 效用最大（最小）的 offer 的取值向量，$\vec{offer}_{opponent}$ 为对手提议的取值向量。

两个提议的距离为 $dist(\vec{offer}_1, \vec{offer}_2) = \sqrt{\sum_{k=1}^{n} W_\alpha^G (\phi_\alpha^{G1} - \phi_\alpha^{G2})^2}$，其中的 $W_\alpha^G (1 \leqslant k \leqslant n)$ 为通过观察对手提议变化情况动态估计的对手对各议题的偏好权值且 $\sum_{k=1}^{n} W_\alpha^G = 1$。对一个 Agent 来说，某些议题对其效用获得影响较大而另一些议题对其效用获得影响较小时，Agent 会在协商中对那些影响较小的议题做较大幅度的让步，而对影响较大的议题做较小的让步，从而既保证自身效用又努力争取协商的成功。因此可以通过观察对手在两次提议中各议题值的变化情况来估计对手的偏好。计算的具体方法如下：第一步，当某个议题值在对方前后两次提议中变化较大时，说明该议题对方效用获得影响较小，则该议题所占的权重就小，反之亦然。所以，议题值的变化程度与其对对方的影响程度成反比，即与对方就该议题的权重成反比。则某议题对对方的影响程度计算如下：

$$degree(i_k) = 1 - \left| \frac{\Phi_\sigma^{j, new} - \Phi_\sigma^{j, last}}{\Phi_\sigma^{G, max} - \Phi_\sigma^{G, min}} \right|$$，$\Phi_\sigma^{j, new}$ 为当前轮对手提出的 offer 的第 k 个议题的

效用；$\phi_\sigma^{j, last}$ 为上一轮对手提出的 offer 的第 k 个议题的效用，$\phi_\sigma^{G, max}$、$\phi_\sigma^{G, min}$ 分别为最大效用和最小效用。第二步，估计某议题对对手的近似权重，则 $W_\alpha^G = \dfrac{degree(i_k)}{\sum\limits_{\zeta=1}^n degree(i_\zeta)}$，这里 $1 \leqslant k \leqslant n$。至此，已经完成了对对手偏好的估计。

只有获得了对手偏好的近似信息，才能更准确地计算自身与对手所提出的 offer 的距离，这样做才能有效地进行妥协并且达到双赢。这里，Agent 记录的对手提议均指每一轮中各对手提议中最好的一个提议，即为使该 Agent 效用最大的一个，所以每一轮一个 Agent 也只生成一个提议发送给所有对手。

（三）遗传操作

1. 遗传步骤

这里产生协商中的 offer 进行的遗传操作的具体步骤如下：

（1）产生初始种群，其中包含使 Agent 效用最高的 1 条染色体（个体）和染色体编码第二部分从集合 $\Omega_1 \times \Omega_2 \times \cdots \times \Omega_n$ 中随机选取的 $n-1$ 条染色体。

（2）计算种群中个体的适应度，并按照适应度大小对种群中的个体排序。

（3）判断是否满足终止条件，若是转（6），否则继续（4）。

（4）产生下一代种群。

①选择本代适应度最高的 $x\%$ 个个体直接复制到下一代中。

②选择再生个体。

③判断下一代个体数目是否为 n，若是转（5），否则继续④。

④按照一定的交叉概率和交叉方法，生成下一代个体。

⑤按照一定的变异概率和变异方法，生成下一代个体。

⑥按照一定的复制概率，生成下一代个体，然后返回③。

（5）计算新一代种群中个体的适应度，并按照适应度大小对新种群中的个体排序，然后转（3）。

（6）输出适应度最高的个体作为本轮协商的 offer，遗传操作结束。

采用观察适应度变化趋势的方法判断是否终止进化过程，即在 GA 继续进化已无法改进解的性能时终止进化。这里终止条件是当连续两次进化中适应度最高的染色体的适应度值之差小于一个事先规定的非常小的数 δ（这里设为 0.001）时终止进化。再生个体的选择采用锦标赛选择法，随机从种群中挑选一定数目（tour）个体，然后将最好的个体选做父个体。这个过程重复进行完成个体选择。交叉操作采用两点交叉，对个体的第二部分随机产生两个交叉位置，然后将两个父代染色体的两个交叉位置之间的议题值一一对换，其余议题值保持不变，来产生两个新的后代。因为是对应位交换，所以能够保证交换后的各议题值仍在其值域内。变异操作是对要进行变异操作的父代个体的第二部分的每个议题值在其值域范围内随机的产生一个新的值，来产生新的后代个体。复制操作是从再生个体中以一定概率随机地复制一部分个体使其成为新的后代。

2. 评估策略

offer 评估公式如下：

$$E_\sigma = \begin{cases} accept(if(U_\sigma(\overrightarrow{incomeoffer}),U_\sigma(\overrightarrow{selfoffer}))) \\ quit(if((U_\sigma(\overrightarrow{incomeoffer}) < U_\sigma(\overrightarrow{selfoffer}))\Lambda(t,t_\sigma)) \\ refuse(otherwise) \end{cases}$$

式中，E 为评估结果，如果对 Agent 收到 offer 的效用不小于本轮 Agent 提出 offer 的效用则接受该提议，协商成功。如果不接受对手提议且本轮已经是 Agent 的最大时限，则 Agent 退出协商，该 Agent 协商失败。否则通过学习重新生成提议。

四、案例推理与强化学习实例分析

案例推理也是学习机制中的一种常见算法，其主要思想是对过去的求解结果进行重用，而不是再次从头推导，可以提高对新问题的求解效率。因此，本例[52]将案例推理与强化学习方法结合起来，对谈判策略进行选择，可达到高效性与适应性的结合，提高谈判性能。

（一）多 Agent 谈判系统结构设计

在多 Agent 谈判系统中，主要是由多个 Agent 通过合作分工完成谈判流程。如图 9-12 所示，人机交互层主要是人机交互界面 Agent，完成谈判参与者与谈判系统业务逻辑层的信息输入和输出。业务逻辑层中主要由决策 Agent、知识获取 Agent、案例检索 Agent、学习 Agent、案例更新 Agent 组成，主要负责相应信息和数据的处理，通过学习和决策完成谈判目标，为谈判提供技术支持。数据服务层则主要是几个数据库，分别存放谈判中有用的信息，以便随时调用。

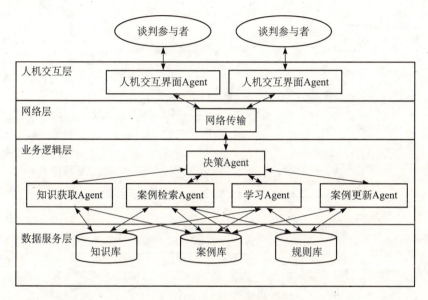

图 9-12　MAS 谈判系统结构图

自动谈判系统本质上是一种全局闭环反馈控制系统，从控制论和人工智能的角度讲，这种系统是通过基于认知的自适应反馈控制机制来实现的。基于案例推理和强化学习的谈判策略选择流程图（图 9-13），策略选择步骤如下：

（1）谈判一方首先提出提议。

（2）谈判另一方根据其对提议中各属性的保留值，判断对方提议是否符合自身需求，若符合，谈判成功结束并更新案例库，若不符合，继续步骤（3）。

（3）谈判一方根据对方本轮的新提议/辩论的各属性值，计算此提议/辩论是否达到自身规定的效用满意度，如满足，谈判成功结束并更新案例库，若不符合，继续步骤（4）。

（4）进行案例检索，从案例库中找出与提议/辩论相似度最大的案例，并规定相似度阈值，若达到阈值，则案例检索成功，重用该案例，转到步骤（6）；若没有达到阈值，则案例检索失败，继续步骤（5）。

（5）通过强化学习找到最优策略，继续步骤（6）。

（6）计数检测谈判轮数，超过规定次数后，谈判直接失败，没有超出，则继续步骤 7。

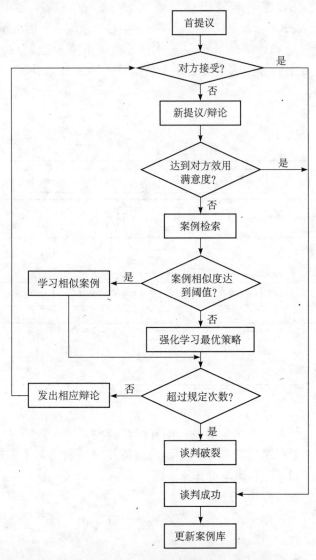

图 9-13　策略选择流程图

（7）选择相应的策略，向对方发出辩论，重复步骤（2）。

（二）案例库的构建

利用多 Agent 创建一个多属性电子商务谈判的策略案例库，案例库中存储着一系列结构化的子案例集。

定义 1　假设存在一个谈判策略的案例库（Agent，Policybase），其中包含

若干子集 $Agent_i$，则 Agent 可以表示为：$Agent= \{Agent_i, i=1, 2, \cdots, m\}$，其中 m 表示案例库中 Agent 的个数。且对于某个 $Agent_i$ 又有若干个子集 P_j，则 $Policybase= \{P_j, j=1, 2, \cdots, n\}$，其中 n 表示 $Agent_i$ 的策略案例个数即谈判历史成交次数。

定义 2 给定一个子案例 P_j，即 P_j 可表示为一个三元组 $P_j = \{I_n, (S,A)_t, R(A)\}$。

其中：

(1) I_n 表示案例中描述的 $Agent_i$ 的 n 个不同属性（item）的学习组合，n 为属性的数量；本例中令谈判 Agent 有 4 个属性，即 $n=4$，则此时 $I=$ （Price，Quality，Rebate，Delivery）。

(2) $(S,A)_t$ 表示某时刻对 I 进行推理和学习的状态动作对集合，其中 S 为 $Agent_i$ 各属性所处的状态，A 为 t 时刻学习到的提议/辩论属性集（argument），若 A_i 为 Agent 的第 i 个属性的学习集合，则 $A=A_1 \times A_2 \times \cdots \times A_n, i=1,2,\cdots, n$，令 $n=4$。

(3) $R(A)$ 表示对应提议/辩论属性集 A 的报酬值。r 为每步学习收到的立即奖励，μ 为奖励的衰减率且 $0<\mu \leqslant 1/(\max N_A)$，$N_A$ 为可选择的动作集的数量，若从初始状态到达最终奖励状态的过程称为一幕并记为 e，则 E 为学习总幕数，p 为每一幕中的探索步数，P 为最大探索步数[53]，那么

$$R(A) = \sum_{e=0}^{E} \sum_{p=0}^{P} \mu \cdot r_{ep}, 0<\mu \leqslant 1/(\max N_A)$$

（三）基于学习机制的策略选择模型

Agent 进行谈判策略选择，这里主要是通过谈判自身 Agent 的期望效用满意度模型和案例库中信息与新提议的相似度模型来共同来决定的。若最终没有找到符合条件的相似可重用案例，则再利用强化学习的方法选择谈判策略。

1. Agent 的效用满意度模型

在自动谈判中效用评估主要是用来评估对方的提议或发出的新一轮辩论，对己方的策略选择决策做出支持。谈判双方都希望用最小的代价获得最大的效用，因此效用评估应遵循所获得的资源越多越好这个原则，即合作伙伴各属性度量值越高，越有利于己方达成效用目标。

因此给出以下定义：

令 U_{ik} 表示买方 $Agent_i$ 在属性 k 上的效用函数，且 $U_{ik} \in (0,1)$，设当前待

评估的提议/辩论在属性 k 上的值为 A_{ik} ，则可用公式表示为

$$U_{ik} = \begin{cases} \dfrac{A_{ik} - \min a_k}{\max a_k - \min a_k}, 正属性 \\[3mm] \dfrac{\max a_k - A_{ik}}{\max a_k - \min a_k}, 负属性 \end{cases}$$

式中，$\min a_k$ 、$\max a_k$ 分别为买方 Agent 在属性 k 上的保留值的最小和最大值，即当且仅当 $A_{ik} \in [\min a_k, \max a_k]$ 时，买方才会有可能接受卖方提议，U 才有意义。正属性为值越大对买方越有利的属性，如质量；负属性为值越小对买方越有利的属性，如价格、折扣百分比和交货期。

则某提议/辩论对于 $Agent_i$ 的整体效用满意度，就可以被定义为

$$U_k = \sum_{k=1}^{N_x} \omega_k \times u_{ik}$$

式中，ω_k 为各项属性的权重（一般由谈判者自主确定），并且 $\sum_{k=1}^{N_x} \omega_k = 1$ 。

2. 确定案例库中信息对新提议的相似度模型

1) 案例库中信息对新提议属性的差异度

$$D(A_{ik}, A_{xk}) = \begin{cases} (V_{ik} - V_{xk})/\theta_k, V_{ik} \geqslant V_{xk} \\ (V_{xk} - V_{ik})/\theta_k, V_{ik} < V_{xk} \end{cases}, \theta_k = \max(V_k) - \min(V_k)$$

式中，A_{xk} 为待评估提议 X 的第 k 项属性；A_{ik} 为案例库中第 i 个子集中与 A_{xk} 对应的第 k 项属性；V_{xk} 、V_{ik} 分别为对应 A_{xk} 、A_{ik} 的第 k 项属性的值。

2) 案例库中信息对新提议属性的相似度

$$Sim_{ix} = \sum_{k=1}^{N_x} \omega_k \times [1 - D(A_{ik}, A_{xk})]$$

式中，Sim_{ix} 为提议/辩论 X 与案例 I 的相似度；ω_k 为各项属性的权重，并且 $\sum_{k=1}^{N_x} \omega_k = 1$ ，N_x 为 X 的属性总数。

3. 辩论策略选择

给相似度 Sim_{ix} 设定一个阈值 σ ，在所有案例相似度中选取最大的案例，其相似度为 $Max(Sim_{ix})$ ，当 $Max(Sim_{ix}) \geqslant \sigma$ 时，此案例为可重用案例。对此案例进行学习，找到其与提议/辩论 X 的差距，确定所发出辩论的力度，定义如下：

$$Strth = \sum_{k=0}^{N} \omega_k \cdot \frac{|V_{xk} - V_{ik}|}{V_{xk}}, Strth \in (0,1)$$

式中，$Strth$ 为选择的辩论的力度；ω_k 为各项属性的权重，并且 $\sum_{k=1}^{N_x} \omega_k = 1$ ；N_x 为 X 的属性总数。

（1）当 $Strth$ 值较高时，说明辩论的力度要较强，可以根据案例策略属性特点采取让步幅度较小的辩论，如威胁或申辩策略等。

（2）当 $Strth$ 值较小时，说明辩论的力度要较弱，可以根据案例策略属性特点采取让步幅度较大的辩论，如奖励或让步策略等，其中奖励值可选择提议中比重用案例属性好的项目，进行让步。

4. 基于强化学习的策略选择

当以上案例推理方法没有选出合适的可重用案例时，利用强化学习方法直接对提议进行学习，主要是先给出 n 个辩论 a，然后依次计算相应的对方 Agent 状态值 s，计算 Q 函数的对应值，然后与目标 Q 值进行比较，将较大的作为新的目标 Q 值，在规定时间 t 内得到最大 Q 值即为最优解，其所对应的辩论 a 即为所选择的最优策略，将此策略发给谈判对手若谈判成功，则更新案例库。

基本算法流程如图 9-14 所示。

5. 案例更新

每次成功完成谈判后，将最终成交属性值按照案例子集的形式添加到案例库中，以备后续谈判时作为检索数据。

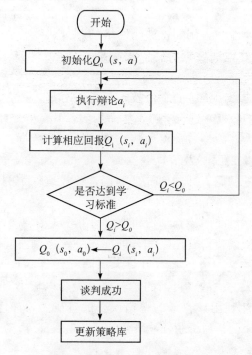

图 9-14　强化学习单元基本流程

第四节　谈判学习机制发展趋势

一、谈判学习机制存在的问题

在当前谈判学习机制的研究中仍然存在以下几个问题[54]，有待在后续的谈判系统研究中加以解决：

（1）泛化能力弱。这是多 Agent 学习方法应用的一个共性问题，几乎所有的领域都希望越准越好，提高泛化能力是学习领域永远追求的目标。目前泛化能力最强的技术有：支持向量机（SVM），其产生途径是从理论（特别是统计学）到实践；集成学习（ensemble learning），其产生途径则是从实践到理论。而谈判系统中常用的几种学习方法的泛化能力则有待进一步提高。

（2）速度有待提高。这也是一个共性问题，几乎所有的领域都希望越快越好，谈判系统更是如此，加快速度也是学习领域永远追求的目标。目前，学习领域最关心的一个问题是"训练速度"与"测试速度"之间的关系，以及如何使这两者之间不发生矛盾。例如，神经网络的测试速度较快，但训练速度比较慢等，如何使综合处理速度提升，以提高谈判效率，也是今后研究中的热点问题。

（3）数据利用能力。传统的学习技术都是对有"标记"的数据（是指带有事件所对应的结果的数据）进行学习，然而，随着 Internet 的出现和数据收集能力的不断提高，绝大多数领域都将面临大量未标记的数据。电子商务谈判由于其所处的社会环境，正面临着信息数据偏差较大、属性缺失、不一致等问题，这就提出了一个新的问题，即如何充分利用这些没有标记的数据和"坏"数据进行数据的处理。

（4）代价敏感。目前的谈判学习机制都在极力追求低错误率，然而，不同谈判领域所容忍的错误代价并不一样，即使同一领域中不同的判断所对应的代价也不同。而传统的学习方法基本上只考虑同一代价，如何处理代价敏感性？这就带来了一个很大的挑战，目前的学习技术能否以较小的代价达到"趋利避害"的目的，即在达到用户容忍的总错误率的基础上，如何"趋利"，又如何"避害"，也将成为谈判学习机制领域研究的又一重要部分。

二、谈判学习机制的发展趋势

关于未来对谈判学习机制的研究，可以从以下几个方面着眼：

（1）注重学习机制在自动谈判领域的针对性研究。比如，就一个领域的谈判学习模型或学习方法进行深入研究，这样将比广泛地构造普遍使用的学习机制更具有实际意义，更易于应用和发展。

（2）注重多学科的交叉融合。在进行制造业自动谈判的研究中，应借鉴其他相关领域学习机制和方法的研究成果，综合考虑多学科的研究进展，尤其是神经科学与认知科学、人工智能的其他方法等的应用。

（3）注重多种学习方法的综合运用。由于每种不同的方法都有其各自的优点和缺陷，而一些方法之间存在着性能互补的特点，这样在谈判系统中综合应用几种谈判方法，就能排除单独使用的不利因素，可以提高谈判系统的性能。

第五节　本章小结

多 Agent 谈判过程中的学习是一个有特定目的的知识获取过程，其内部表现为从未知到已知的一个知识增长过程，其外部表现为系统的某些性能和适应性的改善，使得系统能完成原来不能完成或更好地完成原来可以完成的任务。因此，学习方法的应用可以使谈判系统具有人类自主学习的能力，提高谈判的智能性，成为多 Agent 研究领域的一大热点。

本章介绍了谈判学习机制的研究意义、研究现状以及发展展望，并通过对贝叶斯方法、神经网络、遗传算法和增强学习等几种有代表性的机器学习方法的介绍，阐述了协同谈判学习系统的设计要求。通过制造业供应链上协同谈判的相关实例，进一步介绍了基于多 Agent 的制造业供应链协同谈判学习机制。即将机器学习的方法引入到供应链协同谈判系统当中，赋予 Agent 一定的人类学习能力，以提高谈判系统自主获取知识的能力，能够随着谈判环境的不断变化进行动态调节，增强谈判系统的适应性，从而达到准确、合理、高效的谈判目的。

◇参 考 文 献◇

[1] 安增波，张彦. 机器学习方法的应用研究. 机器学习方法的应用研究，2007，4（2）：21～24

[2] Weiss G, Sen S. Adaption and learning in multi-agent systems. Lecture Notes in Artificial

Intelligence 1042, 1996: 22~39

[3] KarnikN M, Tripathi A R. Design issues in mobile-agent programming systems. IEEE Concurrency, 1998, 6 (3): 52~61

[4] 于凤. 机器学习方法及其技术应用. 电脑学习, 2003, 2 (1): 3~4

[5] Saha S, Sen S. A bayes net approach to argumentation based negotiation. Artificial Intelligence. 2005, (3366): 208~222

[6] 王娟, 柴玉梅. 基于多议题协商的贝叶斯学习. 计算机技术与发展, 2006, 16 (2): 154~156

[7] Jiang G R, Hu X Y. Research on the bayesian learning model for selecting arguments on argumentation-based negotiation of agent, 2nd International Conference on Agents and Artificial Intelligence (ICAART 2010), 2010: 317~322

[8] Hindriks K, Jonker C M, Tykhonov D. The benefits of opponent models in negotiation. IEEE/WIC/ACM International Conferences on Web Intelligence (WI) /Intelligent Agent Technologies (IAT), 2009: 439~444

[9] Buffett S, Spencer B. A bayesian classifier for learning opponents' preferences in multi-object automated negotiation. 7th International Conference on Electronic Commerce (ICEC 2005), 2005: 274~284

[10] Zhang L A, Li N. Combined tactics negotiation model with bayesian learning in e-commerce. 3rd International Conference on Knowledge Discovery and Data Mining, 2010: 403~406

[11] 宁红云, 刘金兰, 张德干. 基于对手不完全信息的订单在线智能协商模型. 计算机应用, 2009, 29 (1): 221~223

[12] Wu Y Y, Li J Y, Yan F. A fuzzy inference automatic negotiation system with bayesian learning. Portland International Center for Management of Engineering and Technology (PICMET 2009), 2009: 591~598

[13] Wu Y Y, Lu J X, Yan F. A fuzzy Bayesian learning negotiation model with genetic algorithms. 3rd International Conference on Natural Computation (ICNC 2007), 2007: 1~11

[14] Lau R Y K. Machine learning for negotiation knowledge discovery in e-Marketplaces. IEEE International Conference on e-Business Engineering, 2007: 239~246

[15] Zhang M W, Tan Z F, Zhao J B, et al.. A bayesian learning model in the agent-based bilateral negotiation between the coal producers and electric power generators. 2nd International Symposium on Intelligent Information Technology Application, 2008: 859~862

[16] Hua J, Jing Y. Research on multi-agent automatic negotiation based on machine learning. 2nd International Symposium on Intelligent Information Technology Application, 2008: 186~191

[17] Park S H, Yang S B. An automated system based on incremental learning with applicability toward multilateral negotiations. 2006 SICE-ICASE International Joint Conference, 2006: 3062~3067

[18] Lee C C, Ou-Yang C. A neural networks approach for forecasting the supplier's bid prices

in supplier selection negotiation process. Expert Systems with Applications. Mar, 2009, 36 (2): 2961~2970

[19] Deng D M, Li J. An agent negotiation system based on adaptive genetic algorithm. 5th International Conference on Wireless Communications, Networking and Mobile Computing, 2009: 5307~5310

[20] 李剑, 景博, 杨义先. 一种基于 Metropolis 准则遗传算法的多边多议题协商. 电子学报, 2009, 37 (5): 1037~1040

[21] Li J, Wang L C, Jing B. An agent bilateral multi-issue simultaneous bidding negotiation protocol based on genetic algorithm and its application in E-commerce. CISP 2008: First International Congress on Image and Signal Processing, 2008, (1): 395~398

[22] Tao H J, Wang Y D, Guo V Z. An extended contract-net negotiation model based on task coalition and genetic algorithm. Proceedings of 2007 International Conference on Machine Learning and Cybernetics, 2007: 879~884

[23] 袁勇, 梁永全. 基于协同进化遗传算法的多议题谈判. 计算机工程, 2009, 35 (4): 187~189

[24] 孙天昊, 朱庆生, 李双庆, 等. 一种优化的基于增强学习协商策略. 计算机工程与应用, 2008, 44 (30): 24~25

[25] Carbonneau R, Kersten G E, Vahidov R. Predicting opponent's moves in electronic negotiations using neural networks. Expert Systems With Applications. 2008, 34 (2): 1266~1273

[26] 卢武昌, 胡山立. 基于神经网络的 Agent 电子商务协商模型. 计算机应用, 2005, 25 (7): 1638~1640

[27] Li H S. Multi-agent q-learning of channel selection in multi-user cognitive radio systems: a two by two case. 2009 IEEE International Conference On Systems, Man And Cybernetics (SMC 2009), 2009: 1893~1898

[28] Rau H, Tsai M H, Chen C W, et al.. Learning-based automated negotiation between shipper and forwarder. Computers & Industrial Engineering, 2006, 51 (3): 464~481

[29] Wu X Q, Song Y, Xiang X Q, et al.. Research on negotiation support systems based on hybrid genetic algorithms. 2009 Wri World Congress On Software Engineering, 2009, (2): 429~433

[30] Niu X T, Wang S. Genetic algorithm for automatic negotiation based on agent. 7th World Congress On Intelligent Control And Automation, 2008: 3834~3838

[31] Liang T, Lu J L. Multi-agent reinforcement learning algorithm based on action prediction. Journal of Beijing Institute of Technology (English Edition), 2006, 15 (2): 133~137

[32] Chen J C, Wang K J, Wang S M, et al.. Price negotiation for capacity sharing in a two-factory environment using genetic algorithm. International Journal of Production Research, 2008, 46 (7): 1847~1868

[33] Jian L. An agent bilateral multi-issue alternate bidding negotiation protocol based on reinforcement learning and its application in e-commerce. Proceedings Of The International Symposium On Electronic Commerce And Security, 2008: 217~220

[34] Sim K M, Guo Y Y, Shi B Y. BLGAN: bayesian learning and genetic algorithm for supporting negotiation with incomplete information. IEEE Transactions On Systems Man And Cybernetics Part B-Cybernetics, 2009, 39 (1): 198~211

[35] 彭志平，李少平. 一种基于神经模糊系统的协商策略. 系统仿真学报, 2008, 20 (3): 623~626

[36] Chohra A, Madani K, Kanzari D. Reinforcement Q-learning and neural networks to acquire negotiation behaviors. New Challenges In Applied Intelligence Technologies: Studies In Computational Intelligence, 2008, (134): 23~33

[37] 刘新鸣. 影像流式细胞技术中白细胞分类识别算法的研究. 天津大学, 2007, (04): 44~46

[38] 苏金树，张博锋，徐昕. 基于机器学习的文本分类技术研究进展. 软件学报, 2006, 17 (9): 1848~1859

[39] 王晓晔，张继东，孙济洲. 一种高效的分类规则挖掘算法. 计算机工程与应用, 2006, (33): 174~176

[40] Mjolsness E, DeCoste D. Machine learning for science: State of the art and future prospects. Science, 2001, 293 (5537): 2051~2055

[41] 黄林军，张勇，郭冰榕. 机器学习技术在数据挖掘中的商业应用. 中山大学学报论丛, 2005, 25 (6): 145~148

[42] Mitchell T M. 机器学习. 曾华军等译. 北京: 机械工业出版社, 2003: 3~10

[43] 王仁武. 基于序列构造神经网络的多维数据分析研究. 东华大学, 2007, (06): 10~12

[44] 姜浩. 基于神经网络的入侵检测系统模型研究. 华中科技大学, 2007, (06): 15~19

[45] 赵俊. 炸药撞击感度与分子特征量关联度的 BP 神经网络方法研究. 四川大学, 2007, (04): 12~17

[46] Hu J L, Wellman M P. Multi-agent reinforcement learning: the oretical framework and an algorithm. 15th Int. Conf. on Machine Learning. San Francisio: Morgan Kaufmann Publishers, 1998: 242~250

[47] Jiao L C, Wang L. A novel genetic algorithm based on imnmnity. IEEE Tran sactions on Systems, Man and Cybernetics: Part A, 2000, 30 (5): 552~561

[48] 杨明，嘉莉，邱玉辉. 基于增强学习的多 Agent 自动协商研究. 计算机工程与应用, 2004, (33): 98~100

[49] 胡子婴. 基于智能体系统的 Q—学习算法的研究与改进. 哈尔滨理工大学. 2007, (03): 14~25

[50] 卢刚，倪宁，郭庆. 基于神经网络的协商学习机制. 计算机工程与应用, 2005, (13): 51~53

[51] 马彦，刘莉，杨金霞. 基于遗传算法的 Agent 多边多议题协商模型. 计算机工程与设计, 2009, 30 (3): 664~667

[52] Jiang G R, Wu L. Research on method of multi-agent negotiation strategy selection. 5th International Multi-Conference on Computing in the Global Information Technology (IC-CGI 2010), 2010: 110~115

[53] 李珺，潘启树，洪炳镕．一种基于案例推理的多 Agent 强化学习方法研究．机器人，
      2009，7（04）：320～326

[54] 徐从富，陈峰，范晶．人工智能若干前沿技术及其在信息对抗中的应用展望．通信对
      抗，2007，3（98）：8～11

第十章

面向制造业的供应链谈判策略

所谓谈判策略，在传统的面对面商务谈判中，是为实现特定的谈判目标而采取的各种方式、措施、技巧、战术、手段及其反向与组合运用的总称，是决定谈判双方说什么、何时说和如何说的关键因素，涉及谈判的各个阶段，通常包括了开局策略、报价策略、磋商策略和收尾策略等。在多 Agent 自动谈判领域，谈判策略是指导谈判中某一决策行为或操作的一系列协议、规则、模型或算法的集合。本章将主要围绕制造业供应链协同谈判策略的相关理论、方法以及最新的研究成果进行讨论，并通过实例分析，说明谈判策略在供应链协同谈判系统中的应用。

第一节　多 Agent 供应链协同谈判概述

在国际竞争日益激烈以及客户需求日益多样化的时代背景下，企业竞争的胜负已不再仅仅取决于企业自身，而在很大程度上取决于企业所在的供应链的性能。由于供应链成员是独立的利益主体和决策主体，使得供应链的运行往往具有自治性、分布性、并行性等特点，这些特点都向供应链管理提出了挑战。供应链协同谈判就是随着合作联盟的发展，供应链上要求企业与供应商、销售商之间实现多方集成式、协同式谈判而提出来的，并在多 Agent 技术和人工智能理论的发展中得到了运用和实施的可能。

一、供应链协同谈判基本概念

在制造业供应链的内部企业间，既涉及合作又涉及竞争。谈判是企业间沟通、协商和协调的必要手段。谈判各方在利益分配时是相互对立，而在利益实现上又是相互依赖的。因此，谈判归根到底就是在竞争与合作之间寻求平衡。

（一）谈判的概念

"谈判"一词来源于拉丁文"negotium"，意为"谈买卖、做交易"。

1968年，美国谈判学会主席尼尔森伯格在《谈判的艺术》中提出："谈判是指人们为了改变相互关系而交换观点，或者为达到某种目的、取得某种一致而进行协商的过程。"

1971年，英国谈判学家马什的定义是："谈判是有关各方为了自身的目的，就一项涉及双方利益的标的物进行协商，通过对各自提出的要求和条件进行调整，最终达到各方都较为满意的协议的不断协调的过程。"

美国谈判学家霍华德·雷法在《谈判的艺术与科学》中指出[1]，谈判包括艺术和科学两个方面。所谓艺术，包括社交技巧、信赖别人和为人所信服的能力、巧妙地应用各种讨价还价的能力以及知道何时和怎样使用以上能力的智慧。所谓科学，是指为了解决问题所进行的系统化分析。

目前，谈判并没有统一的定义，但谈判具有如下的几个关键特征[2]：

（1）过程谈判是一个过程，一个规范化的过程。

（2）群活动谈判是一种群体活动，至少两个参与方。

（3）权衡需要和利益是谈判的直接动机，因此谈判各方的利益在本质上是既相互依赖又相互斗争的，而谈判的目的是权衡各方的需要和利益，达成协议。

（4）双赢协议谈判达成的协议应是双赢的，成功的谈判应该促成对双方都有利的协议。因为如果协议是不公平的，那它也很可能是不稳定的，受挫的一方将想尽办法篡改、推迟协议的执行，甚至还可能撕毁协议，而这将引起谈判的失败。

（5）信息交互冲突的解决过程离不开信息交流，谈判是一个信息交互的过程，特别是在现代信息社会，谈判就是一种信息战。

（二）供应链协同谈判的作用

供应链协同谈判，是指供应链上的企业之间就供应链交易过程中商品的价格、交货期、保质期、运输费等款项进行协商，以消除分歧，寻求解决冲突的途径和达成各方都满意结果的过程。这种协同谈判的机制为解决企业间的冲突、建立跨企业的协作、实现资源的优化配置提供了有效的方式和手段，已成为供应链流程中必要的组成部分，在供应链管理中具有非常重要的作用。

协同谈判可以将销售和采购结合起来，在供应链上形成最佳的销售和采购组合，提高企业自身的灵活性，为客户提供个性化的服务，适应电子商务发展的要求。在协同谈判过程中，企业要同时与多个上、下游企业进行谈判，谈判各方要全面协调谈判各方的采购、生产制造及分销等业务流程。各个子谈判表面上相互独立，但实际上一个谈判的决策往往取决于其他谈判的结果。

协同谈判具有如下的优势[2]：

（1）及时满足客户的个性化需求，提高企业参与市场的竞争力；

（2）形成充分竞争，降低采购成本，提高销售效益；

（3）降低因多个谈判带来的协调成本；

（4）与上、下游企业形成动态联盟，提高供应链的效率，充分利用供应链的资源。

供应链协同谈判是一种多线程、多议题的谈判形式，作为一种新型的谈判模式，协同谈判的研究还处于起步阶段。

二、供应链协同谈判机制

1. 传统谈判机制

传统的谈判机制有两大类，分布式谈判（distributive negotiation）和集成式谈判（integrative negotiation）。

（1）分布式谈判指纯粹冲突、完全竞争的谈判，一方的利益建立在其他谈判方的损失上，谈判方之间是价值导向的、是输赢型的。在数学上，这种谈判也叫做"零和"谈判。

（2）集成式谈判是以寻求互利解决方案为基础，谈判过程要考虑并协调谈判各方之间的关系，这种谈判以双赢为目的，强调长期的合作关系。

集成式谈判与分布式谈判的最大区别是：重利益而非立场，谈判双方公开交互信息，相互学习，进行问题重构，创造价值，尽可能地将"蛋糕"扩大。

2. 协同谈判机制

协同谈判的机制包括谈判协议、谈判策略、决策模型三个方面[2]。

（1）谈判协议——谈判协议是支配谈判交互的规则集，是谈判的"游戏规则"，它集通信支持、决策支持和谈判策略为一体，管理谈判的全过程。协同谈判协议能及时反映各子谈判的状态，及每个子谈判的流程，达到对协同谈判的控制和管理。

（2）谈判策略——谈判策略是谈判各方在进行谈判过程中采取的序列行动（建议或反应）。谈判策略是对谈判协议的具体执行。谈判策略的关键是如何消除谈判中的冲突。协同谈判策略能够识别协同谈判中多个子谈判之间的冲突，找出冲突的根源，并消解冲突，谈判各方都能得到满意解，并使整个谈判达到最佳的谈判结果。

（3）决策模型——决策模型是一个不断寻找折中解决方案来满足各种相互矛盾的目标的过程。协同谈判模型克服了传统的多属性效用理论的缺点，能反映谈判各方的多种目标要求。

三、多 Agent 谈判概念

供应链协同谈判多采用 Agent 理论和技术，利用具有一定自主推理、自主决策能力的 Agent 以及由其组成的多 Agent 系统（MAS）来模拟、优化、实施、控制企业供应链的运行，是研究和实施供应链的重要方法之一。

（一）多 Agent 谈判概述

智能 Agent 及多 Agent 系统自 20 世纪 80 年代起一直是分布式人工智能研究的热点。人工智能中的 Agent，并没有一致公认的定义。1998 年，Jennings 和 Wooldridge 等认为"Agent 是处于特定环境中的计算机系统，该系统有能力在这个环境中自主行动以实现其设计目标"[3]。多 Agent 系统是由多个软件 Agent 进行交互以解决超出个体 Agent 能力范围的系统[4]。

基于多 Agent 的谈判，是指既有冲突利益又有合作意愿的谈判 Agent，在资源和信息有限的情况下，为达成双方都能够接受的共识而进行的一系列交互行为[5]。由于 Agent 具有的智能性、自治性、协作性和移动性等特点，使其能够在商务谈判中得到应用。在谈判中，Agent 能够作为谈判代理，代替人自主地执行谈判和协商事务，解决存在的冲突，达成满意的协议。

从 20 世纪 80 年代末起，关于网上谈判系统的研究开始出现，研究主要采用基于多 Agent 的技术、理论和方法，用 Agent 来部分或完全代理人的谈判。基于 Agent 的谈判系统，包括拍卖系统（auction system，AS）、谈判支持系统（negotiation support system，NSS）和自动谈判系统（automated negotiation system，ANS）等。网上谈判系统综合运用了信息技术、通信技术、计算技术、智能决策技术，以及博弈论、人工智能理论、Agent 技术与理论等前沿的理论、技术和方法。谈判支持系统的出现，使谈判摆脱了传统的面对面的商务谈判方式，谈判各方可以在网上进行谈判，不仅节省了异地和远程谈判的成本，也节省了谈判时间，提高了谈判效率。与自动谈判系统相比，谈判支持系统的特点是决策离不开人的控制，全部的谈判过程都要有人的参与。而在自动谈判系统中，Agent 可以部分或全部代替人进行谈判决策，并为谈判决策提供建议解或最优解，从而进一步节约成本，提高谈判效率。

（二）多 Agent 谈判流程

商务谈判按流程一般可以分为四个阶段：开局阶段、报价阶段、磋商阶段和成交阶段。网络谈判系统则基本实现了这样的流程。按照 Agent 的参与与否和参与程度，谈判系统可分为人工模式、半自动模式和全自动模式，这三种模式下谈判系统的基本流程，如图 10-1 至图 10-3 所示[6]。

1. 人工谈判流程

通常，在没有 Agent 存在的情况下，供应链上的买卖双方可以通过网络实现人工谈判。其流程如图 10-1 所示。

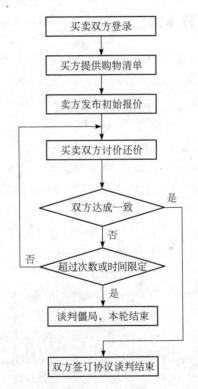

图 10-1　基于网络的人工谈判支持系统流程

2. 半自动谈判流程

当由 Agent 来代替谈判一方（假定为卖方）进行谈判时，流程如图 10-2 所示。

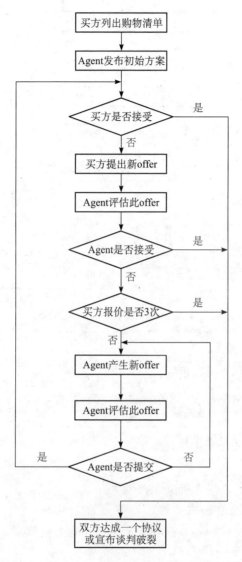

图 10-2　基于 Agent 的半自动谈判支持系统流程

3. 全自动谈判流程

供应链中的买卖双方也可以都由 Agent 来代理谈判，其流程如图 10-3 所示。

这种 Agent 对 Agent 的谈判可以认为是在买卖双方将自我目标和需求告知 Agent 的情况下，两个 Agent 在预先建立的数学模型中寻找使双方利益最佳的 Pareto 最优谈判解的过程。具体地说，首先要给出谈判的问题模型，通过交互接口将模型输入系统，系统经过预先设定的求解算法得到两个 Agent 合作的

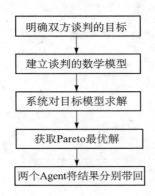

图 10-3 基于 Agent 的全自动谈判支持系统流程

Pareto最优解。

基于 Agent 的谈判为参与谈判的双方提供了网络平台，谈判一方或谈判双方都可以将谈判的部分或全部功能交给 Agent 来完成，包括列举背景材料、给出谈判目标、建立数学模型、支持方案交互、生成交易合同，然后 Agent 最终协助两方人员完成谈判事宜。目前已开发出的 NSS（如 INSPIRE、Mediator 等），一般采用混合的谈判模式，即谈判双方可以将谈判的主要过程交给 Agent 来进行，让 Agent 按照其设定的模型来进行谈判最优解或满意解的求解；同时，谈判的其他过程，比如谈判前谈判者身份的确定、目标和需求的告知、谈判过程的监督，以及谈判结果的确认等过程中，都需要人的参与和控制。

四、供应链协同谈判理论

基于多 Agent 的谈判之所以能帮助人完成谈判求解的功能，是因为 Agent 本身具有一定的智能型和自主性，能够理解人的意图并自动根据设定模型、协议和策略等来求取谈判解。这种智能性的实现，需要 Agent 技术和理论、决策支持系统理论以及机器学习等理论的支撑。2001 年，Jennings 等认为，由于多 Agent 理论范式为认识、设计、开发和确认复杂的分布式系统的诸多问题提供了一种概念、方法和技术，因此，在电子商务等一系列分布式计算机系统中得到了广泛应用[7]。

2006 年，Buttner 等在综合相关文献的基础上，对多 Agent 自动谈判的研究进行了较为全面详尽的层级分类和论述，主要包括过程、结构、理论方法和限制条件四个方面[8]，如图 10-4 所示。

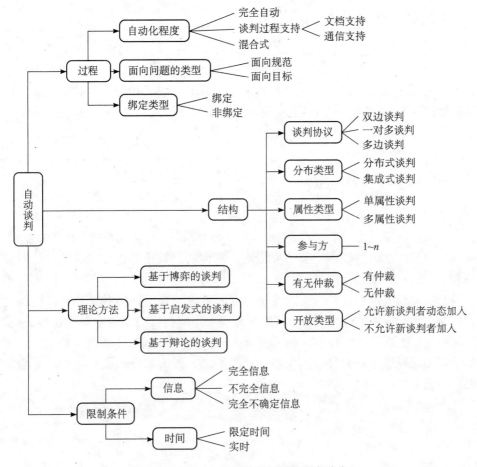

图 10-4 Buttner 对于谈判领域的研究分类

（1）过程（process）。从自动化水平角度，分为完全自动、谈判过程支持（文档支持和通信支持）、混合式（hybrid）谈判。从面向问题类型来看，可分为面向规范和面向目标两类。从绑定类型（binding type）来分，分为要求预先鉴定身份（binding）和不要求预先鉴定身份（non-binding）两种。

（2）条件限制（restrictions）。从信息条件角度，可分为完全信息、不完全信息和充满风险（fraught with risk）的谈判。从时间角度，分为具有时间限制和适时（timing）的谈判。

（3）方法和理论基础（theoretic foundations）。从谈判的方法和理论基础（theoretic foundations）分，可分为基于博弈的谈判、基于启发式的谈判和基于辩论的谈判三种。

（4）结构（structure）。从谈判协议角度，可分为双边谈判、一对多谈判（包括一个卖者多个买者或相反，如拍卖）以及多边谈判（包括多个买者和多个卖者）。从分布类型角度，包括追求自身利益最大分布式（distributed，win-lose）谈判和追求集体利益最大集中式（integrative，win-win）谈判。从谈判属性分，包括单属性和多属性谈判。从谈判款项的数量分，可分为单款项和多款项的谈判。从谈判中有无调停者或仲裁者分，可分为有仲裁者和无仲裁者的谈判。从是否在谈判中接受新的谈判者来看，分为开放式谈判（新的谈判者可以动态加入）和封闭式谈判（谈判中不允许新谈判者加入）。

第二节　供应链谈判策略概述

谈判的过程，就是在合作的基础上展开竞争，在竞争的过程中谋求合作，这就特别要求在商务谈判中要讲究策略。所谓谈判策略，在传统的面对面商务谈判中，是为实现特定的谈判目标而采取的各种方式、措施、技巧、战术、手段及其反向与组合运用的总称，是决定谈判双方说什么、何时说和如何说的关键因素，涉及谈判的各个阶段。策略的合理使用能使我方赢得主动、获得先机、"不战而屈人之兵"。在面对面的商务谈判中，策略是以知己知彼为前提的，策略的应用花样繁多，包括攻心策略、让步策略、权力策略、威胁策略、奖励策略、拒绝策略、迷惑策略等。

一、商务谈判策略

供应链协同谈判本质上属于商务谈判的范畴。商务谈判是指不同的经济实体为了各自的经济利益，协调彼此之间的商务关系，满足各自的商务需求，通过沟通、协商、妥协、合作、策略等各种方式，以争取达成某项商务交易的行为和过程。它不局限于商品讨价还价、促销与打折等简单过程行为，还包括商品性能与质量、服务水平和保障、交货时间和支付方式等多议题的内容谈判，涉及谈判行为、对象、过程和制约因素的随机和不确定信息的应对处理。影响谈判效果的主要因素包括谈判个体的知识、信念、能力、愿望、意向等心智状态；谈判主体的结盟、承诺、信誉等社会因素以及谈判行为的辩论、劝说、奖励等策略应用，等等。商务谈判不是一次孤立的活动，而是一个程序化的系统过程。谈判的要素，主要包括谈判的主体、谈判的目的、谈判的客体、谈判的环境、谈判的过程、谈判的策略与技巧、谈判的结果等。商务谈判是由利益主体各方根据自己的利益驱动而引发的商务协调活动，参与谈判的利益各方，既是竞争对手，也是合作伙伴。

商务谈判策略是谈判人员在商务谈判过程中，对一个大型的商务谈判所追求的目标，不是随心所欲能够办到的，而是在一个完整的系统控制程序框架内，按照事先计划的步骤逐步实施才能实现预期目标。一般说来，商务谈判的基本阶段包括：准备阶段、开局阶段、报价阶段、磋商阶段、成交阶段、结束阶段。

（一）开局阶段的策略

谈判开局策略是谈判者谋求谈判开局有利形势和实现对谈判开局的控制而采取的行动方式或手段。营造适当的谈判气氛实质上就是为实施谈判开局策略打下基础。开局策略一般包括以下几种。

1. 协商式开局策略

协商式开局策略是指以协商、肯定的语言进行陈述，使对方对己方产生好感，使双方对谈判的理解充满"一致性"的感觉，从而使谈判双方在友好、愉快的气氛中展开谈判工作，适用于实力比较接近的双方、过去没有商务往来的情况。要多用外交礼节性语言、中性话题，使双方在平等、合作的气氛中开局。比如，谈判一方以协商的口吻来征求谈判对手的意见，然后对对方意见表示赞同或认可，双方达成共识。要表示充分尊重对方意见的态度，语言要友好礼貌，但又不刻意奉承对方。姿态上应该是不卑不亢，沉稳不失热情，自信但不自傲，把握好分寸，顺利打开局面。

2. 坦诚式开局策略

坦诚式开局策略是指以开诚布公的方式向谈判对手陈述自己的观点或意愿，尽快打开谈判局面。

坦诚式开局策略比较适合双方过去有过商务往来，而且关系很好，互相了解较深的谈判者，将这种友好关系作为谈判的基础。在陈述中可以真诚、热情地畅谈双方过去的友好合作关系，适当地称赞对方在商务往来中的良好信誉。由于双方关系比较密切，可以省去一些礼节性的外交辞令，坦率地陈述己方的观点以及对对方的期望，使对方产生信任感。

坦诚式开局策略有时也可用于实力不如对方的谈判者。本方实力弱于对方，这是双方都了解的事实，因此没有必要掩盖。坦率地表明己方存在的弱点，使对方理智地考虑谈判目标。

3. 慎重式开局策略

慎重式开局策略是指以严谨、凝重的语言进行陈述，表达出对谈判的高度重视和鲜明的态度，目的在于使对方放弃某些不适当的意图，以达到把握谈判的目的。

慎重式开局策略适用于谈判双方过去有过商务往来，但对方曾有过不太令人满意的表现，己方要通过严谨、慎重的态度，引起对方对某些问题的重视。例如，可以对过去双方业务关系中对方的不妥之处表示遗憾，并希望通过本次合作能够改变这种状况。可以用一些礼貌性的提问来考察对方的态度、想法，不急于拉近关系，注意与对方保持一定的距离。这种策略也适用于己方对谈判对手的某些情况存在疑问，需要经过简短的接触摸底。当然慎重并不等于没有谈判诚意，也不等于冷漠和猜疑，这种策略正是为了寻求更有效的谈判成果而使用的。

4. 进攻式开局策略

进攻式开局策略是指通过语言或行为来表达己方强硬的姿态，从而获得谈判对手必要的尊重，并借以制造心理优势，使谈判顺利进行下去。这种进攻式开局策略只有在特殊情况下使用：例如发现谈判对手居高临下，以某种气势压人，有某种不尊重己方的倾向，如果任其发展下去，对己方是不利的，因此要变被动为主动，不能被对方气势压倒。采取以攻为守的策略，捍卫己方的尊严和正当权益，使双方站在平等的地位上进行谈判。进攻式策略要运用得好，必须注意有理、有利、有节，不能使谈判一开始就陷入僵局。要切中问题要害，对事不对人，既表现出己方的自尊、自信和认真的态度，又不能过于咄咄逼人，使谈判气氛过于紧张，一旦问题表达清楚，对方也有所改观，就应及时调节一下气氛，使双方重新建立起一种友好、轻松的谈判气氛。

（二）报价阶段的策略

谈判报价阶段，是指谈判正式开始后到报价的这个时间段。谈判报价的策略，主要包括报价先后策略和报价起点策略等，主要体现在谁先报价、怎样报价和怎样对待对方报价三个方面。

1. 报价先后策略

先报价的有利之处在于，一方面可以为谈判划定一个基线，确定谈判的基调，最终的协议将以这个价格为基础达成；另一方面，出乎意料的报价，有可能打乱对方的部署，使谈判的大趋势向有利于我方倾斜。先报价的不利之处在于，就是把我方摆到了明处，让对方有了研究我方谈判指导思想和谈判策略的依据。

后报价的有利之处在于，一方面，我方可以在对方报价之后，对自己原有的谈判条件和谈判计划进行有针对性的调整；另一方面，后报价能够使我方在不透露价格水平的情况下，迫使对方按照我方的意图让步，从而获得较多的利益。后报价的不利之处在于，就是谈判的基调不能由我方控制。对对方报价的合理性进行谈判磋商的难度加大，要想让对方承认报价不合适并主动做出让步的难度更大。

2. 报价起点策略

谈判买卖双方的报价起点，通常的策略是"一高一低"策略。作为卖方，报价起点要高，即"开最高的价"；作为买方，报价起点要低，即"出最低的价"。从心理学的角度看，谈判者都有一种要求得到比他们预期得到的还要多的心理倾向。并且研究结果表明，若卖方开价较高，则双方往往能在较高的价位成交；若买方出价较低，则双方可能在较低的价位成交。

具体而言可以分作欧式报价和日式报价两种。欧式报价策略是指，卖方提出一个高于本方实际要求的谈判起点来与对手讨价还价，最后再做出让步达成协议的谈判策略。对于这种报价的应对策略是，要求对方出示报价或还价的依据，或者本方出示报价或还价的依据。日式报价策略是指，先提出一个低于己方实际要求的谈判起点，以让利来吸引对方，试图首先去击败参与竞争的同类对手，然后再与对方进行真正的谈判，迫使其让步，达到自己的目的。应对方法是：其一，把对方的报价内容与其他卖主的报价内容一一进行比较和计算，并直截了当地提出异议。其二，不为对方的小利所迷惑，自己报出一个一揽子交易的价格。

（三）磋商阶段的策略

谈判磋商阶段，是指一方报价以后到成交之前的这个时间段，这是整个谈判的核心阶段。为了争取己方的既得利益，在这个阶段就需要站在全局的高度，通盘考虑整个利害得失，综合采用各种策略和手段，具体则包括讨价还价策略、僵局处理策略、让步策略等。这个阶段处理的好坏，将会直接影响到整个谈判的结果或者成败。

1. 讨价还价策略

讨价是指在一方报价之后，另一方认为离自己的期望目标太远，而要求报价方对报价做出改善的行为。还价是在讨价的基础上，己方针对谈判对手的报价所做出的反应性报价。

在讨价还价策略中，又包括投石问路策略、抬价压价策略、目标分解策略等多种策略。合理的讨价还价策略在满足对方"赢"的基础上，又努力地为己方争取更多、更长远的利益，追求合作与竞争的辩证统一，在一致的过程中实现双赢，加速协议的达成。

（1）投石问路策略。要想在谈判中掌握主动权，就要尽可能地了解对方的情况，尽可能地了解和掌握当我方采取某一步骤时，对方会有什么反应、意图或打算。投石问路就是了解对方情况的一种战略战术。与假设条件策略相比，运用此策略的一方主要是在价格条款中试探对方的虚实。

（2）抬价压价策略。如果是买方先报价格，可以以低于预期的目标进行报价，留出对方抬价的余地。如果卖方先报价，买方压价，则通常可以采取多种方式进行，例如说出对方价格的水分，分析计算对方的成本，给出一个不能超出预算的金额等。

（3）目标分解策略。一些大型的项目中，涉及更为复杂的讨价还价技巧，而不限于只是就价格说价格。通常要将目标进行分解，考虑到项目中涉及的诸多方面，比如人员培训、技术资料、运输成本、库存成本等多方因素。

2. 让步策略

为了达成谈判的共识，合理的让步是必要的。特别是在解决一些棘手的利益冲突问题时，如双方就某一个利益问题争执不下，例如在国际贸易中的交货期长短问题，最终的价格条款的谈判问题等，恰当地运用让步策略是非常有效的工具。但是，让步不是轻率的行动，必须慎重处理，并不是投入越多回报越多，而是寻求一个二者之间的最佳组合。成功的让步策略可以起到以局部小利益的牺牲来换取整体利益的作用，甚至在有些时候可以达到"四两拨千斤"的效果。一般来讲，让步策略必须考虑以下原则：

（1）时机原则。只有在适当的时机和场合做出适当适时的让步，才能使谈判让步的作用发挥到最大、所起到的作用最佳。对时机的正确把握必须建立在对谈判对手的目标、兴趣以及相关信息相对了解的基础上。

（2）清晰原则。让步的对象、让步的理由、让步的标准、让步的内容及实施细节应当准确明了，避免因为让步而导致新的问题和矛盾。

（3）弥补原则。在己方希望谈判协议能够达成的前提下，若再不做出让步就有可能使谈判夭折时，适度把握"此失彼补"的原则是必要的。比如，就某一问题已经给了对方一定的优惠，但在另一方面（或其他地方）必须加倍地、至少均等地获取回报。当然，在谈判时，如果发觉此问题如果做出让步可以换取其他方面更大的好处时，也应毫不犹豫地给予让步，以保持全盘的优势。

总之，商务谈判所追求的是双方谈判者的要求都得到一定满足，但又不太可能全部都满足，因此谈判各方不能相互为敌，施展诡计，相互欺诈，而只能通过协商相互让步最终达成一个使得双方都能接受的平衡的结果。但是为了达到对己方更为有利的谈判结果，双方自然会因利益分歧进行讨价还价，有时会产生激烈的对抗，这种既合作又抗争形成谈判的主要形式，为确保己方的最大利益，就必须在制定谈判方案策略前及在整个谈判全过程中做到知己知彼，就是对双方情况进行尽可能的调查研究，这样有利于在谈判中抓住重点，避免一些不必要的错误，为双方的双赢创造条件。

（四）成交阶段的策略

商务谈判成交阶段，是指主要交易内容涉及的相关条款都已经基本达成一致意见，已经到了签字认定的程度。这个阶段的主要任务为：对整个谈判进程进行回顾，落实最后的报价和让步原则，促成最后签订协议，拟定合同的具体条款，对合同进行审核、双方签字备案。

商务谈判成交阶段的策略主要包括：正面评价对手（赞扬对手经验丰富、称赞对手思维敏捷和原则性强等）；巧用场外交易（包括酒宴、舞会等场合）隆重对待最后的双方庆贺仪式等。

二、基于多 Agent 的谈判策略

基于多 Agent 的谈判策略就是将多 Agent 技术引入到传统的商务谈判之中，其谈判策略主要就是考虑如何利用 Agent 技术及各种有效的方法，使自动谈判向着省时、高效的方向发展，更好地实现谈判方的需求。本节主要针对多 Agent 谈判策略的定义、分类和研究的理论基础进行阐述。

（一）谈判策略定义

由于基于多 Agent 的谈判策略涉及的内容比较复杂，关于谈判策略，目前并没有统一的定义。

Jennings 认为策略与 Agent 的计划和决策模型是一致的[7]，是 Agent 在谈判时用以最大化自我利益或效用的方法和步骤。

Faratin 认为，谈判策略指谈判过程中根据谈判形势的发展变化而制定的行动方针和方法[8]。谈判策略受到很多因素的影响，如对方的行为、时间、资源和自身知识等，故产生了基于时间提议、资源提议、行为提议以及组合提议等的谈判策略。

Rahwan 提出了从理论层面上建立谈判策略框架的重要性，并将谈判策略定义为"在谈判交互过程中确定 Agent 如何说和什么时候说的规则和算法"[9]。文章还阐述了影响策略的因素，包括目标、领域、协议、谈判 Agent 的交互能力、Agent 的价值取向、谈判对手特征、可用的时间和资源、谈判替代者等。

Amgoud[10]认为策略由以下部分组成：①在特定谈判环节中，选择要说的话或要做的事情。②决定该事情应该如何做。第一个部分实际就是从所有行为中，首先要选出那些被协议或规则允许的动作。当然，最好能够根据 Agent 的信仰等信息选出满足最重要的战略目标（strategy goal）的行为。第二个部分是具体的内容抉择：就是从那些候选动作内容中精选（基于 Agent 信仰等信息），从而得到那个能够满足功能目标（functional goal）的最好的一个内容。该过程应该包括两个步骤：首先，要从所有被协议允许的所有高层动作中选择一个。例如，在谈判中，协议规定，当接收到一个 offer 后，可以采取三个行为：接受 offer，拒绝 offer，发出一个新的 offer。其次，就是从合法动作的低层动作内容中选择一个合适的内容。例如，若 Agent 在上一步选择了发出一个新的 offer，那么本步中就应该从新 offer 的候选集中，选择一个最合适的。

高璐等认为[11]，Agent 的谈判策略就是一个能帮助它进行具体决策的函数，通过这个函数产生一系列报价来实现谈判目的。Agent 策略模型的复杂程度、决策范围主要受谈判协议设计的影响与制约，而上述谈判目标及可对谈判目标所执行的操作（operation）也对战略决策模型有影响。

顾传龙等认为[2]，谈判策略是指谈判各方在谈判过程中采取的序列行动（提议或反应），是对谈判协议的具体执行。谈判策略的关键是如何消除谈判中的冲突，使谈判各方都能得到满意解，并使整个谈判达到最佳的谈判结果。例如，Agent 在谈判提议的交换过程中，需要通过自身的决策机制，采用某一种或者几种方法判定对方提议，并结合自身的各种谈判参数，根据当前环境产生下一步动作。

总的来说，在多 Agent 自动谈判领域，谈判策略是指导谈判中某一决策行为或操作的一系列协议、规则、模型或算法的集合。例如，所谓让步策略是用以指导谈判中如何让步问题的一系列协议、模型或算法的集合；提议评价策略是用以对提议进行评价的相关协议、模型和算法集合，等等。

（二）谈判策略的分类

我们将谈判策略从战略层次、操作层次、研究方法等几个层次进行了分类，如图 10-5 所示。

1. 按策略的战略层次分

不同策略类型的 Agent，其决策风格和决策规则都是不同的。具体谈判环节中，对于首报价、让步点、让步幅度等采取的策略是不同的。

（1）根据 Agent 不同的决策风格不同，可以将策略分为同意型、反对型、坦诚型、辩论型、开放型[12]等。

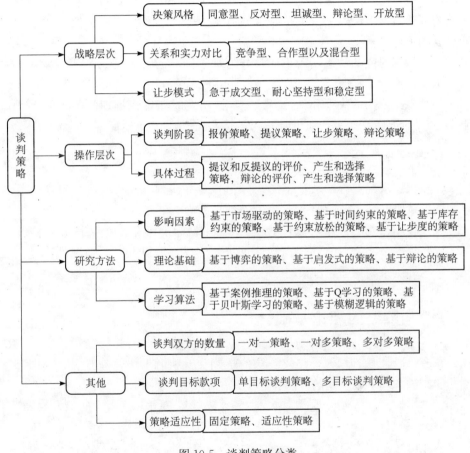

图 10-5 谈判策略分类

（2）根据谈判双方的关系和实力对比的不同，可以分为竞争型策略、合作型策略以及混合型策略等。

（3）根据双方让步的模式不同，可以分为急于成交型、耐心坚持型和稳定型等。

2. 按操作层次分

（1）根据谈判阶段不同，可以分为报价策略[13]、提议策略、让步策略[14]、辩论策略等。

（2）根据谈判的具体操作过程不同，可以分为提议和反提议的产生、评价和选择策略。在基于辩论的谈判中，还包括辩论的评价、产生和选择策略[14]等。

3. 按研究方法分

不同的学者采用了不同的方法对策略问题进行研究。

（1）根据考虑影响策略的因素不同，分为基于市场驱动的策略[15][16]、基于时间约束的策略[17][18]、基于库存约束的策略[19]、基于约束放松的策略[20]、基于让步度的策略[21]等；

（2）根据研究的理论基础不同，分为基于博弈的策略[22]、基于启发式的策略、基于辩论的策略[23]等；

（3）根据采用的决策和学习算法不同，分为基于案例推理的策略[24][25]、基于 Q 学习的策略[26]、基于贝叶斯学习的策略[27][28]、基于模糊逻辑的策略[29]等。

4. 其他分类

（1）根据谈判双方的数量不同，分为一对一谈判（双边谈判）策略[18]、一对多谈判策略[32]、多对多谈判（多边谈判）策略[31]；

（2）根据谈判的目标款项不同，分为单一目标谈判策略和多目标谈判策略；

（3）根据策略是否能够根据谈判过程、外界环境以及对手情况的变化而变化，分为固定策略与适应性策略[24]。

三、谈判策略的理论基础

在多 Agent 谈判领域，比较公认的谈判交互机制和方法有三种[7]，即基于博弈的方法、基于启发式的方法和基于辩论的方法。

1. 基于博弈的谈判

博弈论又被称为对策论（game theory），是现代数学的一个新分支，也是运筹学的重要组成部分。诺贝尔经济学奖获得者 Robert Aumann 教授认为，博弈论就是研究互动决策的理论。所谓互动决策，即各行动方的决策是相互影响、相互牵制的，每个人在决策时必须将他人的决策纳入自己的决策考虑之中，当然也需要把别人对于自己的考虑也要纳入考虑之中。在如此迭代考虑情形进行决策，选择最有利于自己的战略（strategy）。

谈判是博弈论研究和应用中的一个重要方面。在以博弈论为基础来设计 Agent 的谈判机制时，谈判通常被看做一个优化问题，即在给定 Agent 对于谈判问题的效用函数以及偏好的情况下，去求解谈判的最优解。由于博弈理论的严密性，使得博弈论在谈判系统的理论设计、对系统结果的预测以及谈判系统功能的验证等方面都很有优势。但由于基于博弈的谈判通常假设 Agent 是绝对理性的、具有绝对的信息、具有无穷的计算能力等，而许多假设条件在现实谈判中是不可能存在或实现的。并且，基于博弈的谈判模型设计往往只注重谈判结果，而谈判的交互过程却被忽略了，Agent 的任务就是马上找到最优解并达成协议。然而，在现实谈判中，Agent 的计算能力是有限的，信息和资源也是有限的，Agent 本身可能并非绝对理性，因此，基于这种均衡思想下的最优决策存在很多局限性。

目前已有的许多谈判支持系统和自动谈判系统模型中都采用了博弈论的一些相关理论。例如，ADEPT、BAZAR、INSPIRE 等，都采用了策略的时间相关性、多属性效用理论（MATU）、博弈模型（如讨价还价模型）等与博弈相关的理论框架。

2. 基于启发式的谈判

为了克服博弈方法的缺点，启发式方法放松了资源或其他约束，该方法认为，人们在实际谈判中并非绝对理性，也不可能对各方面信息都全部了解或掌握，而且采用非穷举的方式来探索谈判空间中的解。换句话说，启发式方法的目的不是寻求最优解，而是找到可行解或满意解。与基于博弈的方法相比，启发式方法的研究重点并非整个谈判机制的性能优化，这个特点使得该方法能够在一种简单自由的谈判协议上构建更贴近现实、可以描述不同谈判行为、形式多样并适合各种谈判情形的决策模型和决策过程。在现有的多属性谈判模型中，通常运用启发式的决策函数来评价和生成提议。启发式方法的局限是，因为采用了近似理性的观念，启发式方法得出的结果是子优的而不是最优的，同时它也不是在全部的可能结果域中进行搜索，很难去准确地预测系统和 Agent 的行为，因此模型需要额外的模拟和经验分析。

以上两种方法的主要局限性是：①除了提议外，Agent 不被允许去交换其他额外信息。而现实情况中，Agent 往往不具有完全信息，需要在谈判过程中不断交换信息，获取新的信息。②Agent 的效用或偏好在谈判交互前都已经被完全特征化地确定了，不能改变。而理性的 Agent 应该能够基于新的信息而改变自我的偏好或其他心理状态。③通常假定 Agent 对外界或对方的信息是正确的，而实际却不一定。在现实情况中，Agent 往往缺少许多信息和资源，包括：缺少对潜在的结果进行比较的相关信息，对获取上述信息所需的资源有限，拥有上述资源和信息但没有处理的时间，对环境的知识不完备、不确定，自我的偏好不确定，自我偏好不连贯（前后矛盾）等。为了克服以上缺点，就需要一种在谈判过程中能够获取信息、解决不确定性、修正偏好等的机制，这种机制就是后来提出的基于辩论的方法，允许 Agent 在谈判过程中通过交换额外的信息来改变对方的偏好、效用等，进而能够改变对方的决策行为，从而实现动态的和接近现实的决策。

3. 基于辩论的谈判

基于辩论的谈判（argumentation-based negotiation）研究开始于 20 世纪 90 年代末，是为了解决传统的两种谈判机制的主要问题而提出的，它在一般自动谈判模式的基础上增加了被称为辩论（argument）的成分形成的新的自动谈判模式，由于它允许 Agent 在谈判过程中通过辩论来交换和交流额外的信息，从而能够对其他 Agent 的态度、知识等施加动态的影响，进而改变对方决策行为，有利于解决谈判双方信息的不完备性和不一致性，促进谈判向着高效、实效和双赢的方向发展。这种动态的和适应性信息传递、影响和决策机制具有克服基于博弈论和基于启发式谈判方法的局限性的能力，因此这一新型的谈判模式更具有研究的潜力，正在成为自动谈判领域的热点发展方向。目前这种谈判模式的研究还处于起步阶段。

近 10 年来，在基于辩论的谈判领域，Rahwan、Ramchurn、Jennings、Amgoud、Kraus、Sycara 等学者都进行了大量的研究。

Kraus 和 Sycara 是比较早将辩论形式加入到自动谈判系统中进行研究的学者。在他们研制开发的自动劳资谈判系统 PERSUADER 中，辩论被认为是促成谈判双方合作和一致的重要机制。他们基于劝说心理学的有关研究，采用劝说的形式来进行辩论和沟通，进而改变对方 Agent 的意图，从而实现动态的决策。发表于 1998 的文章 *Reaching agreements through argumentation：a logical model and implementation*[32]针对基于辩论的谈判中要考虑到的诸多问题和元素进行了分析和研究：①基于 Agent 的 BDI 模型，提出了一个表示 Agent 心智状态的 BDIG 逻辑模型。②将 Agent 可以交互的信息分为三大类：提议（request）、回应（response）和声明（declaration）。response 可以是接受或拒绝。Agent 通过对接收到的 argument 的评价来决定是否和如何改变内部状态。③对劝说型辩论进行了初步的分类，包括威胁、奖励和申辩等，并提出了不同类型辩论生成和评价的一系列定理和规则。④基于 Agent 的推理能力将谈判 Agent 进行分类，并用逻辑规则来描述不同类型 Agent 的知识和推理策略。⑤提出了基于辩论Agent的体系结构和生命周期，对在谈判中加入辩论的过程进行了简单陈述。⑥提出了简单的 Agent 心智状态变化和更新的推理规则。⑦在进行辩论选择时，对六种类型的辩论进行了简单的强弱排序，并采取由弱到强的顺序来选择辩论。⑧使用三个参数（是否与当前目标冲突、辩论的说服力度、辩论的可接受程度）

对辩论进行评价，以决定是接受还是拒绝。研究虽然在辩论的产生、选择和评价问题上都是采用了比较简单的逻辑规则，但对基于辩论的谈判的要素和过程进行了非常全面的研究，对后续研究有很好的借鉴价值；特别是基于规则和逻辑的方法，成为了基于辩论的多 Agent 谈判领域进行知识表示和推理的主要方法。

Sierra 和 Jennings 等也发表了一系列的文章，在他们提出的框架中，同样以劝说的形式展开辩论，通过向对方 Agent 说明提议应该被接受的原因，以期改变对方 Agent 的偏好等心智状态。Sierra 和 Jennings 等（1997）定义的框架中[33]，包括静态和动态两部分，并定义了基本谈判框架的七元组＜Agents，Role，R，L，ML，CL，Time＞，主要包括谈判 Agents 的表示，Agent 在社会关系中的角色，Agent 之间交流的逻辑语言和通信原语，以及时间因素等。提出和形式化定义了三种形式的劝说型辩论，即威胁、奖励和申辩，并针对一个电信服务的情境给出了相关的辩论内容，包括三种形式的威胁、两种形式的奖励和五种形式的申辩。

Amgoud 也采用了基于知识库和逻辑推理的方法展开研究，在她 2004 年发表的 *Generation and evaluation of different types of arguments in negotiation* 一文[34]中，对基于 Agent 知识库进行辩论的产生、选择和评价的机制进行了较为详细的论述。近年来，Amgoud 的研究团队在基于辩论的谈判领域进行了大量的研究，研究内容包括：基于偏好的辩论机制；辩论中的不一致性和冲突解决问题；构建统一的基于辩论的谈判框架，等等。

Rahwan 和 Ramchurn 等在 2003 年撰写的综述 *Argumentation-based negotiation*[5]中，对基于辩论的谈判领域的研究进行了很好的总结，并提出了一个比较清晰和全面的基于辩论谈判的概念框架。这个框架由谈判 Agent（内部动机、决策机制、知识库等）和交互环境（交互规则和协议、通信语言、信息存储等）组成。其中，通信和领域语言、谈判协议、信息存储构成了谈判的外部要素，而 Agent 的心智状态、决策机制和知识库等构成了谈判的内部要素；基于这个概念框架中的每一个元素，Rahwan 对相关的研究都进行了较全面的总结。其中，决策机制主要包括辩论的产生、选择和评价，是基于辩论的谈判领域重点关注的内容。近年来，Rahwan 的研究团队（还包括 McBurney、Karunatillake、Sonenberg、Guttmann、Reed 等）在基于辩论的谈判领域进行了大量而杰出的研究，并出版了 *Argumentation in Artificial Intelligence*（2009）和 *Argumentation in Multi-agent Systems*（2008）等一系列专著。近期的研究主要集中在：辩论的适应性策略、谈判交互中社会因素的考虑、辩论理论等。

第三节 谈判系统及其策略

目前在基于多 Agent 的自动谈判研究领域，已经存在一些比较成熟的谈判系统，主要包括：Tete-a-Tete、AuctionBot、ADEPT、RUNE、NEGOPLAN、Kasbah、PERSUADER、E-mediator 等。自动谈判系统的发展大致可以分为五个阶段，我们将分阶段来论述相关的策略研究。

一、拍卖系统及其策略

最早出现的有关谈判的系统主要是各类拍卖系统，其拍卖方式有 English auction、Dutch auction，标准增量式拍卖、Vickrey auction 等。现在已经有很多的商业拍卖网站在运营，如 Onsale、eBay 等。还有一些大众互联网站也提供拍卖服务，如雅虎（Yahoo）和亚马逊（Amazon）等。

1. Kasbah 系统及其策略

Kasbah 是美国麻省理工学院（MIT）媒体实验室在 1996 年开发的一个多重代理人 C2C 拍卖系统。用户在使用此系统进行商品买卖交易时，必须首先建立代理其业务的 Agent，并为该 Agent 提供一系列标准和买卖策略。例如，买方可选择以最低的价格买入某商品；而卖方则可以规定以最高的价格卖出该商品。然后，供应商 Agent 在公告板上张贴其产品和服务，购买商 Agent 则根据购买标准对这些产品和服务过滤。在 Kasbah 系统中，并没有使用任何人工智能或机器学习技术。

在谈判策略方面，Kasbah 系统使用了比较简单的议价策略：当买卖双方的 Agent 接触后，买方 Agent 首先对卖方商品出价，而卖方 Agent 若满足需求则只要回应"成交"就完成交易。若不满足需求，则系统提供一个议价策略函数引导 Agent 进行讨价还价。该函数提供三种基本的议价策略：急迫的（anxious）、冷静的（cool-headed）、贪心的（frugal）。这三种策略分别用线性函数、二次曲线函数以及指数函数来增加（买方）或减少（卖方）价格。

在 Kasbah 系统中，供需双方 Agent 只能针对价格进行谈判，并且谈判只能根据预先设定的策略进行。

2. AuctionBot 系统及其策略

AuctionBot 是美国密西根大学在 1998 年开发的一个在线拍卖系统，该系统能够帮助买卖双方进行网上拍卖。谈判者首先从系统中选择拍卖形式，输入相关的拍卖交易参数（如结算时间、参与拍卖商家的数量，以及叫价相同的解决方法等）。之后，拍卖双方即可根据系统的分布式谈判协定（distributed negotiation protocol）进行交替报价。

在谈判策略方面，AuctionBot 系统允许使用者自行建立谈判策略，并可以依照自己的偏好设定其提议方式，Agent 会根据其谈判策略进行谈判，Agent 的功能更为全面、精确。与 Kasbah 系统一样，AuctionBot 系统也只支持以价格为目标的单属性谈判，不支持多属性谈判。

二、多属性谈判系统及其策略

拍卖系统主要考虑价格因素，而实际的商业谈判一般还要考虑除价格以外的其他因素，比如交货期、质量等。

Tete-a-Tete 是由美国麻省理工学院（MIT）的媒体实验室在 1998 年开发的一个电子商务交易系统。该系统支持对多个问题和属性的谈判，包括商品价格、售后保障、交货时间、优惠政策以及其他一些增值商业服务等。使用 Tete-a-Tete 时，买卖双方首先各自建立一个 Agent，让 Agent 之间代替买卖双方就双方关心的多个商品属性进行协商谈判。

在谈判策略方面，Tete-a-Tete 系统引入了基于辩论的谈判方法，允许买卖双方在谈判中以辩论的方式来交换意见；另外，该系统还应用多属性效用函数来进行卖方产品的评估。在进行谈判时，采购 Agent 会收到数份由供应 Agent 传来的"产品清单"，每份清单中都有详细列出的产品规格，价格以及附加服务信息，采购方 Agent 依据这些信息来评估哪些产品符合需求。若买方不满意卖方的产品清单内容，则可以将其不满意的地方填写在"产品评论表"中，并同时将"买方采购清单"传给卖方以提供更精确的产品购买信息和购买条件。

三、具有学习能力的谈判系统及其策略

在具有学习能力的谈判系统中，谈判双方通过提议和反提议的方式不断进行交互，各谈判方会不断地学习对方报价并基于此来修改自己的谈判策略。

1. E-mediator 系统及其策略

E-mediator 是由 T. Sandholm 等在 1999 年提出的下一代电子商务服务器。它使用增强 AI 算法，对策论以及 GUI 设计方法。E-mediator 含有两类 Agent：eCommitter 和 eAuctionHouse。eCommitter 是一个平衡的义务合同最优化选择器；eAuctionHouse 通过定制不同参数来配置不同拍卖类型的拍卖屋。

2. Bazzar 系统及其策略

Bazzar 是 Zeng 和 Sycara 等在 1998 年提出的一个具有学习能力的谈判系统。该系统能够根据过去的谈判经验对原来的谈判策略进行改进。在谈判策略方面，系统主要采用贝叶斯方法进行学习。在谈判之前，Agent 有一个知识库，该库中储存了一系列出价规则，一方可以分析对方提出的出价组合，更新知识库中的出价规则，并以此为依据来拟定自己的出价组合。

3. ADEPT 系统及其策略

ADEPT 是一个针对电信服务行业的系统，该系统定义了一个面向服务的谈判模型，并在 Agent 的谈判结构中增加了一些相对复杂的思考机制，用于产生和确定提议的内容，但不支持谈判过程中的问题变更。在谈判策略方面，该系统能够对谈判历史和对方出价进行学习。

四、多方、多属性谈判系统及其策略

以上的系统大多是"一对一"和"一对多"的谈判。然而，在实际的供应链谈判过程中，大多是由多方参与并对多个属性进行谈判，谈判过程比前面的谈判系统更加复杂。这一阶段还没有出现比较成熟的商业应用系统。

MAGNET 是一个支持多种交易的多主体市场。一个 MAGNET 主体既可以作为买方，也可以作为卖方；另外，一个 MAGNET 主体还可以同时作为一个谈判中的买方或另一个谈判过程中的卖方。多个谈判方之间也可以就多个属性进行谈判，最后从中选择一个或几个达成协议。

Raymond 也开发了用于 B2B 电子商务的多方、多问题谈判系统。该系统将商业交易过程分为伙伴关系形成、匹配、谈判、合同形成、合同执行和服务评估六个阶段。买方 Agent 和卖方 Agent 通过 Web 服务器进行交互，Web 服务器由目录服务器（directoryserver）、统一描述、发现和集成服务器（universal description、discovery and integration，UDDI）和统一 Web 服务描述语言（web service description language，WSDL）三个部分组成。

五、基于辩论的谈判系统及其策略

之前的系统大多使用基于博弈或启发式的方法进行谈判，谈判中 Agent 除了提议之外，不允许交换和交流额外的信息，因此就需要一种在谈判过程中能够获取信息、解决不确定性、修正偏好等的机制，这种机制就是后来提出的基于辩论的方法，允许 Agent 在谈判过程中通过交换额外的信息来改变对方的偏好、效用等，进而能够改变对方的决策行为，从而实现动态的和接近现实的决策。

1998 年，Kraus 和 Sycara 研制开发的自动劳资谈判系统 PERSUADER 中，辩论被认为是促成谈判双方合作和一致的重要机制。基于劝说心理学的有关研究，系统采用劝说的形式来进行辩论和沟通，进而改变对方 Agent 的意图，从而实现动态的决策。

第四节　条件约束和市场驱动下的谈判策略

目前谈判系统及谈判研究中，大多数谈判策略都是针对报价策略或者让步策略的。即 Agent 每次提出什么样的报价，每轮谈判报价之间差距多少，让步幅度多大，等等。研究的具体方法主要包括基于时间的谈判策略、基于市场驱动的策略、基于库存约束的策略等。

一、基于时间约束的谈判策略

（一）基本观点

基于时间约束的策略认为，谈判的结果虽然依赖于很多参数，例如主体的偏好、保留限制、环境变化等，但时间因素是其中必不可少的，特别是在报价策略和让步策略上体现得最为明显。而如何报价以及如何让步，可以说是谈判策略中主要的研究问题。

（1）为了获取最优的报价，谈判主体通常需要为谈判设定一个时间底限，在该时间之前要确保谈判结束。

（2）谈判方的报价策略通常与时间关系紧密。例如，有的谈判方在谈判开始时报价较高，在此后保持不变或增加较少；有的谈判方在谈判开始时报价较低，快在接近时间底线时，进行大幅度让步。

（二）相关研究

在 Liang 和 Doong 的电子市场原型系统中[35]，使用了三种议价策略，这三种策略就是基于时间约束的策略：①效用递减策略。在初始出价时给出很大的折扣，以后逐渐减少让步，买方感觉到效用在逐渐减少。②效用递增策略。在初始出价时给出比较小的折扣，以后逐渐增加让步。③效用均衡策略。始终用不变的价格折扣，买方感觉到不变的效用。

Lai 和 Sycara 提出的多属性谈判框架[36]中，通过建立三类策略和相关的效用函数实现适应性的谈判。将 Agent 谈判策略分成三个部分：让步策略、回应策略和提议策略，其中，"让步策略"基于偏好建立了一个有时间参数的让步空间效用函数，限定了可能的让步空间，该让步空间也可能根据谈判的进程调整。不同的让步策略包括：先大幅度让步、后大幅度让步、均匀让步等。"回应策略"则决定了 Agent 对对方的提议是接受还是拒绝的态度，通过一个简单的基于阈值的回应函数来实现。"提议策略"解决如何向对手提议的问题。文章设计了两种提议决策机制：一种叫"最短距离提议"（shortest-distance proposing），当 Agent 不知道对方的效用函数但自己具有效用函数时应用；一种叫"帕累托最优调解提议"（Pareto optimal mediating），当 Agent 对双方效用都不明确时应用，该机制需要借助一个仲裁 Agent 来实现。

（三）实例：基于时间约束策略

杨晶描述了谈判中理想的八种让步策略[37]，谢凤玲对其进行数据的分析和整理，如表 10-1 所示[38]；同时，她还定义了五种谈判的让步模式，如图 10-6 所示[38]。

表 10-1 理想的八种让步策略

让步策略	限定让步值	初期让步	二期让步	三期让步	四期让步
1	18	0	0	0	18
2	18	18	0	0	0
3	18	4.5	4.5	4.5	4.5
4	18	2.4	0.9	5.1	9.6
5	18	9.6	5.1	0.9	2.4
6	18	7.8	5	3.4	1.8
7	18	14.7	0.3	0	3
8	18	15	3	3	-3

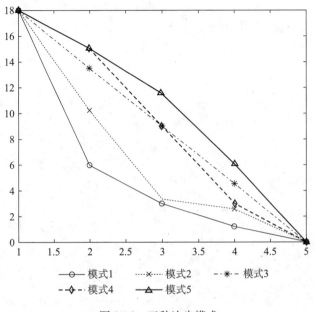

图 10-6　五种让步模式

　　这五种让步模式是：急于成交型、耐心坚持型、稳定型、耐心-着急模式、着急-耐心模式。

　　（1）急于成交型：谈判让步幅度随时间逐步缩小的谈判让步过程。该模式反映了谈判者初期急于成交，大幅让步，而后坚持谈判底线的心理特征。

　　（2）耐心坚持型：谈判让步幅度随时间逐步增大的谈判让步过程。该模式反映了谈判者谈判初期慢慢磨蹭，越接近谈判尾声，让步幅度越大的心理特征。

　　（3）稳定型：谈判让步幅度始终保持一个固定值，不随时间变化的谈判让步过程。该模式反映了谈判者相对稳定的心理特征。

　　（4）耐心-着急模式：谈判让步幅度随时间逐步扩大而后又逐渐缩小的谈判让步过程。该模式反映了谈判者开始慢慢磨，在谈判进行到一定阶段后坚持谈判底线的心理特征。

　　（5）着急-耐心模式：谈判让步幅度随时间逐步缩小而后又逐渐扩大的谈判让步过程。该模式反映了谈判者第一阶段想取得对方信任，造成谈判对手谈判即将结束的感觉，而后为了达成交易，再逐步加大让步幅度的谈判心理特征。

　　这五种谈判让步模式，反映了谈判者的心理特征，预示了谈判过程的走向。谈判方可以选择这五种策略之一来进行谈判报价。

二、基于市场驱动的谈判策略

(一) 基本观点

基于市场驱动（market-driven agents，MDA）的策略是由 K. Sim 在 2002 年提出的[15]。Sim 认为，谈判 Agent 应当根据所处的谈判环境中的市场变化因素与自身策略相结合来制定合理的谈判策略。这里的谈判策略主要是指谈判的让步策略，即解决下一轮如何报价和让步的问题。Sim 提出根据四个主要因素来确定让步幅度。这四个因素分别是：机会因素（opportunity）、竞争因素（competition）、时间策略因素（time and strategy）以及急切度因素（eagerness）。

(二) 相关研究

向朝霞等基于市场驱动的理论，提出了一种基于市场驱动的 Multi-agent 谈判让步策略[16]。Agent 在谈判中能根据变化的市场情况做出可以调整让步的比率，帮助用户做出最优的交易决策，且自动地选择合适的策略。

Fenghui Ren 等基于 Sim 提出的市场驱动策略和模型，提出谈判的环境应该是开放和动态的，即在谈判过程中，其他 Agent 能够自由地进入或离开谈判，这就增加了谈判的不确定性。基于此，该文章提出了基于市场驱动的适应性策略和模型[14]。

(三) 实例：一种基于市场驱动的 Multi-agent 自动谈判策略

本例研究在供应链谈判中，市场环境如何影响谈判让步策略的问题，可参考文献 [16]。

1. 市场环境评估

市场环境（market situation，MS）评估包括市场竞争激烈程度（即市场的供需关系）和谈判时间剩余的长度（即剩余的谈判轮次）等。为了制定 Agent 间的策略，本例采用市场驱动方法，构造函数 $M(t)$ 来衡量当前市场环境的好坏。假定，在 t 时刻市场环境情况 $M(t)$ 由下列因素决定：①B_t：t 时刻买方 Agent 的数量；②S_t：t 时刻卖方 Agent 的数量；③I_t：t 时刻对某个 Agent 的当前提议感兴趣的 Agent 的数量；④T：谈判的终止时间（即谈判的总的循环次数）。构造函数如下：

$$M(t) = 1 - \frac{T(t) + C(t) + A(t)}{3} \qquad (10\text{-}1)$$

其中：

$$T(t) = \frac{T-t}{T}$$

$$C(t) = \begin{cases} \dfrac{B_t}{B_t + S_t}, & \text{对于卖方 Agent} \\[3mm] \dfrac{S_t}{B_t + S_t}, & \text{对于买方 Agent} \end{cases}$$

$$A(t) = \begin{cases} \dfrac{I_t}{B_t'}, & \text{对于卖方 Agent} \\[3mm] \dfrac{I_t}{S_t'}, & \text{对于买方 Agent} \end{cases}$$

式（10-1）中，$0 < T(t) < 1$，$0 < C(t) < 1$，$0 < A(t) \leqslant 1$，因此，$0 < M(t) < 1$。下面对影响市场环境的因素分别进行分析说明：

（1）$T(t)$ 衡量了谈判的相对剩余时间，如果一个 Agent 已经谈判了很长一段时间，即 $(T-t)/T$ 的值较小时，表明该 Agent 很难再找到合适的交易伙伴；

（2）$C(t)$ 反映了 t 时刻市场竞争情况，通过买方（或者卖方）Agent 数量与总的 Agent 数量的比率来衡量，$C(t)$ 的值越小表示市场竞争越激烈；

（3）$A(t)$ 表示 Agent 的提议吸引其他 Agent 的情况，用对某个提议感兴趣的 Agent 数量与总的潜在的交易伙伴的比率来衡量。当一个 Agent 的提议不能引起其他 Agent 的兴趣时（$I_t = 0$），该 Agent 需要迅速的做出反应，同时提供更具吸引力的提议以吸引潜在的交易伙伴。反之，Agent 可以缓慢的修改自己的提议，以增加自己的利益。

通过以上分析可知，$T(t)$、$C(t)$ 和 $A(t)$ 的值越小表示对 Agent 越不利。因此 $M(t)$ 越大，表示当前的市场环境越差。

2.Multi-agent 自动谈判策略

本例的谈判让步函数是动态的，是基于 Agent 对当前外界市场环境状态的感知，由 Agent 完成交易的主观渴望度以及 Agent 自身的主观兴趣爱好所决定的。Agent 动态地对各个谈判属性的期望值进行修正，所有的这一系列过程都不需要用户人为的干预。

$$Desire(r_j,t+1)=\begin{cases} Desire(r_j,t)+\dfrac{M(t)+E}{2}\times(1-\omega_j)\times(Reserve_j-Desire(r_j,t)), \\[2mm] \text{当}\ Reserve_j\geqslant Desire_j\ \text{时，即对 Agent 来说，属性值越小其效用值越大} \\[2mm] Desire(r_j,t)-\dfrac{M(t)+E}{2}\times(1-\omega_j)\times(Desire(r_j,t)-Reserve_j), \\[2mm] \text{当}\ Reserve_j<Desire_j\ \text{时，即对 Agent 来说，属性值越大其效用值越大} \end{cases}$$

$$(10\text{-}2)$$

其中：

(1) Desire (r_j, t) 和 Desire $(r_j, t+1)$ 分别表示在 t 时刻和 $t+1$ 时刻，Agent 对属性 r_j 的期望值；

(2) $M(t)$ 表示 t 时刻的市场环境，如式（10-1）所示；

(3) ω_j 表示 Agent 对属性 r_j 的重要程度；

(4) $Reserve_j$ 表示 Agent 对属性 r_j 的保留值；

(5) E 表示 Agent 对完成交易的主观渴望度，用 $0 \sim 1$ 的数表示，其值越大，做的让步也越大。

上面的公式刻画了不同类型属性的让步策略。下面进行一些解释说明：

(1) 市场环境状况 $M(t)$ 对谈判让步率的影响：$M(t)$ 的值越大，说明当前市场环境对 Agent 越不利，则属性期望值的调整率就越大。

(2) 属性的重要程度 ω_j 对谈判让步率的影响：ω_j 的值越大，说明属性 r_j 对 Agent 重要程度越大，则属性期望值的调整率就越小（因为 $1-\omega_j$ 的值越小）。

(3) $M(t)$ 和 E 谁最影响谈判让步率，取决于具体的用户。这里取二者的均值。

3. 效用评估

在谈判中，买/卖 Agent 的提议/反提议评估多采用基于经济学的多属性效用理论（multi-attribute utility theory，MAUT）的决策方法，利用效用函数 U 来进行评估。多属性效用理论反映了个人的偏好，充分考虑多个属性项目的综合效用。

假设在每一轮的谈判循环中，谈判参与 Agent 每次收到的提议（或反提议）列表为 $<O_1, O_2, \cdots, O_n>$，其中，每一个提议（或反提议）O_i ($i = 1, 2, \cdots, n$) 由特定的谈判属性值列表 R 组成：$<r_1, r_2, \cdots, r_n>$。对于每一个属性 j ($j = 1, 2, \cdots, n$)，通过函数 σ 来度量接收到的提议属性值 r_j 与自身偏好值之间的接近程度。σ 的值越大，表明 r_j 与自身的偏好值越接近。接着，每个谈判 Agent 将其所接收到的提议列表根据效用函数 U 计算其相应的效用值，然后按照效用值 U 的大小进行排序分类，从列表中选择最理想的（即具有最大效用值）提议 Agent。

假定 Agent 对任意属性 j 的期望值为 $Desire_j$，保留值为 $Reserve_j$，r_j 为 Agent 接收到的提议所对应的属性 j 的值，则

（1）如果 $Desire_j \leqslant Reserve_j$：

$$\sigma(r_j) = \begin{cases} 0, & r_j > Reserve_j \\ 1 - \dfrac{r_j - Desire_j}{Reserve_j - Desire_j}, & Desire_j \leqslant r_j < Reserve_j \\ 1, & r_j \leqslant Desire_j \end{cases} \quad (10\text{-}3)$$

（2）如果 $Desire_j > Reserve_j$：

$$\sigma(r_j) = \begin{cases} 0, & r_j < Reserve_j \\ 1 - \dfrac{Desire_j - r_j}{Desire_j - Reserve_j}, & Reserve_j \leqslant r_j < Desire_j \\ 1, & r_j \geqslant Desire_j \end{cases} \quad (10\text{-}4)$$

式（10-3）和式（10-4）说明 Agent 试图通过改变一个属性的值来增加其效用值。例如，以价格属性为例，购买方 Agent 会使用式（10-3），希望购买到的商品价格越低越好；而供应方 Agent 会使用式（10-4），期望值比保留值要高，卖的价格越高越好。

对于特定的提议 O_i，其效用值 U 的定义如下：

$$U(O_i) = \sum_{j=1}^{n} \omega_j \sigma(r_j) \quad (10\text{-}5)$$

4. 实验分析

以购买方 Agent 购买手机为例，谈判属性考虑价格和保修期，其保留值、期望值和权重如表 10-2 所示。

表 10-2　谈判初始值

谈判属性	保留值（R）	期望值（D）	权重（W）
价格/元	1800	1000	0.85
保修期/月	6	18	0.15

为了构造不同的市场环境，假定有 100 个购买方（顾客）Agent，供应方（商家）Agent 分别有 10、100 和 300 个，测试不同环境下购买方 Agent，采用的不同策略和谈判变化情况。谈判终止时间 T（谈判轮次）为 15。假设顾客 Agent 的每次提议都能吸引所有的商家，即 $A(t) = 1$。为了和其他系统中的谈判策略对比，因此这里选取了三种典型的谈判策略，即急躁型策略、折中型策略和节俭型策略。实验结果数据如表 10-3 所示。

表 10-3　不同情况下顾客 Agent 的提议值

谈判轮次	10 个商家 Agent		100 个商家 Agent		300 个商家 Agent		急躁型策略		折中型策略		节俭型策略	
	价格	保修期	价格	保修期	价格	保修期	价格	保修期	价格	保修期	价格	保修期
1	1000	18	1000	18	1000	18	1000	18	1000	18	1000	18
3	1131	9	1116	10	1106	10	1483	11	1107	16	1000	18
5	1244	7	1219	7	1203	8	1575	9	1213	15	1004	18
7	1341	6	1310	6	1289	7	1636	9	1320	13	1020	17
9	1425	6	1389	6	1367	6	1684	8	1427	12	1065	15
11	1495	6	1459	6	1435	6	1723	7	1533	10	1158	12
13	1554	6	1518	6	1495	6	1757	7	1640	8	1328	9
15	1603	6	1569	6	1546	6	1786	6	1747	7	1607	7
效用	0.209		0.245		0.270		0.015		0.069		0.217	

以价格属性为例，在不同情况下的价格变化过程如图 10-7 所示。

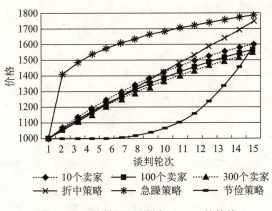

图 10-7　不同情况下顾客 Agent 的价格

从实验结果来看，市场环境对顾客 Agent 越有利（即卖家 Agent 越多）时，谈判结果的效用对顾客 Agent 越好，且在市场环境不是非常坏的情况下，采用市场驱动策略比采用一般的策略的结果都要好。市场环境对顾客 Agent 越有利时，顾客 Agent 的谈判让步率也越小，曲线的上升幅度依次减小。

三、基于库存约束的谈判策略

（一）基本观点

基于库存约束的谈判策略认为，在供应链谈判中，产品的库存对于谈判 Agent 来说至关重要。

这种策略主要是针对制造商在有限的库存约束条件下，如何与多个下游企业进行动态谈判的问题而提出的。主要有以下观点：

（1）谈判中，Agent 应根据所剩的成品库存量来决定产生什么提议。

（2）库存量越多，制造商 Agent 在谈判中的让步幅度就越大，反之让步幅度越小。

（3）在谈判过程中，库存约束条件不是事先定义的一成不变的参数，而会随着每个谈判进程的成功或失败，以及生产进行情况而不断发生变化。

（二）实例：供应链环境下基于库存约束的多 Agent 协同谈判策略

本例研究制造商与零售商谈判过程中，根据所生产的库存来决定提议策略的问题，可参考文献 [19]。

假设制造商在与零售商谈判中，采用了一种基于库存约束的谈判策略[19]，即谈判 Agent 根据所剩的成品库存量来决定产生什么提议。例如，就价格进行谈判时，制造商 Agent a 向零售商 Agent b 就价格问题展开谈判，其基于库存约束的策略模型表示如下：

$$x^q_{a \to b} [j] = \max^a_j - \alpha^a_j (q) \sigma^a_j (t) (\max^a_j - \min^a_j)$$

式中，j 为谈判的议题（如价格、到货期、质量等），在这里单指价格；q 为最大可订购量；t 为时间；$\alpha^a_j (q)$ 为谈判提议中最大可订购量 q 对谈判策略的影响；$\sigma^a_j (t)$ 为关于时间 t 的让步函数，体现了谈判者基于时间的让步策略。$0 \leqslant \alpha^a_j (q) \leqslant 1$，$0 \leqslant \sigma^a_j (t) \leqslant 1$，保证了谈判提议始终在制造商可以接受的范围内，即 $x^q_{a \to b} [j] \in [\min^a_j, \max^a_j]$。

库存量越多，制造商的谈判 Agent 在谈判中的让步幅度就越大，反之让步幅度越小。因此，$\alpha^a_j (q)$ 可以设计成不同的函数形式，在本例中用如下公式表示：

$$\alpha^a_j (q) = | q - q_i | / q \ (q \neq 0)$$

式中，$q \neq 0$，因为当剩余库存量为 0 时，不会存在谈判问题；q 为制造商的第 i 个谈判 Agent 与零售商达成谈判协议的产品量。该公式说明，当制造商与其他客户谈判成功时，它对该客户产生的提议价格会比预期提议的价格高。

第五节 供应链谈判策略综合应用实例

本节给出了三个供应链谈判策略研究方面的综合研究应用实例。第一个实例研究的是基于辩论的谈判中如何让步的问题，采用了基于时间约束并考虑辩论影响的让步策略，属于让步策略研究范畴，也是供应链谈判策略研究领域应用最多的一类研究；第二个实例研究的是供应链协同谈判中的冲突解决问题，采用了基于域传播算法的谈判策略，该研究从谈判整体协同角度来考虑谈判的过程；第三个实例研究的是基于辩论的谈判中的辩论产生问题，采用了基于冲突分析和辩论分类的辩论产生策略，属于具体环节上的问题解决策略。

一、基于辩论的谈判让步策略

本例[42]主要是就辩论对商务谈判让步策略的影响机制展开研究。针对辩论对谈判策略的影响进行了分析和建模，提出了辩论对策略的影响修正函数；然后提出了基于时间约束且考虑辩论影响的谈判让步策略，并进行了实验分析。

（一）辩论对谈判策略的影响建模

在基于辩论的谈判中，辩论是影响谈判进程的重要因素。若对方的提议伴随着一个很强的辩论，则对我方让步幅度的影响就更大些。因而，辩论力度越强，则相应款项的让步幅度也应该越大。

1. 模型背景和变量描述

1）Agent a 与 Agent b 针对某商品进行谈判，谈判采用基于辩论的机制。

2）Agent a 有 j 个谈判款项，诸如价格、交货期等。Agent a 对于谈判款项 j 的保留值为 r_a^j，期望值为 e_a^j。若款项 j 对 Agent a 来说属于成本型属性，则 $e_a^j < r_a^j$；若款项 j 对 Agent a 来说属于效益型属性，则 $e_a^j > r_a^j$。

3）对于谈判款项 j，Agent a 在时刻 t 根据其策略预期要提议的值为 $P_{a \to b}^j(t)$。同时，Agent a 在时刻 t 也收到了 Agent b 关于谈判款项 j 的提议值 $O_{b \to a}^j(t)$，并且伴随着支持该提议的辩论 $A_{b \to a}^j(t)$。Agent 对该辩论的力度评价值为 $Strength(A_{b \to a}^j(t))$，且 $0 \leqslant Strength(A_{b \to a}^j(t)) \leqslant 1$，该值越接近于 1，说明力度越强，因而让步幅度也应该更大。

2. 模型定义

辩论对预期提议值 $P_{a \to b}^j(t)$ 会产生一定影响，此影响可用修正函数 $M_{a \to b}^j(t)$ 来表示。这里需要考虑谈判款项 j 的属性，若为成本型属性，则 $M_{a \to b}^j(t)$ 如式

（10-6）所示；若为效益型属性，则 $M_{a \to b}^j(t)$ 如式（10-7）所示。

$$M_{a \to b}^j(t) = \begin{cases} [r_a^j - P_{a \to b}^j(t)] \times Strength(A_{b \to a}^j(t)) \times \varepsilon \\ (\text{当 } O_{a \to b}^j(t) \geqslant r_a^j \text{ 时}) \\ [O_{b \to a}^j(t) - P_{a \to b}^j(t)] \times Strength(A_{b \to a}^j(t)) \times \varepsilon \\ (\text{当 } P_{a \to b}^j(t) < O_{a \to b}^j(t) < r_a^j) \\ O_{b \to a}^j(t) - P_{a \to b}^j(t) \\ (\text{当 } O_{b \to a}^j(t) \leqslant P_{a \to b}^j(t) \text{ 时}) \end{cases} \quad (10\text{-}6)$$

$$M_{a \to b}^j(t) = \begin{cases} [P_{a \to b}^j(t) - r_a^j] \times Strength(A_{b \to a}^j(t)) \times \varepsilon \\ (\text{当 } O_{a \to b}^j(t) \leqslant r_a^j \text{ 时}) \\ [P_{a \to b}^j(t) - O_{b \to a}^j(t)] \times Strength(A_{b \to a}^j(t)) \times \varepsilon \\ (\text{当 } r_a^j < O_{a \to b}^j(t) < P_{a \to b}^j(t) \text{ 时}) \\ P_{a \to b}^j(t) - O_{b \to a}^j(t) \\ (\text{当 } P_{a \to b}^j(t) \leqslant O_{b \to a}^j(t) \text{ 时}) \end{cases} \quad (10\text{-}7)$$

式（10-6）和式（10-7）中，ε（$\varepsilon \in [0, 1]$）为环境修正因子，谈判竞争越激烈，谈判者越渴望尽快达成谈判，则 ε 越接近于 1。

（二）基于时间约束和辩论影响的谈判让步策略

1. 基于时间约束的谈判让步策略

目前的谈判系统多采用基于时间的让步策略。在只考虑时间约束的情况下，Agent 采取以下的策略来计算时刻为 t 时 Agent a 针对谈判款项 j 应该向 Agent b 的提议值 $P_{a \to b}^j(t)$，如式（10-8）所示。

$$P_{a \to b}^j(t) = P_{a \to b}^j(t-1) + (r_a^j - e_b^j) \frac{t^{\lambda_a^j} - (t-1)^{\lambda_a^j}}{\tau_a^{\lambda_a^j}} \quad (10\text{-}8)$$

对式（10-8）说明如下：

（1）$P_{a \to b}^j(t-1)$ 表示 Agent a 在（$t-1$）时刻向 Agent b 关于款项 j 的提议值。当 $t=1$ 时，$P_{a \to b}^j(t-1) = P_{a \to b}^j(0)$，表示 Agent a 对 Agent b 在谈判款项 j 上的首提议。

（2）$(t^{\lambda_a^j} - (t-1)^{\lambda_a^{j-1}}) \times (r_a^j - e_a^j) / \tau_a^{\lambda_a^j}$ 反映了 Agent a 在两次让步间隔之间对谈判款项 j 提议值的变化量。

（3）当 $r_a^j > e_a^j$ 时，说明 j 为成本型属性（如买方 Agent 的购买价格属性），值越小越好，因此谈判者在让步过程中逐渐增加它的值。当 $r_a^j < e_a^j$ 时，说明 j 为效益型属性（如卖方 Agent 的销售价格属性），值越大越好，因此谈判者在让步过程中逐渐减少它的值。

（4）λ_a^j 表示谈判 Agent a 对款项 j 的让步态度，包括四种模式，如图 10-8 所示（从卖方让价角度）：

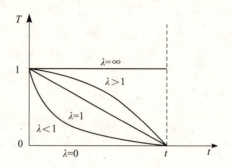

图 10-8　基于时间约束的让步模式

① $\lambda_a^j = 0$ 时，$P_{a \to b}^j\ (t) = P_{a \to b}^j\ (t-1)$，Agent a 采取不让步策略。

② $0 < \lambda_a^j < 1$ 时，Agent a 采取的是急迫型策略，即先大幅度让步，让步幅度随时间逐渐减小。

③ $\lambda_a^j = 1$ 时，$P_{a \to b}^j\ (t) = P_{a \to b}^j\ (t-1) + \dfrac{r_a^j - e_a^j}{\tau}$，Agent a 采取均匀让步策略，每个时间间隔内让步幅度相等，均为 $\dfrac{r_a^j - e_a^j}{\tau}$。

④ $\lambda_a^j > 1$ 时，Agent a 采取的是慢热型策略，即先小幅度让步，让步幅度随时间逐渐增大。

2. 考虑辩论影响的谈判让步策略

在考虑辩论对让步策略影响的情况下，谈判方对某个款项 j 上的提议值应当在原提议值 $P_{a \to b}^j\ (t)$ 基础上进行调整，从而得到调整后的提议值 $P_{a \to b}^{\prime j}\ (t)$，如式（10-9）所示。

$$P_{a \to b}^{\prime j}\ (t) = P_{a \to b}^j\ (t) + M_{a \to b}^j\ (t) \tag{10-9}$$

算例如下：

假设 a 为买方 Agent，b 为卖方 Agent，这里只考虑价格因素的谈判。a 对谈判款项价格的保留值 $r_a^{price} = 100$，期望值 $e_a^{price} = 80$。这里用谈判轮次来表示谈判时间，设 $\tau_a = 20$，即最多谈到 20 轮，若还未达成一致则谈判结束。设当前为第 5 轮，a 在第 5 轮之前对价格的提议值为 $P_{a \to b}^{price}\ (4) = 85$。此时，a 收到了 b 的一条关于销售价格的提议 $O_{b \to a}^{price}\ (t) = 95$，并提出了相关的辩论来说明支持该价格提议的理由，a 经过辩论力度评价后得到 $Strength\ (A_{b \to a}^{price}\ (5)) = 0.8$。则 a 对于下一轮谈判中到底关于价格的提议值是多少，可以通过如下步骤计算：

（1）根据式（10-8）计算基于时间约束的提议值 $P_{a \to b}^{price}\ (5)$。

$$P_{a \to b}^{price}(5) = 85 + \frac{\lambda_a^{price}}{20}(100-80)(\frac{5}{20})\lambda_a^{price} - 1$$

简单起见，假设 a 对价格采取的是均匀让步策略，即 $\lambda_a^{price}=1$。则

$$P_{a \to b}^{price}(5) = 85 + \frac{1}{20}(100-80) = 86$$

（2）根据式（10-6）计算考虑辩论因素的提议调整值 $M_{a \to b}^{price}(5)$。由于 b 的提议值 $O_{b \to a}^{price}(t) = 95$ 在 r_a^{price} 和 $P_{a \to b}^{price}(5)$ 之间，所以计算如下：

$$M_{a \to b}^{price}(5) = (O_{b \to a}^{price}(5) - P_{a \to b}^{price}(5)) \times Strength(A_{b \to a}^{price}(t)) \times \varepsilon$$
$$= (95-86) \times 0.8 \times \varepsilon$$

设环境修正因子 $\varepsilon=0.5$，则 $M_{a \to b}^{price}(5) = (95-86) \times 0.8 \times 0.5 = 3.6$

（3）根据式（10-9）计算提议调整后的值 $P_{a \to b}'^{price}(5)$。

$$P_{a \to b}'^{price}(5) = 86 + 3.6 = 89.6$$

（三）实验分析

1. 问题描述

在供应链谈判中，Agent a 与 Agent b 对某商品就价格进行谈判，a 是采购方，b 是供应方。a 和 b 的对于该商品的目标体系如表 10-4 所示。a 和 b 设定的谈判中止时间 $\tau_a = \tau_b = 10$。

表 10-4　谈判双方初始目标

Item	a		b	
	e_a^{price}	r_a^{price}	e_b^{price}	r_b^{price}
Price	600	800	950	750

2. 谈判过程和结果分析

策略：a 采用本例所提出的让步策略进行让步，b 采取与 a 相同类型的基于时间的让步模式。

协议：a 先出价。b 若在时刻 t 时判断 a 的出价高于或等于自己将在本轮的报价则谈判交易达成。若在双方规定中止时间内都未达成交易则谈判失败。

下面将讨论两种情况下的谈判报价过程：

（1）谈判中双方 Agent 都未发出过辩论，a 和 b 都采用本例所提的基于时间的让步策略进行让步报价；

（2）谈判中有一方 Agent 发出过辩论，另一方 Agent 采取本例所提之策略进行让步。

情况 1：谈判双方均未发出过辩论。

假设 a 和 b 都以期望值为最初报价，分别讨论三种模式下的谈判过程：

（1）模式 1：a 和 b 都采取慢热型报价策略（设 $\lambda_a = 0.5$），其谈判报价过程如图 10-9 所示。

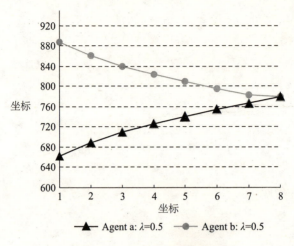

图 10-9　$\lambda_a = 0.5$ 时双方报价过程

（2）模式 2：a 和 b 都采取均匀型报价策略（$\lambda_a = 1$），其谈判报价过程如图 10-10 所示。

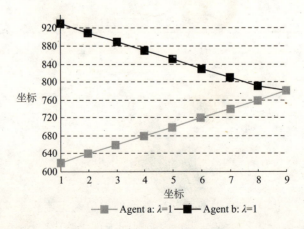

图 10-10　$\lambda_a = 1$ 时双方报价过程

（3）模式 3：a 和 b 都采取急迫型报价策略（设 $\lambda_a = 2$），其谈判报价过程如图 10-11 所示。

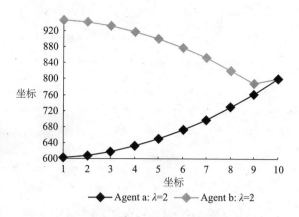

图 10-11 $\lambda_a = 2$ 时双方报价过程

在三种模式下，谈判双方报价的具体数据如表 10-5 所示。

表 10-5 谈判双方采取三种让步模式时的谈判过程和结果

t	采购商 a			供应商 b		
	λ_a			λ_b		
	2	1	0.5	2	1	0.5
0	600	600	600	950	950	950
1	602	620	663	948	930	887
2	608	640	689	942	910	861
3	618	660	710	932	890	840
4	632	680	726	918	870	824
5	650	700	741	900	850	809
6	672	720	755	878	830	795
7	698	740	767	852	810	783
8	728	760	779	822	790	779
9	762	780	790	788	780	—
10	800	—		800		

根据表 10-5 的数据，a 和 b 采取三种让步模式时最终达成的交易价格为：

（1）模式 1：$\lambda_a = 0.5$ 时，谈判在第 8 轮结束，交易价格为 779。

（2）模式 2：$\lambda_a = 1$ 时，谈判在第 9 轮结束，交易价格为 780。

（3）模式 3：$\lambda_a = 2$ 时，谈判在第 10 轮结束，交易价格为 800。

情况 2：b 在某一轮提出了支持其提议的辩论。

假设 $t = 3$ 时，a 收到了 b 的一条关于销售价格的提议 $O_{b \to a}^{price}(3)$，同时提出了相关的辩论来说明支持该提议的理由，a 经过辩论力度评价后得到 $Strength(A_{b \to a}^{price}(3)) = 0.8$，且环境修正因子 $\varepsilon = 0.8$。则依据本例提出的让步策略，按照式（10-6）和式（10-9）计算后得到，a 下一轮（$t = 4$）的报价 $P_{a \to b}^{price}(4)$ 将由原来的 $632|_{\lambda=2}$，$680|_{\lambda=1}$，$726|_{\lambda=2}$ 调整为 $752|_{\lambda=2}$，$764|_{\lambda=1}$，$772|_{\lambda=2}$，如表

10-6 所示。假设之后双方再无辩论，还按既定之规则进行，则后续谈判结果如表 10-7 所示。

表 10-6　受辩论影响后 a 在 $t=4$ 时的报价

	λ_a		
	2	1	0.5
$O_{b \to a}^{price}$（3）	932	890	840
$P_{a \to b}^{price}$（4）	632	680	726
$M_{a \to b}^{price}$（4）	120	84	46
$P'^{price}_{a \to b}$（4）	752	764	772

表 10-7　$t=4$ 之后的谈判过程和结果

t	采购商 a			供应商 b		
	λ_a			λ_b		
	2	1	0.5	2	1	0.5
4	752	764	772	918	870	824
5	770	784	787	900	850	809
6	792	800	800	878	830	800
7	800	800	—	852	810	—
8	800	800	—	822	800	—
9	800	—		800	—	—

根据表 10-7 的数据，a 和 b 采取三种让步模式时最终达成的交易价格为：

1）模式 1：$\lambda_a=0.5$ 时，谈判在第 6 轮结束，交易价格为 800。

2）模式 2：$\lambda_a=1$ 时，谈判在第 8 轮结束，交易价格为 800。

3）模式 3：$\lambda_a=2$ 时，谈判在第 9 轮结束，交易价格为 800。

三种模式下的谈判报价过程如图 10-12、图 10-13 和图 10-14 所示。

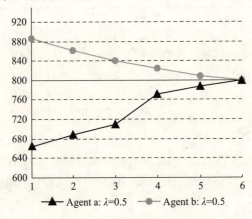

图 10-12　$\lambda_a=0.5$ 时双方报价过程

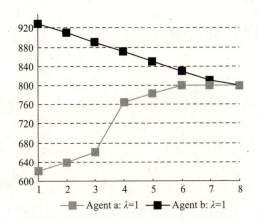

图 10-13　$\lambda_a = 1$ 时双方报价过程

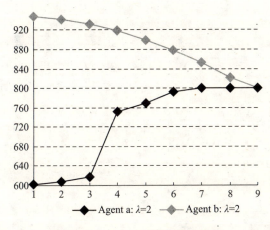

图 10-14　$\lambda_a = 2$ 时双方报价过程

两种情况下的结果对比表明：b 由于在谈判中采取了有效的辩论，因而对 a 的决策施加了影响。从而在三种模式下，最终达成的交易价格都对 b 更有利。对 a 来说，虽然最终交易价格不是最优，但交易时间的成本也大大缩短了，由原来的（10，9，8）变为（9，8，6）。

（四）本研究小结

在基于辩论的谈判研究领域，辩论如何对 Agent 谈判策略和决策产生影响是一个难点。这里提出了一种辩论影响让步策略的思路和模型，并在实验中给出了辩论影响前后的谈判过程和结果数据分析。该研究对于研究辩论对策略的影响机制而言具有一定的推进意义。

二、供应链协同谈判策略

本例[39]提出了一种面向业务流程的协同谈判模式，其特点是：适用于企业与多个上游企业和一个下游企业同时谈判，并能通过全面协调谈判各方的业务流程来消解冲突，达到双赢目的。研究在以下三个方面展开：在谈判协议方面，建立状态机谈判协议，实现多线程间谈判状态的变迁，以控制谈判流程。在谈判策略方面，研究多线程间的域传播算法，通过分析谈判变量识别冲突的关键因素，并设计基于域传播算法的谈判策略。在谈判过程决策模型方面，探索一种基于约束传播和约束放松的多目标优化决策模型，并在原型中予以实现。

（一）模型描述

假设协同谈判中有多个供应商、一个生产商和一个销售商。其中多个供应商之间不存在竞争关系，共同为生产商提供原材料。进一步假设，供应商模型和销售商模型中的所有谈判款项之间不存在约束关系，且不同供应商之间的谈判款项之间也不存在约束关系。

协同谈判可分为多个双边谈判，即供应商-生产商谈判、生产商-销售商谈判。整个谈判涉及三类多目标优化模型，即供应商模型、生产商模型和销售商模型。三类模型中，供应商模型和销售商模型相互独立，生产商模型不独立，与供应商及销售商模型密切相关。

（二）模型定义

面向业务流程集成的协同谈判为一个多线程谈判，各单线程之间相对独立，但又有内在的联系。各子谈判表面上相互独立，但其谈判结果相互影响。

定义 1 供应商模型（suppliers model）设定协同谈判中一共有 a 个供应商，各供应商之间完全合作，不存在竞争关系，假设供应商 sup_j（$1 \leqslant j \leqslant a$）有 m_j 个谈判款项，如原材料的价格、交货期等。记第 i 个谈判款项为 x_i，记其期望值为 D_i，优先级为 P_i，可放松约束值为 ε_i，放松标记为 ifr_i，$i=1$，2，$\cdots$，m_j。据此可建立供应商的多目标谈判模型如下：

$$\min \sum_{i=1}^{m_j} P_i(d_i^-, d_i^+, d_i^- + d_i^+) \tag{10-10}$$

s. t.

$$x_i + d_i^- - d_i^+ = D_i \ (i=1,\ 2,\ \cdots,\ m_j)$$

$$(d_i^-, d_i^+, d_i^- + d_i^+) = \begin{cases} d_i^- & x_i > D_i \\ d_i^+ & x_i < D_i \\ d_i^- + d_i^+ & x_i = D_i \end{cases} (i=1, 2, \cdots, m_j)$$

$$\varepsilon_i \geqslant 0 \ (i=1, 2, \cdots, m_j)$$

$$ifr_i = \begin{cases} \text{true} & \varepsilon_i > 0 \\ \text{false} & \varepsilon_i = 0 \end{cases} (i=1, 2, \cdots, m_j)$$

设定所有供应商的谈判款项之和 $m_1 + m_2 + \cdots + m_a = m$。

定义 2 销售商模型（vendors model）设定销售商有 n 个谈判款项，产品价格、交货期等。记第 j 个谈判款项为 y_j，记其期望值为 D_j，优先级为 P_j，可放松约束值为 ε_j，放松标记为 ifr_j，$j=1, 2, \cdots, n$。据此可建立销售商的多目标谈判模型如下：

$$\min \sum_{j=1}^{n} P_j(d_j^-, d_j^+, d_j^- + d_j^+) \tag{10-11}$$

s. t.

$$y_j + d_j^- - d_j^+ = D_j \ (j=1, 2, \cdots, n)$$

$$(d_j^-, d_j^+, d_j^- + d_j^+) = \begin{cases} d_j^- & y_j > D_j \\ d_j^+ & y_j < D_j \\ d_j^- + d_j^+ & y_j = D_j \end{cases} (j=1, 2, \cdots, n)$$

$$\varepsilon_j \geqslant 0 \ (j=1, 2, \cdots, n)$$

$$ifr_j = \begin{cases} \text{true} & \varepsilon_j > 0 \\ \text{false} & \varepsilon_j = 0 \end{cases} (j=1, 2, \cdots, n)$$

定义 3 生产商模型（producers model）设定供应商和销售商各有 m 和 n 个谈判款项，记 $x_1, x_2, \cdots, x_m$ 为生产商的谈判款项，$x_{m+1}, x_{m+2}, \cdots, x_{m+n}$ 为销售商的谈判款项。生产商要考虑的谈判款项主要有：企业利润、生产能力等。记生产商的第 k 个谈判款项为 $f_k = f_k(x_1, x_2, \cdots, x_{m+n})$，记其期望值为 F_k，优先级为 P_k，可放松约束值为 εp_k，放松标记为 $ifpr_k$，$k=1, 2, \cdots, s$。据此可建立生产商的多目标谈判模型如下：

$$\min \sum_{k=1}^{s} P_k(d_k^-, d_k^+, d_k^- + d_k^+) \tag{10-12}$$

s. t.

$$f_k(x_1, x_2, \cdots, x_{m+n}) + d_k^- - d_k^+ = F_k \ (k=1, 2, \cdots, s)$$

$$(d_k^-, d_k^+, d_k^- + d_k^+) = \begin{cases} d_k^- & f_k > F_k \\ d_k^+ & f_k < F_k \\ d_k^- + d_k^+ & f_k = F_k \end{cases} (k=1, 2, \cdots, s)$$

$$\varepsilon p_k \geqslant 0 \ (k=1, 2, \cdots, s)$$

$$ifpr_k=\begin{cases}true & \varepsilon p_k>0\\ false & \varepsilon p_k=0\end{cases}(k=1,\ 2,\ \cdots,\ s)$$

（三）协同谈判策略及模型求解

1. 协同谈判策略

实现协同谈判策略的关键是解决谈判中的冲突问题。冲突可以定义为"对约束的违背"。本例的谈判策略采用域传播算法（domain propagation algorithm for collaborative negotiation，DPACN）来消解谈判中的冲突。域传播算法的主要思想是：分析谈判模型，取出优先级最高的冲突，利用约束放松来消解，若冲突不可消解，谈判失败，若可消解，更新满意解后重新检测模型，直到模型中不存在冲突时，谈判成功。域传播算法具体如下：

（1）算法开始。初始化谈判系统，分别求解供应商模型（模型1）和销售商模型（模型2），得初始谈判解 $D^*=(x_1^*,\ x_2^*,\ \cdots,\ x_m^*,\ x_{m+1}^*,\ x_{m+2}^*,\ \cdots,\ x_{m+n}^*)^T$，初始化生产商模型（模型3）的谈判款项期望值 f_k，$1\leqslant k\leqslant s$；设定 $ifr_i=true$，$1\leqslant i\leqslant m+n$，$ifpr_k=true$，$1\leqslant k\leqslant s$，转到（2）。

（2）将 D^* 代入生产商模型，若满足所有谈判款项 f_k，谈判成功，转到（7）；否则，对所有的冲突按优先级从高到低排序，记为 $conf_1$，$conf_2$，$\cdots$，转到（3）。

（3）取出优先级最高的冲突 $conf_l$，计算影响冲突 $conf_l$ 的乘数（乘数指谈判款项 x_i 改变一个单位时对冲突 $conf_l$ 的影响程度）$r_i=\dfrac{\partial\ conf_l}{\partial\ x_i}=\dfrac{\partial\ f_l}{\partial\ x_i}$，$i=1$，$2$，$\cdots$，$m+n$，对 r_i 按谈判款项优先级从低到高排序，其次按 $|r_i|$ 从大到小排序，再次按 x_i 的取值由大到小排序（这种排序方式首先放松上、下游企业优先级低的款项，可以最大化地减少由于约束放松带来的损失），记为 r_p，r_q，r_t，$\cdots$，$(1\leqslant p,\ q,\ t,\ \cdots\leqslant m+n)$，转到（4）。

（4）计算冲突差值 $confV_l=f_l\ (D^*)-f_l$，计算为消解冲突所需的放松值 $\eta_p=\dfrac{confV_l}{r_p}$，若 $\varepsilon_p\geqslant|\eta_p|$，令 $x_p^*=x_p^*-\eta_p$，$\varepsilon_p=\varepsilon_p-|\eta_p|$，据 ε_p 更新 ifr_p，$confV_l=confV_l-r_p\eta_p=0$，冲突 $conf_l$ 消解，更新 x_p^* 到 D^*，转到（2）。否则，若 $\varepsilon_p<|\eta_p|$，令 $x_p^*=x_p^*-\dfrac{\eta_p}{|\eta_p|}\varepsilon_p$，$\varepsilon_p=0$，$ifr_p=false$，$confV_l=confV_l-r_p\dfrac{\eta_p}{|\eta_p|}\varepsilon_p\neq0$，更新 x_p^* 到 D^*，转到（5）。

（5）计算 $\eta_q = \dfrac{confV_l}{r_q}$ ，比较 ε_q 与 η_q ，方法类同（4），若 $confV_l = 0$ ，冲突 $conf_l$ 消解，更新 x_q^* 到 D^* ，转到（2）。否则循环利用剩下的乘数进行约束放松，若用完所有乘数 r_p ，r_q ，r_t ，$\cdots$ ，r_i ，$\cdots$ ，$1 \leqslant i \leqslant m+n$ ，而 $confV_l \neq 0$ ，更新 D^* 后，转到（6）。

（6）若 $ifpr_l = false$ ，则谈判款项 f_l 不可放松，冲突 $conf_l$ 不可消解，转到（8）。否则，若 $\varepsilon p_l < |confV_l|$ ，冲突 $conf_l$ 不可消解，转到（8）；若 $\varepsilon p_l \geqslant |confV_l|$ ，令 $\varepsilon p_l = \varepsilon p_l - |confV_l|$ ，据 εp_l 更新 $ifpr_l$ ，$confV_l = confV_l - confV_l = 0$ ，冲突 $conf_l$ 消解，转到（2）。

（7）谈判成功，输出谈判解，转到（9）。

（8）谈判失败，输出谈判局势及冲突根源，转到（9）。

（9）谈判结束。

2. 协同谈判模型求解算法

在协同谈判协议和谈判策略基础上，协同谈判模型求解算法如下：

（1）算法开始。初始化供应商模型、销售商模型和生产商模型。

（2）应用本例提出的域传播算法（DPACN），分析模型中的冲突，若冲突不可消解，转到（3），若所有冲突可消解，转到（4）。

（3）谈判失败，输出谈判局势及冲突根源，转到（5）。

（4）谈判成功，输出谈判过程及谈判解，转到（5）；

（5）算法结束。

（四）本研究小结

本例对供应链上核心企业与多个上游企业和一个下游企业的协同谈判进行了研究。建立了多线程间的状态机谈判协议，提出了多线程间基于域传播算法的谈判策略和谈判模型。实验结果证实了本例提出的协同谈判理论和方法的正确性，提出的协同谈判模型可以解决供应链上企业同时与多个上、下游企业的谈判问题，可通过改变业务流程，使供应链上的企业达到双赢，提高谈判的效率。

三、基于辩论的多 Agent 商务谈判产生策略

本例[25]针对基于辩论的商务谈判系统中辩论如何产生的问题，设计了一种辩论产生机制：首先提出了辩论 Agent 的多目标优化模型；基于此模型，对商

务谈判中的冲突进行了分析和定义，并给出了辩论的分类以及形式化描述；然后提出了基于冲突解决和辩论分类的辩论生成策略；最后实现了原型系统对本文提出的模型、协议和策略等进行验证。

（一）辩论 Agent 的多目标优化模型

本研究以电子商务中的买卖交易谈判为背景，假设谈判主体是卖方和买方两类 Agent；双方都是理性的 Agent，在谈判前已经确立的各自的谈判款项和目标。对每一个辩论 Agent 来说，存在 n 个谈判款项，如价格、数量、质量等，w_i 表示 Agent 对第 i 个谈判款项的重视程度；其谈判和辩论的目标是，使每一个谈判款项的目标阈值 t_i 优于对方的目标值 o_i 的前提下，使每一项目标的谈判值都能够尽可能地接近该目标的自我期望值 e_i，谈判的结果应该保证各目标的总期望差距值要小于总目标期望差距阈值 GED。符号表示优于。

其多目标优化模型如下：

$$\min \sum_{i=1}^{n} w_i ED(e_i, t_i, o_i)$$

s. t.

$$ED(e_i, t_i, o_i) = \frac{o_i - e_i}{t_i - e_i} \times 100\%$$

$$\sum_{j=1}^{n} w_i ED(e_i, t_i, o_i) < \text{GED}$$

$$t_i >= o_i; \ e_i > t_i; \ \sum_{i=1}^{n} w_i = 1$$

$$e_i \geq 0; \ t_i \geq 0; \ 0 \leq w_i \leq 1; \ o_i \geq 0$$

（二）基于辩论的商务谈判的冲突分析

基于辩论的商务谈判中，冲突代表着未能达成相应的自我目标，冲突的存在是 Agent 拒绝对方提议或辩论的根本原因，解决冲突是提议或辩论产生的直接目的。

基于前面提出的 Agent 模型，我们将谈判中的冲突分为四类：阈值冲突、总期望差距冲突、最优化冲突和信息缺失冲突。Agent 在谈判过程中将基于对这四类冲突的检测来产生相应的辩论。

定义 4 阈值冲突（threshold-conflict）：谈判 Agent 的每一个谈判款项 i 都有一个阈值 t_i，阈值是 Agent 同意交易的底限值。若对方给出的款项 i 上的值 o_i 劣于 t_i，则在款项 i 上存在阈值冲突，记做 $thConf_i$ 为 true。若谈判的任何一个

款项 i 存在阈值冲突，谈判交易都不可能达成。

定义 5 总期望差距冲突（gross-expectation-gap-conflict）：谈判 Agent 的每一个谈判款项 i 都有一个期望值 e_i，Agent 在谈判款项 i 上的期望差距为 d_i（$d_i = \frac{e_i - o_i}{e_i - t_i} \times 100\%$），$d_i \in [0, 1]$。若 $\sum_{i=1}^{n} w_i d_i > \text{GED}$，则认为存在总期望差距冲突，记做 $exConf$ 为 true。其中 w_i 是第 i 个谈判款项的权重值，GED 是 Agent 的总期望差距阈值，$\text{GED} \in [0, 1]$。GED 为 0 表示所有目标都必须为期望值才能达成交易；GED 为 1 表示当所有目标都为阈值时也能达成交易。

定义 6 最优化冲突（optimization-conflict）：从谈判策略的角度，竞争型谈判 Agent 希望所有的谈判款项都能够实现目标的最优化，即实现 $\min \sum_{i=1}^{n} w_i d_i$；而合作型谈判 Agent 则遵循满意原则，不存在最优化冲突。对于竞争型 Agent 来说，若各谈判款项目前的值不满足最优化的策略需求，则存在最优化冲突，记做 $opConf$ 为 true。Agent 会搜索最优化的辩论解决方案。

定义 7 信息缺失冲突（information-gap-conflict）：谈判的 Agent 双方可能存在信息的不对称问题，比如 Agent a 并不存在 Agent b 在某个谈判款项 i 上的信息 o_i，因此无法对期望差距进行衡量，此时称 Agent a 在款项 i 上存在信息缺失冲突，记做 $igConf_i$ 为 true。

（三）辩论分类和形式化描述

除了对提议采取接受或拒绝的态度外，Agent 应能够以辩论的形式进行更为具体和清晰的信息传递和交流。辩论可以随提议一起发出，也可以单独发出。根据 Jennings（1998）对辩论作用的描述，Agent 的辩论可以分为两大类：① 声明自我立场的辩论；② 影响对方立场的辩论。这里，立场可以是目标、偏好、知识或效用等。从辩论的目标来看，无论是声明自我立场还是影响对方立场的辩论，其目标都是为了解决双方信息的不完备和不一致问题，促进谈判朝着信息确定、冲突解决、合作双赢的方向发展。更多的学者沿用和发展了 Kraus（1998）中的分类，将辩论分为威胁、奖励和申辩等。本文基于以上几种观点，结合人际辩论理论，运用基于冲突和辩论目标的思想，对辩论进行了以下分类，如图 10-15 所示。

1. 信息告知型辩论

信息告知型辩论的目的是声明自我立场，弥补对方信息不足，同时间接引导谈判的进程。

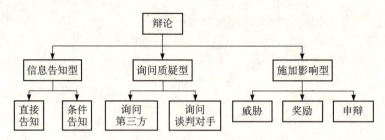

图 10-15　辩论分类

例 1：REJECT（B1，S1，P：1，ARGUMENT（reason（price≤90）））表示，Agent B1 对 Agent S1 在第 1 轮谈判中提出的提议表示拒绝，并以直接告知的辩论形式给出了拒绝的理由，该辩论表示价格必须小于 90。关于基于辩论的谈判中所用到的通信语言，可参考文献［32］。

例 2：REJECT（B1，S2，P：3），ARGUMENT（condition（price＝100，quantity≥5））表示，Agent B1 对 Agent S2 在第 3 轮提出的提议表示拒绝，并以条件告知型辩论的形式给出了拒绝的理由，该辩论表示如果要价格为 100，购买数量必须不小于 5。条件告知型辩论有利于引导对方有针对性地提出提议，从而提高谈判的效率。

2. 询问质疑型辩论

询问质疑型辩论的目的是弥补自我信息的不足，减少信息的不确定性。

例 3：REQUEST（B2，S3，S3，product1：quality）是 B2 询问 S3 关于其产品 product1 的质量如何。在合作共赢的谈判策略中，我们规定，对于对方的询问，应当作出回答。

例 4：REQUEST（B2，Authority，S3，product1：quality）。与例 3 不同的是，此条询问用于向第三方 Agent（这里是权威 Agent）询问 S3 的产品 1 的质量。如果 S3 向权威 Agent 提供了产品相关资质认证，则权威 Agent 可以告知 B2 其产品 1 的质量等级评分。从权威 Agent 获得的信息对询问方 Agent 来说将更有信服力。

3. 施加影响型辩论

施加影响型辩论的目的是对谈判对手的目标或效用体系施加影响，从而使其对相关约束条件或值进行放松或让步。它包括三种方式：威胁、奖励和申辩。威胁用于施加反面的影响，从而逼迫在某些款项上对阈值或期望值进行让步；奖励用于施加正面的影响，从而为某些款项上的评分增值；申辩也是迫使对方让步的方式，比如举出第三方曾经以某价格买下该商品的例子，提出对方曾有过降价的承诺还没有兑现等。

例 5：ARGUMENT（threaten（B2，S3，*LowerPrice* → *QuitNegotiation*））。B2 向 S3 发出威胁，若不降价就退出谈判。类似的威胁还可能是选择其他卖家等。

例 6：ARGUMENT（reward（S2，B3，*Deal→GiveAward*））。B2 向 S3 发出奖励的承诺，若现在成交，就给予赠品。类似的奖励还有，如果以某价格成交就带来更多的买家等。

例 7：ARGUMENT（appeal（B2，S5，*otherDeal→LowerPrice*））。B2 向 S5 发出申辩，有第三方曾经以更低的价格买下过此产品，要求 S5 降价。

（四）基于辩论的商务谈判的辩论产生策略

当 Agent 面对对手发来的一条提议或辩论时，应当基于对冲突的分析来判断是接受还是拒绝该提议和辩论，并在此基础上产生相应的辩论或提议。本文提出了一种基于冲突解决的辩论产生策略（conflict-resolving-based argument-generation strategy，CRBAGS）。该策略由控制谈判过程的状态机协议（如图 10-16 所示）和指导辩论生成的算法组成。

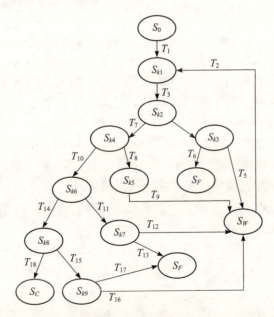

图 10-16　谈判过程控制协议

1. 基于状态机的谈判过程控制协议

图 10-16 中，各触发事件说明如表 10-8 所示。

表 10-8　触发事件说明

事件	事件说明	事件	事件说明
T_1	买卖双方模型初始化；卖方发出首提议	T_{10}	未发现信息缺失冲突
T_2	收到对方发来的信息	T_{11}	发现总期望差距冲突
T_3	模型更新，进行阈值冲突检测	T_{12}	总期望差距冲突处理
T_4	发现阈值冲突	T_{13}	总期望差距冲突无法解决
T_5	阈值冲突处理	T_{14}	未发现总期望差距冲突
T_6	阈值冲突无法解决	T_{15}	发现最优化冲突
T_7	未发现阈值冲突	T_{16}	最优化冲突处理
T_8	发现信息缺失冲突	T_{17}	最优化冲突无法解决
T_9	信息缺失冲突处理	T_{18}	未发现最优化冲突

2. 基于冲突解决的辩论 Agent 生命周期与辩论产生算法

如图 10-16 所示，状态为 S_{k3}、S_{k5}、S_{k7}、S_{k9} 时，表明当前存在冲突，需要产生辩论或提议来促进冲突的解决。系统将按以下算法进行。

（1）初始化卖方和买方的多目标优化模型各值。初始化阈值冲突特征值变量 $thReject_i=0$，该变量的各值和意义如表 10-9 所示。卖方按各目标期望值给出首提议。谈判开始。

（2）买方分析信息后更新自身模型。

（3）买方检测并处理阈值冲突，具体算法是：按表 10-9 "信息接收及相应行为"列所示设置 $thReject_i$ 值，按定义 1 之要求进行阈值冲突检测。阈值冲突检测的顺序采取当前更新目标优先的策略，即：首先检测新接收到的提议或辩论中所提到的目标款项，若无阈值冲突，再检测其他目标款项是否存在阈值冲突。若任何一个谈判款项都不存在阈值冲突，状态变为 S_{k4}，转到（4）；若检测到目标 i 存在阈值冲突，则设置 $thConf_i$ 为 true，状态转为 S_{k3}。然后，根据表 10-9 "冲突检测及相应行为"列所示产生相关辩论或其他信息。

（4）买方检测并处理信息缺失冲突，具体算法是：按定义 4 之要求检测是否在某目标款项上存在信息缺失。若不存在，转到（5）；若存在，则发出询问质疑型辩论，状态转为 S_w，转到（8）。

（5）买方检测并处理总期望差距冲突，具体算法是：按定义 2 之要求检测是否存在该类冲突。若不存在，转到（6）；若存在，则发出条件型辩论或施加影响型辩论，状态转为 S_w，转到（8）。

（6）买方检测并处理最优化冲突，具体算法是：按定义 3 之要求检测是否存在此类冲突。若不存在，转到（7）；若存在，则发出条件型辩论或施加影响型，状态转为 S_w，转到（8）。

（7）当前不存在任何冲突，宣布谈判成功。

（8）发出信息，等待卖方处理。

（9）卖方收到买方信息，开始信息分析和处理，该过程与买方（2）至（8）的决策过程类似。

表 10-9   阈值冲突检测和处理策略

当前状态值	状态意义		信息接收及相应行为	冲突检测与相应行为
	是否收到过阈值拒绝信息	是否发出过阈值拒绝信息	若本轮收到了阈值拒绝的信息	若本轮检测到了目标 i 上的阈值冲突
0	否	否	$thReject_i$ 由 0 变为 1	发出信息告知型辩论，例如，直接告知拒绝的理由。$thReject_i$ 由 0 变为 2
1	是	否		发出信息告知型辩论，例如，直接告知拒绝的理由。$thReject_i$ 由 1 变为 2
2	否	是	$thReject_i$ 由 2 变为 3	发出施加影响型辩论，例如，以威胁退出谈判的形式迫使对方在冲突款项上让步
3	是	是		阈值冲突无法解决，宣告谈判失败。$thReject_i$ 由 3 变为 4

（五）本研究小结

本例针对基于辩论的多 Agent 商务谈判的辩论产生机制进行研究，提出了辩论 Agent 的多目标优化模型、谈判过程控制的状态机协议以及辩论产生的策略等。与以往形式化和基于逻辑的研究不同，本例采用了基于效用的方法，所提出的模型、协议和策略在原型系统中进行了实现和验证，具有一定的应用潜力。并且，基于定量化模型的冲突解决和辩论分类思路所产生的辩论能够提供清晰和明确的语义信息，与基于逻辑的辩论相比更接近谈判实际。

第六节   本 章 小 结

谈判是解决供应链管理问题的一个重要环节。供应链协同谈判是随着合作联盟的发展，供应链上要求企业与供应商、销售商之间实现多方集成式、协同式谈判而提出来的一种新型谈判模式，在多 Agent 技术和人工智能理论的发展中得到了运用和实施的可能，目前关于供应链协同谈判的研究还处于起步阶段。本章主要针对供应链谈判中的策略的相关问题和研究成果进行了介绍和讨论。

通过对传统面对面商务谈判阶段性策略的分析和总结，引出基于多 Agent 技术的谈判策略的概念、分类等基本理论，并介绍了目前常见的一些谈判系统及其策略。再针对几种有代表性的供应链谈判策略方法及应用进行了详细的分析和阐述，其中谈判策略的研究方法主要包括基于时间约束的方法、基于市场驱动的方法、基于库存约束的方法等。本章最后用 3 个关于策略问题的综合研究实例，详解和说明了谈判策略以及其在供应链谈判中应用的方法和过程。

◇ 参 考 文 献 ◇

[1] 霍华德·雷法. 谈判的艺术与科学. 北京：北京航空航天大学出版社，2006：2~3

[2] 顾传龙. 面向业务流程集成的协同谈判系统研究. 北京工业大学硕士学位论文，2009：1~3，19，42~50

[3] Jennings N R, Sycara K, Wooldridge M. A roadmap of agent research and development. Autonomous agent and Multi-agent Systems, 1998：7~38

[4] Barbuceanu M, Fox M S. Coordinating multiple agents in the supply chain. Proceedings of Fifth Workshop on Enabling Technologies：Infrastructure for collaborative enterprises. Stanford, CA：IEEE Computer Society Press, 1996：134~142

[5] Rahwan I, Ramchurn S D, Jennings N R, et al. Argumentation-based negotiation. The Knowledge Engineering Review, 2003, 18 (04)：343~375

[6] 牛晓太. 多模式智能谈判支持系统的理论与方法研究. 武汉大学博士学位论文，2004：19~20

[7] Jennings N R, Faratin P, Lomuscio A R, et al. Automated negotiation：prospects, methods and challenges. International Journal of Group Decision and Negotiation, 2001, 10 (2)：199~215

[8] Faratin P, Sierra C, Jennings N R. Negotiation decision functions for autonomous Agents. Int J of Robotics and Autonomous Systems, 1998, (24)：159~182

[9] Rahwan I, McBurney P, Sonenberg L. Towards a theory of negotiation strategy. In Proceedings of the Fifth Workshop on Game Theoretic and Decision Theoretic Agents, 2003：1~15

[10] Amgoud L, Hameurlain N. An argumentation-based approach for dialog move selection. In Proceedings of the Third International Workshop on Argumentation in Multi-agent Systems, 2006：128~141

[11] 高璐，毛波，王方. 基于 MAS 的企业供应链模型中谈判过程的研究. 系统工程理论方法应用，2002，11 (04)：304~310

[12] Kakas A, Maudet N, and Moraitis P. Modular representation of agent interaction rules through argumentation. Autonomous agent and multi-agent systems, 2005, 11 (2)：189~206

[13] 杨忠直，彭俊伟. 随机最高限价拍卖的报价策略. 管理科学学报，2009，(06)：100~106

[14] Fenghui R, Minjie Z, Kwang M S. Adaptive conceding strategies for automated trading agents in dynamic, open markets. Decision Support Systems, 2009, 46 (3)：704~716

[15] Sim K. A market-driven model for designing negotiation agents. Computational Intelligence, Special issue in agent technology for E-commerce, 2002, 18 (4)：618~637

[16] 向朝霞，李立新. 一种基于市场驱动的 Multi-agent 自动谈判策略. 计算机应用，2007，

(10)：2487～2489，2492

[17] Kraus S, Wilkenfeld J, Zlothkin G. Multiagent negotiation under time constraints. Artificial Intelligence, 1995, (75)：295～345

[18] 郭静，陈英武．基于时间约束的 1-1 自动谈判策略．系统工程，2007，8（25）：111～114

[19] 蒋国瑞，王敬芝，孙华梅等．供应链环境下基于库存约束的多 Agent 协同谈判研究．计算机应用研究，2008，（06）：1886～1889

[20] 孙华梅，李一军，曹荣增等．基于约束放松的电子商务协同谈判模型．运筹与管理，2008，（04）：132～137

[21] 田喜平，李立新，李静．一种基于让步度的重复谈判策略．西南师范大学学报（自然科学版），2007，（02）：103～106

[22] 韩正华，周渝慧，吴俊勇等．基于博弈论的电力市场双边交易智能体谈判策略．电力系统自动化，2007，（01）：20～26

[23] 张鸽，蒋国瑞，黄梯云．基于辩论的多 Agent 商务谈判产生机制研究．计算机应用研究，2011，28（02）：594～597

[24] Soh L K, Li X. Adaptive, confidence-based multiagent negotiation strategy. Autonomous agent and multi-agent systems, 2004：1048～1055

[25] Soh L K, Tsatsoulis C. Agent-based argumentative negotiations with case-based reasoning. In Working Notes of the AAAI Fall Symposium Series on Negotiation Methods for Autonomous Cooperative Systems, 2001：16～25

[26] 郭静．自动谈判的协议及策略问题研究．国防科学技术大学博士论文，2007：96～115

[27] 赵伟，张秀华．基于贝叶斯学习的 Agent 谈判策略构造研究．烟台师范学院学报（自然科学版），2006，（02）：114～116，121

[28] Jiang G R, Hu X Y, Feng X Z. Research on the Bayesian learning model for selecting arguments on argumentation-based negotiation of agent. ICAART, 2010：317～322

[29] Luo X, Jennings N R, Shadbolt N, et al.. A fuzzy constraint based model for bilateral, multi-issue negotiations in semi–competitive environments. Artificial Intelligence, 2003, 148（1～2）：53～102

[30] 张蕊芬，黄梯云，蒋国瑞．基于 Agent 的两阶段式一对多谈判模型．计算机应用，2009，29（02）：565～567，573

[31] 韩雪．基于协调人的多对多谈判支持系统研究．哈尔滨工业大学博士论文，2009：45～47

[32] Kraus S, Sycara K, Evenchik A. Reaching agreements through argumentation：a logical model and implementation. Artificial Intelligence, 1998, 104（1～2）：1～69

[33] Sierra C, Jennings N R, Noriegaf P, et al. A framework for argumentation-based negotiation. Intelligent Agents IV：agent Theories, Architectures, and Languages：4th International Workshop, ATAL'97, Providence, 1997：177～192

[34] Amgoud L, Cayrol C. Generation and evaluation of different types of arguments in negotiation. In Proc. of International Workshop on Non-Monotonic Reasoning (NMR'04), 2004：10～15

[35] Zhang G, Wu L, Jiang G R. Conceding strategy on multi-agent argumentation-based nego-

tiation in E-commerce. In Proceedings of the International Conference on E-Business Intelligence, 2010: 233~239

[36] Lai G M, Sycara K . A generic framework for automated multi-attribute negotiation. Group Decision and Negotiation, 2008, 18 (2): 169~187

[37] 杨晶. 商务谈判. 北京: 清华大学出版社, 2005: 10~15

[38] Xie F L, Jiang G R, Huang T Y. Multi-rounds of price automated negotiation model about supplier relationship management. The International Conference on E-Business and E-Government, 2010: 1554~1557

[39] 顾传龙, 孙华梅, 蒋国瑞等. 供应链上企业间协同谈判模型和原型研究. 管理工程学报, 2010, 24 (01): 65~69

[40] Sandholm T. EMediator: a next generation electronic commerce server. Proc. Nat'l Conf Artificial Intelligence, 1999: 923~924

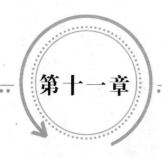

第十一章

多 Agent 制造业供应链协同谈判模型

自动谈判系统（automated negotiation system，ANS）是采用 Agent 技术，并编制成相应的计算机程序部分替代人类进行谈判的系统。因此，对自动谈判系统中 Agent 的谈判模型研究具有重要的理论价值和实际意义。在自动谈判领域的研究中，如何将 Agent 应用到谈判系统中，Agent 应该具有哪些功能，具有怎样的结构是建立自动谈判系统所必须解决的问题。本章对多 Agent 自动谈判中所涉及的模型及其在制造业供应链协同谈判领域的应用加以介绍，并对当前研究的发展进行总结，在此基础上提出谈判模型研究所面临的主要问题和发展趋势。

第一节　谈判模型所应用的技术及其分类

谈判双方的目的是在谈判过程中根据自身利益和对方提供的谈判信息，寻求利益最大化并尽可能使得彼此达成共识。在制造业协同谈判中，谈判的模型和算法是国内外专家学者关注的焦点和关键问题。本节围绕谈判模型的基本概念展开讨论。

一、谈判模型概述

谈判模型是在既定的谈判协议和谈判策略的基础上，分析各种谈判状态，并对谈判方案进行评估，研究如何能够通过不同的策略来增加收益效用，获得更好的谈判效果，并为谈判方提供谈判的建议解。谈判模型的研究涉及谈判过程中各个方面的问题，根据要解决问题的不同，已经有许多学者提出各种不同的模型，如谈判的让步模型、提议模型和评估模型等，加上谈判考虑因素的不同，还可能包括谈判对手的学习模型等。这些模型的提出，有效提高了 Agent 的智能，为达到理想的谈判结果提供了有效的保证。所有这些谈判模型的核心是有效解决各种环境下 Agent 谈判决策所涉及的方方面面的问题，达到 Agent 自身目标。

二、谈判模型类型

　　基于 Agent 的自动谈判有着不同的形式和分类，这些不同形式的谈判对谈判模型的构建起着重要的约束作用，在建立相应的谈判模型时，必须考虑这些不同形式谈判的特点才可能建立起符合实用要求的谈判。

　　根据谈判所涉及的属性不同，可以分为单属性谈判和多属性谈判两种。单属性谈判相对来说比较简单，所有的提议、评估和学习等只围绕着一个属性进行。而多属性谈判涉及多个属性，这些属性具有相关性，相互影响和制约，需要构造比较复杂的模型才能有效解决在多属性谈判中遇到的各种决策问题。目前研究主要集中在多属性谈判的研究上。单属性谈判研究主要集中在研究的早期阶段，但它作为多属性谈判研究的基础，地位也不容忽视。

　　根据谈判方的数量不同，可以分为双边谈判和多边谈判。双边谈判指参加谈判的 Agent 只有两个，而多边谈判指参加谈判的 Agent 有多个。多边谈判还可以进一步分为一对多谈判和多对多谈判：一对多谈判指谈判一方同时和多个 Agent 进行谈判，其他 Agent 只和这一个 Agent 进行谈判；多对多谈判指参与谈判的每个 Agent 都同时与多个 Agent 进行谈判。相比较而言，多边谈判面临的问题更多，模型也更为复杂，但由于现实生活中，双边谈判也有很多的应用需求，所面临的问题也没有完全解决，目前研究这两种形式的谈判都是比较活跃的。

　　根据谈判所交互的信息不同，可以分为基于提议的谈判和基于辩论的谈判两种。基于提议的谈判一般是指在谈判时，Agent 相互提出各自的谈判提议，提议内容只包含谈判所涉及各个属性的取值，不包括其他信息。而基于辩论的谈判，允许 Agent 在谈判过程中，除提议信息外，还可以交换额外的信息，如提议不被接受的理由等，从而使谈判更加具有针对性，能够有效提高谈判的效率。目前而言，基于提议的谈判研究相对比较成熟，一些已经成功应用于实际的谈判过程；而基于辩论的谈判研究，还缺乏一些实际方面的应用，但研究比较活跃，不断有新的成果提出，是一个很有潜力的研究方向。

　　根据谈判所涉及问题数量的不同，可以分为单问题谈判和面向多问题的协同谈判两种。此处的问题不是谈判属性的多少，而是谈判所涉及主题的多少，每一个谈判问题可以有多个属性。相比单问题谈判来讲，多问题协同谈判一般面向供应链的具体流程，由一方发起，同时就多个问题与多方进行谈判，除单个谈判问题的优化外，还要考虑多个谈判问题间的协调与控制，这是个非常复杂的问题，这方面的研究还刚刚起步，研究成果还比较少。

本章将针对这些不同形式的谈判所涉及的谈判问题和模型进行论述。首先介绍不同属性数目下的谈判模型；而后针对谈判方数量的不同，对一对多谈判模型进行论述，因为多对多谈判的研究主要集中在在线拍卖领域，和供应链协同谈判关系不密切，对这部分内容不再进行介绍；然后介绍基于辩论的谈判的相关模型；最后针对面向业务流程的供应链协同谈判模型进行总结和介绍。

三、谈判模型的技术和方法

在谈判模型所采用的技术和方法上，主要是借鉴在博弈论、决策论和社会心理学领域的相关理论和方法，形成了以博弈模型、决策论模型及社会心理学模型为主的三类谈判模型。三者之中，博弈论的方法应用最为广泛，也最为经典，它以效用理论作为基石，简化谈判目标，通过效用函数把谈判中的复杂决策问题转化成了纯数学分析问题。随着自动谈判研究的不断发展，所研究问题的复杂性不断增加，从最初的确定性谈判问题的分析和建模，到考虑信息不完全条件下的各种谈判策略的制定和动态环境下如何进行有效谈判的问题，Agent所面临的谈判环境由单一的竞争性环境到合作型环境及半合作半竞争条件下的谈判环境，谈判模型的研究也不断发展，应用了大量的智能方法来构建各种模型。

随着所研究的谈判问题不断复杂和多样化，越来越多的学者采用人工智能技术，建立各种模型，并应用于基于 Agent 的谈判环境，如决策树、强化学习、遗传算法和贝叶斯学习等。在这些模型中，Agent 具有采用不同的谈判策略来改变它们和谈判对手的偏好的能力，从而提高了谈判的质量和效果。如 T. D. Nguyen 和 N. R. Jennings 等人[1][2]提出了并行谈判模型，这一模型采取以时间为基准的策略，将参与谈判的 Agent 分为强硬型、折中型和让步型三种基本类型，同时引用了基于贝叶斯学习的学习机制，根据对手的不同类型选择合适的谈判策略。Dajun Zeng 和 Katia Sycara 等人[3]也将贝叶斯学习的理论应用到自动谈判环境中，用以提高 Agent 的学习和推理能力。Olive[4]则采取了遗传算法作为 Agent 的学习策略；在 Oliver 研究的基础上，Matos 和 Sierra 等人[5]改进了 Olive 的遗传算法，并将其应用到一个具体的自动谈判环境。Carles Sierra 等人[6]建立了一种多策略的 Agent 谈判模型。黄京华等[7]研究并利用模拟退火机制改进了 Q 学习算法的探测策略，有效提高了 Agent 的谈判能力。Jen-

Hsiang Chen 等[8]将遗传算法和 Q 学习结合起来，提出了一种不同的 TTP 算法（trusted third party），可以部分地避免遗传算法的不充分性问题。汪勇和熊前兴[9]采用遗传算法，给出了问题实数编码和权重调整公式，设计并实现了一种基于 Agent 的多问题并行谈判模型。

四、谈判模型的验证和评价

在构造了一个谈判模型后，面临的问题就是对谈判模型的验证和评价问题。谈判模型的验证主要目的是解决谈判模型的有效性问题，即利用该模型 Agent 能不能在谈判过程中进行有效决策从而达到理想的谈判结果。因为谈判模型所面临的环境和约束不同，对比不同谈判模型的优劣还比较困难，一般的思路是在特定的谈判环境和谈判情形下，能够证明 Agent 具有足够的能力解决实际谈判问题就可以了。

通过这些谈判模型所得到的谈判结果要有一定的评判标准，这些标准主要来自于基于博弈论方法的研究，但对于其他方法的谈判模型，也同样有效。这些标准主要包括[10]：

（1）唯一性。如果谈判的解决方案是唯一的，那么它可以明确地确定。

（2）效率。一个谈判模型是有效的，如果没有浪费效用（即满足帕累托最优）。一个结果是帕累托有效的，如果没有其他可能可以提高 Agent 效用而其他 Agent 效用不会减少。在所有其他条件相同的情况下，帕累托效率的结果要优于其他的谈判结果。

（3）对称性。一个谈判模型被认为是对称的，如果它以不恰当的标准对待某一谈判方。究竟什么是不恰当的标准，则依赖于特定的领域。例如，如果不论哪个谈判方开始谈判的进程，谈判结果是一样的，那么就可以认为它是对称的。

（4）分布性。这一属性涉及交易双方如何划分各自的利益。这些收效是如何分配的或者某一 Agent 的收益要大于另一 Agent。

第二节 单属性供应链协同谈判模型

单属性谈判问题只针对一个属性进行谈判，这个属性往往是价格。参与谈判 Agent 就价格进行协商，彼此通过提议的方式进行，如果对方拒绝，则需要进行必要的让步，这决定了单属性谈判的竞争性特点。根据研究问题复杂性的不同，单属性谈判的谈判模型也可以涉及包括确定让步策略及对方提议预测的问题。单属性谈判是多属性谈判的基础，一些概念和算法的提出往往首先针对单属性谈判，然后加以扩展应用到多属性谈判过程中。

一、问题定义

单属性谈判一个比较常见的例子是在供应链商务采购过程中的价格谈判，一般包括一个采购 Agent a 和一个销售 Agent b。Agent b 希望价格越高越好，相反，对 Agent a 来说，希望价格尽量低。每个 Agent 都有一个可以接受的价格区间，分别为 $[IP^a, RP^a]$ 和 $[RP^b, IP^b]$，那么 Agent a 和 Agent b 通过谈判可能达成协议的区间为 $[RP^b, RP^a]$，如图 11-1 所示。

图 11-1　Agent 谈判可能协议区间

通常情况下，买方 Agent a 的初始提议比卖方 Agent b 的保留价格要小，同样，卖方 Agent 的初始价格要比买方 Agent 的保留价格要高。在一定时间内，Agent 之间交替提出自己的提议。$T = \{0, 1, \cdots\}$。

要使 Agent 生成一系列的谈判提议，需要解决一些基本问题，包括[2]：

（1）Agent 如何生成第一个提议。

（2）在收到对方提议后，Agent 如何反应，即如何生成相应的反提议问题。

（3）Agent 如何解释它们接收到的提议。

下面就这几个问题加以说明。

二、谈判首提议的提出

对于谈判过程，一般是首先由一个 Agent 提出首提议，而后开始讨价还价进入谈判的交互阶段。这方面较为普遍的做法是，认为 Agent 首先提出对它最有利的提议，因为如果对方接受了它的提议，那么结果是对它最好的。因此，对于供应链买卖双方谈判，对首先提出提议的一方，往往提出其认为最理想的价格作为初始提议，即 IP^a 或 IP^b，对方 Agent 在收到提议后，如果不能接受该提议，同样提出对其最有利的提议作为反提议，如此反复，直至谈判结束。单属性的谈判往往针对价格，对买方来讲，价格越低越好，而对于卖方来讲，则相反，因此规定 Agent 在某一轮的提议价格不能高于（对于卖方）或低于（对于买方）前一轮的提议价格，当 Agent 认为对方价格可以接受时，谈判成功结束，这就是单属性自动谈判中被广泛应用的单调让步模型。

三、Agent 让步模型

根据上面的假设，Agent 在收到对方提议后，要生成相应的反提议，并发送给对方，如何确定让步幅度就是多 Agent 谈判让步模型所要解决的问题。根据 Agent 谈判风格的不同，Agent 会有不同的让步策略，这些让步策略往往和谈判的时间要素相关，并表示为时间 t 的函数，同时该函数要保证所提出的提议要在 Agent 自身价格保留区间内，例如对于买方来说，在任何时刻，要保证提议价格在 $[IP^a, RP^a]$ 内。假设发出提议的 Agent 为 α，对方 Agent 为 β，在 t 时刻提议可由下式计算得到[11]：

$$p_{\alpha \to \beta}^t = \begin{cases} IP^a + \phi^a(t)(RP^a - IP^a) & \alpha \text{ 为买方} \\ RP^a + (1 - \phi^a(t))(IP^a - RP^a) & \alpha \text{ 为卖方} \end{cases} \tag{11-1}$$

$\phi^a(t)$ 也称为谈判决策函数（negotiation decision function），根据其计算方式不同，可以将 Agent 让步分为许多不同的类型。典型地，一个谈判决策函数具有以下形式：

$$\phi^a(t) = k^a + (1 - k^a)\left(\frac{t}{T^a}\right)^{1/\psi} \tag{11-2}$$

式中，k^a 为一固定值，且 $k^a \in [0,1]$；T^a 为 Agent 谈判的最大轮数。根据 ψ 值的不同，可以将 Agent 让步策略分为三种不同的类型，以卖方 Agent 为例，其让步轨迹如图 11-2 所示。

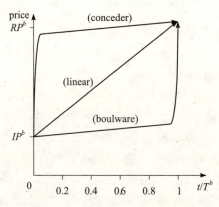

图 11-2 买方 Agent 不同的谈判决策函数

（1）保守让步（boulware，B）型：在这一策略上，$\psi < 1$ 且接近 0，Agent 将在谈判初期让步幅度很小，直至谈判将要结束时，价格迅速回落至其保留价格

附近，这一类型特点是谈判初期让步很小，而谈判后期让步幅度逐步增大，在有的文献中，也将该类型称为耐心坚持型。图中 boulware 函数，ψ 的取值为 0.02。

（2）让步者（conceder，C）型：采取此策略时，$\psi>1$，Agent 在谈判初始让步幅度很大迅速逼近其保留值，而后让步幅度逐渐减小，直至达到自身保留价格。图中该型函数 ψ 的取值为 50。

（3）线性让步（linear，L）型：当 $\psi=1$ 时，谈判决策函数与时间无关，Agent 均匀地进行让步。

四、Agent 谈判决策模型

在收到对方提议后，除提出自己的反提议外，还可能有不同的选择，如接受对方提议或退出谈判等，为此，Agent 要对对方的提议进行解释，并做出相应决策，选择合适的谈判行为。一般为了保证谈判能够结束，通常为每个参与谈判的 Agent 确定一个谈判期限，超过这一期限，Agent 会退出谈判。谈判的结果有两种：一是接受对方提议，谈判成功结束；二是其中一方退出谈判，谈判失败并结束。根据谈判方式的不同，Agent 可以选择的谈判行为有多种，但最基本的包括以下三个动作：接受提议、拒绝并提出反提议和退出谈判。Agent 必须在这些动作之间进行选择，为此需要 Agent 对收到的提议进行评估，根据评估结果确定需要采取的动作。

（一）效用函数

Agent 对提议进行评估，经常用的理论为效用理论，提供一个效用函数，将提议影射为一个数值。对于单属性谈判，效用函数形式相对比较容易，可以取绝对数值如当前价格与保留价格的差值，也可将其标准化为 0~1 的值。最近有的研究考虑到时间对效用的影响，同样的提议在不同的时间提出，对 Agent 来说，其效用是不同的。如式（11-3）所示：

$$U^\alpha(p,t) = U_p^\alpha(p)U_t^\alpha(t) \tag{11-3}$$

式中，$U_p^\alpha(p)$ 为 Agent 对价格的效用；$U_t^\alpha(t)$ 为 Agent 对时间的效用。价格效用 $U_p^\alpha(p)$ 可以是绝对数值或经过标准化后的值，Agent 的综合效用为二者的乘积。

（二）谈判过程中的 Agent 决策

对单属性谈判而言，Agent 接受提议的最直接的标准是当对方的提议价格在自身接受区间内时 Agent 即可接受该协议，这是在早期的谈判研究中经常采用的标准。但该标准存在一个问题，可接受价格表现为一个区间，在区间内的不同数值对 Agent 的效用是完全不同的，按照这一标准，结果常常是对于一方，成交价格在其保留价格附近，而对另外一方成交价格往往距理想成交价格较近，这影响了谈判的公平性，所以后来的研究中，为有效保证 Agent 自身的利益，要求当自身下一轮提议价格劣于本轮价格才接受对方的提议。有关 Agent 退出谈判的标准一般是一方首先达到其自身期限时如果还达不成协议则退出谈判，在这种假设条件下，在达到 Agent 谈判期限时，Agent 会提出自己的保留价格，如果此时还不能达成协议，则表明 Agent 价格没有公共区间，谈判不会成功，从而谈判失败。这一假设在双方谈判期限信息私有的时候并不成立，此时需要较为复杂的理论和方法加以解决。除以上情况外，Agent 在收到对方提议后，会向对方发出反提议。以卖方 Agent 为例，在 t 时刻的决策规则可由下式表示：

$$A^S\ (t,\ p_{b\to s}^t) = \begin{cases} Quit & t > T^S \\ Accept & U^S\ (p_{b\to s}^t) \geqslant U^S\ (p_{s\to b}^{t+1}) \\ Offer\ (p_{b\to s}^t) & 其他 \end{cases} \quad (11\text{-}4)$$

五、单属性谈判中的启发式方法

在信息不对称情况下，Agent 自身可接受价格区间，效用函数和谈判期限都是私有信息，因此，在谈判过程中，需要对这些参数进行预测和学习，一般预先建立对方的可能分布或先验信息，在谈判过程中通过提议不断进行学习和推理，以达到对自身有利的谈判结果。汪定伟等提出应用谈判轨迹图对价格进行预测的算法[12]，下面以这一算法为例对单属性谈判中启发式方法加以说明。

（一）价格谈判轨迹图

对于一个双边多轮的价格谈判问题，其讨价还价的过程可以用以下轨迹图来描述。设买卖双方的初始报价分别为 B_0 和 S_0，其价格差为

$$\Delta = S_0 - B_0 \quad (11\text{-}5)$$

设买卖双方第 k 轮报价分别为 $P_B\ (k)$ 和 $P_S\ (k)$，其在砍价过程轨迹图上的坐标分别为

$$x_k = [P_B\ (k) - B_0]\ /\Delta$$
$$y_k = [P_S\ (k) - B_0]\ /\Delta \quad (11\text{-}6)$$

显然，砍价轨迹的出发点 A 的坐标为（0，1），如图 11-3 所示。由坐标换算为价格的公式为

$$P_B(k) = B_0 + x_k\Delta$$

$$P_S(k) = B_0 + y_k\Delta \tag{11-7}$$

设双方在第 n 轮成交，成交价格为 Z ，则有

$$Z = P_B(n) = P_S(n) \tag{11-8}$$

容易证明在轨迹图上成交点 B 的坐标为 $x_n = y_n$ ，即 B 在第一象限的平分线上，如图 11-3 所示。

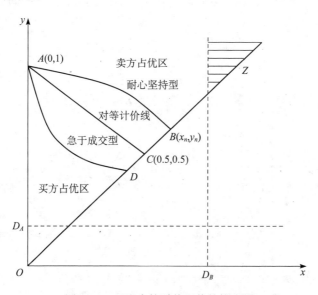

图 11-3　双边多轮讨价还价的轨迹图

由图 11-3 可见，在价格谈判轨迹图中，讨价还价过程总是从坐标为（0，1）的 A 点出发，沿不同折线，最后终止于平分线 OZ 上。当买卖双方每轮谈判都对等让价时，谈判轨迹将沿直线终止于坐标为（0.5，0.5）的 C 点。比如开始时，买方出价 100 元，卖方要价 200 元，而后每轮讨价还价中买方加价 10 元，卖方让价 10 元，5 轮后双方以 150 元成交。买卖双方各自承担了 50% 的初始价格差。其谈判轨迹（直线 AC）称为对等让价线。当谈判位在对等让价线 AC 的右上方时，显然买方提价较快，而卖方让价较少，因此该区域称为卖方占优区。相反，对等让价线 AC 的左下方区域称为买方占优区。

设卖方谈判人对买方出价的反应函数为 $y = f(x)$ ， $x \in$（0，1）。式中， x 、 y 为谈判轨迹图中的坐标。当 $f(x)$ 是凸函数时，如图 11-3 中的折线 AD ，称谈判人是急于成交型；当 $f(x)$ 是凹函数时，如图 11-3 中的折线 AB ，称谈判人是耐心坚持型。在正常谈判情况下，卖方的出价是单调下降的，买方的出价是单调上升的。因此，对于任意的第 k 轮谈判，有

$$x_k \geqslant x_{k-1}，y_k \leqslant y_{k-1}，x_k \leqslant y_k \tag{11-9}$$

满足不等式组（11-9）的谈判称为正常谈判。

（二）成交价格的估计

1. 多点组合法

设在第 n 轮谈判后，谈判处在轨迹图的 B 点，坐标为（x_n, y_n），如图 11-4 所示。设谈判初始点 A（0，1）和 B 的延长线与谈判终止线 OZ 的交点为 C，坐标为（z_n, z_n），容易推导得到

$$z_n = \frac{x_n}{1 + x_n - y_n} \tag{11-10}$$

z_n 就可以作为基于第 n 轮谈判结果对最终成交价的预估值。

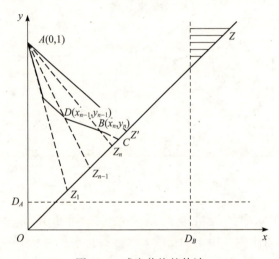

图 11-4　成交价格的估计

对于多轮谈判，可以将已发生的多轮谈判的预估值的加权和作为对成交价格的估计。设遗忘因子为 α（$0 < \alpha < 1$），第 k 轮谈判的权重取为 $\overline{w}_k = \alpha^{n-k}$，由于 n 轮谈判的权重和不为 1，将其归一化为 $w_k = \dfrac{\overline{w}_k}{\sum\limits_{i=1}^{n} \overline{w}_i}$。这样，基于 n 轮谈判结果的多点加权组合的成交价格的预估值即为

$$z = \sum_{i=1}^{n} w_i z_i \tag{11-11}$$

将坐标值换算为价格即为 $Z = B_0 + z\Delta$。当卖方反应函数 $f(x)$ 非凸非凹，即轨迹线来回摆动时，采用以上公式表述的成交价估计方法比较合适。

2. 折线延伸法

当 $f(x)$ 是凸函数或凹函数时，由于轨迹的斜率单调变化，用式（11-10）

估计的效果不好，且结果可能不满足正常谈判的条件。这时采用最后一段折线与终止线的交点来估计，如图 11-4 所示。容易推出其计算公式为

$$z' = \frac{x_k y_{k-1} - x_{k-1} y_k}{x_k - x_{k-1} + y_{k-1} - y_k}$$ (11-12)

z' 即为对最终成交价格的估计值（坐标值）。容易证明，$x_k \leqslant z' \leqslant y_k$，即估计结果满足正常谈判的不等式条件（11-9）。

第三节　多属性谈判模型

相较单属性谈判而言，多属性谈判问题比较复杂，涉及多个谈判属性的评估，Agent 之间的谈判不再是单纯的竞争关系，根据双方效用的不同，可以在满足自身需要的同时满足对方的需要，也就是说谈判不再是输赢关系，而是可以实现双赢或多赢的局面的。同时，由于谈判过程中存在多个谈判属性，Agent 在各个属性上效用不一定存在着线性关系，这使谈判解的复杂度大大提高。

一、多属性谈判的主要方法

由于涉及诸多谈判属性，Agent 在信息不完全的条件下如何达到双方的最优计算量十分庞大，甚至有人认为在这种情况下，达到完全意义上的最优解是不可能的，因此出现了从不同角度利用各种智能算法来求解多属性谈判问题。

例如，Fatimas[13] 采用了进化方法寻找效用空间中的最优解；谢安石等[16] 提出了多属性谈判的多目标谈判模型；Hindriks 等[15] 提出了基于加权近似的选择方法来简化议题的效用空间，此方法适用于议题相关的情况。另外，许多学者应用多属性效用的变形理论作为多属性谈判的决策机制，如谢安石等[16] 引入距离函数的概念对多属性网上拍卖进行研究。

多属性谈判研究主要是在多属性效用理论的基础上进行的，一般均假设各个属性之间是相互独立的，但在现实世界中，各属性间往往存在着依赖关系，这种依赖关系增加了多属性谈判问题的复杂性。近年来，人们提出了一些多属性依赖谈判问题的解决办法。例如，Klein 等人[17] 首次将多属性依赖引入到谈判模型中，Agent 使用模拟退火和爬山搜索方法搜索 Pareto 最优解。Hindriks 等人利用一种加强平均技术对属性间的依赖度进行削减，从而简化了 Agent 效用空间的复杂性。来国明等[18] 在协商 Agent 具有非线性偏好的条件下，利用基于

谈判基线的谈判协议对多属性谈判问题进行研究。Robu 等人[19]提出一种基于效用图的多属性谈判模型,利用效用图表示 Agent 的非线性偏好,从而降低谈判问题的复杂性。

解决多属性谈判问题,有两种基本思路:一种思路是 Agent 在谈判中提议包括所有的谈判属性,将其作为一个整体加以考虑,这种方法可以寻求这些属性之间的均衡,但需要复杂的计算;另一种思路是针对谈判问题,对谈判属性依次进行谈判,将多属性谈判简化为多个单属性谈判,但这种方法在属性间存在着密切的联系的情况下需要考虑各属性间相互影响,使得 Agent 在谈判中不易取得较为理想的结果;在各属性相互独立的情况下,可以采用这种方法对各谈判属性依次谈判,这方面主要研究的问题是如何确定各个属性的谈判顺序及其对谈判结果的影响。

在谈判的让步问题上,一般的做法是对各谈判属性单独考虑,确定各自属性的让步策略,让步模型类似单属性谈判的情形。另外一种做法是 Agent 在提出反提议时,首先考虑在不降低自身效用的前提下提高对方的效用,如果没有满足要求的提议再考虑进行让步,这种模型往往是建立在相应的对手模型上,并采用了相应算法对谈判过程进行学习和预测。

二、多属性谈判模型

双边多属性谈判求解模型的主要表现是各种智能算法的应用,其中较为典型的算法主要有以下几种。

(一) 一种基于案例的 Agent 多议题谈判模型

基于案例的推理(CBR)的方法从案例库中选择一个与当前谈判情景最为相似的案例作为求解参考。通过建立相似度计算公式,计算出案例与当前谈判问题的相似性,找出最接近的案例,从而产生相应的谈判行为。文献[20]应用了这一算法,下面以此为例对这类算法加以论述。

1. 问题描述

Agent 拥有谈判的不完全信息,即 Agent 不知道对方 Agent 的确定类型,但知道对方 Agent 的可能类型及其先验概率。将解的效用作为相似度度量标准,采用 $k2$ 近邻法作为基本相似度评估方法。n 为谈判问题属性数量,m 为数据库中案例数量,l 为谈判最大轮次,r 为对方 Agent 可能类型数量,来建立谈判模型。

定义 1 谈判模型

$N = <s, b, I, u, p>$其中，s 是卖方 Agent，b 是买方 Agent，谈判属性向量 $I = <I_1, I_2, \cdots, I_n>$表示谈判问题的属性集合，$I_i = \{I_{i1}, I_{i2}, \cdots, I_{ik_i}\}$表示谈判属性的值域。其中 k_i 是第 i 个属性的取值个数，$u(I_{ih}) = u_{ih}$（$i = 1, 2, \cdots, n; h = 1, 2, \cdots, k_i$）为属性效用值函数，$p = \{1, 2, \cdots, l\}$表示谈判轮次。

定义 2 Agent 的信息状态

$\Theta = <CB, EU^s, u_p, ul, \omega^s, U^s, L^b, P^b>$，其中，$CB = \{C_1, C_2, \cdots, C_m\}$为案例库，包括 Agent 以往谈判的所有案例。其中，$C_j = <pb^j, sol\_pb^j>$是谈判成功的源案例，以卖方 Agent s 为例，关于买方 Agent b 的相关定义为：$pb^j = <pb_1^j, pb_2^j, \cdots, pb_n^j>$为问题向量，表示 Agent 的需求向量，其中 $pb_i^j \in I_i (i = 1, 2, \cdots, n; j = 1, 2, \cdots, m)$。$sol\_pb^j = <sol\_pb_1^j, sol\_pb_2^j, \cdots, sol\_pb_n^j>$为相应解向量，是被 b 接受的回价，其中 $sol\_pb_i^j \in I_i$，而目标问题 $tgt = <tgt_1, tgt_2, \cdots, tgt_n>$是 b 的当前出价，$tgt_i \in I_i$，$<tgt, sol\_tgt>$是目标案例。$EU^s$ 为 s 的初始期望效用；u_p 为每一轮 s 损失的效用，随着时间推移 s 所得到的效用递减；ul 为 s 最后一轮的期望效用值；$\omega^s = <\omega_1^s, \omega_2^s, \cdots, \omega_n^s>$是 s 的议题权重向量；$U^s(tgt, s) = \sum_{i=1}^n 100 \times u(tgt_i)\omega_i^s$ 是 s 的效用函数；$L^b = <L_1^b, L_2^b, \cdots, L_r^b>$是关于 b 不完全信息的 r 维向量，$L_i^b = <\omega_b^i, \tau_b^i>$是关于 b 属性第 i 种类型的信息向量，其中 $\omega^i = <\omega_{b1}^i, \omega_{b2}^i, \cdots, \omega_{im}^i>$是 b 第 i 种属性的 ω 值信念向量；$P^b = <P_1^b, P_2^b, \cdots, P_r^b>$，其中，$P_i^b \in [0,1]$，$\sum_{i=1}^r P_i^b = 1$ 表示 L^b 的概率分布函数，其中，τ 是容许的相似度最低阈值，如果相似度计算值低于该值，则 b 认为此出价不可接受。用概率论标准期望值方法得

$$\omega_i^b = \sum_{j=1}^r \omega_{bi}^j p_j^b, \omega^b = <\omega_1^b, \omega_2^b, \cdots, \omega_n^b>, \tau^b = \sum_{i=1}^r \tau_b^i p_i^b$$

定义 3 b 关于 tgt 和 pb^j 之间的相似度评估函数

$$sim(tgt, pb^i, b) = \sum_{i=1}^n f(tgt_i, pb^j)\omega_i^b$$

其中 $f(tgt_i, pb^j) = 1 - |u(tgt_i) - u(pb_i^j)| / u(tgt_i)$ 是第 i 个属性的相似度评估函数。

2. 谈判协议

（1）接受条件。首先考虑最后一轮，如果 b 出价的效用大于 s 自身底限的效用，则 s 就接受该出价。$U^s(tgt, s) \geqslant ul$，然后再考虑之前的轮次。如果 b 出价的效用大于 s 的期望效用，则 s 接受该出价；如果 s 拒绝了 b 的出价，则

谈判将进入下一轮，假设存在着时间折扣，其期望效用将相应降低，为了提前达成一致，s 应提前让步，即 U^s (tgt , s) $\geqslant EU^s - up \times$ (p + 1)。

（2）最优反报价产生。谈判可行解的范围为两个集合的交集：s 可接受的议题组合集合与 b 可容忍的议题组合集合。前一个集合为 s 的案例库，后一集合可以通过容忍度来求取。对 b 而言，谈判问题相似度要大于其容忍度，在不完全信息条件下只能估计 b 的偏好和容忍度，因而其值是不精确的，为此可以将 τ^b 改变为 $\tau^b - \varepsilon$。其中，ε 为合适值，可根据经验选取。因此考虑 b 的容忍度，搜索所有满足 b 容忍度的案例，组成一个可行域数据库：

$$CB^\tau = \{ pb^j \mid \sum_{i=1}^{n} f\ (tgt_i,\ sol\_pb_i^j)\ \omega_i^b \geqslant \tau^b - \varepsilon,\ sol\_pb_j \in CB \}$$

考虑到 Agent 的自利性，要考虑 s 的效用和 b 的接受度，使二者尽量都取得最大值，这是一个多目标优化问题。依据多目标优化原理，采用线性功效系数法求解。用功效来计算 s 的效用和 b 的接受度，取 s 的功效为当前出价效用减去最后一轮的期望效用，取 b 的功效为 b 的相似度减去 b 的相似度容忍值，则最优选择为两者乘积最大的案例。如下式：

$$pb_{opt} = \arg \max_{sol\_pb^j \in CB^\tau} (U(sol\_pb^j, s) - ul) \times (sim(tgt, sol\_pb^j, b) - \tau^b)$$

（3）相关算法。

算法 1 最优回价生成算法

```
y＝0；
for (i＝1; i≤m; i++)
  for (j＝1; j≤n; j++)
  u (i, j) ＝f_i2u (x (i, j))；
u (i) ＝u (i, j) ×w (j)；v (i) ＝Sim (tgt, pb (i), b)；//计算出价
的效用和出价的相似度
Uv (i) ＝ (u (i) －ul) × (v (i) －tau)；//多目标优化功效计算
if y＜Uv (i) then y＝Uv (i) end for//选择效用和相似度乘积最大的项
```

算法 2 基于案例的 Agent 多议题谈判算法

```
for (i＝1; i≤l－1; i++) //l是谈判时间底限时的轮次
  if 任一 Agent 退出谈判 then Break
  else if Us＞EUs then 卖方 Agent 接受出价 Break
    else 卖方 Agent 给出回价 pb_opt
    if 买方 Agent 接受出价 then Break
    else 卖方 Agent 收到回价, i＋＋ end for
  if i＝1
```

if Us> ul 谈判成功 //ul 时间底限时的效用
else 谈判失败

（二）利用智能方法预测对方的偏好信息

除了如以上采用智能方法直接对谈判进行建模外，还有一类研究，其出发点为如何在谈判过程中有效地预测对方的信息，如偏好和保留价格等，采用了此类方法的模型，一般在谈判过程中，能够获得比较理想的结果。文献[20]利用有限信息预测对方偏好的方法，并提出了一种利用对手有限的偏好信息来改善谈判效果的一种 Agent 结构，其内部结构如图 11-5 所示。

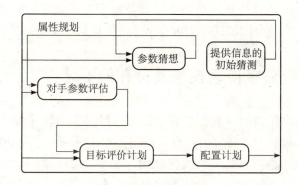

图 11-5　属性规划的内部构造

此结构主要分为两个步骤：首先是目标评价，是在计算每个属性的基础上，计算深层属性。其次，选择属性值最接近目标评价的（价格除外的所有属性）。然后选择价格值完成下一轮报价的配置。

假设对方一开始将愿意告知的偏好告知对方，我们用属性集合 A_{known} 表示对手在谈判开始时愿意告知的重要性权重，由 $A_{unknown}$ 表示未知的属性偏好权重集。所有偏好权重归一处理，所有未知属性权重的总和可计算如下：

$$\sum\nolimits_{j \in A_{unknown}} W_j = 1 - \sum\nolimits_{j \in A_{known}} W_k$$

未知的偏好信息要在这些属性上进行一个划分。其中定义一个参数 R_j，称为保留权重分配系数，这里的属性 $j \in A_{unknown}$，计算公式如下：

$$W_j = (R_j / \sum\nolimits_{k \in A_{unknown}} R_k) \times \sum\nolimits_{k \in A_{known}} W_k$$

在这些属性值之间定义一个距离函数。该属性值距离不依赖于对手分配给这些属性的精确值，然后根据这些值得到相应的 R_j 值。

第四节　一对多谈判模型

与一对一谈判形式相比，一对多谈判有着其独有的特点。一对多谈判是在谈判一方和谈判多方之间展开的。谈判一方与每一个谈判方之间表现出合作的愿望，而谈判多方之间则是竞争关系。供应链上的协同谈判是一对多谈判的一种形式，这类谈判是在供应链上的各个企业间展开的。谈判者通过谈判协调各自的供销需求，实现供应链上资源分配的优化。协同谈判中，供应链上的每个企业即谈判中的谈判者与其他谈判者的利益是密切相关的，只有通过合作在实现整个供应链上资源分配最优化的前提下才能实现其自身效用的最大化。

一、传统的一对多谈判模型及存在的不足

传统的一对多谈判的研究，一般都是将一对多谈判转化成多个一对一串行或并行谈判来进行研究，研究的焦点集中在各个谈判线程之间的协调与优化上。在协调策略方面，通常是当一个线程收到一个可接受报价时，结束其他线程的谈判。这些模型的局限性是各个线程之间孤立存在，不能充分利用多方的提议信息改善谈判效果；为了解决这一问题，有的文献通过改进的协调算法可以得到较为理想的结果[22]，但因为要对多个并行的谈判进行协调与控制，不可避免地要产生额外的通信与协调成本，会对谈判效率有所影响。为此，在一对多谈判过程中，按照一定标准对 Agent 的提议进行评估，当满足一定条件时终止该谈判线程，以提高谈判效率。为此，我们在查阅大量文献的基础上，提出了一种两阶段的一对多谈判模型：第一阶段中，买卖各方正常进行有反报价的谈判，但是不淘汰卖方；在第二阶段，买方根据谈判进行的情况按一定标准对卖方进行淘汰。本节下面的内容对这一模型进行介绍，包括单属性和多属性一对多谈判模型[23][24]。

二、基于合作可能度的单属性一对多谈判模型

（一）合作可能度

在谈判过程中，每个卖方 Agent 都能表现出到当前谈判轮次为止，它成为

买方达成协议的合作方的可能度，这个可能度为一个在［0，1］区间的数，用 $\beta^j(t) \in [0,1]$ 来衡量第 j 个卖方 Agent s_j 到 t 轮次为止成为买方达成协议的合作方的可能度，即卖方 Agent s_j 到 t 轮次为止的合作可能度；$\beta = \beta(t) = \{\beta^1(t), \beta^2(t), \cdots, \beta^j(t), \cdots, \beta^l(t)\}$ 为当前所有卖方与买方到 t 轮为止的合作可能度向量。

针对价格的合作可能度的计算方法如下：

第一步，用 $P_{\min}^b$ 和 $P_{\max}^b$ 分别表示买方在谈判过程中所设定的最低和最高价格，用 $P_{\min}^j$ 和 $P_{\max}^j$ 分别表示第 j 个卖方在谈判过程中所设定的最低和最高价格。用 T_b 表示买方的最大谈判轮数。每个卖方也有各自不同的最大谈判轮数设为 T_{sj}。设买方的初始报价为 $P^0(1)$，卖方 j 的初始报价为 $P^j(1)$，且 $P^0(1) = P_{\min}^b$，$P^j(1) = P_{\max}^j$，其价格差为

$$\Delta_j = P^j(1) - P^0(1)$$

设第 t 轮买方与卖方 j 的报价分别为 $P^0(t)$ 和 $P^j(t)$，其在讨价还价过程轨迹图上的坐标分别为

$$x(t) = [P^0(t) - P^0(1)]/\Delta_j$$
$$y^j(t) = [P^j(t) - P^0(1)]/\Delta_j$$

根据折线延伸法，在第 t 轮谈判后买方对卖方 j 的成交价格的预估值为

$$z^j(t) = \frac{x(t)y^j(t-1) - x(t)y^j(t)}{x(t) - x(t-1) + y^j(t-1) - y^j(t)}, \ 1 < t \leqslant T_b$$

将坐标值转换为价格即为

$$Z^j(t) = P^0(1) + z^j(t)\Delta_j$$

例如，买方与卖方 j 的各个轮次报价如表 11-1 所示。

表 11-1　买方与卖方 j 的各个轮次报价表

t	1	2	3	4	5	6	7
$P^0(t)$	5	6	8	10.2	12.7	15.4	18.3
$P^j(t)$	30	23	21	20	19.5	19.1	18.8

则谈判轨迹图如图 11-6 所示。

第二步，根据上述方法得到对各个卖方的成交价格估计，设卖方对 j 的成交价格估计为 Z^j，我们令卖方 j 的合作可能度为

$$\beta^j(t) = \begin{cases} \dfrac{P_{\max}^b - Z^j(t)}{P_{\max}^b - P_{\min}^b} & , Z^j(t) \leqslant P_{\max}^b \\ 0, & Z^j(t) > P_{\max}^b \end{cases}$$

第三步，按照上述方法可得到当前所有卖方（L 个）与买方到 t 轮为止的合作可能度向量

$$\beta = \beta(t) = \{\beta^1(t), \beta^2(t), \cdots, \beta^j(t), \cdots, \beta^l(t)\}$$

然后将其归一化。具体方法为

$$\beta^{\max}(t) = \max \{ \beta^1(t), \beta^2(t), \cdots, \beta^j(t), \cdots, \beta^l(t) \}$$

$$\beta(t) = \{ \frac{\beta^1(t)}{\beta^{\max}(t)}, \frac{\beta^2(t)}{\beta^{\max}(t)}, \cdots, \frac{\beta^j(t)}{\beta^{\max}(t)}, \cdots, \frac{\beta^l(t)}{\beta^{\max}(t)} \}$$

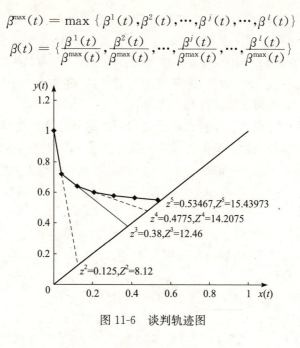

图 11-6 谈判轨迹图

（二）一对多淘汰制谈判模型描述

定义 将一对多淘汰制谈判模型定义为七元组 $\{ A, P, T, \beta, AT, ST, AC \}$，其中，$A = \{b, S_1, S_2, \cdots, S_j, \cdots, S_n, 0 \leqslant j \leqslant n, n > 0 \}$ 表示参与谈判的 Agent 集合；b 表示买方 Agent；$S_1, S_2, \cdots, S_n$ 表示 n 个相互独立的卖方 Agent。

T 表示谈判时间，T_b 表示买方的最大谈判时间，为便于讨论，将谈判时间离散化，即 $T = \{1, 2, \cdots, t, \cdots, T_b\}$，所以 T 可以用来表示谈判轮数集合；最大谈判时间可以看做是允许谈判的最大轮数。其中买方 Agent 向卖方 Agent 发送一个提议并收到所有卖方 Agent 回应为一轮。每一卖方 s_j 也有一个最大谈判时间 T_{s_j}，但是只要到达 T_b，不管 T_s 是否到达，谈判都会结束。

$P = \{ p_j \mid 0 \leqslant j \leqslant n \}$，$p_0$ 表示买方 b 的报价；p_j，$0 \leqslant j \leqslant n$ 表示 s_j 所报的价格；$p_j \in [p_{j\min}, p_{j\max}]$，表示 p_j 的取值范围 D_j 在最小值 $p_{j\max}$ 和最大值 $p_{j\min}$ 之间。

$p_j(t)$ 表示 s_j 所做的第 t 轮报价；$\beta = \beta(t)$ 为所有卖方与买方在 t 轮的合作可能度的向量，

$$\beta(t) = \{ \beta_1(t), \beta_2(t), \cdots, \beta_j(t), \cdots, \beta_n(t) \}$$

$\beta_j(t) \in [0, 1]$，$0 \leqslant j \leqslant n$ 为卖方 s_j 与买方 b 到第 t 轮为止的合作可能度。

$AT = \{ A_{\text{pia}}, A_{\text{mid}}, A_{\text{imp}} \}$ 表示卖方谈判类型集合，其中 A_{pia} 表示节俭型，在整个交易过程中，买方（或卖方）的出价在前期随时间的变化过于缓慢，而在后期又随时间的变化过于迅速，以便在预定的时间内与卖方（或买方）达成一致。A_{imp} 表示急躁型，即在整个交易过程中，买方（或卖方）的出价在前期随时间的变化过于迅速，想在尽可能短的时间内与卖方（或买方）达成一致，而在后期（未达成一致的前提下）又随时间的变化趋于缓慢[9][10]。A_{mid} 表示折中型，介于 A_{pia} 与 A_{imp} 之间的谈判类型。

$ST = \{S_{pia}, S_{mid}, S_{imp}\}$ 表示 Agent 采用的谈判策略集合，与买卖双方的类型相对应使用，我们分为三种谈判策略，其中 S_{pia} 表示节俭型策略，S_{mid} 表示折中策略，S_{imp} 表示急躁型策略，根据这些策略可以给出不同的反报价。

$AC=\{proposal, re\text{-}proposal, send, accept, terminate, deal\}$ 表示参与谈判的 Agent 的行为原子集合，其中 proposal 表示向对手提出一个报价，re-proposal 表示拒绝接收对手的报价后向其提出一个新报价，send 表示将谈判者一方的信息传递到另一方，terminate 表示 Agent 中止谈判，deal 表示双方进行交易。

（三）报价评估

报价评估用来对接收到的报价进行评估，判断是否可以接受对方给出的报价。接受则谈判成功，不接受则生成反报价[7]。在谈判前，买方 Agent b 首先给出合作可能度的阈值；在谈判过程中，买方 Agent b 评估各个卖方 Agent 的合作可能度，不断淘汰合作可能度小于设定的阈值的卖方。在报价过程中，当买方 b 在 t 时刻从卖方 j 处收到一个报价（用 $p_j(t)$ 表示）后，Agent b 就要对这个报价进行评估。如果 $p_j(t)$ 比在下一时刻 $t+1$，Agent b 将给 Agent s_j 的报价 $p_0(t+1)$ 还要高，那么 Agent b 就接受 Agent s_j 的报价，否则 Agent b 将计算卖方 Agent s_j 的合作可能度 $\beta_j(t)$，如果 $\beta_j(t)$ 小于预先设定好的阈值 σ 那么淘汰卖方 Agent s_j，如果 $\beta_j(t) \geqslant \sigma$ 则继续报价；由于合作可能度在谈判的前几轮次各个卖方的合作可能度可能相差不大，因此系统选择从 t_0 轮开始淘汰合作可能度较小的卖方，t_0 由买方事先设定。这一淘汰过程可用如下函数表示：

$$I_b(t+1, p_j(t)) = \begin{cases} reject & if \ (t+1) > T_b \ or \ (\beta_j(t) < \sigma, t \geqslant t_0) \\ accept & if \ p_0^{(t+1)} \geqslant p_j(t) \\ p_0(t+1) & otherwise \end{cases}$$

类似的，对于卖方 Agent s_j 报价过程如下：

$$I_j(t+1, p_0(t)) = \begin{cases} reject & if \ (t+1) > T_{sj} \\ accept & if \ p_j(t+1) \geqslant p_0(t) \\ p_j(t+1) & otherwise \end{cases}$$

（四）反报价的生成

可以将 Agent 分为急躁型、折中型和节俭型三种类型，对应采取三种策略。具体来说，对于买方在第 t 轮的报价 $p_0(t) = p_{0min} + (p_{0max} - p_{0min}) \times \left[\dfrac{t}{T_b}\right]^{\lambda}$，$\lambda$ 的不同取值决定了不同的策略，当 $\lambda \geqslant 2$ 时为节俭型策略；当 $0.5 < \lambda < 2$ 时为折中型策略；当 $0 < \lambda \leqslant 0.5$ 时为急躁型策略。λ 越小表明越急躁，λ 越大表明越节俭。

卖方 j 的报价 $p_j(t) = p_{jmin} + (p_{jmax} - p_{jmin}) \times \left[\dfrac{t}{T_{sj}}\right]^{\lambda}$，$\lambda$ 与买方报价策略有相同的意义。

在提出反报价时，买方 Agent b 需要对所有的卖方提出相同的反报价，同时要保证并行谈判中采取不同的策略能够达成较好谈判结果的优势。买方按照卖方的报价获得谈判轨迹图，根据谈判的轨迹图对应的反应函数将卖方进行分类，当反应函数是凸函数时，认为卖方为急躁型；当反应函数是凹函数时，认为卖方是节俭型；若反应函数为直线，则认为卖方为折中型。因为模型中的轨迹图是由多个离散的点组成，采用 $type_j(t) = \dfrac{(y_j(t) + y_j(t-2))/2}{y_j(t-1)}$ 来判断第 t 轮卖方的类型，若 $type_j(t) > 1$，则反应函数为凸函数，卖方 j 为急躁型；若 $type_j(t) < 1$，则反应函数为凹函数，卖方 j 为节俭型；若 $type_j(t) = 1$，卖方 j 为折中型。

然后，买方对不同类型的卖方利用不同的策略计算出相应的反报价：买方处于优势地位，开始时都采用节俭型策略，即开始时不肯提高价格，随着时间接近谈判最大时间为了达成一致才提高价格。而卖方则不同，具体表现在：买方针对节俭型的卖方应采取节俭程度较高的节俭型的策略，即 λ 取值较大，因为卖方开始不肯让价，但只要买方坚持，卖方为达成交易最终还是会让价；针对急躁型的卖方则采取节俭程度较低的策略，即 λ 取值较小，针对折中型的卖方采取节俭程度处于前两者之中的节俭型策略。所以，买方在利用合作可能度与多个报价集成的方式确定对卖方的统一的反报价时需要考虑这些不同的策略。

由此得出买方确定反报价的具体步骤如下：

假设，根据上述方法得到的对卖方 Agent s_j 的反报价为：$p_0^j(t+1)$；$0 < j < L$（L 为到第 t 轮为止系统中存在的卖方的个数），则

$A_L = \{p_0^1(t+1), p_0^2(t+1), \cdots, p_0^L(t+1)\}$ 为买方 Agent 对 L 个卖方 Agent 在 $t+1$ 轮的报价向量。

最终得到买方 Agent b 对所有卖方 Agent 的统一反报价为

$$p_0(t+1) = \{p_0^1(t+1), p_0^2(t+1), \cdots, p_0^L(t+1)\} = w(t) \times A_L^T$$

式中，A_L^T 为 A_L 的转置，其中：

$$w(t) = \left\{ \frac{\beta_1(t)}{\sum\limits_{i=1}^{l} \beta_i(t)}, \frac{\beta_2(t)}{\sum\limits_{i=1}^{l} \beta_i(t)}, \cdots, \frac{\beta_j(t)}{\sum\limits_{i=1}^{l} \beta_i(t)}, \cdots, \frac{\beta_l(t)}{\sum\limits_{i=1}^{l} \beta_i(t)} \right\}$$

$\beta(t) = \{\beta_1(t), \beta_2(t), \cdots, \beta_j(t), \cdots, \beta_l(t)\}$ 为到第 t 轮为止买方与所有没有被淘汰的卖方的合作可能度向量。

（五）谈判算法流程

模型中，买方 Agent b 算法流程描述如下：

（1）买方 Agent b 向各个卖方 Agent s_j 发送报价。

（2）买方 Agent b 等待所有的卖方 Agent s 返回消息。若存在卖方 Agent s_j 发送 "accept" 消息，与卖方 Agent s_j 作 "deal" 处理，谈判成功，并结束；若存在卖方 Agent s_j 发送 "refuse" 消息，则结束与卖方 Agent s_j 的谈判，否则计算各个卖方 Agent 报价与买方 Agent b 的合作可能度，若谈判轮次大于 t_0 淘汰合作可能度小于阈值 σ 的卖方 Agent。

（3）根据卖方 Agent s_j 的报价，获得谈判轨迹图，并将卖方 Agent 分为急躁型、折中型、节俭型三类，针对节俭型的卖方要采取节俭程度较高的节俭型的策略，因为卖方开始不肯让价，但只要买方坚持，卖方为达成交易最终还是会让价；针对急躁型的卖方则采取节俭程度较低的策略，针对折中型的卖方采取节俭程度处于前两者之中的节俭型策略。当对目前系统中存在的 L 个卖方 Agent 下一轮的报价都计算完毕后，构造第 $t+1$ 轮买方 Agent 对卖方报价的向量 A_L。

（4）利用 $w(t) \times A_L^T$ 获得买方 Agent b 对所有卖方 Agent 的统一报价。

（5）如果 $t < T_b$，则转向（1）重复（1）至（4）的操作。否则终止谈判。

（六）应用实例

本例数据在文献[25]的基础上增加了两个卖方，买方要购买某一商品的 pb-min$=500$，$pbmax=700$，$T_b=40$，针对节俭型、折中型、急躁型的卖方，λ 分别取值：8、5、4；与此相对应，五个卖家分别告诉自己的有关该商品的信息为：$p1min=600$，$p1max=840$，谈判策略为节俭型（$\lambda=4$）；$p2min=600$，$p2max=840$，谈判策略为折中型（$\lambda=1$）；$p3min=500$，$p3max=840$，谈判策略为急躁型（$\lambda=0.25$）；$p4min=600$，$p4max=700$，谈判策略为节俭型（$\lambda=8$）；$p5min=550$，$p5max=700$，谈判策略为急躁型（$\lambda=0.2$）；$p6min=600$，$p6max=700$，谈判策略为节俭型（$\lambda=6$）。设定合作可能度的初始阈值 $\sigma=0.6$，

从第 15 轮开始淘汰合作可能度小于 σ 的卖方。

根据合作可能度的定义以及各卖方的报价策略得到各个卖方的合作可能度如图 11-7 所示。

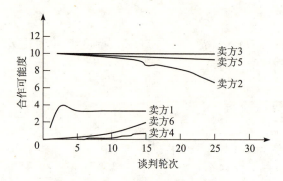

图 11-7　谈判过程中合作可能度

实验结果表明：买方与卖方 3 达成协议，这个结果与文献［25］的一致，也就是说一对多淘汰制模型可以在不影响谈判结果的情况下有效地淘汰合作可能度较小的卖方。它与一对多并行谈判相比降低了谈判的成本以及协调的复杂程度，避免了不公平现象的出现；同时买方反报价策略也考虑了针对不同卖方采取不同策略的特点。

三、基于合作可能度的多属性一对多谈判模型

（一）一对多多属性的属性效用

用 j 表示所要谈判的问题的属性（如价格、供货时间等），m 表示属性的数量，$x_i^j, i \in [1,m]$ 表示 Agent j 对属性 i 的取值。$x_i^j, x_i^j \in [x_{i\min}^j, x_{i\max}^j]$ 表示 x_i^j 的取值范围 D_i^j 在 $x_{i\min}^j$ 和 $x_{i\max}^j$ 之间。$v_i^j : [x_{i\min}^j, x_{i\max}^j] \rightarrow [0,1]$ 表示 Agent j 在属性 i 的效用（为了方便，将其转换为 ［0,1］ 区间上的值）。而整个报价方案（这里所说的报价表示的是一个谈判参与者对另一个参与者报出的方案集）的效用 $V^j(x)$ 根据多属性效用理论由所有问题的效用加权求和而来，即对于一个报价方案 $x^j = (x_1^j, x_2^j, \cdots, x_n^j)$，其效用为 $V^j(x) = \sum_{i=1}^{m} w_i^j v_i^j$，其中，$w_i^j$ 为谈判参与者 Agent j 对于问题 i 的偏好。对于连续性的变量 v_i^j 有两种类型：

越小越优越型，$v_i^j = \dfrac{x_{i\max}^j - x_i^j}{x_{i\max}^j - x_{i\min}^j}$，$v_i^j$ 为单调递减函数。

越小越优越型，$v_i^j = \dfrac{x_i^j - x_{i\min}^j}{x_{i\max}^j - x_{i\min}^j}$，$v_i^j$ 为单调递增函数。

对于离散性的变量我们直接将有限集 $Q^j = \{q_1^j, q_2^j, \cdots, q_r^j\}$ 转化为 $V_i^j : Q \rightarrow [0,1]$。

(二) 一对多谈判模型描述

在一对多谈判单属性模型的基础上，给出相应的多属性谈判模型的描述。

定义　将一对多多属性淘汰制谈判模型定义为九元组 $\{A, I, x, V, T, \beta, AT, ST, AC\}$，其中，$A = \{b, s_1, s_2, \cdots, s_j, \cdots, s_n, 0 \leqslant j \leqslant n, n > 0\}$ 表示参与谈判的 Agent 集合；b 表示买方 Agent；$s_1, s_2, \cdots, s_n$ 表示 n 个相互独立的卖方 Agent。

T 表示谈判时间，T_b 表示买方的最大谈判时间，为便于讨论，将谈判时间离散化，即 $T = \{1, 2, \cdots, t, \cdots, T_b\}$，所以 T 可以用来表示谈判轮数集合；最大谈判时间可以看做是允许谈判的最大轮数。其中买方 Agent 向卖方 Agent 发送一个提议并收到所有卖方 Agent 回应为一轮。每一卖方 s_j 也有一个最大谈判时间 T_{s_j}，但是只要到达 T_b，不管 T_s 是否到达，谈判都会结束。

$I = \{i_1, i_2, \cdots, i_m, m > 0\}$ 表示谈判属性集合；

$x = \{x_i \mid i \in I\}$ 表示谈判属性集合 I 的可能取值集合；

$x^j = (x_1^j, x_2^j, \cdots, x_m^j)$ 表示 Agent j 所做的一个报价；

$x^{0 \rightarrow j} = (x_1^{0 \rightarrow j}, x_2^{0 \rightarrow j}, \cdots, x_m^{0 \rightarrow j})$ 表示买方 b 对卖方 s_j 的报价，$x_i^0 = (x_1^0, x_2^0, \cdots, x_m^0)$ 表示买方 b 的统一报价，$x^j = (x_1^j, x_2^j, \cdots, x_m^j)$，$0 < j < n$ 表示 sj 的报价；$x_i^j \in [\min_i^j, \max_i^j]$ 表示 x_i^j 的取值范围 D_i^j 在 $\min_i^j$ 和 $\max_i^j$ 之间。

$x^j(t) = (x_1^j(t), x_2^j(t), \cdots, x_m^j(t))$，表示 s_j 所做的第 t 轮报价；

$v_i^j : [\min_i^j, \max_i^j] \rightarrow [0,1]$ 表示 Agent j 在属性 i 的效用；$V^j(x)$ 为整个报价方案的效用 $V^j(x) = \sum_{i=1}^{m} w_i^j v_i^j$，其中，$w_i^j$ 为谈判参与者 Agent j 对于问题 i 的偏好。

$\beta = \beta(t)$ 为所有卖方与买方在 t 轮的合作可能度的向量，

$$\beta(t) = \{\beta^1(t), \beta^2(t), \cdots, \beta^j(t), \cdots, \beta^l(t)\}$$

$\beta^j(t) \in [0,1], 0 < j < n$ 为卖方 s_j 与买方 b 到第 t 轮为止的合作可能度。

(三) 合作可能度的计算

1. 模型中的学习机制

为了能够构造合理的适应度函数以及像一对多单属性淘汰制模型中一样买方能对卖方进项分类，买方需要获得卖方对各个属性的权重 w_i^j，而卖方权重对于买方来说是属于非完全信息，所以有必要对这些非完全信息进行学习，从而使对卖方的分类更加准确，谈判结果更加接近现实中的谈判结果。

贝叶斯学习机制是一种传统的、成熟的学习机制。可以用它来对这些非完全信息进行学习。

第一步，Agent b 对 Agent s_j 各个条款权重的猜想。

Agent s_j 对各个条款的权重可以看做集合 $w_i^j, i=1,2,\cdots,m; j=1,2,\cdots,n$。由于这里是买方对卖方对各属性权重的猜测，我们用 w_i^{0j} 区别于卖方真实的权重 w_i^j。这里用 $w_{ik}^{0j}, k=1,2,\cdots,M$，代表 Agent s_j 的第 i 个条款的第 k 个可能权重，Agent s_j 的每一个条款都有 M 种可能权重。

第二步，初始化属性权重的概率。

Agent s_j 对第 i 条款的每一个权重可以初始化为 $P(w_{ik}^{0j})$，这里

$$\sum_{k=1}^{M} P(w_{ik}^{0j}) = 1, i=1, 2, \cdots, m; j=1, 2, 3, \cdots, n。$$

第三步，初始化权重矩阵和概率矩阵。

$$\begin{bmatrix} w_{11}^{0j}, & w_{12}^{0j}, & \cdots, & w_{1M}^{0j} \\ w_{21}^{0j}, & w_{22}^{0j}, & \cdots, & w_{2M}^{0j} \\ \vdots & & & \\ w_{n1}^{0j}, & w_{n2}^{0j}, & \cdots, & w_{nM}^{0j} \end{bmatrix} \quad \begin{bmatrix} P(w_{11}^{0j}), & P(w_{12}^{0j}), & \cdots, & P(w_{1M}^{0j}) \\ P(w_{21}^{0j}), & P(w_{22}^{0j}), & \cdots, & P(w_{2M}^{0j}) \\ \vdots & & & \\ P(w_{n1}^{0j}), & P(w_{n2}^{0j}), & \cdots, & P(w_{nM}^{0j}) \end{bmatrix}$$

第四步，当收到 Agent s_j 的一个报价 $x^j = (x_1^j, x_2^j, \cdots, x_m^j)$ 后，初始化先验概率并且更新上面两个矩阵。

Agent b 按照自己的法则 $\Omega: (x^j, w_{ik}^{0j}) \to P(x^j | w_{ik}^{0j})$ 来计算所有的 $P(x^j | w_{ik}^{0j})$，$k=1, 2, 3, \cdots, M$。

第五步，用贝叶斯公式来更新 Agent b 对 Agent s_j 各个属性权重的先验概率。

$$P(w_{ik}^{0j} | x^j) = \frac{P(w_{ik}^{0j}) P(x^j | w_{ik}^{0j})}{\sum_{l=1}^{m} P(x^j | w_{il}^{0j}) P(w_{il}^{0j})}$$

$$i=1, 2, 3, \cdots, m; j=1, 2, 3, \cdots, n; k=1, 2, \cdots, M$$

第六步，计算 Agent s_j 每一个属性的权重

$$w_i^{0j} = \sum_{k=1}^{M} (w_{ik}^{0j}) \times P(w_{ik}^{0j} | x^j), i=1, 2, 3, \cdots, m$$

2. 利用遗传算法获得最终解的估计

在只有价格这一属性的情况下可以用谈判轨迹图来实现，然而在多属性谈判中却无法用二维作图来实现。针对遗传算法的全局收敛性快速寻优、可并行性寻优以及模拟自然进化过程解决最优问题等特点，因此可利用遗传算法来实

现每一轮次对卖方最终解的估计。

基于遗传算法进行优化求解，需要进行编码、确定初始群体、计算适应度、复制、交配、变异以及终止等操作。

（1）编码。我们采用二进制编码来表示自动谈判系统的各谈判款项。采用 0-1 编码，可以精确地表示整数，也可以表示枚举型的谈判款项。例如交货地点（北京、上海、广州、深圳），可用二进制数简单地表示为：北京-00，上海-01，广州-10，深圳-11。连续变量也可以采用二进制编码，但需要考虑精度。对给定的区间 $[a, b]$，设采用二进制编码长度为 n，则任何一个变量

$$x = a + a_1 \frac{b-a}{2} + a_2 \frac{b-a}{2^2} + \cdots + a_n \frac{b-a}{2^n} \tag{11-13}$$

对应一个二进制码 a_1，a_2，$\cdots$，a_n。二进制编码与实际变量的最大误差为 $\frac{b-a}{2^n}$。例如，谈判一方所能接受的商品单价的区间为 $[10, 15]$，取 n 为 4，由式（11-13）可得其中的一个编码为 1101：

$$x = 10 + 1 \times \frac{15-10}{2} + 1 \times \frac{15-10}{2^2} + 1 \times \frac{15-10}{2^3} + 1 \times \frac{15-10}{2^4} \approx 14.06$$

若该谈判问题只涉及交货地点和商品单价两个谈判款项，则该问题的其中一个编码可表示为：101101（广州，14.06）。

本文中我们假设有价格、质量、交货期、保修期 11 个谈判属性，每项属性的编码如图 11-8 所示。

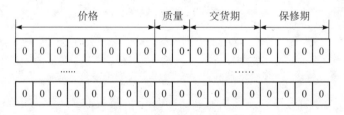

图 11-8 谈判编码方案

（2）适应度函数的确定。定义 F 表示 Agent j 的适应度，

适应度函数可表述为 $F = V^0(x) \prod_{j=1}^{n} V^j(x)$，其中 $V^0(x)$ 表示买方对报价方案 x 的效用；$V^j(x)$，$0 < j < n$ 表示 s_j 对报价方案的效用。$V^{0j}(x^j(t))$，$0 < j < n$ 表示为买方对卖方 s_j 在报价 x 的效用的估计。$V^{0j}(x) = \sum_{i}^{n} w_i^{0j} v(x_i^j)$，其中 w_i^{0j} 为谈判参与者买方对卖方 j 对于问题 i 的偏好的估计。假设卖方的保留值是买方的期望值，每一轮次我们用买卖各方的当前报价作为计算效用的期望值。本例

除了设定编码串长度为 18 以外，还确定群体大小为 20，以及交叉概率为 0.95，变异概率为 0.05。

（3）终止条件。由于自动谈判问题适应度目标值也无法事先确定，而且多次迭代容易影响到计算时间，不能达到实时决策支持的目的，所以本文采用观察适应度变化趋势的方法进行遗传算法终止的判定，即当发现遗传算法再进化也无法改进解的性能，也就是适应度函数的值，此时停止计算。即

$$|F(t+1)_{max} - F(t+1)_{max}| \leqslant \delta$$

式中，$F(t+1)_{max}$ 为第 $t+1$ 次演化后个体中的最大适应度；$F(t)_{max}$ 为第 t 次演化后个体中的最大适应度；δ 为事先规定的一个非常小的数。

条件终止后得到的结果就为买方 b 对 s_j 最终成交报价的估计，设为 $z^j = (z_1^j, z_2^j, \cdots, z_m^j)$。

3. 合作可能度的计算

根据上述方法得到对各个卖方的最终成交报价的估计，设在第 t 轮谈判后买方对卖方 j 的成交报价的预估值为 $z^j(t) = (z_1^j(t), z_2^j(t), \cdots, z_m^j(t))$，我们令卖方 j 的合作可能度为

$$\beta_i^j(t) = \begin{cases} \dfrac{max_i^0 - z_i^j(t)}{max_i^0 - min_i^0}, & z_i^j(t) \leqslant max_i^0 \\ \\ 0, & z_i^j(t) > max_i^0 \end{cases} \quad （属性越小越好）$$

$$\beta_i^{\,j}(t) = \begin{cases} \dfrac{z_i^j(t) - min_i^0}{max_i^0 - min_i^0}, & z_i^j(t) \geqslant min_i^0 \\ \\ 0, & z_i^j(t) < min_i^0 \end{cases} \quad （属性越大越好）$$

$$\beta^j(t) = \sum_{i=1}^{m} w_i^0 \beta_i^j(t)$$

按照上述方法可得到当前所有卖方（L 个）与买方到 t 轮为止的合作可能度向量 $\beta = \beta(t) = \{\beta^1(t), \beta^2(t), \cdots, \beta^j(t), \cdots, \beta^l(t)\}$。然后将其归一化。具体方法是

$$\beta^{max}(t) = \max\{\beta^1(t), \beta^2(t), \cdots \beta^j(t), \cdots, \beta^l(t)\}$$

$$\beta(t) = \{\dfrac{\beta^1(t)}{\beta^{max}(t)}, \dfrac{\beta^2(t)}{\beta^{max}(t)}, \cdots, \dfrac{\beta^j(t)}{\beta^{max}(t)}, \cdots, \dfrac{\beta^l(t)}{\beta^{max}(t)}\}$$

（四）报价评估

在一对多多属性淘汰制谈判模型中，我们将一对多单属性中的交割比较改为效用比较，其他不变，具体如下。在报价过程中，当买方 b 在 t 时刻从卖方

j 处收到一个报价［用 $x^j(t) = (x_1^j(t), x_2^j(t), \cdots, x_m^j(t))$ 表示］后，Agent b 就要对这个报价进行评估。如果 $V^0(x^j(t))$ 比在下一时刻 $t+1$，Agent b 将给 Agent sj 的报价 $V^0 x^{0 \to j}(t+1)$ 还要高，那么 Agent b 就接受 Agent sj 的报价，否则 Agent b 将计算卖方 Agent s_j 的合作可能度 $\beta^j(t)$，如果 $\beta^j(t)$ 小于预先设定好的阈值 σ 那么淘汰卖方 Agent s_j，如果 $\beta^j(t) \geqslant \sigma$ 则继续报价；另外，由于合作可能度的计算是不断学习卖方的报价行为来获得的，因此在谈判的前几轮次各个卖方的合作可能度可能相差不大，因此系统选择从 t_0 轮开始淘汰合作可能度较小的卖方，t_0 由买方事先设定。这一淘汰过程可用如下函数表示：

$$I^b(t+1, x^j(t)) = \begin{cases} reject & if \quad (t+1) > T_b \quad or \quad (\beta^j(t) < \sigma, t \geqslant t_0) \\ accept & if \quad V^0(x^{0 \to j}(t+1)) \geqslant V^0(x^j(t)) \\ x^{0 \to j}(t+1) & otherwise \end{cases}$$

类似的，对于卖方 Agent sj 报价过程如下：

$$I^j(t+1, x^0(t)) = \begin{cases} reject & if \quad (t+1) > T_{sj} \\ accept & if \quad V^j(x^j(t+1)) \geqslant V^j(x^{0 \to j}(t)) \\ x^j(t+1) & otherwise \end{cases}$$

(五) 反报价生成

类似于单属性一对多谈判，在多属性的一对多谈判中，买方确定反报价的具体步骤如下：

假设，得到的对卖方 Agent s_j 的反报价为：$x^{0 \to j} = (x_1^{0 \to j}, x_2^{0 \to j}, \cdots, x_m^{0 \to j})$，$0 < j < L$（$L$ 为到第 t 轮为止系统中存在的卖方的个数），则

$$A_{L \times m} = \begin{bmatrix} x_1^{0 \to 1}(t+1), & x_1^{0 \to 2}(t+1), & \cdots, & x_1^{0 \to L}(t+1) \\ x_2^{0 \to 1}(t+1), & x_2^{0 \to 2}(t+1), & \cdots, & x_2^{0 \to L}(t+1) \\ & \vdots & & \\ x_m^{0 \to 1}(t+1), & x_m^{0 \to 2}(t+1), & \cdots, & x_m^{0 \to L}(t+1) \end{bmatrix}$$

为买方 Agent 对 L 个卖方 Agent 在 $t+1$ 轮的报价矩阵。

最终得到买方 Agent b 对所有卖方 Agent 的统一反报价为

$$p_0(t+1) = w(t) \times A_L^T$$

式中，A_L^T 为 A_L 的转置。

$$w(t) = \left\{ \frac{\beta^1(t)}{\sum_{i=1}^l \beta^i(t)}, \frac{\beta^2(t)}{\sum_{i=1}^l \beta^i(t)}, \cdots, \frac{\beta^j(t)}{\sum_{i=1}^l \beta^i(t)}, \cdots, \frac{\beta^l(t)}{\sum_{i=1}^l \beta^i(t)} \right\}$$

$\beta(t) = \{\beta^1(t), \beta^2(t), \cdots, \beta^j(t), \cdots, \beta^l(t)\}$ 为到第 t 轮为止买方与所有没有被

淘汰的卖方的合作可能度向量。

第五节　基于辩论的谈判模型

相比一般基于提议的自动谈判，基于辩论的自动谈判可以允许 Agent 在谈判过程中针对提议外的信息进行交互，从而使自动谈判的研究具有了一种全新的特点，本节主要介绍基于辩论的自动谈判的特点及其在谈判伙伴选择、谈判交互过程中的应用，在此基础上，介绍一种供应链环境下的基于辩论的谈判系统及其原型实现。

一、基于辩论的自动谈判的提出

现有的基于 Agent 的谈判的研究涉及管理学、人工智能、计算机、经济学、运筹学及心理学等许多学科，较为广泛，因此是一个值得研究的综合了各交叉学科的基本原理和方法的研究对象。

基于辩论的多 Agent 自动谈判的提出，可以有效地解决基于博弈和基于启发式的自动谈判的不足，它允许 Agent 在谈判过程中交换额外信息，或对其信念及其他的心理态度做出"辩论"。许多学者认为，辩论是一种语内表现行为（在特定语境中一讲出话即完成的言语表达行为，如答应、允许等）（a speech act），包括提出某报价的理由（或信息）或在是否接受此报价的基础上对某行为过程的承诺。在谈判环境中，如果将谈判视为一种信息，它将能允许 Agent：

（1）为其谈判姿态找出合适的理由；

（2）影响其余 Agent 的谈判姿态。

因此，除了接受或拒绝一个提议外，Agent 能提出一个相关评论，这能协助做出更有效的谈判。通过理解为什么对手不能接受一个特殊的交易，Agent 能有一个较好的状态来提出一个有更高被接受机会的可替代的报价。例如，在工会争论问题中，代表工人联盟的 Agent 可能会拒绝作为组织管理的 Agent 所提出的修改的养老金计划[27]，而作为回答，作为管理的 Agent 可能会提出一个不同的养老金计划，如果工会 Agent 能解释他们的初始提议不是为了养老金而是希望减少工作时间的话，代表管理者的 Agent 将会不再为探索不同的养老金计划而烦恼，相反，他们会关注于寻找一个减少工作负荷的安排。

另一种能被交换的信息是有关此提议的理由，表明为什么 Agent 能做出此决定或为什么对手能接受此提议，这将有可能改变其余 Agent 可接受的范围[28]，或者改变谈判空间的属性。例如，雇员 Agent 就工资上调与管理者 Agent 谈判，他们可能会提出一个较大的上涨幅度，但这将被管理者 Agent 拒绝，在雇员 Agent就他们本年度工作所取得的巨大成绩作出表述并以此作为提议的正当理由时，管理者 Agent 可能会接受。通过给谈判对象介绍新的属性（或维度），Agent也能交换能导致谈判对象改变的结果的信息。例如，管理者 Agent 可能会改变谈判对象，使谈判不仅包括工资上调，同时还包括工作时间的改变。通过这种方式，管理者 Agent 可能会提出减少工作时间，而不是增加工资。为了给对手施加压力，Agent 还有可能做出威胁或奖励，以得到一个可接受的提议。例如，管理者 Agent 为了使一个项目在较短的规定期限内完成，将会许诺增加工资（或威胁解雇员工），以诱使他们分配更多的时间在这个特殊项目上。

因此，与基于 Agent 的博弈谈判和启发谈判相比，基于 Agent 的辩论谈判具有较大的优点，该领域目前国内研究还不多见，本节中以我们研究成果为主，同时对国内其他学者的研究成果和模型加以介绍和评述。

二、基于辩论的自动谈判中的合作伙伴模型

合作伙伴的选择，指的是组织（通常指企业）通过一定的策略或模型，考虑交易伙伴的信用程度、交易商品数量、价格、交货期等指标，对交易伙伴进行总体的评估和最佳选择，以满足组织自身的相应需求，实现组织自身利益最大化，以及实现双赢或多赢的目标。合作伙伴的选择正确与否，直接影响到组织未来的业绩，是组织各项关系运行的基础。传统的供应关系已经不再适应激烈的全球竞争和产品需求日新月异的环境，为了实现低成本、高质量、柔性生产、快速反应等目标，组织的业务重构必须改进或提出新的策略或模型，加强对合作伙伴的选择。

（一）基于威胁、奖励、反驳和申辩的合作伙伴选择模型

目前，在基于 Agent 的辩论谈判中，威胁、奖励、反驳和申辩作为其中几种最重要且普遍的合作伙伴选择策略而被广泛研究。因为在信息不对称的情况下，一个好的辩论方式可能会给遭受辩论的谈判对手带来其有可能忽略的新信息，并可能会使其根据此辩论方式的辩论力度而修改内心心理状态，从而使被这个辩论方式所支持的谈判提议被接受的可能性大大增加。此外，这种辩论方式还能限制谈判对手未来活动的行为空间，使谈判朝双方都能接受的一致的方向发展。因此，如何提出和评价一个好的辩论谈判方式对谈判双方实现最终合作起着关键作用[29-34]。

在 Agent α 与 Agent β 的辩论谈判的合作伙伴选择过程中，其中一方提出的谈判条款可能会与参与辩论谈判的对手的目标或意图产生冲突，从而使谈判陷入僵局。此时，为保证参与辩论谈判的双方利益最大化和顺利达成一致，它可能会使用一定的辩论谈判方式，提出相应的辩论谈判策略来说服对手，典型的有威胁、奖励、反驳和申辩。

1. 威胁的定义及分类

在 Agent α 与 Agent β 的辩论谈判的合作伙伴选择过程中，当辩论谈判陷入僵局时，其中一方例如 Agent α 可能会向 Agent β 提出相关的威胁，以说服对手。假设 Agent α 是谈判过程中威胁的产生者，Agent β 是威胁的遭受者，则可以将威胁定义为是被 Agent α 使用来强迫 Agent β 完成（或不完成）一定行为的辩论谈判方式，其目的是为了更好地实现提出辩论谈判方即 Agent α 的目标。因此，作为基于 Agent 的辩论谈判中的一种典型的辩论谈判方式，威胁具有反面的特征。根据威胁的定义可将其分为如下两种主要形式：

（1）如果 Agent β 完成某个行为，Agent α 就以完成另一行为作为对 Agent β 完成此行为的惩罚，相应的表现为 Agent α 向 Agent β 提出此类威胁；

（2）如果 Agent β 不完成某个行为，Agent α 就以完成另一行为作为对 Agent β 不完成此行为的惩罚，相应的表现为 Agent α 向 Agent β 提出此类威胁。

显然，第一种威胁形式发生在当其中一方要求参与辩论谈判的对手完成某个行为而遭到拒绝时，它将会考虑完成另一行为，以作为对要求参与辩论谈判的对手完成那个行为的惩罚的情况；第二种威胁形式发生在当其中一方要求参与辩论谈判的对手不完成某个行为而遭到拒绝时，它将会考虑完成另一行为，以作为对要求参与辩论谈判的对手完成那个行为的惩罚的情况。因为根据参与辩论谈判的它和对手的内在的有关此辩论谈判的知识和经验来判断，这两类威胁相应地都会对谈判对手产生不利的后果，因此有可能会迫使对手对这类辩论谈判方式进行充分考虑后做出有利于此辩论谈判的选择。

2. 奖励的定义及分类

奖励的定义和分类与威胁类似，但意义相反。在 Agent α 与 Agent β 的辩论谈判的合作伙伴选择过程中，当辩论谈判陷入僵局时，其中一方例如 Agent α 可能会向 Agent β 提出相关的奖励，以说服对手。假设 Agent α 是基于 Agent 的辩论谈判过程中奖励的产生者，Agent β 是奖励的遭受者，则可以将奖励定义为是被 Agent α 使用来激励 Agent β 完成（或不完成）一定行为的辩论谈判方式，其目的也是为了更好地实现提出辩论谈判方即 Agent α 的目标。因此，作为基于 Agent 的辩论谈判中的一种典型的辩论谈判方式，奖励具有正面的特征。根据奖励的定义也可将其分为如下两种主要形式：

（1）如果 Agent β 完成某个行为，Agent α 就以完成另一行为作为对 Agent β 完成此行为的激励，相应的表现为 Agent α 向 Agent β 提出此类奖励；

（2）如果 Agent β 不完成某个行为，Agent α 就以完成另一行为作为对 Agent β 不完成此行为的激励，相应的表现为 Agent α 向 Agent β 提出此类奖励。

对应于威胁的，第一种奖励形式发生在当其中一方要求参与辩论谈判的对手完成某个行为而遭到拒绝时，它将会考虑完成另一行为，以作为对要求参与辩论谈判的对手完成那个行为的激励的情况；第二种奖励形式发生在当其中一方要求参与辩论谈判的对手不完成某个行为而遭到拒绝时，它将会考虑完成另一行为，以作为对要求参与辩论谈判的对手不完成那个行为的激励的情况。因为根据参与辩论谈判的它和对手的内在的有关此辩论谈判的知识和经验来判断，这两类威胁相应地都会对谈判对手产生有利的后果，因此有可能会诱使对手对这类辩论谈判方式进行充分考虑后做出有利于此辩论谈判的选择。

3. 反驳的定义及分类

在 Agent α 与 Agent β 的辩论谈判的合作伙伴选择过程中，当辩论谈判陷入僵局时，其中一方例如 Agent α 可能会向 Agent β 提出一定的与 Agent β 所提出的辩论谈判条款相矛盾或不相符合的事实或观点，以此来作为说服 Agent β 修改辩论谈判条款，完成交易，实现合作的一种辩论谈判方式。其目的也是为了更好地实现提出辩论谈判方即 Agent α 的目标。相应地，根据反驳的定义也可将其分为如下两种主要形式：

（1）正面反驳，反驳的事实或观点与参与辩论谈判的对手所提出的谈判条款为同类性质；

（2）侧面反驳，反驳的事实或观点与参与辩论谈判的对手所提出的谈判条款为非同类性质，但存在一定关联。

第一种反驳形式发生在当其中一方要求对方完成可能与对方的目标或意图产生冲突的某个行为而遭到拒绝时，它可能会使用与对方提出的谈判条款为同类性质的正面事实或观点，并以此作为反驳，来说服对方；第二种反驳形式发生在同样遭到拒绝的情况下，它可能会使用与对方提出的谈判条款为非同类性质，但存在一定关联的侧面事实或观点，并以此作为反驳，来说服对方。

4. 申辩的定义及分类

在 Agent α 与 Agent β 的辩论谈判的合作伙伴选择过程中，当辩论谈判陷入僵局时，其中一方例如 Agent α 可能会引用一定的正面或反面的事实根据，并以此为例证向 Agent β 提出，以此来作为说服 Agent β 修改辩论谈判条款，完成交易，实现合作的一种辩论谈判方式。其目的也是为了更好地实现提出辩论谈判方即 Agent α 的目标。根据申辩的定义主要可以将其分为如下三种表现形式[7]：

(1) 有关普遍行为的申辩。其中的普遍行为可以是参与辩论谈判的双方曾经类似的成功辩论谈判的例子，也可以是其中一方与第三方曾经类似的成功辩论谈判的例子。

(2) 有关过去承诺的申辩。

(3) 有关其自身利益的申辩。

第一种申辩形式发生在当其中一方要求对方完成可能与对方的目标或意图产生冲突的某个行为而遭到拒绝时，它可能会引用其自身（或第三方）此前曾经与对方在同样的条款下完成过类似交易的例子，以作为说服对方完成此交易的情况；第二种申辩形式则是在同样遭到拒绝的情况下，它可能会考虑引用对方以往曾经许下的承诺，以作为说服对方完成此交易的情况；第三种申辩形式则是在同样遭到拒绝的情况下，它可能会考虑引用这个行为可能给对方带来的其自身并不知道的利益，以作为说服对方完成此交易的情况。

5. 威胁、奖励、反驳和申辩的形式化模型

假设两个 Agent 即 Agent α 与 Agent β 正在就某个谈判议题进行辩论谈判，并处于合作伙伴选择过程中，由于双方不能就此议题达成一致，因而使此辩论谈判处于僵局之中。此时，其中一方例如 Agent α 为了打破这个僵局，并试图说服另一方即 Agent β，可能会采用适当的辩论谈判策略，如威胁，以 *Threat* $(\alpha \Rightarrow \beta)$ 表示，或奖励，以 *Reward* $(\alpha \Rightarrow \beta)$ 表示，或反驳，以 *Rebut* $(\alpha \Rightarrow \beta)$ 表示，或申辩，以 *Appeal* $(\alpha \Rightarrow \beta)$ 表示。其中，Agent α 是辩论方，Agent β 是被辩论方。

从定义来看，无论采用的是哪一种辩论谈判策略，所包含的主要内容中除了提出和接受这个辩论谈判策略的主体外，还应当包括三个主要部分：

(1) Agent α 有关此辩论谈判策略的知识即辩论谈判策略本身；

(2) Agent α 提出此辩论谈判策略想要达到的目标；

(3) Agent α 认为 Agent β 在接受此辩论谈判策略后，Agent β 会达到的目标。

因此，在以上基础上，可对此辩论谈判策略建立如下形式化模型，即相关的威胁、奖励、反驳和申辩的形式化模型，具体如下：

模型（威胁、奖励、反驳和申辩的形式化模型）对提出辩论谈判策略的辩论方 Agent α 来说，它提出的辩论谈判策略即 *Threat* $(\alpha \Rightarrow \beta)$ 或 *Reward* $(\alpha \Rightarrow \beta)$ 或 *Rebut* $(\alpha \Rightarrow \beta)$ 或 *Appeal* $(\alpha \Rightarrow \beta)$ 均可形式化地表述为一个五元函数 $\langle \alpha, \beta, K, I, I' \rangle$，且满足以下条件：

（1）α 表示辩论方即 Agent α ，β 表示被辩论方即 Agent β ；

（2）K 表示 α 有关此奖励的信息，$K \in K_\alpha$ ；

（3）I 表示 α 提出此奖励想要达到的目标，$I \in I_\alpha$ ；

（4）I' 表示 α 认为 β 在接受此奖励后，β 将会达到的目标，$I' \in I_\alpha$ ；

（5）如果提出的辩论谈判策略是威胁，那么在辩论谈判过程中，一直存在关系 $K \wedge I \longmapsto \to I'$ ；如果提出的辩论谈判策略是奖励，那么在辩论谈判过程中，一直存在关系 $K \wedge I \longmapsto I'$ ；且在辩论谈判过程中，$K \wedge I$ 一直保持不变。此外，根据反驳和申辩的定义来看，暂时不需要考虑 I' 这一项。

同理，对在辩论谈判过程中处于被辩论方的 Agent β 来说，Agent α 所提出的有关威胁、奖励、反驳和申辩这些辩论谈判策略的模型也可按照以上规则表示，并且，Agent β 也可根据自身的辩论谈判知识或经验等提出相关的辩论谈判策略，并同样以上面这样的五元函数来表示，只不过其中的 $K \in K_\beta$、$I \in I_\beta$、$I' \in I\beta$。

6. 威胁、奖励、反驳和申辩辩论力度强弱的评价模型

以上考虑的是两个 Agent 之间在辩论谈判的合作伙伴选择过程中的有关威胁、奖励、反驳和申辩的形式化模型，一般来说，被辩论方都会接受对方所提出的辩论，从而确定合作伙伴关系，并使谈判尽快顺利进行，同时保证双方利益都能达到最大化。但辩论谈判的合作伙伴选择过程中，谈判的参与者和产生的有关合作伙伴选择的辩论谈判策略都可能远不止两个，这就是通常会遇到的谈判遭遇。这时，谈判参与者可能会同时遭遇到若干个辩论谈判策略，此时同样为了保证双方利益最大化及谈判的顺利进行，就需要考虑对其所遭受到的每个辩论谈判策略的辩论力度的强弱进行评价，以选择出最佳的合作伙伴进行下一步辩论谈判。在此，需要先对辩论力度的定义进行说明。

定义 1 辩论力度是指辩论谈判的合作伙伴选择过程中，同时遭受到若干个辩论谈判策略的谈判参与者为保证自身利益最大化，根据其自身有关这些辩论谈判策略的知识将这些辩论谈判策略量化，经过计算而得出的值。

由于威胁、奖励、反驳和申辩这几种辩论谈判策略的模型类似，因此，在这里主要以威胁和奖励为例对这几种方式的辩论谈判策略的评价模型进行描述。

假设辩论谈判的合作伙伴选择过程中，存在若干 Agent 正在就某个谈判议题进行辩论谈判，其中的三个 Agent 即 Agent α、Agent β 与 Agent γ 都不能就此议题达成一致，因而使整个辩论谈判处于僵局之中。

此时，其中的任意两方如 Agent α 和 Agent β 为了打破僵局，并试图说服同一个第三方即 Agent γ，可能会各自采用适当的辩论谈判策略，在同时向 Agent γ 提出，假设 Agent α 向 Agent γ 提出的是威胁，以 *Threat* $(\alpha \Rightarrow \beta)$ 表示；Agent

β 向 Agent γ 提出的是奖励，以 Re $ward$ ($\alpha \Rightarrow \beta$) 表示。其中，Agent α 和 Agent β 是辩论方，Agent γ 是被辩论方。

从威胁和奖励的形式化模型来看，对 Agent γ 来说，被辩论的主体均为其自身，所以其所拥有的有关这些辩论谈判策略的知识是一致的。因此，Agent γ 对 Agent α 和 Agent β 提出的威胁或奖励的辩论力度的强弱的评价主要应当包括三个部分：

(1) 对提出威胁或奖励的主体即辩论方的评价；

(2) 对提出威胁或奖励的主体即辩论方想要达到的目标的重要性的评价；

(3) 对提出威胁或奖励的主体即辩论方认为被辩论方在接受此威胁或奖励后将会从辩论方处得到的利益的评价，即被辩论方在接受奖励后所能达到的目标的重要性的评价。

在以上基础上，可建立 Agent γ 对 Agent α 和 Agent β 所提出的威胁或奖励的辩论力度强弱的评价的形式化模型，具体如下：

令 Ar 表示 Agent γ 在同一时间内遭受到的所有谈判对手提出的辩论谈判策略的集合，其中 Agent α 向 Agent γ 提出的威胁为 $Threat$ ($\alpha \Rightarrow \gamma$) = $\langle \alpha, \gamma, K, I, I' \rangle$，$Threat$ ($\alpha \Rightarrow \gamma$) $\in Ar$，Agent β 向 Agent γ 提出的奖励为 Re $ward$ ($\beta \Rightarrow \gamma$) = $\langle \beta, \gamma, K, I, I' \rangle$，Re $ward$ ($\beta \Rightarrow \gamma$) $\in Ar$，相关的辩论力度分别以 $StrTh$ ($\alpha \Rightarrow \gamma$) 和 $StrRw$ ($\beta \Rightarrow \gamma$) 表示，显然 γ、K 相同，故 Agent γ 对 Agent α 及 Agent β 所提出的威胁或奖励的辩论力度强弱的评价均可表述为 $StrTh$ ($\alpha \Rightarrow \gamma$) = $\{\Phi_a, I_a, I'_a\}$、$StrRw$ ($\beta \Rightarrow \gamma$) = $\{\Phi_\beta, I_\beta, I'_\beta\}$。

① Φ_a、Φ_β 表示辩论方，在这里即是指 Agent α 和 Agent β；

② I_a、I_β 表示辩论方想要达到的目标；

③ I_a、I_β 表示就 Agent γ 自身有关此辩论谈判的知识来看，Agent γ 在接受此威胁或奖励后将会从 Agent α 处得到的利益，即 Agent γ 能达到的目标。

因此，相应地，Agent α 及 Agent β 所提出的威胁或奖励的辩论力度的评价值可以分别通过正面的公式计算得到

$$VlStrTh \ (\alpha \Rightarrow \gamma) = w_\Phi \times E \ (\Phi_a) + w_I \times E \ (I_a) + w_I' \times E \ (I'_a)$$

$$VlStrRw \ (\beta \Rightarrow \gamma) = w_\Phi \times E \ (\Phi_\beta) + w_I \times E \ (I_\beta) + w_I' \times E \ (I'_\beta)$$

式中，w_Φ、w_I、w_I' 分别表示就 Agent γ 有关此辩论谈判的知识来看，E (Φ_a)、E (I_a)、E (I'_a) 在 Agent γ 中所占权重；w_Φ、w_I、w_I' 分别表示就 Agent γ 有关此辩论谈判的知识来看，E (Φ_β)、E (I_β)、E (I'_β) 在 Agent γ 中所占权重；E (Φ_a)、E (I_a)、E (I'_a) 分别表示 Agent γ 对 Φ_a、I_a、I'_a 这三个元素的评价值；E (Φ_β)、E (I_β)、E (I'_β) 分别表示 Agent γ 对 Φ_β、I_β、I'_β 这三个元素的评价值。

通过以上模型和计算，Agent γ 就可以对这些辩论谈判策略作出比较，从而选择最佳的合作伙伴。同理，Agent α 或 Agent β 等也可根据上述模型和计算方

法及其自身有关辩论谈判的知识来选择并提出它认为最能说服它想要合作的谈判对手的辩论谈判策略，从而选择最佳的合作伙伴。

7. 威胁、奖励、反驳和申辩的模型举例

1）威胁模型举例

在 Agent α 与 Agent β 的辩论谈判的合作伙伴选择过程中，作为买方的 Agent α 向作为卖方的 Agent β 所下订单中的购买条款可能与 Agent β 的预期相差较远，因此 Agent α 如果要求 Agent β 接受订单（AcptOrd），将会遭到 Agent β 的拒绝。此时，Agent α 可能会提出诸如选择另外卖方（ChosAnoSel）的威胁而迫使 Agent β 修改其自身有关此辩论谈判的知识，以尽快接受 Agent α 的购买条款，因为根据 Agent α 有关此辩论谈判的知识和经验判断，这么做将会对 Agent β 造成重大损失，而这对 Agent β 来说是不愿意接受的。这种威胁属于威胁的第一种形式。Agent α 提出的威胁具有如下三个主要元素：

① $K=<\neg AcptOrd \rightarrow ChosAnoSel>$，$K \in K_\alpha$；

② $I=<AcptOrd>$，$I \in I_\alpha$；

③ $I'=<\neg ChosAnoSel>$，$I' \in I_\alpha$。

因而，对威胁方 Agent α 来说，Agent α 向 Agent β 提出的威胁可形式化为

$$Threat(\alpha \Rightarrow \beta) = \langle \alpha, \beta, \{\neg AcptOrd \rightarrow ChosAnoSel\}, AcptOrd, \neg ChosAnoSel \rangle$$

在前述有关 Agent α 与 Agent β 在辩论谈判的合作伙伴选择过程的僵局中，如果买方 Agent α 选择另外卖方（ChosAnoSel），将对原来卖方 Agent β 不利，鉴于购买条款与 Agent β 预期相差较远，此时，Agent β 将会提出诸如联合其余卖方不供应相关产品给 Agent α（$\neg GetProd$）等的威胁，从而迫使 Agent α 转而修改其自身有关此辩论谈判的知识，因为根据 Agent β 有关此辩论谈判的知识和经验判断，这么做将会对 Agent α 造成重大损失，而这对 Agent α 来说是不愿意接受的。这种威胁属于威胁的第二种形式。Agent β 提出的威胁具有如下三个主要元素：

① $K=<ChosAnoSel \rightarrow \neg GetProd>$，$K \in K_\beta$；

② $I=<\neg ChosAnoSel>$，$I \in I_\beta$；

③ $I'=<GetProd>$，$I' \in I_\beta$。

因而，对威胁方 Agent β 来说，Agent β 向 Agent α 提出的威胁可形式化为

$$Threat(\beta \Rightarrow \alpha) = \langle \beta, \alpha, \{ChosAnoSel \rightarrow \neg GetProd\}, \neg ChosAnoSel, GetProd \rangle$$

2）奖励模型举例

在前述有关 Agent α 与 Agent β 在辩论谈判的合作伙伴选择过程的僵局中，为了保证双方的利益及谈判的顺利进行，Agent α 可能会提出从 Agent β 处购买一定的另外的相关产品（BuyOthPro）做奖励，从而促使 Agent β 修改其自身有

关此辩论谈判的知识，以接受 Agent α 的购买条款。因为根据 Agent α 有关此辩论谈判的知识和经验判断，这么做将会对 Agent β 有利，而这对 Agent β 来说是愿意接受的。这种奖励属于奖励的第一种形式。Agent α 提出的奖励具有如下三个主要元素：

① $K=<AcceptOrd \rightarrow BuyOthPro>$，$K \in K_{\alpha}$；

② $I=<AcceptOrd>$，$I \in I_{\alpha}$；

③ $I'=<BuyOthPro>$，$I' \in I_{\alpha}$。

因而，对奖励方 Agent α 来说，Agent α 向 Agent β 提出的奖励可形式化为 $Re\,ward\,(\alpha \Rightarrow \beta) = \langle \alpha,\beta,\{AcceptOrd \rightarrow BuyOthPro\},AcceptOrd,BuyOthPro \rangle$

在前述有关 Agent α 与 Agent β 的辩论谈判的合作伙伴选择中，Agent α 为保证其自身利益最大化，可能会提出中止交易（$AbortDeal$），从而使谈判陷入僵局。此时，为了保证双方的利益及谈判的顺利进行，Agent β 可能会提出赠送一定的相关产品（$FreeOthPro$）给 Agent α 作奖励，从而促使 Agent α 转而修改其自身有关此辩论谈判的知识，以达成一致。因为根据 Agent β 有关此辩论谈判的知识和经验判断，这么做将会对 Agent α 有利，而这对 Agent α 来说是愿意接受的。这种奖励属于奖励的第二种形式。Agent β 提出的奖励具有如下三个主要元素：

① $K=<\neg AbortDeal \rightarrow FreeOthPro>$，$K \in K_{\beta}$；

② $I=<\neg AbortDeal>$，$I \in I_{\beta}$；

③ $I'=<FreeOthPro>$，$I' \in I_{\beta}$。

因而，对奖励方 Agent β 来说，Agent β 向 Agent α 提出的奖励可形式化为 $Re\,ward\,(\beta \Rightarrow \alpha) = \langle \beta,\alpha,\{\neg AbortDeal \rightarrow FreeOthPro\},\neg AbortDeal,FreeOthPro \rangle$

3）反驳模型举例

在前述有关 Agent α 与 Agent β 在辩论谈判的合作伙伴选择过程的僵局中，Agent α 要求 Agent β 修改此条款（$ModifyOrder$），而 Agent β 为保证其自身利益最大化，则会表示拒绝，同时 Agent α 又不愿意花费更多的成本去寻找其余的卖方。此时，为了保证双方的利益及谈判的顺利进行，Agent α 可能会提出诸如其出售条款比同一时段内市场上同类产品的一般出售条款要差（$WorseInMarket$）等的同类性质的事实或观点作为正面反驳，从而促使 Agent β 修改其自身有关此辩论谈判的知识，即修改其出售条款，以完成交易（$Deal$）。因为根据 Agent α 有关此辩论谈判的知识和经验判断，这么做将能说服 Agent β。这种反驳属于反驳的第一种形式。Agent α 提出的反驳具有如下三个主要元素：

① $K=<WorseInMarket \rightarrow ModifyOrder>$，$K \in K_{\alpha}$；

② $I=<ModifyOrder>$，$I \in I_{\alpha}$；

③ $I'=<Deal>$，$I' \in I_{\alpha}$。

因而，对反驳方 Agent α 来说，Agent α 向 Agent β 提出的反驳可形式化为

$$Re\,but\,(\alpha \Rightarrow \beta) = \langle \alpha, \beta, \{WorseInMarket \rightarrow ModifyOrder\}, ModifyOrder, Deal \rangle$$

在前述有关 Agent α 与 Agent β 在辩论谈判的合作伙伴选择过程的僵局中，为了保证双方的利益及谈判的顺利进行，Agent α 也可能会提出诸如此产品自身存在某些缺陷（$DefectInProduct$）等的事实或观点作为侧面反驳，从而促使 Agent β 修改其自身有关此辩论谈判的知识，即修改其出售条款，以完成交易（$Deal$）。因为根据 Agent α 有关此辩论谈判的知识和经验判断，这么做将能说服 Agent β。这种反驳属于反驳的第二种形式。Agent α 提出的反驳具有如下三个主要元素：

① $K = <DefectInProduct \rightarrow ModifyOrder>$，$K \in K_a$；

② $I = <ModifyOrder>$，$I \in I_a$；

③ $I' = <Deal>$，$I' \in I_a$。

因而，对反驳方 Agent α 来说，Agent α 向 Agent β 提出的反驳可形式化为

$$Re\,but\,(\alpha \Rightarrow \beta) = \langle \alpha, \beta, \{DefectInProduct \rightarrow ModifyOrder\}, ModifyOrder, Deal \rangle$$

4）申辩模型举例

在前述有关 Agent α 与 Agent β 在辩论谈判的合作伙伴选择过程的僵局中，为了保证双方的利益及谈判顺利进行，Agent α 可能会提出其自身（或第三方）以往的曾经跟 Agent β 在同样条款下完成交易（$TheSameDeal$）的事实的申辩，从而说服 Agent β 修改其自身有关此辩论谈判的知识，并进而完成交易（$Deal$）。因为根据 Agent α 有关此辩论谈判的知识和经验判断，这么做将能说服 Agent β。这种申辩属于申辩的第一种形式。在这里，Agent α 提出的申辩具有如下三个主要元素：

① $K = <TheSameDeal \rightarrow AcceptOrder>$，$K \in K_a$；

② $I = <AcceptOrder>$，$I \in I_a$；

③ $I' = <Deal>$，$I' \in I_a$。

因而，对申辩方 Agent α 来说，Agent α 向 Agent β 提出的申辩可形式化为

$$Appeal\,(\alpha \Rightarrow \beta) = \langle \alpha, \beta, \{TheSameDeal \rightarrow AcceptOrder\}, AcceptOrder, Deal \rangle$$

在前述有关 Agent α 与 Agent β 在辩论谈判的合作伙伴选择过程的僵局中，为了保证双方的利益及谈判的顺利进行，Agent α 可能会向 Agent β 提出 Agent β 以往曾经许下的承诺（$PastPromise$）的申辩，从而说服 Agent β 修改自身有关此辩论谈判的知识，以接受 Agent α 的购买条款。因为根据 Agent α 有关此辩论谈判的知识和经验判断，这么做将能说服 Agent β。这种申辩属于申辩的第二种形式。在这里，Agent α 提出的申辩具有如下三个主要元素：

① $K = <PastPromise \rightarrow AcceptOrder>$，$K \in K_a$；

② $I = <AcceptOrder>$，$I \in I_a$；

③ $I' = <Deal>$，$I' \in I_\alpha$。

因而，对申辩方 Agent α 来说，Agent α 向 Agent β 提出的申辩可形式化为

$$Appeal\ (\alpha \Rightarrow \beta) = \langle \alpha, \beta, \{PastPromise \to AcceptOrder\}, AcceptOrder, Deal \rangle$$

在前述有关 Agent α 与 Agent β 在辩论谈判的合作伙伴选择过程的僵局中，为了保证双方的利益及谈判的顺利进行，Agent α 可能会会向 Agent β 提出 Agent β 自身并不知道的利益（$SelfValue$）的申辩，从而说服 Agent β 修改自身有关此辩论谈判的知识，并进而完成交易（$Deal$）。因为根据 Agent α 有关此辩论谈判的知识和经验判断，这么做将能说服 Agent β。这种申辩属于申辩的第三种形式。在这里，Agent α 提出的申辩具有如下三个主要元素：

① $K = <SelfValue \to AcceptOrder>$，$K \in K_\alpha$；

② $I = <AcceptOrder>$，$I \in I_\alpha$；

③ $I' = <Deal>$，$I' \in I_\alpha$。

因而，对申辩方 Agent α 来说，Agent α 向 Agent β 提出的申辩可形式化为

$$Appeal\ (\alpha \Rightarrow \beta) = \langle \alpha, \beta, \{SelfValue \to AcceptOrder\}, AcceptOrder, Deal \rangle$$

（二）基于 Agent 诚实度和能力度的谈判对象选择

信任机制的研究在电子商务领域有重要的应用，已经被认为是成功的电子商务过程中的关键性因素[37]。2004 年，Rahwan 指出，通过信任可以选择最合适的谈判对象，并影响谈判者之间的交互，可以使 Agent 在重复谈判的情况下改善谈判结果。无论是单次相遇还是重复谈判，信任都可以影响谈判策略的选择。同年，Ramchurn 将信任用于辩论谈判的辩论之中，设计了一种简单的劝说式辩论谈判中信任机制，这种机制可以应用一种信任模型选择合适的谈判对象，从而减少辩论内容的不确定性。在文献［38］中他们指出判断 Agent 信任度的两个关键性因素：①Agent 兑现承诺的能力；②Agent 兑现承诺的意愿，即诚实性。在此基础上，我们提出了一种基于 Agent 诚实度和能力度的谈判对象选择模型[35][36]。

1. 谈判模型定义

$\alpha, \beta \cdots \in Ag$ 表示 Agent 社会，$X = \{x_1, \cdots, x_i, \cdots, x_k\}$，$x_i \in D_{x_i}$ 表示 Agent 所有可能的谈判款项，D_{x_i} 为款项 x_i 的取值范围；$X^\alpha \cup X^\beta = X$，$X^\alpha$ 表示由 Agent α 实施的款项集，X^β 表示由 Agent β 实施的款项集；对于每一个款项，Agent 都有其相应的效用，用效用函数来表达 $U^\alpha(x) = F_x^\alpha(x), U^\beta(x) = F_x^\beta(x), x \in X$，一个 Agent 对另一个 Agent 的效用认知用预期的效用函数来表 $EU^{\alpha \to \beta}(x) = EF_x^{\alpha \to \beta}(x), x \in X$。

一个提议表示为 $p = \{x_1 = v_1, \cdots, x_n = v_n\}, x_i \in X$；一个提议被对手 Agent 接受时则成为一个协定 $c = \{x_1 = v_1, \cdots, x_n = v_n\}, x_i \in X$；一个协定将使谈判参与 Agents 处于状态 $s_p = \{x_1 = v_1, \cdots, x_n = v_n\}, s_p \in S$，S 表示 Agent 的状态集，Agent 对于特定的状态有特定的效用，用函数表示为

$$U_s^{\alpha}(s_p) = \sum_{i=1}^{n} w_{x_i}^{\alpha} \cdot F_x^{\alpha}(x_i = v_i), \ x_i \in s_p, \ s_p \in S, \ \sum_{i=1}^{n} w_{x_i}^{\alpha} = 1,$$

$$U_s^{\beta}(s_p) = \sum_{i=1}^{n} w_{x_i}^{\beta} \cdot F_x^{\beta}(x_i = v_i) \qquad x_i \in s_p, \ s_p \in S, \ \sum_{i=1}^{n} w_{x_i}^{\beta} = 1$$

一个 Agent 对另一个 Agent 所处状态的效用认知用预期的效用函数来表达：

$$EU_s^{\alpha \to \beta}(s_p') = \sum_{i=1}^{n} w_{x_i}^{\alpha \to \beta} \cdot EF_x^{\alpha \to \beta}(x_I = v_i)$$

$$x_i \in s_p', \ s_p' \in S, \ \sum_{i=1}^{n} w_{x_i}^{\alpha \to \beta}$$

对于一个特定的协定 $c = \{x_1 = v_1, \cdots, x_n = v_n\}$，其具体实施的情况记为 $c' = \{x_1 = v_1', \cdots, x_n = v_n'\}$，Agent α 和 Agent β 的一个交易记录表示为 $(c, c') \in CR_{\alpha, \beta}$，$CR_{\alpha, \beta}$ 为两者之间的所有交易记录。

2. Agent 诚实度

Agent 在某一谈判款项上的诚实度是通过刻画其在该谈判款项上实施的偏差来衡量的。$t_{x_i} \in [0, 1], x_i \in X$ 表示 Agent 在谈判款项 x_i 上的一个诚实度；则对于 Agent α 的一个提议 $p^{\alpha \to \beta}(x_1 = v_1, x_2 = v_2, \cdots, x_m = v_m)$，Agent β 对 Agent α 针对该提议的诚实度为

$$T_p^{\beta \to \alpha} = \sum_{i=1}^{n} w_i \cdot t_{x_i}, \sum_{i=1}^{n} w_i = 1, x_i \in X$$

3. Agent 能力度

Agent 在具体谈判项上能力的评价我们用一个函数将其在具体谈判项上的取值映射到 [0, 1] 上，数值越高能力越强。这个函数就相当于一个行业内的标准，比如说网络书店送书服务，1 天内送达在行业内可能就被认为是高能力的 1，而 5 天内送达或许就被认为是低能力的 0.1。由于本文的核心内容并不在于对具体能力的评价上，因此在这里我们只是简单地给个函数将具体谈判项上的取值映射到 [0, 1]，即 $toAbility_{x_i}(v_i) \in [0, 1], x_i \in X^{\alpha}$。

定义 2 信用能力水平是针对某一谈判款项 $x_i \in X^{\alpha}$，Agent β 根据包含该谈判款项的与 Agent α 之间的交往记录，求出该谈判项达成交易平均所处的一个数值，记为

$$confAbility_{x_i}^{\beta \to \alpha} = \frac{1}{|CR_{\alpha, \beta}|} \sum_{j=1}^{|CR_{\alpha, \beta}|} toAbility(v_i^j)$$

式中，$x_i \in X^{\alpha}$，v_i^j 为第 j 个交易记录中 x_i 的取值；$|CR_{\alpha, \beta}|$ 为包含该谈判款项的

交易记录的个数。

定义 3　信誉能力水平是针对某一谈判款项 $x_i \in X^a$，Agent β 聚合 Agent 社会当中其他 Agent 对 Agent α 在该谈判项上的信用能力水平得出的，记为

$$repAbility_{x_i}^{\beta \to \alpha} = \frac{1}{m} \sum_{j=1}^{m} confAbility_{x_i}^{\beta_j \to \alpha}, x_i \in X^a, \beta_j \in Ag$$

定义 4　能力度聚合了信用能力水平和信誉能力水平：

$$ability_{x_i} = k \cdot confAbility_{x_i}^{\beta \to \alpha} + (1-k) \cdot repAbility_{x_i}^{\beta \to \alpha}$$

式中，$k = \min(1, |CB_{\alpha,\beta}| / \theta_{\min})$，$|CB_{\alpha,\beta}|$ 表示 α, β 之间包含谈判项 x_i 的交易记录数量，$\theta_{\min}$ 是一个设定的阈值，当 α, β 之间包含谈判项 x_i 的交易记录的数量大于 $\theta_{\min}$，Agent β 将完全依赖自身的信息计算出对 Agent α 的信任能力水平。对于 Agent α 的提议 $p^{\alpha \to \beta}(x_1 = v_1, x_2 = v_2, \cdots, x_m = v_m)$，Agent β 对 Agent α 针对该提议的信任能力度：

$$ability_p^{\beta \to \alpha} = \sum_{i=1}^{n} w_i^{\beta \to \alpha} \cdot ability_{x_i}$$

$$\sum_{i=1}^{n} w_i^{\beta \to \alpha} = 1, x_i \in X^a$$

定义 5　提议的要求能力水平是针对一个 Agent α 发送过来的提议 $p^{\alpha \to \beta}$ $(x_1 = v_1, x_2 = v_2, \cdots, x_m = v_m)$，Agent β 认知到 Agent α 实施该提议的能力要求：

$$AbReq_0(p) = \sum_{i=1}^{m} w_i \cdot toAbility_{x_i}(v_i)$$

$$\sum_{i=1}^{m} w_i = 1, x_i \in X^a$$

4. 基于 Agent 诚实度和能力度的谈判对象选择算法

Agent β 要开启一次谈判之前，首先必须确定其需要谈判的谈判款项 $N(x_1, x_2, \cdots, x_n)$，并确定一个可能的谈判对象集合，记作 $NAg = \{\alpha_1, \alpha_2, \cdots, \alpha_n\}$，$\alpha_i \in Ag$。

步骤 1，对于 $\alpha_i \in Ag$，Agent β 对其都计算出一个诚实度和能力度 $[T_N^{\beta \to \alpha_i}, ability_N^{\beta \to \alpha_i}]$。

步骤 2，Agent β 从 NAg 中剔除掉诚实度小于诚实度阈值 T_a 的 Agent 对象，保留下来的 Agent 构成潜在的谈判对象集合 NAg'。

步骤 3，Agent 在开始一轮谈判之前都有一个初始状态，$s_0 = (x_1 = v_1^0, x_2 = v_2^0, \cdots, x_n = v_n^0)$ 表示 Agent 在这轮谈判中的目标底线，据此可算出能力要求底线：

$$ability_{s_0} = \sum_{i=1}^{n} w_i \cdot toAbility_{x_i}(v_i^0),$$

$$\sum_{i=1}^{n} w_i = 1, x_i \in N$$

步骤 4，Agent β 再从 NAg' 中剔除掉其能力度在能力阀值 $ability_{\sigma}$ 之下的 Agent，保留下的谈判对象构成最终的谈判对象集合 NAg''。

三、基于 Agent 的劝说式供应链谈判模型

(一) 供应链谈判模型框架

在供应链模型的研究方面，资武成等建立了一种基于劝说的谈判模型，并给出了一种谈判框架[39]。文献中将基于 Agent 的供应链谈判模型框架定义为一个八元组：

设 供应链谈判模型框架 SCNM＝＜SNA，SNI，SNV，SNS，SNT，SND，SNP，SNK＞，其中：

SNA 表示参与谈判过程的 Agent 集合，SNA＝$\{a_1，a_2，\cdots，a_n\}$。

在供应链谈判模型中，各谈判 Agent 都是代表供应链的节点企业进行谈判。

SNI 表示谈判的主题集，SNI＝$\{I_1，I_2，\cdots，I_m\}$，m 表示谈判主题的个数。供应链中的谈判主题主要包括产品价格、质量、需求量、服务供货时间、服务提供方式等。

SNV 表示谈判主题的取值范围集合，SNV＝$\{VI_1，VI_2，\cdots，VI_m\}$，$VI_m$ 表示谈判主题 I_m 的取值范围，V 是由这些主题的值域组成谈判主题的范畴集合。

SNS 表示谈判策略集，SNS＝$\{S_1，S_2，S_3\}$，S_i 在供应链谈判模型中，各谈判 Agent 分别可以采取时间依赖策略、资源依赖策略、行为依赖策略。

SNT 表示谈判时间域，SNT＝$T_a \bigcup T_b$，其中 T_i 是第 i 个 Agent 的时间点集合，$T_i＝\{t_1，t_2，\cdots，t^i \max\}$，$t^i \max$ 是 Agent$_i$ 谈判的最后时间期限。

SND 表示一个谈判线程。用 $x^{t_1}_{a \to b}$ 表示在 t_1 时刻 Agent a 向 Agent b 发出的谈判议题值。$x^{t_2}_{b \to a}[j]$ 表示在 t_2 时刻 Agent b 向 Agent a 就主题 j 发出的建议谈判值。假定谈判中通信没有延时，则在时间 $t_n \in T$ 时刻的谈判建议集合可以表示为有限序列：$\{x^{t_1}_{a \to b}，x^{t_2}_{b \to a}，x^{t_3}_{a \to b}，x^{t_4}_{b \to a}，\cdots\}$。

SNP 表示谈判协议的集合，SNP＝＜Rule，Act＞。Rule 规定了 Agent 在谈判过程中应该遵守的规则集，Act 表示谈判过程中可能的动作集，Act＝$\{$Propose、Accept、Change、Terminate、Refuse$\}$。

SNK 表示谈判公共知识，它是谈判过程中谈判 Agent 可以分享的公有知识集。

(二) 谈判模型中 Agent 的状态信息

在谈判过程中，代表供应链伙伴企业的 Agent 都是理性的，具有自身的状

态信息。每次谈判 Agent 都是在自身的状态信息基础上来进行决策的。每个参与谈判的 Agent 都有自身的信息状态，供应链谈判中谈判 Agent 的信息状态可以定义为一个六元组：

设 供应链谈判 Agent 的状态 $S\,CNA = <U, H, B, E_<, P, \overline{RP}>$，其中：

U 表示 Agent 的效用函数。对于一个给定的主题 j，其不同取值对 Agent 的效用是不同的，采用 U_{ij} 表示 Agent i 在主题 j 上的效用。为了方便，将其转换为 $[0, 1]$ 区间上的值。而整个提议的效用 U_i 是所有主题的效用加权求和，即对于一个提议 $x = (x_1, x_2, \cdots, x_n)$，其效用为 $U_i(x) = \sum\limits_{j=1}^{n} w_{ij} \times U_{ij}(x_j)$。其中，$\sum\limits_{j=1}^{n} w_{ij} = 1$，$w_{ij}$ 为谈判参与者 Agent i 对于主题 j 的偏好。

H 表示谈判 Agent 的历史集合，记录谈判 Agent 的提议序列。在决策模型中设置历史集合，是为了 Agent 在进行决策时，可以参考双方以前的提议，合理地产生新的提议。对于 Agent a、b，假设 Agent a 为谈判的发起者，在时刻 $t_n \in T$，Agent a、b 的谈判历史可以表示为：$H_{T_{a \to b}} = \{t_{1_{a \to b}}, t_{2_{a \to b}}, t_{3_{a \to b}}, \cdots\}$。

B 表示谈判背景，$B = \{(b_{I_K} \mid I_K \in I)\} \bigcup \{b_{V_K} \mid V_K \in V_{I_K}, I_K \in I\}$，$b_{I_K}$ 代表谈判议题 I_K 所对应的信念，b_{V_K} 代表谈判议题值所对应的信念。这些信念都具有认知信度。信念的认知信度通常取值在区间 $[0, 1]$ 上，相当于多属性效用理论中属性及属性值的效用，反映了 Agent 的谈判偏好。例如，Agent 关于某一谈判议题具有信念：价格 2.1 万元（0.45）和价格 2.2 万元（0.38），括号中是信念的认知信度，可以看出 Agent 更倾向于提议 2.1 万元。如何通过劝说即传递自身的偏好，来影响对方的偏好，是通过信念修正方法来完成的。

$E_<$ 表示谈判 Agent 的偏好。$E_< = \{E_I \mid E_{I_K}, I_K \in I\}$，$I$ 代表议题的集合，E_I 代表在议题集合 I 上的认知信度排序，E_{I_K} 代表在议题 I_K 取值范围上的认知信度排序。例如，在供应链中，分销商 Agent 在谈判议题上的认知信度排序为：$I_K = \{\text{price}, \text{quantity}, \text{payoff-time}, \text{quality}\}$，在谈判议题取值上的认知信度排序为 E_{price}、E_{quantity}、$E_{\text{payoff-time}}$、E_{quality}。则偏好可以表示为：$<_{\text{分销商}} = \{E_I, E_{\text{price}}, E_{\text{quantity}}, E_{\text{payoff-time}}, E_{\text{quality}}\}$。

P 表示当前谈判线程，它反映谈判的当前进展情况。

$\overline{RP}$ 表示谈判 Agent 的各议题的保留值。$\overline{RP}_i^X = (rp_i^{X_1}, rp_i^{X_2}, \cdots)$，谈判结果不能比这些保留值差，其中 $\overline{rp}_i^X$ 表示议题 X_n 的保留值。

（三）谈判模型中基于劝说的谈判过程

基于劝说式的谈判过程，就是在谈判过程中允许谈判 Agent 在谈判过程中提供自己接受或者拒绝提议的论据（argument），并通过劝说的方式影响谈判对手 Agent 的谈判偏好，从而使得谈判 Agent 能够适应动态的谈判环境，提高谈判的效率。

1. 谈判提议的表示

在劝说式的谈判过程中，谈判 Agent 在自己的提议中应该表示自己对每一个谈判议题的信念和偏好。

定义 提议：Offer＝ $\{O_{I_1}$ （EE（O_{I_1}）），O_{I_2} （EE（O_{I_2}）），…，O_{I_n} （EE（O_{I_n}））$\}$，O_{I_n} 代表议题 I_n 所对应的信念，EE（O_{I_n}）代表信念 O_{I_n} 的认知信度。

例如，两个 Agent 就采购某产品进行谈判，共包含四个谈判议题，代表谈判议题的信念集合是 $\{$price（0.5），quantity（0.3），payoff-time（0.1），quality（0.1）$\}$。假设分销商愿意以价格为 2.5 万元购买数量为 3000 件某产品，要求产品质量的合格率 98.6%，交付时间为 15 天，则分销商的提议可以表示为：Offer＝ $\{$price－2.5（0.86），quantity－3000（0.8），quality－0.986（0.7），payoff-time－15（0.6）$\}$。这样，在提议中就表达了自己的信念。

2. 谈判中的劝说

在劝说式的谈判中，Agent 通过给反提议中代表谈判议题值的信念赋予认知信度来表达自己的偏好。基于信念修正理论的谈判 Agent 能够接受对手的劝说，也就是能够根据对手提议中包含的对手 Agent 的偏好来调整自身的偏好，从而能够对谈判环境做出更迅速的反应。

采用一种可计算的辩论的信念修正方法 $B\times$（α，i）[1]，其中 α 为信念，i 为新的认知度。这种信念修正方法在确定信念的认知度时考虑信念产生的背景，将对手的偏好加入自身的知识库中。这种方法认为，当 Agent 对同一命题具有不同的认知信度时，Agent 需要交换支持各自信念的论据，即能够推导出信念的信念集合，对此进行评价并产生新的认知信度。假设多个 Agent a_1，a_2，…，a_n 对信念 α 具有不同的认知信度，α 的新认知信度 i 可以由下式得出：

$$i=\frac{\sum_{k=1}^{n}\sum_{j=1}^{m}w\times EE_{a_k}(f_j(\alpha))\times r(a_k)}{m\times n}$$

式中，$f_j(\alpha)$ 为信念 α 的第 j 个论据；$EE_{a_k}(f_j(\alpha))$ 为 Agent a_k 对信念论据 $f_j(\alpha)$ 的认知信度；w 为信念论据的权重。

在供应链谈判模型中，为了简化问题，假设信念的论据只包括自身，Agent 对自己是完全信任，同时考虑到供应链伙伴谈判中的谈判往往有时间约束，则上面的式子可以简化为

$$i = \frac{EE_a(\alpha) + EE_a(\alpha) \times r(b) \times \theta(t)}{2}$$

式中，$\theta(t) = \dfrac{t}{T_e}$ 为时间影响因子；t 为本轮谈判已经用去的时间；T_e 为谈判的终止时间。谈判 Agent 可以用上式来决定代表谈判议题值的信念 α 经对手劝说后的认知信度值 i，并通过信念修正算子 $B(\alpha, i)$ 将认知信度为 i 的信念 α 加入谈判背景中。当代表某一谈判议题值的信念 α_{I_i} 的认知信度 $EE(\alpha_{I_i})$ 发生改变时，相应议题的认知信度排序 E_{I_i} 也会随之改变。

（四）谈判中反提议的让步策略和原则

供应链伙伴企业在谈判的过程中，其让步策略和议题让步的大小是和供应链的性质、企业本身的实力、顾客要求等多方面情况决定的。一般来说，有三种基本的谈判策略：时间依赖策略、行为依赖策略和资源依赖策略。

（1）资源依赖策略。代表供应链节点企业的 Agent 在谈判时，可供 Agent 使用的各种资源的数量是有限的，并且可能有多个谈判 Agent 同时请求获得资源的使用权，这就使得资源显得更加珍贵。此时，谈判 Agent 会采用资源依赖策略根据资源的使用情况调整让步的速度和幅度。如在某些制造品供应链中，核心企业拥有某些垄断资源或产品，会采取该策略。

（2）时间依赖策略。谈判参与者对时间有明确的要求，比如在反应型供应链中发起请求的 Agent 要求服务必须在某一截止时间之前提供。当时间逼近截止时间时，使用时间依赖战术会加快让步的速度，加大让步的幅度，以确保在截止时间之前可以达成协议。

（3）行为依赖策略。谈判参与者模仿对方已表现出的态度和行为而生成自己的提议，即首先判断对方的态度。如果对方是合作的，那么也采取合作的行为，在让步速度和幅度上也以对方的行为作为参考；如果对方态度强硬，坚持不肯让步，那么自己也坚持自己的立场，等待对方让步或者寻找新的合作者。在供应链中，当节点企业的谈判势力相当，彼此相互了解，则可能会采取行为依赖策略。

当确定了谈判策略以后，谈判 Agent 在生成反提议时会根据对手的提议修正自己对各议题的信念和偏好。

假设在谈判开始时，Agent 根据各个议题值的认知度排序为 E_{I_1}，E_{I_2}，…，E_{I_n}，选择具有最高优先级的信念构成初始提议。

Offer＝$\{O_{I_1}, O_{I_2}, …, O_{I_n}\}$，$O_{I_n}$ 代表议题 I_n 所对应的信念。根据信念修正的最小改变原则，选择优先级最小的谈判议题作为让步。假设提议 Offer 被拒绝，让步议题为 I_c，则让步的步骤为：

（1）首先判断 O_{I_l} 是否具有最小认知信度，如果 O_{I_l} 是具有最小认知信度，则根据认知度排序集合 E_l 得到优先级次小的谈判议题 I_k 作为让步议题，即 $I_c = I_k$。

（2）选取与 O_{I_l} 相比具有次小优先级的信念 $O_{I_c}^{counter}$，其他信念保持不变，形成新的反提议为：$Count\text{-}Offer = \{O_{I_1}, O_{I_2}, \cdots, O_{I_c}^{counter}, O_{I_n}\}$。

（五）谈判中议题的交互规则

在供应链伙伴谈判的过程中，某一议题交互过程可以表示为谈判线程。如有代表供应商的 Agent i 和代表生产商的 Agent j 进入谈判状态，双方根据案理推理机制检索最相似案理，更新谈判背景信息和对谈判伙伴的议题信念，然后交换初始提议（initial offer）。initial offer 的交换是根据实际应用的需要，可以是双方同时交换或者只是由其中一方向另一方提供 initial offer。收到对方的 offer 后，Agent 需要做出应答。如果 Agent 以 accept 或 quit 作为应答，则谈判结束；如果 Agent 希望更换谈判议题，则以 change 作为应答；如果 Agent 选择谈判问题的值作为应答，则谈判 Agent 首先会根据议题评估机制对谈判对手的 offer 进行评估，然后由辩论式劝说方法提交自己的反提议。谈判过程中某一议题交互过程可以表示为谈判线程，其算法可以用如下的代码表示：

供应链谈判中议题交互规则算法如下：

```
SCNegotiation-Thread (i, j, o)
{Time：t, Endtime;
create (i, initial-offer); //根据案例推理机制创建一个 initial-offer
send (i, j, initial-offer); //向供应链谈判伙伴发送 initial-offer
Do while t<Endtime
Do while i receive offer
Do case
case offer＝accept or offer＝quit
end negotiation ;
case offer＝change (o, o')
SCNprocess (i, j, o');
case value (offer) <= reserved-value
update (i, j, B＊ (a, j)) //Agent i 利用 Bayes 学习机制学习对手的谈判
```
策略，并且更新对谈判对手 Agent j 的信念.
```
send (i, j, counter-offer (argument)) //向谈判对手发送带有劝说论据的
```
反提议.

End case

End Do

End Do

}

四、基于辩论的社会性 Agent 谈判模型

（一）Agent 的社会性

有关社会学理论认为，整个社会结构是由许多不同的网络构成，而每个网络又都是由许多不同的节点构成。其中，每个网络代表一种社会关系，每个节点代表一个社会成员，节点与节点之间的连接规则即映射关系代表这两个社会成员在这个社会关系中所应遵守的规则，并且每个社会成员在这个社会关系中各自应充当一定的角色，具有一定的权利和义务。Agent 为了实现各自及共同的目标，通过在每个社会关系中扮演不同的角色，遵守属于其中的规则，从而在其所具有的这种社会关系中承担一定的权利和义务，进而完成某个行为，发挥其所具有的功能[40]。

（二）基于辩论的社会性 Agent 间的谈判模型

处于某种社会关系中，承担其中某个特定角色的 Agent 在完成某个特定行为的同时，常常会因为其同时属于其余某种或某些社会关系中的某个特定角色而与之产生冲突。这时候，为了更好地做出决策，达成一致，需要寻找较为有效的谈判方式来解决冲突，而基于辩论的谈判方式由于能在此时的信息不对称条件下给谈判对手带来其有可能忽略的信息，因此其作用显得尤为突出，对其进行模型构建也显得极其重要。

在建立模型之前，先对多 Agent 所构成的社会中的成员的属性及相关集合作出如下定义：

（1）$\Phi = \{a, \beta, \gamma, \cdots\}$ 表示所有 Agent 的集合；

（2）$\Psi = \{Ru_1, Ru_2, Ru_3, \cdots\}$ 表示以上 Agent 所应遵守的规则集合；

（3）$\Sigma = \{Rl_1, Rl_2, Rl_3, \cdots\}$ 表示以上 Agent 所具有的社会关系集合；

（4）$\Omega = \{Ro_1, Ro_2, Ro_3, \cdots\}$ 表示以上 Agent 在整个多 Agent 社会中所承担的角色集合；

（5）$\Xi = \{d_1, d_2, d_3, \cdots\}$ 表示以上 Agent 的所有行为集合。

通过以上定义，可以看出，对处于某种规则中的某两个 Agent 如 α、β

（α、β∈Φ）来说，如 α 要求 β 完成某行为 d（d∈Ξ），β 表示拒绝，α、β 将为此进行谈判，而传统的提议和反提议的谈判方式并不能使作为人工智能，具有一定思维、信念和意图等内在属性的 Agent 谈判对手信服，因此难以解决问题，α、β 陷入谈判僵局。此时，为了更好地做出决策，达成一致，解决冲突，α 会根据其在所处社会关系中承担的角色及相关的规则提出相关的辩论，以使 β 接受，完成此行为。相关符号及关系表达式定义如下：

（1）$Arg\{d(α→β)\}$ 表示此辩论，$Rl_d^{α→β}(Rl_d^{α→β}∈Σ)$ 表示 α、β 在此辩论中所具有的社会关系；$Ro_d^α$、$Ro_d^β$（$Ro_d^α$、$Ro_d^β∈Ω$）表示 α、β 所承担的角色；$Ru_d^{α→β}$（$Ru_d^{α→β}∈Ψ$）表示 α、β 所应遵守的规则；$R_d^{α→β}$、$O_d^{α→β}$ 表示 α 对 β 来说享有的相应的权利和义务。

（2）$In：Φ×Σ×Ω×Ξ$ 表示处于某种社会关系的某个 Agent 为完成某个行为而承担的相应的角色，$Rel：Ψ×Σ$ 表示其此时应当遵守的规则与这种社会关系的从属关系。

综合以上各项，可将此辩论表示为多元函数，如下式：

$$Arg\{d(α→β)\}=\{α,β,Rl_d^{α→β},Ro_d^α,Ro_d^β,Ru_d^{α→β},R_d^{α→β},O_d^{α→β}\}$$

其中的各项元素关系符合以下公式：

$$In(α,Rl_d^{α→β},Ro_d^α)∧In(β,Rl_d^{α→β},Ro_d^β)∧Rel(Ru_d^{α→β},Rl_d^{α→β})→[R_d^{α→β}]$$
$$In(α,Rl_d^{α→β},Ro_d^α)∧In(β,Rl_d^{α→β},Ro_d^β)∧Rel(Ru_d^{α→β},Rl_d^{α→β})→[O_d^{α→β}]$$
$$Ru_d^{α→β}→[R_d^{α→β}]∧[O_d^{α→β}]$$

（三）有关模型的决策函数及评价

在对作为社会成员的 Agent 间的辩论谈判建模即知道相关的辩论如何产生后，需要知道有关此模型的决策函数即被辩论的谈判方如何对此辩论进行评价，从而在完成谈判的同时做出正确决策，最终解决冲突并实现有意义的合作，而模型中辩论和反辩论的本质一样，因此以 α 向 β 提出的辩论的模型为例对其决策函数及评价进行研究。

从 α 向 β 提出的辩论的模型可以看出，β 有关此辩论模型的决策函数主要应该包括对 α、β、$Rl_d^{α→β}$、$Ro_d^α$、$Ro_d^β$、$Ru_d^{α→β}$、$R_d^{α→β}$、$O_d^{α→β}$ 这八个元素的综合评价。在这里，主要考虑谈判双方所具有的社会性，因此对元素 α、β 的评价等价于对其各自所处的社会关系及在其中承担的角色的综合评价，计算公式为

$$E(α)=E(Rl_d^{α→β},Ro_d^α)=λ_1×λ_2$$
$$E(β)=E(Rl_d^{α→β},Ro_d^β)=λ_1×λ_3$$

对其所应遵守规则的评价等价于为完成行为 d 而需要承担一定权利和义务的综合评价，可以看出，α 完成行为 d 享有一定的权利即是完成此行为可能会

给其带来的一定利益，以函数 $Benefit\ (d)$ 表示，而所应当履行的义务则是不完成此行为可能会给其带来的一定惩罚，以函数 $Penalty\ (d)$ 表示，需要注意的是，由于是惩罚，所以这里取其负值相加。具体计算如下式：

$$E\ (Ru_d^{\alpha \to \beta}) = E\ (R_d^{\alpha \to \beta}) - E\ (O_d^{\alpha \to \beta}) = Benefit\ (d) - Penalty\ (d)$$
$$= \mu \times E\ (R_d^{\alpha \to \beta}) - \nu \times E\ (O_d^{\alpha \to \beta})$$

式中，λ_1、λ_2、λ_3 及 μ、ν 分别为 $Rl_d^{\alpha \to \beta}$、Ro_d^{α}、Ro_d^{β} 所占权重及 $E\ (R_d^{\alpha \to \beta})$、$E\ (O_d^{\alpha \to \beta})$ 所占权重。

综上，可将此决策函数 $D\ (d)$ 视为以行为 d 为变量的函数，其计算方法值如下式：

$$D\ (d) = E\ (\alpha) + E\ (\beta) + E\ (Rl_d^{\alpha \to \beta}) + E\ (Ro_d^{\alpha}) + E\ (Ro_d^{\beta}) + E\ (Ru_d^{\alpha \to \beta})$$
$$+ E\ (R_d^{\alpha \to \beta}) - E\ (O_d^{\alpha \to \beta}) = \lambda_1 + (1 + \lambda_1) \times (\lambda_2 + \lambda_3)$$
$$+ 2 \times [\mu \times E\ (R_d^{\alpha \to \beta}) - \nu \times E\ (O_d^{\alpha \to \beta})]$$

五、基于 Agent 的辩论谈判过程建模与系统实现

随着世界经济全球化的快速发展以及 Agent 理论的不断完善，由于基于 Agent 的辩论谈判可以使参与谈判的 Agent 在信息不对称的情况下为其谈判对手带来其有可能忽略的新信息，并能限制谈判对手未来活动的行为，从而有利于谈判双方做出最佳决策，达到更好合作。因此，基于 Agent 的辩论谈判在电子商务交易的自动谈判中显得极为重要，为此我们建立对基于辩论的谈判进行建模，并实现了一个原型系统[32]。

（一）相关概念

有关辩论和反辩论的研究由于涉及商务、法律等较大范围，因此相关定义有许多不同的说法，其中一些有代表性的说法认为辩论和反辩论是一种命题，辩论和反辩论中表达了一个前提事实，这个事实能够并且完全地推出另一个别的结论事实，且这两个事实之间的顺序是唯一确定的。

（1）μ_{A1}^{x}、μ_{A2}^{x}、μ_{A3}^{x} 分别表示 A 在第 m 轮辩论中对 B 所提出的反辩论进行评价后适当增加的有关购买的价格、数量和交货期的比率，其值随每轮反辩论中辩论类型的不同而不同。

（2）ν_{B1}^{x}、ν_{B2}^{x}、ν_{B3}^{x} 分别表示 B 在第 m 轮反辩论中对 A 所提出的辩论进行评价后适当降低的有关销售的价格、数量和交货期的比率，其值随每轮辩论中辩论类型的不同而不同。

在所有辩论方式都用完后，如仍有 $V_A < V_B$，则此辩论过程失败，双方重

新选择新的交易伙伴进行谈判。

(二) 系统实现

为了验证上述模型及流程分析的有效性，我们以目前常用的 Agent 开发平台 Jade 和 Java 语言开发了基于 Agent 间辩论的汽配交易自动谈判系统原型，交易的产品为汽车空调软管。A、B 有关辩论类型的权重及相应的 μ_{A1}^x、μ_{A2}^x、μ_{A3}^x 和 ν_{B1}、ν_{B2}、ν_{B3} 值如表 11-2 所示。

表 11-2　A、B 有关辩论类型的权重分配及相应值

	A				B			
	权重	μ_{A1}	μ_{A2}	μ_{A3}	权重	ν_{B1}	ν_{B2}	ν_{B3}
辩论类型 1	0.5	0.5	0.3	0.2	0.3	0.4	0.3	0.3
辩论类型 2	0.3	0.3	0.3	0.4	0.3	0.4	0.4	0.2
辩论类型 3	0.2	0.2	0.4	0.4	0.4	0.3	0.5	0.2

A、B 有关谈判条款的主要指标的初始值及相关权重如表 11-3 所示，并计算初始的 V_A 和 V_B 值：

表 11-3　A、B 有关谈判条款的主要指标的初始值及权重

	P_A (P_B)	N_A (N_B)	D_A (D_B)	W_{A1} (W_{B1})	W_{A2} (W_{B2})	W_{A3} (W_{B3})	V_A (V_B)
A	2	2	3	0.3	0.3	0.4	2.4
B	7	6	7	0.4	0.4	0.2	6.6

因为初始值 $V_A < V_B$，所以 A 将向 B 提出提第一轮辩论。在 A 中，第一种辩论类型所占权重最大，因此此辩论将以第一种辩论类型的方式提出，即以回头客为理由提出。B 则根据表 11-2 给出的权重对此辩论做出评价，得出应降低的价格、数量和交货期，并根据表 11-3 中的权重再次计算 V_B 值，如表 11-4 所示。

表 11-4　第一轮辩论后的 V_A 和 V_B 值

	P_A (P_B)	N_A (N_B)	D_A (D_B)	W_{A1} (W_{B1})	W_{A2} (W_{B2})	W_{A3} (W_{B3})	V_A (V_B)
A	2	2	3	0.3	0.3	0.4	2.4
B	4.2	4.2	4.9	0.4	0.4	0.2	4.34

此时仍有 $V_A < V_B$，而在 B 中，第三种辩论类型所占权重最大，因此 B 在降低销售条款的同时将以第三种辩论类型的方式提出第一轮反辩论，即以同类市场价格为类比提出。A 同样根据表 11-2 给出的权重对此反辩论做出评价，得出应增加的价格、数量和交货期，并根据表 11-3 中的权重再次计算 V_A 值，如表 11-5 所示。

表 11-5   第一轮反辩论后的 V_A 和 V_B 值

	P_A（P_B）	N_A（N_B）	D_A（D_B）	W_{A1}（W_{B1}）	W_{A2}（W_{B2}）	W_{A3}（W_{B3}）	V_A（V_B）
A	3	2.6	3.6	0.3	0.3	0.4	3.12
B	4.2	4.2	4.9	0.4	0.4	0.2	4.34

而此时仍有 $V_A < V_B$ ，因此，A 在增加购买条款的同时，将以权重占第二的辩论类型提出第二轮辩论，即以引用以往的成功交易实例为例提出。B 再次根据表 11-2 给出的权重对此辩论做出评价，得出应降低的价格、数量和交货期，并根据表 11-3 中的权重再次计算 V_B 值，如表 11-6 所示。

表 11-6   第二轮辩论后的 V_A 和 V_B 值

	P_A（P_B）	N_A（N_B）	D_A（D_B）	W_{A1}（W_{B1}）	W_{A2}（W_{B2}）	W_{A3}（W_{B3}）	V_A（V_B）
A	3	2.6	3.6	0.3	0.3	0.4	3.12
B	2.52	2.52	3.92	0.4	0.4	0.2	2.8

此时满足 $V_A \geqslant V_B$ ，B 接受此辩论和相应的购买条款，A、B 间达成一致，并进而完成交易。

系统运行开始时，代表汽配购买商 1 的 Agent 和代表汽配销售商 1 的 Agent 已经确立了交易伙伴关系，由后者向前者报价，如图 11-9 所示。

代表汽配购买商 1 的 Agent 认为报价过高，因此向代表汽配销售商 1 的 Agent 发起辩论谈判，经过上述的辩论谈判交互后，实现交易，最终的实现界面及相关的辩论谈判信息如图 11-10 和图 11-11 所示。

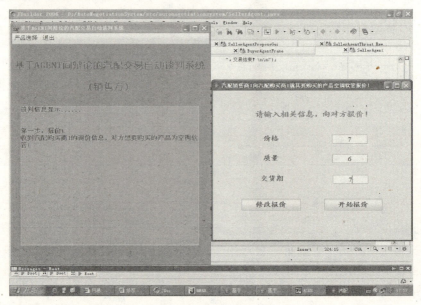

图 11-9   辩论谈判开始前的报价

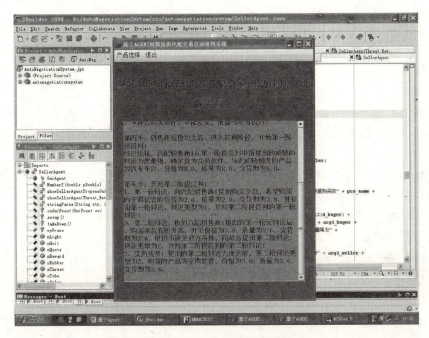

图 11-10　购买方辩论谈判信息

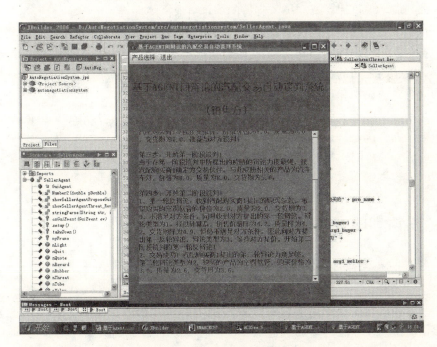

图 11-11　销售方辩论谈判信息

第六节　基于业务流程的协同谈判模型

未来的电子商务涵盖了从采购到销售的整个业务流程，涉及上、下游企业形成的供应链和资源的重新配置。企业不仅要从自身的业务流程出发，更要着眼于整个供应链，集成上、下游企业的业务流程，利用高流动的信息知识，通过互联网进行描述、搜索、匹配、谈判、执行及解散等动态过程，实现在线和实时的联盟动作，提高整个供应链的合作水平和运作效率，这是控制成本和赢得市场份额的关键。企业所在供应链上业务流程集成的冲突解决，对自动谈判提出了新的要求：

（1）能支持供应链上企业与其上、下游企业的业务流程集成；

（2）能支持虚拟企业之间的业务流程集成；

（3）能与企业现有的业务流程进行无缝的结合；

（4）能满足各企业间多样化和个性化的需求；

（5）能支持异地远程网上谈判；

（6）应实现过程支持和决策支持的综合集成。

在电子商务环境下，供应链上企业之间的合作，必然涉及业务流程的集成。由于各企业的异构性，它们之间的业务流程集成不可避免地会出现各种各样的冲突。各企业之间的冲突很复杂，并且相互交叉、相互依赖、相互影响，是以往的传统商务谈判和自动谈判系统所不能解决的。

要解决供应链上业务流程集成冲突的问题，一个有效的方法就是企业关于供应链上的合作过程进行谈判，有的学者提出了面向业务流程的协同谈判。基于业务流程的协同谈判的相关概念在国内刚刚提出，相关研究还处于起步阶段，本节的内容主要来自于哈尔滨工业大学和我们合作研究的成果[41-44]。

一、用谈判的方式解决业务协同问题

面向业务流程集成的协同谈判是一种新型的协同谈判模式，是自动谈判系统的进一步发展。该系统适用于供应链管理中企业同时与多个上、下游企业进行谈判，在谈判过程中能够通过约束传播与约束放松来调整谈判各方的利益，消除供应链上业务流程集成引起的冲突，使谈判各方达到共赢。依靠协同谈判支持系统，可以在整个谈判的动态过程中找到不断变化着的导致冲突的根源，有针对性地制定谈判策略，从而明显地提高谈判的有效性。

面向业务流程集成的协同谈判具有下列特点：

（1）同时并行地进行多个企业、相关项目的多个谈判。

（2）各方谈判形似独立，但可以设想，在谈判程序上有一只隐形的手——协同谈判策略和决策模型来进行内在的联系和调节。

（3）谈判的对象——产品或服务互相依赖。例如，可以实现最佳的采购、销售组合；可以实现同上游企业共同满足客户需求，为客户提供个性化服务；可以形成充分竞争，降低采购和协调成本，与上、下游企业形成动态联盟，实现真正意义上的供应链。

（4）协同谈判是一种多线程的谈判，各线程是相互独立的，但其谈判内容则相互关联，一个谈判线程中的决策往往取决于其他谈判线程。通过协同谈判，一个企业可以同时与多个上家、多个下家取得最佳的业务流程集成。对每个企业来说都认为协同谈判支持系统在支持自己，实际上同时在支持多个企业。

面向业务流程的供应链协同谈判代表着供应链协同谈判的最新研究成果，目前研究刚刚起步，由于所研究问题的复杂性，研究成果还不多见，本节介绍一种竞争与合作并存条件下的协同谈判模型，这是在目前研究的基础上取得的较新的研究成果，具有一定的代表性。

二、竞争与合作并存下的协同谈判模型

（一）模型假设

假设某一核心企业与多个供应商（上游企业）和一个销售商（下游企业）进行谈判。其中多个供应商之间既存在竞争关系，又存在合作关系。进一步假设、各个供应商的所有谈判款项之间不存在约束关系，不同供应商之间的谈判款项不存在约束关系；销售商的所有谈判款项之间不存在约束关系；核心企业的所有谈判款项之间存在约束关系，且依赖于供应商和销售商的谈判款项。

协同谈判可分为多个双边谈判，即上游企业——核心企业谈判、核心企业——下游企业谈判。整个谈判涉及三类多目标优化模型，即上游企业模型、核心企业模型和下游企业模型。三类模型中，上游企业模型和下游企业模型相互独立，核心企业模型不独立，与上游企业及下游企业模型密切相关。

在协同谈判模型中，核心企业模型是主体，它不但要与上、下游企业模型进行谈判，而且还要控制协调供应链上各企业模型之间的交互。

(二) 基本概念

定义 1 完备供应商组合（perfect suppliers）：若供应商（上游企业）组合 $<\sup_1, \sup_2, \cdots, \sup_q>$ 当且仅当能为核心企业提供必需的原材料（服务）时，称其为一个完备供应商组合，记为 $PS = <\sup_1, \sup_2, \cdots, \sup_q>$。其中 $\sup_i, 1 \leqslant i \leqslant q$ 为第 i 个供应商。

定义 2 完备供应链（perfect supply chain, PSC）：一个完备的供应商组合与核心企业、销售商（下游企业）共同组成一个完备供应链，记为 $PSC = <\sup_1, \sup_2, \cdots, \sup_q, core, saler>$，其中 $\sup_i, 1 \leqslant i \leqslant q$ 为第 i 个供应商，core 为核心企业，saler 为销售商。显然，完备供应链数与完备供应商组合数相等。

完备供应链组合与完备供应商组合对应，本文只考虑一个核心企业和一个销售商的情况，因此，完备供应链组合数与完备供应商组合数相等。

定义 3 供应链离差绝对值和（the sum of absolute deviation of supply chain, SADSC）：记完备供应链中每一个谈判款项的离差绝对值为 $absXdev_i$，$i = 1, 2, \cdots, n$，且规定 $absXdev_i$ 算法如下：

$$absXdev_i = \begin{cases} |x_i - e_i| & x_i < e_i \\ 0 & x_i > e_i \end{cases}$$

式中，x_i 为谈判款项，e_i 为其期望值，$<$ 符号表示劣于。当 x_i 为成本时，$x_i < e_i$ 表示 $x_i > e_i$；当 x_i 为收入时，$x_i < e_i$ 表示 $x_i \leqslant e_i$。$>$ 符号表示优于，与 $<$ 符号意义相反。另外，记每个谈判款项对应的权重为 r_i，$i = 1, 2, \cdots, n$，r_i 对应供应链中商品的数量、零件的数量等，如没有对应的数量，则 $r_i = 1$。记：

$$SADSC = \sum_{i=1}^{n} r_i \times absXdev_i$$ 称 SADSC 为供应链的离差绝对值和。供应链离差绝对值和反映了整个供应链的期望满足程度，该值越小，说明供应链满足程度越高，相反越低。

(三) 模型定义

定义 4 上游企业模型（Upstream Model）设定协同谈判中某上游企业有 u 个谈判款项，如原材料的价格、交货期等。记第 i 个谈判款项为 x_i，其期望值为 e_i，优先级为 P_i，d_i^-、d_i^+ 分别表示放松值的升或降，放松约束值为 ε_i，放松标记为 ifr_i，$i = 1, 2, \cdots, u$。建立上游企业的多目标谈判模型如下：

$$Min \sum_{i=1}^{u} P_i(d_i^-, d_i^+, d_i^- + d_i^+)$$

$$\text{s. t.} \qquad\qquad\qquad\qquad\qquad\qquad\qquad\text{（模型 1）}$$

$$x_i + d_i^- - d_i^+ = e_i \ (i=1,2,\cdots,u)$$

$$d_i^- + d_i^+ = \varepsilon_i \ (i=1,2,\cdots,u)$$

$$(d_i^-, d_i^+, d_i^- + d_i^+) = \begin{cases} d_i^- & x_i > e_i \\ d_i^+ & x_i < e_i \\ d_i^- + d_i^+ & x_i = e_i \ (i=1,2,\cdots,u) \end{cases}$$

$$\varepsilon_i \geqslant 0 \ (i=1,2,\cdots,u)$$

$$ifr_i = \begin{cases} true & \varepsilon_i > 0 \\ false & \varepsilon_i = 0 \ (i=1,2,\cdots,u) \end{cases}$$

$$x_i, d_i^-, d_i^+ \geqslant 0 \ (i=1,2,\cdots,u)$$

定义 5 下游企业模型（downstream model）设下游企业有 n 个谈判款项，如原材料的价格、交货期等。记第 j 个谈判款项为 y_j，记其期望值为 e_j，优先级为 P_j，可放松约束值为 ε_j，放松标记为 ifr_j，$j=1,2,\cdots,n$。据此可建立下游企业的多目标谈判模型如下：

$$\text{Min} \sum_{j=1}^n P_j(d_j^-, d_j^+, d_j^- + d_j^+)$$

$$\text{s. t.} \qquad\qquad\qquad\qquad\qquad\qquad\qquad\text{（模型 2）}$$

$$y_j + d_j^- - d_j^+ = e_j \quad (j=1,2,\cdots,n)$$

$$d_j^- + d_j^+ = \varepsilon_j (j=1,2,\cdots,n)$$

$$(d_j^-, d_j^+, d_j^- + d_j^+) = \begin{cases} d_j^- & y_j > e_j \\ d_j^+ & y_j < e_j \\ d_j^- + d_j^+ & y_j = e_j \quad (j=1,2,\cdots,n) \end{cases}$$

$$\varepsilon_j \geq 0 (j=1,2,\cdots,n)$$

$$ifr_j = \begin{cases} true & \varepsilon_j > 0 \\ false & \varepsilon_j = 0 \quad (i=1,2,\cdots,n) \end{cases}$$

$$y_j, d_j^-, d_j^+ \geqslant 0 \quad (j=1,2,\cdots,n)$$

定义 核心企业模型（Core Model）设定一条完备供应链中，上游企业和下游企业各有 m 和 n 个谈判款项，记 $x_1, x_2, \cdots, x_m$ 为所有上游企业（一个完备供应商组合）的谈判款项，$y_1, y_2, \cdots, y_n$ 为下游企业的谈判款项。核心企业还要考虑的谈判款项主要有：企业利润、生产能力等。记核心企业的第 k 个谈判款项为 $f_k = f_k(x_1, x_2, \cdots, x_m, y_1, y_2, \cdots, y_n)$，记其期望值为 F_k，优先级为 P_k，可放松约束值为 ε_k，放松标记 ifr_k，$k=1,2,\cdots,s$。据此可建立核心企业的多目标谈判模型如下：

$$\text{Min} \sum_{k=1}^s P_k(d_k^-, d_k^+, d_k^- + d_k^+)$$

s. t. （模型 3）

$$f_k(x_1, x_2, \cdots, x_m, y_1, y_2, \cdots, y_n) + d_k^- - d_k^+ = F_k \quad (k = 1, 2, \cdots, s)$$

$$d_k^- + d_k^+ = \varepsilon_k \quad (k = 1, 2, \cdots, s)$$

$$(d_k^-, d_k^+, d_k^- + d_k^+) = \begin{cases} d_k^- & f_k > F_k \\ d_k^+ & f_k < F_k \\ d_k^- + d_k^+ & f_k = F_k \quad (k = 1, 2, \cdots, s) \end{cases}$$

$$\varepsilon_k \geqslant 0 \quad (k = 1, 2, \cdots, s)$$

$$ifr_k = \begin{cases} true & \varepsilon_k > 0 \\ false & \varepsilon_k = 0 (k = 1, 2, \cdots, s) \end{cases}$$

$$f_k, d_k^-, d_k^+ \geqslant 0 \quad (k = 1, 2, \cdots, s)$$

（四）完备供应链搜索算法

多供应链协同谈判的首要任务是识别出谈判中所有的完备供应链谈判。本文设计了完备供应链搜索算法，该算法可以自动搜索出系统中所有的完备供应链。

完备供应链搜索算法（Perfect Supply Chain Searching Arithmetic，PSCSA）的目的是搜索出系统中所有可能的供应链，以便对其分别求解，算法具体如下：

（1）算法开始，设定供应链中核心企业共需 A 种原材料（服务），每种原材料（服务）记为 A_l，$1 \leqslant l \leqslant b$，转到（2）。

（2）系统初始化后，记录每一种原材料 A_l 的供应商记为 $a_1 = \{\sup_1, \cdots, \sup_j \mid 1 \leqslant j \leqslant n\}$，$1 \leqslant l \leqslant b$，转到（3）。

（3）求 $a_1 \cdots a_b$ 的笛卡尔积，得到以下完备供应商组合，$a_1 \times a_2 \times \cdots \times a_b = \{(\sup_1 \cdots \sup_m), \cdots \mid 1 \leqslant m \leqslant b\}$，转到（4）。

（4）在完备供应商组合基础上加上核心企业和销售商即得完备供应链，所有的完备供应链组合可以表示为：$\{PSC_1, PSC_2, \cdots\} = \{(\sup_1 \cdots \sup_m, \textit{producer}, \textit{saler}), \cdots \mid 1 \leqslant m \leqslant b\}$ 转到（5）。

（5）算法结束。

（五）协同谈判求解算法

本小节实现协同谈判策略的关键是解决谈判中的冲突问题，冲突可以定义为"对约束的违背"。域传播算法（domain propagation algorithm for collaborative negotiation，DPACN）是消解谈判中的冲突有效方法。域传播算法的主要思想是：初始化谈判模型，分析模型中的冲突，取出优先级最高的冲突，利用约束放松来消解，若冲突不可消解，谈判失败，若可消解，更新各谈判变量的域，重新检测模型，直到模型中不存在冲突时，谈判成功。

1）域传播算法

（1）算法开始。初始化谈判系统，分别设定上、下游企业和核心企业的谈判款项期望值及约束放松标记：$x_i^e, ifr_i = true, i = 1,2,\cdots,u; y_j^e, if_j = true, j = 1,2,\cdots,n; f_k^e, if_k = true, k = 1,2,\cdots,s$。分别求解上游企业模型（模型1）和下游企业模型（模型2），得初始谈判解 $D^* = (v_1^*, v_2^*, \cdots, v_{m+n}^*)^T = (x_1^*, x_2^*, \cdots, x_u^*, \cdots, x_{u+1}^*, x_m^*, y_1^*, y_2^*, \cdots, y_n^*)^T$。转到（2）。

（2）将 D^* 代入核心企业模型（模型3），若满足所有谈判款项 f_k，谈判成功，转到（7）；否则，对所有的冲突按优先级从高到低排序，记为 $conf_1, conf_2, \cdots$，转到（3）。

（3）取出优先级最高的冲突 $conf_l$，计算冲突差值 $confV_l = f_l(D^*) - f_l^e$，计算影响冲突 $conf_l$ 的乘数（乘数指谈判款项 v_i 改变一个单位时对冲突 $conf_l$ 的影响程度）$r_i = \dfrac{\partial confV_l}{\partial v_i} = \dfrac{\partial f_l}{\partial v_i}, i = 1,2,\cdots,m+n$，对 r_i 按谈判款项优先级从低到高排序，其次按 $|r_i|$ 从大到小排序，再次按 v_i 的取值由大到小排序（这种排序方式首先放松上、下游企业优先级低的款项，可以最大化地减少由于约束放松带来的损失），记为 $r_p, r_q, r_t, \cdots, (1 \leqslant p,q,t,\cdots \leqslant m+n)$，转到（4）。

（4）计算 $\eta_p = \dfrac{confV_l}{r_p}$，若 $\varepsilon_p \geqslant |\eta_p|$，令 $V_p^* = V_p^* - \eta_p, \varepsilon_p = \varepsilon_p - |\eta_p|$，据 ε_p 更新 $ifr_p, confV_l = confV_l - r_p\eta_p = 0$，冲突 $conf_l$ 消解，更新 v_p^* 到 D^*，转到（2）。否则，若 $\varepsilon_p < |\eta_p|$，令 $v_p^* = v_p^* - \dfrac{\eta_p}{|\eta_p|}\varepsilon_p, \varepsilon_p = 0, ifr_p = false, confV_l = confV_l - r_p\dfrac{\eta_p}{|\eta_p|}\varepsilon_p \neq 0$，更新 v_p^* 到 D^*，转到（5）。

（5）计算 $\eta_q = \dfrac{confV_l}{r_q}$，比较 ε_q 与 η_q，方法类同4），若 $confV_l = 0$，冲突 $conf_l$ 消解，更新 v_q^* 到 D^*，转到（2）。否则循环利用剩下的乘数进行约束放松，若用完所有乘数 $r_p, r_q, r_t, \cdots, r_i, \cdots, 1 \leqslant i \leqslant m+n$，而 $confV_l \neq 0$，更新 D^* 后，转到（6）。

（6）放松冲突 $conf_l$ 自身约束，若 $ifr_l = false$，则谈判款项 f_l 不可放松，冲突 $conf_l$ 不可消解，转到（8）。否则，若 $\varepsilon_l < |confV_l|$，冲突 $conf_l$ 不可消解，转到（8）；若 $\varepsilon_l \geqslant |confV_l|$，令 $\varepsilon_l = \varepsilon_l - |confV_l|$，据 ε_l 更新 ifr_l，$confV_l = confV_l - confV_l = 0$，冲突 $conf_l$ 消解，转到（2）。

（7）谈判成功，输出谈判解，转到（9）。

（8）谈判失败，输出谈判局势及冲突根源，转到（9）。

（9）算法结束。

用域传播算法求解完所有的完备供应链后，选择最佳的谈判供应链。最佳谈判供应链选择的策略是：依据核心企业的利益和供应链离差绝对值和等指标，对所有的供应链谈判结果进行比较，以选择最佳的供应链，比较过程中，首先要以核心企业的最大利益为先，在满足核心企业最大利益的基础上，考虑整个供应链离差绝对值和（SADSC）的大小，选择 SADSC 的较小的供应链为最佳供应链。

2）协同谈判模型求解算法

（1）算法开始。系统初始化，录入各谈判款项的期望值 D_i、可放松值 ε_i、是否可放松标记 ifr_i、优先级 P_i 等。转到（2）。

（2）应用完备供应链搜索算法（PSCSA）搜索出系统中的所有完备供应链，记为 $\{PSC_k \mid k=1, 2, \cdots\}$，转到（3）。

（3）遍历每一个未求解的谈判供应链 PSC_k，采用域传播算法（DPACNCC）对 PSC_k 进行求解，求解结束后，若所有的 PSC_k 均谈判失败，转到（4）。若只有一个 PSC_k 谈判成功，记为 PSC_T，转到（5）。若谈判成功的 PSC_k 数量多于一个，转到（6）。

（4）协同谈判失败，没有可供选择的完备供应链。转到（7）。

（5）协同谈判成功，PSC_T 为最佳的谈判供应链。转到（7）。

（6）对所有谈判成功的 PSC_k，依据核心企业的谈判指标的优先级，按谈判款项值从大到小排列，谈判款项值相同时，按该 PSC_k 的离差绝对值和从小到大排序，选择排在最前的 PSC_k，即为最佳的谈判供应链。转到（7）。

（7）算法结束。

三、原型系统设计与实现

第十章中介绍了合作与竞争并存条件下的协同谈判模型及相关算法，为了证明其有效性，本节通过设计一个原型系统，并对一个供应链协同谈判的具体实例进行模拟。

（一）问题描述

冰箱公司 A 为接受一订单与客户（销售商）B 谈判，B 订单要求冰箱数量为 20 台，冰箱的运输费用由 A 负担。与此同时，A 要与它的上游企业零件商 C1、C2 及物流商 D1、D2 同时谈判，假设单个冰箱需要单个零件。C1、C2 之间及 D1、D2 之间存在竞争。C1、C2 负责给 A 提供制造冰箱的零件，D1、D2

负责给 A 把冰箱运给 B。它们之间的合作能否成功，以及 C1、C2 及 D1、D2 哪个会被 A 选中，最终会受到 A、B、C1、C2、D1、D2 各方对冰箱价格、零件运输费用、零件单位价格、冰箱单件运费、利润等许多与业务流程有关的因素约束。

对问题中的变量作如下定义：

$amount$：冰箱数量，值为 20 台；

$productPrice$：冰箱价格；

$rawTransFees$：零件运输费用；

$rawPrice$：零件单位价格；

$transFees$：冰箱单件运费；

$profit$：冰箱公司 A 的利润，其中，$profit = productPrice \times amount - rawTransFees - rawPrice \times amount - transFees \times amount$。

（二）原型系统实验

原型系统采用 Visual Basic 平台实现，系统所用到的类主要有：谈判款项类、下游企业类、上游原料商类、上游服务商类、核心企业类、供应链类等。系统用到的算法有域传播算法、排序算法等。原型系统实验过程如下。

运行原型系统（如图 11-12 所示），将谈判各方数据录入原型系统，数据如表 11-7 所示。

图 11-12 原型系统界面

表 11-7　数据录入

企业	谈判款项	优先级	期望值	可放松值
A	$profit$	1	180	15
B	$productPrice$	1	30	5
C1	$rawTransFees$	2	100	10
	$rawPrice$	1	20	2
C2	$rawTransFees$	2	90	3
	$rawPrice$	1	21	3.5
D1	$transFees$	1	6	2
D2	$transFees$	1	5	0.5

运行系统，系统第一步先搜索所有可能的完备供应链（如图 11-13 所示），共搜索出四条完备供应链。第二步，系统求出各供应链的谈判结果（如图 11-14 所示），其中供应链 1、3、4 谈判成功，供应链 2 谈判失败，具体的详细结果可点击"求解过程"连接查看。第三步，选择最佳供应链（如图 11-15 所示），从图 11-14 中可以看出，冰箱公司 A 的利润在供应链 3 中利润最大，因此选择供应链 3 为最佳供应链，即选择（冰箱公司 A、客户 B、零件商 2、物流商 D1）作为最佳的供应链。若 A 在其他供应链中也取得相同的最大利润时，则比较供应链离差绝对值小的供应链作为最佳谈判供应链。

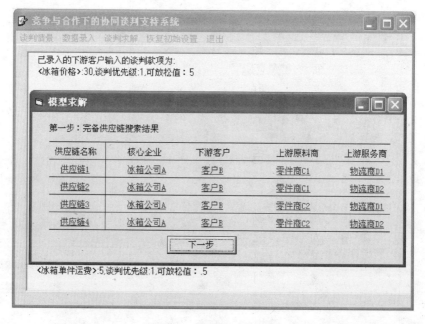

图 11-13　完备供应链搜索

图 11-14　各供应链求解结果

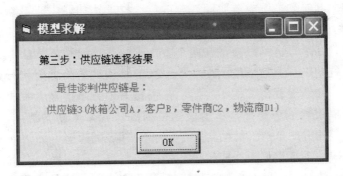

图 11-15　选择最佳供应链

　　在实验中，最终选择供应链 3，一方面能够满足核心企业（冰箱公司 A）的最大利益；另一方面，使供应链上各个企业都达到满意，使供应链上的资源得到了有效的配置，提高了资源的利用率。

第七节　多 Agent 制造业供应链协同谈判模型研究展望

　　电子商务在全球范围内蓬勃发展，由于计算机的普及和网络技术的发展，人们已经不满足于桌面上的传统谈判，而更倾向于不拘泥时空的电子谈判，如何更好地将传统的谈判模型与现代化的科学技术完美地结合，如何利用现有的模型和算法实现更加智能的谈判系统将是今后面临的主要问题。值得关注的研究方向主要包括以下几个方面。

1. 谈判模型的优化

电子商务环境下供应链协同谈判至关重要的因素是策略，因为策略选择的好坏直接关系到谈判者的利益。但是谈判者在谈判的过程中往往仅使用一种策略，这使谈判策略没有充分发挥它的作用。在今后的研究中，可以考虑使用不同的谈判策略联结的方式，优化谈判策略，使谈判者从中获取更多的利益。因此，建立相关模型，允许 Agent 在谈判过程中动态调整谈判的策略以适应复杂的谈判环境，选择合适的模型进行谈判环境和对手的评估，进一步优化和完善谈判模型，提高 Agent 的适应性，是谈判模型优化的主要内容。

2. 谈判模型需要不断创新

谈判模型的研究是供应链协同谈判的一个核心内容，需要不断地吸收和引进新的研究成果，才能提高谈判模型的效率，有效支持 Agent 的谈判策略，达到满意的谈判结果。这可以表现在两个方面：一是通过智能算法本身的发展和完善，并有效应用于谈判环境下，如提出新的算法或者将目前几种典型的智能算法相结合，弥补现有研究的不足。二是引进其他领域的概念和思想，为谈判模型的研究提供新的思路，这将为谈判模型的研究带来新的特点。在这方面，一个值得注意的方向是引入社会心理学等相关领域的思想，如 Agent 情感和个性，建立相应的决策模型，并应用于现实的谈判环境下。因为自动谈判的本质是代替人进行谈判，在模型中构建的 Agent 只有在充分满足了所代表的谈判方的个性及决策特点时，才有可能取得比较满意的谈判结果，否则谈判的效果将不能保证，将情感和个性纳入到 Agent 的构建和相应的决策模型的研究上，将为谈判模型的研究注入新鲜的血液。

3. 新型的谈判形式需要更多的关注和发展

相对于其他形式的自动谈判而言，基于辩论的谈判和面向业务流程的协同谈判这两种形式是比较有特点的，也比较适合现实的商务谈判实际，但研究还有诸多问题没有解决，需要在这些领域给予更多的关注。基于辩论的谈判，虽然其概念的提出已经有相当长的时间，但其实际应用还不够。基于辩论的谈判其实质是允许谈判 Agent 交换除提议以外的信息，因而可以以辩论的形式对提议加以说明，或影响对方的决策，从而更加符合现实人与人谈判的环境，更加适合描述复杂的谈判环境，但目前的研究，对这些研究还不够充分，还没有发现基于辩论的谈判与其他形式谈判的比较以体现其优越性这方面的研究。同时这一新形式的谈判的应用范围和适应的环境如何，在谈判过程中如何影响对方并做出相对准确的预测，如何根据对方的辩论学习对手的特点等研究还不足，所有这些都制约着基于辩论的自动谈判的实际应用。而面向业务的供应链协同谈判作为一个新兴的研究方向，目前还没有受到广泛的关注，研究方法和手段还略显单一，但由于其能够处理供应链环境下多个供应方和销售方及供应链上下游多个企业之间的谈判问题，一定会成为自动谈判领域的一个富有活力的研究领域。

第八节　本 章 小 结

对于多属性谈判，早期的研究是简单地将单属性谈判扩展到多属性谈判过程中，在假设各属性相互独立的基础上，为各属性指定一个依赖于时间的让步策略，利用多属性效用理论得到各谈判属性值的总体效用，在每一轮谈判中，Agent 在各谈判属性上都要进行必要的让步，即每个属性的效用都是在减小的。在此假设下，研究了各种智能算法，对 Agent 让步行为的预测。针对这一问题，有的文献是针对信息完全的假设下建立相关模型，如本节中利用遗传算法的例子，该模型视谈判双方的属性及评价都是已知的，而后建立一个优化模型并开发相关算法进行求解。

更进一步，有的文献利用多属性效用理论，将多属性谈判问题划为一个以效用最大化为目标的谈判，让步策略采取类似单属性谈判的时间依赖策略，每一轮 Agent 均要有一定程度的效用让步，将焦点集中在如何根据下一轮的目标效用得到合适的提议。

当谈判涉及多属性后，谈判双方各谈判属性之间不再是相互竞争的，而是有可能互补的。这种互补作用表现在两个方面：一是对谈判双方而言，对各个属性的重视程度不同，因而可以在不减少自身效用的前提下，有效提高对方的效用；二是在多属性谈判中，有些属性谈判双方的目标可能是一致的，如在供应链谈判中，谈判双方可能都希望交货期适中，否则相应的运输成本和库存成本就会增加。许多学者提出了双赢谈判的概念，但早期的模型，并没有考虑这种情况。因此，又产生了一些文献，讨论如何在保证自身效用的前提下，有效提高对方效用的方法和模型。

在多属性谈判模型中，一个常见的假设是各属性是相互独立的，其各属性的效用函数，有的文献称为评估函数，也往往是线性的，谈判综合效用为各属性效用的加权和，这往往和实际情况不符，为此许多学者对属性间相互依赖的情况进行了研究，效用函数也采取了比较复杂的形式，但这类模型复杂，计算量大，其复杂的效用函数形式也缺乏足够的事实依据，限制了该类模型实际应用。

为了提高多属性谈判的效率和效果，多数智能方法的应用均假设具有对方的一些知识，在此基础上建立相关的算法，如基于贝叶斯学习的方法要求知道对方提价的先验概率和对方谈判的底价分布，基于神经网络和基于案例的方法往往要求有以往对方的谈判历史信息，这些假设往往和实际情况有差别，从而限制了这类方法的应用。

同时，由于通常假设谈判是在信息不对称的条件下进行的，Agent 事先是无法确知对方的偏好和效用等信息的，因此 Agent 要在谈判过程中，对这些信息进行预测，但这种预测可利用的信息通常只限于谈判过程中的提议历史信息，再加上有限的知识，这往往限制了 Agent 的适应能力，如果在谈判过程中，允许 Agent 提供除了提议之外的一些信息，如提议被拒绝的理由，或在必要的时候，透露部分自身的偏好、效用等信息，而形成一种新形式的谈判——基于辩论的多属性自动谈判，这将能够有效提高谈判效果。

◇ 参 考 文 献 ◇

[1] Thuc D N, Jennings N R. A heuristic model of concurrent bi-lateral negotiations in incomplete information settings. Proceedings of 18th International Joint Conference on AI, 2003: 1467~1469

[2] Thuc D N, Jennings N R. Managing commitments in multiple concurrent negotiations. Electronic Commerce Research and Applications, 2005, (4): 362~376

[3] Zeng D J, Sycara K. Bayesian learning in negotiation. International Journal of Human-Computer Studies, 1998, 48 (1): 125~141

[4] Oliver J R. On artificial agents for negotiation in electronic commerce. Proceedings of the 29th Annual Hawaii International Conference on Systems Sciences. Los Alamitos, CA: IEEE Computer Society Press, 1996: 337~346

[5] Matos N, Sierra C, Jennings N R. Determining successful negotiation strategies: an evolutionary approach. Proc. 3rd Int. Conf. on Multi-Agent Systems (ICMAS), Paris, France, 1998: 182~189

[6] Carles S, Peyman F, Jennings N R. A Service -Oriented Negotiation Model between Autonomous Agents. Proc 8th European Workshop on modeling Automats Agents in Multi-Agent World, Ronneby, Sweden , 1997: 17~35

[7] 黄京华，马晖，赵纯均. 面向电子商务的基本遗传算法的 Agent 谈判模型. 管理科学学报，2002, 5 (6): 17~22

[8] Chen J H , Chao K M, Godwin N . Combining Cooperative and Non-Cooperative Automated Negotiations. Information Systems Frontiers, 2005, 5 (4): 391~404

[9] 汪勇，熊前兴. 基于 Agent 的多问题并行遗传谈判模型. 计算机工程与应用，2006, (24): 229~232

[10] Osborne M J, Rubinstein A. A Course in Game Theory. Cambridge, MA: MIT Press,

1994：53～54

[11] Fatima S S，Wooldridge M，Jennings N R．An agenda-based framework for multi-issue negotiation．Artificial Intelligence，2004，152（1）：1～45

[12] 汪定伟，王庆，宫俊等．双边多轮价格谈判过程的建模与分析．管理科学学报，2007，（01）：94～98

[13] Fatimas P，Wooldridge M，Jennings N R．Comparing equilibria for game theoretic and evolutionary bargaining models．Proc of the 5th Int'l Workshop on Agent2 Mediated E2 commerce，Melbourne，Australia，2003：70～77

[14] Kurbel K，Loutchko I．A model for multi-lateral negotiations on an agent-based job marketplace．Electronic Commerce Research and Applications，2005，4（3）：187～203

[15] Hindriks K，Jonker C，Tykhonov D．Eliminating interdependencies between issues for multi-issue negotiation．Cooperative Information Agents X．Springer Berlin，Heidelberg，2006：301～316

[16] 谢安石，李一军，尚维等．拍卖理论的最新进展多属性网上拍卖研究．管理工程学报，2006，20（3）：17～22

[17] Klein M，Faratin P，Sayama H，et al.．Negotiating Complex Contracts．Group Decision and Negotiation，2003，12（2）：111～125

[18] Lai G M，Li G H，Sycara K．Efficient Multi-Attribute Negotiation with Incomplete Information．Group Decision and Negotiation，2006，15（5）：511～528

[19] Robu V，Somefun D J A，La Poutre J A．Modeling Complex Multi-Issue Negotiations Using Utility Graphs．Proc of the 4th International Joint Conference on Autonomous Agents and Multi-Agent Systems，2005：280～287

[20] 童向荣，黄厚宽，张伟．一种基于案例的 Agent 多议题协商模型．计算机研究与发展，2009，（009）：1508～1514

[21] Jonker C，Robu V．Automated multi-attribute negotiation with efficent use of incomplete preference information．In Proceedings of the third international joint conference on autonomous agents and multiagent systems AAMAS'04，2004：1054～1061

[22] 武玉英，张礼兴．基于 GA 的一对多，多属性谈判模型研究．Microcomputer & Its Applications，2009，28（10）：13～18

[23] 李冉冉，孙华梅，蒋国瑞，黄梯云．基于 Multi-agent 的一对多淘汰制谈判模型研究．信息系统学报，2008，（1）：29～36

[24] 李冉冉．基于 Multi-Agent 的一对多自动谈判系统研究．北京工业大学硕士学位论文．2008：43～63

[25] 张宏，何华灿．多 Agent 自动协商策略和算法．计算机应用，2006，26（8）：1935～1937

[26] Rahwan I，Ramchurn S D，Jennings N R，et al.．Argumentation-based negotiation．The Knowledge Engineering Review．Cambridge University Press，2004，18（4）：343～375

[27] Sycara K．The PERSUADER．In．Shapiro，D．（ed.）．The encyclopedia of artificial intelligence，New York：John Wiley and Sons，1992：349～386

[28] Jennings N R，Parsons S，Noriega P，et al.．On argumentation-based negotiation．In Pro-

ceedings of the International Workshop on Multi-Agent Systems，1998：1～7

[29] Wu J H，Jiang G R，Huang T Y. Using Two Main Arguments in Agent Negotiation. Ninth Pacific Rim International Workshop on Multi-Agents，2006：578～583

[30] Wu J H，Jiang G R，Huang T Y. Formal models of appeal and its evaluation in argumentation-based negotiation of agent. International Multi-Conference on Computing in the Global Information Technology -Challanges for the Next Generation of IT，2006：1～6

[31] 伍京华，蒋国瑞，黄梯云．基于 Agent 辩论谈判的奖励模型研究．计算机工程与应用，2006，42（36）：172～175

[32] 伍京华，蒋国瑞，黄梯云．基于 Agent 的辩论谈判过程建模与系统实现．管理工程学报，2008，22（003）：69～73

[33] 伍京华，蒋国瑞，黄梯云．基于辩论的 Agent 谈判中威胁及其评价的形式化模型．计算机工程与应用，2007，43（15）：205～207

[34] 伍京华，蒋国瑞，黄梯云．一种基于 Agent 的辩论谈判中的反驳模型．北京工业大学学报（自然科学版），2007，33（9）：975～978

[35] Jiang G R，Chen S，Xie F L. The Reward-Based Negotiation Model on Agent's Honesty and Capability. 2009 Second International Conference on Intelligent Computation Technology and Automation，2009：18～22

[36] Jiang G R，Chen S. Argumentation-based one-to-many negotiation. The 12th International Conference on Informatics and Semiotics in Organisations（ICISO 2010），2010：268～274

[37] Tweedale J，Cutler P. Trust in Multi-Agent systems，Springer-Verlag Berlin Heidelberg 2006，KES 2006，Part Ⅱ，LNAI 2006：479～485

[38] Castelfranchi C，Falcone R. Principles of trust for MAS：cognitive anatomy, social importance，and quantication. In：Proceedings of the International Conference of Multi-Agent Systems（ICMAS'98），1998：72～79

[39] 资武成，罗新星，向坚持．一种劝说式多 Agent 供应链协商模型研究．计算机工程与应用，2008，44（035）：209-212

[40] 伍京华，蒋国瑞，黄梯云．基于辩论的社会性 Agent 间的谈判模型．计算机工程与应用，2007，43（12）：23～25

[41] Sun H M，Li Y J，Cao R Z，et al.. A Research on Collaborative Negotiation Support System Based on Constraint Propagation and Relaxation. In：Proceeding of the 2004 International Conference on Management Science & Engineering. Harbin Institute Technology Publishers，2004：94～96

[42] 顾传龙，孙华梅，蒋国瑞等．竞争与合作并存下的协同谈判模型研究．运筹与管理，2009，（005）：1～6

[43] 顾传龙．面向业务流程集成的协同谈判系统研究；北京工业大学硕士学位论文，2009：28～45

[44] 顾传龙，孙华梅，蒋国瑞等．供应链上企业间协同谈判模型和原型研究．管理工程学报，2010，（001）：65～69

致谢

　　这本书的完成是我们研究团队多年努力的结果。它是在国家自然科学基金、北京市自然科学基金、北京市哲学社会科学规划办公室重点项目、北京工业大学科技平台项目的相关研究成果基础上，结合国内外同行专家的相关研究最新成果，编著而成。这本书不仅记录着北京工业大学商务智能研究室研究团队的心血和汗水，也凝聚着团队的智慧。书稿辍笔之时，心中升腾着感激。

　　首先感谢黄梯云教授，黄教授是北京工业大学双聘教授，是商务智能研究室的高级顾问。在黄老师指导下，商务智能研究室已经培养了博士、硕士几十人，科研工作开展顺利，并形成了老、中、青三结合的研究团队。黄老师知识渊博、治学严谨、敬业爱岗、谦虚恭和、为人正直、不断进取，为我们树立了很好的榜样。非常感谢他对科研工作的指导，感谢他对商务智能研究室的贡献，感谢他对这本书写作的支持和帮助。

　　其次，感谢我们商务智能研究团队的主要成员：翟东升、冯秀珍、刘云枫、何喜军、武玉英、刘晓燕等。大家营造了和谐奋进、团结合作的科研氛围，做好了各项课题，促进了本书的写作。感谢我们的博士研究生：赵书良、伍京华、张瀚林、单晓红、张鸽、谢凤玲、董学杰等以及已经毕业的全体硕士研究生，他们对各项课题的完成作出了贡献。

　　感谢目前在读的博士和硕士研究生：郭鸿、谢凤玲、郝博、贾策、王秋利、李强、刘颖、吕星、吴琳、张鸽、董学杰，在本书的写作过程中，他们参与了资料查阅、信息收集，为一起完成本书写作付出了艰苦的努力、作出了应有的贡献。

　　感谢国家自然科学基金委管理学部、感谢北京市自然科学基金委管理部、感谢北京市哲学社会科学规划办公室、感谢北京市教委科技处、感谢北京工业大学科技处对我们科研工作的支持。

蒋国瑞

北京工业大学经济与管理学院教授、副院长

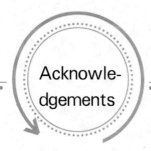

Acknowledgements

Our research team has been working for many years to finish this book which is based on the research results of many projects, including two National Natural Science Funds of China, two Beijing Natural Science Funds, key project of Beijing Philosophy and Social Sciences planning office, and science platform project of Beijing University of Technology and is written with the latest research results of domestic and international experts in related fields. This book does not only record the hard work of the Business Intelligence Research Center of Beijing University of Technology, but also gathers the intelligence of the whole team. My heart has been overflowed with gratitude since it was finished.

First I want to thank Professor Huang Tiyun who is a dual professor of Beijing University of Technology and a senior consultant of our research center. Under the guidance of Professor Huang, the Business Intelligence Research Center has trained dozens of graduate students and doctors, has been doing research well for years and is forming a research team of all ages. Professor Huang is a knowledgeable and rigorous scholar and humility, integrity and progressive person. He dedicates his whole energy to his career, and sets a good example for us. I'm very grateful for his guidance to our scientific research and dedication to the Business Intelligence Research Center. I want to thank him for his support and help in writing this book.

Then I want to thank our major members in the team: Zhai Dongsheng, Feng Xiuzhen, Liu Yunfeng, He Xijun, Wu Yuying, Liu Xiaoyan and so on. We create a harmonious and cooperative atmosphere and have finished various topics together, and we have also promoted the writing of this book. Thanks to the doctors: Zhao Shuliang, Wu Jinghua, Zhang Hanlin, Shan Xiaohong, Zhang Ge, Xie Fengling, Dong Xuejie and all graduated students who have already left school. They all made contribution to the subject.

Thanks to those students who are still pursuing master and doctor degrees:

Guo Hong, Xie Fengling, Hao Bo, Jia Ce, Wang Qiuli, Li Qiang, Liu Ying, Lv Xing, Wu Lin, Zhang Ge, Dong Xuejie. During the writing process, everyone is in charge of one chapter in turn to search materials, to gather information and to organize the draft. They have dedicated hard work to the book.

Thanks to the Management Department of National Natural Science Foundation, the Management Department of Beijing Natural Science Foundation, Beijing Philosophy and Social Sciences planning office, the Science and Technology Department of Beijing Education Committee, the Science and Technology Department of Beijing University of Technology. Thank them for the long-term support to our scientific research.

Jiang Guorui

Professor and vice Dean of the Economics and

Management School, Beijing University of Technology

March 2012